四川省志

Sichuan Shengzhi

劳动和社会保障志

1986—2005

【第三十一卷】

四川省地方志编纂委员会 编

方志出版社
Publishing House of Local Records

图书在版编目(CIP)数据

四川省志·劳动和社会保障志:1986～2005 / 四川省地方志编纂委员会编. —北京:方志出版社, 2015.4
ISBN 978－7－5144－1583－4

Ⅰ.①四… Ⅱ.①四… Ⅲ.①四川省—地方志②劳动就业—社会保障—工作概况—四川省—1986～2005 Ⅳ.①K297.1

中国版本图书馆CIP数据核字(2015)第053135号

四川省志·劳动和社会保障志(1986～2005)

编　　者:四川省地方志编纂委员会
责任编辑:王笃银

出 版 人:冀祥德
出 版 者:方志出版社
地址　北京市朝阳区潘家园东里9号(国家方志馆4层)
邮编　100021
网址　http://www.fzph.org
发　　行:方志出版社发行中心
电话(010)67110500
经　　销:各地新华书店
法律顾问:北京高文律师事务所
印　　刷:四川泰吉印刷有限公司

开　　本:889×1194　　1/16
印　　张:23.75
字　　数:627千字
版　　次:2015年4月第1版　　2015年4月第1次印刷
印　　数:0001～2000册

ISBN 978－7－5144－1583－4　　定价:305.00元

领导关怀 LINGDAO GUANHUAI

1997年秋，省委书记谢世杰（前排左一），省委副书记、副省长张中伟（前排左二）到成都市社会保险服务大厅了解社会保险工作

成都市劳动和社会保障局　供稿

2002年春节，省委书记张学忠（左二），省委副书记、副省长蒋巨峰（左三），省委常委甘道明（左一）到省劳动和社会保障厅调研困难企业和职工的生产生活问题

李晋蓉　摄

1997年9月，劳动部部长李伯勇（右三）到四川调研实施再就业工程情况。图为李伯勇在四川省劳动厅厅长刘继邦（左一）的陪同下到成都小汽车厂调研　　江维健　摄

1999年10月，劳动和社会保障部部长张左己（左一）在中共四川省委副书记、四川省副省长杨崇汇（右二）的陪同下，到成都市社会保险服务大厅调研退休人员社保情况
江维健　摄

1992年7月，四川省劳动厅召开劳动、工资、社会保险三项制度改革研讨会，省委副书记宋宝瑞（前排右三），省委常委、副省长蒲海清（前排右四）到会讲话并听取各方意见。省劳动厅厅长沈国俊（前排右五）主持会议　　江维健　摄

1993年3月，国际劳工局顾问阿伯尔·史密斯（左一）、国际劳工局北京分局副局长刘斯武（右二）到四川考察医疗社会保险。图为中共四川省委常委、四川省副省长蒲海清（左三）会见史密斯一行

四川省劳动和社会保障厅　供稿

1994年4月，劳动部副部长李沛瑶（右五），在中共四川省委副书记、四川省副省长蒲海清（右四）陪同下，到四川省劳动厅调研四川劳务输出工作情况

江维健　摄

1996年冬，省委常委、省纪委书记沈国俊（右三）到省劳动厅看望干部职工。图为省劳动厅厅长蒋先继（右二）向其介绍劳动宣传工作情况

江维健　摄

2001年冬，省委常委甘道明（右四）参加首届中国川菜大赛，并在开幕式上讲话

江维健　摄

2005年夏，省委常委、省总工会主席李登菊（左一）在省劳动和社会保障厅厅长张成明（左二）的陪同下，到建筑企业检查职工劳动合同签订情况　　李晋蓉　摄

1998年元月，劳动部副部长李其炎（前排右二）在四川省劳动厅厅长泽巴足（前排左一）的陪同下，到成都市困难企业调研　　江维健　摄

2002年7月，四川省劳动保障监察总队正式挂牌，劳动和社会保障部副部长王东进（左三）参加揭牌仪式并看望总队队员　　李晋蓉　摄

2005年10月，泛珠三角区域劳务合作联席会在成都举行，劳动和社会保障部副部长张小建（右二）参加会议　　　　四川省劳动和社会保障厅　供稿

2005年11月，劳动和社会保障部副部长华福周（右一）在四川省劳动和社会保障厅厅长张成明（左二）的陪同下，为广元市劳动争议仲裁院揭牌　　　　李晋蓉　摄

改革实录 GAIGE SHILU

1987年11月，省劳动人事厅对市、县基层领导干部进行业务培训。图为省劳动人事厅厅长张晋（前排左五）和厅领导班子成员与第三期培训班人员合影

四川省劳动和社会保障厅　供稿

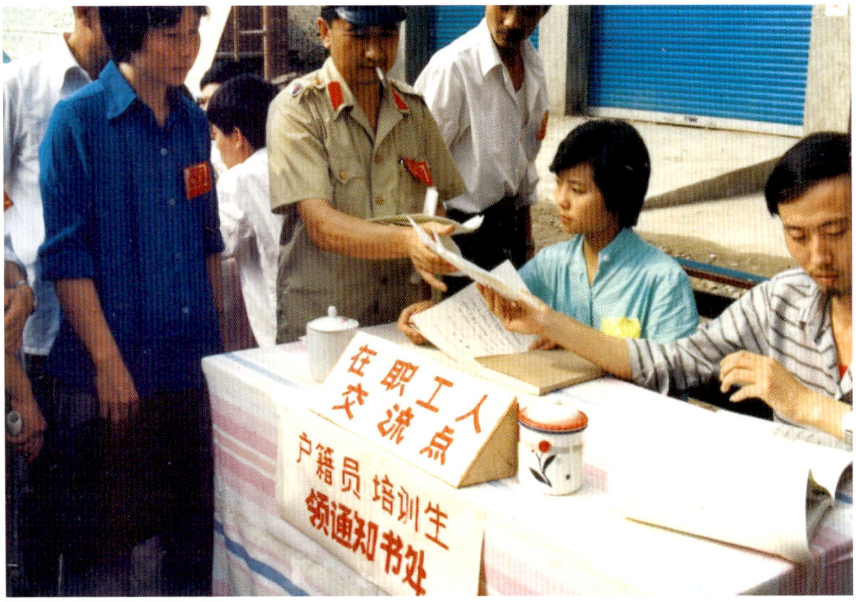

20世纪80年代末，劳动用工制度改革，开始允许企业职工有序流动。图为成都市劳务市场设置的在职工人交流点

四川省劳动和社会保障厅　供稿

1988年5月，以美国密执安州嘉里·柯宾（中）为团长的劳工代表团到四川省劳动人事厅进行友好访问。图为嘉里·柯宾与四川省劳动人事厅副厅长叶继香（左一）互赠纪念品

四川省劳动和社会保障厅　供稿

20世纪90年代，成都市九眼桥头自发形成的劳务市场　　江维健　摄

1991年10月，国际劳工局、中国劳动部在成都举办第七期国际社会保险培训班

四川省劳动和社会保障厅　供稿

1992年4月，省政府召开四川省基本养老保险社会统筹实施大会，对统筹改革进行部署

江维健　摄

1994年夏，省劳动厅领导班子开会研究劳动工资工作，厅长刘继邦（右二）主持会议

江维健　摄

20世纪90年代中期，成都市开始实行退休职工社会化管理服务。图为成都市社会保险局在基层建立退休人员管理服务站

江维健　摄

1996年12月，四川省召开养老保险制度改革动员大会。图为省劳动厅厅长蒋先继（左一）在大会上讲话　　江维健　摄

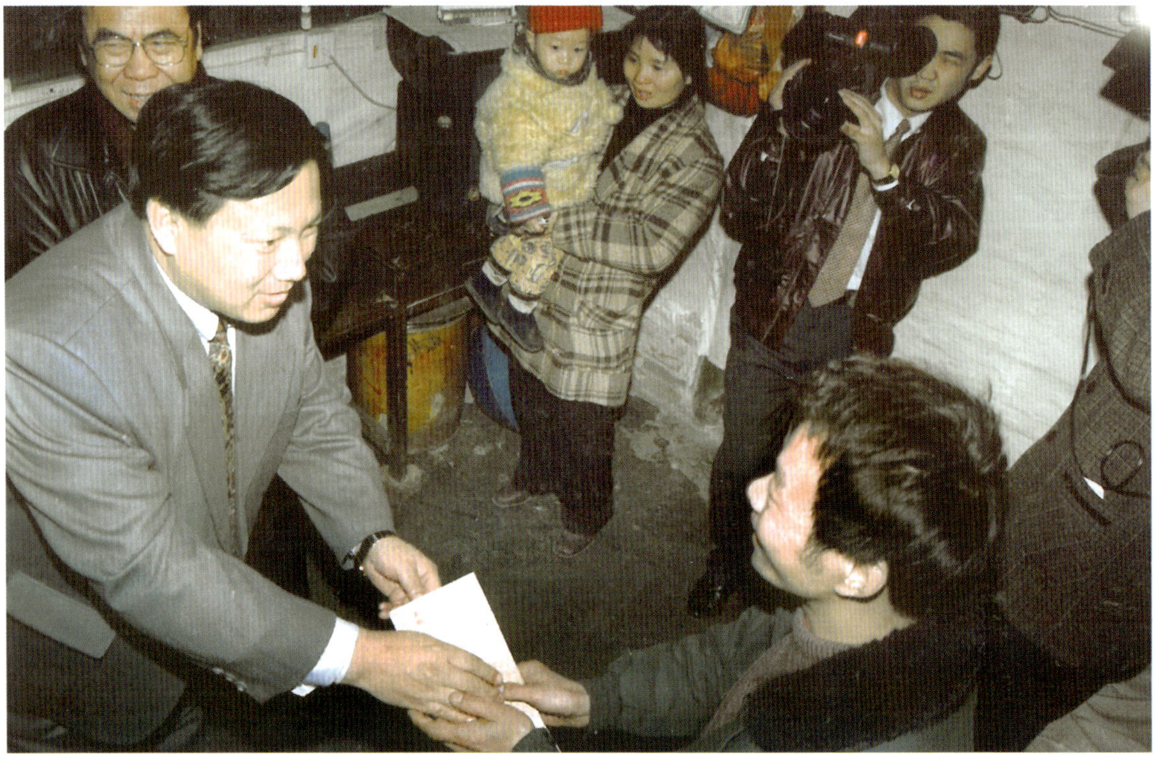

1998年春节，省劳动厅厅长泽巴足（左一）给成都印染厂困难职工发放慰问金　　江维健　摄

2000年7月，四川省劳动和社会保障厅组建，图为厅领导班子成员正在揭牌

四川省劳动和社会保障厅　供稿

2001年冬，成都市失业人员在街道劳动保障所领取失业金　李晋蓉　摄

2001年冬，成都市双流建筑公司的农民工在签订劳动合同　　李晋蓉　摄

2002年春，省劳动保障监察总队为农民工追回欠薪，家属向总队赠送锦旗以示感谢
李晋蓉　摄

2002年秋，劳动和社会保障部医疗保险司副司长姚宏（左一）带领调研组，在内江市对困难企业职工参加医疗保险进行调研。图为姚宏在医院查看诊疗书　　　　李晋蓉　摄

2003年春，省职业介绍中心举办军嫂、警嫂就业专场招聘会　　　　江维健　摄

2003年4月，国务院《工伤保险条例》颁布后，宜宾市劳动保障局工作人员深入煤矿企业向职工宣传工伤保险政策　　宜宾市劳动和社会保障局　供稿

2003年夏，四川省举办数控技能大赛。图为大赛会场　　江维健　摄

2003年秋，成都市把小额贷款发放到下岗失业人员手中，支持其通过创业实现再就业

李晋蓉　摄

2003年10月，省劳动和社会保障厅从人大、政协、民主党派中聘任了10名劳动争议仲裁监督员。图为聘任现场

李晋蓉　摄

2003年冬，省劳动保障监察总队人员到建筑工地监察劳动保障法律法规执行情况

李晋蓉　摄

2004年春，四川省举行农民工技能大赛，图为“川妹子”保姆方阵进入会场

李晋蓉　摄

2005年夏，成都市温江区为征地农转非人员现场办理社会保险　　成都市劳动和社会保障局　供稿

四川省地方志编纂委员会成员

主任委员	魏　宏			
副主任委员	薛　康	张为人	马小彬	吕　华
	陈继宁	罗亚夫		
委　　员	向怀树	殷建中	徐　立	雷开平
	张玉山	何晓平	李卓明	周孟林
	陈克福	李登全	李泽远	王卫南
	杨占昌	胡　云	傅志康	谢开华
	李兆权	王　伟	张　新	史志伦
	李明昌	李明泉	段　渝	傅勇林
	陈吉明	沈　钧	梁伟华	邓国建
	李　炜	王　菲	赵洪武	王　猛
	徐建群	向　东	徐　进	庭继岗
	何　平	陈延荣	李伊林	宋朝华
	蒋　林	秦大林	王怀林	仰　协

四川省地方志编纂委员会成员

（2007 年 8 月—2009 年 12 月）

主任委员	魏　宏			
副主任委员	齐国生	秦安禄	张为人	李清禾
	刘仁勇	罗亚夫		
委　　员	向怀树	殷建中	鲁国铁	李亚平
	张玉山	何晓平	李卓明	周孟林
	陈克福	李登全	魏阿庆	王卫南
	杨占昌	胡　云	傅志康	谢开华
	李兆泉	王　伟	张　新	史志伦
	李明昌	罗　鸣	段　渝	赵小维
	黄昌明	邵革军	梁伟华	张金明
	左代富	王　菲	赵洪武	郑光伟
	夏代荣	向　东	刘晓晨	庭继岗
	邓宏志	陈延荣	李伊林	黄　跃
	苟正礼	秦大林	香根·巴登多吉	
	蒲　波			

四川省地方志编纂委员会成员

（2004 年 7 月—2007 年 7 月）

《四川省志(1986—2005)》
审核委员会成员

(2014年9月—　)

主　　任	钟　勉		
副 主 任	陈越良		
委　　员	马小彬	何晓平	冯宝运
	胡品生	罗亚夫	王孝平
	谭继和	陈世松	陈廷湘

《四川省志(1986—2005)》
审核委员会成员
（2010 年 11 月—2014 年 8 月）

主　　任	魏　宏		
顾　　问	蒋先继		
副 主 任	薛　康		
委　　员	马小彬	何晓平	冯宝运
	胡品生	罗亚夫	谭继和
	陈世松	陈廷湘	

《四川省志(1986—2005)》
总编、副总编

总　　编	马小彬
副 总 编	罗亚夫(常务)　王孝平　汪　毅 曾新苗　何瑞明　陶利辉　熊　倩 张兆法　邓　瑜　高伟明

《四川省志（1986—2005）》
总编、副总编
（2010 年 3 月—2010 年 12 月）

总　　编	马小彬
副 总 编	罗亚夫（常务）　曾新苗　王友平　何瑞明
	陶利辉　汪　毅　叶　红　熊　倩
	张兆法

《四川省志（1986—2005）》

总编、副总编

（2006 年 12 月—2010 年 2 月）

总　　编	秦安禄		
副 总 编	马小彬（2009 年 1 月—2010 年 2 月）		
	罗亚夫	曾新苗	何瑞明
	王友平	陶利辉	张兆法

《四川省志(1986—2005)》

总编、副总编

(2006 年 6 月—2006 年 12 月)

总　　编	秦安禄		
副 总 编	罗亚夫	张学君	曾新苗
	何瑞明	王友平	

《四川省志·劳动和社会保障志(1986—2005)》
责任总编、责任编辑

责任总编　熊　倩
责任编辑　牛　淼

《四川省志·劳动和社会保障志(1986—2005)》编委会成员

《四川省志·劳动和社会保障志(1986—2005)》
初评审核领导小组成员

主　　任　张成明

副 主 任　刘功勋　杨　杉

成　　员　董宏杰　吴开平　王祖云　周　利
黄学宁　李　强　陈　泉　高小莉
邹方和　朱福根　黄世荣　曾　宏
黄禄先

《四川省志·劳动和社会保障志(1986—2005)》编辑撰稿人员

主　　编	李晋蓉			
编　　辑	季富铨	余洪河	王应昌	罗曦梅
	谭仁洲	陈志全	杨玉清	
撰稿人员	季富铨	余洪河	王应昌	罗曦梅
	李晋蓉	王援朝	陈志全	李　靖
	卢　于	杨荣龙	任彦滨	王丽嘉
	任　军	李　强	周代明	叶　军
	杨玉清	岳广峰	景敬书	余佳洁
	胡　忠	宴　琪	张粤蓉	姚　政
	高小莉	汪　凯	谭邦均	王成富
	李　洪	唐　青	黄　华	

《四川省志（1986—2005）》
凡　　例

一、本书编纂工作以马克思列宁主义、毛泽东思想、邓小平理论和“三个代表”重要思想为指导，全面贯彻落实科学发展观，坚持辩证唯物主义和历史唯物主义的立场、观点和方法，全面客观地记述四川省行政区域内自然、政治、经济、文化和社会的历史与现状。

二、本书系中华人民共和国成立后首部《四川省志》续编，总名《四川省志（1986—2005）》，由总类、大事纪述、专志、人物、市（州）概况、附录共计93卷构成。各分卷名称为《四川省志·××志（1986—2005）》或《四川省志·××志》（后者为特色志志名），设中英文目录。

三、本书上限一般起自1986年，下限一般截至2005年。对前志未设之分卷或篇章从事物发端写起；对前志漏载、误载的某些事项进行补载、更正；对前志记载后变化不大的某些事项进行简要复载；升格详载具有地方特色的某些事项。

四、本书记述的地域范围以1986—2005年四川省行政区划为准。

五、本书采用述、记、志、传、图、表、录等体裁，以志为主。

六、本书总类卷设序言、凡例、总述、卷目等，为各卷之首，全书之纲。关于自然环境、建置沿革、经济与社会历史发展状况等基本省情在总述中作简要复载或反映。各专志（分卷）根据社会分工和学科分类的实际，按照“以类相从”或“突出地方特色”的原则设立，以篇、章、节横分类别，节、目以下纵述史实，立足反映四川省行政区域某一事物（事业、行业）断限期内历史与现状的全貌。人物志卷采用传、录、表诸种表述形式，坚持“生不立传”原则，在世人物的突出事迹以事系人载入相关分卷。人物传统一收入人物志。本书大事记以编年体为主，辅以纪事本末体。为完整记述一些重要事物，保存有价值史料，有些分卷设置了专记。

七、本书使用规范的现代语体文记述，行文严谨、朴实、简洁、流畅。使用规范汉字，用词概念准确，符合现代汉语语法规范。使用的标点符号、数字、计量单位等均按国家规定的统一标准书写。

八、本书使用公元纪年，各卷正文（除引文外）采用第三人称表述；行文涉及机构、会议、文件、职衔、地名等，均按当时称谓；除涉及人名、地名、纪年和简称等项采用括注外，其余采用页下脚注。

九、本书资料来源于文献、档案、报刊、书摘、口碑及实地调查等，所用资料均经各修志部门考证、核实。各分卷数据一般采用省统计局公布的数据，省统计局缺乏的，采用有关部门正式提供的数据。

十、各分卷图片分为前置图片和随文插图，随文插图和表格均以篇为单位依次排序编号；所用地图均以省测绘局审定者为准。

十一、各分卷需要特别说明的事项，均在各分卷的《编辑说明》中注明。

《四川省志·劳动和社会保障志（1986—2005）》
编 辑 说 明

一、本志是对首届《四川省志·统计 工商行政管理 劳动志（1840—1985）》中“劳动篇”的续修，上限为1986年，下限断至2005年，个别内容适当上溯。

二、本志记述的地域范围，以1986—2005年四川省行政区划为准。记述内容1997年前含重庆市，之后不含重庆市。

三、本志记载内容的时间横跨20年，其间劳动保障部门经过若干次机构改革，名称以时间顺序先后为：四川省劳动人事厅、四川省劳动厅、四川省劳动和社会保障厅。书内涉及单位及引用文件的发文单位，均按当时的机构名字称谓。

四、本志所用资料均来源断限期内主管厅局的档案、文献以及书摘、报刊、口碑等。数据主要出自省统计局统计口径，省统计局短缺的引用主管厅局的统计报表。20世纪80年代至90年代的部分数据由于统计口径不统一，数据有出入，部分数据由于资料所限存在短缺问题。1997年之前的统计数据含重庆市，之后的不含重庆市。

五、根据劳动保障工作的特点，本志篇目分别列“就业与培训”“劳动与工资”“社会保险”“劳动保障综合建设”四篇，共计十七章六十七节。

目　　录

第二篇　劳动与工资

第三篇　社会保险

附 录

Contents

概　　述

任何历史阶段都是独特的。1986—2005 年这 20 年，恰恰处于中国改革开放、风云激荡，社会主义计划经济向社会主义市场经济过渡，社会经济体制转型的大变革时期，尤其具有不可复制的特殊性。

纵观这一时期四川省劳动和社会保障制度改革，可清晰地看到，在中共四川省委、四川省人民政府（以下简称“省委、省政府”）的领导下，其扣紧时代脉搏，顺利完成了由计划经济管理向市场经济调控服务的深刻变革。在这期间，曾带有典型计划经济色彩的劳动就业、工资分配制度，经历了从计划经济母体里逐步剥离，紧随经济体制改革而转型；社会保障制度与市场经济相生相伴，经历了萌生、成长、完善的过程。20 年来，四川劳动和社会保障事业与经济体制改革同行，在为企业改革保驾护航中，在促进就业、保障民生中，实现了社会转型期的历史跨越。

一

中华人民共和国成立初期，四川省大中城市普遍面临严重的失业问题。四川省在就业上实行救济与安置相结合，通过以工代赈，生产自救，动员还乡等多种途径，逐步解决失业问题。1957 年后的 20 多年中，四川就业随着国民经济的波动而上下起伏。1958—1960 年，城镇职工数量猛增至 486 万人，后因国民经济调整，到 1963 年全省压缩精减职工 262 万人。1966 年“文化大革命”开始后，全省停止招工补员和招生，发动知识青年上山下乡成为安置待业青年的主要渠道。1976 年城镇待业率高达 15%。

在农村，长期以来国家采取的是限制农业劳动力向非农业领域转移的政策，1978 年实行农村家庭联产承包责任制以后，四川省主要是通过发展农副业和乡镇企业来就地转移农村富余劳动力。

在 1978 年召开的中共十一届三中全会上，就业理论和就业政策取得大的突破，四川省在计划体制外，大力扶持、发展以安置就业为主要目的的劳动服务公司等集体企业，鼓励个体私营经济的发展，有效扩大了就业渠道。在就业方针上实行劳动部门介绍就业、自愿组织起来就业和自谋职业相结合，使突出的城镇就业矛盾逐步得到缓解，到 1985 年城镇待业率下降到 2.32%。1985 年，国家全面启动劳动就业、培训制度改革，四川省结合本省实际情况积极探索、不断推进改革进程，取得了显著成效。其改革历程大致分为二个阶段。

第一阶段（1986—1995 年）计划指令性的就业培训由统包统配向市场调剂转型。

1986 年，国家改革计划经济的就业模式，颁布了在全民所有制企业新招工人中实行劳动合同制，在招工中实行“面向社会、公开招收、全面考核、择优录用”，初步确定了劳动者与企业的双向选择关系。就业方式逐步由劳动就业部门组织安置就业，向市场调剂就业转变。同年年底，四川省召开社会劳动力统筹协调、农村剩余劳动力转移工作会议，尝试解决农村进城务工人数日益增多，城镇就业矛盾突出的问题。在全国率先突破政策障碍，决定大力组织农村劳务输出。1987 年，四川省经济体制改革委员会办公室、四川省劳动人事厅（以下简称“省劳动人事厅”）下发《劳务市场暂行办法》，在西部诸省中较早出台政策，推动和规范新兴的劳务市场发展。在就业方式的转变中，四川省就业服务体系初具规模。

由于劳动者的数量庞大、整体素质较低，就业方面的矛盾不仅表现为劳动者的数量供大于求，同时也表现为高素质劳动者的供不应求。1987 年，省劳动人事厅制定了《四川省就业培训工作试行办法》，对就业培训对象、内容、教学管理、实习、就业等作了具体规定。各地的就业训练中心作为培训实体逐步兴办起来，组织待业青年进行就业培训，随着时代变迁，培训对象和范围不断扩大。20 世纪 80 年代中后期，技工学校发展迅速，四川省技工学校的总体规模占到全国的十分之一左右。这期间技工学校招生和毕业分配还实行的是按计划招收、统一分配的模式。

1992 年中共十四大召开，提出了“培育和发展劳动力市场”，统包统配的就业体制开始逐步消亡，“劳动者自主择业、市场调节就业、政府促进就业”成为新时期的就业方针。在新的形势下，劳动部门促进就业的方式，主要是通过发展和规范劳动力市场，提供信息来指导帮助就业。劳动制度改革的不断推进，使企业与职工的关系发生了根本改变。劳动合同制度下，企业与职工的劳动关系用劳动合同确立，企业只对合同期内的职工承担责任，合同期结束双方可重新选择，单位用工、个人就业走向市场。劳动就业服务企业在巩固发展中，接纳了大量企业富余职工和失业人员。随着产业结构调整和国有企业改革力度加大，企业长期积累的冗员逐步下岗分流，1995 年四川省“再就业工程”① 启动，国有企业富余职工由企业安置为主逐步向社会消化为主的多渠道安置转变。

第二阶段（1996—2005 年）以市场为导向涵盖城乡的就业培训机制基本形成。

由于劳动力市场逐步建立，1996 年四川省人大常委会颁布了《四川省职业介绍管理条例》，对新兴市场进行法律规范。此后，全省职业介绍机构迅速发展。职业技能开发工作坚持为就业服务，配合再就业工程，重点进行转岗转业培训。各地建立了农村就业服务网络，广泛开展农村劳动力转移的信息咨询、技术培训、跟踪管理及服务；劳动就业部门积极引导农村劳动力有序流动，降低盲目性。在这段时间，尽管束缚农村劳动力流动的闸门已松动，农村劳动力输出形成潮流，但城乡二元结构形成的制度性障碍依然存在。

1998 年后，国有企业改革进入深水区，每年有数十万企业职工下岗失业，对社会形成强烈冲击。四川省劳动部门进一步转变职能，加大劳动就业服务体系的建立，加强对劳动力市场建设规划、指导和管理。这期间，在“企业再就业服务中心”的下岗职工，托管协议期满的，开始大量进入社会，新生的劳动力进入就业高峰期，城镇失业人数激增，“下岗失业”被经济学者称为改革的“地雷阵”，成为社会最为关注的热点问题。在严峻的形势下，中共中央和国务院实施积极的就业政策，大力促进就业。四川省全面贯彻落实中央各项促进就业政策，制定具体有效的措施，仅 1999 年就有 33.30 万国有企业下岗职工实现了再就业。在促进就业中，四川根据本省实际大力发展社区就业，特别是对最困难群体采取重点帮扶，在全国首次提出促进“零就业家庭”② 就业，并实施“零就业家

注：① 再就业工程指政府为促进下岗失业人员就业而开展的一项重点工作，四川省从 1995 年起对各级政府单独部署此项工作并考核。

② 零就业家庭指一户家庭无一人就业。

庭”解困行动，帮助最困难家庭实现至少有一人就业；这一行动开展后取得明显成效、获得社会的认同。此后政府对困难群体的就业援助形成制度。

20 世纪 90 年代中后期，四川农村劳动力外出打工收入渐渐成为农村增收的重要经济来源，劳务输出受到各级政府高度重视，劳动力外出打工形成燎原之势。由于体制障碍尚未完全消除，劳动力市场分割为城乡两部分；农村劳动力在城市大都处于非正规就业状态，流动性、随机性很大，劳动权利没有保障。虽然有诸多政策性制约，依然无法阻挡农村劳动力向城镇的快速转移。

20 世纪 90 年代末期，计划经济体制下建立的技工学校走向市场、经历洗礼。许多技工学校因不适应国家产业结构调整和市场需要而停办，加之高等学校不断扩招，职业技能教育遭遇社会冷落。1999 年四川省劳动厅（以下简称“省劳动厅”）制定了《四川省技工学校调整改革工作的意见》，按照产业结构和劳动力市场需求，对全省技工学校进行调整、改革。在此后的几年时间里，技工学校虽然总体数量减少，但其运行机制已发生质的变化，1999—2005 年，技工学校从 264 所减少到 121 所，但在校生人数却从 5. 20 万多人增至 10. 10 万多人。随着工业制造业的崛起，技能人才逐步为社会认同。四川省以高技能人才培养为龙头，以职业资格证书推行为导向，推动了职业培训迅速发展。2005 年，劳动保障系统全年培训 86. 10 万人，比上年增加 12. 30 万人，为 48. 50 万人提供了职业技能鉴定服务，比上年增加 9. 10 万人。

1998—2005 年，全省各类经济组织吸纳就业呈现出新特征，国有企业、集体、乡镇企业吸纳就业能力逐年弱化，私营、个体及非公经济企业吸纳就业的人数及比例不断上升，同期进入国有企业和集体企业的就业人数大幅减少，私营、个体及非公企业成为吸纳就业的主体。进入 21 世纪，《中华人民共和国劳动法》规定的劳动者平等就业条款在全省进一步落实，各地加大对农村劳动力培训投入，陆续取消了对企业使用农民工的行政审批和农民进城就业的职业工种限制，城乡劳动力市场得到初步统一，农村劳动力基本实现了按市场配置自由就业。

到 2005 年年底，积聚在各地再就业服务中心的下岗失业人员基本走出中心，国有企业下岗职工基本生活保障实现了向失业保险并轨，失业人员就业逐步走向了常态化。同一年，全省通过重点帮扶，使“4050”① 困难对象中的 9. 2 万人、4. 6 万“零就业”家庭中的 5. 3 万人实现了就业和再就业。

二

1985 年以前，劳动工资制度是计划经济模式，国家对企业用工、工资分配实行严格的计划管理，劳动者和用人单位保持终身固定的劳动关系，能进不能出，劳动者不能自主择业，企业不能自主用人。国家对企业的工资分配一管到底，劳动者的工资、晋级提薪、奖金支付都是由国家指令性规定。

1985 年，作为国家经济体制改革的一部分，劳动工资制度开始改革。四川省先于国家出台全省劳动合同制改革配套政策，改革走在全国前面。劳动工资及其他制度改革进程大致分为两个阶段。

第一阶段（1986—1995 年）劳动用工、工资分配由计划管理向企业自主决定转变。

1986 年，劳动工资制度改革大刀阔斧推行。在劳动计划方面，省内工人调配、调剂逐步放开，

注：① “40 50”指女满 40 周岁、男满 50 周岁的下岗失业人员。

企业招用合同制工人、富余技术工人流动等用人自主权不断扩大。对企业固定工制度则通过优化劳动组合推动其改革。在企业工资分配上，开始试行“自主经营、自负盈亏、自主分配、国家征税”的模式，全省全面实行企业工资总额同经济效益挂钩，推广各种适合企业特点的分配形式。职工的增资晋级逐步由国家计划管理向企业自主决定转变。

在企业劳动用工制度转型中，劳动争议仲裁作为劳动制度改革的配套制度恢复建立起来，用以解决在推行劳动合同制度中，企业与职工发生的争议。企业建立劳动争议调解委员会，负责解决本单位的劳动争议；市（地）/县（区）一级建立劳动争议仲裁委员会，受理企业及其职工发生的劳动争议案件。但是，劳动争议处理范围只局限于国营企业及其职工因履行劳动合同和因开除、除名、辞退等发生的争议。这一时期，企业的大锅饭和职工手中的铁饭碗开始被打破，国家是通过计划调配与市场调节相结合的方式对劳动工资进行管理。

1993 年，劳动工资计划体制进一步改革，省劳动厅下发《关于改革企业劳动工资计划管理办法的意见》，明确从当年起取消指令性计划指标，省/市（地）、部门对企业不再下达指令性的职工人数计划。政府对全民所有制企业工资实行弹性工资计划管理。用相关经济指标，调控地区、部门的企业工资总量，并用工资总量间接调控企业职工人数。之后随着企业自我约束力的增强，各级政府不再间接管理国有企业职工人数，劳动计划职能转向劳动保障规划。

在工资分配上，政府根据企业的经济效益情况调控企业的工资总额。企业按规定提取的工资总额有权自主使用、自主分配。

随着非公经济发展迅速，经济成分多元化使劳动关系日益复杂，而政府劳动部门对企业原有的计划管理方式又日渐式微，用人单位侵犯劳动者的合法权益、忽视安全、不签订劳动合同、拖欠工资、延长劳动时间、随意解除劳动关系而不支付经济补偿金等现象累见不鲜。新形势下，法律调控规范的手段亟需进一步强化，1994 年 12 月，省政府发布了《四川省劳动争议处理实施办法》，劳动争议的受理范围，由国有企业及其职工扩大到所有用人单位及其有劳动关系的劳动者。受理内容增加了因职工辞职、自动离职、履行集体合同和在工资、保险、福利、培训、劳动保护等方面发生的劳动争议，使较大范围的劳动争议能在法律轨道上得到妥善解决。

1995 年《中华人民共和国劳动法》实施，为劳动制度的改革深化提供了法律支撑，它从法律上宣告旧的计划经济模式下的固定工制度被废除，新型的劳动合同制度全面实行，劳动制度改革的步伐明显加快。同年 3 月，省政府下发《关于全面实行劳动合同制度的通知》，规定行政区内的所有企业、个体经济组织和企业化管理的事业组织中的全体劳动者，以及国家机关、团体、非企业管理事业组织的工勤人员均实行劳动合同制。劳动合同制度的全面实行，使国有企业职工由国家职工变为企业职工，意味着由国家包揽终身的铁饭碗时代已结束。

在劳动合同制度全面推行中，维护用人单位和劳动者的合法权益，监督国家劳动和社会保障法律法规贯彻落实的劳动监察制度应运而生。1995 年省政府发布《四川省劳动监察规定》，赋予劳动行政部门对监察对象进行监督检查，并查处劳动违法行为的职权。由于这一阶段尚处于制度、机构逐步建立、健全的过程中，劳动监察力度、范围有限。

第二阶段（1996—2005 年）和市场经济相适应的劳动用工制度、工资分配制度及其他配套制度基本确立。

根据国家提出的“市场机制决定、企业自主分配、政府监督调控”的工资改革目标，1995 年以后，四川最低工资保障制度，企业工资指导线制度先后建立。企业弹性工资计划考核办法逐步被企业工资指导线制度取代，企业工资总额调控也逐步改为在政府审批的方案和界线内，由企业自主决定工资总额的提取和使用。企业内部分配基本自主。政府劳动部门根据企业所有制性质、企业参与市场竞争的程度、企业的自我约束能力和企业的经济效益情况，实行分类管理，对国有企业特别是垄断企业主要通过对企业工资总额审核和工资内外收入监督检查制度，控制其工资总额和工资水平过快增长。

随着劳动力的配置、企业收入分配由计划向市场转换，政府职能必须从计划管理转为建立市场规则、发展科学规划、当好服务员和裁判。于是，劳动和社会保障法制建设、劳动和社会保障监察、劳动和社会保障规划、信息化及科学研究等综合工作，便在劳动部门职能转变中，顺势建立和发展起来。

《中华人民共和国劳动法》颁布施行后，四川加快了劳动和社会保障地方立法步伐，制定了一系列劳动和社会保障地方性法规、政府规章和规范性文件，初步形成了以《中华人民共和国劳动法》为基础，以法规、规章和规范性文件相配套的劳动保障法律、法规体系框架，为劳动部门依法行政提供了依据。政府劳动部门的职能转变为更倚重于运用经济与法律手段，通过市场机制和必要的行政干预，综合管理全社会的劳动保障事业。

进入20世纪90年代后期，四川省劳动合同制度从城镇企业推行到乡村集体企业、私营企业、个体工商户。全省加快了企业改革步伐，对国有企业实施资产大重组、促进其机制大转换。劳动工作由直接对企业实施微观管理，转向以宏观预测、规划、调控为主的管理。其协调指导、监督检查和社会服务功能进一步加强。

这期间劳动关系调整向法制化迈进。全省通过实行集体协商和集体合同制度，建立符合国际惯例的劳动关系三方协调机制，加大了协调劳动关系的力度，使企业改制、下岗职工出中心等方面涉及的突出矛盾和问题，通过对话、沟通和协调得到了化解。

全省工资改革进一步推进，先后制订并组织实施企业工资制度和管理体制改革方案，在企业内部分配上，推行企业经营者年薪制，进行了企业工资集体协商试点。在工资制度多项改革中，四川省“最低工资保障、经营者年薪制、工资集体协商”等改革均走在全国前例。

在劳动用工、工资分配、保险福利自主权基本归位于企业后，政府的监督调控手段需要不断与市场化的进程相适应。因此，2002年，四川省人大常委会在全国较早颁布了《四川省劳动和社会保障监察条例》，将国家机关、事业组织、社会团体等应参加社会保险的单位纳入了劳动和社会保障监察范围；对查处违法行为的具体程序，作了相应规范。劳动和社会保障监察制度、体系进一步完善。到2003年，省和市（州）级劳动和社会保障监察机构的组建率达到了100%。劳动保障监察执法检查，成为保障国家劳动和社会保障法律法规贯彻落实的重要手段。

2005年，四川省重点在非国有企业和农民工中推行劳动合同制，集体合同和三方协调机制在较大范围内建立实行。在工资分配上，国家对企业工资的宏观调控制度构架基本确立，全省各市（州）均建立了年度工资指导线，有11个市（州）建立了劳动力市场工资指导价位制度。1986—2005年，全省职工工资收入快速增长，其年平均工资从1985年的1237元增长到2005年的15826元，增长了11.79倍。

三

20 世纪 50 年代，国家颁布《中华人民共和国劳动保险条例》，建立了企业保险福利制度，职工在患病、伤残、生育、养老、死亡时可获得相应的保险待遇。企业保险福利待遇的费用全部由企业承担。此后随着客观情况的变化，国家和地方虽然对一些保险福利办法和待遇标准相继进行了修改，但是企业保险福利基本制度一直在沿用。到 20 世纪 80 年代，随着国家经济体制改革的推行，这一制度已与社会经济改革发展的需要不适应，企业保险福利制度的各项改革逐步展开。

1986 年，基本养老保险、待业保险改革和劳动制度改革同步开启，这时的改革只涉及到新招的合同制职工，在企业职工里没有引起大的波澜。1991 年，国务院发布《关于企业职工养老保险制度改革的决定》，改变了养老保险完全由国家、企业包下来的办法，养老费实行国家、企业、个人三方共同负担。新的养老保险制度在建立之初，其深远意义并没有被社会和企业职工广泛认识，推行中存在较大阻力，养老金少缴、漏缴、拖欠情况突出。20 世纪 90 年代中期，中共中央确立了建立社会主义市场经济改革目标，计划经济体制急剧向市场经济体制转轨，国有企业改革全面进行，社会保障维护社会稳定的作用凸显。但这时，刚刚起步建立的社会保险制度尚显稚嫩，尽快健全、完善社会保障体系，成为保证改革如期进行的重大命题。根据中共中央、国务院的部署，四川加快了推进完善社会保障制度、增强社会保障能力的步伐，五大社会保险相继建立完善。

养老保险——1986 年四川省国营企业劳动合同制开始实施，企业养老保险作为配套制度，与劳动合同制同步展开。省/市（地、州）/县（市、区）三级政府均组建了社会保险机构，实行企业职工退休费用社会统筹。1992 年养老保险统筹迈开改革大步，相继跨过县/市两个台阶，实施退休费用调剂式省级统筹；对养老金计发办法进行改革，随即这一改革办法在省内大面积推行，职工个人开始缴纳养老保险费。实施退休费用调剂式省级统筹、对养老金计发办法进行改革，四川是全国率先起步的省份之一，在当时不仅起步早而且推行面广，工作走在了全国前例。

至 20 世纪 90 年代中期，四川企业退休费用社会统筹仍处于起步阶段，统筹主要是企业间的余缺调剂，钱由企业发，事主要由企业办，退休人员也由企业管理，不少地方的统筹费用实行差额缴拨①，各市（地、州）/县（市、区）的企业费率是各自确定，一地一费率，负担极不平衡。

1996 年，四川省全面实行社会统筹与个人账户相结合的企业职工基本养老保险改革。1998 年进一步确立了基本养老保险待遇与缴费年限、缴费基数紧密挂钩的新机制。养老保险范围从国有、集体企业扩大到城镇非公有制经济组织职工、城镇个体人员，此后又扩大到城镇灵活就业人员。全省各地运用经济、行政、法律等手段，推动养老保险覆盖面逐年扩大，参保人数逐年增多。

在国有企业改革中，许多困难企业出现拖欠养老金的情况，为了确保国有企业离退休人员养老金按时足额发放，从 1998 年 7 月 1 日起，企业缴纳的社会保险费由“差额缴拨”改为“全额缴拨”。养老保险实行收支两条线，退休人员养老金由社会保险经办机构直接发放，此后拖欠企业离退休人员养老金的情况得到扼制。2004 年，四川省将用人单位参加基本养老保险缴费费率统一为 20%，改变了以往各市（州）缴费费率不统一的局面，为逐步实现真正意义上的省级统筹创造了条件。

注：① 差额缴拨指按企业应缴纳与应支付的养老保险费差额进行征缴或拨付。

四川省机关事业单位基本养老保险制度改革试点从1993年开始。各试点市/县改革方案有差异，在参加保险范围中，机关事业单位全员参保的占整个参保面的85%，限于机关事业单位合同制工人和自收自支事业单位职工参保的占整个参保面的10%，仅限于机关事业单位合同制工人参保的占整个参保面的5%。由于国家和省均未出台统一的规范性指导文件，全省各地在缴费的基数、比例、征缴的模式等方面都有差异。2002年，四川省对机关事业单位职工缴纳养老保险费的比例作了统一规定，要求按本人工资缴纳养老保险费，不到4%的按4%缴纳，高于4%的暂维持不变。截至2005年，全省有105.80万职工参加了保险。但此项改革仍处于试点中。

四川省农村社会养老保险于1991年开始试点，资金筹集是以个人缴纳为主，集体补助为辅，国家予以政策扶持。1994年在全省大面积开展。1999年年末，全省有20个市（地、州）的358万人参加了保险。由于农村养老保险的集体补助基本没有落实，农民个人投保档次低，领取的养老金很少，解决不了基本养老问题，因此农民参保缺乏积极性。2000—2005年，总体上这项工作处于停滞、整顿状态。

医疗保险——20世纪80年代以前，四川省企业、机关事业单位一直沿袭20世纪50年代初建立的劳保医疗①、公费医疗福利制度，国有企业职工享受《中华人民共和国劳动保险条例》待遇规定，机关事业单位职工享受公费医疗。大部分非国有企业、个体户、城镇居民、非公职人员医疗费用完全由自己承担。随着经济体制由计划向市场转型，原有的医疗福利制度暴露出许多弊端，不能适应市场经济的要求。从20世纪80年代后期开始，四川省陆续对劳保、公费医疗进行了改革。从1987年起，在部分地区进行了职工医疗费用改革试点。从1989年起，在小型企业、商业企业中推行大病统筹，这一改革起步早、效果好，得到了劳动部的肯定。从1995年起，在部分地区实行了社会统筹与个人账户相结合办法的城镇职工医疗保险改革试点。针对公费医疗制度存在的问题，各地也摸索开展了公费医疗制度的改革。

2000年年底，四川省城镇职工基本医疗保险制度全面启动。这一制度涵盖了城镇所有用人单位及职工。城镇职工基本医疗保险实行属地管理，保险费由用人单位和职工双方共同负担缴纳。由传统医疗福利制度转变为医疗保险制度，这一改革触及了众多人的利益，各地在推进中尤为稳妥谨慎，启动前后做了大量宣传准备工作，保证了制度积极平稳地推行。2001年全省有437万人参加了城镇职工医疗保险，基本实现了职工医疗保险制度的全覆盖。为解决基本医疗保险实施后个人负担过重的问题，全省21个市（州）陆续出台了补充医疗保险办法、公务员医疗补助政策等，建立起多层次的医疗保障体系，减轻参保人的个人负担。

城镇职工基本医疗保险制度实施后，全省不断扩大覆盖面，特别是重点推进困难群体参加基本医疗保险。2001—2005年，中央行业单位职工参加了基本医疗保险，森工企业无力参加城镇职工基本医疗保险的问题得到了解决。针对不同困难群体，通过采取降低费率、单建大病统筹的办法，从制度上先后把城镇灵活就业人员、农民工、部分困难企业职工和关闭、破产企业退休人员、失地农民等纳入了基本医疗保险范围。

失业保险——失业保险制度是由待业保险制度演变而来。1986年四川省国营企业职工待业保险工作开始起步。这一时期，享受待业救济的人员只涉及省内国营企业固定职工和劳动合同制工人，

注：① 劳保医疗指按“劳动保险条例”规定执行的医疗制度。

国家机关、事业单位和社会团体中的劳动合同制工人，覆盖范围窄、保障能力弱。

到20世纪90年代，计划经济在向市场经济转型中，待业保险制度已不能担当起保障作用。1993年，省政府发布了《四川省企业职工失业保险规定》，将“待业保险”明确为“失业保险”，适用范围扩大到各类企业。这一时期，失业保险机构在进一步巩固国营企业，重点扩大集体企业覆盖面的同时，加快了民营企业失业保险试点的进度。由于当时失业保险仅为政府规章，约束力较弱，这一改革在向非国有企业推行中困难重重。

2001年，四川省人大常委会出台了《四川省失业保险条例》，进一步扩大保险覆盖范围，把民办非企业单位及其职工、社会团体及其专职人员纳入了参保范围，对基金征缴比例作了调整。失业保险通过地方法规颁布后，事业进入快速发展的时期；基金征缴一年上一个台阶，保险基金支撑能力显著增强。1998—2005年，全省失业保险基金中用于调剂国有企业下岗职工基本生活的保障资金，累计达到22.42亿元，确保了全省下岗职工的基本生活，使众多的下岗职工度过了暂时难关。失业保险的保障作用得到了彰显。

随着城镇化进程，失业保险范围扩大到农村失地无业农民，截至2005年6月底，全省有16个市（州）出台了失地无业农民参加失业保险的政策和实施意见。

工伤保险——1991年以前，企业职工工伤劳动保险主要按照《中华人民共和国劳动保险条例》，以及卫生部颁发的相关规定执行。1991年，工伤保险制度改革试点开始，至1995年，全省有196.52万人参加工伤保险。这个阶段工伤保险只是在地方国有企业中开展，覆盖面不宽，社会化程度不高，改革缺乏强制性，基金征收难。1997年，四川省出台《关于贯彻〈企业职工工伤保险试行办法〉的实施意见的通知》，进一步规范了工伤保险各项待遇标准和费用项目，建立和完善了与安全生产相结合的奖惩机制、差别费率和浮动费率机制。但此时，工伤保险制度覆盖范围主要是国有和集体企业，大量高风险行业中的私营企业以及从事高风险职业的个体工商户没有纳入范围，其安全仍难有保障。从20世纪90年代后期到2003年，全省参加工伤保险的职工人数随着国有、集体企业减少呈逐年下降趋势，在统筹层次上全省只有成都等几个市（州）实行了市级统筹调剂。

2003年，省政府下发《关于贯彻〈工伤保险条例〉的实施意见》，把工伤保险适用范围扩大到各类企业、有雇工的个体工商户，并对工伤保险基金征收、工伤认定、工伤保险待遇等作了全面的规定。全省在全面推行工伤保险的同时，着重督促煤炭、矿山、建筑等企业参加保险。规定高风险企业参加了工伤保险，才能取得安全生产许可证，针对高危行业和风险大的岗位从业主体是农民工的情况，重点推进农民工群体参加工伤保险，通过采取多种强制措施，截至2005年，全省21个市（州）全部实施了工伤保险社会统筹。

生育保险——1986年到生育保险制度建立前，女职工生育待遇按照1988年国务院发布的《女职工劳动保护规定》以及劳动部《关于女职工生育待遇若干问题的通知》规定执行，女职工生育待遇由企业支付。生育保险从1992年开始试点，1994年后在全省大面积推行，企业单位参加生育保险后，其女职工生育待遇由生育保险基金支付。至2005年，全省有215万多人参加了生育保险。

保险基金监督——保险基金监督是随着社会保障制度的发展而逐步建立起来的。2000年前，四川主要是社会保险经办机构通过内部审计和稽核对基金进行监督。各地在基金管理使用上存在诸多违规行为。2000年四川省劳动和社会保障厅（以下简称“省劳动和社会保障厅”）先于劳动和社会保障部制定了社会保险基金行政监督暂行办法和社会保险基金内部审计暂行办法，省/市（州）均设立或确定了社会保险基金行政监督机构，建立了社会保障行政管理与基金管理分开，执行机构与监督机构分设的管理体制，通过各种监督制度，使基金的使用得到逐步规范。

四

1986—2005 年的 20 年中，四川省劳动和社会保障制度改革作为全省整个改革开放历史变革的组成部分，经历了不平凡的历程，取得巨大成就。特别是从 21 世纪开始，各项改革更加着力于保障、改善民生，为社会和谐稳定发挥了重要作用；为劳动保障事业进一步科学发展夯实了基础。站在 2005 年的历史节点来看，劳动和社会保障领域呈现以下特征：

在就业与培训方面，经过改革，不断调整就业结构，培育发展劳动力市场，积极推进城乡统筹就业，建立了包括职业介绍服务、就业培训、劳动就业服务企业和失业保险为主要内容的就业服务体系，实现了由统包统配的计划经济就业体制向市场导向的就业机制的转变，与社会主义市场经济体制相适应的新型就业制度已初步建立。

在国有企业改革中，成功破解了下岗职工再就业难题。通过实施积极的就业政策，加强宏观调控，建立再就业服务中心，完善社会保障体系，保障下岗职工的基本生活，千方百计创造就业岗位，开展职业培训和就业服务等具体政策措施，促进下岗职工实现再就业，平稳化解了体制转轨时期企业富余人员巨大的失业压力。

职业培训通过不断改革整合，一个由技工学校、就业训练中心、民办职业培训机构、职业技能鉴定机构共同组成，面向城乡劳动者，涵盖国家大多数职业技术分类，培训层次多元化的职业技术教育体系已基本建成。

就业培训的新制度虽然初步建立，但全省就业形势依然严峻，城镇新增劳动力与农村富余劳动力数量巨大，劳动者技能与岗位不相适应，就业需求与就业岗位之间的供需矛盾非常突出；促进就业缺少法律层面的支持。

在劳动工资、劳动和社会保障综合工作方面，用工制度改革从 1986 年开始起步，经历了固定工、劳动合同制工两种用工制度并存，劳动合同制度全面推行平稳实现并轨的渐进过程，与社会主义市场经济体制相适应的劳动合同用工制度已确立。

劳动和社会保障法律法规体系框架基本设立，建立了与之配套的行政执法监督制度、维护劳动保障秩序的监察制度。劳动关系调整以市场化、契约化为目标逐步推进，一个由劳动关系双方自主协商，政府依法调整为主要形式的劳动关系协调机制初步形成。

企业工资收入分配基本形成了“市场调节为主、企业自主分配、职工民主参与、政府监控指导”的收入分配格局，构筑了以工资指导线制度、劳动力市场工资指导价位制度和人工成本信息指导制度、最低工资保障制度为主要内容的调控指导体系。一个与社会主义市场经济体制相匹配的企业工资收入分配制度初步建立。

劳动和社会保障基础建设逐步加强。劳动保障机构由城市向农村向基层延伸，基层工作平台普遍建立。“金保工程”① 全面启动，信息技术支撑系统建立扩大，统计制度不断完善，科学研究工作

注：①“金保工程”即劳动保障信息化工程。

得到加强，劳动和社会保障初步实现了由管理向服务转型。

在经济转型期以及企业所有制形式多元化的背景下，劳动合同签订率在一些行业及人员中偏低，劳动争议呈上升趋势，调整劳动关系的制度机制尚不健全。在分配中职工很难与企业处于平等协商的地位，与市场经济相适应的企业工资决定机制尚需进一步完善。劳动保障立法相对于快速推进的各项改革较为滞后，制度设计、政策制定与人民群众的希望有距离，劳动保障信息化建设落后于实际工作的需求。

在社会保险制度方面 社会保险制度从无到有，五大社会保险制度相继建立，一个适应社会主义市场经济体制要求，适用城镇各类企业职工和个体劳动者，资金来源多渠道、社会统筹与个人账户相结合、权利与义务相对应、管理服务社会化的社会保险体系基本形成。社会保险覆盖群体从窄到宽，由社会保险制度建立初期的国营和集体企业职工扩展到了城镇各类企业职工以及个体工商户、灵活就业人员。保障水平从低到高，参加养老保险的企业离退休人员基本养老金待遇水平不断提高，医疗保险参保人员看病个人负担逐步降低。

社会保险制度在建立中，承担了企业转型期劳动者保障权益的历史欠账，使企业职工初步实现了老有所养、病有所医、工伤有保护、失业有救济。完成了由单位保障向社会保障的转化，在四川深化改革、加快经济发展的大局中发挥了稳定器、安全网的作用。

社会保险基金监管初步形成了劳动保障部门行政监督、财政部门财政监督、国家审计机关审计监督、社会保险经办机构内部审计监督和社会监督相结合的社会保险基金监督体系。

社会保障制度框架虽然建立但尚不完善，城乡分割、群体分割；保障能力不强，基本养老保险资金存在着承受能力和实际需求之间的巨大差距，社会保险统筹层次低，覆盖面依然较窄；流动就业人员参加社会保险及保险关系转移还受到制约，困难群体的医疗保障没有从根本上解决。

概而言之，在20年中，四川省劳动和社会保障制度基本实现了由计划经济管理向市场经济调控服务的转型，但依然存在诸多困难与羁绊，需要通过继续改革去解决，以适应社会发展的要求。

第一篇　就业与培训

1986—2005 年，随着改革进程，政府劳动部门从计划安置城镇人员就业，转变为统筹城乡所有劳动者就业。在这一过程中，就业培训也从层次单一、仅仅面向城镇人员的培训，发展为面向城乡劳动者，培训层次多元化，涵盖了国家大多数职业技术工种的职业技术教育体系。

在全省，一个以职业介绍服务、劳动就业服务企业、就业培训、职业技能鉴定机构为主体的就业培训服务体系已形成。就业培训基本实现了由统包统配的计划经济体系向市场导向的就业培训机制的转变。

第一章　城乡劳动力就业

四川省劳动力资源历来就比较丰富，由于地处内陆，经济发展相对滞后，劳动力长期供过于求，就业矛盾十分突出。在1986—2005年的20年中，促进就业始终是政府劳动部门的重要任务。随着国家经济体制改革进程的推进，劳动部门就业服务的对象不断扩大，从单一的负责城镇人员就业安置，发展到统筹城乡劳动力就业，其间在不同时期就业工作重点有所侧重，1995—2005年，因经济体制改革的深入和企业结构调整力度增大，出现了大量的国有企业下岗职工和失业人员。各级政府促进就业工作的重点是千方百计解决下岗失业人员的就业和再就业，以缓解突出的就业矛盾，维护社会的稳定。

第一节　新增劳动力就业

1978年，国家改变了城镇知识青年上山下乡政策，已经上山下乡的知识青年集中返回城镇需要“安置”就业。在经济不发达、劳动就业门路不宽的情况下，城镇待业青年的“安置”一度成为“爆炸性”问题。面对十分突出的城镇就业问题，1981年，中共中央、国务院下发了《关于广开门路、搞活经济，解决城镇就业问题的若干决定》。四川省按照中共中央、国务院的战略部署，调整地方的产业结构，在坚持全民所有制经济主导地位的前提下，大力扶持城乡集体经济尤其是劳动服务公司这种新型城镇集体经济，支持和鼓励个体私营经济的发展，有效地扩大了城镇就业门路。劳动部门在就业工作中，坚持实施在国家统筹规划和指导下，劳动部门介绍就业，自愿组织起来就业和自谋职业的就业方针（以下简称“三结合”就业方针）。全省突出的城镇就业矛盾逐步地得到缓解。城镇登记失业率，从高峰时期1979年的6.67%，回落到1986年的2.26%。

1986年，四川省计划安置待业人员25.12万人，实际安置了29.30万人，比计划超额7%，全省城镇待业人数明显下降，大中城市的就业矛盾得到了有效解决，但县城和集镇的就业矛盾依然尖锐突出。据省劳动人事厅对全省655个建制镇的统计调查，这些镇的待业人员达到11万人，占到同期全省待业人数的53%，待业率为3.92%。妥善解决小城镇的就业问题，成为劳动就业工作最紧迫的任务。1987年12月，省劳动人事厅向省政府提交了《关于进一步做好小城镇劳动就业工作的报告》，建议把劳动就业工作纳入政府目标管理和岗位责任制进行考核，政府要着重研究解决县镇及乡镇的就业问题，要因地制宜、广开门路贯彻“三结合”就业方针，破除旧的就业意识，鼓励支持待业人员组织起来就业和自谋职业，要按照政策扶持发展集体经济、个体经济及各种合作经济。乡镇待业人员就近组织兴办的集体企业，享受乡镇企业减免税照顾后仍有困难的，可再给予减征所得税

1—2 年的照顾。此外还提出要加强对企业使用临时工的管理，严格控制“农转非”①，不增加城镇就业压力。省政府批转此报告后，全省各地因地制宜，大力发展城镇集体经济，各国有企事业单位、街道纷纷开办了劳动服务公司，解决子女及城镇待业青年就业，劳动服务公司成为城镇集体经济中专门承担就业安置的基地和吞吐调节社会劳动力的蓄水池。各级政府及相关部门支持发展以安置就业为主要目的集体企业的具体做法是：工商部门在企业开办时给予办理证照照顾，税务部门对劳动服务公司集体企业当年安置待业人员达到一定比例的，给予所得税减免（前 3 年免、后 2 年减半征收），对从事旅馆、饮食、修理等特定服务行业的，给予免征营业税 2 年的照顾。劳动就业部门对自筹资金不足、符合借款条件的劳动服务公司集体企业，从城镇青年就业和劳动服务公司补助费中借给扶持生产资金，供其周转使用。行业主管部门对兴办安置就业为目的企业，在其开办资金、场地、管理人员等方面给予支持。主办单位按“扶上马，送一程”原则，提供开办资金、生产场地、生产经营项目支持，还抽调管理人员组织待业人员和职工待业子女开展生产自救。社会各方都对劳动服务公司的生存和发展给予了多方面的支持。

1989 年开始，国家在经济领域进行了 3 年的治理整顿，在这一阶段全省恰逢进入新一轮就业高峰，劳动就业的压力增大。针对全省劳动就业工作中的新情况、新问题，同年 11 月，省政府发出了《关于努力做好劳动就业工作的通知》，要求各地加强城镇劳动力资源的宏观控制，从严控制“农转非”。企业富余人员主要由企业消化，减少就业转待业人员；要着重发展集体经济、个体经济扩大就业，省级各有关部门要为发展集体经济和个体经济、搞好劳动就业作出相应的规定，对安置城镇待业人员为主的集体经济应从各方面尽力给予支持；要落实就业经费，逐步建立就业基金制度，并规定基金来源：一是省和各级财政每年挤出点，二是从劳动服务调配费、管理费划拨一些，三是从劳动服务公司企业利润中提取一些。

根据省政府通知的精神，1990 年，省劳动厅进行了《探索解决社会待业的有效途径》的课题研究，与省工商、税务等部门协商制发了《关于进一步拓宽就业渠道稳定就业局势几个具体问题的通知》，对安置待业人员为主的集体企业扶持政策，做出进一步具体规定。并再次重申，劳动部门要对来自农村的计划外用工进行清退。全省各地贯彻省政府通知精神，加强对就业工作领导，许多地方政府把就业工作列入任期目标进行考核。在全省各地的努力下，就业形势比较平稳，待业率控制在 4% 以内。由于政府连续采取扶持政策支持集体、个体经济发展，1990 年四川城镇集体、个体私营企业吸纳就业人员，已接近当年待业人员总数的二分之一，撑起了就业的半壁江山，成为仅次于国有企业的重要就业渠道。

1991 年，随着四川经济体制改革的深入发展，国有企业减员增效、改革劳动用工制度，其安置就业的能力明显降低。各地劳动部门加快职业介绍所建设步伐，通过安置就业和市场介绍就业相结合解决城镇新增劳动力就业问题。就业由各级劳动就业部门组织安置，逐步向市场调剂转变。

1992 年中共十四大确立了建立社会主义市场经济体制的改革目标后，就业愈加市场化。市场就业的具体方针是：国家宏观调控，城乡协调发展，企业自主用人，个人自主择业，市场调节供应，社会提供服务。在市场就业的形势下，四川省劳动部门促进就业的做法，主要是通过发展和规范劳动力市场，制定和落实促进就业的政策措施，用政策鼓励用人单位吸纳就业。积极争取有关部门对

注：① 由农业人口转为非农业人口。

促进就业工作的支持和配合，动员和组织社会各方面的力量共同推进劳动就业工作。各级就业服务管理机构的工作是：具体落实促进就业的扶持政策，落实促进就业专项资金和小额贷款及担保，采取措施推动就业型企业和社区就业实体的发展。组织开展公共就业服务，提供职业指导、开展公共职业介绍服务，组织开展就业前培训、职业技能培训和创业培训，增强社会劳动力实现就业的能力，帮助和支持新增劳动力通过各种方式实现市场就业。

1993 年，省委、省政府对各项改革实行目标管理，全省进一步改革就业制度，调整就业政策、健全就业服务体系，开展全方位的就业服务。在各级劳动部门的努力下，仅 1—9 月就办理城乡劳动者求职登记 27.70 万人次，为用人单位介绍了 18.70 万人就业。全面完成了各项劳动就业目标任务。

1994 年，全省建立职业介绍、就业培训、失业保险和劳服企业四位一体的就业服务体系，开展相互配套的就业服务，通过市场就业新机制实现了 24 万城镇待业人员就业。

1995 年，大量企业下岗人员由企业安置消化为主，开始转为走向社会谋求再就业，全省就业形势严峻。省委、省政府把促进就业列为各级政府的重要任务。再就业工程开始实施。

1996—2005 年期间，政府促进就业的重点是解决企业下岗失业人员就业和再就业，在这期间出台的就业政策所涵盖的对象，除企业下岗人员外也包括了城镇新增劳动力。国家和四川省均没有单独出台关于促进城镇新增劳动力就业的政策。

1986—2005 年四川省城镇登记失业人员就业情况

表 1—1　　　　单位：万人、%

年　份	本年实有待业人员人数	上年结转人数	本年新增人数	新增待业人员占本年待业人员总数的比例	当年安置待业、失业人员总数或帮助其实现就业的人数	年末结存未安置的待业人员数	年末城镇登记待业（失业）率
1986	53.11	20.50	32.61	61.41	29.30	23.80	2.26
1987	52.30	23.80	28.50	54.49	28.20	24.13	2.21
1988	69.20	27.97	41.23	61.05	26.90	42.63	2.44
1989	63.64	39.36	24.28	38.15	18.31	45.33	3.25
1990	64.80	36.61	28.19	43.50	22.95	41.85	3.31
1991	65.35	41.85	23.50	35.96	20.00	43.35	3.34
1992	76.57	43.35	33.22	43.38	20.00	56.57	3.91
1993	58.38	33.38	25.00	43.39	22.40	35.98	3.48
1994	59.96	35.98	23.98	37.72	24.00	39.56	3.60
1995	69.90	39.50	30.40	43.38	27.00	42.84	3.56
1996	68.40	38.30	30.10	52.52	27.40	41.05	3.50
1997	46.50	27.80	18.70	40.12	18.30	28.23	3.41
1998	49.40	26.70	22.70	45.85	17.90	30.18	3.74
1999	49.30	30.20	19.10	35.90	18.30	31..00	3.70

续表1—1

年　份	本年实有待业人员人数	上年结转人数	本年新增人数	新增待业人员占本年待业人员总数的比例	当年安置待业、失业人员总数或帮助其实现就业的人数	年末结存未安置的待业人员数	年末城镇登记待业（失业）率
2000	51.80	29.60	22.20	40.15	19.00	32.80	3.97
2001	54.40	30.90	23.50	43.17	19.70	34.50	4.29
2002	70.10	31.90	38.20	54.49	31.70	38.40	4.50
2003	77.20	33.80	43.40	54.61	38.10	39.10	4.40
2004	83.20	33.10	50.10	59.48	47.60	35.60	4.42
2005	92.20	33.30	58.90	63.65	55.40	36.80	4.61

说明：本表中列示的数据摘自历年就业工作相关统计报表

1986—2005年四川省城镇登记失业人员当年实现就业去向情况

表1—2　　　　单位：万人

年　份	当年城镇实现就业的总人数	到国营（国有）企业	到城镇集体企业	从事个体和私营经济	到机关和事业单位	其　他
1986	29.30	11.51	12.01	3.79	0.06	1.93
1987	28.20	10.54	12.19	3.27	1.20	1.00
1988	26.90	10.06	12.58	3.08	1.12	0.06
1989	18.31	11.00	4.01	1.90	0.82	0.58
1990	22.95	11.50	6.45	3.50	0.61	0.89
1991	20.00	7.45	7.10	3.85	0.40	1.20
1992	20.00	6.50	7.66	4.20	0.43	1.21
1993	22.40	6.38	9.06	5.13	0.49	1.34
1994	24.00	6.84	9.68	5.50	0.53	1.45
1995	27.00	7.00	10.90	6.20	0.60	1.60
1996	27.40	7.60	7.00	8.30	0.80	3.90
1997	18.30	3.90	4.40	4.08	0.63	5.22
1998	17.90	2.20	3.70	8.50	0.40	3.10
1999	18.30	2.70	3.30	8.90	0.90	2.50
2000	19.00	2.60	2.50	10.00	0.40	3.50
2001	19.70	2.50	2.30	11.30	0.40	3.20
2002	31.70	3.90	4.30	18.70	0.80	4.00
2003	38.10	4.60	3.40	23.30	1.00	5.90

续表1—2

年　份	当年城镇实现就业的总人数	到国营（国有）企业	到城镇集体企业	从事个体和私营经济	到机关和事业单位	其　他
2004	47.60	7.70	4.70	27.10	2.00	6.10
2005	55.40	9.40	4.40	25.10	1.81	14.70

说明：本表中列示的数据摘自历年就业工作相关统计报表

2001—2005 年四川省新增就业情况

表 1—3　　　　单位：万人

年　份	城镇新增就业人数	下岗失业人员再就业人数	“4050”等救助对象再就业人数	备　　注
2001	40.00	24.90		城镇新增就业人数指全年城镇新实现的就业人数减去自然减员的人数。其中新实现就业人数是指报告期内城镇累计新就业人数即报告期累计新就业的各类城镇用人单位从业人员数、城镇私营个体经济从业人员数和社区公益性岗位以及各种灵活形式就业人数的总和；自然减员人数是指报告期内，按照国家政策规定办理正式退休手续的人数和伤亡减员人数。1986—2000 年，未专门对当年城镇新增就业人数作计算，按照上级要求，从 2001 年开始增加了对当年城镇新增就业人数的统计
2002	40.00	27.70		
2003	41.40	36.70	7.20	
2004	50.87	31.00	8.93	
2005	57.44	30.88	9.20	

说明：本表中列示的数据摘自历年就业工作相关统计报表

第二节　下岗失业人员再就业

从 20 世纪 90 年代开始，四川省的就业工作面临新的形势。随着劳动人事制度和企业改革的深入，就业转失业的人员明显增多，失业周期延长；由于经济体制转型，企业特别是国有企业出现了大量的下岗职工。在劳动力供大于求的背景下，失业人员和下岗职工再就业的意愿强烈，但实现再就业的难度很大。对此，中共各级党委、政府高度重视。省和市（地、州）及再就业任务较重的县（市、区）建立了再就业领导或协调机构，负责推进再就业工作。全省在大力发展经济特别是第三产业，增加就业容量的同时，通过目标责任管理、开发就业岗位、加强就业服务和政策鼓励等措施持续推进再就业工作，保持了就业局势的基本稳定。

1995 年前，四川省的再就业工作纳入整体就业工作统筹安排。1995 年及以后，再就业被列入重点工作进行单独部署。

1995 年，在总结成都市“再就业工程”试点工作的基础上，省政府决定，在全省实施“再就业工程”。旨在综合运用政策扶持和各种就业服务手段，促进失业人员尽快实现再就业，帮助企业妥善安置和分流富余职工。7 月，省政府下发《关于实施“再就业工程”的通知》，明确了“再就业工程”的实施对象，提出了实施“再就业工程”的政策和措施。实施对象为享受失业保险待遇人员和缴纳了失业保险费的国有企业、城镇集体企业撤离生产岗位的富余职工。实施政策 23 项，主要有：

在地方权限内减免税收，鼓励安置再就业人员；允许企业利用国有资产建立基地安置富余职工；用贷款和财政、就业部门的资金扶持劳动密集型企业，增加就业容量；放宽经营范围限制和免收管理费，鼓励下岗失业人员组织起来就业和自谋职业；运用转业训练费培训失业人员和困难企业下岗职工，增强其就业能力。实施的主要措施有加强组织领导、加强宣传、加强就业服务机构建设和加大工作力度等。

各地及时启动实施“再就业工程”工作。按照省委和省政府的要求，以落实政策为重点，把实施“再就业工程”与经济结构调整、国有企业改革和完善社会保障制度结合起来进行，1995 年初见成效。

1996 年，实施“再就业工程”取得新进展，共帮助 13 万名长期失业者和企业富余职工实现再就业。23 户省属特困企业运用“再就业工程”政策，分流安置了部分富余职工。

1997 年，全省“再就业工程”实施的力度加大。省政府下发《关于对实施“再就业工程”实行税收优惠政策的通知》，明确了 5 项实施“再就业工程”减免税具体政策。省劳动厅下发《关于发挥就业服务整体功能、深入实施“再就业工程”的若干意见》，对劳动系统深入推进“再就业工程”工作作了新的部署。四川省工商行政管理局通过转发国家工商局文件的形式要求各级工商部门制定和落实促进下岗职工再就业的具体办法。

各地把符合条件的人员都纳入实施“再就业工程”的范围，提供政策指导和就业服务。同时，通过鼓励招用、内部分流、自谋职业、生产自救和劳务输出等形式促进参加“再就业工程”人员再就业。全年参加“再就业工程”的 37. 90 万名下岗失业人员，有 18. 30 万人实现再就业。

1998 年，针对国有企业攻坚改革，大量职工下岗急需就业的新形势，四川省的再就业工作转向以下岗职工为重点，以建立市场导向的就业机制为目标推进。省委和省政府，根据中共中央和国务院关于国有企业下岗职工基本生活保障和再就业工作部署，下发《关于做好我省国有企业下岗职工基本生活保障和再就业工作的通知》，明确了促进再就业的政策和措施。这轮促进再就业的政策力度较大。除实施“再就业工程”的扶持政策继续执行外，还根据国家政策和授权，扩展和新增了多项扶持政策。主要政策包括 4 方面的内容：减免行政性和证照类收费，鼓励下岗失业人员组织起来就业和自谋职业；减免营业税、所得税、教育附加和城市建设维护税，鼓励下岗失业人员到社区就业；减免企业所得税，鼓励用人单位吸纳下岗失业人员就业；劳动部门提供免费转岗培训和公共就业服务，促进下岗失业人员就业。

省政府两次召开全省国有企业下岗职工基本生活保障和再就业工作会议，部署下岗职工基本生活保障和再就业工作。同时决定对再就业工作实行目标管理，确定了是年的目标任务和考核办法。成立了由省长宋宝瑞任组长的“四川省解困再就业工作领导小组”，负责领导和协调全省的再就业工作。四川省解困再就业工作领导小组制发了《四川省“五年五十万”再就业培训计划》，在全省组织开展了“再就业援助大行动”活动。在中共各级党委和各级政府的推动下，1998 年下岗职工再就业工作起步良好，39 万多名下岗职工实现再就业。

1999 年 3 月，省委 、省政府下发进一步做好再就业工作的通知，要求加大再就业工作力度，进一步落实政策，积极开发新的就业岗位，强化再就业服务。10 月，省劳动厅等 10 部门和组织制发《关于大力开展社区就业服务促进国有企业下岗职工再就业有关问题的通知》，规定了促进社区就业的政策。同时，要求在城市所辖区、县级市和人口大县建立社区就业服务中心，在居委会建立社区就业服务站，负责推动社区就业工作。11 月，省政府召开全省两保[①]和再就业工作电视电话会议，要求严格界定下岗职工，狠抓促进再就业各项优惠政策的落实，努力增加实现再就业的人数。

2000 年，四川省实施五项重点措施推进再就业工作。强化目标管理，层层分解下达再就业人数等目标任务，并进行目标完成情况进度监控和年度考核；拓展就业领域，着力开发社区就业岗位，增加就业容量；提高再就业服务水平，根据下岗职工特点，有针对性地开展职业培训、职业指导和职业介绍服务，年培训下岗职工 13.50 万人，培训后的再就业率达 69%；探索理顺下岗职工劳动关系的办法，鼓励下岗职工与企业解除劳动关系，自谋职业；开展落实再就业政策和再就业进度督促检查活动，四川省人民政府组织再就业督查小组，明查暗访各地再就业政策和工作落实情况。10 月和 11 月，省解困再就业领导小组针对目标任务完成不平衡情况，分别召开部分地区再就业工作汇报会和座谈会，检查督促工作进度，明确加快工作的新措施。截至年末，全省有 29.48 万名下岗职工实现再就业，超额完成了四川省人民政府政府下达的 20 万人的再就业目标。

2001 年 4 月，省劳动和社会保障厅等部门联合下发《关于贯彻国务院 9 部门推动社区就业工作的若干意见的通知》，增加 40 多项社区就业免税项目。省劳动和社会保障厅建立了重点社区联系制度，组织召开了社区就业现场会，不断推进社区就业工作。下岗失业人员，特别是就业困难下岗失业人员在社区的保绿、保洁、居民服务等岗位就业的人员不断增加。10 月，省政府办公厅转发省劳动和社会保障厅等 14 个部门和机构《关于进一步完善和落实再就业优惠政策的意见》（以下简称《意见》），规定将享受扶持政策的对象，由下岗职工扩大到城镇就业转失业的人员，要求各部门紧密配合，狠抓政策的完善和落实。按照《意见》要求，全省实行了明白卡制度。省劳动和社会保障厅统一印制汇集再就业政策的《再就业优惠政策明白卡》，全省有再就业愿望的人员人手一册。

1998—2001 年，全省共有 116.50 万名下岗职工实现了再就业。

2002 年，根据大量进入国有企业再就业服务中心（以下简称“中心”）的下岗职工托管协议逐渐到期，需要出“中心”再就业和企业改革以及正常终止解除劳动合同等原因失业的人员不断增加，就业的焦点集中在下岗失业人员再就业上的新情况，中共中央和国务院组织召开全国再就业工作会议，下发《关于进一步做好下岗失业人员再就业工作的通知》，规定了新一轮再就业扶持政策，提出促进再就业的措施和要求。同时决定，由各级财政出资建立再就业资金，中央财政对老工业基地和中西部地区给予再就业资金补助。

四川省针对再就业矛盾更突出的省情，抓住实施新一轮扶持政策的有利契机，把制定新政策和推进再就业工作结合进行。全国会议后，省委、省政府两次召开全省再就业工作会议，传达全国会议精神，研究部署全省的再就业工作。并下发《关于进一步做好下岗失业人员再就业工作的通知》，明确再就业工作的目标任务，规定了四川省的扶持政策，指出了拓宽就业的渠道，提出了推进再就业工作的要求和措施。决定从 2003 年起，将再就业单项目标调整为体系管理。把净增就业岗位、落实再就业政策、强化再就业服务、加大再就业资金投入和帮助困难群体就业细化为具体工作目标，作为对各级政府目标管理和政绩考核的重要内容。省级劳动保障、财政、工商、税务、物价、银行等部门，先后制发了解决操作层面问题的配套文件。中共四川省委宣传部、省劳动和社会保障厅下发了再就业工作宣传提纲。各级党政相关部门、群团组织、新闻媒体，按家喻户晓的要求，组织开

注：①“两保”即保国有企业下岗职工基本生活，保企业离退休职工基本养老金发放。

展声势浩大、形式多样的宣传活动，提高政策知晓度，促进就业观念转变。

省委、省政府根据国家政策和要求，制定的新一轮再就业扶持政策和措施，较为系统，初步形成了积极就业政策框架。这轮政策的亮点是由政府出资建立再就业资金，用于社会保险和岗位补贴及免费职业介绍和培训等。建立了就业扶持资金列入财政预算制度，突破了过去的政策瓶颈，增添了扶持再就业的硬措施。政策出台的同年，省级财政安排2000万元再就业专项资金，分配给各地。

较上轮政策，新政策拓展和新增规定较多。拓展性规定主要有：鼓励下岗失业人员组织起来就业和自谋职业，减免行政性和证照类收费的力度，从部分减免加大到全免；鼓励下岗失业人员再就业，减免营业税、所得税、教育附加和城市建设维护税范围，从社区就业扩大到从事个体经营的全体；鼓励吸纳下岗失业人员就业，减免企业所得税的对象，从民营企业和劳动服务企业，扩大到服务型企业、商贸企业和就业实体。新增规定主要有：为下岗失业人员自谋职业和自主创业提供小额贷款和部分项目财政贴息；为开发公益性岗位安置国营企业"4050"人员的社区，提供一定数额的岗位补贴；为招用国营企业下岗失业人员的服务型企业和开发公益性岗位安置国营企业"4050"人员的社区，提供一定额度的养老、医疗等社会保险补贴。

11月，四川省机构编制委员会（以下简称"省编委"）下发《关于加强全省街道和乡镇劳动保障机构建设有关问题的通知》，全省启动了街道和乡镇劳动保障机构建设工作。再就业工作体系向基层延伸。

截至2002年年底，四川省的新一轮扶持政策和操作办法基本出齐，再就业人数等各项目标任务都超额完成。

2003年，四川省多措并举推进再就业政策落实。在积极争取中央财政再就业资金补助的同时，省政府分配中央和省本级安排的补助资金，与各地财政安排的再就业资金数量和落实政策情况挂钩，鼓励各地安排再就业专项资金。全省建立再就业资金筹集、使用和落实再就业政策情况月报制度，并定期通报。着力推进全省街道和乡镇劳动保障机构设置和人员配备工作，增强再就业工作的支撑力。截至年末，全省194个街道全部建立了劳动保障所，落实工作人员506人。2491个重点乡镇建立了劳动保障所，1071个工作任务重的非重点乡镇确定了劳动保障机构。四川省解困再就业领导小组，组织成员单位的领导赴各地督查再就业工作和政策落实情况，了解政策执行中的问题。

9月，省政府召开全省再就业工作会，总结和部署阶段性工作。同时明确了政策执行中的4个问题：享受政策的对象扩大到城镇集体企业下岗失业人员问题，全省不作统一规定，由各地中共党委、人民政府确定；小额担保贷款对象，可扩大到下岗职工组织起来创办的小型企业；服务型和商贸企业与下岗职工签订一年以上劳动合同，即可享受社会保险补贴和税收减免政策；职业介绍和职业培训可按介绍成功率和再就业培训合格率、培训后的再就业率给予补贴。

全省启动和实施了再就业救助工程。省本级和部分地区建立了再就业救助中心，对纳入扶持政策范围的"4050"人员、夫妻双下岗或失业、单亲家庭抚养未成年子女，以及残疾的下岗失业人员等再就业困难对象实施救助。

2004年，针对小额担保贷款政策落实不够，影响下岗职工自主创业问题，省劳动和社会保障厅联合中国人民银行成都分行等部门下发《关于进一步推动下岗失业人员小额担保贷款工作的指导意见》，从思想认识、审批手续、担保机制和贷款发放方式等方面提出了改进意见。在全省组织开展了再就业先进集体和个人评选活动。同年，中央财政实行国有企业下岗职工基本生活保障和再就业补助资金捆绑下拨办法，允许地方统筹安排，并增加补助额度。四川省获得的国家补助资金大幅增加。各级政府通过多种渠道筹集的再就业资金较为充裕，全省实施再就业优惠政策有充足的资金保障，落实政策的环境明显改善。

2005 年，省劳动和社会保障厅在全省组织开展以“实现就业一人，帮助解困全家”为主题的“零就业”家庭解困行动。在继续落实扶持政策，发挥政策效应的同时，积极解决重点难点问题。全年帮助 4.60 万户“零就业”家庭里的 5.30 万人实现了就业。

在积极就业政策和中共各级党委、人民政府的全力推动下，社会多方面的积极性得到较好发挥。再就业工作取得前所未有的进展，再就业人数不断增加，就业的稳定性有所提高。2003—2005 年，有 81 万名下岗失业人员实现再就业。国有企业 25.93 万名出“中心”下岗职工中，有 17.93 万人实现再就业，再就业率 69.15%。2005 年年末，国有企业再就业服务中心只剩 1.52 万名下岗职工，再就业矛盾初步缓解。

1998—2005 年四川省出再就业服务中心下岗职工再就业情况

表 1—4　　单位：万人、%

年　份	出中心人数	出中心人员再就业人数	再就业率
1998	41.02	39.52	96.43
1999	34.19	29.95	87.60
2000	33.74	29.48	87.37
2001	27.07	24.87	91.87
2002	14.03	12.69	90.45
2003	19.05	14.09	73.96
2004	6.32	4.29	67.88
2005	4.86	2.55	52.67

说明：本表中列示的数据摘自历年就业和再就业工作相关统计报表

2003—2005 年四川省再就业扶持政策落实情况

表 1—5　　单位：万人、万元

项　目		2003 年	2004 年	2005 年	合　计
小额担保贷款	人　数	0.20	0.40	0.40	1.00
	金　额	3558.00	5953.00	5237.00	14748.00
个体经营税减免	人　数	7.70	7.80	7.20	22.70
	金　额	3216.00	10874.00	18548.00	32638.00
各类企业税收减免	人　数	2.30	2.90	3.50	8.70
	金　额	4250.80	6967.20	14040.10	25258.10
行政事业性收费减免	人　数	16.60	18.20	25.40	60.20
	金　额	4533.00	6641.00	8509.00	19683.00

续表1—5

项　　目		2003 年	2004 年	2005 年	合　计
社会保险补贴	人　数	4.00	4.60	10.70	19.30
	金　额	2261.00	5809.00	14530.00	22600.00
岗位补贴	人　数	2.70	3.90	6.90	13.50
	金　额	1356.00	3428.00	7090.00	11874.00

说明：本表中列示的数据摘自历年就业和再就业工作相关统计报表

第三节　出入境就业

一、外国人就业

四川是内陆省份，对外开放程度和经济对外依赖度较沿海地区低，外向型经济在整个社会经济中所占的比重低，1986—1990 年，在省内就业的外国人很少。省内没有专门机构进行管理。1990 年后，每年有为数不多的外国人在川就业。外籍人员在川从事的职业主要包括：涉外和星级较高酒店的高级管理人员、重点高校教师、中外合资企业、外商独资企业的关键技术人员和高级管理人员。四川对外国人来川就业人员的管理、服务是从 1991 年开始的。同年，经省编委批准，在四川省就业服务管理局（以下简称“省就业服务管理局”）安置处增挂了外国人就业处的牌子，确定由省就业服务管理局负责对来川就业的外国人进行审批和发放“外国人就业许可证”工作。1993 年，外国人来川就业的许可审批业务由省就业服务管理局移交给省劳动厅管理。

1996 年，劳动部、公安部、外交部、对外贸易经济合作部联合颁布的《外国人在中国就业管理规定》和《关于贯彻实施〈外国人在中国就业管理规定〉有关问题的通知》，对外国人在国内就业作了具体规定。要求用人单位聘用外国人从事的岗位，应是有特殊需要、国内暂缺适当人选且不违反国家有关规定的。外国人在川就业应年满 18 周岁，身体健康，有从事其工作所必须的专业技能和相应的工作经历，无犯罪记录，有确定的聘用单位，持有有效护照或能代替护照的其他国际旅行证。用人单位聘用外籍人员要办理“外国人就业许可证”，外国人就业要办理“外国人就业证”。

2001 年，外国人在川就业人数为 171 人。

随着外国在中国投资企业增多，外国人就业范围更广泛，有的陆续进入国家规定应持有职业资格证书的职业（行业），而各地为外国人办理就业手续和具体的就业管理没有统一规范。根据这种现状，2005 年 7 月劳动和社会保障部办公厅在《关于对外国人在中国就业管理有关问题的函》中，就外国人在中国就业办理就业手续有关问题作出答复意见，外国企业常驻中国代表机构的首席代表因持访问签证入境的，可凭访问签证到劳动保障部门直接办理就业证，凭就业证到公安机关申请居留许可。9 月，劳动和社会保障部办公厅还发出《关于外国人在中国就业持职业资格证书有关问题的函》，明确外国人在中国从事国家规定职业（工种）的人员，须持有相应的职业资格证书。从事具有外国特色的职业（工种）如西点烹饪师、西点面包师等，经劳动和社会保障部批准，可持本国政府或行业协会颁发的职业资格证书就业。同时允许外国人在境内参加职业资格鉴定考试。

2005 年，在川就业的外国人 384 人，他们来自 38 个国家，其中美国、日本、韩国、加拿大等发达国家占75%。在川就业的外国人中：外籍华人约占30%；男性占81%，女性占19%。聘用单位中："三资"企业①（含港澳台投资企业、外国企业常驻代表机构）占75%，内资单位占25%。分布的行业：商贸服务业占33%，计算机通信业占24%，机械制造业占22%，文化、农业、交通、建筑、金融等其他行业占21%。工作岗位方面：从事经营管理工作的占73%，从事技术技能工作的占27%。

二、境外就业

四川从1986年起，每年有一定数量的人员到境外就业。所从事的职业主要是船员、大型企业承包海外工程的外派劳务人员，涉外企业派到境外母公司进行研修生产实习的人员，以及个人通过境外就业中介机构介绍，到境外实现就业的人员。1986—1990年期间到境外就业的人员数量少，政府劳动部门对这一领域的管理服务没有相应的规定。1990年后，由于对外开放程度加大，到境外就业的人员数量逐步增加，境外就业服务机构的业务日益增长。1992年11月，劳动部颁布了《境外就业服务机构管理规定》，对从事境外就业服务的机构进行制度规范。四川省各地遵循这一规定，积极开展境外就业服务，鼓励和支持省内人员到境外就业。在境外劳务输出起步阶段，工作发展不平衡，部分工作力度较大的地区劳务输出效果明显，另有一些地区因信息不畅、工作力度不够，境外输出人员数量不多。各地开拓境外就业的主要做法是：鼓励有条件的公司到国外去承包工程，以工程为载体向国外输出劳动力；利用各种人员的海外关系，寻求信息；通过回国人员的影响，扩大输出；通过协助办理资格认证等服务，积极发展境外就业中介组织，增加境外劳务输出量。

在各级人民政府的支持下，四川境外劳务输出人数不断增长，1993年只有1600人，到2001年已有3.20万人实现了境外就业。

随着境外就业人员逐年增加，涉及的行业工种增多、就业国家范围扩大，境外就业出现了许多新问题：一些中介机构在开展境外劳动力输出的过程中服务协议、广告宣传不规范，境外就业人员一旦和中介机构或境外雇主发生合同纠纷，劳动者的利益不能得到保证。针对此种状况，2002年5月，劳动和社会保障部、公安部和国家工商行政管理总局联合发布《境外就业中介管理规定》，于2002年7月1日起施行。根据国家的规定，结合四川省的境外就业工作实际，2003年9月，省劳动和社会保障厅、省公安厅、省工商行政管理局3部门联合下发《关于实施〈境外就业中介管理规定〉有关问题的意见》，对境外就业中介机构设立的条件、申办程序，境外就业中介服务协议内容，协议期内双方的权利义务、收费标准、违约责任、赔偿条款、发生争议的处理办法作出详细规定，对境外就业劳动合同的确认、出入境证件办理、中介服务费、中介服务广告提出了要求。明确了建立的备用金由省劳动和社会保障厅监管，未经监管部门许可，单位和个人不得擅自动用备用金，一旦中介机构违规、违约，又拒不支付罚款、罚金，不执行仲裁机构裁决或法院判决，经监管部门同意后，可从备用金中支付。上述文件制定后，省内把建立健全境外就业管理体制，规范中介行为和清理整顿境外就业中介市场秩序结合起来，劳动保障、公安、工商部门联合严肃查处非法境外就业中介活动，对经批准的境外就业中介机构，加强了监管、检查，使境外中介市场秩序得到规范，维护了境外就业人员的合法权益，促进了四川省境外就业中介组织的健康发展。

2004年，经国家正式批准成立的四川的境外就业中介组织发展到7家。这些境外就业中介组织陆续开展了境外就业的中介活动，随着四川不断加大对外开放，境外就业中介机构也得到迅速的发

注：①"三资"企业指中国境内设立的中外合资经营企业、中外合作经营企业、外资企业。

展，到2005年年末，经国家正式批准成立的四川境外就业中介组织发展到13家。

2005年，全省有关部门总共组织了4.44万人赴境外就业，其中外派劳务1.75万人，比2004年增加了44.16%。在出境就业的人员中，具有大专以上学历的比例提高到3.5%；境外就业的区域逐渐扩大到亚洲、欧洲、非洲、北美洲和南美洲，其中，南美洲为新增就业区域。境外就业从建筑业、海员（渔工）、制造业、餐饮业和农业，扩展到医疗卫生、管理和信息技术（电子工程）等行业及职业。新出境就业的人员中，合同期限在一年以上的占80%。

1993—2005年四川省境外就业情况

表1—6　　单位：万人

年　份	境外就业人数	外派劳务人员人数	工程承包在境外就业人数
1993	0. 16	0. 06	0. 10
1994	0. 26	0. 10	0. 16
1995	0. 35	0. 14	0. 21
1996	0. 54	0. 21	0. 33
1997	0. 81	0. 32	0. 49
1998	1. 23	0. 49	0. 74
1999	1. 85	0. 73	1. 12
2000	2. 79	1. 10	1. 69
2001	3. 20	1. 26	1. 94
2002	2. 50	0. 99	1. 51
2003	1. 78	0. 70	1. 08
2004	3. 09	1. 22	1. 87
2005	4. 44	1. 75	2. 69

说明：本表中列示的数据摘自历年就业工作相关统计报表

第四节　农村劳动力转移就业

1978年后，农民进城季节性、临时性务工增多，后逐渐发展为长年外出务工。务工形式也从个体外出务工，发展到群体向各城市和地区流动。作为劳动力大省，四川省较早开始探索农村劳动力转移，以劳务输出解决剩余劳动力出路问题。

20世纪80年代初开始，四川农村劳动力自发性的向省内外非农产业流动，一度形成了“民工潮”。在省内，由于大量农村劳动力进城务工，与城镇劳动力分享就业岗位，城镇就业矛盾变得更加突出。而随着广东、深圳等经济特区的建立发展，沿海对劳动力需求旺盛，积极向广东等沿海地区输送劳动力，就成为解决农村劳动力出路的重要途径。1986年，省委、省政府决定把农村劳动力转移当作振兴四川经济的战略措施来抓，提出了“七五”[①] 时期转移500万人，到2000年转移2000万人的中长期目标。同年7月，省政府成立了四川省社会劳动力统筹协调领导小组（以下简称“省协调领导小组”），负责统筹、协调、指导、服务全省城镇劳动力就业和农村劳动力转移的工作。在四川省社会劳动力管理局设立了农村劳动力管理处，负责组织农村劳动力输出工作。随后，各地也相应建立了农村劳动力管理机构。

1986年12月，四川省在成都召开全省社会劳动力统筹协调、农村剩余劳动力转移工作会议。会议确定了1987年全省农村劳动力转移100万的计划目标。省协调领导小组根据各地农村人口的数量，经济发展水平和工作状况给各地下达了任务数量指标。

1987年，省政府批转了省劳动人事厅《关于进一步做好小城镇劳动就业工作的报告》。要求各乡镇要逐步建立乡镇劳动服务公司，并对乡镇劳动服务公司的领导管理体制、性质、人员配备、主要职责、经费来源等作了规定，为发展小城镇劳动就业和农村劳动力转移工作，奠定了制度和组织基础。同年，全省向非农领域转移农村劳动力129万人，超额完成了100万的预定目标。

1990年，全省农村有数量庞大的富余劳动力需要寻找出路，此时，国家经济处于调整期间，压缩基建投资规模，市场疲软，外省对外来劳务人员进行限制，四川劳务输出面临较大困难。针对存在的问题，省政府下发了《关于进一步搞好我省劳务输出工作的通知》，省协调领导小组下发了贯彻意见，要求把搞好劳务输出作为发展社会经济的一项战略措施和重点产业，抓住不放，一抓到底。各级党委、人民政府采取积极措施推动全省劳务输出发展，各级就业服务机构向沿海企业直接输出了6万人。

1991年后，农村劳动力外出流动数量大幅增加，流动中存在一定的盲目性，为此，国家开始推行农村劳动力流动有序化工作。全省各地逐步建立农村就业服务网络，这些基层就业服务机构广泛开展农村劳动力转移的信息咨询、技术培训、跟踪管理及服务，努力扩大有组织的劳务输出。通过建立外出人员就业登记卡制度、实施农村劳动力开发就业试点，有力地推动了全省劳务输出。

1993年，四川对劳务输入大省加强省际劳务协作，先后在广东、海南、北京等省、市和深圳、珠海、江门、海口、厦门等沿海城市设立了劳务管理处（站），与当地有关部门协调、配合，加强劳务输出人员的服务和管理，切实维护劳务输出人员的合法权益。组织省内部分地区参加华南、华北、华东的劳务协作，直接组织了12.50万人外出务工，劳务输出工作取得一定成效。

由于全国中西部人口大省相继扩大农村劳动力跨省流动数量，大城市就业压力增大。在劳动部的统一部署下，1994年前后，四川省加强了对农村劳动力转移的组织调控，会同有关部门采取措施、组织力量对春节前后出现的“民工潮”进行服务、疏导。

到1995年，全省共建立乡镇劳动服务站1798个，新建劳务驻外机构6个，各级就业服务管理机构直接组织输出劳务人员18.60万人。

1996年6月，省就业服务管理局按照劳动部的相关工作要求，对全省乡镇劳动服务站的基本情况进行了调查，并于同年7月形成了《关于我省乡镇劳动服务机构基本状况的调查报告》，全面反映了全省乡镇劳动服务站建设的基本情况、开展工作取得的成绩、存在的主要问题等。同年，全省农村劳动力输出工作取得新的进展，流动就业管理进一步规范，春运农民工有序流动工作受到劳动部

注：①“七五”即国民经济发展第七个五年计划，时间为1986—1990年。

通报表杨。全年外出农民工一年内给家乡汇回的劳务收入达200多亿元。

1997年，劳动部门继续引导农村劳动力就地就近开发就业和合理流动，农村劳动力向非农产业转移输出人数达到786万。

1998年，四川省农村劳务输出工作因成效显著，被评为“四川省改革开放二十年成果”（1978—1998）20件大事之一，“四川省1988—1998年十年改革开放”10件大事之一。

1999年，全省建立乡镇劳动服务站2128个，在春运期间，有1056个服务站为农民工提供外出登记购票服务，各级就业服务机构在车站、码头设立了169个服务站，确保了农民工快速、有序流动。同年，四川省农民工有序流动和农村劳动力就地安置工作得到国务院检查组的充分肯定，受到劳动和社会保障部的授牌表彰。

2000年以后，四川省城市化进程加快。省委、省政府进一步加强了对农村劳动力转移输出工作的领导，采取了系列措施鼓励和支持农民进城务工，以促进全省经济跨越式发展，稳定就业局势。四川农村劳动力转移输出进入快速发展阶段。

2001年，四川省设立了“四川省民工疏导领导小组办公室”，以加强民工疏导工作，该办公室的日常工作由省就业服务管理局承担。各地也相继建立和健全了民工疏导工作机构。同年，四川省部分地区遭受了罕见的冬、春、夏、秋四季连旱，给农村经济和农民生活造成了严重损失。为此，省政府办公厅在8月下发了《关于切实抓好当前劳务输出工作的通知》，明确要求各级政府要把劳务输出摆在突出位置，纳入工作议程和目标管理，把扩大劳务输出作为救灾措施，实现地上损失劳务补。在输出地域上实行巩固东部、进军西部、开拓海外的战略。在各地的共同努力下，2001年全省共输出1260万农村劳动力，确保了农民增收目标的实现。

2003年，全省开始在重点乡镇建立劳动保障所，这些机构在农村劳动力转移中发挥了主要作用。同年1月，国务院办公厅《关于做好农民进城就业管理和服务工作的通知》发出后，省劳动和社会保障厅针对省内一些地方存在的，农民进城务工仍然受到一些不合理的限制，农民工的合法权益得不到有效保护，就业歧视、拖欠克扣工资、乱收费现象突出等问题，于同年6月发出了《关于切实做好农民进城务工就业管理和服务工作的通知》，要求各地允许用人单位自主招用农民工，任何部门不得干涉和变相干涉。要对涉及农民进城务工的文件进行清理，取消对农民进城务工的不合理限制。要取消对农民不合理收费，在办理农民进城务工和企业用工手续时，除按国家有关规定收取证书工本费外，不得收取其他费用。各级劳动保障部门要规范用人单位与农民工的劳动关系，用人单位必须依法与农民工签订劳动合同，按合同约定按时足额发放农民工工资。就业服务机构要建立、完善对农民工的跟踪服务，在省外流动就业的农民工与用人单位发生劳动争议，应及时提供援助服务。各级劳动保障部门要积极开展培训，不断提高农民工素质，做好农民工的各项社会保险工作。

各地落实上述要求，积极清理约束农民进城务工的文件，逐步消除阻碍农民进城的政策性障碍。这段时间里，农村劳动力向城市转移的闸门彻底放开，但由于农民进城就业管理服务制度建设滞后，职业介绍、职业培训不能满足其需要，各地存在不法分子以职业介绍为名坑害农民钱财的违法犯罪活动，农民进城就业收费多、手续繁，拖欠农民工工资、侵害农民工权益等问题依然突出。

2004年9月，省物价局、省财政厅、省公安厅、省劳动和社会保障厅、省农业厅、省卫生厅、省教育厅、省纠正行业不正之风办公室、省人口和计划生育委员会等9部门联合下发《关于贯彻国家发展改革委等九部门清理和取消针对农民跨地区就业和进城务工歧视性规定和不合理收费的通知》，要求全面清理针对农民跨地区就业和进城务工的行政审批事项，清理行政事业收费项目，严格规范各种中介服务费，明确除“流动人口婚育证明工本费”和“流动人口暂住证工本费”外，不得收取任何费用。同年12月，国务院办公厅发出《关于进一步做好改善农民进城就业环境工作的通知》，以进一步改善农民进城就业环境，维护他们合法权益。要求各地清理取消针对农民进城就业的歧视性规定及不合理限制，取消企业使用农民工的行政审批。城市各公共职业介绍机构要免费向农民开放，提供就业信息政策咨询。要加强对农民进城就业的培训，明确培训费由政府、用人单位和农民个人共同负担，各级财政要安排专项经费扶持农民职业技能培训工作。同时要求切实维护农民进城就业合法权益，整顿劳动力市场秩序、探索建立城乡一体化的劳动力市场。根据国务院办公厅的通知要求，四川进一步清理和取消了对农民就业的歧视性规定，整顿职业介绍机构，向农民开放了公共职业介绍结构，农民职业技能培训得到各地高度重视。率先探索城乡一体化建设的成都市，免费对农民进行就业培训。全省农村劳动力转移工作进入新时期。

2005年3月，省劳动和社会保障厅转发劳动和社会保障部《〈关于废止农村劳动力跨省流动就业管理暂行规定及有关配套文件的通知〉的通知》，清理废止了原有的限制农民进城就业的政策文件，要求各地对剩余的“四川省外出人员就业登记卡”进行了销毁。截至2005年年末，全省有流动就业人员1637.80万，占全省农村劳动力总数的41.5%，其中跨省劳务输出817.80万多人。农民人均实现纯收入2580元，比上年增加350元，其中农民人均外出务工收入551元，比上年增加了94.50元，增长了20.7%。

1989—2005年四川省农村劳动力转移、劳务输出情况

表1—7　　单位：万人

年　份	向非农产业转移输出人数	转移、输出到省外人数	各级劳动（就业）部门直接组织输出人数
1989	—	—	0.30
1990	—	—	6.00
1991	—	—	8.10
1992	—	—	12.00
1993	—	—	12.50
1994	—	—	19.40
1995	—	—	18.60
1996	671.00	305.60	18.21
1997	786.00	370.00	12.80
1998	1319.90	410.00	18.24
1999	1310.00	430.00	14.79
2000	1200.00	460.00	13.46

续表1—7

年　份	向非农产业转移输出人数	转移、输出到省外人数	各级劳动（就业）部门直接组织输出人数
2001	1260.00	560.00	13.63
2002	1300.00	600.00	15.50
2003	1370.00	660.00	16.80
2004	1490.00	740.00	17.20
2005	1637.80	817.80	17.70

说明：1. 表中1989—1995年前两项栏目数据口径不统一，故没有使用

2. 本表中列示的数据摘自历年就业工作相关统计报表

第五节　劳动就业服务

一、劳动服务公司

1981年，中共中央、国务院发布《关于广开就业门路，搞活经济，解决城镇就业问题的若干决定》，对兴办劳动服务公司扩大就业给予充分肯定。决定从供产销渠道、银行贷款、经营场地、财政税收政策、开办经费等方面给予支持。在明确地方劳动部门举办劳动服务公司外，还鼓励厂矿企业和机关、团体等企事业单位举办劳动服务公司，以解决职工待业子女就业问题。省委、省政府贯彻中共中央、国务院的决定，认真执行发展集体经济、个体经济的政策，劳动服务公司在全省蓬勃发展起来。1983年，经省政府批准，四川省劳动服务公司成立，其职责是：管理全省劳动服务公司集体经济，统筹全省城乡劳动力、开展就业培训、安置就业。负责待业保险金的征收、管理、发放和农村劳动力转移等。随后全省市（地、州）/县（市、区）均建立了具有行政管理职能，隶属劳动部门的劳动服务公司。到1985年，四川省建立各级劳动服务公司4557个，所属企业达1.20万多个，安置就业人员23万多人。

1986年7月，四川省及各市（地、州）和县（市、区）劳动服务公司陆续增挂了社会劳动力管理局、处的牌子，进一步强化了各级地方劳动服务公司对待业人员资源管理，组织培训及推荐就业等管理职能。同年，全省劳动服务公司输送临时工9.01万人。对13.08万人进行了职业培训，对1.22万人进行了文化补习。培训后有12.16万人实现了就业。

1987年，全省各级劳动服务公司有4424个，输送临时工12.06万人，对9.33万人进行职业培训，对5260人进行了文化补习。培训后有8.25万人实现了就业。

1988年5月，四川省社会劳动力管理局、省劳动服务公司制发《进一步巩固发展劳动服务公司集体经济的意见》，要求各地根据劳动服务公司企业特点，普遍推行经营机制改革、完善各种形式的承包经营责任制，理顺企业经济关系、实行分类指导、积极开展横向经济联合、采取措施增强企业的活力，提高经济效益和扩大安置效果。

劳动服务公司得到各种政策扶持迅速发展，在就业安置中发挥了重要作用，但是存在政企不分

的问题，在一些地方和部门还存在管理制度不健全、管理关系不顺等问题。

1990 年，省政府制发《关于清理整顿劳动服务公司有关问题的通知》，明确省/市（地、州）两级劳动服务公司统一更名为就业服务管理局，就业服务管理局在劳动行政部门领导下，负责劳动力管理、进行职业介绍、就业训练、职工待业保险等，并归口管理企、事业单位劳动服务公司及机关安置待业人员的工作。县（市、区）社会劳动力管理部门、劳动服务公司的更名由市（州）政府、地区行署决定；各级国家机关原设置的劳动服务公司一律摘牌；企业事业单位的劳动服务公司保留，任务不变。1990 年以后，各县（市）级劳动服务公司逐步更名。

四川省在清理整顿劳动服务公司过程中，对政企不分等情况进行梳理，理清了各级、各类劳动服务公司的职能。就业培训等相关数据的统计，不再以劳动服务公司的统计口径进行。

在对企业事业单位的劳动服务公司清理整顿中，主要重点清理打着劳动服务公司牌子，从事非法经营的公司、以劳动服务公司名义注册的私营合伙企业。

1990 年 11 月，国务院发布了《劳动就业服务企业管理规定》，通过行政规章的形式，明确了劳动就业服务企业（以下简称“劳服企业“）的性质、任务和法律地位，国家对劳服企业实行的优惠、扶持政策，政府对劳服企业的管理责任，主办或扶持单位与劳服企业的关系，劳服企业的内部管理等内容。在规范劳服企业管理中，提供了操作性很强的政策依据。四川省通过制定和采取切实的政策、措施，积极引导和大力扶持劳服企业，实现了企业不断发展。在取得经济和社会效益同时，劳服企业也充分展示出其安置城镇失业人员和吞吐调节社会劳动力的特殊作用。

1992 年，省就业服务管理局根据国务院《劳动就业服务企业管理规定》（以下简称《规定》）和劳动部的统一部署，对劳服企业实行了统一的企业认证制度。对认定的劳服企业，发给“劳动就业服务企业证书”，凭证享受相关优惠政策，按《规定》进行管理。

1994 年 9 月，省劳动厅等 10 部门联合下发《贯彻国务院十部委局〈关于劳动就业服务企业发展第三产业安置富余人员若干问题的通知〉的实施意见》，对拓展第三产业新领域，推行股份合作制，完善劳服企业内部管理，以及落实优惠扶持政策提出了具体的实施意见。同年 10 月，劳动部下发《关于劳动就业服务企业实行股份合作制试点工作的通知》，决定在全国百家劳服企业中开展股份合作制试点。四川有 9 个劳服企业被列入全国股份合作制试点单位名单。12 月，省劳动厅下发《关于贯彻落实省政府十委厅局〈贯彻国务院十部委局关于劳动就业服务企业发展第三产业安置富余人员若干问题的通知的实施意见〉的通知》，将成都、重庆、乐山、绵阳、宜宾、遂宁、攀枝花、涪陵、广元等地和省电力局、西南石油局、成都铁路局等企业列为试点单位。

1995 年 1 月，省劳动厅、省经济体制改革委员会、省地方税务局和省国有资产管理局联合发文贯彻国务院四部委局颁布的《劳动就业服务企业实行股份合作制规定》，成立了由上述四部门组成的四川省劳服企业实行股份合作制试点工作指导小组，指导小组办公室设在省就业服务管理局。在指导小组的推动下，劳服企业股份合作制试点工作大面积展开。

同年，省劳动厅下发《关于我省劳动就业服务企业实行股份合作制试点工作的通知》和《四川省劳动就业服务企业综合配套改革试点方案》，提出了“提高效益、扩大安置、发展基地、增强后劲”的目标，明确了劳服企业改革的主要内容、措施、实施办法和工作步骤，确定 53 户劳服企业进行股份合作制试点。在省劳动厅下发的《关于批准我省 53 户劳服企业实行股份合作制试点的通知》中，要求试点企业充分利用股份合作制试点的机遇，将转变经营机制与落实扶持政策相结合，将劳服企业的发展推向一个新的阶段。

1996 年 1 月，省劳动厅下发《关于加强劳服企业管理的意见》，对劳服企业的安置重点、工商登记、内部建设、年审等作了具体规定。同年 2 月，省地方税务局、省就业服务管理局联合下发《关于劳动就业服务企业安置待业人员和富余人员税收管理问题的通知》，对劳服企业安置待业人员和富余人员享受的税收优惠作了具体规定。

1997 年 6 月，省劳动厅、省国有资产管理局、省地方税务局转发《劳动就业服务企业产权界定规定》，规定了实施办法，要求各地认真贯彻执行劳服企业各类资产产权界定、归属的有关规定。9 月，成立了四川省劳服企业产权界定联合工作小组，办公室设在省就业服务管理局，具体负责企业产权界定的工作。12 月，四川省劳服企业实行股份合作制试点指导小组在成都召开第 4 次会议，在 60 户试点企业基础上，新批准 8 户企业进行股份合作制试点。

1998 年 3 月，省劳动厅、省财政厅、省地方税务局、省国家税务局、省国有资产管理局、省国土资源厅联合下发《〈关于加快劳动就业服务企业发展、促进“再就业工程”实施的意见〉的通知》，要求根据结构调整和再就业工程的需要，配合国有大中型企业深化改革，大力发展劳服企业；组建街道、社区的再就业服务组织，发展非正规就业；建立企业再就业服务的组织机构，多渠道筹集劳服企业发展资金；落实优惠政策措施，明晰劳服企业产权，巩固发展再就业基地。同年 4 月，省就业服务管理局、省劳动就业服务企业协会在泸州市召开全省劳服企业经济工作暨表彰会。会议表彰了全省劳服企业实施再就业工程“三十佳”先进单位。

1999 年 2 月，省劳服企业实行股份合作制试点工作指导小组在成都召开第 5 次会议，对列入四川省劳服企业股份合作制试点的企业进行了调整。同年 6 月，省劳动厅、省劳动就业服务企业协会在成都召开全省劳服企业经济工作会议，隆重纪念劳服企业创建 20 周年。重新命名攀钢集团钢城企业总公司等 100 户劳服企业为“四川省劳动就业服务系统百强企业”，并对 101 个劳服企业先进集体和 159 名先进个人给予了表彰奖励。截至 1999 年 9 月底，全省 74.2% 的劳服企业通过了年检。

随着社会主义市场经济体制改革的推进和深化，劳服企业经历了股份合作制改革、清产核资、产权界定等历程，确立了其不同于普通企业的法律地位。

1999—2005 年，在深化企业改革、调整产业结构中，大批国有企业、集体企业破产、兼并、改制。原来依附于企业主业从事辅业加工、服务的劳服企业不可避免地经历了市场优胜劣汰的选择。加上劳服企业的优惠扶持政策到期后，国家没有出台新的税收优惠政策等原因，四川劳服企业持续减少。2005 年减幅最大，比上年度减少 47%，仅存 1198 个。劳服企业安置就业的积极性和安置就业的能力逐渐下降。

1986—1990 年四川省劳服企业情况

表 1—8

年份	企业个数（万个）	企业从业人员人数（万人）	企业经营情况			新安置城镇待业青年人数（万人）
			总产值（亿元）	利润（亿元）	税金（亿元）	
1986	1.28	26.00	19.00	1.10	0.67	4.08
1987	1.31	27.15	24.20	1.36	0.93	4.35
1988	1.39	29.64	33.90	1.60	1.13	3.47
1989	1.25	32.15	38.00	1.80	1.48	4.50
1990	1.05	31.60	37.70	1.37	1.47	5.25

说明：本表中列示的数据摘自历年全省劳服企业工作统计报表

1991—1998 年四川省劳服企业情况

表 1—9

年份	劳服企业的个数（万个）	劳服企业从业人员人数（万人）	总产值（亿元）	实现税利（亿元）	实现利润（亿元）	当年安置失业人员及下岗职工人数（万人）
1991	1.09	35.66	44.90	3.33	1.58	5.61
1992	1.11	36.44	54.20	4.03	1.98	5.45
1993	1.05	36.82	73.00	5.18	2.29	5.08
1994	1.03	36.56	77.50	5.01	2.14	5.46
1995	0.92	35.56	81.30	5.31	2.39	5.01
1996	0.77	35.99	87.30	5.64	2.34	5.34
1997	0.55	26.65	58.40	4.05	1.41	3.54
1998	0.46	26.18	59.20	4.20	1.33	3.26

说明：本表中列示的数据摘自历年全省劳服企业工作统计报表

二、社区就业服务

1986—1995 年，企业富余职工大多通过企业内部消化或本企业下属劳动服务公司进行安置。20 世纪 90 年代中后期，国有企业改革、兼并、重组，使大批企业下岗失业职工回到街道、社区，从企业人转变为社会人。由于街道社区中蕴藏了各类服务需求，这些岗位开发成本低，就业容量大，易于创造就业机会，特别适宜吸纳大龄困难下岗人员就业，因此，社区就业在各级政府的组织、扶持下逐步成为下岗职工实现再就业的重要渠道。1998 年 10 月，中共中央、国务院下发《关于切实做好国有企业下岗职工基本生活保障和再就业工作的通知》，要求把发展第三产业，特别是商业、饮食业、旅游业、家庭和社区居民服务业等作为下岗职工再就业的主要方向。省就业服务管理局组织相关人员到上海市考察开展下岗职工社区就业服务工作情况，形成了《搞好社区就业服务是再就业的一条重要渠道》的考察报告。考察报告介绍了上海市社区就业服务工作经验，并提出了制定社区就业鼓励政策、建立工作载体、先试点后推广等建议。

1999 年 10 月，经省政府同意，省劳动厅等 11 部门和组织联合下发《关于大力开展社区就业服务促进国有企业下岗职工再就业有关问题的通知》。要求各地抓紧建立以城市为重点，以社区为依托，以促进再就业为目的，以国有企业下岗职工为对象的社区就业服务工作网络；进一步制定和落实鼓励下岗职工从事社区服务的各项政策措施，建立密切配合和协作的社区就业服务工作机制。规定由县以上各级就业服务管理机构负责组织实施社区就业服务工作，可在城市所辖区、县级市和人口大县建立社区就业服务中心，在城镇街道办事处增挂街道社区就业服务中心牌子，在居委会建立社区就业服务站，在企业劳动服务公司或劳服企业管理机构增挂企业社区就业服务中心牌子。明确了社区就业服务中心的职责，社区服务业的免税范围，以及税费优惠、信贷支持等配套政策。

2000 年 1 月，省劳动厅、省地税局、省工商行政管理局、省解困再就业工作领导小组办公室联合下发《关于加强〈社区就业服务证书〉管理落实税收等优惠政策有关问题的通知》。同年 6 月，省劳动和社会保障厅、省财政厅、省地方税务局出台《关于加快四川省中小企业改革发展中有关劳动保障工作若干问题的意见》，规定了中小企业享受劳服企业有关政策。

2001 年 4 月，成都、攀枝花、绵阳、南充、宜宾 5 市被劳动和社会保障部确定为全国社区就业工作重点联系城市。为做好重点联系城市社区就业工作，省就业服务管理局下发《关于做好重点联系城市社区就业有关工作的通知》，对联系工作提出了具体要求。同年 8 月，省解困再就业工作领导小组办公室、省劳动和社会保障厅在南充联合召开全省社区就业工作经验交流会。传达贯彻全国社区就业工作经验交流会精神，总结推广南充等地的经验和做法，引导各地瞄准社区服务业这一再就业主攻方向，把劳服企业工作与社区就业工作紧密结合起来，充分利用劳服企业的政策优势和发展第三产业的工作基础，加快发展社区就业。同年 10 月，省劳动和社会保障厅等省级 10 部门联合制发《关于贯彻国务院九部门〈关于推动社区就业工作的若干意见〉的通知》，明确了街道、社区居委会的社区就业工作职责，增加了社区就业的 44 项免税项目，进一步落实了各项优惠政策，在拓宽工作经费渠道等方面取得重大突破。2001 年，成都、攀枝花、绵阳等 5 市的社区就业工作发展较快，其在社区新安置的下岗失业人员，占全省社区新安置下岗失业人员总数的 78%。

2002 年 2 月，省劳动和社会保障厅确定自贡、乐山、德阳、遂宁、广元 5 市为全省社区就业工作重点联系城市。上半年，全省 10 个社区就业重点联系城市新安置下岗失业人员 1.97 万人，占全省社区就业新安置总数的 83%。同年，5 个全国社区就业工作重点联系城市，在街道辖区内建立社区就业服务中心 480 个，其中成都、攀枝花、南充 3 市在街道办事处建立社区就业服务中心达到 100%。

按照劳动和社会保障部提出的对基层劳动保障的机构、人员、经费、场地、制度和工作“六个到位”的要求，各地按照边建设、边工作的原则，一手抓街道和社区劳动保障机构建设，一手推进工作开展。已建的机构平台在下岗失业人员管理服务、“再就业优惠证”发放、小额担保贷款等工作方面发挥了重要作用。

2004 年 8 月，省劳动和社会保障厅出台了《关于开展创建“充分就业社区”活动的通知》，确定在全省范围内开展创建充分就业社区活动。部分街道社区成立了“充分就业社区”工作领导小组，制定了工作计划，按责任到人、分片包干原则，落实目标责任并进行年度考核。在创建充分就业社区的活动中，社区工作人员对最困难群体实行帮扶，特别是重点帮助“零就业”家庭成员就业。“充分就业社区”活动开展后，各地一批相对稳定的就业再就业基地在城镇社区建立起来。有242个社区达到创建标准，成为充分就业社区。

社区就业实体由于得到政策的扶持发展较为迅速，其整体吸纳就业的能力也不断提高，从开始创办社区就业实体到2005年年末，四川的社区就业实体数量增长了5倍，从业人员人数增长了12.60倍，安置下岗失业人员数增长了6.30倍，各种社区就业实体的总数达到3.30万多个。全省已领取“再就业优惠证”的“4050”等救助对象实现再就业9.10万人，其中社区就业3.86万人，占42%。下岗职工再就业2.50万人，其中社区就业1.43万人，占57.2%。缓解了困难群众就业难问题。社区就业实体逐渐成为各地安置下岗失业人员的主要就业渠道。

1999—2005年四川省社区就业实体发展情况

表1—10

年 份	社区就业实体个数（个）	新增从业人数（人）	期末从业人员人数（人）	上缴税金（万元）	净利润（万元）	总产值（万元）
1999	4797	13067	20927	500	600	28532
2000	5667	13357	21503	562	654	30545
2001	7192	26165	44063	1346	1222	40934
2002	13718	56505	97703	2571	2182	84600
2003	28556	79589	168425	3368	3200	92960
2004	30722	88026	237363	4780	4682	153702
2005	33343	97203	293125	8324	6522	243030

说明：表内数据摘自历年全省劳动就业服务企业工作统计报表

1999—2005年四川省劳服企业、社区就业实体、生产自救基地情况

表1—11

年份	年末实有劳服企业、社区就业实体、生产自救基地个数（个）	劳服企业个数（个）	社区就业实体个数（个）	生产自救基地（个）	年末从业人员总数（万人）	社区从业人员数（万人）	当年安置下岗职工、失业人员数（万人）	社区安置下岗失业人员数（万人）	实现总产值（亿元）	实现税（亿元）	实现利润（亿元）
1999	8172	3210	4794	168	23.46	—	2.85	—	60.01	4.13	1.32
2000	8610	2862	5667	81	24.12	2.15	2.69	1.34	62.07	4.27	1.41
2001	9574	2318	7192	64	23.29	4.41	3.35	2.62	63.02	4.06	1.44
2002	16079	2300	13718	61	28.91	9.77	6.98	5.65	67.66	4.48	1.58

续表1—11

年份	年末实有劳服企业、社区就业实体、生产自救基地个数（个）	劳服企业个数（个）	社区就业实体个数（个）	生产自救基地（个）	年末从业人员总数（万人）	社区从业人员数（万人）	当年安置下岗职工、失业人员数（万人）	社区安置下岗失业人员数（万人）	实现总产值（亿元）	实现税（亿元）	实现利润（亿元）
2003	30801	2203	28556	42	35.88	16.84	8.12	7.96	71.86	4.91	1.44
2004	33065	2271	30722	72	42.55	23.74	8.90	8.80	79.68	5.32	1.58
2005	34618	1198	33343	77	43.20	29.31	15.91	9.72	83.43	5.11	1.75

说明：本表中列示的数据摘自历年全省劳动就业服务企业工作统计报表，全省社区就业实体的数据统计是从2000年开始的

第六节　劳动力市场

从1949年中华人民共和国成立到1952年年底的经济恢复时期，就业主要由市场调节。国民经济基本恢复正常后，在长期计划经济体制下形成了统包统配的劳动力管理体制，劳动力市场基本消失。1978年改革开放后，劳动力市场伴随经济体制改革逐步恢复和发展。在市场恢复之初，回避劳动力是否是商品的争论，将其称为劳务市场。

20世纪80年代后期，四川省的劳动力配置条件发生了重大变化：在国家统筹规划和指导下，实行劳动部门介绍就业、自愿组织起来就业和自谋职业相结合的就业方针，初步改变了劳动力统包统配体制；以公有制为基础、多种经济形式和经营方式并存的新格局，对劳动力需求多样化；劳动制度改革使企业有了一定用工自主权；农村联产承包责任制解放出来的劳动力逐步向非农转移。在此背景下，出现了自发的劳务市场。

对自发劳务市场，各地劳动部门予以积极引导。所属的就业服务机构适应形势的需要，开始开办劳务市场。1986年12月，成都市劳动服务公司在全省率先开办了劳务市场。市场开办后的很短时间，进场的用工单位达332个，仅西城区就提供可选择劳动力1.38万人。经牵线搭桥、供需双方互相选择，4386人成功就业，为各地开办劳务市场，用市场机制配置劳动力提供了可借鉴的做法。

1987年开始，四川省内有组织的劳务市场逐步兴起和发展。市（地、州）和县（市、区）逐步建立专门机构，制定劳务市场管理办法，开放劳务市场。年末，全省20个市（地、州）中，有8个先后开放了以当地用人单位和劳动者为主要服务对象的劳务市场。

1988—1991年，劳务市场稳步发展。省劳动人事厅（省劳动厅）等部门先后下发《四川省劳务市场暂行办法》《四川省职业介绍暂行办法》，建立了市场基本规则。市（地、州）和多数县（市、区）开放了劳务市场，通过市场实现就业的人员逐年增多。攀枝花等城市建立了统一的劳动力交易场所。将公共职业介绍服务机构、较规范的民办职业介绍组织集中到劳务市场开展职业介绍活动，并进行统一管理。部分大中城市和县城开始建立具有一定社会公共服务性质的职业介绍所，为企业招用工和劳动者求职提供公共服务。

1992年，劳务市场建设取得新的进展。各地大力完善就业服务体系，发展劳务市场中介服务机

构，组织职业介绍人员进行业务培训，拓展市场场地、加大设施建设。年末，全省各级各类职业介绍所达到508个。

1993年，中共十四届三中全会通过的《关于建立社会主义市场经济体制若干问题的决定》，正式使用了劳动力市场概念。四川省贯彻中共十四届三中全会精神，坚持把开发利用和合理配置人力资源作为发展劳动力市场的出发点来抓，培育和发展劳动力市场的工作力度加大。全省职业介绍机构快速增加，年末达600个。

部分职业介绍机构在为劳动力市场供需双方提供中介服务的同时，出现了操作不规范、提供信息不实、收费混乱等现象。针对存在问题，1994年和1995年，省劳动厅先后下发《关于加强民办职业介绍机构管理工作的通知》《关于对职业介绍工作人员实行资格证书的通知》和《四川省职业介绍管理暂行规定》，对开办民办职业介绍机构和职业介绍从业人员业务技能培训和资格认证及职业介绍机构的审批、业务范围、中介服务规则、组织管理等方面作了规定。全省开展了职业介绍机构检查评估活动。各地在开展职业介绍管理情况自查活动的基础上，对社会办的职业介绍机构实行全面年检、换证，关闭了一批不合格的职业介绍所。省劳动厅还制定了《四川省职业介绍工作规划》《四川省劳动力资源信息网络规划》，启动了《四川省职业介绍条例》立法和四川省劳动就业信息中心的筹建工作。

1996—1997年，全省全面贯彻省人大常委会颁布的《四川省职业介绍条例》，大力加强职业介绍机构的建设。重点对各类职业介绍机构进行检查、整顿和规范化管理，促进了职业介绍机构的快速、健康发展。1997年年末，全省职业介绍机构达1491个。2年中，到职业介绍机构登记求职的人员达到105.70万人次，介绍成功70.40万人次。

1998年，德阳、南充、达川、攀枝花、宜宾、自贡等市有一定规模的职业介绍中心建成开业。成都市职业介绍中心与全市11个点实现计算机联网。攀枝花等市的职业介绍信息网络建设启动。

1999—2000年，《四川省劳动力市场网络建设规划》按计划实施。省本级和宜宾、绵阳、德阳、攀枝花、广元、泸州、自贡等城市劳动力市场信息网络建成并投入使用。

2001年，四川省将通过国家评估验收的全国劳动力市场科学化、规范化、现代化（以下简称“三化”）建设试点的成都、宜宾、绵阳和乐山4个城市，列为全省劳动力市场“三化”建设试点城市。同时，把基础较好的自贡、攀枝花、德阳、泸州、广元和南充6个市列为劳动力市场“三化”建设重点联系城市。

2003年，宜宾和攀枝花2市劳动力市场网络实现县（市、区）全覆盖并向街道、社区延伸。成都、绵阳等5城市开始进行劳动力市场职业供求状况信息分析和发布。

2004年，四川省贯彻中共中央总书记胡锦涛提出的就业服务专业化、制度化、社会化（以下简称“新三化”）建设的新要求，在成都、德阳、攀枝花、宜宾、泸州、南充6个城市进行“新三化”建设试点。各地通过加大投入、引进技术人才、社会开发软件等措施，继续实施《四川省劳动力资源信息网络规划》。年末，全省有14个地级城市建成了劳动力市场广域网或局域网，50%以上市级公共职业介绍机构的前台服务使用了计算机。成都市建成中国西部最大、服务功能和设施最完备的人力资源市场。

2005年，全省17个市（州）和半数以上的县（市、区）建成了劳动力市场综合性服务场所，就业服务“新三化”建设稳步推进。公共职业介绍机构在为供求双方牵线搭桥的基础上，开展了职业指导服务工作。开展劳动力市场职业供求状况分析和发布工作的城市增加到 13 个。有 13 个职业介绍机构经劳动和社会保障部批准从事境外就业中介活动。劳动力市场工资指导价位制度在部分城市建立。

截至 2005 年年末，四川省的劳动力市场和人才市场管理办法尚未统一，市场仍分别运行。

1986—2005 年四川省各类职业介绍机构和职业介绍活动情况

表 1—12　　单位：个、万人

年份	机构和从业人员		职业介绍活动		
	机构数量	从业人员数量	求职登记人数	介绍成功人数	公共职介机构
1986	1	—	—	0. 48	0. 48
1987	84	—	—	2. 94	2. 08
1988	200	—	—	5. 41	3. 83
1989	316	—	—	6. 44	4. 56
1990	368	—	—	7. 67	5. 43
1991	429	—	—	9. 14	6. 47
1992	508	—	—	10. 89	7. 72
1993	600	—	—	12. 85	12. 21
1994	1000	—	—	21. 43	18. 06
1995	1291	—	—	27. 66	18. 28
1996	1582	—	—	44. 80	31. 32
1997	1491	—	—	31. 95	20. 76
1998	1400	—	—	30. 00	19. 50
1999	1360	—	—	31. 00	19. 21
2000	1409	—	—	45. 72	34. 83
2001	1375	0. 45	75. 90	47. 10	38. 61
2002	1323	0. 43	90. 90	57. 20	34. 59
2003	1439	0. 46	98. 10	37. 10	25. 19
2004	1795	0. 47	91. 30	49. 90	29. 66
2005	1717	0. 45	108. 50	58. 50	34. 13

说明：表内数据摘自历年全省就业和再就业工作相关统计报表

第二章　职业培训

四川省人口众多，人力资源丰富，但劳动者的整体素质较低。四川省在就业方面的矛盾比较突出，不仅表现为劳动者的数量供大于求，同时也表现为高素质劳动者的供不应求。因此，组织开展职业培训、提高劳动者素质，是全省各级政府和劳动保障部门的一项重要任务。1986 年以后，四川省各级劳动保障部门和就业服务管理机构加强对职业培训的政策推动、工作指导和监督管理，组织开展就业培训、再就业培训、创业培训和企业在职职工培训，并根据职业培训市场的需求，发展培训项目。技工学校、就业训练中心、民办职业培训机构在职业培训中发挥了重要作用。

第一节　技工学校教育

一、概况

四川省的技工学校教育，在 1978 年中共十一届三中全会以后，得到了迅速发展。截至 1986 年 2 月，全省技工学校由 1978 年 2 月劳动部门接管时的 53 所、在校学生 0. 80 万人，发展到 354 所、在校学生 6. 40 万人，拥有专职文化技术理论课教师和生产实习课指导教师 0. 72 万人。四川省的技工学校数、每年招生人数、在校学生人数和教职员工人数，都占 1986 年全国技工学校的十分之一左右。

到 1995 年，全省已有技工学校 407 所，仍占全国技工学校数的十分之一左右。在校学生 13. 09 万人，教职工 2. 65 万人，其中专职教师 1. 17 万人。办校单位从过去以企业办校为主，发展到企业办校、行业部门办校、劳动部门办校并举的格局。全省 23 个市（地、州）都有技工学校，其中经济相对发达的地区办校较多。行业分布面也较广，机械、电子、石油、煤炭、电力、交通、化工、冶金、商业等 20 多个行业都有技工学校，其中机械行业办校最多。1997 年 3 月，重庆市直辖以后，四川省有技工学校 277 所，其中部属 68 所、省属 35 所、市（地、州）属 168 所、县属 6 所；国家级重点技工学校 13 所，省级重点技工学校 42 所。

全省技工学校的结构和布局是在计划经济体制下形成的，有一部分技工学校，特别是企业办的和行业主管部门依托企业办的技工学校，规模小、专业设置重复、办学效益低，发展相对滞后。到 20 世纪 90 年代后期，一些企业办的技工学校因不适应国家产业结构调整的需要而停办，报考技工学校的人数因高等院校扩招等原因而减少。1999 年 11 月，经省政府同意，省劳动厅印发《四川省技工学校调整改革工作的意见》，按照优化资源、扩大规模、提高效益、调整布局、提高层次、突出特色、服务就业的方针，推进技工学校调整改革，适应形势的发展变化。通过撤销不合格学校，合并规模偏小、专业单一学校，实现职业技能教育资源的整合。同时，以国家相关标准为依据，做好评估督导工作，引导技工学校不断完善办学条件，创建高级技工学校和技师学院，实现职业技能教育层次的提升。经过调整改革，全省技工学校总的数量减少了，但高级技工学校增加了，招生人数、在校生人数和培训社会人员数均逐年大幅增加。2000—2005 年，全省技工学校从 186 所减少到 121 所，但高级技工学校从 2 所增加到 11 所，还从符合条件的重点技工学校中认定了 29 所职业培训学院。每年招生人数从 1.68 万人增加到 4.70 万人，在校生人数从 4.01 万人增加到 10.10 万人，每年培训社会人员数从 5.43 万人增加到 15.08 万人，高级技工班和预备技师班的招生人数也逐年增加。

1986—2005 年四川省技工学校发展变化情况

表 1—13　　　　单位：所、人

年　份	学校数	招生人数	在校生人数	毕业生人数	培训社会人员数
1986	376	36544	79274	22402	—
1987	380	38256	92366	23734	—
1988	384	40344	104385	28684	—
1989	386	42402	111287	34520	—
1990	387	46334	119125	37673	—
1991	391	48390	127502	41321	—
1992	395	51827	137266	41293	—
1993	399	51145	144398	45412	—
1994	401	54220	145222	50856	—
1995	407	54438	130896	60392	—
1996	276	37341	94529	37891	—
1997	277	37565	85361	39048	—
1998	278	30696	76257	35732	—
1999	264	22475	52256	29355	74300
2000	186	16753	40147	20177	45951
2001	156	19644	45575	17125	58441
2002	129	28817	50982	15142	90084
2003	125	35608	73678	17339	98915
2004	124	42638	85501	23631	118828
2005	121	47042	101037	28326	150822

说明：表中数据摘自《四川劳动保障统计年鉴（2005）》和《四川省纪念改革开放 30 周年劳动保障论文集》

二、教学改革

1986—1987 年，全省技工学校根据《中共中央关于教育体制改革的决定》和劳动人事部、国家教育委员会颁布的《技工学校工作条例》的精神，推进教学改革，在教学中着重操作技能的训练，紧密围绕培养目标，安排必要的文化和技术理论基础课程。

1988 年 8 月，省劳动人事厅发出《关于在全省技工学校开设思想品德修养课的通知》，要求全省技工学校开设思想品德修养课，将其列入教学计划，配备专门的师资，并开展该课程的教学质量检查评估。

同年 10 月，省劳动人事厅召开全省技工学校生产实习教学研究会，强调要把理论教学和生产实习教学结合起来，突出生产实习教学改革，注重学生操作技能的培养；提出生产实习要走“教学、生产、经营相结合”的路子，坚持“育人、创收、求发展”的方针；强调要通过生产实习搞好技工学校勤工俭学，变纯消耗实习为有收益实习。

1989 年 6 月，省劳动厅确定在泸州市长江起重机厂技工学校和长江液压件厂技工学校的车工、钳工 2 个工种毕业生中实行两种证书制度①的试点。8 月，省劳动厅转发劳动部《关于技工学校深化改革的意见》，组织实施技工学校的教学改革。改革的重点，仍然是加强生产实习教学，主要是：增加生产实习课时的比重，提高学生操作技能的熟练程度；拓宽学生操作技能的训练面，实行一专多能；坚持文化、技术理论课为专业课服务，专业课与生产实习教学密切结合的原则，调整课程设置和各课的教学时数，删除教材中冗繁和陈旧的部分，增添新技术、新工艺等教学内容。按照这一改革思路，全省技工学校将生产实习课课时与文化技术理论课课时的比重，由 1∶1 调整为6∶4，一些机械类技工学校还调整为 2∶1。

1992 年，省劳动厅决定全省技工学校的车工、钳工 2 个工种的毕业生全部实行两种证书制度的试点，有条件的地区还可适当增加试点的工种（专业），以后逐步扩大试点工种（专业）的范围。

同年，技工学校开始探索运用模块式教学法。模块式教学法突破传统的以学科为体系的教学模式，建立起以职业岗位需求为体系的新的教学模式。模块式教材体系由多个模块组成，每个模块又分为若干个学习单元，每个学习单元都包含着职业技能标准中的一个或几个知识点。学生可以根据自己的学习能力、个性爱好和要达到某一职业技能等级的目标，来选择学习某些模块和学习单元。

1993 年，技工学校开始推行“双元制”教学②。这种教学形式，使学生能够掌握较全面的职业技能，学会处理实际问题，熟悉企业的生产过程和管理机制，了解职业的行为规范，毕业后能更好更快地适应生产岗位的需要。

1996 年以后，全省技工学校所有工种（专业）的毕业生均实行两种证书制度。对取得两种证书的毕业生，用人单位在同工种、同级别考核时不再进行职业技能等级考核。实行两种证书制度，促进了技工学校毕业生职业技能的提高。

2000 年，技工学校开始推行“行为引导型”教学法。这种教学法改变了传统的“教师讲、学生听”教学模式，以学生为中心，教师变为教学的引导者、学习的辅导者和主持人，引导学生围绕跨学科的综合课题积极思考、组织讨论，教、学、做合一，心、手、脑并用，以培养学生的关键能力。

注：① 两种证书，即毕业证书和技术等级证书。实行两种证书制度，即学生在取得学校颁发的毕业证书的同时，按照国家职业技能标准，经过理论知识和操作技能的严格考试，确定其职业技能等级，由劳动行政部门颁发技术等级证书，并作为毕业生就业和确定工资待遇的重要依据。1994 年，国家实行职业资格证书制度后，技术等级证书改为职业资格证书。

② “双元制”教学，即技工学校学生和有关企业签订培训合同，学校和企业共同培训学生，理论知识教学及基本功训练在学校进行，部分生产实习和上岗实习在企业进行。

2001—2005 年，全省技工学校教学改革的重点从微观转向宏观，按照优化资源、扩大规模、提高效益、适应市场的原则和调整布局、提高层次、突出特色、服务就业的方针，推进技工学校调整改革，实现教育资源的整合和教育层次的提升。

三、教师队伍建设

1986 年，省劳动人事厅建立“天津职业技术师范学院四川函授站”，并确定四川省机械技工学校为全省技工学校的师资培训基地，以加强对技工学校教师的培训。同年 6 月至 1987 年 3 月，省劳动人事厅在重庆市机械技工学校进行教师职称改革试点。教师职称改革是调动教师积极性、提高教师素质、加强教师队伍建设的重要举措。1987 年 7 月，全省工交商事业费开支的技工学校和部分企业办的技工学校开始进行教师职称改革，评聘工作于同年底结束。

1988 年 1 月，全省技工学校全面开展教师职称改革工作，到年底基本结束。同年，全省共有技工学校 384 所，共有教师 9700 多人，参加职称改革评聘的教师有 7100 多人。通过职称改革，评出高级讲师 360 人，高级生产实习指导教师 20 人，高级职务教师占参加职称改革评聘教师总数的 5% 左右；评出讲师 700 多人，一级生产实习指导教师 100 多人，中级职务教师占参加职称改革评聘教师总数的 11% 左右；评出初级职务教师 3000 多人，占参加职称改革评聘教师总数的 42% 左右。

1989 年以后，技工学校教师职务评审聘任工作转为常态化、制度化。

1996 年 10 月，省劳动厅转发劳动部《关于加强技工学校及就业训练中心等职业培训机构教师队伍建设的通知》，强调技工学校要以加强实习指导教师队伍建设为重点，建立一支素质高、数量适当、结构合理、以专职为主、专兼职相结合的教师队伍。建立在职教师定期培训制度和上岗资格制度，并对实习指导教师和专业技术课教师实行职业技能鉴定制度。扩大兼职教师聘用范围，面向企业和社会吸引专业技术人员从事兼职教师工作。

2000 年 8 月，省劳动和社会保障厅举办技师和高级技师培训班，对高级技工学校和职业培训学院的生产实习指导教师进行培训，有 63 人经考核合格，发给技师和高级技师合格证书。2001 年 7 月，举办信息技术与现代教育理论高级培训班，对技工学校计算机专业课教师进行培训。

2005 年，全省技工学校共有在职教职工 8992 人，兼职教师 1229 人。截至同年年底，全省共举办技工学校和职业培训机构教师及教学管理干部培训班 17 期，培训教师和教学管理干部 1460 余人。

四、教学研究及教材建设

1986 年 11 月，省劳动人事厅成立四川省技工学校教学研究室（以下简称“省技校教研室”），负责全省技工学校教学研究、教材建设、教学质量检查评估等工作。

1988 年 12 月，成立四川省技工学校语文、数学、政治思想品德修养、机械基础、机械制图、电工、车工、钳工、体育、烹饪等 10 个学科（工种）中心教研组和校长工作教研组。教研组由学科带头人、骨干教师和教学管理人员组成，在省技校教研室指导下开展教学研究活动。教学研究的主要内容是：学科（课程）教学方法，教学经验；如何搞好生产实习教学，处理好文化课、技术基础课、专业课、生产实习课的关系，体现文化课为技术基础课和专业课服务，技术基础课和专业课与生产实习课相结合；如何在生产实习中处理好教学、生产和经营的关系；如何对参加职业培训和职业技能鉴定的各类人员进行职业道德教育等。重点是生产实习教学和操作技能训练方面的研究。根据教学研究成果，组织编写教材和教学辅导资料。

同年，省技校教研室制定《四川省技工学校思想品德课教学大纲》，编写和出版《思想品德修养》教材。

1991 年 7 月，省技校教研室总结全省技工学校德育教学研究的成果，制定《四川省技工学校德育大纲（试行）》，由省劳动厅行文下发全省技工学校试行。

截至 1991 年，省技校教研室与有关行业主管部门联合编写技工学校教改教材 30 余种，包括文化课教材《语文》《数学》《英语》，基础课教材《机械制图》，专业技能课教材《钳工》《电工》《焊工》《铸工》《烹饪》等。

1992 年，省技校教研室组织全省技工学校川菜教学的专家，制作《四川菜系名菜谱》音像教学片，共 8 集，42 个菜品。

1997 年 10 月，重新组建和调整四川省技工学校语文、数学、德育、电工、车工、钳工、焊工、汽车修理和驾驶、计算机、商品营销、中式烹调（餐厅、宾馆服务）、体育等 12 个学科（工种）中心教研组，根据技工学校发展面临的新形势，对教学研究工作重新作了布局。

1997—1999 年，省技校教研室和中国劳动出版社联合组织编写建筑类职业技能鉴定教材《油漆工》（初级、中级、高级）、《砌筑工》（初级、中级、高级）、《管道工》（初级、中级、高级）、《抹灰工》（初级、中级、高级）。

2002 年，省技校教研室组织有关专家和教师，对参加职业技能培训和职业技能鉴定的各类人员如何开展职业道德教育展开研究，编写出《职业道德》教材，供全省在职业技能培训和职业技能鉴定工作中使用。该教材还经中国劳动和社会保障出版社出版，在全国发行。

2003—2005 年，省技校教研室组织制作《中式烹调职业培训鉴定教材》（初级、中级、高级）共 107 个菜品的音像教学片。组织编写职业技能鉴定教材《化装师》（初级、中级、高级）、《物流师》（初级、中级、高级），计算机实用技术培训教材《计算机文字录入》《计算机办公应用》《计算机安装调试维修》等。

截至 2005 年，省技校教研室共组织编写各类职业培训鉴定教材近百种约 5500 万字，技工学校教学改革教材及辅导资料约 1000 万字；撰写了《关于技工学校教育思想的研究》《搞好企业职业技能鉴定提高职工队伍素质》《再就业培训形式、内容和方法的探索与实践》《论创建技师高等职业学院》《四川省高技能人才队伍建设的现状及对策》等优秀论文 20 多篇。

五、招生

1986—1992 年，技工学校招生实行的是指令性计划，即由国家劳动行政主管部门将每年的招生计划下达到省，再逐级下达到各市（地、州）、行业主管部门和技工学校。但为了发挥技工学校的办学潜力，从 1987 年开始，在完成国家下达的指令性招生计划以后，如有富余培训能力，可以实行计划外招生。计划外招收的学生应符合当年技工学校招生简章中规定的招生条件，参加全省技工学校统一报名和考试、统一录取分数线，并与计划内招收的学生实行同专业的规定学制，使用同样的教材，实行统一的教学计划和教学大纲，执行统一的学籍管理制度。

1993 年，省劳动厅根据劳动部《关于深化技工学校教育改革的决定》的精神，决定技工学校招生实行指导性计划，即招生计划由学校根据社会需要和办学条件，经办学主管部门审定后，按学校隶属关系由地区劳动部门或主管部门报省劳动厅汇总，由省劳动厅下达指导性计划。

1994 年，部分地区技工学校试行面向农村招生，以解决一些在高空、高温、野外、矿山井下等艰苦环境作业的工种（专业）在城镇招生难的问题。同年，乐山市技工学校等少数技工学校试行在劳动行政部门监督下自主招生。

1995 年，省劳动厅印发《四川省技工学校跨地区招生的办法》和《四川省技工学校试行自主招生的办法》，允许办学条件好、教学质量高和专业性强的技工学校跨地区招生和试行在劳动行政部门监督下自主招生。跨地区招生的技工学校根据用工单位的需要确定招生数量，与用工单位签订培训录用合同，落实招生计划。跨地区招生计划由省劳动厅下达，列入招生地区或省级主管部门的招生总计划，新生录取由省劳动厅审批或委托有关地区劳动局审批。自主招生的技工学校自行组织报名、考试、评卷（招生试题按学校隶属关系分别报所在地区劳动局或省劳动厅审查备案），并按地区或省劳动部门批准的招生办法和招生简章的规定录取新生。自主招生突出按需培训的原则，尽量扩大委托培训和定向培训的比例，根据用工单位的需要和劳动力市场的需求确定招生数量，与用工单位签订培训录用合同；招生计划列入地区或省级主管部门当年招生总计划。

同年，全省技工学校试行面向农村招生。面向农村招生的计划在全省技工学校招生计划控制数内下达。农村招收的学生，其户籍仍保留在农村，在校期间按暂住人口进行登记、管理。学生毕业后，凡与用工单位签订 5 年以上劳动合同的，允许将户口迁往用工单位所在地的城镇落户。同年，全省技工学校招收的农村学生已占招生总人数的 1/5。

从 1997 年起，四川省对技工学校从农村招收的学生实行当年招生当年办理“农转非”的办法；但未能完成学业或毕业后不服从分配的，将其户口退回原籍。

从 1999 年起，全省技工学校统一招生考试取消，实行自主招生、登记入学制度。技工学校从农村招生的人数和所占的比例也有较大的增加。2003—2005 年，全省技工学校招收的新生分别为 3.56 万人、4.26 万人、4.70 万人，其中农村户籍的学生分别占同年招生总数的 79%、75%、78%。

六、毕业生就业

1986—1992 年，全省技工学校毕业生共 22.96 万人，是采取计划分配的方式安置就业。

从 1993 年起，改变了计划分配的方式，凡根据用人单位需要，按照“定向招生、定向培训、定向录用、不合格不录用”原则下达指导性计划招收的学生，均与用人单位签订培训录用合同，学生毕业后由用人单位安排就业；未与用人单位签订合同的，毕业后由学校推荐，用人单位择优录用，或进入劳务市场，通过双向选择自主择业。1993—1999 年，全省技工学校毕业生共 29.87 万人（其中，1993—1995 年含重庆市），以这种方式实现就业。

2000—2005 年，技工学校逐步完善招生、培训、鉴定、就业服务一体化建设，加强与职业介绍机构的合作和与用人单位的联系，疏通就业渠道。还开设了职业指导课程，帮助学生了解就业形势和就业政策，掌握求职方法和技巧，使学生毕业后能够较快地实现就业。这 6 年，全省技工学校毕业生共 12.17 万人，平均就业率在 95% 以上，部分高级技工学校、国家级和省级重点技工学校毕业生供不应求，用人单位需提前向学校预定。

第二节　培训机构

一、就业训练中心

四川省各地的就业训练中心，是在20世纪80年代以后，随着贯彻“三结合”就业方针和“先培训后就业”原则，为开展就业前培训而逐步兴办起来的。截至1988年年底，全省有就业训练中心103所，教学、实习场地4.30万平方米，可一次培训1.40万人。就业训练中心培训的主要对象是城镇待业青年，其次是需要转换职业的企、事业单位富余人员。

1989年，省劳动服务公司在宜宾地区召开全省就业训练中心工作研讨会，提出了关于加强就业训练中心工作的意见，进一步明确了就业训练中心的性质和任务，要求就业训练中心首先应办成实施职业技术培训的实体，同时也可承担劳动部门赋予的对本地区开展就业培训进行统筹指导、综合管理的职能；对就业训练中心的人员编制、经费等问题，提出了解决的办法。

1990年，四川省劳动厅印发《进一步贯彻“先培训、后就业”的原则，加强就业训练工作的通知》，要求加强就业培训中心的基础建设，进一步扩大就业培训的范围，推动就业训练工作的开展。截至1994年，全省就业训练中心发展到126所。就业训练中心培训的对象逐步扩大到社会各类人员，承担对新成长劳动力、城镇下岗失业人员、失地无业农民和农村进城务工人员的就业、再就业培训。培训的专业涵盖国家职业技术分类的大多数。

1995年，全省各级劳动保障部门通过改进就业训练的考核办法，促使就业训练中心把专业技术统考与职业技能鉴定工作相结合，在有条件的就业训练中心建立和完善职业技能鉴定所（站），提高就业训练的能力和质量；组织开展对合格以上就业训练中心的抽查和未合格训练中心的整改工作，加强就业训练中心的全面建设。

1996年，全省各级就业服务管理机构认真贯彻《中华人民共和国职业教育法》和劳动部《就业训练规定》，加强对各级就业训练中心的分类指导。成都市就业训练中心和泸州市就业训练中心被劳动部确定为国家级综合职业培训基地，并在全省试点和推广。同年，经省劳动厅批准，成都市就业训练中心、新都县就业训练中心被授予四川省重点就业训练中心称号。

1997年，省劳动厅根据劳动部《关于建立全国重点就业训练中心评估认定制度的通知》要求，印发《关于实行就业训练中心评估制度的通知》，颁布全省就业训练中心的评估标准。此后，全省就业训练中心评估认定工作逐步走上制度化的轨道。评估制度的施行，推动就业训练中心逐步向兼有职业需求调查、职业培训、技能鉴定、职业指导与职业介绍的多功能综合培训基地发展。同年，省劳动厅批准成都市、泸州市、宜宾市翠屏区、新都县四所就业训练中心为劳动预备制度的培训试点单位。

1998年以后，在全省深入实施再就业工程中，就业训练中心根据再就业培训工作的需要，不断完善培训设施，增加专业设置，充实教师队伍，提高培训能力，成为各地主要的再就业培训基地，在对下岗、失业职工的再就业培训中起到了骨干和示范作用；同时，还承担了城镇新成长劳动力和农村剩余劳动力的就业培训任务。

1999年，省劳动厅在全省组织开展对就业训练中心的评估工作。在评估的基础上，认定和重新认定宜宾市就业训练中心等10所全省重点就业训练中心，广元市就业训练中心等20所全省优秀就业训练中心，并经劳动和社会保障部批准，认定和重新认定成都市就业训练中心等7所全国重点就业训练中心。

截至2005年年底，全省共有就业训练中心164所，实习场地151个，专职教职工0.18万人，兼职教师0.16万人，并形成自己独具特色的训练方法。1999—2005年，全省就业训练中心共培训各类人员120.63万人，结业115.65万人，实现就业78.11万人。

1998—2005年四川省就业训练中心综合情况

表1—14

年 份	中心总数（所）	培训人数（万人）	结业人数（万人）	就业人数（万人）	就业率（%）
1998	150	7.94	6.46	—	—
1999	147	10.73	10.56	8.69	82.29
2000	149	11.62	11.25	8.07	71.73
2001	155	11.61	11.34	8.26	72.84
2002	150	14.43	14.18	9.84	69.39
2003	162	16.71	16.19	11.54	71.28
2004	163	24.24	23.54	15.17	64.44
2005	164	23.35	22.13	16.54	74.74

说明：表中数据摘自《四川劳动和社会保障统计年鉴（2005）》

二、民办职业培训机构

1986—1996年，四川省民办职业培训机构的数量还比较少，发展的速度也比较缓慢。在此期间，劳动行政部门尚未对民办职业培训机构实行综合管理，而由各地就业服务管理机构代管本地的民办职业培训机构，并由就业服务管理机构负责组织开展民办职业培训机构的资格认定及其从业人员的培训。

1997年7月，国务院颁布《社会力量办学条例》，对社会力量办学实行积极鼓励、大力支持、正确引导、加强管理的方针，并明确规定，举办实施以职业技能为主的职业资格培训、技术等级培训的教育机构和举办实施劳动就业职业技能培训的教育机构，由县级以上劳动行政部门审批和监督管理。同年8月，劳动部发出《关于贯彻落实〈社会力量办学条例〉的通知》（以下简称《通知》）。同年10月，省劳动厅转发劳动部《通知》，并结合四川实际对贯彻落实《社会力量办学条例》提出了具体意见，同时发出《关于开展我省社会培训机构检查评估有关事宜的通知》，对全省民办职业培训机构进行清理整顿、检查评估、核发许可证。由此开始，劳动行政部门加强了对民办职业培训机构的综合管理。

1998年12月，省人大常委会颁布《四川省社会力量办学条例》（以下简称《条例》）。1999年1月，省劳动厅发出关于贯彻落实《条例》的通知，提出建立健全民办职业培训机构办学资格审批制度，把好办学资格审批质量关；要求对民办职业培训机构进行全面的清理和规范，未达到办学条件的限期整改；对培训机构的负责人、教学管理人员和教师的任职资格和条件作出了明确规定，并将民办职业培训机构及其办学情况纳入劳动监察范围。《条例》颁布实施以后，全省民办职业培训机构有了较快发展，截止2000年年底，全省共有以职业技能培训为主的民办职业培训机构689所。2000年，全省民办职业培训机构共培训各类人员9.77万人，其中，培训下岗职工2.1万人，培训失业人员1.8万人。

2001—2002年，全省各级劳动行政部门开展对民办职业培训机构的复核认定工作，进一步加强对民办职业培训机构的综合管理，规范其办学行为，督促其提高培训质量。截至2002年年底，全省共有民办职业培训机构885所。2年共培训各类人员36.36万人。2003年，全省民办职业培训机构数量有所减少，但质量有所提高，培训人数仍比上年增加2.16万人。此后，民办职业培训机构又有了较快发展，截至2005年年底，全省共有民办职业培训机构1235所。

2004—2005年，全省民办职业培训机构共培训各类人员85.21万人，结业77.01万人，其中劳动预备制学员11.55万人，下岗失业人员19.72万人，农村劳动者16.23万人。结业人员中，有37.33万人取得了相应的职业资格证书，有54.43万人实现了就业，就业率为70.68%。

2000—2005年四川省民办职业培训机构综合情况

表1—15

年　份	民办职业培训机构数（所）	培训人数（人）	结业人数（人）	就业人数（人）	就业率（%）
2000	689	97688	93734	30854	32.92
2001	739	148798	177621	27366	15.41
2002	885	214891	215619	128026	59.38
2003	848	236480	219179	137028	62.52
2004	1212	377311	347312	250955	72.26
2005	1235	474770	422804	293331	69.38

说明：表中数据摘自《四川劳动和社会保障统计年鉴（2005）》

第三节　就业、再就业培训

一、就业培训

1985年，省政府在《四川省“七五”期间职业技术教育的发展规划和实施意见》中提出，要广泛开展就业培训，在安置待业青年中，必须本着“先培训，后就业”的原则，对待业青年进行就业培训；随着农村劳动力向非农业部门转移，对这部分人员也需要进行职业技术培训。要求在1990年以前，形成全省性的就业培训网络，使新成长的劳动力基本上能够受到初级职业技术培训。1986年，全省共组织就业培训15.40万人，培训后就业12.68万人，培训后的就业率为82.34%。

1987年，省劳动人事厅制定《四川省就业培训工作试行办法》，对开展就业培训的指导思想、培训对象、组织领导、培训计划、培训目标、培训内容及师资、教学管理、结业考核、就业、待遇等方面的问题作出规定。随后，全省多数市（地、州）都结合本地的实际情况，制定相应的贯彻意见及实施细则，全省就业培训工作逐步走上正轨。同年，全省共组织就业培训 16.20 万人。

1988 年，省劳动人事厅制定《关于进一步提高就业培训质量的几点意见》，要求各地按照职业教育自身的规律开展就业培训，搞好教学大纲和教材等基础工作，实行定点培训，并对专业课、实习课教师的资格提出了明确要求，强调严格考试考核制度，不及格者不发合格证，不予介绍就业等。省劳动服务公司组织 7 个市（地）自编和选编了 47 个专业（工种）的教学大纲，加强了对就业培训工作的具体指导。同年，全省共组织就业培训 17.40 万人。

1989 年，省劳动服务公司在宜宾召开全省就业训练中心工作研讨会，提出了加强就业训练中心工作的意见。1989—1993 年，全省不断加大就业培训工作的力度，共组织就业培训 72.70 万人。

1994 年 12 月，省劳动厅印发《关于加强就业训练工作的意见》，强调要拓宽培训领域，将服务范围扩大到城乡各类求职人员和国有、集体、个体、民营、三资企业等各类用人单位。在继续抓好城乡劳动者初次就业前职业技术培训的同时，把重点逐步转移到抓好失业人员、企业富余职工以及农村剩余劳动力转移的转业培训上来。同时，要改革培训制度和培训方法，以劳动力市场需求为导向，对培训的对象、专业设置、培训的层次、期限、形式等，都要从实际出发，逐步建立起信息灵敏、机动灵活、能及时满足劳动者和用人单位需要的办学机制，使就业训练不断向企业和农村两方面延伸。同年，全省共组织就业培训 19.50 万人。

1995 年，开始在全省实行“就业训练资格证制度”，对就业培训工作进行规范。凡是非劳动部门举办的就业训练实体和开展的就业训练活动，必须向当地县以上劳动就业服务机构提交申请报告，经审核合格后由县以上劳动就业服务机构发给“四川省就业训练资格证”，并进行管理。对申请办理“就业训练资格证”的就业训练单位应具备的条件和教学质量也提出了明确要求。同年，全省共组织就业培训 22.60 万人。

1996 年 7 月，省劳动厅提出《关于贯彻劳动部〈从事技术工种劳动者就业上岗前必须培训的规定〉的实施意见》，规定从事技术工种的劳动者就业上岗前必须进行职业技能培训，实行持证上岗，并公布了首批电焊工、起重工、汽车维修工等 40 个持证上岗技术工种目录。要求用人单位招收录用从事技术工种的劳动者，必须首先从取得相应专业（工种）职业技能培训毕（结）业证书和职业资格证书的人员中招收。在办理从事技术工种的劳动者就业、上岗手续时，要审验其职业技能培训毕（结）业证书和职业资格证书。同年，全省共组织就业培训 22.90 万人。

1997 年，全省就业服务机构开展了对企业富余人员和农村劳动力的转移训练，加强了就业培训的基础建设。同年，全省共组织就业培训 23.83 万人。

1998 年以后，全省职业培训的重点转入再就业培训，但就业培训仍未削弱。1998—2005 年，全省共组织就业培训 198.21 万人。

二、再就业培训

从 20 世纪 90 年代中期开始，随着产业结构的调整和国有企业改革的不断深化，一些国有企业破产、兼并、重组，下岗、失业人员逐渐增多。这些人员一般年龄偏大，文化、技能等综合素质较低。各级政府和劳动部门组织开展了下岗、失业人员的再就业培训，以帮助这一新的就业困难群体实现再就业。

1995—1996年，省就业服务管理局在内江市进行再就业培训的试点，同时加大对再就业培训工作的宣传力度，并要求全省劳动部门办的就业训练中心把再就业培训作为工作重点。1996年11月，省就业服务管理局召开全省再就业培训工作研讨会，进行经验交流和工作研讨。在各级政府和劳动部门的推动下，再就业培训在全省逐步展开。1995—1997年，全省共培训下岗失业人员12.63万人。

1998年，全省再就业培训工作进入全面实施阶段。同年5月，省解困再就业工作领导小组印发了《四川省“五年五十万”再就业培训计划》，其总体目标是：从1998年到2002年的5年中，为50万下岗失业人员提供职业指导和职业培训服务，并从落实资金、政策鼓励等方面提出了保障措施 。全省各地也都制定了再就业培训的实施方案，建立了在各级政府解困再就业工作领导小组统一领导下，由解困再就业工作领导小组办公室和劳动保障部门牵头、各有关部门协同配合的再就业培训工作机制，实行目标责任制，保证再就业培训工作的落实。6月，经省政府同意，省劳动厅等7部门和省解困再就业工作领导小组办公室联合下发《关于加强再就业培训工作，推动我省再就业工程深入实施的通知》，明确了各有关部门在开展再就业培训工作中的职责，要求各有关部门及行业主管部门，将再就业培训列入工作目标计划，制定实施方案，发挥各自优势，发动社会各界参与再就业培训工作，保证再就业培训计划的实现；并提出了促进再就业培训的一系列配套政策和措施。7月，省就业服务管理局召开全省就业培训工作会议，重点研究和部署再就业培训工作。各级工会组织利用自有培训阵地，开展下岗职工培训；各级妇女联合会组织下岗女职工免费培训；有的民主党派与四川省总工会联合举办培训班，免费对下岗女职工进行社区家政服务培训；部分高等院校和一些职业学校、民办职业培训机构也举办了下岗职工再就业培训班。同年，全省共培训下岗职工11.10万人、失业人员4.20万人。

1999年，全省再就业培训工作进入重点突破阶段，培训与就业相结合这个环节，成为突破的关键。同年7月，省劳动厅、省解困再就业工作领导小组办公室联合召开全省再就业培训工作会议，总结前几年全省再就业培训工作，交流经验，对在全省组织实施《再就业培训合作计划》进行部署。《再就业培训合作计划》的运作方式是：企业再就业服务中心、再就业培训基地、职业介绍机构三方签订《再就业培训及就业合作协议书》，建立培训就业合作关系，实行分工协作，对进入再就业服务中心的下岗职工提供免费的职业指导、职业培训、职业介绍的配套服务，为他们尽快实现再就业创造条件。各级就业服务管理机构在当地劳动保障行政部门的领导下，具体负责《再就业培训合作计划》的组织实施。各地劳动保障部门和解困再就业工作机构打破行业部门界限，利用已有教育培训机构的培训资源，先后建立了250多个再就业培训基地，承担了再就业培训的主要任务。《再就业培训合作计划》的实施，较好地解决了培训与就业相结合的问题。同年，全省共组织培训下岗失业人员16.30万人，其中培训国有企业下岗职工12.30万人，占再就业培训人数的75%，培训人员再就业率达68.60%，有的地区再就业率达77%。

1998—2000年，全省共组织50.60万名国有企业下岗失业人员参加再就业培训，其中国有企业下岗职工36.90万人，培训后再就业率为62%。第一期“五年五十万”再就业培训计划提前2年，于2000年全面完成。

2001年，省劳动和社会保障厅、省解困再就业工作领导小组办公室针对全省在3年内将有大批国有企业下岗职工出再就业服务中心，失业人员数量会持续大量增加，再就业的压力仍然很大的就业形势，制定了《四川省第二期“三年四十万”再就业培训计划》，经省政府同意后，下发各市

（州）人民政府和省级有关部门组织实施。同时，省劳动和社会保障厅、省解困再就业工作领导小组办公室联合召开全省再就业培训工作会议，对组织实施《四川省第二期“三年四十万”再就业培训计划》作出部署。该计划的目标是，2001—2003 年，全省共组织 40 万下岗失业人员参加再就业培训，培训合格率达到 90% 以上，培训后 1 年内的再就业率达到 50% 以上。

“三年四十万”再就业培训计划下达后，中共各级党委、人民政府建立了再就业培训目标责任体系，将计划层层分解，分年度纳入目标考核。加强了再就业培训基地的规范化建设，按照统一标准，对全省所有再就业培训基地进行清理、检查和评估，符合条件的重新命名和授牌，又新选择一批条件较好的培训机构作为再就业培训基地，全省先后确认并向社会公布了 312 个培训机构为再就业培训基地。各地适应市场需求，把促进再就业培训与就业紧密结合，拓宽定向培训渠道，开展订单式培训，提高了培训后的再就业率。2001—2003 年，全省共培训下岗失业人员 58.50 万人，其中，国有企业下岗职工 26.76 万人，失业人员 31.74 万人；培训后再就业 39.20 万人，再就业率为 67%。“三年四十万”再就业培训计划超额完成。

2004—2005 年，全省又实施了《四川省 2004—2005 年再就业培训和创业培训计划》。该计划的总体目标是，全省 2 年组织 28 万名下岗失业人员参加再就业培训，培训合格率达到 90% 以上，培训后 1 年内的再就业率达到 60% 以上。由于各项工作和保障措施有力，2 年共培训下岗失业人员 49.20 万人，培训后再就业 34.90 万人，再就业率为 70.90%。同时，还在全省开展对失地无业农民的再就业培训，2 年共培训失地无业农民 14.25 万人，培训后再就业 9.10 万人，再就业率为 63.90%。

三、创业培训

创业培训①是在下岗失业人员急剧增加、就业岗位紧缺、就业矛盾突出的历史条件下逐步开展起来的。

1999 年，劳动和社会保障部制定《创业培训试点指导意见》《创业培训教学计划（试行）》，并将成都市作为全国首批 30 个试点城市之一。

2000 年，四川省选择和推荐成都等 5 个全国社区就业重点联系城市进行创业培训试点，还派人到苏州、上海等地考察学习创业培训工作，并将其经验以及劳动和社会保障部关于开展创业培训工作的文件资料印发全省各市（州）广泛宣传。

2001 年，省劳动和社会保障厅、省解困再就业工作领导小组办公室在第二期“三年四十万”再就业培训计划中，对开展创业培训作出部署，在部分城市组织开展创业培训工作。劳动保障部门请有关方面的专家和创业成功人士给参加创业培训的学员介绍经验、当参谋，帮助他们选择创业项目；同时，做好培训的后续服务工作，落实有关优惠政策，及时协调有关部门帮助解决创业过程中遇到的问题。同年，有 19663 人参加创业培训，培训后有 7004 人成功创办了小企业，4628 人自谋职业，创造新的就业岗位 12549 个。

2002 年，成都、德阳、攀枝花市就业训练中心的部分教师到上海参加了“SYB（创办你的企业）创业培训师资进修中心”的培训。

2003 年，成都等 10 个社区就业部、省重点联系城市开展了创业培训，在参加创业培训的 4497

注：① 创业培训，就是组织有自主创业和自谋职业意向的下岗失业人员开展培训和指导，帮助他们掌握创业方法、提高创业能力，通过自主创业和自谋职业实现再就业。

名下岗失业人员中，有1853人成功创办了小企业。中共德阳市委组织部与市就业局联合为157名下岗失业党员举办创业培训班，有56人成功创办了小企业。成都、攀枝花、德阳、绵阳等市还成立了“创业促进中心”或“企业创办者专家咨询委员会”等组织机构，以加强对创业培训工作的指导。在对下岗失业人员进行创业培训的同时，还为他们提供政策指导，落实小额担保贷款、减免税费等再就业扶持政策。

2004年4月，省劳动和社会保障厅印发《四川省2004—2005年再就业培训和创业培训计划》，要求全省在2年内组织5万名下岗失业人员和城镇其他失业人员参加创业培训，培训合格率达到80%以上，创业成功率达到50%以上。同时，进一步完善了创业培训与项目开发、开业指导、小额贷款、税费减免、跟踪扶持等整体联动和“一条龙”服务的工作模式。5月，成都市政府主办了“2004年中国成都就业与创业项目博览会”以及“中国成都就业与创业论坛”，推动和促进了创业培训和小额担保贷款等配套服务。内江、眉山等市劳动保障部门会同组织部门共同开办了下岗失业党员创业培训班。德阳市开办了下岗失业妇女创业培训班。成都、攀枝花、德阳、南充、内江等市还将创业培训与发放小额贷款结合起来，动员申请小额贷款准备创业的下岗失业人员参加创业培训。9月，省就业服务管理局针对创业培训师资短缺的问题，举办了创业培训师资培训班，为各地培训了45名创业培训教师。同年，全省参加创业培训的下岗失业人员共27658人；参加培训后，有8869人成功创办了小企业，有8095人实现了自谋职业，创业成功率为61.33%，并创造了27895个新的就业岗位。

2005年，创业培训的范围从持有再就业优惠证的下岗失业人员，扩大到高等院校和初高中毕业的失业人员、自谋职业的复转军人、农村进城务工人员以及城镇其他失业人员，全面推广整体联动创业活动的工作模式，并加大了创业指导的力度。省就业服务管理局会同成都市就业服务管理局举办了一期SYB（创办你的企业）创业培训师资培训班，培训了创业培训的教师58人。被劳动保障部和国际劳工组织列为SIYB（创办和改善你的企业）创业培训项目二期重点联系城市的成都、德阳、自贡、遂宁4市，在下半年全面开展了该项目的试点工作。还在国际劳工组织和国际金融公司中国项目开发中心的支持下，举办了首期IYB（改善你的企业）培训班，有32名已经自主创业的人员参加了培训。同年，全省参加创业培训的人数达42681人，比上年增长54.30%；参加培训后的创业成功率也比上年提高3.60%。

第四节　企业在职职工培训

一、职工函授培训

在职职工有生产任务，难以离岗脱产培训；许多中小企业也缺少独立组织在职职工培训的条件。为此，四川省将函授培训作为企业在职职工培训的重要形式。1988年9月，成立了四川省高中级技术工人函授培训中心（以下简称“省函授培训中心”），隶属于省劳动人事厅，负责综合管理全省工人培训考核工作。各市（地、州）和机械、化工、电子、电力、邮电、冶金、石油、煤炭、交通、商业、建筑安装等行业主管部门建立了函授培训中心分部。函授培训中心分部又依托本系统的企业、职工培训中心、技工学校等建立了160多个函授辅导站。

函授培训的主要形式是：函授培训机构向学员提供教材和辅导资料，学员以自学为主，边学习边实践，学制一年；其间，学员要参加两次面授辅导，每次时间为一周。学员学完规定课程，可参加理论知识考试。函授培训的招生，由省函授培训中心、各函授培训中心分部分别组织，可以随时报名。省函授培训中心和行业函授培训中心分部分别组织编写函授培训教材，省函授培训中心组织编写车工、钳工、电工的教材，行业函授培训中心分部组织编写具有本行业特点的教材。车工、钳工、电工三个工种由省函授培训中心统一组织考试，其他工种由有关行业函授培训中心分部报省函授培训中心批准后自行组织考试。理论知识考试合格者，由省劳动行政部门核发工人技术等级理论培训合格证书。获得理论培训合格证书者，在相应的技术等级考核时理论知识免考，只要操作技能考核合格，则可换发技术等级合格证书。其中，获得高级工理论培训合格证书者，在5年内评聘技师时理论知识免考。

函授培训从1988年开始，到1996年基本结束。8年间，开展函授培训的工种（专业）从最初的十几个发展到103个；省函授培训中心、各函授培训中心分部共招收学员80.50万人次，经考试合格68.40万人次。

二、技师聘任制及新技师培养

1987年6月，经国务院批准，劳动人事部发布《关于实行技师聘任制的暂行规定》，决定在高级技术工人中设置技师这一技术职务，实行技师聘任制。同年7月，四川省开始在成都无缝钢管厂、四川省第三建筑工程公司、四川省工业设备安装公司、四川仪表总厂、四川化工总厂等5户大中型企业进行实行技师聘任制的试点，历时1年，共评聘技师297名。同年10月，省劳动人事厅下发了《关于贯彻执行〈关于实行技师聘任制的暂行规定〉的试行意见》，就技师聘任的范围及比例限额、技师职责、任职条件、考核评审等方面提出了具体意见。

1988年2月，省劳动人事厅下发《关于在全省开展工人技师聘任工作的意见》，决定在全省全面开展技师聘任工作。省级行业主管部门分别会同省劳动人事厅下达了实行技师聘任制的实施意见。各单位根据劳动人事部和有关部委颁发的技师考核标准编写各专业（工种）教学大纲和复习题，制定技师技术考核大纲，确定培训内容。培训内容紧密联系生产实际，注重对基本理论的理解和运用。培训方式由企业根据自己的实际情况决定，建筑及设备安装等企业，针对施工点多、人员分散的特点，把评聘对象抽调出来，集中脱产培训；有的企业采取半脱产培训，即工人基本上不脱离生产岗位，按照企业编写的复习提纲自学基础理论和专业理论，每周集中上几次大课，并进行辅导、答疑；也有的企业采取不脱产培训，完全利用工余时间分班次集中上课。截至1990年9月，全省共评聘技师6520人。

1990年9月，劳动部下发《劳动部关于高级技师评聘的实施意见》，提出在技术密集、工艺复杂的行业技师中考评、聘任高级技师，明确评聘高级技师是技师聘任制的组成部分。四川省建筑工程总公司工业设备安装公司经建设部和劳动部同意，被确定为高级技师评聘的试点企业。试点工作从同年12月开始，到1991年10月结束，主要分为以下几个阶段：首先由各分公司对考评对象进行工作业绩考核，考核内容包括专业技术特长和高超技艺、参加技术竞赛及获奖情况、解决生产技术关键问题和参与重点工程施工情况、技术革新项目、担任技师以来的工作情况等。接着，由公司对分公司上报的推荐人员进行综合评审，初审技术论文和个人技术工种总结，确定参加公司考核的人员名单。随后，各分公司对参加公司考核的人员进行考前辅导，公司又进行为期3天的脱产集中培训和辅导答疑。培训后由公司组织考试，包括专业技术理论考试、论文答辩、口试、潜在能力测试。最后进行综合评定，择优推荐，上报审批后聘任。通过严格考核，该公司从1988年聘任的51名技师中，评出5名高级技师。

1992年6月，省劳动厅下发《贯彻〈关于加强技师管理工作的通知〉的意见》，对技师的考评与聘任、技师的工作职责、业绩考核等进一步作了规范，强调要加强对技师的培训，使其拓宽专业知识面，进一步提高技术理论水平和综合操作技能。培训的内容主要是新技术、新工艺、新设备和新材料的推广应用，在实际生产中所需要的专业理论知识，以及与其有关的生产技术在国内外的发展动态。

1994年10月，在全省开展“百名高级技师评审颁证活动”，通过层层选拔、严格评审，产生了100名各行业的高级技师。同年12月，省劳动厅在成都为这100名高级技师举行了颁证仪式。

截至1999年11月，全省评聘技师近1万名，高级技师500余名。

2000—2002年，经过培训，参加技师鉴定的有5699人，鉴定合格获取技师职业资格证书的有4624人；参加高级技师鉴定的有489人，鉴定合格获取高级技师职业资格证书的有373人。

2002年11月，省劳动和社会保障厅按照劳动和社会保障部的统一部署，决定在全省实施高技能人才培训工程，首先启动机电高级技工培训项目，以成都市、德阳市为重点联系城市，加大技师考评改革的工作力度，使经过培训的高级工，通过公开考评的方式，取得技师职业资格。2003年，机电高级技工培训项目在成都市、德阳市全面启动。同年，参加技师鉴定的有2473人，鉴定合格获取技师职业资格证书的有2139人；参加高级技师鉴定的有156人，鉴定合格获取高级技师职业资格证书的有137人。

2004年5月，省劳动和社会保障厅制定《四川省三年二万新技师培养计划》，确定2004—2006年的3年内，以全省支柱产业技能含量较高的职业为重点，依托国有大中型企业和民营骨干企业及职业培训学院、高级技工学校等职业学校，实施2万新技师培养计划。加快培养企业急需的技术技能型和复合型人才，以及高新技术产业发展需要的知识技能型人才，并以此推动全省技能型人才队伍的整体建设，带动各类高、中、初级技能人才队伍梯次发展。3年的培养计划分别是：2004年培养0.50万人、2005年培养0.70万人、2006年培养0.80万人。

《四川省三年二万新技师培养计划》提出，要鼓励各类企业结合生产实际，开展技能提升和岗位培训，建立高技能人才业务进修和培训制度，完善推广名师带徒培训，开展技术攻关和技能交流等活动，逐步做到技师培养制度化和规范化；发挥高级技工学校、职业培训学院和高等职业院校的作用，采取校企合作、订单培养等方式，开展后备青年技师培养；按照“统一标准、自主申报、社会鉴定、企业聘任”的原则，推进技师考评制度改革，取消技师报考的比例限额，打破资历、年龄和身份的限制，凡符合技师申报条件的各类人员均可自愿申报参加技师资格鉴定，实行评聘分离。该计划还提出了健全技能人才培养激励机制，提高技师待遇水平；加强基础建设和技术支持；加强职业学校教师队伍建设；积极筹措资金，确保技师培训鉴定经费的落实等保障措施。

《四川省三年二万新技师培养计划》受到省委、省政府的重视，将其纳入全省人才工作目标任务。该计划实施的情况是：2004年培训技师和高级技师7908人，培训合格5039人；2005年培训技师和高级技师8575人，培训合格5324人；2006年培训技师和高级技师11527人，培训合格7027人。

第五节　职业技能鉴定

一、组织机构和制度建设

1986—1992 年，劳动行政部门没有设立专门的职业技能考核鉴定机构，对工人的技术等级考核，主要依托行业主管部门的劳资机构和工人技术等级考核组织以及国有大中型企业的劳资部门，有关的制度也不够健全。

1993 年 1 月，根据劳动部《工人考核条例》，省劳动厅制定《四川省工人技术等级考核评定办法》，经省政府批准发布施行。省劳动厅会同省级有关部门，成立了四川省工人考核委员会。各市（地、州）/县（市、区）也相应成立了工人考核委员会，行业主管部门分别成立了行业工人考核领导小组。县（市、区）工人考核委员会主要负责初级技术工人的考核事务，市（地、州）工人考核委员会主要负责中级技术工人的考核事务，省工人考核委员会主要负责高级技术工人的考核事务和综合管理、协调指导全省工人技术等级考核工作。行业主管部门工人考核领导小组在同级工人考核委员会指导下，负责组织本行业工人技术等级考核工作。《四川省工人技术等级考核评定办法》将工人技术等级分为初级工、中级工和高级工，分别对应原八级工人技术等级的一、二、三级，四、五、六级和七、八级。

同年 11 月，省劳动厅成立四川省职业技能鉴定指导中心（以下简称“省职业技能鉴定指导中心”）。随后，各市（地、州）和建筑、旅游、电子等行业也相继成立了职业技能鉴定指导中心。全省还先后建立了 211 个国家职业技能鉴定所和 440 个国家职业技能鉴定站，逐步建立和完善了国家职业技能鉴定组织机构体系。

1994 年 5 月，省劳动厅颁发《四川省职业技能鉴定实施办法》，明确界定了国家职业技能鉴定是以劳动部颁发的《国家职业技能标准》《工人技术等级标准》《技师任职条件》为依据，对劳动者进行技术等级考核和技师、高级技师资格的考评；职业技能鉴定工作由劳动行政部门综合管理，各级职业技能鉴定指导中心负责组织、协调、指导，并发挥行业、社会团体、培训单位的作用。《四川省职业技能鉴定实施办法》还对职业技能鉴定所（站）的建立条件、申报审批程序、工作规则、评估制度和考评员任职资格、职业技能鉴定对象、职业技能鉴定申报程序，以及职业技能鉴定内容和方式等作了规定。同年，省劳动厅还印发了《四川省职业技能鉴定考场规则》等 6 项规章制度。

同年，省职业技能鉴定指导中心根据劳动部《职业技能鉴定规定》关于“职业技能鉴定考评员必须通过培训考核合格，由省级劳动保障行政部门核发考评员证书和胸卡，持证上岗”的规定，开始对职业技能鉴定考评员进行培训，举办了第一期中式烹调考评员培训班，共有 75 名川菜专家参加培训。此后，每年组织 3 至 5 期考评员培训班，培训合格取得证书后，由省级或行业职业技能鉴定指导中心聘用，实行 3 年一聘，届满时再培训考核换证。

1997 年 8 月，劳动部发布《国家职业技能鉴定命题技术标准（试行）》，省职业技能鉴定指导中心按照这一标准，陆续建立了车、钳、电、焊、汽车修理、烹调、美容等工种（职业）试题库。

同年，省职业技能鉴定指导中心根据劳动部《关于开展计算机及信息高新技术培训考核工作的通知》和《关于建立综合性职业培训基地和推行职业培训集团化试点的实施意见》的精神，成立了

“四川省计算机技能培训集团”。

1998 年，省职业技能鉴定指导中心在全省建立了 51 个计算机信息高新技术考试站，并举办了计算机信息高新技术考试考评员培训班，培训考评员 102 名。2000 年，全省计算机信息高新技术考试站发展到 68 个。

2000 年 3 月，经劳动和社会保障部职业技能鉴定指导中心验收，职业技能鉴定国家题库四川分库正式启用。

2001 年，省劳动和社会保障厅下发《关于开展全省职业技能鉴定质量检查及鉴定机构年检工作的通知》，开展了对省直批的 181 家国家职业技能鉴定所的鉴定质量检查和机构年检，对全省国家职业技能鉴定所的布局和部分鉴定机构的鉴定职业（工种）、范围及等级作了相应的调整，停办撤销了 14 个国家职业技能鉴定所，整改了 32 个国家职业技能鉴定所。

2002—2004 年，持续开展了对全省职业技能鉴定机构的质量评估检查，规范了职业技能鉴定机构的鉴定工作。

2005 年，职业技能鉴定国家题库四川分库已拥有 120 余个职业、300 余个级别的试题，基本能适应全省职业技能鉴定的需要。全省已有考评员 7165 人，其中高级考评员 889 人，中级考评员 6276 人。

同年 5 月，省劳动和社会保障厅制定《四川省职业技能鉴定质量督导工作规程（试行）》（以下简称《督导工作规程》），建立了职业技能鉴定督导制度。7 月，举办第一期职业技能鉴定质量督导员培训班，培训合格 50 名督导员，由劳动和社会保障部培训司核发了职业技能鉴定质量督导员证、卡。督导员根据《督导工作规程》开展职业技能鉴定质量督导检查工作，对不规范的鉴定行为进行纠正。

二、职业技能鉴定

（一）企业职工及各类从业人员职业技能鉴定

四川省从 1988 年开始对全民所有制企业职工实施工人技术等级考核，主要依托行业主管部门和国有大中型企业开展这项工作。1993—1996 年，省劳动厅依据《四川省工人技术等级考核评定办法》，组织参加过高、中级技术工人函授培训并取得理论合格证书的技术工人，由所在单位进行实际操作考核和评定；考核合格者，将理论合格证书换发成相应的工人技术等级证书。

1994 年 6 月，省劳动厅、省工商行政管理局、省个体劳动者协会、省私营企业协会发出《关于开展对个体工商户、私营企业从业人员职业技能培训、职业技能鉴定（考核）工作的通知》，决定对个体工商户、私营企业从业人员开展职业技能培训、职业技能鉴定（考核），逐步实行凭职业资格证书（技术等级证书）从业上岗制度。

1996 年 9 月，省劳动厅、省工商行政管理局制定《四川省个体工商户、私营企业从业人员实行职业资格证书制度实施办法》，确定在汽车驾驶、建筑装饰、机械加工、家电维修、中式烹调等 30 个职业（工种）中，实行职业资格证书制度，在上述职业（工种）从业的人员，要参加职业技能培训和职业技能鉴定，取得由劳动行政部门颁发的职业资格证书。职业技能鉴定工作由过去只对全民所有制企业职工扩展到个体工商户、私营企业从业人员，开始走向社会化。

1998 年 3 月，省劳动厅转发劳动部《进一步推行职业资格证书有关问题的通知》，并提出贯彻意见。1999 年，四川省商业、农业等行业主管部门率先提出在全行业推行职业资格证书制度、实行就业准入和持证上岗的意见，与省劳动厅联合下文贯彻执行。职业资格证书制度逐步在全省推行。

1999 年 11 月，省劳动厅下发《关于开展技师考评社会化管理及部分职业技师资格统一鉴定试点工作的通知》，确定部分市（州）和行业开展技师考评社会化管理及部分职业技师资格统一鉴定试点。此前，技师的评聘基本上是在国有企业尤其是在大中型企业中开展，通过推荐，逐级评审，实行评聘结合；考评标准只有技师任职条件，没有技师职业技能标准。实行技师考评社会化管理和技师资格统一鉴定后，评审技师面向社会、按规定条件自愿申报、公开考评，技师资格认定与聘任分离。技师考评以国家统一的技师资格标准为依据，重点考核三方面的内容：本职业的专业技术理论知识及与之相关的新知识、新工艺、新设备、新材料推广应用方面的知识；实际操作技能；工作业绩（包括有关著作、论文和技术革新、技术攻关成果、传授技艺等）。由各地区和行业主管部门在本行政区域和行业内组织报名、培训和考试，四川省职业技能鉴定指导中心负责报考技师的资格审查，省劳动厅聘请有关专家组成的技师考评小组负责技师资格的综合评审。技师职业资格证书由劳动和社会保障部统一印制，省劳动厅核发。此后，一直按照这种方式组织开展社会通用性强、从业面广、涉及消费者切身利益的职业（工种）的技师和高级技师全省统一考评工作。

2004—2005 年，全省统一组织了汽车修理、汽车驾驶、中式烹调、维修电工、焊工、美容、按摩等职业（工种）的技师、高级技师考评，共有 16483 人参加考评，考评合格获得技师、高级技师职业资格证书的分别有 9802 人和 561 人。

（二）院校学生职业技能鉴定

四川省从 1989 年开始，在技工学校毕业生中进行工人技术等级考核的试点，以后逐步扩大试点范围。

1994 年 4 月，省教育委员会、省劳动厅发出《关于对职业高中、中专学校毕业生进行技术等级考核的通知》，决定对职业高中、中专毕业生进行技术等级考核，实行“两种证书”制度。

同年，在全省开展了技工学校毕业生职业技能鉴定工作，对车工、钳工、电工、焊工、铸工和中式烹调师 6 个专业（工种）的毕业生进行统一考核鉴定；对汽车修理工、化学分析工、营业员、无线电装调工、安装电工、安装钳工和管道工等专业（工种）的毕业生，委托相关行业主管部门组织考核鉴定。

从 1996 年起，全省技工学校所有专业（工种）的毕业生都要进行职业技能鉴定；对鉴定合格者除发给毕业证书外，同时发给国家职业资格证书。

1997 年，省劳动厅发出《关于做好全省技工学校及各类职业培训学校毕业生职业技能鉴定有关具体工作的通知》，对技工学校和职业培训学校毕业生职业技能鉴定工作作出明确具体的规定。此后，职业技能鉴定工作逐步向各类职业培训学校和部分大中专院校学生扩展。

2003—2004 年，省劳动和社会保障厅、省教育厅组织实施了“高等学校毕业生职业资格培训工程”，集中全省职业技能培训优质资源，组织高等学校中没有落实工作单位的毕业生和就业率较低专业的学生，参加职业技能培训和鉴定。经过培训，提高了这些学生的就业率。

（三）计算机信息高新技术考核鉴定

随着计算机运用的普及，四川省从 1998 年开始，在全省开展计算机信息高新技术考核鉴定工作。截至 2005 年，全省共有近 15 万人参加了考核鉴定，有近 12 万人获得了全国计算机信息高新技术考核合格证，考试模块由初期的7个发展到22个，网络游戏设计、手机彩铃设计、视频编辑、信息安全等最新的IT类职业也列入了考核鉴定范围，鉴定级别扩大到高级操作员，参加考核的主体也从职业高中、技工学校扩大到大专院校。2005年，四川省职业技能鉴定指导中心还与成都军区合作，对2万名部队官兵开展了计算机信息高新技术培训考核。

据1995—2005年的统计，全省参加职业技能鉴定的达274.28万人，经鉴定合格获得各级职业资格证书的达240.32万人。

1995—2005年四川省职业技能鉴定情况

表1—16 单位：人

年份	项目	初级	中级	高级	技师	高级技师	合计
1995	参加鉴定	6159	30877	11484	819	220	49559
	鉴定合格	5482	26863	9187	575	145	42252
1996	参加鉴定	9092	36878	8594	331	15	54910
	鉴定合格	8183	32084	6961	234	9	47471
1997	参加鉴定	47291	97225	10450	2430	147	157543
	鉴定合格	42562	84586	8465	1701	97	137411
1998	参加鉴定	36442	96284	23965	1787	261	158739
	鉴定合格	32798	83767	19412	1251	175	137403
1999	参加鉴定	54162	100172	22059	2262	146	178801
	鉴定合格	48746	87150	17868	1606	98	155468
2000	参加鉴定	84459	132152	21144	1512	63	239330
	鉴定合格	76103	116294	16915	1059	44	210325
2001	参加鉴定	72382	158734	27034	2288	250	260688
	鉴定合格	65921	147243	24637	1892	204	239897
2002	参加鉴定	126024	185939	67183	1899	176	381221
	鉴定合格	106963	164414	52555	1673	125	325730
2003	参加鉴定	125792	205710	47979	2473	156	382110
	鉴定合格	103145	182486	39928	2139	137	327835
2004	参加鉴定	137873	196162	52597	7193	715	394540
	鉴定合格	119552	170911	42996	4678	361	338498
2005	参加鉴定	165972	257475	53289	8249	326	485331
	鉴定合格	158349	233469	43779	5124	200	440921
合计	参加鉴定	865648	1497608	345778	31243	2475	2742752
	鉴定合格	767714	1329267	282703	21932	1595	2403211

说明：此表数据摘自《四川劳动和社会保障统计年鉴（2005）》

三、职业技能竞赛和技术能手评选表彰

1994年以前，四川省的职业技能竞赛主要由各行业主管部门在本行业内组织开展；省级劳动行

政部门在全省技工学校中，也组织开展车工、钳工、电工等专业（工种）的职业技能竞赛。

1995 年，四川开始组织全省性的职业技能竞赛和开展技术能手评选表彰活动。同年，举办了全国焊工技能比赛四川省“大西洋杯”选拔赛，有 17 名选手获得四川省劳动厅、四川省机械工业厅、四川省总工会、共青团四川省委授予的“焊接工种四川省技术能手”称号。同年，省劳动厅还表彰了 50 名“四川省技术能手”，给他们颁发了四川省技术能手证书。

图 1－1　2002 年 9 月，四川省举办首届川菜技能大赛。图为比赛现场

1996 年，省劳动厅、中共四川省委宣传部、省经贸委、省总工会、共青团四川省委、省妇联联合开展“四川省技术能手”评选表彰活动，评选出 47 名“四川省技术能手”，其中 10 名由中共四川省委、省人民政府授予“四川省十大杰出技术能手”称号，其余 37 名由省劳动厅等 6 部门授予“四川省技术能手”称号，给予一次性奖励。此后一直坚持开展了技术能手评选表彰活动。

2001 年 12 月，省劳动和社会保障厅承办第 26 届亚洲发型化妆大赛中国西部赛区选拔赛，有西部 15 个省、市、自治区的选手参赛，设 8 个竞赛项目。进入各项目前 5 名的选手，由劳动和社会保障部颁发“第 26 届亚洲发型化妆大赛全国选拔赛西部赛区（选手参赛项目）比赛优秀选手”证书；进入各项目前 10 名的选手，在其原技术等级基础上晋升一级。

2002 年 9 月，四川省劳动和社会保障厅、中国烹饪协会、中国饭店协会、四川省餐饮娱乐行业协会、四川省烹饪协会、四川省烹饪高等专科学校联合举办首届中国川菜大赛（含川菜烹饪大赛和川菜服务大赛），设金、银、铜三个奖别。对 94 名川菜烹饪大赛金奖获得者授予“中国川菜烹饪金奖技术能手”称号，并核发中式烹调高级技师职业资格证书；对川菜服务大赛 2 名金奖获得者，授予“中国川菜金奖服务明星”称号，并核发餐厅服务高级技师职业资格证书。

2002 年 10—11 月，省劳动和社会保障厅、省教育厅联合举办首届全省计算机技术技能大赛。大赛设办公应用、网页设计与制作、数据库应用项目，分个人赛和团体全能赛。经过预赛和决赛两个阶段，历时 40 天，决出团体全能一等奖 3 个队、二等奖 6 个队、三等奖 15 个队；个人一等奖 20 名、二等奖 40 名、三等奖 70 名。

2003 年 4 月，省总工会、省劳动和社会保障厅联合举办首届全省职工职业技能大赛。大赛在车工、钳工、焊工、铣工四个工种中进行。在全省大赛的基础上选拔优秀选手组队参加全国大赛，夺得团体总分第二名。同年 12 月，省总工会、省劳动和社会保障厅联合表彰了四川省参加全国、全省职工职业技能大赛的优秀选手，授予前 23 名选手“四川省技术能手称号”。

2004 年 8 月，省劳动和社会保障厅、省教育厅、省科技厅、省国防科技工业办公室、省总工会、省机械行业办公室联合举办第一届全国数控技能大赛四川选拔赛。选拔赛分为学生组、职工组、技工学校教师组。对学生组一等奖获得者颁发技师职业资格证书，并授予“四川省技术能手”称号。对职工组和技工学校教师组一等奖获得者颁发高级技师职业资格证书，并授予“四川省技术能手”称号，同时申报“全国技术能手”称号。

同年同月，省劳动和社会保障厅举办广州数控杯全国技工学校技能竞赛（工具钳工、维修电工）

四川选拔赛。选拔赛分为高级技工学校学生组、普通技工学校学生组、生产实习指导教师组3个组别。对高级技工学校学生组一等奖获得者，颁发技师职业资格证书，并授予“四川省技术能手”称号；对普通技工学校学生组一等奖获得者，颁发高级国家职业资格证书和荣誉证书。

同年，省劳动和社会保障厅还与有关行业主管部门（协会）联合举办四川省旅游饭店餐厅服务员技能大赛、全国焙考技术比赛成都赛区选拔赛、“中国电信杯—技能进阶天府行”全省青年技能大赛、四川省服装制作工技能大赛、四川省丝绸行业缫丝工技能大赛、四川旅游饭店客房服务技能大赛。

2005年3月，省交通厅、省劳动和社会保障厅、省公安厅联合开展“安全优质服务明星驾驶员”竞赛评选活动。活动历时一年，从全省从事营业性客货运输、出租车运输的驾驶员中，评选出100名省级“安全优质服务明星驾驶员”，并给他们核发技师职业资格证书，颁发奖牌和荣誉证书。

同年6月，省总工会、省劳动和社会保障厅联合举办四川省第二届职工职业技能大赛。大赛在电信网络维护、茶艺师、行车工、焊工、维修电工、中式烹调、中式面点、餐厅服务、中式糕点制作、面包制作、西式糕点制作、汽车驾驶等12大项26个工种中进行。通过逐级选拔，有1563名选手参加全省大赛，41名优秀选手获“四川省技术能手”称号。

同年，省劳动和社会保障厅还与有关行业主管部门（协会）联合举办四川省第三届烹饪技术大赛、四川省农民工技能大赛、四川省中等职业学校电子类专业学生技能竞赛。

截至2005年，全省共评选表彰“四川省技术能手”219名、“四川省十大杰出技术能手”60名。

第二篇　劳动与工资

1986—2005 年，中国通过渐进式改革，实现了计划经济体制向社会主义市场经济体制的转变。四川省的劳动工资管理，按经济体制改革的要求和部署，攻坚克难，适时推出企业职工人数、用工制度、工资总额和内部工资分配制度改革措施。经过长时间由浅入深的改革，高度集中的劳动工资管理体制逐步被打破。到 20 世纪末，适应社会主义市场经济体制的劳动工资管理体制基本形成。

第一章　劳动力管理

1986 年前，四川的劳动力管理按照国家规定，实行高度集中的行政管理体制。各类单位的用人数量、用人条件、劳动纪律、劳动效率和职工调配都执行政府统一规定。随着经济体制改革的逐步推进，1986 年，劳动力管理方式开始进行以放权为核心的渐进式改革。到 20 世纪 90 年代中期，劳动力管理方式基本市场化，政府职能转向市场管理，劳动力资源配置市场机制初步形成并逐渐完善。

第一节　职工人数管理

一、指令性计划

1986—1992 年，在国家计划管理下，四川省除工资总额同经济效益挂钩企业外，对面上的全民所有制单位的职工人数实行计划管理，并实行分级负责原则和劳动、计划部门共同管理的体制。列为国家综合经济体制改革城市的重庆市和省会城市成都市，分别在国家计划中单列，但各项指标纳入四川省的总盘子。职工人数管理的重点是年度计划，主要指标有新增职工人数和职工年末控制数两项。计划自下而上编制、申报和自上而下下达。每年省计划和劳动部门，根据各地区和部门经济建设需要、统一分配人员和政策性安置人员数量，向国家申报增加职工人数计划，并把经申报、国家平衡下达的计划指标安排给地区和省级主管部门，由地区和省级主管部门层层分解下达给用人单位执行。计划一般年初一次性下达，部分年份也追加计划。

1986—1988 年，全省经济快速发展，劳动力需求较大。四川省计划、劳动部门对能源、交通、轻纺、化工、支农工业和原材料工业新建、扩建重点投产项目所需的劳动力，一方面开展余缺调剂，增加骨干力量；另一方面，每年从国家下达的新增职工计划和省统筹的自然减员缺额指标中挤出 2 万—3 万个指标，戴帽下达给重点建设投产项目用于从社会招收新职工。其余新增劳动指标，主要用于接收大中专、技校毕业生等国家统一分配人员和军队转业干部、城镇退伍军人等政策性安置人员。1986 和 1987 两年，四川省计划、劳动部门还安排 1.5 万个新增指标，用于中小学从民办教师中招收公办教师，改善中小学教师队伍结构。

清理压缩计划外用工，是职工人数管理的重要任务。1986 年，四川省贯彻国家清理压缩计划外用工精神，对以前形成的 54.2 万名计划外用工进行清理压缩。重点清退生产、工作不需要的人员。规定从当年开始，以 1985 年年末实际到达数为控制数，凡计划外用工增加的地区和部门，都如数抵扣新增劳动指标。在控制数内使用季节工和临时工要履行审批手续。由于计划有缺口、企业享有一年以内临时工使用权、脏苦累岗位招工难、企业集资招工、全民单位兼并集体单位增加的职工不能纳入计划内管理等因素影响，清退工作没有达到预期目标，年末全省的计划外用工不减反而增加5.23万人。1987年和1988年继续清理压缩，但每年仍增加5万余人。

1989—1991年，四川省贯彻中共十三届三中全会提出的治理经济环境、整顿经济秩序、全面深化改革的方针，配合压缩基本建设规模，采取严格控制招工补充自然减员和清理压缩计划外用工等措施压缩人员。1989年6月，省劳动厅等3部门联合下发《关于严格控制使用自然减员指标的通知》，规定全省机关、事业、企业单位的自然减员，除特定政策继续执行外，各地区、各部门、各单位一律停止使用。各地新建扩建投产项目必须增加的人员，从富余职工中调剂和接收国家统分人员进行补充。同年8月，省政府下发清理压缩临时工和计划外用工通知，规定1989年和1990年，要以1987年年末临时工和计划外用工为基数，压缩20%以上，责成省劳动厅和省计划委员会下达地区、部门年度清退任务。压缩的重点包括：全民所有制单位使用的农民工和城镇集体所有制职工；建筑业、工业和在产业结构调整中任务不足关、停、并、转的其他企业，以及机关、事业单位超过编制定员使用的临时工和计划外用工。

治理整顿开始的1989年，由于政策性安置刚性增量较大，职工人数没有完成国家下达的净减计划，但职工增长速度明显放缓，仅增长1.91%。计划外用工也没有完成清退计划，但比上年减少0.96万人，为多年来的首次负增长。1990年，四川按照国家“控制总量、调整结构、整顿秩序、提高效益”的要求，把治理整顿和深化改革结合起来，继续严格控制从社会招工补充自然减员，合理使用新增劳动指标，职工人数得到控制，仅增长1.4%，没有突破国家下达的计划。同年，推出清退计划外用工激励政策：省对地区和部门按清退临时工和计划外用工人数的70%安排新增劳动指标。这项政策调动了地区和部门的清退积极性，年末临时工和计划外用工数量得到一定控制。1991年，国民经济进一步好转，职工人数快速增长，临时工和计划外用工开始反弹。为此，省劳动厅发出继续清理压缩临时工和计划外用工的通知，重申清理压缩的规定和政策。

在贯彻治理整顿方针中，四川省结合实际，有压有保。在制定压缩职工人数措施时，灵活处理特定补员和招工规定，保留了有利于缓解就业矛盾和支持改革的8个规定①。

1992年，自然减员空额指标恢复使用，并且不再统筹自然减员空额指标。四川省对地区和部门的职工人数实行总量控制。计划管理办法调整后，强化了地区和部门的管理责任，同年职工人数增幅减缓。1993年，职工人数指令性计划被废止。

二、劳动计划体制改革

劳动计划体制改革，从特殊行业和部分企业开始。1984年，四川省贯彻国务院《矿山企业实行农民轮换工制度试行条例》，允许经批准实行单位产品工资含量包干的矿山企业，在不突破工资含量前提下，自主招用农民轮换工。1985年，贯彻劳动人事部等部门颁布的《国营建筑企业招用农民合同制工人和使用农村建筑队暂行办法》，允许经批准实行百元产值工资含量包干的企业，在不突破工

注：① 8个规定分别是：企业职工死亡，招一名符合条件子女当工人；企业职工因工致残，完全丧失劳动能力，招一名符合条件子女当工人；1959年年底前参加工作，家居农村的老工人退休时，允许一名适龄未婚子女参加招工考试或考核；家居农村老工人提前离岗休息，吸收一名适龄未婚子女进厂当协议工；四川省人民政府批准的企业对家居农村老工人换工试点；10户超前改革企业根据生产需要自行招工；解决县办国营“五小”企业亦工亦农人员问题；职工冤假错案落实政策收回。

资含量前提下，自行确定招用农民合同制工人的数量、条件。1987 年，省劳动人事厅下发《关于在深化企业改革中有关劳动、工资保险若干问题的意见》，规定实行百元产值工资含量包干和吨煤工资含量包干的建筑、矿山企业，可以自主确定在城镇招收职工的数量。将建筑、矿山企业自主招用人员范围从农村扩大到城镇。同时，允许租赁承包企业和外商投资企业自主确定增加职工。

在探索企业劳动计划管理办法改革的同时，四川省根据国家部署，在部分市/县开展全民所有制单位职工人数的增长与经济效益挂钩的劳动计划体制改革试点。挂钩指标为加权计算的工业总产值、交通运输量和商品零售额的综合系数。职工人数和综合系数增长比例分档计算。实行职工人数与经济效益挂钩浮动后，全民所有制单位各种形式增加的人员，包括干部在内，都纳入挂钩比例之内。按挂钩比例增加的人数，由试点地区根据生产、工作需要进行安排。试点中把劳动生产率计划作为职工人数与综合经济效益挂钩的辅助考核指标，完不成劳动生产率计划的，在批准方案增人内适当扣减增人数量。改革工作 1987 年在广元市和安岳县启动。劳动计划体制改革办法使全民所有制单位的职工人数增长具有一定弹性，调动了试点积极性。1988 年内江全市纳入试点。1991 年广汉市列入试点。

计划体制改革试点办法还未在面上推行时，职工人数指令性计划就被废止，改革措施一步到位。1993 年，省劳动厅贯彻国务院《全民所有制工业企业转换经营机制条例》，印发《关于改革企业劳动工资计划管理办法的意见》，规定从 1993 年起，省对地区、部门，地区、部门对企业不再下达指令性的职工人数计划，实行用工资总额间接调控职工人数办法。实行新办法后，职工人数得到较好控制。1993 年年末，地方国有企业职工为 360.78 万人，比上年增加 0.12 万人，仅增长 0.03%。之后随着企业自我约束力的增强和工资总额计划的淡出，各级政府不再直接或间接管理国有企业职工人数，劳动计划职能转向规划。职工人数规划管理范围扩大到城镇各经济类型职工。中长期和年度规划指标，都是预期性的，是对职工人数发展趋势的预测，对地区和用人单位不具有约束力，可供参考。

1993—2005 年四川省各类经济单位职工人数

表 2—1　　　　单位：万人

年　份	职工人数合计	国有经济单位	城镇集体经单位	其他各种经济单位
1993	983.36	738.77	220.45	24.14
1994	985.49	727.49	215.59	42.41
1995	990.31	734.74	208.30	47.27
1996	987.40	734.40	200.90	52.10
1997	681.56	506.18	131.04	44.34
1998	662.94	467.29	111.90	83.75
1999	547.15	394.31	80.67	72.17
2000	515.45	371.68	69.73	74.04
2001	486.70	350.45	58.39	77.86
2002	481.19	326.97	52.66	101.56

续表2—1

年　份	职工人数合计	国有经济单位	城镇集体经单位	其他各种经济单位
2003	486.70	315.90	48.70	122.10
2004	480.70	305.60	43.70	131.40
2005	492.80	303.70	40.90	148.20

说明：表内数据摘自《四川统计年鉴（1996）》和《四川统计年鉴（2006）》

第二节　招收职工政策

一、公开招收

20世纪70年代，就业矛盾突出，为照顾职工子女就业，形成了工人退休、退职和职工因工、因病死亡招收子女制度和企业新增劳动指标、自然减员空额指标招工全部或按一定比例招收本单位职工子女的办法。这种制度和办法，在缓解当时的就业矛盾、维护社会稳定中发挥了一定作用。但随着就业制度改革和以城市为中心的经济体制改革的深入，其弊端逐渐显现，改革势在必行。

1986年，国务院在其制发的《关于发布改革劳动制度四个规定的通知》中规定：从10月1日起废止“子女顶替”①制度和企业“内招”② 办法。四个规定之一的《国营企业招用工人暂行规定》，要求企业招用工人，必须贯彻先培训后就业的原则，面向社会，公开招收，全面考核，择优录用。不得以任何形式进行内部招工。四川省制发并实施对应国务院规定的四个实施意见，通过广泛的宣传动员和严格的纪律约束，平稳废止了国有单位“子女顶替”制度和企业“内招”办法，稳步推进了公开招收办法的实施。在废止“子女顶替”制度和企业“内招”办法时，保留了招收1959年前参加工作家居农村老工人和因工、因病死亡及因工致残完全丧失劳动力职工子女规定。允许矿山井下、野外勘探、森林采伐、盐业生产（以下简称“四行业”）招工时继续内招职工子女。

废止“子女顶替”制度和企业“内招”办法后，国营企业招工执行《四川省贯彻执行国务院关于〈国营企业招用工人暂行规定〉的实施意见》。招工工作由各级劳动人事（劳动）部门所属的劳动服务公司具体组织实施。用人单位招工，凭计划、劳动部门或主管部门下达的新增劳动指标或自然减员指标，提出需要招收的工种、人数、条件和招工简章，报所在地劳动人事（劳动）部门审核后，由县以上劳动服务公司根据劳动力资源情况，统筹安排，并会同用人单位按“面向社会，公开招收，全面考核，择优录用”原则组织招收。招收职工的基本条件是，年满16周岁，具有初中以上文化程度，身体符合技工学校招生标准。招收技术工种工人的年龄，不超过22周岁；招收繁重体力劳动和普工的年龄，女性不超过30周岁，男性不超过35周岁。招收有专业技术的工人和终止劳动合同待业的工人、破产企业职工、濒临破产企业法定整顿期被精简的职工和违纪被辞退的职工，年龄放宽。1987年12月，省政府在《关于进一步落实国务院发布的改革劳动制度四个规定的通知》

注：① 子女顶替即国有、集体单位职工死亡和企业职工、机关事业单位工人退休后，招收一名符合招工条件的子女当工人。

② 内招即企业从职工子女中招收工人。

中规定：在招收工人时，要坚持面向社会，公开招收，全面考核，择优的原则；不仅要进行文化考试，而且要考核劳动技能；要注意从经过职业技术培训，专业对口的毕业生中择优录用。能用女工的岗位，应尽量招收女青年。要尊重用人单位择优录用的自主权，也要使待业青年有均等的择业机会。不得在国家政策规定必须安置和照顾的人员外，自行扩大照顾范围。要坚决制止招工中的不正之风。

1988 年，省劳动人事厅发文废止集体所有制企业职工“子女顶替”制度和企业“内招”办法。

1993 年省政府颁布的《四川省全民所有制工业企业转换经营机制实施办法》赋予企业编制劳动用工计划和决定招工范围、条件、地点、方式、数量的自主权，并对企业招工的部分规定作了调整：招工简章由政府部门审核改为备案。组织招收由劳动服务公司会同企业进行改为选择性办法，企业可自行在劳务市场组织招收，也可以委托劳动就业部门、职业介绍机构组织招收。在贯彻中，各类企业招工都按调整后的办法执行，单位用工逐步市场化。

企业用工放开后，招工中出现了乱收费、招工欺骗、扣留求职者证件等问题，社会反映强烈。1997 年 1 月，省政府颁发《四川省企业招收职工规定》（以下简称《招收职工规定》），要求进一步落实企业的用人自主权和劳动者的择业权。同时，将管理范围扩大到各类企业，规定了招收职工中的禁止行为和违反规定的处罚办法，推进企业招工行为的规范。《招收职工规定》执行到 2006 年，被《四川省劳动力市场管理条例》替代。但在执行中，随企业改革的逐步深入，企业招工简章备案、跨地区招收职工审批和严格控制从农村招工的规定逐步被突破。

二、换工①

1986 年，四川省在废止“子女顶替”制度中，保留了 1959 年以前参加工作的家居农村老工人退休招收子女的政策。1959 年后参加工作特别是三线建设②时期参加工作的家居农村老工人反映强烈。同时，一些重点企业职工老龄化现象严重。对此，四川省通过逐步换工办法，解决家居农村老工人的家庭困难和企业部分劳动力更新问题。1987 年，经省政府同意，在攀枝花钢铁公司进行 1966 年年底以前参加工作家居农村老工人换工试点。

1988 年，省劳动人事厅贯彻中共四川省委、省人民政府领导的批示精神，扩大试点范围，制发《关于对家居农村老工人实行换工的试行办法》，明确了换工对象、条件、程序、形式以及换工双方的身份、户粮关系处理办法等问题。安排成都市和重庆市各选择三户企业、攀枝花市选择少数省和市属企业按统一规定进行试点。同年 8 月，贯彻劳动人事部等部门《关于解决老工人夫妻长期两地分居有关问题的通知》，允许各地在试点的基础上，逐步对 1959 年年底以前参加工作的家居农村老工人进行换工。

1989 年，省政府《转发省劳动厅关于对家居农村老工人逐步扩大换工试点的报告的通知》，安排已经试点的成都、重庆、攀枝花市将试点企业扩大到 10 户，其他市（地、州）选择 2—3 个生产比较正常、需要补充劳动力的全民所有制企业进行试点。并针对前期试点中反映出的问题，对换工

注：① 换工，即家居农村老工人不到法定退休年龄，提前离岗回乡休息，吸收一名适龄未婚子女当工人。

② 三线建设指 1964—1978 年间，国家按各地战略地位的重要性，划分为三道线。沿海、边疆为一线，四川等 13 个省、自治区为三线，一、三线间为二线。并在三线地区进行一场以战备为指导思想的大规模国防、科技、工业和交通建设。

老工人的年龄、换工子女到企业的试用考核期限、换工双方的户粮关系处理等政策作了适当调整。换工办法调整后，试点工作稳步实施。

1992 年 2 月，省政府《批转省劳动厅关于调整统一家居农村老工人换工政策的意见的通知》，对四川省制定的换工试点办法和贯彻劳动人事部等部门《关于解决老工人夫妻长期两地分居有关问题的通知》开展的换工办法作调整统一，并对普遍实施换工作部署。调整统一的主要内容包括：将换工范围统一为生产经营正常、经济效益较好、需要补充劳动力的全民所有制企业，重点是具备条件的全民所有制大中型企业、三线军工企业和特别繁重体力劳动、有毒有害工种较多的全民所有制企业。将换工对象限定为配偶和子女均系农村人口并居住在农村的固定工人，取消了 1959 年年底前参加工作工人在本单位工作年限限定，并将 1960—1966 年参加工作工人在本单位工作年限限定由 8 年以上降为 5 年以上。将换工到企业当协议工子女的协议期调整为 2 年。换工老工人与到企业工作子女户、粮关系互换。换工到企业工作子女 2 年协议使用期满转为劳动合同制工人时，换工子女户口迁到企业所在地，落为城镇非农业人口，由粮食部门供应统销价粮、油；换工老工人的户口迁回原籍农村，落为农业户口，国家不再供应粮、油，换工子女原责任田地和自留地保留。

普遍换工的进度分类安排。1959 年年底以前参加工作，家居农村老工人的换工，按照逐步铺开的原则，继续由各市（地、州）劳动行政部门安排和负责审批；1960—1966 年参加工作，家居农村老工人的换工，由省劳动厅按照逐步稳妥进行的原则，根据全省生产发展和承受能力每年下达换工企业户数。各市（地、州）劳动行政部门按照省下达的户数作出安排，审核企业换工方案，报省劳动厅审批后施行。成都、重庆、攀枝花市在省劳动厅下达的企业户数内，由市劳动局负责审批，组织实施。1992 年省劳动厅下达阿坝州以外的 20 个市（地、州）换工企业计划 270 户。

政策调整后，部分换工回乡老工人，对户口迁回农村、保留子女原责任田地意见较大。成都 420 厂、65 厂的换工老工人群体到政府有关部门上访。1992 年 11 月，省政府办公厅下发《关于家居农村老工人换工子女原责任田和自留地问题的补充通知》，规定换工老工人回乡后，换工子女原责任田地采取自愿保留办法。过去已保留的，可根据自愿保留或调整。换工子女原自留地也按此办理。换工老工人回乡后，任何部门、任何单位都不得对换工老工人乱摊派、乱收费。该办法实施后矛盾逐步化解，换工平稳进行。

1993 年 7 月，经省政府同意，省劳动厅下发《关于调整换工审批权限等有关问题的通知》，对换工的审批权限、政策等作了调整。规定：省对不跨地区的企业，1960—1966 年参加工作的家居农村老工人换工，不再下达换工企业户数计划和审批企业换工方案，改由市（地、州）劳动行政部门根据当地生产发展和承受能力安排换工企业户数并审批换工方案。换工到企业的子女不再实行协议期。换工子女到企业均为劳动合同制工人，并按劳动合同制的规定实行试用期。试用期发现不符合规定条件的，解除劳动合同，且不得另换 1 名子女到企业当劳动合同制工人。企业是否换工和换工计划安排，由企业根据四川省制定的换工政策，结合本企业生产经营、劳动力需求、经济承受能力等情况自主决定。亏损企业、停产半停产企业不得纳入换工范围；1966 年以后参加工作的职工，不得列入换工对象。

换工工作从试点到全面实施，持续了 10 年左右时间，到 20 世纪 90 年代后期，全省 30 万名家居农村符合换工条件的老职工，多数选择了换工。

三、农村招工

1986年至1997年2月《招收职工规定》发布期间，四川省对从农村招工是严格控制的。但也有条件地允许部分行业和工种从农村招工。

1986年9月前，从农村招工，执行1982年省政府颁布的《关于严格控制农村劳动力进城做工和农村人口转为非农业人口的通知》的规定，严格控制从农村招工招干。确需从农村招收的，不论数量多少，均由市（州）政府、地区行政公署报省政府批准。“四行业”有关工种，按国家计划增加职工时，先从矿区、林区和所在地的城镇待业青年中招收。招收不足的，报省劳动行政部门批准后，再从家居农村1户无1子女参加工作的职工家庭中招收。

1986年10月1日起，全省执行《四川省贯彻执行国务院关于〈国营企业招用工人暂行规定〉的实施意见》，仍严格控制从农村招收职工。企事业单位招用1年以上工人，经省劳动行政部门批准后才能从农村招收。地处农村的单位，就近在农村招用临时工、季节工需经县以上劳动服务公司同意。

在严格控制从农村招工中，允许特殊行业、民族地区和部分工种，从农村招收职工。

“四行业”，可按增加职工计划的20%，从家居农村1户无1子女参加工作的职工家庭中招收子女；民族州/县按国家计划增加职工时，可按不超过招工指标10%的比例招收当地少数民族农、牧民青年。按这两项政策招收的职工，可以转为城镇户口。

矿山企业非技术复杂工种和交通、铁路部门装卸搬运作业工种可招用农民轮换工；国营建筑安装企业、房屋维修企业、园林和市政工程施工企业以及乡邮递员、驻段线务员岗位可招收农民合同制工人。农民轮换工和农民合同制工人户粮关系不转，社员身份不变，在单位工作期间是职工队伍的一部分。轮换期和合同期一般为3—5年。农民轮换工必须安排在井下采掘第一线、井上需要进行轮换的岗位和繁重体力劳动的装卸搬运岗位，不准调做其他工作，到期必须轮换。农民合同制工人合同到期后，企业需要的，经企业主管部门和劳动部门批准可以续订劳动合同。招收农民轮换工和农民合同制工人的地点，由企业提出，当地劳动部门同意。

1991年7月开始，四川省执行国务院《全民所有制企业招用农民合同制工人的规定》，把农民轮换工纳入农民合同制工人的范围，统一规范了农民合同制工人招收录用、劳动合同管理、工资保险福利待遇等，放宽了农民轮换工的合同期限，经批准最长期限可达8年。同时，矿山企业根据生产、工作需要，每年可在国家下达的农业人口转为非农业人口的计划指标内，按照一定比例、条件将农民轮换工中的业务技术骨干，转为城镇户口合同制工人。

1993年起，四川省贯彻《四川省全民所有制工业企业转换经营机制实施办法》，落实企业用人自主权，从农村招收不转户粮关系职工政策开始突破。允许部分企业劳动强度大、劳动条件差的岗位，从农村招用不转户粮关系的职工。

1997年2月起，全省实施《招收职工规定》，对从农村招工实行分类管理。逐步放开不转户粮关系的农村招工。城镇企业从农村招收不转户粮关系的职工，由各级劳动行政部门根据劳动力供求结构和岗位分类实行适度调控。对从农村招收转户粮关系的职工实行较严格控制。规定国有企业从农村招收转户粮关系的从事“四行业”作业的职工和民族自治州（县）的国有企业从农村招收转户粮关系的职工，须经市（地、州）劳动行政部门批准。其他企业从农村招收转户粮关系的职工，须经省劳动行政部门批准随着1995年起实施的《中华人民共和国劳动法》规定的劳动者平等就业权和职业选择权的逐步落实及工业化、城镇化进程加快，从农村招收职工的限制被快速突破。到21世纪初，企业从农村招收职工除不转户口外，已无其他限制。农村劳动力不但可到城镇企业务工，也可以到机关事业单位务工。

四、禁止使用童工

四川省禁止使用童工工作，在劳动力市场发展之初，因尚未出现童工现象，以预防为主。

1986年，四川省颁布实施《四川省贯彻执行国务院关于〈国营企业招用工人暂行规定〉的实施意见》，规定招收的新工人，应年满16周岁，用招工条件预防使用童工。1988年省劳动人事厅等5部门和组织联合转发劳动部等部门和组织《关于严禁使用童工的通知》（以下简称《通知》），要求各级劳动行政部门、乡镇企业主管部门、工商行政管理机关加强对企事业单位的用工管理，认真执行《通知》规定的禁止使用童工的各项措施。对违反国家规定，擅自使用童工者，除责令立即退回外，可以重罚。情节严重，屡教不改者，责令其停业整顿，直至吊销其营业执照。1995年，省劳动厅下发的《关于台湾和香港、澳门居民在我省就业管理规定》，将年满18周岁作为台、港、澳居民在四川就业的必备条件。1997年，省政府发布的《招收职工规定》，规定招工中禁止违法招收未满16周岁的未成年人，单位确需招用未满16岁的人从事文艺工作、体育运动和特种工艺作业的，需经县以上劳动行政部门批准。单位违法招收未满16周岁的未成年人，由县以上劳动行政部门责令纠正，并可按每招收一人，给予3000—5000元罚款的处罚。1999年，四川省人大常委会发布《四川省外商投资企业劳动管理条例》，明确规定禁止使用童工。省和各市（州）制定的《儿童发展纲要》中，也明确规定禁止使用童工。

进入21世纪，企业使用童工现象多发。禁止使用童工工作转为预防和执法并重。各级劳动、公安、工商、教育和工会等部门和组织，加强了禁止使用童工规定落实情况的监督检查工作。

2000年，劳动部门在常规检查、举报专查的基础上，组织了全省性的禁止使用童工专项执法活动。重点对私营企业、外资企业和个体工商户，特别是易燃易爆生产单位进行检查。共检查用人单位6309户，涉及职工16.24万人，查出用人单位违法使用童工52人。对违法使用的童工全部清退，对违法单位的领导和相关人员进行了批评教育，还对违法单位给予了经济处罚。

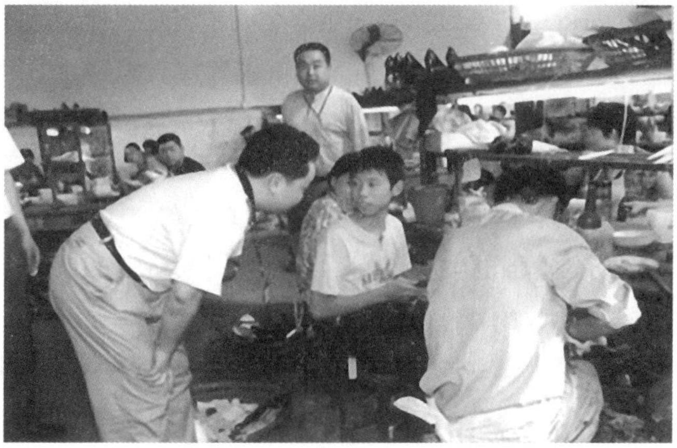

图2-1　2005年，省劳动监察总队贯彻禁止使用童工规定，深入成都市周边制鞋厂家进行检查

2001年，根据劳动和社会保障部等9部门和组织的部署，9月在全省开展了为期一个月的贯彻实施国务院《禁止使用童工规定》情况检查活动。省和各市（州）建立了劳动保障部门牵头，9部门和组织领导参加的联席会议制度，成立了联合检查组。省级9部门和组织在自查的基础上，对成都和遂宁贯彻实施《禁止使用童工规定》情况进行了检查。各市（州）按要求开展了自查，并对部分私营企业、外商投资企业和个体工商户进行了

重点检查。全省共检查用人单位4871户，清退童工111人，对严重违规企业进行了行政处罚。

2002年，省劳动和社会保障厅联合相关部门继续开展禁止使用童专项检查活动，清退童工100多名。

2003—2005年，省劳动和社会保障厅等8部门和组织，联合发文贯彻国务院新制定的《禁止使用童工规定》，明确了劳动保障、公安、工商、教育、卫生和总工会、共青团、妇联各部门和组织，在禁止使用童工中的职责和任务。各部门和组织按职责开展了形式多样的禁止使用童工检查。劳动部门连续三年会同相关部门在全省开展贯彻《禁止使用童工规定》情况检查。共检查用人单位52550户，查出非法使用童工284人，非法介绍14名童工就业，作出行政处理和行政处罚454件，罚款14.17万元。

第三节　企业劳动管理

一、定员定额

1986—1993年期间，政府不再直接管理企业的定员定额（以下简称“双定”）工作，通过解决标准和推动标准运用引导企业开展“双定”工作。解决标准的主要办法：

推荐国家标准。四川省转发了劳动部颁布的《铁路工程机械修理劳动定额标准》《变压器行业劳动定额教学模型时间标准》等多类标准，并鼓励和支持有条件的企业采用国家颁布的劳动标准。

建立地方行业标准。机械、纺织、化工等行业主管部门，结合本省行业特点，通过修订标准的办法，完善“双定”标准。

企业建立和完善标准。原没有“双定”标准或“双定”标准已明显不适用的企业，根据劳动管理的需要，组织力量，按照新的“双定”原则，研究和制订本企业的新标准。原有“双定”标准基本适用的企业，结合企业生产经营特点，对原有的标准进行修改完善。南充内燃机厂等企业根据生产的需要，制订了相关工种的定额标准。

在运用“双定”标准中，企业结合人事制度改革，实施管理岗位定员；结合企业内部经营责任制，实施生产岗位定员；按定员标准设立和调整劳动组织；把定额标准作为考核职工和工资分配的重要依据。

1993年，省政府《批转省劳动厅关于贯彻执行〈四川省全民所有制工业企业转换经营机制实施办法〉意见的通知》，要求企业认真做好“双定”工作，通过考试、考核上岗；逐步打破干部与工人的界限，择优聘用上岗，实行同岗同待遇办法。形成岗位能上能下，收入能升能降，激励职工劳动生产积极性的良性机制。

1993年后，政府和部门未再发文部署“双定”工作，“双定”工作由企业自主开展。

二、劳动组织

1986年开始，企业劳动组织工作引入竞争机制，结合劳动制度改革展开。在搞活固定工制度中通过优化劳动组合，实现劳动力的合理配置。1988年，省政府《批转省劳动人事厅关于搞活全民所有制企业固定工制度若干问题的意见的通知》，要求企业按照定编、定员、定额，实行劳动力优化组合；按照各种岗位对人员配备的有关规定，大力精减非生产人员，充实加强生产第一线。同时，明确车间、班组可根据承担的任务和需要人员的条件，挑选班组长和工人；工人也可以根据自己的志愿和特长，挑选班组和岗位。在强力推进企业改革的背景下，优化劳动组合工作迅速展开。

1989—1991 年治理整顿期间，很多企业的优化劳动组合工作暂时停了下来。后来随着经济形势好转，企业改革环境改善，优化劳动组合工作得以恢复。1992 年，省政府《批转省劳动厅关于深化国营大中型企业劳动、工资、社会保险制度改革的意见的通知》，要求在面上企业继续进行优化劳动组合，所有企业都要在建立健全和修改完善定员定额标准的基础上，把优化劳动组合（合理）作为组织生产、加强内部劳动管理的一项经常性重要工作来抓。同年 7 月，国务院颁布实施的《全民所有制工业企业转换经营机制条例》，强化了企业的法人地位，企业改革的内在要求增强。在政府推动和企业内力的双重作用下，优化劳动组合的进展很快。到 1994 年年末，全省开展优化劳动组合企业超过 7000 户。

1995 年《中华人民共和国劳动法》正式实施，劳动制度改革由搞活固定工制度转入全面推行劳动合同制。企业劳动组织工作由企业自主开展。企业劳动组织工作放开后，发展不平衡。多数企业特别是大中型企业，坚持开展工作。劳动组织的形式多样、灵活、管理动态，基本适应按市场需求组织生产的需要。一些企业特别是小型企业的劳动组织工作处于松散状态，随意性较大。

三、劳动纪律

1982 年，国务院颁布的《企业职工奖惩条例》（以下简称《奖惩条例》），在明确企业职工义务的同时，规定了企业奖励、处分职工的条件、种类、程序、审批权限和旷工除名的条件。处分的种类中有了开除和除名的规定，冲击了固定工制度下形成的“铁饭碗”观念。全省通过贯彻《奖惩条例》和中共中央、国务院《关于国营工业企业进行全面整顿的决定》，对企业的劳动纪律进行了一次整顿，多数企业的劳动纪律有所加强。但由于对严重违反企业劳动纪律，扰乱企业生产、工作秩序，又不符合开除、除名条件的职工，还不能解除劳动关系，企业劳动纪律管理难度大，一些企业的劳动纪律仍较松弛。

1986 年，国务院颁布《国营企业辞退违纪职工暂行规定》，赋予企业辞退违纪职工权。省政府制发《四川省贯彻执行国务院关于〈国营企业辞退违纪职工暂行规定〉的实施意见》，省劳动人事厅转发劳动人事部《〈国营企业辞退违纪职工暂行规定〉若干问题解答》，明确了辞退违纪职工的条件、程序。规定企业制定的厂规厂纪经厂职代会通过后，由厂长按照厂规厂纪行使辞退违纪职工的审批权。企业结合劳动、工资、人事制度改革，逐步建立和完善规章、纪律规定，加强思想教育，严格执行劳动纪律，企业劳动纪律明显加强。企业在执行劳动纪律中，对劳动关系的处理慎重。据统计，1990 年，全省企业受到开除、除名和辞退处理的职工 5678 人，仅占企业职工总数的 0.12%。

图 2-2　1995 年冬，四川省劳动厅召开劳动体制改革座谈会

全省从 1995 年起全面实行劳动合同制，固定工制度被废止。企业与职工用劳动合同确立劳动关系。劳动纪律的内容和职工违反劳动纪律应承担的责任在劳动合同中约定，违纪后果明确、透明。

职工严重违反劳动纪律应当结束劳动关系的，部分企业选择解除劳动合同的途径实现。有些企业仍按《奖惩条例》和《国营企业辞退违纪职工暂行规定》，通过开除、除名、辞退办法，解除与职工的劳动关系。

四、富余职工安置

1982年，四川省贯彻中共中央、国务院《关于国营企业进行全面整顿的决定》，对国有企业富余职工安置问题，进行了一些探索。在整顿企业中，把整顿劳动组织产生的富余人员，从原岗位上撤下来另行安排。安排的途径除企业主管部门和劳动部门进行必要的调剂外，主要由企业通过广开生产、服务门路和组织培训自行消化。

1986年后，在国有企业富余职工安置中，逐步形成了企业为主、社会为辅的安置原则。

1987年，四川省开展的搞活固定工制度试点，企业对大多数富余人员立足于自行消化。千方百计广开新的生产门路，特别是通过发展第三产业等多种办法，对具有劳动能力的富余人员给予安置。

1988年，省政府《批转省劳动人事厅关于搞活全民所有制企业固定工制度若干问题的意见的通知》，对富余人员作了界定，肯定了企业自行安置为主原则。要求在全面搞活全民所有制企业固定工制度中，对富余人员安置，继续执行原有做法和政策。同时提出了支持企业开辟生产经营和服务门路、鼓励兴办安置型企业、年老和体弱职工撤离工作岗位、运用行政和经济手段安置富余职工等10条新措施。一些具备条件和改革愿望强烈的企业，充分运用优惠政策，发挥各自优势，创造条件，自行消化搞活固定工制度中需要撤离原岗位的富余职工。

1990年，全省在优化劳动组合中形成的11045富余人，通过发展多种经营、余缺调剂、下岗培训等渠道，重新安置8435人，占76.4%。企业内部待业的2611人，大多数逐步得到重新安置。

1993年，国务院发布《国有企业富余职工安置规定》。四川省实行的国有企业富余职工安置原则、措施和政策与国务院颁布的规定基本吻合，要求各地遵照执行，没有出台实施办法。

1995年，《中华人民共和国劳动法》贯彻实施，全省占职工50%以上的原固定职工要改制为劳动合同制工人。这项改革涉及面广、难度极大。对富余人员安置政策，四川省没有作大的调整，仍然实行企业安置为主原则。要求企业在全面实行劳动合同制过程中，对富余职工通过发展第三产业、内部调剂交流、待岗培训、提前离岗休养、自谋职业等多种形式和渠道进行妥善安置。但对确实无能力安置的企业，允许辞退不超过职工总数2%的富余人员进入社会另谋职业。

20世纪90年代后期，由于经营机制深层次矛盾长期积累和企业减员增效等原因，国有企业出现了职工大量下岗现象。企业再没有能力自行安置富余职工。国有企业富余职工从企业自行安置为主，转为社会安置为主。

社会为主安置企业富余人员，主要由企业分散裁减职工，政府通过政策引导、提供就业服务等办法，促进就业。1998年开始，企业富余而下岗的职工，在再就业政策和措施的扶持和推动下，逐步与企业解除劳动关系，在社会通过自谋职业、自主创业和被新单位吸纳等渠道实现再就业。

少数行业也采用批量社会安置富余职工办法。

1998年，四川省贯彻中共中央经济工作会议关于将纺织行业作为国有企业改革与解困突破口的部署，按照“压锭、减员、扭亏”要求进行结构调整，全省棉纺织行业共压缩落后纺织能力17.90万锭。对压锭减下来的职工，采取提前退休、企业重组吸纳、劳务输出和自谋职业等多种形式进行分流安置。截至1999年年底，全省棉纺织企业平稳分流安置职工2.47万人，占全省棉纺织企业职工总人数的22.44%。

石油和银行系统在川5户央企，根据中共中央减员增效方针，结合企业重组改制，以大幅高于国家规定的经济补偿标准，与职工协商解除劳动关系，让其进入社会自谋职业。1999—2005年间，有5.18万名职工经申请被批准与企业解除劳动关系自谋职业。解除劳动关系职工中，中石油四川石油管理局有3.51万人；中石油西南油气田分公司有0.54万人；中石化西南石油局有0.37万人；中国建设银行四川省分行有0.38万人；中国工商银行四川省分行有0.38万人。

石油系统批量裁减的富余人员，因技能行业性强，多数在社会难以实现再就业，反映强烈。2002年，部分石油系统解除劳动关系职工开始上访，反映因技能单一再就业困难导致生活困难。鉴于这批人员的实际困难，中石油四川石油管理局和中石油西南油气田分公司，根据企业对劳动力的需要，以劳务派遣工形式吸纳了近2万人再就业。对其余未再就业者按月发给一定额度的再就业补助金。中石化西南石油局安排解除劳动关系后未在社会再就业人员在本单位从事非全日制工作。

第四节 职工安置调配

一、职工安置

（一）西藏内调工人安置

根据中共中央建设新西藏战略要求，国家从1980年开始，对在西藏工作的汉族职工分批调回内地安置。内调工作由中共各级党委的组织部门牵头，政府的人事、劳动部门按职责分别组织实施。四川与西藏毗邻，援藏人员多，每批次的内调安置任务都很重。

在多批安置的基础上，1989年中共中央组织部、人事部、劳动部下达给四川省3860名工人安置任务，要求三年完成。四川省按“条块结合，以块为主”原则对西藏内调工人进行安置。军队、电力、邮电、地矿、银行、保险、铁路、石油等按系统分配任务，其余的以市（地、州）为单位分配任务。安置去向主要是原工作单位、配偶或父母所在地或原籍。成都市区安置压力大，允许其在辖区范围内自行调剂安置。有安置任务的地区和单位，克服三年治理整顿期经济滑坡、职工普遍富余等困难，逐级落实任务。到1991年年底安置落实3818人，占接受安置数的98.9%。未安置人员因情况变化，退回西藏。

1997年，中共中央组织部、人事部、劳动部下发《关于做好西藏干部、工人内调工作有关问题的通知》，分配给四川省457名工人安置任务。在大量国有企业职工下岗，安置难度很大的情况下，四川采取下计划、分散安置、合理分担等措施，推进了安置工作。到1998年9月底，安置任务基本完成。

（二）重点森工企业职工安置

集中在民族地区的重点森工企业，由于资源枯竭，20世纪80年代初开始陷入困境，富余职工过半。四川省采取多项措施消化重点森工企业的富余人员，促进民族经济发展和藏区稳定，

按照中共四川省委《关于进一步改革三州林业、森工管理体制的决定》，从1984年起，阿坝藏族羌族自治州、甘孜藏族自治州、凉山彝族自治州（以下简称“三州”）重点森工企业职工子女顶替，由户口所在县负责安置。但此项工作进度较慢，截至1985年年底，需要内地帮助安置的退休工

人子女，还有900余人未落实。1986年上半年，省劳动人事厅报经省政府同意，对安置政策作了适当调整：不要木材指标的，可以用货币进行补偿。补偿标准为每安置1人3000元。政策调整后，尚未落实的人员陆续得到了安置。

1988年，部分重点森工企业开始实施协商招收补员子女办法。1986年废止“子女顶替”制度后，仍保留招收1959年年底前参加工作、家居农村老工人和死亡职工子女政策。森工企业的职工，多数家居农村。阿坝州的森工企业多，安置压力大。经省劳动人事厅等部门协调，阿坝州与成都、重庆、自贡等15个市（地）达成带资安置补员子女协议。阿坝州森工企业应招收的职工子女，参加子女所在地全民所有制单位或县以上集体所有制单位的招工考试或考核，在同等条件下优先录用。被招收到全民所有制单位工作的一律实行劳动合同制。内地每招收1名补员子女，阿坝州林业局付给用人单位4500元安置补偿费。

1990年，省政府批转《省重点森工富余人员安置领导小组关于分期分批安置重点森工富余人员报告》，决定对2.80万名重点森工富余人员进行分期分批安置。安置任务三年完成。安置采用三种方式进行。每人带资1万元调往其他行业1.40万人，与森工企业脱钩；在全省企事业单位和就地安置干部0.28万人；开发项目安置和办理离退休1.12万人。安置任务由有关部门和地区分别承担。省劳动厅负责1.10万名工人的安置。

同年，省劳动厅印发《四川省重点森工企业富余工人调出安置实施办法》《四川省重点森工企业富余工人调出安置总体规划和分年实施计划》，对带资调出工人的对象及条件、安置去向等作了规定，分配了调出任务和安置任务。带资调出工人安置去向主要是生产比较正常，需要补充劳动力的全民所有制企业、事业单位。调入成、渝两市市中区的，从严控制。

省劳动厅分类安排负责安置工人：三州森工企业调出的9912名工人，由省劳动厅统一分配安置9000人，其余的由阿坝州、甘孜州、凉山州自行安置；攀枝花市、乐山市、雅安地区森工企业和省水运局的富余人员分别由三市（地）劳动部门和省林业厅负责安置。

省劳动厅对统一分配安置的人员，按“条块结合，以块为主”的原则分配安置任务。1992年，省劳动厅根据安置中反映的问题，在坚持调出安置总量基本不变的前提下，调增了成都、绵阳、遂宁、内江、南充等市（地）的安置计划；调减了攀枝花、德阳、涪陵（今属重庆市）、万县（今属重庆市）、达县等市（地）和部分省级部门、中央在川单位的安置计划。

1993年，历时三年时间的省重点森工企业带资调出富余工人安置任务基本完成。省劳动厅发出《关于表彰省重点森工企业富余工人安置工作先进地区和部门的通报》，对在安置工作中积极承担任务，措施有力，行动迅速，效果明显的成都市、重庆市、自贡市等10个地区和省邮电管理局、省电力局、省轻工厅等6个部门给予奖励，对完成任务好的29个地区和部门给予表扬。

同年9月，经省劳动厅同意，阿坝州在内地协商安置重点森工企业补员子女的补偿标准，由4500元提高到7000元。调动了安置单位的积极性，协商安置进度由偏慢转为正常。阿坝州在内地协商安置补员子女工作持续到20世纪90年代后期，随国务院《全民所有制工业企业转换经营机制条例》的深入贯彻自行终止。

（三）退役工人运动员安置

1989年，省政府办公厅《转发省体委、劳动人事厅、人事局〈关于优秀运动员退役后安置工作的请示〉的通知》，对退役优秀运动员的安置问题作了政策规定。退役运动员，由人事、劳动部门分别按干部、工人进行安置。干部和工人的比例原则上按50%掌握。按“哪里来回哪里去”的原则，由退役运动员原选送的市（地、州），根据需要和运动员的特长进行安置。主要安排去企事业单位或缺编的体育行政部门。

退役运动员安置工作启动时，正值经济滑坡的治理整顿期间，加之安置政策不够完善，尽管需要安置的人数不多，但进展很慢。1995年，省政府《批转省劳动厅、省人事厅、省体委关于进一步加强优秀运动员退役后安置工作的意见的通知》，对安置政策作了调整。明确任务是指令性的，安置去向体现照顾和鼓励原则，由单向变多向。同时允许双向选择，支持退役运动员参加社会竞争谋职；鼓励运动员到乡镇、集体、三资、私营企业去工作和报考普通高等学校。新政策还增加了由四川省体育委员会一次性给接收单位拨付上岗培训费措施。政策调整后，安置进度加快。截至1999年，共安置工人退役运动员135人。行政办法安置退役运动员政策，随市场就业机制的逐步完善终止执行，2000年开始，退役运动员通过市场机制再就业。

（四）随调工人安置

四川省从1973年开始，对内地支援甘孜州、阿坝州、凉山州及乐山市峨边县、马边县、金口河区的汉族干部实行内调安置。安置工作每年一次。随干部调动的配偶是工人的，纳入计划随同干部分配和安置。

每年一次的军队转业干部安置，都是国家下达的指令性任务。四川省把军队转业干部随调的工人身份配偶也作为指令性任务安排，随同军队转业干部分配到地区和部门。由最终接收安置地或部门落实单位。20世纪90年代中期以前，按身份对口原则进行安置。随调的全民所有制单位职工安置到非全民所有制单位的，保留全民职工身份。20世纪90年代末，工人的所有制身份取消后，随调工人配偶安置不再受身分限制。

2005年后，随调工人安置工作，仍在继续进行。

二、工人调配调剂

1986年前，解决工人夫妻分居、家庭困难等照顾性调动和工人余缺调剂，由各级劳动行政部门统一管理。调动、调剂的原则、条件，全省基本统一。工人调动、调剂，需经有管理权限的劳动行政部门或用人单位行政主管部门批准。

1986年至20世纪90年代初，政府对工人的调配、调剂管理仍较严格，但下放了部分审批权。全省按省劳动人事厅等部门联合印发的《关于工人调配、调剂问题的规定》和《关于我省国营农林牧渔场职工调动问题的通知》实施工人调配、调剂工作。解决职工夫妻两地分居以及单位急需人才和劳动力、照顾身边无子女等困难家庭是调配、调剂工作的主要内容。调配、调剂人员，除政策性分配安置者外，都要在编制定员和年度劳动计划内进行。一般不允许关停、缓建企业和实有职工人数超过劳动计划的单位调进工人，也不准许定员不足的单位调出工人。调配实行大城市就中小城镇，内地就边疆，一人就全家原则。严格限制集体所有制单位工人和国营农、林、牧、渔场的职工调入全民所有制单位，个别确因生产工作需要调到全民所有制单位的，需经劳动行政部门批准。全民所有制单位工人自愿申请到城镇集体所有制单位工作的，不保留全民职工身份，其福利待遇按所在集体单位执行。

工人调动、调剂实行分类审批办法。全民所有制工人在省内调动、调剂的，市（地、州）属以上单位（含省属和部属），由调出、调入单位自行协商，直接办理调动手续，报当地劳动部门备案。县属及县以下单位，由县级主管部门办理，报当地劳动部门备案。从省外调入工人，由市（地、州）劳动部门按出入平衡原则审批。成都和重庆两个大城市享有较大的劳动管理权，调入工人办法自行决定。成都市区以外调入省级机关的工人和需要由省批准调动的工人，由省劳动行政部门办理。工人调动时，户粮关系随转。

1987 年，省劳动人事厅等部门联合下发《关于全民所有制单位劳动合同制工人转移问题的通知》，对劳动合同制工人的转移问题作了规定。劳动合同制工人转移与固定工人调动的原则、条件、办法基本相同。区别在于劳动合同制工人转移后，职工身份消失，但可不通过市场直接被转入单位录用。

随着多种经济快速发展，一些单位技术工人紧缺、部分单位技术工人闲置的矛盾逐渐显现。1987 年，四川省贯彻劳动人事部《全民所有制单位技术工人合理流动暂行规定》，开始准许全民所有制单位富余的或用非所学、用非所长的技术工人经批准后流动，以促进技术工人的合理分布和使用，满足多种经济发展对技术工人的需要。流动途径主要有调动、招聘、借调、劳务承包、技术咨询等。流动方向为大中城市到小城镇；技术工人密集地区和单位到技术工人短缺的地区和单位；全民所有制大中型企业到全民所有制小型企业；全民所有制企业到集体所有制企业。政策实施初期，多数地区和单位的技术工人流动按规定有序进行。但随着沿海地区经济扩张和省内经济发展对技术工人需求的增加，一些用人单位突破政策，采取不要户口、不要档案、不要职工身份等手段高薪招揽技术工人，少数国有企业技术工人严重流失，一些企业的生产经营受到一定影响。

省本级和成都、重庆两市对调入的人员控制较其他地区严格。重庆市市区实行出入平衡办法。成都市从 1988 年开始实行进城指标控制。进城指标每年下达一次，可结转使用。随调和随带人员也占用指标。调入、转移和调剂到控制区内的工人，分别由省/市劳动部门在成都市控制城区人口机械增长办公室下达的入城指标内审批。省级各部门支持成都市控制城区人口机械增长工作，1988 年和 1989 年省劳动人事厅分别下发《关于省级各部门和国务院各部在蓉省级管理机构从成都市区外调入工人有关问题的通知》和《工人调配工作规则》，对进城指标的使用范围、调入工人的条件、办理程序、调配纪律等内容作了规定。省级部门工人入城指标每年有 450 个左右，基本能满足驻控制区省级机关和事业单位照顾职工家庭困难、解决夫妻长期两地分居和引入技术工人的需要。驻控制区省级机关和事业单位工作需要成建制调入职工，由成都市政府审批，并缴纳城市增容费。成都市城区人口机械增长计划管理办法，一直执行到 21 世纪初才调整为按政策审批和入户。

1993 年贯彻《四川省全民所有制工业企业转换经营机制实施办法》，企业劳动计划被取消，政府的调配、调剂职能开始弱化。之后，随 1995 年《中华人民共和国劳动法》的颁布实施，固定工制度被劳动合同制取代，不迁户口的聘用流动形式迅速发展，调动、调剂工作因其基础消失而淡化。2000 年以后，企业劳动力流动基本市场化，解决职工家庭困难、夫妻分居、劳动力余缺调剂都通过劳动力市场实现。行政手段仅用于政策性安置和解决个别特殊困难人员。

第二章　劳动关系调整

1952年经济恢复后，国家逐步形成了统包统配的就业制度和固定工为主的用工制度。职工和国家形成行政依附关系。劳动关系行政化、固态化。1978年启动改革开放后，劳动关系调整领域的改革以市场化、契约化为目标逐步推进。通过系列改革，完成了固定工制度向劳动合同制并轨、建立了集体合同制度和劳动争议处理、三方协调机制，稳妥处理了国有企业改革中职工的劳动关系，初步建立起与社会主义市场经济体制相适应的劳动关系调整机制。

第一节　用工制度

一、新招工人劳动合同制

中华人民共和国成立至1984年，四川省的用工，主要有固定工、亦工亦农和临时工制度。但亦工亦农和临时工人数少，固定工是用工制度的主体。在计划经济时期形成的固定工制度，使劳动者和用人单位保持终身固定的劳动关系，能进不能出，劳动者不能自主择业，企业不能自主用人，与新时期经济体制改革的要求不相适应，用工制度改革势在必行。1985年，四川省先于国家在全省建立了劳动合同制度，国家下达的招工指标和自然减员指标招收的新工人一律实行劳动合同制。

1986年9月，省政府印发《四川省贯彻执行国务院关于〈国营企业实行劳动合同制暂行规定〉的实施意见》（以下简称《实施意见》），对劳动合同制的实施范围、招收和践约、在职期间的工资保险待遇、退休养老期间的保险待遇等作了详细规定。同时，颁发《四川省贯彻执行国务院关于〈国营企业职工待业保险暂行规定〉的实施意见》，在省/市（地、州）/县（市、区）三级建立了劳动争议仲裁机构。实施劳动合同制度的配套办法进一步完善。从1986年10月1日起，全省国营企业、国家机关和社会团体，常年性工作岗位新招用的工人，一律按《实施意见》的规定实行劳动合同制。

1988年四川省贯彻劳动人事部《关于技工学校毕业生当工人后实行劳动合同制的通知》精神，从1988年起，按国家招生计划招收的新生，毕业后当工人的实行劳动合同制，当生产实习指导教师的实行聘任制。甘孜、阿坝、凉山州，内地各民族县、省定贫困县，及“四行业”的技工学校，从1989年招收的新生开始实行。

同年，在邛崃县磷肥厂试点取得经验后，全省把在定员内且生产需要的2万多名原县办国营

“五小”[①] 企业亦工亦农人员招收为劳动合同制工人。完成了亦工亦农用工制度的改革。

1991 年，四川省开始在涪陵地区（今属重庆市）的地级部门和涪陵市（今属重庆市）、丰都县（今属重庆市）进行城镇集体所有制单位新招工人劳动合同制试点。试点尚未在面上推行时，《中华人民共和国劳动法》即颁布实施，非试点地区城镇集体所有制单位的职工和新招人员，从 1995 年开始同步实行劳动合同制。

新招工人实行劳动合同制后，全省职工中劳动合同制的比例逐年上升，到全面实行劳动合同制前的 1994 年，全省劳动合同制工人达 161.32 万人，占职工总数的 23.3%。1986—1994 年，年均增长 1.35%。

二、固定工制度搞活

1985 年，新招工人实行劳动合同制后，自贡铸钢厂、成都工程机械厂、成都人民饭店等实行了承包经营责任制的企业，开始搞活固定工制度。1987 年，省政府下发《关于搞活固定工制度试点工作的通知》，选择成都、自贡、攀枝花等 18 个市（地、州）的 206 户企业进行试点。试点企业涉及机械、电子、化工、冶金、交通、建筑、纺织、丝绸、轻工、商业、旅游等行业。搞活固定工制度主要有三种形式：

优化劳动组合。采取自上而下“点将招兵”、自下而上“选将挑兵”。

内部合同化管理。在优化劳动组合的基础上，用合同的形式明确劳动者的岗位责任、权利和义务。终止合同时只终止工作岗位关系，不终止劳动关系，还可以参与企业重新组合和其他岗位的竞争。

岗位聘任制。管理岗位突破干部、工人的身份界限和干部任免权限，由企业根据职工的德、能、绩和岗位需要进行聘任，任期不等，并实行同岗同薪原则。

1988 年 10 月，省政府下发《批转〈省劳动人事厅关于搞活全民所有制企业固定工制度若干问题的意见〉的通知》，搞活固定工制度由试点转入全面推行。年末，全省以实行优化劳动组合为主要形式搞活固定工制度的全民所有制企业有 1501 户，职工 82.20 万人，占全民企业的 7.4% 和职工人数的 17.7%。1989 年下半年到 1990 年间，受经济滑坡的影响，优化劳动组合工作处于停顿状态。之后，随经济形势好转，不少企业又重新提上议事日程，并随《四川省全民所有制工业企业转换经营机制实施办法》的贯彻和企业劳动、工资、社会保险三项制度改革的全面实施，内容不断深化，实施面不断扩大。到全面实施劳动合同制前的 1994 年年末，以搞活固定工制度为目标的优化劳动组合和岗位合同化管理企业已达 7685 户，涉及职工 186 万人。在全面推行阶段，优化劳动组合方式有所调整。普遍的做法是在定员定额的基础上，通过技术考试和操作考核择优上岗。

多种形式搞活固定工制度，突破了职工能进不能出、干部能上不能下、工资能升不能降，被称为“三铁”[②] 的制度，为企业人事制度改革和全面推行劳动合同制奠定了改革基础。

三、全员劳动合同制

1991 年，四川省开始推行全员劳动合同制。首先在广汉市进行全员劳动合同制试点。主要内容

注：① “五小”即县办小钢铁、小化肥、小煤矿、小机械、小水泥企业。
② “三铁”即铁饭碗、铁交椅、铁工资。

是全体职工，按照国家规定，在平等、自愿、协商一致的基础上，与企业签订劳动合同，明确双方的责任、权利、义务，以合同形式确立与企业的劳动关系，依照劳动合同进行管理。试点企业 6 户，参加改革的职工 3000 人。试点工作进展顺利，取得一定经验。

1992 年，省政府《批转省劳动厅关于转换经营机制试点企业全员劳动合同制若干问题的意见的通知》，将全民所有制企业的固定职工（含干部、工人）、劳动合同制职工、1971 年 11 月 30 日前参加工作的临时工、混岗大集体职工、国家统一分配的人员和从外单位调进的人员均纳入实施全员劳动合同制范围，明确了实施的方法步骤、相关政策，提出了工作要求。各地按要求大力推进，企业积极响应，当年实行全员劳动合同制企业发展到 300 户，涉及职工 36 万人。

1993 年，继广汉、阆中试行全员劳动合同制之后，丰都（今属重庆市）、剑阁、垫江（今属重庆市）、都江堰、大邑、彭州、邛崃等县（市）全面推行全员劳动合同制。到 1994 年年底，全员劳动合同制企业发展到 3118 户，职工近 90 万人。经省劳动厅批准，四川省金属材料公司、四川省长江企业（集团）股份有限公司、四川化工总厂等 13 户省属企业，相继实行全员劳动合同制。

1995 年，全省实施《中华人民共和国劳动法》，开始全面推行劳动合同制度。3 月，省政府下发《关于全面实行劳动合同制度的通知》，规定行政区内的企业（包括国有企业、股份制企业、城镇和乡村集体所有制企业、外商投资企业、联营企业、联合企业）、个体经济组织和企业化管理的事业组织中的全体劳动者，以及国家机关、社会团体、非企业化管理事业组织中的工勤人员均实行劳动合同制。同时，按“全面实行、分步到位”的原则安排进度。要求 1995 年凡有条件的企业都要全面实行，力争年末全省企业基本达到以劳动合同确立劳动关系的改革目标。企业化管理事业组织中的职工和国家机关、社会团体及非企业化管理事业组织中原实行固定工制的工勤人员原则上随公务员制度的实施一并实行。在劳动合同期限上，对老职工和骨干给予照顾。连续工龄满 10 年和距离法定退休条件 10 年以内的职工及生产、技术、经营、管理骨干，如本人要求，可以签订长期或无固定期限的劳动合同。全面实行劳动合同制过程中产生的富余人员，区别不同情况予以妥善安置。确无力安置的，允许不超过职工总数 2% 的富余人员进入社会另谋职业。

同年 9 月，针对城镇企业职工劳动合同签订率明显低于全国平均水平情况，四川省人民政府办公厅下发紧急通知，提出五项加快实施进度的措施，明确了难点企业的进度要求和实行劳动合同制的具体操作办法。即全停产和进入法定破产程序的企业当年可缓改制。半停产企业职工和停薪留职、退养、病休职工先与单位签订劳动合同，再用岗位合同确定不在岗等特殊情况下的权利和义务。各地按四川省人民政府办公厅提出的加快进度的要求，通过加强宣传动员、政策鼓励、简化方案报批程序、进度通报、目标考核等措施，加快了全面推行劳动合同制度的进度。年末，218 个县（市、区）和 25464 户企业全面实行了劳动合同制。城镇企业劳动合同制职工的比例由上年末的 27.1% 上升到 90.3%。进度较慢的三州和黔江地区（今属重庆市）城镇企业职工劳动合同签订率达到 80% 以上。

1996 年，根据省政府《批转省劳动厅关于全面实行和健全劳动合同制度意见通知》精神，全省重点推进进度偏慢的银行、保险、石油、煤炭行业和停产半停产企业实行劳动合同制工作。同时根据劳动部等部门和组织的安排部署，在私营企业和个体工商户、乡镇企业中推进劳动合同制度。年末城镇企业职工劳动合同签订率达到 97.7%，乡镇企业签订劳动合同的从业人员达 19.30 万人，私营企业和个体工商户从业人员签订劳动合同人员达到 16.45 万人。在全面实行劳动合同制过程中，企业季节性、临时性岗位使用的临时工，也按规定与企业通过签订劳动合同确立劳动关系，实现了临时工制度与劳动合同制度并轨。经过两年的努力，城镇企业已经基本实行劳动合同制度。乡镇企业、私营企业和个体工商户从业人员实行劳动合同制度工作有了一定进展。

1997—1999 年，四川省全面实行劳动合同制度工作的重点转入完善、巩固阶段。在消除城镇企业推行盲点，扩大乡镇企业、私营企业和个体工商户从业人员劳动合同制度实施面的同时，重点从合同履行、配套规章制度建立完善、管理责任落实等方面切入，加强劳动合同管理，完善劳动合同制度。1997 年，省政府发布《招收职工规定》，强化了用人单位劳动合同签订责任。各级劳动保障部门坚持开展劳动用工年检和企业招用职工行为执法检查，进一步推进劳动合同制度的实施。1997—1999 年城镇企业职工劳动合同签订率保持在 97% 以上，劳动合同管理取得一定进展。1999 年年末，全省乡镇企业、私营企业和个体工商户签订劳动合同的从业人员突破 100 万人，达到 128. 50 万人。

随着改革的深入发展，所有制形式和用工方式多样化，四川在实施劳动合同制度中出现了一些新情况和新问题。有的单位劳动合同流于形式，劳动合同签订率下降。2000 年全省城镇企业职工劳动合同签订率降至 93. 5%。乡镇企业、私营企业和个体工商户从业人员劳动合同签订人数徘徊不前。对此，各地采取多种措施巩固和推行劳动合同制。2005 年，全省贯彻劳动和社会保障部等部门和组织《关于加强建筑等行业农民工劳动合同管理的通知》及省劳动和社会保障厅等 7 部门和组织《关于深入推进劳动合同制度实施的通知》，以非国有企业和农民工为重点的深入推进劳动合同制度有了新的措施和进展。

受管理体制等因素影响，到 2005 年年末，国家机关、社会团体和非企业化管理事业组织中实行固定工制度的工勤人员还没有实行劳动合同制。

第二节　集体合同制度和三方协调机制

一、集体合同

1978 年后，中国的社会主义市场经济体制逐步建立，所有制形式多元化，劳动关系复杂化。国家借鉴市场经济国家的通行做法，在 1995 年实施的《中华人民共和国劳动法》中确立了集体合同制度，以更好地协调劳动关系，维护劳动关系的和谐稳定，促进社会、经济发展。《中华人民共和国劳动法》规定，企业职工一方与企业可以就劳动报酬、工作时间、休息休假、劳动安全卫生、保险福利等事项签订集体合同。

四川省从 1995 年开始实施集体合同制度。1995 年 6 月，省劳动厅转发劳动部印发的《集体合同规定》，明确了集体合同实施范围、审查部门、内容、报送要求、集体协商代表人数及产生办法、签订集体合同程序等内容。企业开展集体协商、签订集体合同有了可操作办法。同月，省劳动厅转发劳动部《关于集体协商签订集体合同试点工作的意见》，要求各地结合实际，按照文件提出的指导思想、原则、工作步骤和要求，积极稳妥地进行试点。到 1996 年 6 月底，全省大部分地区启动了集体协商和集体合同制度试点工作，有 500 多户企业建立了集体协商制度并签订了集体合同。

1996 年 6 月，省劳动厅等部门和组织联合下发《关于逐步实行集体协商和集体合同制度的意见》，要求各地在取得试点经验的基础上，本着积极稳妥、保证质量、注重实效的原则，逐步扩大实行面。实行的重点是非国有企业和现代企业制度试点企业。外商投资企业、私营企业要在抓好组建工会的同时加快推行。进行现代企业制度试点的企业要积极创造条件全面实施。其他具备条件的企业也应积极稳妥地实行。还根据职能分工，明确了各级劳动、经贸和工会、企业家协会在推进集体合同制度中应抓的主要工作。面上推行集体合同制度工作起步良好，年末全省进行集体协商、签订集体合同的企业达3335户，涉及职工114.60万人。

1997年8月，省劳动厅等部门和组织联合下发《关于进一步做好集体协商和集体合同工作的意见》，要求各地制订和实施进度计划，对企业实行分类指导，鼓励和支持企业开展集体协商和签订集体合同。11月，省劳动厅转发劳动部《关于加强集体合同审核管理工作的通知》，进一步明确了集体合同的审核管理办法、审核程序、审核内容。同时，根据便于审核管理原则，对集体合同审查管辖范围作适当调整。将地址在成都市武侯区、成华区、锦江区、金牛区和青羊区以外的中央直属企业、省属企业、在省工商管理行政部门登记注册的外商和港、澳、台企业集体合同，由省劳动部门管辖调整为企业所在市（地、州）劳动行政部门管辖。普遍实施集体合同制度的意见得到了各地和企业的积极响应，到1997年年末，全省12个市5个地区和3个民族自治州全部启动了企业集体协商和签订集体合同工作，全省实行集体协商和签订集体合同的企业达到5822户，涉及职工174.65万人，比上年末增加2487户和60.40万人。

1998年，成都铁路分局、中国铁路物资成都公司、四川华西集团六公司、四川电力试验研究院等7户中央和省属企业也签订了集体合同。

1999年，针对改制企业在建立和完善集体合同制度方面出现的新情况和新问题，省劳动厅、省总工会下发《关于加强改制企业建立集体协商和集体合同制度工作的意见》，要求企业改制和工会组织的建立与集体合同建制工作同步开展。并根据改制企业的特点，明确了建立集体协商和集体合同制度具体办法，推动和促进改制企业集体协商和集体合同工作健康发展。

2000年5月，四川省人民代表大会常务委员会颁布《四川省集体合同条例》（以下简称《集体合同条例》），并于7月1日起施行。四川省是最早颁布实施《集体合同条例》省份之一。《集体合同条例》具有内容全面、要约响应规定明确、协商代表保护力度大和法律责任具体等特点。《集体合同条例》颁布后，省劳动和社会保障厅等部门和组织立即联合下发《关于〈四川省集体合同条例〉的贯彻意见》。各地从学习宣传，加强企业集体协商和签订集体合同工作的指导，加强集体合同审查和争议处理工作等方面，贯彻《集体合同条例》，进一步推进了集体合同制度的实施。

2002年2月，省劳动和社会保障厅、省经济贸易委员会、省总工会、省企业联合会/省企业家协会（以下简称“省级三方”）转发劳动和社会保障部等部门和组织下发的《关于进一步推行平等协商和集体合同制度的通知》，强调了进一步推行集体协商和集体合同制度的重要性，要求各类企业都要建立平等协商机制，进一步完善集体合同制度，加强对职工协商代表的保护，建立健全履约监督保障机制和平等协商争议处理制度。

2004年，劳动和社会保障部对1995年颁布实施的《集体合同规定》作了重大修改，颁布了新《集体合同规定》。新的《集体合同规定》对集体协商内容、协商代表产生办法和数量、协商程序、集体合同审查及集体协商争议的处理等作了更详细的规定，具有更强的操作性。全省各级相关部门和组织深入贯彻《集体合同规定》，通过加强法律、法规宣传学习，突出实施重点和加强基础管理及服务指导，进一步推进集体协商和签订集体合同工作。

2005 年，集体协商和集体合同制度继续推进。年末，全省实行集体协商并签订集体合同的单位达 16479 个，涉及职工 212.95 万人。国有、集体、私营、外资、联营、股份制、乡镇企业和企业化管理事业单位、个体工商户中都开展了集体协商和签订集体合同工作。但发展不平衡，企业进展较快，个体工商户、企业化管理事业单位和区域性、行业性集体合同尚处于起步阶段。

1996—2005 年四川省实施集体合同制度情况

表 2—2　　　　单位：个 、万人

年份	签订集体合同单位						签订集体合同单位涉及的职工人数					
	合计	国有企业	集体企业	私营企业	其他企业和个体工商户	企业化管理事业单位	合计	国有企业	集体企业	私营企业	其他企业和个体工商户	企业化管理事业单位
1996	3335	1851	1305	20	159		114.61	86.30	21.34	0.20	6.77	
1997	5822	3274	2071	50	427		174.65	128.81	29.14	0.44	16.26	
1998	7233	4040	2613	62	518		208.46	153.08	36.07	0.54	18.77	
1999	7965											
2000	7285	3966	2549	207	563		199.45	147.77	32.38	1.02	18.28	
2001	8270	3865	3035	610	760		195.95	129.69	38.68	1.75	25.83	
2002	8815	3328	3139	1295	1053		177.11	111.34	33.97	3.99	27.81	
2003	9332	2234	3885	2105	1108		178.35	101.74	39.75	6.95	29.91	
2004	11814	2391	2076	3458	3821	68	169.51	93.55	21.04	14.57	40.00	0.35
2005	16479	3041	1926	7344	3707	461	212.95	99.58	19.28	48.06	42.67	3.36

说明：数据摘自四川省劳动厅（四川省劳动和社会保障厅）集体合同统计报表

二、三方协调机制

建立政府劳动部门、工会组织和企业代表三方协调机制，对涉及劳动关系方面的重大问题进行沟通和协商是市场经济国家促进劳动关系和谐稳定的普遍做法。根据国际劳工组织体现三方原则的主张和国际惯例，1996 年劳动部等部门和组织在联合下发的《关于逐步实行集体协商和集体合同制度的通知》中提出了“三方协调机制”。

2001 年 8 月，国家劳动关系三方协调机制正式建立。同年 10 月，新修订的《中华人民共和国工会法》，首次以法律的形式对建立劳动关系三方协商机制作出明确规定。11 月，四川省启动了建立劳动关系三方协调机制工作。“省级三方”在成都召开第一次三方劳动关系协调会议，讨论并通过了《四川省劳动关系协调会议制度》，确定了三方参加协调会议代表及三方承办有关协调机制工作的机构。同年 12 月，“省级三方”下发《关于建立劳动关系三方协调会议制度的通知》，明确了协调会议的组成、职责、遵循原则等问题。

四川省建立省级劳动关系三方协调会议制度后，着力推动各级建立三方协调机制。2002 年 4 月，“省级三方”下发的《关于加快建立劳动关系三方协调制度的意见》要求全省 21 个市（州）在 2002

年内建立劳动关系三方协调会议制度或劳动关系三方协调委员会；有条件的县（市、区）也要尽快建立三方协调机制；暂不具备条件的县（市、区）要积极创造条件，力争2004年年底前县以上行政区全部建立劳动关系三方协调机制。同时对三方协调的内容、原则和三方的职能作了规定。11月，“省级三方”召开第三次协调会议，讨论、调整了省级劳动关系三方协调会议制度。修订后的《四川省劳动关系三方协调会议制度》，对协调会议的组成、职责、工作原则、年召开次数、会议主持单位和会议议定事项的反映形式等作了详细规定。到11月末，全省有17个市（州）建立了劳动关系三方协调机制。

2003年，四川省以贯彻全国推进三方协调劳动关系工作经验交流会议精神为重点，推进全省三方协调组织体系健全完善和协商机制运行。6月，建立四川省劳动关系协调委员会，由省政府副省长蒋巨峰任主任委员。劳动关系协调委员会定期或不定期召开。委员会的工作职责：研究分析四川省经济体制改革和社会发展计划、就业和再就业形势变化、就业政策调整、完善社会保障体系以及深化国有企业改革对劳动关系的影响，提出调整劳动关系的意见和建议；对劳动关系方面带有全局性、倾向性的重大问题进行协商并提出指导意见；研究全省劳动关系领域有重大影响的集体劳动争议或群体性事件，提出预防的意见和建议；指导各市（州）和具备条件的行业建立劳动关系协商机制，开展平等协商，推进集体合同制度，做好劳动争议处理工作。

各地在全国经验交流会精神的推动和“省级三方”的督促下，建立劳动关系协调机制工作稳步推进。已建立三方协调机制的市（州），针对职工群众和企业最关心、劳动关系中矛盾最突出、带有普遍性倾向性的问题，开展协商沟通，并提出解决办法。2003年年末，全省21个市（州）全部建立了劳动关系三方协调机制。

2004年，四川省劳动关系协调委员会召开第一次会议。省政府副省长、协调委员会主任委员蒋巨峰作了题为“实践‘三个代表’重要思想，做好劳动关系协调工作”的讲话。阐述了劳动关系协调工作的重要性，从加强领导、充分发挥劳动关系协调委员会作用、积极探索劳动关系协调新机制、解决突出矛盾和问题、加大劳动保障法律法规和政策宣传力度五方面提出了开展劳动关系协调工作的要求。

2005年，劳动关系协调机制建设工作继续向前推进。全省开展了劳动关系和谐单位、集体合同先进单位评选活动。省在各地评选的基础上推荐的4个先进企业、13个先进劳动争议仲裁委员会和劳动争议调解组织、23名先进个人受到国家表彰。

截至2005年年末，“省级三方”召开了8次协调会议，通报各地协调机制建设情况，研究推进全省三方协调工作的办法和措施。全省县（市、区）一级已有157个建立了三方协调机制。

第三节　职工劳动关系处理

一、破产企业

1986年，国家颁布的《中华人民共和国企业破产法（试行）》（以下简称《破产法》）规定，破产企业财产处置所得，必须用于按比例清偿债务。安置破产企业职工的费用，只能从当地政府补贴、民政救济和社会保障等渠道解决。因安置职工的费用落实困难，到1993年四川省实施破产的企业不多。

1994 年，国务院决定加大企业破产实施力度，下发《关于在若干城市试行国有企业破产有关问题的通知》，规定优化资本结构试点城市的国有企业破产，必须用破产资产优先安置职工。以资产优先安置职工的企业破产，习称政策性破产。成都、重庆、绵阳、自贡、乐山、内江 6 市先后被列入试点城市。各试点城市利用国家政策，对一些严重资不抵债的国有企业有计划地实施兼并破产。

1996 年，成都市第一个对市油漆化工总厂实施政策性破产。安置职工 1128 人，拉开了四川省国有企业政策性破产的序幕。

1997 年，国务院下发《关于在若干城市试行国有企业兼并破产和职工再就业的通知》，提出了鼓励兼并、规范破产的要求，进一步明确了试点城市国有企业破产安置职工的政策：

大力促进就业。政府通过转业培训、介绍就业、生产自救、劳务输出等措施安排破产企业的职工再就业。同时，政府鼓励其他企业、组织和个人对破产企业的有效资产进行重组，接收安置破产企业职工。

鼓励自谋职业。对自谋职业的，由政府根据实际情况，发放一次性安置费，不再保留国有企业职工身份。一次性安置费为破产企业所在市企业职工上年平均工资的 3 倍。具体发放标准由破产企业所在市政府决定。

妥善安置病残职工和老职工。破产企业中因工致残或患严重职业病，全部或大部分丧失劳动能力的职工，作为退休职工安置。距离法定退休年龄不足五年的职工，提前离退休。

1997 和 1998 两年，5 试点城市（不含 1997 年 3 月升格为直辖市的重庆市）的成都毛巾床单厂、自贡市铸钢厂、绵阳市绢纺厂、内江肉联厂和乐山制药厂等 50 户国有企业列入全国计划，实施兼并破产。分流安置职工 4 万余人，其中在职职工 3 万余人。

2000 年，国家推动改革的力度加大。企业政策性破产实施范围扩大到面上，并实行计划项目管理。符合规定条件的国有企业列入国家计划后即可实施政策性破产，其职工劳动关系处理仍执行试点城市的办法。同时，中共中央办公厅和国务院办公厅下发通知，明确了资源枯竭煤炭、有色金属和核工业矿山企业关闭破产更优惠和灵活的职工安置政策：允许从事井下、有毒、有害等特殊工种的职工提前 10 年（男 50 周岁，女 40 周岁）退休；允许实行劳动合同制以前参加工作，不符合提前退休条件的全民所有制职工，在领取经济补偿金或安置费办法中选择；对实行劳动合同制以前参加工作，从事井下、有毒、有害等特殊工种，距离提前退休 5 年以内的全民所有制职工，在未到提前退休年龄前，实行保基本生活和代缴社会保险费办法；关闭破产矿山所办的学校、医院、公安、消防、供水、供电等生活和公用服务单位，其设施和职工成建制移交给当地政府管理。

四川省大力争取计划，推动企业政策性破产。截至 2005 年年末，全省列入全国兼并破产和减员增效计划项目 370 余个，涉及职工 50 多万人。同时按国家部署，对广旺矿务局、达竹矿务局和芙蓉煤矿等矿山企业实施了破产重组。

四川省在实施企业政策性破产的同时，还推动不能纳入政策性破产计划的国有企业，依照《破产法》的规定实施破产。依法破产国有企业的职工安置，除安置费由同级政府筹集外，其他安置办法与政策性破产相同。

二、兼并改制企业

20 世纪 80 年代末期，兼并等形式的企业产权转让逐步开展。1990 年，省政府下发《关于推进企业产权转让中若干政策问题的补充规定》，提出了产权转让企业的职工安置办法：转让企业原有正式职工和离退休人员，由接收企业安置和管理。企业接收的职工所有制身份和用工形式不变。生产不需要的计划外用工和临时工予以清退。集体企业接收的全民企业正式职工，保留全民所有制身份。

1998 年，省劳动厅贯彻中共四川省委和四川省人民政府提出的国有企业资产大重组要求，下发《关于改制企业中劳动关系和社会保险等有关问题的意见》，明确了企业出售、兼并和改制中职工安置办法：国有企业整体出售和被兼并的，由收购方或兼并方，根据工作需要，择优安排原企业的全部或部分在职职工。国有企业整体出售和被兼并，职工未被收购方或兼并方安排的，由原企业主管部门调剂安置或由原企业在注销前解除劳动合同，发给经济补偿金自谋职业。改造为股份公司或股份合作制以及分块搞活的，在职职工随资产转移到新企业统一安排，其劳动合同分类处理：随资产转移的职工与原企业签订的劳动合同继续有效，由新企业与职工双方签字加以确认，或在双方平等协商，取得一致意见的基础上，就原劳动合同的条款依法进行变更，经双方签字后作为原劳动合同的附件；由原企业解除劳动合同，再由新企业与职工重新依法签订劳动合同。

职工安置政策出台后，企业改革加快。截至 1998 年年末，全省国有大中型工业企业改制面达 44.78%。

2001—2002 年，四川省各地贯彻中共四川省委和四川省人民政府出台的《四川省国有企业退出规划》和《关于加快国有重要骨干企业建立现代企业制度的意见》，国有企业普遍实施改制和重组。根据企业改制和重组要求，省劳动和社会保障厅等部门下发贯彻《四川省国有企业退出规划》和《关于加快国有重要骨干企业建立现代企业制度的意见》的实施意见（以下简称《实施意见》），明确了退出和改制国有企业职工安置政策。即国有企业退出，按退出方式对应政策处理职工劳动关系。职工安置方案，经职代会或职工大会审议通过并报同级劳动部门审核同意后实施。重要骨干企业建立现代企业制度，主要通过分流安置职工、变更劳动合同等方式，转换职工身份。

处理此类职工劳动关系的办法：职工原劳动合同期未满的解除合同，按规定发给经济补偿金。经济补偿金以货币形式或资产形式支付，职工未与所在企业重新签订劳动合同的，企业以货币形式一次性向其支付经济补偿金。距离法定退休年龄不足五年的职工，解除其劳动关系，由企业按规定一次性缴纳基本养老、医疗保险费并发给基本生活费至退休年龄，企业不再向其支付经济补偿金。职工原劳动合同期满的，按劳动部颁发的贯彻《中华人民共和国劳动法》的相关规定发给生活补助费。转换职工身份所需资金由企业自筹，不足部分从国有净资产转让收入中提取。

2003—2005 年，国有企业兼并改制，继续按《实施意见》的规定处理职工的劳动关系。

三、主辅分离企业

四川省地处西部，军工企业和中央在川国有大中型企业比重大。一些国有大中型企业受三线建设靠山、分散、进洞布局的影响，“大而全”“小而全”。所办的生产辅助和服务机构数量大，职工队伍臃肿，严重影响企业的市场竞争力。21 世纪初，四川省开始实施国有大中型企业主辅分离和辅业改制。2003 年，四川省经济贸易委员会等部门和组织制发了贯彻国家经贸委《关于国有大中型企业主辅分离辅业改制分流安置富余职工的实施办法》的意见，明确了有关政策和措施。攀枝花钢铁集团公司、成都发动机集团公司、川投长钢集团公司和泸州老窖集团公司等企业，采取分步实施、合资合作、改制兴办和承包经营等方式开展主辅分离和辅业改制。对职工分流安置问题，坚持按劳动和社会保障部下发的《关于国有大中型企业主辅分离辅业改制分流安置富余人员的劳动关系处理办法》的规定，处理企业主辅分离辅业改制分流富余人员的劳动关系。具体做法：分流到国有法人绝对控股改制企业的职工，采取原主体企业解除劳动合同，改制企业签订新劳动合同的方式变更劳动合同，由改制企业继续与职工履行原劳动合同约定的权利与义务。分流到非国有法人控股改制企业的职工，原主体企业与其解除劳动合同并支付经济补偿，由改制企业与职工重新签订劳动合同。距离法定退休年龄5年以内、符合内部退养条件的职工，原企业经与职工协商一致，实行内部退养；改制前已内部退养的职工，由原企业继续履行与职工的内部退养协议。

2003年，全省有37户企业开展了主辅分离工作，改制新设企业71户，共分流安置富余人员2万人。2004年和2005年，全省按统筹安排、因企施策的办法，推进国有大中型企业的主辅分离辅业改制及其富余职工安置工作。

四、脱钩企业

2000年，省委和省政府决定对省级党政机关所办经济实体和管理的直属企业进行脱钩改革。11月，省劳动和社会保障厅等部门联合出台了脱钩企业职工劳动关系处理政策：企业脱钩后，劳动组织和生产经营没有发生重大变化的企业，职工原劳动合同继续履行；发生重大变化的，企业按《中华人民共和国劳动法》的规定与职工协商变更或解除劳动合同，解除劳动合同的，由企业按国家规定支付经济补偿金；脱钩破产企业职工自谋职业的，企业按当地破产企业职工安置标准支付一次性安置费；撤销企业的职工，由企业主管部门安排，或在撤销前由企业解除劳动合同，并按规定支付经济补偿金。破产企业职工安置费和撤销企业支付经济补偿金在处置资产收入中优先解决，确有困难的，由主管部门解决，还不足的，由同级政府酌情补助。脱钩企业参加失业保险的，其职工失业后按规定享受失业保险待遇。脱钩企业在脱钩前未参加失业保险的，按规定纳入失业保险范围，并补缴失业保险费，其失业职工按规定享受失业保险待遇。

负责实施脱钩工作的四川省工业工作领导小组，从有关部门抽人组成专门班子，组织和推动脱钩工作。对需要脱钩的企业，根据省委和省政府批准的脱钩原则和方案，采取组建国有资产管理有限责任公司和企业集团、下放给市（地、州）管理和改制、出售、兼并、破产等办法实现脱钩。经过7年时间的努力，近280户四川省省级党政机关所办经济实体和管理的直属企业与主管部门脱钩，涉及职工16万人。脱钩工作于2006年上半年基本完成。

第四节　解困和生活保障

一、职工解困

随着社会主义市场经济体制的逐步建立和改革的不断深入，20世纪90年代初，一些企业生产经营出现困难，部分企业处于停产、半停产状态。到1995年11月，四川省工业企业的亏损面接近40%，其中，国有企业达58%。破产、停产、半停产企业达2314户。电子、化工、制糖、制盐、棉纺、矿山等行业的企业困难更为突出。停发或减发工资、生活困难职工达60万人，约占企业职工的9%。省委和省政府高度重视企业职工生活困难问题，1996年至1998年6月期间，根据中央中央办公厅和国务院办公厅《关于进一步解决部分企业职工生活困难问题的通知》要求，采取多种措施，解决企业职工生活困难问题。1998 年 7 月开始实施的国有企业下岗职工基本生活保障政策措施，完全覆盖了解困的政策措施，解困工作自行停止。

（一）送温暖活动

1996 年元旦、春节期间，根据中共四川省委办公厅（以下简称“省委办公厅”）和四川省人民政府办公厅（以下简称“省政府办公厅”）《关于在 1996 年元旦、春节期间开展向生活困难的职工“送温暖”活动的通知》精神，各级政府通过财政、社会保险、工会渠道筹措和社会募捐等办法筹集资金，对困难职工进行救助和慰问，解决职工过节期间生活困难问题。同时，还组成由党政领导带队、有关部门领导参加的慰问团组，到严重困难、停产时间长、职工多的企业和生活最困难的职工家庭，听取职工意愿、要求和呼声。增强职工克服困难的信心。全省“送温暖”活动，共使用资金 8000 万元，向 30 万名困难职工发放了慰问金。

1997 年元旦、春节期间，省委和省政府继续组织开展“送温暖”活动。元旦、春节期间，国家从中央的预备费中给四川省拨付解困资金 300 万元。其中 30 万元用于全国解困联席会议工作组到川慰问。四川省又从本级帮困资金中安排 300 万元，连同国家下拨的解困资金由省安排部分，一并分配给各市（地、州），支持各地的解困工作。“送温暖”活动共送出资金 5800 万元，46 万名特困职工和离退休人员得到不同程度的帮助。

1998 年元旦、春节期间，全省筹集资金 7000 多万元，对 20 万名困难职工进行了慰问和救助。

（二）救助困难职工

1997 年，省/市（地、州）和部分县（市、区）开始设立帮困资金，救助困难职工。帮困资金的主要来源：各级财政预备费中提取一部分；各级征收的个人所得税当年新增部分；各级工会会费和养老、失业保险基金中挤一部分；社会捐赠和募集等。截至 1997 年年底，全省共筹集帮困资金 16849 万元，其中省级 1600 万元，市（地、州）级 11897 万元，县（市、区）级 3352 万元。帮困资金主要用于困难职工救助、元旦和春节慰问、工资性贷款贴息等。救助对象包括三类人员：亏损或停产、半停产的国有企业中，连续 3 个月以上不能按时领取工资或生活费，基本生活水平低于当地政府规定的最低生活费标准，确无其他收入来源的困难职工；未参加养老保险社会统筹、所在企业又无力支付基本养老金，收入低于当地政府规定的最低生活费标准的国有企业离退休人员；参加养老保险社会统筹，所在统筹范围内养老保险基金不够支付 6 个月养老保险金，企业不能正常缴纳养老保险费的国有困难企业的离退休人员。解困标准一般为当地最低工资标准的 60%—70%。全年全省救助困难职工和离退休人员 37.7 万人次，使用帮困资金 9580 万元。省本级用帮困资金，对省冶金建设公司、省水电工程局、四川华西集团十三公司等 10 户企业的困难职工，实施定期救助。

1998 年上半年，解困工作继续开展。各级政府按 1997 年的政策和办法，筹集帮困资金，按月按标准救助困难职工。同年 7 月实施国有企业下岗职工基本生活保障政策后，结存的帮困资金转入下岗职工基本生活保障资金。

（三）保最低工资和基本生活费

1996 年，四川省开始实施用工资预留户和工资性贷款办法保职工最低工资和基本生活费办法。

根据中国人民银行《关于帮助困难企业解决拖欠工资问题的通知》规定，对较长时间不能按时发放职工工资的困难企业，在银行开立工资预留户。根据保职工最低工资和下岗职工基本生活费发放原则，按照薪、税、贷、货、利的顺序，将用于支付工资部分的销货回笼款、回收拖欠工程款转入工资预留户，预留出3个月工资的资金，用于职工最低工资和下岗职工基本生活费发放。截至1997年年末，全省423户困难企业经批准开立了工资预留户，进入预留户资金902.20万元。受益职工13.14万人。

对生产经营十分困难、确无工资支付能力的企业，实行财政贴息、企业主管部门调剂一部分资金、银行提供一部分工资性贷款的“三家抬”办法，解决职工的基本生活费。“三家抬”办法执行中，企业主管部门多数调剂能力差，实际调剂的资金很少。工资性贷款成为解决困难企业职工基本生活费的重要渠道。各级政府突出重点，千方百计推进工资性贷款政策的落实。针对财政贴息落实难，制约贷款进度情况，四川省特困职工生活救助领导小组决定，将国家规定的地方财政贴息调整为帮困资金贴息。省级建立了由财政、劳动、人民银行、工商银行、农业银行、建设银行主要领导组成的联合办公会议，协调解决工资性贷款有关问题。多项措施实施后，工资性贷款工作取得一定进展。截至1997年年底，全省各银行共批准国有困难企业工资性贷款11685万元。四川华西集团二公司、省水电工程局、省大渡河集团股份有限公司等17户省属企业获得1849.50万元工资性贷款。

二、下岗职工基本生活保障

（一）保障政策及实施

20世纪90年代后期，许多国有企业因多种原因陷入困境，职工下岗后生活日渐困难。中共中央和国务院决定，从1998年7月起，对国有企业下岗职工实行基本生活保障。中共中央、国务院下发《关于切实做好国有企业下岗职工基本生活保障和再就业工作的通知》，对下岗职工基本生活保障政策和配套措施作了规定。四川省全面贯彻和落实中央的各项政策和规定，努力保障下岗职工基本生活。

1998年5月和6月，省委、省政府相继下发《关于做好国有企业下岗职工及离退休职工“两保”工作的紧急通知》和《关于做好我省国有企业下岗职工基本生活保障和再就业工作的通知》（以下简称《生活保障和再就业通知》），对下岗职工基本生活保障工作的组织领导、下岗职工管理、保障资金筹集办法和保障标准等作了明确规定。省政府召开全省下岗职工基本生活保障和再就业工作会议，部署全省国有企业下岗职工基本生活保障和再就业工作。省财政厅和省劳动厅制发基本生活保障具体实施办法。各级政府成立主要领导任组长、有关部门领导参加的解困再就业工作领导小组（以下简称“领导小组”），负责领导和组织实施下岗职工基本生活保障工作。“领导小组”办公室设在劳动部门。

根据中共四川省委和四川省人民政府部署，各级政府和省级部门及时启动实施保障政策的有关工作。

各市（地、州）政府（行署）根据省政府规定的原则和授权，制定了当地下岗职工基本生活费发放标准。省属企业执行所在地的标准。下岗职工缴纳社会保险费标准，全省统一以上年全省职工平均工资的60%为基数，按当地政府规定的相关险种比例计算。

各级政府按国家要求建立国有企业下岗职工基本生活保障资金（以下简称“保障资金”），并按需求进度筹集到位。“保障资金”按“三三制”原则解决。即财政预算安排⅓，社会筹集（包括从失业保险基金中调剂）⅓，企业负担⅓。国有独资盈利企业和国有参股、控股企业由本企业负担。中央财政对困难较多的中西部地区和老工业基地给予一定补助。从1998年开始，全省将失业保险基金的缴费比例由企业工资总额的1%提高到3%。提高失业保险缴费新增额全部划入下岗职工基本生活保障资金。

各级“领导小组”组织有关企业，对已下岗职工实施逐一认定，确定保障对象。并进行动态管理。

下岗职工基本生活保障实行分级负责原则。生活费发放和社会保险费代缴由企业再就业服务中心（以下简称“中心”）负责。下岗职工基本生活保障困难的企业，按月或按季向同级“领导小组”申请基本生活保障资金补助。补助的比例为困难企业下岗职工基本生活费和应缴纳社会保险费的三分之一到全额。没有任何资金来源的全停产企业一般是全额补助。

在充分准备的基础上，从1998年7月起，全省如期兑现了国有企业下岗职工基本生活保障政策。大多数国有企业下岗职工按月按标准领到了基本生活费。宜宾机械厂、四川华西集团二公司、省水电工程局等数十户省属困难企业，通过省本级“保障资金”补助，使下岗职工按时足额领到了基本生活费，社会保险费也足额代缴。下半年，全省发放基本生活费31378.30万元，领取基本生活费的下岗职工月均43.09万人，人月均生活费121.40元。下岗职工基本生活有了制度保障，职工队伍逐步稳定。

1999年，保障工作的力度加大。上半年，省委、省政府下发《关于进一步做好国有企业下岗职工基本生活保障、再就业和离退休职工养老金发放工作有关问题的通知》，明确规定继续实行党政领导目标责任制，要求各地加大资金筹集力度，加强资金管理、认真抓好重点难点，确保国有企业下岗职工基本生活费发放和社会保险费代缴。下半年，四川省贯彻中共中央、国务院“增加城镇中低收入居民的收入，促进居民扩大消费”精神和国务院办公厅《转发劳动保障部等部门关于做好提高三条社会保障线水平等有关工作意见的通知》，从7月1日起，将全省国有企业下岗职工基本生活费标准提高30%。提高后，全省国有企业下岗职工基本生活费标准在150—186元之间。成都市中心城区最高，为186元，宜宾市的所属县最低，为150元。同时，将国有企业下岗职工缴纳基本养老、失业和医疗保险费的基数提高30%，缴费基数为全省上年职工社会平均工资的78%。

下岗职工基本生活保障标准提高后，多数地区通过加大工作力度和资金筹集力度等措施，做到了下岗职工基本生活费和社会保险费按时足额发放和代缴。

下岗职工基本生活保障工作政策实施后，南充、自贡等市因资金筹集不足等原因，出现一些企业拖欠下岗职工基本生活费和欠缴下岗职工社会保险费现象。2000年，省政府着手解决拖欠问题。省政府办公厅下发《关于进一步做好企业离退休人员基本养老金按时足额发放和国有企业下岗职工基本生活保障工作的通知》，要求各地切实做好下岗职工基本生活保障工作。规定从7月份起，下岗职工基本生活费和社会保险费不得出现新的拖欠。企业无力承担的下岗职工基本生活费和社会保险费，要用政府建立的下岗职工基本生活保障资金兜底。同时，四川省“领导小组”根据劳动部、财政部部署，建立了国有企业下岗职工基本生活保障重点监控制度。选取停产半停产、下岗职工人数多、基本生活保障可能出现“死角”的核工业八五七厂、南充市泰丰丝厂等13户中央和地方企业作为省和国家重点监控对象。

同年，通过明确任务、强化责任、重点监控，对国家补助资金分配进行倾斜等措施，基本解决了部分地区拖欠下岗职工基本生活费和下岗职工欠缴社会保险费问题。

2001—2005年，国有企业下岗职工基本生活保障工作常态化。这期间，国家下拨的补助资金逐年增加，地方财政筹资力度加大，需保障基本生活费的下岗职工人数逐步减少，“保障资金”的承受力较强，保障政策的实施环境改善。同时，各级的保障工作更加深入和规范。全省国有企业下岗职工的基本生活得到持续保障。

到2005年年末，全省历时7年半的国有企业下岗职工基本生活保障，基本实现了向失业保险并轨（以下简称“并轨”①）。结存的基本生活保障资金转入再就业资金。其间全省用中央财政补助、地方财政预算安排、社会筹集和企业自筹的资金，为155.2万名国有企业下岗职工发放基本生活费和代缴社会保险费61.47亿元，其中发放基本生活费36.63亿元，代缴社会保险费24.84亿元。

（二）下岗职工管理

四川省按照国家要求，严格下岗职工管理，为实施下岗职工基本生活保障政策和促进再就业提供支持。根据国家对下岗职工宏观调控要求，四川省决定对下岗职工实行总量控制。同时，对部分特殊职工予以照顾。

1998年，中共四川省委和四川省人民政府下发的《生活保障和再就业通知》规定，地区、行业主管部门根据财政和社会保障的承受能力及社会所能提供的就业岗位，按减员增效与促进就业相结合，职工下岗分流与社会承受能力相适应原则，确定下岗分流总量，并将计划分解落实到企业。企业在安排职工下岗时，对部分特殊职工给予照顾。非全停产企业中，夫妻已有一方下岗者、省部级以上劳动模范和现役军人配偶，一般不安排下岗。

职工下岗总量调控办法，攀枝花市落实得较好。其他市（地、州）由于全停产企业的面逐步扩大，没有完全落实。

在下岗职工管理中，对其范围进行严格界定。《生活保障和再就业通知》规定国有企业中未与企业解除劳动关系，在原企业已无工作岗位，且未在社会上从事其他有收入劳动的人员为下岗职工。厂内轮训、停薪留职、提前退养、劳务输出、多种经营、协议保留劳动关系人员不视为下岗职工。

在下岗职工基本生活保障政策启动和实施的过程中，省本级及各地全部按统一标准认定下岗职工。经认定的下岗职工，发给“下岗证”，凭证享受相关政策和待遇。

全省在有下岗职工的国有企业建立“中心”，负责为本企业的下岗职工发放基本生活费和代缴养老、失业和医疗保险费，组织、开展职业指导和职业培训，指导帮助下岗职工实现再就业。下岗职工要与“中心”签订基本生活保障和再就业协议。协议期一般不超过3年，劳动合同制职工未履行的合同期限不足3年的，协议期与未履行完的合同期一致。协议期满未再就业的，终止或解除劳动关系，按规定享受失业保险或社会救济。在国有企业下岗职工基本生活保障政策实施初期，很多下岗职工担心协议到期后解除劳动关系失去职工身份，愿进“中心”，不愿签协议。1998年年末，国有企业下岗职工协议签订率只有40.55%，部分企业的协议签订率不到10%。

1999年1月，省劳动厅等部门下发《关于切实做好国有企业下岗职工进入“中心”后签订协议工作的通知》，要求各地加强政策宣传，对企业实行分类指导，充分发挥企业作用，大力推进协议签订工作。从3月起，各地执行省委、省政府不进“中心”、不签协议，不发基本生活费和“下岗证”的规定。通过政策引导，促使已进“中心”未签协议下岗职工在规定的时间内补签了协议，之后进“中心”的都按规定签订协议。

注：①并轨即下岗职工基本生活保障办法并入失业保险制度。

2000—2005 年，下岗职工管理常规化。开展的重要工作包括：对新下岗职工进行资格认定，指导和督促其签订基本生活保障协议并颁发下岗证；定期统计和分析下岗职工情况，清理协议到期和已再就业的下岗职工，推动下岗职工出“中心”。

（三）并轨

国有企业下岗职工基本生活保障是国家在社会保障制度不完善的情况下实行的过渡性保障措施。四川省按国家规定的下岗职工基本生活保障时间和国家提出的用五年左右的时间初步建立起适应社会主义市场经济体制要求的社会保障体系构想，力推“并轨”工作。

2001 年，省政府办公厅下发《关于推动国有企业下岗职工基本生活保障向失业保险并轨及促进再就业有关问题的通知》，规定从 2002 年 1 月 1 日起，全省所有的国有企业不再建立新的“中心”，企业新的减员原则上不再进入“中心”，由企业依法与其解除劳动关系，按规定享受失业保险待遇。要求 2003 年年底全省基本完成“并轨”工作。明确了下岗职工提前出中心的鼓励政策和分类处理下岗职工劳动关系措施。在政策推动下，部分协议到期的下岗职工通过内部退养和协议缴纳社会保险费、领取经济补偿金或生活补助费，解除或终止劳动关系出了“中心”。但由于多数有下岗职工的企业无支付经济补偿费和生活补助费的能力，许多协议到期的下岗职工滞留在“中心”，仍由“中心”发基本生活费和代缴社会保险费，“并轨”工作进展很慢。

2002 年，国家出台了系列促进再就业政策，还安排促进再就业资金，对中西部地区和老工业基地给予支持。四川省贯彻国家政策，省委、省政府下发《关于进一步做好下岗失业人员再就业工作的通知》，规定了促进再就业政策的操作办法，明确了下岗职工基本生活保障资金可以用于补贴下岗职工出“中心”解除劳动关系的经济补偿。调动了各地推进“并轨”工作的积极性。各地充分利用再就业促进政策和“并轨”资金，结合企业改革，在保障基本生活，保持职工队伍稳定的前提下，大力推进下岗职工出“中心”工作。全年全省出“中心”下岗职工达 11 万人。攀枝花市的下岗职工全部出“中心”，成为四川省完成“并轨”任务的首个城市。

2003 年，省委、省政府决定省属企业带头“并轨”。省劳动和社会保障厅等部门下发《关于进一步做好省属国有企业下岗职工出中心工作的通知》，明确了省属企业下岗职工出“中心”工作的原则、完成出“中心”的时间、出“中心”下岗职工经济补偿金补助等问题。成立了省劳动和社会保障厅、省财政厅、省经贸委主要领导或分管领导组成的省属企业下岗职工出“中心”领导小组，负责推进省属企业下岗职工出“中心”工作。在政府推动、企业精心组织下，省属 8 户企业的近 4000 名下岗职工出了“中心”，其中解除劳动关系的 3200 余人，省属企业较早实现“并轨”。各地加强对“并轨”工作的监督和分类指导，把“并轨”与企业改革结合起来进行，下岗职工出“中心”工作取得突破性进展。全省年出“中心”下岗职工 19. 10 万人，年末“中心”实有下岗职工 12. 20 万人。

2004 年，又有 5. 20 万名下岗职工出“中心”。乐山、资阳和广安三市完成了“并轨”任务。年末各地“中心”还有下岗职工 6 万人。

2005 年“并轨”工作进入收尾阶段，有下岗职工的地区，因地制宜，加大资金支持力度，实行一厂一策，使 5. 90 万名下岗职工出了“中心”。截至 2005 年年末，只有少数市（州）还有下岗职工。全省基本完成了“并轨”任务。

1997—2005 年四川省国有企业下岗职工基本生活保障情况

表 2—3　　　　单位：万人、亿元

年份	当年新增下岗职工人数	进中心人数	年末下岗职工总人数	中心内下岗职工人数	下岗职工出中心人数	中央财政下拨的借款和补助资金	企业筹集资金	发放基本生活费	代缴社会保险费
1997	—	—	45.53	—	—	—	—	—	—
1998	29.49	—	28.76	28.76	32.99	1.64	6.52	3.90	1.40
1999	33.92	—	29.91	29.43	29.15	4.78	7.18	4.99	1.98
2000	37.81	36.82	38.70	38.15	28.43	5.36	10.96	7.19	3.53
2001	23.29	21.71	36.33	35.19	25.00	5.18	13.31	7.30	5.89
2002	8.32	2.61	31.29	27.09	11.98	5.18	11.83	6.07	5.32
2003	1.33	0.05	13.57	10.91	16.55	7.10	8.64	4.43	3.78
2004	1.31	0.01	8.77	5.93	5.18	8.35	4.27	1.81	1.85
2005	0.00	0.00	2.60	1.52	4.44	9.75	2.13	0.94	1.09

说明：数据摘自《四川劳动和社会保障统计年鉴》（2005）

第五节　劳动争议处理

一、机构设置

1986 年 7 月，《国务院关于发布改革劳动制度四个规定的通知》明确提出，要建立劳动争议仲裁机构。同年 9 月，省政府《关于印发贯彻国务院改革劳动制度四个暂行规定的实施意见的通知》要求，企业要建立劳动争议调解委员会，负责解决本单位的劳动争议；市、县（区）一级要建立劳动争议仲裁委员会，受理企业有关开除、除名、辞退违纪职工和实施劳动合同发生的劳动争议案件。

1987 年，全省已建立劳动争议仲裁委员会 44 个，其中市（地）级 6 个，县（区）级 38 个；但尚未建立省级劳动争议仲裁委员会，省劳动人事厅也未单独设立劳动争议处理机构，由厅信访处兼管劳动争议处理工作。

1988 年 2 月，省劳动人事厅信访处增挂劳动争议仲裁处的牌子，实行一套机构、两块牌子。

1989 年 4 月，撤销省劳动人事厅，分别成立省劳动厅和省人事厅以后，省劳动厅劳动争议仲裁处仍与信访处实行一套机构、两块牌子。

1993 年 3 月和 1994 年 5 月，省劳动厅、省总工会、省经委先后两次联合向省政府提出关于建立四川省劳动争议仲裁委员会的请示，阐明尽快建立省劳动争议仲裁委员会的必要性，提出了省劳动争议仲裁委员会的组建方案及其办事机构、主要职责、受案范围的意见。

1994 年 6 月，省政府决定，建立四川省劳动争议仲裁委员会，由省劳动厅、省总工会、省经委三方代表组成，省劳动厅厅长任主任，省总工会、省经委、省劳动厅分管劳动争议仲裁工作的领导任副主任，办公室设在省劳动厅。省劳动争议仲裁委员会的主要职责是：负责处理本委员会管辖范围内的劳动争议案件；聘任专职和兼职仲裁员，并对仲裁员进行管理；领导和监督仲裁委员会办事机构和仲裁庭开展工作；总结并交流办案经验；指导企业劳动争议调解委员会的工作；指导全省劳动争议处理工作。省劳动争议仲裁委员会的受案范围是：经国家和省工商行政管理部门注册或核准登记的驻地在成都市市区的外资企业以及港、澳、台资企业发生的劳动争议；全省有重大影响的劳动争议；上级领导交办的《中华人民共和国企业劳动争议处理条例》规定范围内的劳动争议。

1995 年 5 月，省劳动厅、省总工会、省经委联合下发《关于加强企业劳动争议调解委员会建设的意见》，要求在当年内，国有企业尚未建立劳动争议调解委员会的均应建立，非国有企业建立劳动争议调解委员会应达 60% 以上。

截至 1995 年年底，全省县以上各级政府（行政公署）全部建立健全了劳动争议仲裁委员会，仲裁委员会共有成员 1306 人，聘任仲裁员 1064 人（其中专职仲裁员 469 人，兼职仲裁员 595 人）；全省各级劳动行政机关共设置劳动争议处理机构 232 个，占应建数的 95%，配备工作人员 486 人；各类企业建立劳动争议调解委员会 19653 个，有专职调解员 8099 人，兼职调解员 34062 人，多数大中型企业还建立了二级或三级调解组织。初步形成了全省劳动争议处理工作的组织网络。

1996 年 3 月，在四川省党政机构改革中，按照省政府批准的《四川省劳动厅职能配置、内设机构和人员编制方案》，省劳动厅设立了劳动争议处理与信访处，综合管理劳动争议处理工作。

1997 年，成都市开始在乡镇、街道建立劳动争议协调委员会，向用人单位宣传劳动法律法规，提前介入劳动纠纷，协调处理劳动争议。

2000 年 6 月，四川省党政机构再一次改革，在省劳动厅基础上组建的省劳动和社会保障厅，设立了劳动争议仲裁处（省劳动争议仲裁委员会办公室），其主要职责是：拟定劳动争议处理和劳动争议仲裁的地方法规、规章和办法并组织实施；负责对劳动仲裁员资格认定及颁证工作；办理管辖范围内职工劳动合同鉴证，指导集体合同争议的处理工作，受理和处理有关劳动合同、集体合同争议案件；承办省劳动争议仲裁委员会日常工作；组织处理劳动和社会保险方面有重大影响的群体性突发事件；负责信访工作。

2001 年，全省开始在县（市、区）/乡镇（街道）建立区域性劳动争议调解委员会，在行业工会建立行业性劳动争议调解委员会。同年，全省建立县（市、区）/乡镇（街道）两级区域性调解委员会 259 个，市/县（市、区）行业性调解委员会 17 个。区域性、行业性劳动争议调解委员会以本区域、本行业的工会组织为依托，其成员由工会代表和用人单位代表组成，也可邀请劳动保障部门的代表和社会有关法律专家参加，其基本职责是：受理未建立劳动争议调解组织的用人单位与职工的劳动争议，开展调解工作；帮助用人单位依法建立劳动争议调解委员会，指导本区域、本行业内劳动争议调解委员会的工作；建立健全本区域、本行业内劳动关系的预测、预警、预报机制。

2004 年，在成都市、广元市开始进行劳动争议仲裁机构实体化建设试点，以推动劳动争议处理工作的办案职能与行政职能相分离，促进仲裁员队伍职业化、专业化建设。2005 年 11 月，全省首家劳动争议仲裁院在广元市挂牌成立。

截至 2005 年年底，全省共建立各级劳动争议仲裁委员会 203 个，其中省级 1 个，市（州）级 21 个（含劳动争议仲裁院 1 个），县（市、区）级 181 个，共有专职仲裁员 344 人、兼职仲裁员 623 人；建立企业劳动争议调解委员会 1.70 万个，共有专（兼）职调解员 3.40 万人；县（市、区）/乡镇（街道）区域性劳动争议调解委员会 688 个，共有专（兼）职调解员 2397 人；市/县（市、区）行业性劳动争议调解委员会 91 个，共有专（兼）职调解员 237 人。

二、制度建设

1987 年 7 月，国务院发布《国营企业劳动争议处理暂行规定》。根据这一规定，省政府制定了《四川省国营企业劳动争议处理实施细则》（以下简称《实施细则》），于 1988 年 8 月发布施行。《实施细则》对劳动争议处理的范围、劳动争议调解和仲裁机构的设立，对市（地、州）和县（市、区）两级仲裁委员会受理劳动争议的管辖范围、劳动争议仲裁的申请和受理、处理劳动争议的程序等作出了规定。

1988 年 8 月，省劳动人事厅制定《四川省劳动争议仲裁工作规则（试行）》，对劳动争议案件受理、调查取证、调解与仲裁、文书送达、仲裁监督与文书归档等作出了具体规定。同年 9 月，省总工会、省劳动人事厅制定了《四川省国营企业劳动争议调解委员会工作规则（试行）》，对调解委员会的设置和人员组成、调解劳动争议的程序等作出了具体规定。

1991 年 6 月，劳动争议仲裁实行仲裁员、仲裁庭制度开始在成都市、重庆市、泸州市、南充地区、达县地区进行试点。

1993 年，在总结实行仲裁员、仲裁庭制度试点工作经验的基础上，建立了考核确认仲裁员资格的标准。

同年 6 月，经省政府同意，省劳动厅印发《关于将集体所有制企业劳动争议纳入劳动仲裁受理范围的通知》，决定自通知下发之日起，集体所有制企业中发生的劳动争议，凡符合国务院《国营企业劳动争议处理暂行规定》第二条规定的，劳动争议当事人可以依法向当地劳动争议仲裁委员会申请仲裁。劳动争议仲裁委员会按照国务院《国营企业劳动争议处理暂行规定》和省政府《实施细则》的规定，受理和处理集体所有制企业的劳动争议。

1994 年，在全省全面推行仲裁员、仲裁庭制度。实行仲裁员、仲裁庭制度以前，由劳动争议仲裁委员会具体办案，采取会议形式讨论决定；实行仲裁员、仲裁庭制度以后，采取一案一庭的办案形式。对简单劳动争议案件，由仲裁委员会指定 1 名仲裁员处理，另指定 1 名书记员；对一般劳动争议案件，由 3 名仲裁员组成仲裁庭处理；对重大的或者疑难的劳动争议案件，提交仲裁委员会讨论决定。实行仲裁员、仲裁庭制度，提高了办案效率和办案质量。

同年 8 月，四川省劳动争议仲裁委员会制定《四川省劳动争议仲裁委员会议事规则》，并规定仲裁委员会主任、仲裁委员会委员、仲裁委员会办公室工作人员、仲裁员的职责。

同年 12 月，省政府发布《四川省劳动争议处理实施办法》（以下简称《实施办法》）。《实施办法》是随着劳动制度改革形势的发展和劳动关系的变化，在总结《实施细则》实施 6 年实践经验的基础上制定的，是对《实施细则》的修改和补充。和《实施细则》相比，《实施办法》扩大了劳动争议的受理范围，将受理对象由国有企业及其职工扩大到所有用人单位（包括各类企业和个体经济组织）及其与之建立劳动关系的劳动者；受理内容也相应扩大，《实施细则》规定受理的内容只有“因履行劳动合同发生的争议”和“因开除、除名、辞退违纪职工发生的争议”，《实施办法》在上述受理内容的基础上增加了因职工辞职、自动离职发生的劳动争议，因履行集体合同发生的劳动争议，因执行国家有关工资、保险、福利、培训、劳动保护规定发生的劳动争议，以及法律、法规、规章规定应当依照《中华人民共和国劳动争议处理条例》和《实施办法》处理的其他劳动争议。《实施办法》还规定，国家机关、事业单位、社会团体和与之建立劳动合同关系的劳动者之间发生的劳动争议，依照本办法执行。上述规定使较大范围的劳动争议能在法律轨道上得到及时、妥善解决。

《实施办法》在总结前2年实行仲裁员、仲裁庭制度试点工作经验的基础上，正式明确规定，“仲裁委员会处理劳动争议，实行仲裁员、仲裁庭制度”。《实施办法》还对劳动争议调解委员会和仲裁委员会的设立及其职责、各级仲裁委员会的管辖范围、仲裁申请和受理、审理和裁决、仲裁文书送达等都作出了具体规定，为劳动争议处理提供了法规依据。

1995年2月，省劳动厅印发《劳动争议仲裁申诉登记表》《劳动争议仲裁申诉书》《立案审批表》《受理案件通知书》《仲裁裁决书》《仲裁结案审批表》等36种仲裁文书样式及其说明，全省劳动争议仲裁工作更加规范。

1996年8月，省劳动厅印发《关于进一步加强劳动仲裁员管理的实施意见》（以下简称《实施意见》），规定全省仲裁员的培训、考核和资格认定由省劳动厅负责组织实施。申请仲裁员资格者，由当地劳动行政部门推荐，参加省劳动厅或劳动部组织的劳动争议处理专业培训和资格考试；考试合格后，报省劳动厅审核颁发劳动仲裁员资格证书。省仲裁委员会聘任的仲裁员，其资格由劳动部审核认定，并颁发劳动仲裁员资格证书。凡取得劳动仲裁员资格并符合仲裁员应具备的基本条件者，由各级仲裁委员会聘任为专职或兼职仲裁员，每次聘期为3年。《实施意见》还提出了建立劳动仲裁员年度工作报告和考评制度，规定仲裁员在受聘期间，每年应向聘任的仲裁委员会报告工作情况；各级仲裁委员会和劳动行政部门对所聘仲裁员进行年度考核和业务短训相结合的综合考评，合格者在省级以上报刊上公告，不合格者由省劳动厅取消其仲裁员资格，所在仲裁委员会予以解聘。

2003年8月，四川省劳动争议仲裁委员会在征求四川省人大、四川省政协、民主党派和有关部门意见的基础上，印发《四川省劳动争议仲裁委员会聘任劳动争议仲裁监督员试行办法》，提出了监督员的聘任条件和工作职责，明确由省人大、省政协、民主党派各推荐一名符合聘任条件的人员为监督员，更好地发挥人大、政协和民主党派对劳动争议处理工作的监督作用。同年9月，制定了《四川省劳动争议仲裁委员会三方例会制度、三方办案原则（试行）》。

2005年7月，省总工会、省劳动和社会保障厅总结前几年区域性、行业性劳动争议调解委员会的实践经验，制定《四川省区域性、行业性劳动争议调解试行办法》。该试行办法规定，市/县（区）/乡镇（街道）应当建立区域性劳动争议调解委员会，省/市/县（区）行业主管部门应当建立行业性劳动争议调解委员会，并对区域性、行业性劳动争议调解委员会的基本职责、调解工作规则及受案范围等作出了规定。

三、劳动争议调解和仲裁

自1987年国家恢复劳动争议处理制度以后，四川省劳动争议案件的数量逐年增多。1988—1992年，全省企业劳动争议调解委员会受理劳动争议23104件（其中集体劳动争议1934件），涉及职工52895人。这些争议经过调解，大都达成了协议。

1993年，《中华人民共和国劳动争议处理条例》颁布后，劳动争议受案范围扩大，争议数量更是大幅上升，特别是集体劳动争议大量增多。同年，全省企业劳动争议调解委员会共受理争议案件8183件，比1992年增加349件，其中受理集体劳动争议1275件，比1992年增加812件，增幅达175.38%；受理的劳动争议共涉及职工26547人，比1992年增加7935人，上升42.63%，其中集体劳动争议涉及职工12831人，占总涉及人数的48.33%，比1992年增加5735人，上升80.82%。在受理的8183件争议中，经调解达成协议的5815件，占71.06%；涉及职工21845人，占涉及总人数的82.29%。从受理的劳动争议案件分析，主要有：因工资问题引发的劳动争议，占总件数的20.13%；

因保险、福利问题引发的劳动争议，占总件数的 18.07%；因开除、除名、辞退问题引发的劳动争议，占总件数的 17.20%；因履行劳动合同引发的劳动争议，占总件数的 8.34%，此类劳动争议上升幅度最大，和 1992 年相比，增幅达 168.24%。

2002 年 8 月，省总工会对全省 1999—2001 年劳动争议情况进行调查的结果显示，劳动争议案件呈现出更加多样化和复杂化的状况，主要类型有：因解除劳动合同和经济补偿引发的争议；因劳动工资、社会保险、福利待遇引发的争议；因国有企业破产、兼并重组、租赁承包等所涉及的职工安置、分流、下岗引发的劳动权益和生活保障的争议；用人单位未给职工办理社会保险引发的争议；签订履行劳动合同、职工工伤鉴定及其待遇引发的争议。在上述劳动争议案件中，私营企业和外商投资企业、集体企业、中小型企业所占的比例较大，分别占 35%、30%、20%，而国有大中型企业约占 15%，集体劳动争议仍呈上升趋势。

据不完全统计，1988—2005 年，全省企业劳动争议调解委员会共受理劳动争议案件 13.30 万件，经过调解，有 11.90 万件达成协议，调解成功率为 90% 左右。劳动争议调解工作起到了劳动争议处理第一道防线的作用。

对劳动争议调解委员会调解不成而申请仲裁的劳动争议，各级劳动争议仲裁委员会依法受理。仲裁委员会受理案件以后，也是先行调解，即使在案件裁决之前，还要给当事人一次调解解决争议的机会；调解不成，再行裁决。对集体争议首先积极调解，调解不成的则采用个案处理办法，分别受理，及时裁决。对可能影响社会稳定的劳动争议案件，坚持在仲裁委员会集体讨论的基础上，尽快依法裁决。

1987—1995 年，全省各级劳动争议仲裁委员会共受理劳动争议 1.60 万件，其中立案处理 0.67 万件，非立案处理 0.93 万件，结案率保持在 95% 左右。1996—2005 年，全省各级劳动争议仲裁委员会共受理劳动争议 5.51 万件，结案率为 96% 左右。

1996—2005 年四川省劳动争议仲裁案件处理情况

表 2—4　　单位：件、%

年　份	受理案件数		结案率
	合　计	其中集体争议案件	
1996	5283	200	97.00
1997	1924	—	94.00
1998	2814	135	95.00
1999	3490	176	95.00
2000	3680	174	95.00
2001	4769	256	96.00
2002	5510	241	96.30
2003	6850	258	96.00
2004	9868	652	96.20
2005	10943	—	98.00
合　计	55131	2092	95.90

说明：此表数据摘自 1996—2005 年劳动和社会保障事业发展统计公报

第三章 企业工资总额调控

1985 年以前，国家实行计划经济体制，对企业的工资分配一管到底，每个劳动者的工资都是由国家直接规定，国家通过管住职工人数和职工个人的工资来控制企业的工资总额，国家对企业工资总额的调控完全是指令性的。1986 年，国家提出企业工资改革的目标模式是“自主经营、自负盈亏、自主分配、国家征税”。之后，虽然国家还几次统一安排调整增加职工工资，但调资政策逐步调整为只管企业工资总额的增长，而将职工个人的增资晋级逐步放开由企业自主决定。中共十四大提出“经济体制改革目标是建立社会主义市场经济”之后，企业工资制度改革的目标是“建立市场机制决定、企业自主分配，政府监督调控的新模式”。随着企业经济体制改革的进程，企业工资总额调控逐步由国家直接指令性计划管理改革为企业的工资总额与经济效益挂钩，国家根据企业的经济效益情况调控企业的工资总额，制约企业工资总额的使用，进而改革为基本由企业根据自身经济效益情况自主决定工资总额的提取和使用。

第一节 国家指令性管理

一、工资、津贴、补贴标准

1986—1994 年期间，国家还统一制定管理着企业职工工资（津贴、补贴）标准。企业职工的工资分配必须按国家规定的工资（津贴、补贴）标准执行，由职工个人的工资级别、所处岗位、所在地区来决定。

（一）工资标准

1956 年全国第二次工资改革时，国家对地区之间的工资关系按十一类工资区来划分，一类工资区工资标准最低，十一类工资区工资标准最高。有的中央主管部门则根据本行业的情况自行划分了工资区类别，分别为十一类、十类、八类、七类、五类、四类等。如煤炭部门划分为十一类工资区，每类差额 3.5%，机械部门划分为五类，每类差额 5%—7%；冶金部门划分为四类，每类差额 7%。四川境内划有一、二、三、四、五、六、七、八、九、十一类十种工资区。到 1985 年，四川企业职工工资区的执行情况是：国务院各部在川企业都按各主管部门划分的工资区执行，一般都划在其最低一类中。地方企业职员的工资按国家机关行政人员的十一类工资区执行；工人参照部属企业按厂矿分别规定，一般都低于部属企业工人的工资标准。通过几次调整地区工资区类别，到 1985 年，已经没有一、二、三、四类工资区了。

国营企业的工资等级在 1985 年工资改革前有 300 多种工资标准，工人大部分划分为 8 个等级

（有少量 7 个等级、6 个等级），所以也叫 8 级工资制。1985 年企业工资改革时，通过归类、简化、合并，形成各行各业工种统一的工人 11 种（每种工资标准又分为 8 级 15 等），干部 3 类（大型联合企业、大型企业、中型企业）9 种工资标准。工人的 11 种工资标准在 3 类产业之间交叉使用。企业实行工资套改时，按规定的对应关系，将原工资等级套入新的工资等级。四川省的国营大中型企业的干部、工人按劳动人事部颁布的新工资标准进行了套改。对国营小型企业，全国未作统一制定。1985 年 8 月，四川省工资制度改革领导小组办公室、四川省劳动人事厅补充规定了四川省国营小型企业干部、工人的工资标准，以及四川省轻工业、农业、重工业企业工人工资标准，四川省纺织大中型企业一线运转生产工人岗位工资标准和过渡岗位工资标准。1987 年 3 月又制定下发了四川省航运企业运输船舶技术、业务船员工资等级标准等。

1991 年国家调整粮油统销价格后，国营企业的工资标准相应提高。

之后，一直到 2005 年，没有出台过新的工资标准。

四川省国营大中型企业干部工资标准

表 2—5　　（1991 年 5 月 1 日起执行）　　单位：元

工资区标准 \ 等级	1	2	3	4	5	6	7	8	9			
十一类工资区							十一类工资区					
十类工区						十类工区						
九类工区					九类工区							
八类工区				八类工区								
七类工区			七类工区									
六类工区		六类工区										
五类工资区	五类工资区											
一	254	261	269	276	283	291	298	305	312	大型联合企业领导干部		
一副	242	248	255	262	269	276	283	290	297			
二	230	236	242	249	256	262	269	275	282			
二副	219	225	231	237	244	249	256	262	268			
三	208	214	220	226	232	237	243	249	255		大型企业领导干部	
三副	199	205	211	216	222	227	233	238	244			
四	191	196	202	207	213	218	223	228	233			
四副	183	188	194	199	204	209	214	219	224			
五	176	181	186	191	196	201	205	210	215			中型企业领导干部
五副	168	173	178	183	187	192	196	201	206			
六	161	166	171	175	179	184	188	193	198			
六副	154	158	163	167	171	176	180	184	189			
七	147	151	156	160	164	168	172	176	181			
七副	140	144	149	152	156	160	164	168	172			
八	134	137	142	145	149	153	156	160	164			
八副	127	130	135	138	141	145	148	152	156			
九	121	124	128	131	134	138	141	144	148			
九副	114	117	121	124	127	130	133	136	140			
十	108	111	114	117	120	123	126	129	132			

续表2—5

工资区标准＼等级	五类工资区	六类工区	七类工区	八类工区	九类工区	十类工区	十一类工资区		
	1	2	3	4	5	6	7	8	9
十副	102	104	107	110	113	116	118	121	124
十一	96	98	100	103	106	109	111	114	116
十一副	90	92	94	96	99	102	104	107	109
十二	84	86	88	90	93	96	97	100	102
十二副	79	80	82	84	87	90	91	93	95
十三	74	75	76	78	81	84	85	87	88
十三副	69	70	71	72	75	78	79	81	82
十四	64	65	66	67	70	73	74	75	76
十四副	59	60	61	62	65	68	69	70	71
十五	55	56	57	58	60	63	64	65	66
十五副	51	52	53	54	55	58	59	60	61
十六	47	48	49	50	51	53	54	55	56
十六副	43	44	45	46	47	49	50	51	52
十七	40	41	42	43	44	45	46	47	48

四川省国营大中型企业工人工资标准

表2—6　　（1991年5月1日起执行）　　单位：元

等级标准＼工资区	一级	二级		三级		四级		五级		六级		七级		八级	
	一等	二等	三等	四等	五等	六等	七等	八等	九等	十等	十一等	十二等	十三等	十四等	十五等
11	49	53	57	62	67	72	78	84	90	97	104	111	119	127	135
10	48	52	56	61	66	71	76	82	88	95	102	109	116	124	132
9	47	51	55	60	65	70	75	81	87	93	100	107	114	121	129
8	46	50	54	59	64	69	74	79	85	91	97	104	111	118	126
7	45	49	53	58	63	68	73	78	84	90	96	102	109	116	123
6	44	47	51	55	60	65	70	75	81	87	93	99	106	113	120
5	43	46	50	54	58	62	67	72	78	84	90	96	103	110	117
4	42	45	49	53	57	61	66	71	76	82	88	94	100	107	114
3	41	44	48	52	56	60	65	70	75	80	86	92	98	104	111
2	40	43	47	51	55	59	64	69	74	79	84	90	96	102	108
1	39	42	46	50	55	58	62	67	72	77	82	87	93	99	105

续表2—8

工资区标准 等级									
							十一类工资区		
						十类工资区			
					九类工资区				
				八类工资区					
			七类工资区						
		六类工资区							
	五类工资区								
	1	2	3	4	5	6	7	8	9
七副	58	59	60	61	62	65	68	69	70
八	54	55	56	57	58	60	63	64	65
八副	50	51	52	53	54	55	58	59	60
九	46	47	48	49	50	51	53	54	55
九副	42	43	44	45	46	47	49	50	51
十	39	40	41	42	43	44	45	46	47

（二）工资区类别

1979 年 11 月，四川省三类工资区提高到四类，四类工资区提高到五类。

1985 年 8 月，四川省四类工资区提高到五类。属于这次调整工资区类别范围的实行非十一类工资区非 8 级制的人员，按照增加 2.75% 的幅度调整工资标准。

1986 年 12 月，将 1985 年工资制度改革前的五类工资区提高到六类。

之后，一直到 2005 年，没有再调整过工资区类别。

（三）新参加工作人员工资标准

1985 年企业工资制度改革时，四川省工资制度改革领导小组办公室、四川省劳动人事厅制定下发了四川省新参加工作大中专毕业生见习期间临时工资待遇标准，四川省国营企业新参加工作干部、工人定级工资待遇标准。

1986 年 9 月，省政府《贯彻国务院改革劳动制度四个暂行规定的实施意见》规定了劳动合同制工人初期工资待遇和定级工资标准。

从 1990 年 4 月 1 日起，提高了新参加工作技校毕业生、劳动合同制工人见习期、试用期、熟练期和定级工资待遇。从 10 月 1 日起，调整提高了大中专毕业生见习期工资待遇。

1991 年国家调整粮油统销价格后，新参加工作人员的工资待遇标准也相应提高。

自 1953 年起，国家陆续实行了井下、高温、冶炼工人的初期（试用期、熟练期）工资待遇和定级工资水平高于其他工人的规定，鼓励工人到艰苦、繁重的工种（岗位）工作。四川省从 1991 年 5 月 1 日起，相应调整这部分工种（岗位）新进工人的初期工资待遇和定级工资水平。即：井下采、掘工种（岗位）新进工人的初期工资待遇为劳动部门批准的企业工人工资标准（下同）的 9 级，定级工资一般为 11 级；井下辅助工种（岗位）新进工人的初期工资待遇为 7 级，定级工资一般为 9 级。高温、冶炼工种（岗位）新进工人的初期工资待遇为 7 级，定级工资一般为 9 级。

之后，一直到 2005 年，国有企业在职工工资分配上的自主权逐步扩大，政府没有再出台过企业新参加工作人员工资标准。

中华人民共和国成立以后，随着国民经济的迅速恢复和发展，城镇个体手工业在政府的扶持和引导下，逐步建立起手工业合作社、合作工厂等城镇集体所有制企业（以下简称“集体企业”）。但工资管理跟不上，工资制度比较混乱，一般没有明确的标准工资和劳动定额。1956 年，随着国营企业、新公私合营企业的工资改革，对城镇集体企业也进行了一次工资改革。集体企业的工资改革主要是参照本地性质相同、工资水平相近的地方国营企业的制度和办法进行的。各地根据“集体企业低于全民企业”的精神，分行业确定集体企业的工资标准。行业划分上，有的地区分了 27 个行业 49 个工种制定工人的工资标准；有的地区分了重工、轻工、服务三类产业制定了 19 种工资标准；四川则只分了重工业和轻工业两类。四川一般按地方国营小型企业的工资标准执行。工人 1 级工资标准重工业不高于 22—27 元，轻工业不高于 20—27 元。工人一般实行 7 级或 6 级工资制，但多数企业没有技术等级标准，只采用技术排队的办法确定工人的工资等级。管理人员一般参照地方国营小型企业的干部工资标准，实行职务等级工资制。也有一些规模较大的机械行业、轻工业行业的集体企业的工资标准是完全参照本地区同行业同规模国营企业的工资标准执行的。20 世纪 60 年代出现的街道工业企业工人执行的工资标准则更低，多为 2、3 级。经过工资改革，各地行业主管部门和劳动行政部门都加强了对集体企业的工资管理，多为参照国营企业执行。1986—2005 年期间，随着国家经济体制改革，国营企业转换经营机制，企业工资制度改革，政府对集体企业的工资管理逐步放开，集体企业在职工工资标准、定级、升级、奖金制度上拥有了更大的自主权。

1985 年 12 月四川省各类工资区学徒生活补贴标准一览表

表 2—9　　　　单位：元

	五类工资区	六类工资区	七类工资区	八类工资区	九类工资区	十类工资区	十一类工资区
第一年	30	31	32	33	34	35	36
第二年	32	33	34	35	36	37	38
第三年	本单位新拟一级工资标准						

1985 年四川省国营企业新参加工作干部、工人定级工资标准一览表

表 2—10　　　　单位：元

项目 工资标准	毕业的研究生	大学本科毕业生	大专毕业生	中专毕业生	技校毕业生		学徒工		熟练工		
									一般工种		特繁工种
32	—	—	—	—	47	43	47	43	43	39	47
33	66	61	56	48	48	44	48	44	44	40	48
34	68	63	58	49	49	45	49	45	45	41	49
35	69	64	59	50	50	46	50	46	46	42	50
36	70	65	60	51	51	47	51	47	47	43	51

续表2—10

项目 工资标准	毕业的研究生	大学本科毕业生	大专毕业生	中专毕业生	技校毕业生		学徒工		熟练工		
									一般工种		特繁工种
37	72	66	61	52	52	48	52	48	48	44	52
38	75	69	64	54	54	49	54	49	49	45	54

说明：列两种标准的，按文件规定执行其中一种工资标准。所列工资标准均指各单位执行的工资标准的最低一级工资额

1986年四川省劳动合同制工人初期工资待遇及定级工资标准一览表（五类工资区）

表2—11　　　　单位：元

	试用期	熟练期				考核定级			
		技术工种	熟练工种	普通工种	特繁工种	技术工种	熟练工种	普通工种	特繁工种
期　限	3-6个月	1年半至2年	半年	3个月	3个月				
企业工资	1级	3级	2级	2级	3级	5级	4级	4级	5级
机关、事业单位、团体工资	39	50.50	45			56.50	50.50	50.50	

说明：初期包含试用期、熟练期；级别指各单位执行的企业新拟15级制工资标准中的级别

1986年四川省企业劳动合同制工人工资待遇一览表

表2—12　　　　单位：元

项目 工资标准	试用期间待遇	熟练期间待遇				定级工资			
		技术工种	熟练工种	普工工种	特繁工种	技术工种	熟练工种	普工工种	特繁工种
32	32	39	35	35	39	47	43	43	47
33	33	40	36	36	40	48	44	44	48
34	34	41	37	37	41	49	45	45	49
35	35	42	38	38	42	50	46	46	50
36	36	43	39	39	43	51	47	47	51
37	37	44	40	40	44	52	48	48	52
38	38	45	41	41	45	54	49	49	53

国营企业新进职工初期工资待遇和定级工资标准

表 2—13　　(1990 年 4 月 1 日起执行)　　单位：元

标准 人员类别	见习（试用期）		熟练期		定级工资（本企业工人工资标准）
	期限	工资待遇	期限	工资待遇	
技工学校毕业生	一年	52			7 级
三年制职业高中毕业生	3－6 个月	40	专业对口的不实行；不对口的一年	52	7 级
合同制工人：技术工种	3－6 个月	40	一年半至两年	52	7 级
熟练工种	3－6 个月	40	半年	48	6 级
普工工种	3－6 个月	40	3 个月	48	6 级
特繁工种	3－6 个月	40	3 个月	52	7 级

大中专毕业生见习期工资待遇标准

表 2—14　　(1990 年 10 月 1 日起执行)　　单位：元

人　员　类　别	调整前	调整后
大学本科毕业生	50	66
大学专科毕业生	45	61
中专毕业生	40	52
取得双学士学位本科毕业生和未取得硕士学位的研究生毕业生	55	78
已取得博士学位的研究生毕业生未明确职务的	84	97
已取得硕士学位的研究生毕业生未明确职务的	78	90

四川省国营企业各类工资区大中专毕业生临时工资待遇标准一览表

表 2—15　　(1991 年 5 月 1 日起执行)　　单位：元

工资区类别 毕业生类别	5 类工资区	6 类工资区	7 类工资区	8 类工资区	9 类工资区	10 类工资区	11 类工资区
博士研究生毕业生	100	103	106	109	111	114	116
硕士研究生毕业生	94	96	99	102	104	107	109
双学士本科毕业生、未取得硕士学位研究生毕业生	82	84	87	90	91	93	95
大学本科毕业生	71	72	75	78	79	81	82
大学专科毕业生	66	67	70	73	74	75	76
中专毕业生	57	58	60	63	64	65	66

四川省国营企业新参加工作职工初期工资待遇和定级工资标准一览表

表 2—16　　(1991 年 5 月 1 日起执行)　　单位：元

标准／人员类别	见习期（试用期）		熟练期		定级工资（本企业工人工资标准）
	期　限	工资待遇	期　限	工资待遇	
技工学校毕业生	1 年	58	—	—	7 级
3 年制职业高中毕业生	3－6 个月	46	专业对口的不实行；不对口的 1 年	58	7 级
合同制工人：技术工种	3－6 个月	46	1 年半至 2 年	58	7 级
熟练工种	3－6 个月	46	半年	54	7 级
普工工种	3－6 个月	46	3 个月	54	6 级
特繁工种	3－6 个月	46	3 个月	58	7 级

（四）津贴、补贴标准

1. 艰苦地区津贴

1956 年工资改革时，国家除了实行十一类工资区类别外，对一些边远艰苦地区还实行了地区生活费补贴和艰苦地区津贴，以鼓励职工到边远艰苦地区工作。四川省阿坝州、甘孜州的康定、甘孜等 28 个县分别实行了 10%—50% 的地区生活费补贴，甘孜、阿坝等县及部分县属区还实施了 5%—15% 的艰苦地区津贴。之后，渡口市（现攀枝花市）、乐山市、凉山州也实行了艰苦地区津贴。从 1986 年 6 月起，对渡口市、乐山市、凉山州的艰苦地区津贴标准作了调整。渡口市从每职工每月 9 元提高到 12 元。凉山州和渡口、乐山二市所属的县、区、乡，艰苦地区津贴每职工每月 3 元的，提高到 4. 50 元；4 元的，提高到 5. 50 元；5 元的，提高到 7 元；6 元的，提高到 8. 50 元。之后至 2005 年，四川省没有针对企业职工再出台过调整、增加艰苦边远地区津贴的政策，而是由企业根据自己的实际情况自主决定。2001 年 1 月机关、事业单位在职人员和离退休人员实施新的艰苦边远地区津贴时，所涉及地区的国有企业或有经济条件的企业都自主实施了。

2. 合同制职工工资性补贴

1986 年 9 月，根据省政府《关于贯彻国务院改革劳动制度四个暂行规定的实施意见》，劳动合同制工人从初次参加工作试用期满后第一个月起，在企业单位的可以按月享受本人标准工资 15% 的工资性补贴；在国家机关、事业单位和人民团体的可以按月享受本人标准工资 10% 的工资性补贴。

1992 年 4 月，省政府批转省劳动厅《关于转换经营机制试点企业实行全员劳动合同制若干问题的意见》将原劳动合同制职工享受本人标准工资 15% 的工资性补贴的政策调整为：全员劳动合同制职工享受本人标准工资 7. 5% 的工资性补贴和 7. 5% 的风险补贴。工资性补贴按月发给职工个人。风险补贴平时只计不发，在终止或解除劳动合同时一次性总付。

随着劳动、工资、社会保障制度改革的不断深化以及劳动合同制的全面推行，国家不再统一管理企业职工标准工资，离退休费也不再以标准工资为计算基数。1994 年 10 月，四川省对劳动合同制职工按标准工资计发工资性补贴的办法再次进行改革：凡实行全员劳动合同制的国有企业，按照改制当月全部合同制职工工资总额（扣减原执行 15% 工资性补贴额）的 8% 核增月工资总额并纳入工效挂钩或工资包干基数，工资总额（包括实行全员劳动合同制核增的工资总额）的使用，由企业自主决定。原按职工个人标准工资15%计发工资性补贴的规定停止执行。

1995年3月《四川省人民政府关于全面实行劳动合同制的通知》规定：城镇集体企业，可比照国有企业的办法核增工资总额，增加的工资总额由企业自主使用。

3. 岗位津贴、补贴。

国家为了补偿职工在某些特殊劳动条件岗位劳动的额外消耗而建立岗位津贴、补贴。有关津贴、补贴标准的调整都须经过国家或省劳动（劳动人事）、财政及企业主管部门批准。岗位津贴、补贴一般以工作日计算，按每个职工实际出勤天数计发。也有按月计算的。

煤炭业　1963年，煤矿井下工作的职工开始实行井下津贴制度。煤矿井下职工的津贴高于其他行业矿山井下职工的津贴，其标准原规定最高不超过工人工资标准的15%，1979年改为采掘工人每天0.60元，其他人员每天0.50元、0.40元。从1993年1月起，省属煤矿企业井下岗位津贴调整为：采掘工人每天3.00元，辅助工人1.50元；基层煤建职工按工种每天1.00元、0.70元。

冶金、有色金属业　1963年，冶金矿山井下工作的职工开始实行井下津贴制度。从1977年7月起，省内钢铁冶炼企业的高温繁重劳动工人开始实行临时补贴。补贴标准分别为每人每月5元、4元、3元，其中5元限在高温劳动繁重的工人中执行，执行人数不得超过实行高温补贴人数的1/3。1988年9月起，改为高温岗位津贴，标准分别为每人每天0.70元、0.60元、0.50元。1992年3月1日起，省属冶金矿山井下采掘、掘进、支柱、人力运输岗位津贴由每天0.80元提高到1.40元，其他井下岗位由0.6元提高到0.80元；露天采矿采场主要生产岗位由0.60元提高到0.80元，辅助生产岗位由0.50元提高到0.70元，临时到现场连续劳动6小时以上的干部，岗位津贴由0.30元提高到0.50元；汉源锰矿轿顶山矿区艰苦津贴由每天0.80元提高到1.70元。1992年6月1日起，泸沽铁矿大顶山矿区建立高寒艰苦矿区津贴，为每天1.50元。1993年1月起，冶金高温冶炼岗位每天津贴调整为：一级1.70元，二级1.30元，三级1.00元，四级0.70元。露天采矿岗位每天津贴调整为：一级1.70元，二级1.20元，三级0.80元。

化工业　1963年，化工、建材等非金属矿山井下工作的职工开始实行井下津贴制度。在1979年试行化工有毒有害作业岗位津贴制度的基础上，1988年，建立省属化工企业有毒有害工种岗位津贴。1989年6月，医药企业101个有毒有害作业工种参照省属化工企业建立有毒有害工种岗位津贴。从1993年1月起，有毒有害工种岗位每天津贴标准调整为：甲等2.00元，乙等1.50元，丙等1.20元，丁等0.90元。

盐业　从1986年7月1日起实行盐业岗位津贴：甲等每天0.70元，乙等0.50元，丙等0.30元。

餐饮业　从1988年1月起，获得特等一级技术职称的烹调厨师、面点师、宴会设计师，从事本技术工作25年及其以上的，每月津贴80元；获得特等二级技术职称的烹调厨师、面点师、宴会设计师，从事本技术工作21年及其以上的，每月津贴60元；获得特等三级技术职称的烹调厨师，从事本技术工作17年及其以上的，每月津贴40元；获得一级技术职称的烹调厨师、面点师、服务师，从事本技术工作13年及其以上的，每月津贴25元；获得二级技术职称的烹调厨师、面点师、服务师，从事本技术工作10年及其以上的，每月津贴15元。

水上运输业　1988年10月、1992年1月两次调整了四川省船员伙食津贴标准。

四川省船员伙食津贴标准

表 2—17　　　　单位：元

工种		原执行标准（每人每天）	1989 年 1 月起执行标准（每人每天）	1992 年 1 月起执行标准（每人每天）	备注
一、运输船舶	1. 出川运输船舶船员	1.20－2.00	2.80	4.30	包括轮驳船
	2. 川内运输船舶船员	1.00－1.50	2.20	3.30	包括轮驳船
	3. 港作船舶船员	0.70－1.00	1.40	2.20	船员在船工作期间
	4. 港站营运囤船船员	0.60－0.80	1.20	1.80	船员在船工作期间
	5. 供应和交通船船员	0.70－0.80	1.20	1.80	船员在船工作期间
	6. 修理船舶船员	0.70－0.80	1.20	1.80	船员在船检修工作期间
	其中：进厂大修	0.50－0.60	1.00	1.50	船员在船工作期间
	7. 停封报废船舶船员	0.50	0.80	1.20	船员在船工作期间
	8. 机动组船员	0.30	0.70	企业自定	船员在组待令期间
二、工程船舶	1. 挖泥船船员	1.00－1.50	2.20	3.30	船员在船工作期间
	2. 工程船船员（包括钢耙船）	0.80－1.00	1.60	2.40	船员在船工作期间
	其中：留守待令检修期间	0.50－0.60	1.00	1.50	船员在船工作期间
	3. 航标船船员	0.60－0.80	1.20	1.80	船员在船工作期间
	其中：留守检修期间	0.40－0.50	0.80	1.20	船员在船工作期间
	4. 绞滩船船员	0.60－0.80	1.20	1.80	船员在船工作期间
	其中：留守检修期间	0.40－0.50	0.80	1.20	船员在船工作期间
	5. 机电绞滩（包括岸绞）	0.40－0.50	1.00	1.50	在站工作期间
	其中：停绞留守人员	0.30	0.60	0.90	在站工作期间
	6. 信号台人员	0.30－0.50	0.80	1.20	在台工作期间
	其中：远离城镇十公里以上	0.30－0.60	1.00	1.50	在台工作期间
	7. 潜水员下水作业期间	3.00－3.50	5.00	7.40	半天按 1/2 发

供销、物资部门　1989 年 2 月起，供销合作社有毒工种职工试行营养补助，根据不同工种，每人每月补助 14—16 元。1993 年 1 月起，供销、物资部门金属回收人员的岗位津贴在 1980 年执行标准的基础上调整为：一类每天 1.00 元，二类 0.85 元，三类 0.70 元。1993 年 12 月起，供销系统废旧物资回收职工卫生津贴在 1979 年执行标准的基础上调整为：一等每天 1.80 元，二等 1.50 元，三等 1.20 元。

食品业　从 1990 年 7 月起，商业食品企业兽医卫检人员试行岗位津贴：一等每月 15 元，二等 12 元，三等 9 元。

林业　1956年以前，在四川的中央属林业单位如中央森林调查大队执行的林业津贴为本人月标准工资的32%—40%，省以下地方林业单位为每人每天0.30—0.35元。1956年工资改革后有一些调整变动。1963年四川省规定：营林处职工每人每天0.15元，伐木场职工每人每月6元、7元、8元。1994年1月起，林业艰苦岗位津贴标准调整为按每个工作日平均1.00元掌握。

中医药业　从1987年1月起，对获得国家医药管理局颁发的老药工荣誉证书的在职中药老药工（包括返聘的），实行每月15元的老药工技术津贴。

水利、送变电业　从1993年1月起，调整水利水电、送变电企业职工流动施工津贴标准，为平均每人每天4.50元。具体为：大型水利水电工程、中型水电工程、中型水利枢纽工程的施工津贴标准每天不超过5.30元；其余水利水电工程的施工津贴标准不超过3.20元。送电施工津贴标准不超过7.30元；变电施工津贴标准不超过5.30元；火电施工津贴标准不超过3.30元。从1995年1月起，实行水利艰苦岗位津贴：一类岗位（工种）每天1.20元，二类岗位（工种）1.00元，三类岗位（工种）0.80元。

建筑安装业　1984年建筑安装企业流动施工津贴分别为每天0.50元、0.60元。1994年12月调整为按平均每日3.50元的标准下达增资指标，由企业在下达的增资指标内，根据流动施工的特点和条件，确定各类人员提高施工津贴的具体标准，最高不得超过每天6.00元。在企业所在地区内施工的，每天2.00元；在省、自治区内跨地区（包括直辖市郊县）施工的，每天4.00元；到边远地区或跨省、自治区、直辖市以及到经济特区施工的，每天6.00元。

邮电业　1963年，对从事邮电外勤工作的乡邮员和驻段线务员等建立了邮电外勤津贴，分别为每人每天0.20元、0.30元。1979年调高到0.45元、0.50元。1986年11月按财政部规定的差旅费地区分类划分办法，邮电企业外勤人员每天津贴标准调整为：乡邮员，1类区平原0.80元，半山区0.90元，山区1元；2类区平原1元，半山区1.10元，山区1.20元；3类区1.70元。驻段线务员，1类区平原0.40元，半山区0.50元，山区0.60元；2类区平原0.50元，半山区0.60元，山区0.70元；3类区0.80元。火车押运员，省内1.60元，跨省1.80元。从1991年10月起，火车押运员外勤津贴标准省内由2.00元调整为3.50元，跨省由3.00元调整为4.50元。

进山津贴　从1987年12月起，四川兵器工业局所属企业山洞津贴标准原每天0.30元的调到0.60元，原0.20元的调到0.50元。从1988年6月起，东方汽轮机厂在绵竹县汉旺山区工作的职工、东风电机厂在山洞区和山沟区工作的职工的进山津贴标准，按月人均12元控制。

4. 中夜班津贴

从1988年7月起，对省级在蓉单位职工的夜餐补贴标准作了调整：实行两班或三班制的生产企业，做中班的，每天1.10元；做深夜班的，1.60元；做长白班，因生产（工作）需要，经领导批准，延长生产（工作）时间到23点以后的，可按深夜班对待。1992年11月起，夜餐补贴标准调整为：实行两班或三班制的生产企业，做中班的，每天1.70元；做深夜班的，2.40元。

5. 技师津贴

从1987年10月起，被聘任技师从受聘之月起，享受职务津贴和有关部门规定的福利待遇，职务津贴一般为每月15—25元。从1992年11月起，医药行业高级技师从受聘之月起，享受高级技师职务津贴，标准在40—60元的幅度内，由企业自行确定。

6. 物价补贴

从1979年10月起，每个职工每月发放副食品价格补贴5元。从1966年8月1日起，每个职工每月发粮价补贴1.5—3.0元。1985年3月起，因猪肉价格调整每个职工每月补贴4元。1987年10月起，因提高生猪销售价格，每个职工每月补贴2.50—3.50元。1988年7月，试行猪肉（牛羊肉）、大路菜、鲜蛋和白糖零售价格变动按定量计算给职工适当补贴，成都市每个职工每月补贴10元；其他中、小城市在不超过10元的前提下，自行确定补贴标准。从1991年5月起，每个职工每月补偿粮油价格补贴6元。1992年4月起，全民所有制企业职工按每人每月5元发给粮价补贴；11月起，全民所有制企业职工按每人每月2元发给粮价补贴。至2005年，这类补贴仍保留在职工的工资或退休金里。

7. 卫生津贴

1980年前后，一些实行了劳动保护的企业，将职工个人应享受的洗澡费、理发费和卫生纸费等折算成现金计发给职工，称卫生费（或叫洗理费）。各单位根据经济承受能力标准各异，但多为4元。

8. 独生子女补贴

1979年3月起，对自愿只生一个孩子的夫妻每月补贴5元，补贴至孩子14岁时止。夫妻双方同为全民所有制单位职工的，双方单位各负担2.50元；其中一方为集体所有制单位职工的，补贴金额由全民所有制职工单位负担。此补贴至2005年仍在执行。

9. 职工疗养生活补贴

1989年8月，对职工疗养待遇进行了调整：凡经企业批准疗养的职工，疗养期在3个月以内的，不按病假处理，工资（含各种津贴、补贴）照发，不影响升级调资。患职业病、有毒有害岗位的职工和地、市以上劳动模范、先进人物，疗养期间的奖金按全厂平均数发给。

随着企业内部分配自主权的逐步扩大，从1994年开始，国家不再要求企业按统一规定的工资、津贴、补贴标准执行。工资、津贴、补贴标准都由企业自主决定。至2005年，国家没有出台过新的工资、津贴、补贴标准。

二、统一增加职工工资

1986年，国家统一安排适当解决国营企业内部工资分配方面存在的一些问题，四川省规定：以1986年9月末职工人数（含固定工、合同制职工、计划内临时工，不含未转正定级人员）为基数，从1986年10月起，按人均每月增加1.80元核增工资指标。增资额度经劳动、财政、计经部门审核后，逐户下达。省不统一规定解决工资问题的对象和使用办法，由企业根据本单位的实际情况自主安排，但不得用于提高职工工资标准。集体所有制企业参照全民所有制企业工资制度执行的，可参照执行。

1989年，在“治理经济环境，整顿经济秩序，全面深化改革”的形势下，根据国务院批转劳动部、国家计委、财政部关于给企业职工增加标准工资的意见，四川省安排：对于1987年以来已安排进行了浮动升级的企业，允许将平均一级（国营企业工资标准2小级）浮动工资转为标准工资。没有安排浮动升级的和实行计件工资制的，也可以结合实际情况，参照上述原则办理。在国家核定的增资幅度内，由企业自主安排职工增加工资。少数确实表现好贡献大的职工可升3小级。增资指标不得用于提高职工工资标准。职工的浮动工资转为标准工资，仍按1985年劳动部门批准的企业工资标准执行，并作为计发有关待遇的基数。增资额度按各企业执行的劳动部门批准的工资标准的实际平均级差和企业1989年9月末国家正式职工人数计算。经市（州）劳动局、财政局、计经委审核后，由劳动部门逐户下达。城镇集体企业可参照执行。经省劳动、财政、税务、计经委、集体经济办公室等综合部门同意，省轻工业厅、省商业厅、省交通厅、省就业服务管理局分别就全省轻工、商业、交通行业集体企业和劳动服务企业解决职工工资问题下发了指导性文件，作出了具体安排。街道工业企业参照以上规定由各地主管部门根据实际情况研究执行。

纺织行业是全省工业部门中的支柱产业之一，20世纪80年代却面临“新工人招不进、老工人留不住”的问题。占企业全部职工总数70%的一线生产工人（约3万人）很不稳定。主要因为：一线生产工人实行的岗位工资标准偏低；与等级制工人的增资差距大；生产条件差，完成定额不易。1989年12月，省工资制度改革领导小组办公室、省劳动厅、省纺织厅决定：或将五岗现行工资标准对应的等级都相应提高2个小级，或调整提高计件单价15%—20%，各市（地）根据当地财力和企业实际情况选择其中之一实行。

企业职工标准工资是当时国家安排工资总额和工资关系的重要依据，是计算国家规定的职工保险福利待遇的基数。四川省规定：核定企业增资额度，必须在清理企业职工标准工资的基础上进行。1990年1月，省政府批转省劳动厅《关于加强企业职工标准工资管理的意见》，安排全省先清理企业职工标准工资，再按国家规定增加标准工资。这样安排，一是为了解决操作问题：自1985年允许企业自行安排浮动升级以来，企业之间因经济负担能力的差异和其他原因，浮动升级的差距很大，有的企业已把部分浮动升级改为固定升级。如不先按统一政策对企业1985年以来职工标准工资的变动情况进行清理，贯彻国务院精神增加职工标准工资既无法操作，基础也很不平衡。二是为了解决与机关、事业单位职工之间标准工资的平衡问题。这些问题如不加以处理，将导致职工退休后的待遇差距较大。清理标准工资的第一步是认定1985年以来按国家政策规定正常增加的标准工资。第二步是由劳动部门按省统一规定的原则对1985年以来企业职工的浮动升级进行审核批准，纳入职工标准工资。这次清理职工标准工资不改变职工工资开支渠道，不增加职工工资收入，只改变工资结构，使企业职工标准工资过低的状况有所改善，适当平衡了地区之间、行业之间、企业之间以及企业与机关、事业单位之间的标准工资关系，缓解了一些工资矛盾。

1994年，四川省贯彻劳动部、财政部、经济贸易委员会《关于深化企业工资制度改革适当解决部分企业工资问题的意见的通知》精神，根据本省企业的实际，分别按人均50元、40元、30元的水平给部分企业核增了工资总额。核增的工资总额，由企业自主确定使用办法，可用于进行基本工资制度改革，也可以用于调整工资收入结构，还可以用于调整企业职工的工资标准以及考核增资。

1999年，省劳动厅、省财政厅下发《关于切实做好提高三条社会保障线水平后企业工资工作的通知》，解决企业职工的工资问题。明确：在三条社会保障线水平提高以后，各地可以根据当地经济发展情况和企业经济效益增长情况，适当核增企业工资总额。由政府劳动保障部门和财政部门直接调控工资总额的国有和国有控股的企业，可按在岗职工人数最低月人均50元左右，最高不超过当地上年社会平均工资25%的水平适当核增企业工资总额。其他所有制企业，可以参考当地确定的增资水平，由企业通过工资集体协商、股东会、职代会或职工大会等形式决定给职工适当增加工资。这次调整在岗职工工资，以提高中低收入职工工资为重点，在职工实得收入都有所增加的同时，使中低收入职工工资增幅大一些。使工资分配进一步向技术性强，苦、脏、累、险和生产（经营）一线岗位倾斜。企业职工增加工资的时间，不得超前于1999年7月1日。这次安排企业增加工资总额以及增资的幅度都是四川省根据本省的实际情况决定的。

2000年以后，大量国有企业通过兼并、破产、重组等方式进行改制，企业工资制度全面改革，国家和四川省均没有再出台过企业职工工资调整的相关政策。企业职工工资调整已完全由企业自主决定。

三、统一奖金、奖励

（一）奖金

从1987年起，四川省执行国务院《关于深化企业改革、增强企业活力的若干规定》的规定，降低奖金税。企业全年发放奖金总额不超过标准工资4个月的部分，继续免征奖金税；超过4个月部分按照累进税率征收。为"抓管理、上等级、全面提高企业素质"，1989年2月省政府批转四川省加强企业管理领导小组等部门《关于对国家级企业实行鼓励政策的意见》的通知规定：国家级企业在授予称号的当年，可对职工实行一次性奖励：国家二级企业人均奖励一个月的平均工资；国家一级企业人均奖励一个半月的平均工资。奖金分配方案由企业自定。免征奖金税和工资调节税。

1991年5月，省政府规定：对经营性亏损企业限期扭亏，扭亏期间一律不发奖金并取消浮动工资。对未按期完成扭亏任务的企业主要领导人，扣减其5%—20%的基本工资。年终完成扭亏计划的企业，可补发奖金。1991年实际亏损额比1990年减少90%的企业，年终可发给相当于人均2个月标准工资的奖金；亏损额比1990年减少70%的企业，可发给1.5个月标准工资的奖金；亏损额比1990年减少50%的，可发给1个月标准工资的奖金。8月，省劳动厅、省财政厅、省生产委员会、中国人民银行四川省分行发文规定：在限期内扭亏的，当年利润全部留给企业，企业可从扭亏之月起逐步恢复发放奖金和浮动工资。

随着国家对企业职工标准工资管理的放开，从1994年开始，四川省没有再出台过关于企业奖金的政策。

（二）奖励晋级

1984年下半年，根据国务院的规定，国营企业厂长开始行使3%奖励晋级权，即企业每年可以自主决定对占固定职工3%的工作成绩显著或有特殊贡献的职工实行奖励晋级。实行奖励晋级的指标由政府劳动行政部门审批。

1989年2月，省政府批转的《关于对国家级企业实行鼓励政策的意见》规定：国家二级企业厂长晋级权扩大为5%；国家一级企业厂长晋级权为7%。国家二级企业厂级领导人可上浮一级工资的比例为50%；国家一级企业厂级领导人可上浮一级工资的比例为75%。连续两年保持等级称号的企业，上浮工资转为固定工资。

为表彰先进，省政府决定对1989年"四川省劳动模范"除颁发证书和奖章外，每人奖励晋升一级工资并发给一次性奖金300元。对1989年获全国劳动模范或先进工作者称号的职工，奖励晋升两级工资。

随着国家对企业职工标准工资管理的放开，从1994年开始，劳动部门不再审批下达厂长奖励晋级指标。

四、特殊工资

（一）职工调动工作工资

国有企业转换经营机制之前，职工工资是国家定的，职工调动工作由调出单位将职工工资基金转入调入单位，调入单位（增减工资区类差后）照发。随着国有企业经营机制的转换，1987 年 6 月，四川省工资制度改革领导小组办公室印发国务院工资制度改革小组、国务院企业工资改革研究小组、劳动人事部《关于职工调动工作后工资待遇若干问题的暂行规定》并补充规定：职工在国家机关、事业单位和企业单位之间相互调动工作，其工资均由调入单位按其新任职务、新工作岗位的工资标准，参考本单位同等条件人员的工资水平重新确定。为鼓励国家机关、事业单位职工调到企业工作，职工到企业后，本人原来的基础工资、职务（岗位）工资和工龄津贴之和减去 10 元后，就近套入企业工资标准。在不降低上述工资水平的基础上，由企业按规定重新确定工资。副食品补贴 5 元由企业照发，浮动工资、奖金、津贴按国家和企业规定执行。

（二）首批“四川省工艺美术大师”工资

1988 年，四川开始在工艺美术行业评授“四川省工艺美术大师”。全民所有制事业单位获得“四川省工艺美术大师”称号的人员，基础工资加职务工资在 122 元（六类区）以下的可调到 122 元；在 122 元以上的可晋升一级工资，超过 205 元以上的不再调整。全民所有制企业单位获得“四川省工艺美术大师”称号的人员，原工资在企业干部工资标准 9 级（六类工资区为 118 元、122 元、125 元）以下的可调整到 9 级；原工资在 9 级以上的，可晋升一级工资，但升级后的工资不得超过企业干部工资标准 3 级（六类工资区为 208 元、214 元、220 元）；原工资在 3 级工资标准以上的不再调整。集体所有制企事业单位可参照全民所有制企事业单位标准执行。

（三）到企业工作的军队转业干部工资

根据国务院、中央军委精神，对转业到企业的军队干部的工资确定，1986—1995 年省工资制度改革领导小组、省军队转业干部安置工作小组、省人事厅、省劳动厅每年都有专门发文，基本原则就是就近就高套入所在企业相当职务的工资标准（不含奖金和各种津贴），按不低于所在企业同岗位、同等条件人员的标准工资水平确定。

（四）复员、退伍军人工资

1987 年 6 月，省工资制度改革领导小组办公室、省劳动厅、省人事厅、省民政厅转发国务院办公厅、中央军委办公厅《关于志愿兵、义务兵退出现役到地方工作后工资待遇问题的通知》并补充规定：1985 年 7 月 1 日以后转业的志愿兵和退伍分配工作的义务兵，到地方分配当工人的，初次确定其工资时，应不低于现岗位同工种、同工龄大多数工人的标准工资（国家机关、事业单位为基础工资、岗位工资之和）。任干部职务的，亦按此原则处理。志愿兵、义务兵凡在部队获二等功以上或提前晋级奖励的，其工资在按上述原则确定后，可以高定一级。志愿兵、义务兵退伍后无论分配到何单位、从事何种工作，均不实行学徒期、熟练期、试用期的待遇，直接按上述规定确定工资，从 1987 年 3 月起执行。

（五）林业公安干警工资

1991 年 1 月，省劳动厅明确：林业企业单位的公安干警，属于企业职工，其工资归口企业主管部门和同级劳动部门管理。1985 年工资制度改革时已按省规定参照公安干警进行工资套改，现仍执行国家公安干警统一工资待遇的，经同级劳动部门同意后，可继续执行。但不能再按企业单位的办法发放工资、奖金、津贴。

（六）少数民族地区职工浮动、固定一级工资

1991—1992 年，省委组织部、省劳动厅、省人事厅等有关部门先后批准攀枝花市市属以上企业和东区、西区企业职工，北川县职工，黔江地区各级国家机关、党派、团体和全民所有制企、事业单位以及中央各部门和省属驻黔单位职工，平武县 5 个少数民族乡境内的企业职工等，实行浮动或固定一级工资。1992 年 12 月再次明确，凡在本省边远山区的 35 个少数民族乡内工作的职工，从 1992 年 12 月起，均可按规定的条件实行浮动、固定工资。以后经批准新成立的民族乡亦按此办理。

至 2005 年，职工调动工作的工资处理、军队转业干部的工资处理、复原退伍军人的工资处理、林业企业单位的公安干警的工资处理、少数民族地区职工的工资处理等仍然适用上述原则。而对“工艺美术大师”等企业专业人才的工资处理，在不低于国家规定标准的前提下，只要企业经济条件允许，则更加灵活。

第二节　分级管理分类调控

一、分级管理

1986—1988 年，企业工资总额仍由国家直接调控。随着经济体制改革的深入和企业工资总额同经济效益挂钩，国家加强了企业工资总量的宏观控制和调节，明确了中央和地方在企业工资总额调控上的职责和权限，实行企业工资总额分级管理，即国家与地区（省一级）、部门（国务院各产业部门及有直属企业的其他部门）之间实行全地区、全部门所属企业工资总额同经济效益总挂钩浮动的办法。1988 年 9 月，省政府明确：逐步对企业工资实行分级管理体制。省对各市（地、州）原则上实行企业工资总额同经济效益总挂钩的办法：由省核定各市（地、州）所属企业的工资总额基数、经济效益指标基数和浮动的总比例；各地在核定的基数和浮动比例的范围内，对挂钩指标进行分解，根据本地企业的实际情况确定不同的工资分配办法。省对实行总挂钩办法的地区和部门按照国家关于总挂钩的规定，对其进行宏观控制。

1988 年，四川省实行全地区企业工资总额同实现税利总挂钩的有德阳、自贡、泸州、宜宾、内江、乐山、绵阳、广元、遂宁、攀枝花等 10 个市（地）。省对这些地区实行城市全民所有制企业工资总额同实现税利总挂钩的办法主要是：确定工资总额基数、实现税利基数和挂钩浮动比例。同时以上交税利、产品质量、工业企业全员劳动生产率、安全生产作为挂钩的必保指标。年终决算时，按国家对省的办法处理。市里建立企业工资调节基金，来源为省对市每年考核结算兑现的工资总额大于市对所属企业挂钩结算的工资总额之间的差额部分，主要用于挂钩企业之间的调剂平衡和全市以丰补欠。实行总挂钩办法后，市政府要保证全市企业工资总额的增长不超过省下达的浮动总比例。

1989 年，省政府批转省劳动厅等部门《关于改进和完善企业工资总额同经济效益挂钩的意见》，要求实行“工资总额包干”的地区，必须在省下达的工资总额包干指标内核定所属企业工资总额同经济效益挂钩基数和浮动比例，保证地区工资总额不突破省下达的包干指标。

1990 年，省对实行总挂钩的地区、部门工资总额的增长实行计划管理和工效挂钩相结合的双控

办法，即挂钩的工资总额按照核定的工资总额基数、经济效益指标基数和浮动总比例计提；工资总额的发放控制在省下达的计划之内。

1993 年 7 月，省劳动厅下发《关于贯彻执行〈四川省全民所有制工业企业转换经营机制实施办法〉的意见》明确：国家对企业工资总额实行“国家宏观调控，分级分类管理，企业自主分配”的管理体制。各级政府按照工资管理体制，确定所属企业工资总额的调控办法，同时承担所属企业工资总量宏观调控的责任。

至 2005 年，国家和省均未再出台企业工资总额分级管理的有关政策。

二、分类调控

（一）国有及国有控股企业的工资总额调控

1. 企业工资总额同经济效益挂钩

自 1984 年开始在国营工业企业试行工资总额同经济效益挂钩（以下简称“工效挂钩”）办法以后，试点面逐步扩大，办法不断改进和完善，挂钩形式越来越多，工效挂钩逐渐成为政府调控国有及国有控股企业工资总额的主要办法。

1985—1989 年，省及各市（地、州）政府都设有工资制度改革领导小组及办公室，领导和具体负责机关、事业、企业单位的工资制度改革，推行企业工效挂钩。企业工资制度改革领导小组办公室主要由政府劳动、财政部门派员组成。

1986 年 8 月，省建设委员会、省计划经济委员会、省劳动人事厅、建设银行四川省分行制定印发了《四川省国营建筑施工企业百元产值工资含量包干实施细则》，规定：具备独立核算、自主经营、自负盈亏、有法人资格、领导班子健全、管理基础较好等基本条件的建筑施工企业，可以实行百元产值工资含量包干。以预算定额和取费标准中的工资含量作为主要依据，制定不同类型的建筑安装工程（单位工程或单项工程）的工资含量，以此为基础，适当考虑其他因素，核定企业工资含量包干系数。核定工资含量系数、计提工资含量、计算产值利润率的产值，以及核定工资含量系数的工资范围，按照国家统计局关于总产值和工资总额的规定执行。核定企业工资含量包干系数必须同完成的工程质量、竣工面积、产值利润率、安全生产等主要经济技术指标挂钩。含量工资实行“按月预提、按季结算、年终决算、先存后用”。企业实行工资含量包干须逐级申报。考核、结算以企业为单位进行。实行工资含量包干的企业，免征奖金税。从 1986 年 1 月 1 日起执行。

1987 年 7 月，省工资制度改革办公室、省计划经济委员会 、省财政厅制定下发《关于企业实行工资总额同经济效益挂钩浮动的暂行规定（试行）》及《几个问题的处理意见》。规定了实行工资总额同上缴税利挂钩以及同实物量（业务量），如吨煤、吨矿、每两黄金、换算吨公里、吞吐量等挂钩的条件及工资总额增长的浮动比例，同时规定了辅助考核指标。并明确：除上述形式外，各地还可根据情况选择少数企业试行工资总额与销售收入或实现利润挂钩等。1987 年，全省试行工效挂钩的企业达 106 户。

1988 年 9 月，省政府下发《关于国营企业在推行和完善承包经营责任制中实行工资总额同经济效益挂钩办法的通知》，明确：全面推行工效挂钩的办法，是近期内企业工资改革的一条基本路子，是深化企业改革、完善企业经营机制的一项重要工作。地方国营企业，除已经实行租赁的，经营性亏损尚未扭亏为赢的，参照执行机关、事业单位工资制度的外，原则上都要在推行和完善承包经营责任制的同时实行工效挂钩的办法。企业实行工效挂钩的形式可多种多样，但必须符合企业的生产经营特点和国民经济发展对企业经济效益的要求。推行的主要形式包括：工资总额同上缴税利挂钩；工资总额同实现税利挂钩；工资总额同实物量挂钩；百元产值工资含量包干；公共交通、公路运输等企业可以实行工资总额同实际工作量和实现利润双挂钩；以出口创汇为主的企业，可以实行工资总额同创汇额和上缴税利指标双挂钩；商业企业一般应实行工资总额同上缴税利挂钩，个别特殊情况的，经批准可实行工资总额同实现税利挂钩，有的零售企业也可以实行工资总额同销售额（或营业额）和上缴税利双挂钩。工效挂钩执行期限一般应与承包经营责任制的承包期限一致。对按以上7种形式挂钩有困难的企业，可进行其他挂钩形式的试点。短期内不能实行工资总额随经济效益浮动的企业继续实行奖金随经济效益浮动的办法。自此，地方国营企业工效挂钩在四川全面铺开。1988年，全省实行工效挂钩的国营企业达4541户，占全省地方国营企业的22.5%。其中：与上缴税利挂钩的1266户，与实现税利挂钩的2804户，实行吨煤工资含量包干的7户，百元产值工资含量包干的56户，其他形式的408户。挂钩职工172.5万人，占全省地方国营企业职工的52.1%。

1989年9月，省政府批转省劳动厅等部门《关于改进和完善企业工资总额同经济效益挂钩的意见》，对1988年的有关规定作了调整和补充，提出在原有的7种挂钩形式外，还可以试行工资总额与几个经济指标复合挂钩；建筑施工企业百元产值工资含量包干办法要增加上缴税利指标。要求要注意不同挂钩形式的企业之间的平衡，注意行业内的横向比较，使经济效益水平和增长速度相近的企业工资增长水平要大体相同等。1989年，全省实行工效挂钩的国营企业达5355户，占全省地方国营企业的32.5%，其中：与上缴税利挂钩的1564户，与实现税利挂钩的3358户，实行吨煤工资含量包干的18户，百元产值工资含量包干的63户，其他形式的352户。挂钩职工205.3万人，占全省地方国营企业职工的59.6%，

以挂钩工资的财务处理划分，有“总挂总提”“总挂分提”“分挂分提”① 几种形式。根据国务院的规定，“总挂总提”只限于1988年10月1日以前实行挂钩的企业，1988年10月1日以后挂钩的企业，只能实行“总挂分提”。采取“分挂分提”这种形式的很少。

1990年企业工资制度改革领导小组办公室撤销后，至2005年，企业工资总额同经济效益挂钩的具体工作主要由政府劳动、财政部门会同企业主管部门负责。

1990年10月，省劳动厅、省财政厅、省计划经济委员会明确：企业工效挂钩不论采用什么形式，都要保证承包指标的完成。凡未完成承包上缴任务的，一律不得提取新增效益工资。从1990年起，所有挂钩企业都要在“工资基金”账下设立“工资储备金”明细科目，实行单独核算。企业挂钩提取的新增效益工资的30%，应留作工资储备金，用于今后以丰补欠。1990年，全省实行工效挂钩的国营企业5220户，占地方国营企业的31.9%。其中：与上缴税利挂钩的1626户，与实现税利挂钩的3254户，实行吨煤工资含量包干的13户，百元产值工资含量包干的59户，其他形式的268

注：① 总挂总提，指职工奖励基金按核定数额计入工资总额基数，计入成本，同时取消企业税后留利中的奖励基金，并相应核减企业的留利数额和调整调节税率。企业随经济效益按比例增加的工资也允许计入成本。总挂分提，是指职工奖励基金按核定数额计入工资总额基数，但不计入成本，仍从企业留利中开支。企业的留利数额和调节税率均不作调整。企业随经济效益增加的工资，按工资总额基数中进成本的部分与奖励基金部分各占的比例分摊，随进成本的部分增长的工资允许计入成本，随奖励基金部分增长的工资不计入成本，在企业留利中开支。分挂分提，是指职工奖励基金不核入挂钩的工资总额基数。企业与经济效益挂钩的只是进成本的工资，其随经济效益增长的工资允许计入成本。

户。挂钩职工 204.4 万人，占全省地方国营企业职工的 60.1%。

1991 年 1 月，省劳动厅转发劳动部《关于在国营企业新一轮承包中改进和完善工资总额同经济效益挂钩办法的意见》明确：坚持工效挂钩方向，巩固完善挂钩机制，改进挂钩办法。具备条件的企业应由单一指标过渡到复合指标挂钩。除已经采用的挂钩指标外，还可视企业情况增加劳动生产率、资金税利率、工资税利率等综合经济效益指标复合挂钩。改进挂钩浮动办法：可实行挂钩浮动比例（含量系数）分档递减或限额环比或定比。同年 7 月，省政府批转省体制改革委员会等部门《关于在全省国营商业企业逐步推广重庆市“四放开”① 经验的报告》明确：国营商业企业在承包上交任务不变和现行工资利润率不降低的前提下，没有实行工效挂钩的企业，实行联销联利计酬；已经实行工效挂钩的企业，也可以改行联销联利计酬。8 月，省劳动厅、省财政厅、省商业厅在《关于实行“四放开”的国营商业企业中工资分配放开的实施意见》中进一步明确：独立核算的国营饮食服务企业，继续实行提成工资制度。联销联利计酬和提成工资制是工效挂钩的两种形式。放开奖金税和工资调节税，强化个人税收。1991 年，全省实行工效挂钩的国营企业 4778 户，占全省地方国营企业 28.98%。其中：与上缴税利挂钩的 1509 户，与实现税利挂钩的 2729 户，实行吨煤工资含量包干的 16 户，百元产值工资含量包干的 36 户，复合指标挂钩的 326 户，其他形式的 162 户。挂钩职工 184.8 万人，占全省地方国营企业职工的 52.67%。

1992 年 4 月，省劳动厅在《深化国营大中型企业劳动、工资、社会保险制度改革的意见》中进一步明确：工效挂钩要体现能升能降的原则，企业经济效益下降时，工资也要下降。凡经营性亏损企业，一律停发奖金，产品无销路或经营管理混乱而停产半停产的企业，应停发奖金或减发工资。工资总额的增长不能超过经济效益的增长，职工实际收入的增长不能超过劳动生产率的增长。8 月，省劳动厅、省财政厅、省对外经济贸易委员会明确：省级外贸进出口企业，实行工资总额同创汇、收汇、赢亏率三项指标挂钩，比例分别为 4∶3∶3。非进出口企业，实行工资总额同利润（或税利）、工作量（货运量或仓储量或销售额）两项指标挂钩，比例分别为 6∶4。浮动比例一般控制在 1∶0.50%—0.75%。1992 年，全省实行工效挂钩的国营企业和职工人数分别占到全省地方国营企业户数的 30%、职工人数的 60%。

1993 年 7 月，省政府批转省劳动厅《关于贯彻执行〈四川省全民所有制工业企业转换经营机制实施办法〉的意见》明确：企业工资总额同经济效益挂钩，实行“总挂总提”。10 月，省劳动厅、省财政厅、省计划委员会、省经济体制改革委员会、省经济委员会明确：微利企业、亏损企业和工资总额与税利总额严重倒挂的企业，可以实行工资总额同预定责任目标挂钩的办法，即：完成责任目标，保挂钩工资总额基数；完不成责任目标，适当扣减工资总额；超额完成责任目标，按成效大小，适当增加工资总额。实行工资含量办法的企业，要保证新增效益工资总额低于新增税利总额。

通过实行工效挂钩，逐步建立起了企业工资总额正常和适度增长的机制，为扩大企业工资内部分配自主权创造了条件。但由于社会经济环境对企业经济效益的影响较大，挂钩指标又缺乏横向比较机制，原有的工效挂钩办法具有一定的局限性。1996 年，省劳动厅、省财政厅下发《关于进一步完善工效挂钩、试行按横向比较挂钩法确定和控制企业工资增长率的意见》，以探索更为科学合理的企业工资总额决定机制，并在进行现代企业制度试点的四川化工总厂和泸州天然气化工公司试行。

注：①“四放开”指经营范围放开，商品价格放开，分配放开，劳动用工放开。

同年，全省实行工效挂钩的国有企业4862户，占全省地方国有企业的40.97%。其中：与上缴税利挂钩的782户，与实现税利挂钩的2773户，实行吨煤工资含量包干的50户，百元产值工资含量包干的92户，吨矿工资含量包干的2户，吨水泥工资含量包干的5户，复合指标挂钩的666户，其他形式的492户。挂钩职工186.76万人，占全省地方国有企业职工人数的78.07%。

1997年3月，省劳动厅、省财政厅提出：积极支持企业探索新的工效挂钩形式，凡能促进企业改善经营管理、走向市场、提高经济效益和社会效益的挂钩办法，经同级劳动、财政部门批准后即可实施。建筑施工企业实行工资总额与施工产值和实现利润（税）复合指标挂钩，其中实现利润（税）所占比重一般不低于30%—50%。

之后，至2005年，没有再出台新的工效挂钩政策。

2. 其他调控方式

1987—1999年间，除“工效挂钩”外，政府对国有及国有控股企业工资总额的调控方式还有“两低于”① “国家征税、自主分配”“工资总额包干”三种形式。

1987年7月，省工资制度改革领导小组办公室、省计划经济委员会、省财政厅在《关于企业实行工资同经济效益挂钩浮动的暂行规定（试行）》及《几个问题的处理意见》中明确：“国家征税、自主分配”是企业工资改革的目标。1988年，省劳动厅选择了乐山造纸厂进行“自主分配、国家征税”的试点。1993年2月，《四川省全民所有制工业企业转换经营机制实施办法》提出：推行“自主分配、国家征税办法”，过去未实行工效挂钩办法的企业，可改按此办法执行。6月，省劳动厅、省财政厅下发《关于企业实行“自主分配、国家征税”办法的意见》，规定：企业经营机制已经开始转换、生产经营正常、产品销路较好、利润能够逐年稳定增长、效益水平居全省或同行业先进行列、内部各项基础管理健全、基本建立起了自我约束和自我发展机制的企业，在确保完成向国家的上缴任务和净资产增值任务的前提下，可实行“自主分配、国家征税”办法，自主决定提取工资总额。但年度新增工资的增长额必须低于实现利润的净增长额，并按“两低于”的原则控制使用工资。企业代扣代缴个人收入调节税。政府劳动、财政部门按年度考核。1993年，全省有29户国有企业试点“自主分配、国家征税”办法。

1993年6月，省劳动厅、省财政厅下发《按照“两低于”原则由企业自主确定工资总额的试行意见》，明确：企业经劳动、财政部门一次性核定各种基数后，由企业按照“两低于”的原则自主确定工资总额。实行股份制的企业，以及比照外商投资企业管理办法执行的企业，按此试行意见执行。其他国有企业经批准，也可进行试点。9月，省委、省政府明确：20户探索建立企业新体制试验的国有大中型企业按照“两低于”原则自主确定工资总额。

同年，省劳动厅《关于国有企业实行工资总额包干的意见》、省政府批转省劳动厅《关于贯彻执行〈四川省全民所有制工业企业转换经营机制实施办法〉的意见》明确：尚未实行“工效挂钩”、按“两低于”原则由企业自主确定工资总额、“自主分配、国家征税”办法的企业，均实行“工资总额包干”办法。实行工资总额包干办法的企业，应积极创造条件，向前三种办法过渡。

1994年，全省地方国有企业95%的职工的工资总额都纳入了4种调控办法，其中60%以上实行

注：①“两低于”指企业工资总额增长幅度低于本企业依实现税利计算的经济效益增长幅度，职工平均工资增长幅度低于本企业依净产值计算的劳动生产率增长幅度。

的“工效挂钩”办法。

2000年，省劳动和社会保障厅、省财政厅进一步改革管理方法，对企业工资总额的调控形式，由政府劳动保障部门根据企业所有制性质、参与市场竞争的程度、自我约束能力和经济效益情况，实行分类管理：国有企业改制为国家参股或股份合作制等非国有企业的，经向劳动保障部门报送企业股权结构证明文件后，原则上不再审核工资总额调控方案。这些企业的工资总额，由企业参考当地政府发布的工资指导线和劳动力市场工资指导价位，根据本企业的经济效益情况和人工成本水平确定。国有和国有控股企业中上市的股份有限公司的工资总额和工资水平，由企业根据当地社会平均工资和本企业经济效益自主决定，报省劳动和社会保障厅、省财政厅备案；垄断行业和特殊行业企业的工资总额，由劳动保障部门会同财政部门直接调控。除实行“自主分配、国家征税”办法和“两低于”办法的企业按周期核定、按年度考核外，原则上一年一定。其他企业的工资总额，仍按现行管理体制进行管理。工资总额调控方案根据企业实际，可以一年一定，也可以一定管三年。

2000年之后，四川省没有再出台过新的关于企业工资总额调控的规定。各级政府劳动、财政等行政部门虽然对国有企业仍然实行工效挂钩等办法决定和调控其工资总额，但是审批方式和审批程序逐步发生变化，审批职能逐渐弱化。政府实际上最终确定和控制的只是国有企业提取工资总额的最高限额。国有企业在政府审批的方案和界线内实际提取多少工资，实际发放多少工资，都已经由企业自主决定。从2005年起，四川省国有企业工资的审批管理逐步由各级劳动行政部门移交国有资产管理部门负责。

（二）集体所有制企业的工资总额调控

1. 城镇集体企业

1949年中华人民共和国成立以后国家对城镇集体企业职工的工资分配一直没有规范、系统、完整的管理体系，劳动行政部门对其工资分配问题研究不多。国家的工资计划中，对集体企业不下达指令性计划或指标。集体企业的工资多由行业主管部门管理，参照国营企业的政策和管理办法执行，其职工工资水平不能超过全民所有制企业。区（县）一级的劳动行政部门对其工资总额、工资水平实施了具体管理。

城镇集体企业工资分配的传统方式之一是除本分成制。企业从实际销售收入中扣除生产资料等成本项目后，再从创造的净产值中进行必要的扣除（工商税、管理费等），余下的部分作为企业的纯收入，再按规定比例在企业和职工之间分成。职工分成部分用于发工资。

随着经济体制改革的发展，政府加强和改进了对城镇集体所有制企业工资分配的管理和指导。1990年8月，省劳动厅、省计划经济委员会、省财政厅、省税务局下发《关于加强城镇集体所有制企业职工工资收入管理的意见》规定：集体企业职工工资收入的总水平不应受所有制限制，而应与本企业生产经营成果相联系，坚持随经济效益增长和劳动生产率提高有计划按比例增长。与本地区同行业全民所有制企业比较，产品成本工资含量低、而人均税利和劳动生产率高的集体企业，其职工工资收入总水平可以高于同行业全民所有制企业。集体企业职工工资收入的资金来源，主要是从成本（费用）和税后利润中提取。集体企业从成本（费用）中提取工资，经劳动、税务部门批准，可执行经劳动部门批准了的工资标准、津补贴、加班工资、奖金。可实行人均成本工资管理办法；凡未执行经劳动部门批准工资标准并在成本（费用）中列支工资的集体企业，以及未实行工效挂钩的集体企业，原则上都实行人均成本工资管理办法（当时一般控制在每人每月100—150元），控制限额内的劳动报酬在成本中开支，超额劳动报酬在利润中支付。可实行工资总额与经济效益挂钩；挂钩基数及浮动比例的核定原则与国有企业基本一致。城镇集体企业职工工资收入由劳动部门归口管理、分级调控、分类指导。集体企业按照国家规定提取的奖励基金、分红基金可用于职工个人工资分配。

1992 年 8 月，省劳动厅、省税务局印发《四川省城镇集体所有制企业工资同经济效益挂钩实施意见》，规定：凡在工商行政管理部门登记注册取得营业执照和法人资格、并履行税务登记的县（区）以上〔含县（区），下同〕城镇集体所有制企业，生产经营正常、上缴国家税收稳定增长、管理基础较好、财务管理制度和会计核算制度健全，并能正确提供核定工资基数的资料和数据的，都可以实行工效挂钩办法。企业的挂钩期限尽可能同企业承包期或目标经营管理相衔接。

1993 年 3 月，省政府在《关于加快发展集体经济若干政策的通知》中明确：集体企业按照“两低于”的原则和政府有关规定，确定工资总额、提留工资储备金，在按规定提取的工资总额内，有权自主调整工资标准、工资等级以及各类人员的工资关系。之后，一直到 2005 年，没有出台过新的规定。

2. 乡镇企业

乡镇企业，开始叫社队企业。乡镇企业的工资管理，国家没有统一的规定，一般是由各级乡镇企业管理局及乡、镇、村自行管理。乡镇企业工资分配的主要管理办法有：工效挂钩。主要形式有：工资与实物量挂钩；销售收入工资含量包干；净收入工资含量包干等。政府通过限制进成本的工资数额和征收奖金税的办法进行调控。进成本的工资、奖金数额由地方政府、税务和乡镇企业主管部门根据当地的具体情况共同核定。1986 年 8 月，省政府印发的《关于增强乡镇企业活力的意见》中规定：乡镇企业职工工资和奖金，要在上年末由企业提出总额（按单位产品如吨煤、吨水泥、万砖工资含量计算，或按企业利润比例提取等办法计算），报乡镇企业管理机构审批后执行。在工资、奖金总额内，企业工资分配方案和奖金分配办法，可由厂长（经理）征求职工意见后确定，报上级主管部门备查。企业的全部收入，除去成本、税收和按规定的费用后，完全由企业自主分配。此文件下发后，至 2005 年四川省没有出台过新的规定。

（三）股份制企业的工资总额调控

股份制是随着市场经济发展而出现的一种新的经济类型。1992 年 10 月，省政府《关于进一步完善股份制试点的决定》中明确，“经批准实行股份制的企业，应按股份制企业的特点与要求实行企业管理和劳动工资的配套改革。”对四川的股份制企业，主要按国家经济体制改革委员会、劳动部印发的《股份制试点企业劳动工资管理暂行规定》实行指导性管理。在坚持工资总额增长幅度低于本企业经济效益增长幅度和职工平均实际收入增长幅度低于本企业劳动生产率增长幅度的前提下，由企业自主决定年度工资总额。工资总额基数由企业提出，报劳动部门核定。企业工资总额的执行情况，受劳动部门及有关部门的监督。1994 年 12 月后，执行劳动部、国家经济体制改革委员会《股份有限公司劳动工资管理规定》，国有企业改建或以国有企业为主新建立的公司，其初始工资水平，由公司报劳动部门核定。

1995 年 7 月，省委、省政府在关于扩大建立现代企业制度试点的通知中明确，已实行股份制的企业，可探索股东会或董事会决定企业工资总额的办法。之后，一直到 2005 年，没有出台过新的规定。

（四）外资企业的工资总额调控

1980 年 7 月后，根据国务院《中华人民共和国中外合资经营企业劳动管理规定》，中外合资企业职工工资由所在地区劳动人事部门会同财政部门和企业主管部门按所在地区同行业规模和生产技术条件相近的国营企业职工实得工资的 120%—150% 核定。1986 年 11 月后，根据劳动人事部《关于外商投资企业用人自主权和职工工资、保险福利费用的规定》，外商投资企业职工的工资水平，由董事会确定。

1997 年 4 月，省劳动厅明确，外商投资企业成立时的工资水平，暂按不低于当地同行业职工平均工资水平 120% 予以确定，在企业经济发展的基础上逐步提高。企业平均工资水平的增长，由董事会确定或通过企业集体协商确定。外商投资企业职工工资收入总额、平均工资，高级管理人员、董事的工资收入报中方投资单位、中方企业主管部门和当地劳动行政部门备案。国家对中外合资企业不征收企业工资调节税和奖金税，只对外方人员征收个人所得税，对中方人员征收个人收入调节税。

之后，一直到 2004 年 5 月，外商投资企业的工资管理基本沿用上述原则。2004 年 5 月以后，劳动保障部门对外商投资企业的工资管理主要体现在对其支付劳动者工资情况的监督和监察。

第四章　企业内部工资分配

中华人民共和国成立初期，企业内部工资分配是五花八门，没有统一的制度。经过20世纪50年代初中期两次工资改革后，逐步形成了全国高度统一的企业内部基本工资制度。至1984年，企业自主的内部工资分配基本不存在，都按国家指令执行。1984年国家扩大企业自主权，允许企业按留利的一定比例提取奖励基金，企业因此而获得了根据自身经济效益提取奖励基金并自主使用奖励基金的有限权力。1985年国务院确立了企业与机关、事业单位工资改革和工资调整脱钩的原则，并决定企业进行工资总额同经济效益挂钩试点，规定企业可以通过提高自身经济效益来获取更大的工资总额“盘子”，从而使企业内部分配可以获得更大的自主空间。1986年12月，国务院提出建立“自主经营、自负盈亏、自主分配、国家征税”的工资体制，明确在国家规定的工资总额和政策范围内，对于企业内部职工工资、奖金分配的具体形式和办法，调资升级的时间、对象等，由企业自主决定，国家一般不再作统一规定。从体制和政策上确立了企业内部工资分配的自主权。四川省从1991年起开始对试点企业实行政府部门只负责管理工资总额、工资标准序列、职工标准工资正常增长办法和经营者的工资收入；从1993年起，对已实行职工基本养老金计算基数和计发办法改革的企业，劳动部门不再审核和管理企业职工标准工资。1994年国家提出建立“市场机制决定、企业自主分配、政府监督调控”的工资改革目标体制后，企业内部分配自主权进一步扩大，企业可自主使用按国家规定提取的工资总额，自主确定企业内部的工资制度和形式，自主决定和调整企业的工资标准，自主确定和调整企业各类人员的工资关系等，从而成为内部分配的主角。

第一节　国家统一的工资分配[①]

一、基本工资制度

（一）等级工资制

1950年8月全国第一次工资准备会上明确：国营企业工人实行8级（或7级、6级）工资制，

注：① 传统工资制度下，企业内部工资制度大体分为三类：基本工资制度、工资支付制度、辅助工资制度。基本工资制度是为工资支付制度提供计算的依据和浮动的中线。国家推行的基本工资制度主要有等级工资制、岗位工资制、岗位技能工资制。工资支付制度一般分为三大类：计时工资、计件工资以及计时工资与计件工资的各种组合形式。辅助工资制度主要包括：定级制度、调级制度、工资类区制度、津贴制度、加班工资制度、病事婚丧产假制度、离职学习和企业内部待业的工资制度等。

管理人员和技术人员实行职务等级工资制①。1952—1955 年间，分区分步实施了全国第一次工资改革，逐步废弃了国营企业中保留的各种旧的工资制度，使国营企业的工资制度逐步走向统一。四川省的省属企业在 1955 年全部实行了工人 8 级工资制、职员职务等级工资制。在 1956 年全国统一进行的第二次工资改革中，四川省大部分专区、县属小型企业也统一实行了工人 8 级工资制及职员职务等级工资制。在 1985 年全国统一进行的第三次工资改革中，企业工人等级工资制和干部职务等级工资制得到进一步改进。之后，企业内部工资分配制度虽经历了不断改革，但等级工资制仍然是企业内部工资分配的基本工资制度。

工人实行的等级工资制，主要根据工作的技术复杂程度、劳动繁重程度、技术熟练程度和工作责任大小等因素划分的不同工资等级支付工资。管理人员和专业技术人员实行的职务等级工资制，按照职务等级支付工资。在等级工资制下，企业的工资形式主要是计时工资和计件工资。

1991 年 9 月，经省政府同意，省劳动厅在贯彻劳动部《关于进一步搞好全民所有制企业内部工资分配的意见》的通知中进一步明确：基本工资制度是确定企业职工基本劳动报酬的制度，是国家调控和管理企业工资分配的重要手段。基本工资是企业按基本工资制度确定并得到国家承认的职工工资，也是计算国家规定的职工保险福利等有关待遇的基数。企业现行的基本工资制度主要是技术（职务）等级工资制和岗位工资制，要在总结经验的基础上改进和完善。至 2005 年，等级工资制仍然是企业内部工资分配的主要制度之一。

（二）岗位工资制

岗位工资制适用于专业化程度较高、分工较细、工种技术不太复杂、工作对象和工作物等级比较固定的产业和企业。1956 年全国第二次工资改革时，在国营企业普遍实行等级工资制的情况下，纺织（丝绸）企业的一线运转生产岗位则实行了岗位工资制。1985 年全国第三次工资改革时，四川省工资制度改革领导小组办公室重新制定印发了四川省纺织大、中型企业一线运转生产工人岗位工资标准和过渡岗位工资标准。1986 年经国务院批准，全国纺织企业运转生产工人普遍实行新五岗岗位工资制度。一至五岗的岗位工资标准，分别对应《国营大中型企业工人工资标准》二类产业的六级半、六级、五级半、五级、四级半的工资标准。1989 年，为了平衡与实行等级工资制工人的工资关系，一些地区选择了提高新五岗岗位工资标准的对应等级。至 2005 年，岗位工资制仍然是纺织（丝绸）类企业的主要工资制度。

四川省纺织大、中型企业一线运转生产工人岗位工资标准和过渡岗位工资标准

表 2—18　　（1985 年 12 月 18 日）　　单位：元

工资标准（元、月）＼岗位顺序		%	一岗	二岗	三岗	四岗	五岗
执行最低一级工资标准 34 元的企业	岗位工资标准	100	90	84	78	73	68
	过渡岗位工资标准	70	63	59	55	51	48
		80	72	67	62	58	54
		90	81	76	70	66	61

注：① 等级工资制，是根据职工的不同情况划分不同的等级，按等级支付工资的制度。

续表2—18

<table>
<tr><th colspan="2">岗位顺序
工资标准（元、月）</th><th>%</th><th>一岗</th><th>二岗</th><th>三岗</th><th>四岗</th><th>五岗</th></tr>
<tr><td rowspan="4">执行最低一级工资标准35元的企业</td><td>岗位工资标准</td><td>100</td><td>92</td><td>86</td><td>80</td><td>74</td><td>69</td></tr>
<tr><td rowspan="3">过渡岗位工资标准</td><td>70</td><td>64</td><td>60</td><td>56</td><td>52</td><td>48</td></tr>
<tr><td>80</td><td>74</td><td>69</td><td>64</td><td>59</td><td>55</td></tr>
<tr><td>90</td><td>83</td><td>77</td><td>72</td><td>67</td><td>62</td></tr>
<tr><td rowspan="4">执行最低一级工资标准36元的企业</td><td>岗位工资标准</td><td>100</td><td>94</td><td>88</td><td>82</td><td>76</td><td>70</td></tr>
<tr><td rowspan="3">过渡岗位工资标准</td><td>70</td><td>66</td><td>62</td><td>57</td><td>53</td><td>49</td></tr>
<tr><td>80</td><td>75</td><td>70</td><td>66</td><td>61</td><td>56</td></tr>
<tr><td>90</td><td>85</td><td>79</td><td>74</td><td>68</td><td>63</td></tr>
<tr><td colspan="8">印染企业的手工雕刻和印花挡车工等极少数工种可设特岗，其岗位工资标准可高于一岗工种月标准工资6—7元</td></tr>
</table>

（三）岗位技能工资制

岗位技能工资制①是对传统的等级工资制的改革。1991年4月，省劳动厅下发《关于进行岗位技能工资制试点工作的通知》，指导企业逐步实行以岗位技能工资制为主要形式的内部分配制度。企业根据考核结果和生产经营的需要合理安排职工的岗位（职务），实现劳动力的合理配置，更好地贯彻按劳分配的原则，提高企业的经济效益。岗位技能工资制是在国家对企业工资总量、基本工资总量、岗位技能工资标准水平等方面的宏观控制措施的基础上开展试点。要求试点企业必须实行了工效挂钩办法，留有较充裕的工资储备金，有资金负担能力，管理基础比较好，企业自愿，并且经过批准。6月，省委、省政府在《关于进一步搞活国营大中型企业的决定》中进一步明确，积极进行岗位技能工资制试点，大力推行考核合格上岗的管理办法。当年，全省选择了长城特殊钢铁集团公司、泸州天然气化学工业公司、四川省嘉华水泥厂等39户国营大中型企业开展“岗位技能工资制”试点。之后，实行岗位技能工资制的面逐步扩大。至2005年，岗位技能工资制仍是企业内部工资分配的主要制度之一。

二、企业内部分配指导

国家在逐步扩大企业内部分配自主权的同时，没有放弃对企业内部分配的指导。1991年9月，省劳动厅在贯彻劳动部《关于进一步搞好全民所有制企业内部工资分配的意见的通知》时明确：在国家对企业职工基本工资的计算口径未作统一规定前，首先应建立职工标准工资随社会经济发展、企业经济效益增长、职工技术业务水平提高和劳动业绩增加而相应增长的正常制度，以调动职工积极性，促进企业发展。要适时调整国营企业现行的技术（职务）等级工资标准，以保证职工基本劳

注：①岗位技能工资制是按照岗位对职工劳动技能的要求和职工的实际技能，以及所在岗位劳动责任轻重、劳动强度大小和劳动条件好差确定职工基本工资的制度。其包括劳动评价体系和岗位技能工资标准体系两个部分。劳动评价体系包括评价指标体系、评价标准和评价方法。根据企业的具体情况，将劳动技能、劳动责任、劳动强度和劳动条件四大要素具体化为若干系数和权数。岗位技能工资标准体系一般包括岗位工资标准和技能工资标准以及具体执行的有关规定。个别特殊行业经批准还可以设立特殊工资。

动报酬逐步提高。实行工效挂钩的企业随经济效益增长而提取的效益工资，在留足工资储备金后，可以增加职工标准工资或奖金津贴，建立职工补充养老保险等。其中，用于增加职工标准工资的部分，最高不得超过按25%的职工每人升一级工资所需的资金额度。增资方案，报劳动部门备案。考核增资的具体时间和办法，由企业自主决定。对经过考核，实际技术等级高于现工资等级，劳动业绩又突出的，要较多增加工资。企业要在国家核定的标准工资总量内，做好职工标准工资的档案管理。职工离、退休时，以档案记录的标准工资作为计发离、退休待遇的基数。企业调整和变动职工档案记录的标准工资，应报送劳动部门（或劳动部门委托的部门）审核认可。在国家宏观调控企业工资总量和管理企业职工标准工资的原则下，企业应根据生产经营特点，实行灵活多样的内部工资分配形式，如计时工资、定额工资、浮动工资、提成工资、奖金、津贴等，进一步搞活内部工资分配。职工实际领取的工资收入可以与档案记录的标准工资不一致。凡是被企业聘任的各级专业技术人员和被省、部级高级技术职务评审委员会确认，已取得优异成绩或作出重大贡献的少数高级专业技术人员，如其职务工资分别在国营大中型企业干部工资标准表等级13副（员）、12（助理）、10（中级）、8（高级）、5副（有特殊贡献的高级）以下的，企业可视情况逐步提高到上述工资标准等级。

1992年，省劳动厅明确，建立标准工资正常增长制度后，企业不宜再搞浮动升级。1993年4月，省劳动厅同意工效挂钩企业和非挂钩企业都建立职工考核增资制度。工效挂钩企业每年新增工资用于增加标准工资的部分，在有支付能力的前提下，一般可按不超过40%的职工每人增加一级标准工资所需的资金额度内核定。对少数经济效益特别好、有充裕的新增工资的企业，可按不超过45%的职工每人增加一级标准工资所需的资金额度核定。对没有实行工效挂钩办法的企业，要求在提高经济效益的前提下，在国家核定的工资总额内，每年按不超过20%的职工每人增加一级标准工资所需的资金额度内核定。

1994年5月，省劳动厅以原国有企业职工工资标准为基础修改制订了《四川省国有企业职工参考工资标准》，供实行技术等级工资制的企业制定内部工资标准时参考。这时，企业职工工资标准已不再是指令性的了。

四川省国有企业职工参考工资标准

表2—19　　单位：元

序号	标准一	标准二	标准三	标准四	标准五
35	596	628	663	698	738
34	563	593	626	659	698
33	531	560	591	623	659
32	502	529	560	588	623
31	474	500	529	555	588
30	448	472	500	525	555
29	423	446	472	495	525
28	399	421	446	468	495

续表2—19

序号	标准一	标准二	标准三	标准四	标准五
27	377	398	421	442	468
26	356	376	398	417	442
25	336	355	376	394	417
24	317	335	355	372	394
23	299	316	335	352	372
22	282	299	316	332	352
21	267	282	299	314	332
20	252	267	282	296	314
19	238	252	267	280	296
18	225	238	252	264	280
17	212	225	238	250	264
16	200	212	225	236	248
15	189	200	212	223	234
14	179	189	200	210	222
13	169	179	189	198	210
12	160	169	179	187	198
11	151	160	169	177	187
10	142	151	160	167	177
9	134	142	151	158	167
8	127	134	142	149	158
7	120	127	134	141	149
6	113	120	127	133	141
5	107	113	120	126	133
4	101	107	113	119	126
3	95	101	107	112	119
2	90	95	101	106	112
1	85	90	95	100	105

说明：因是参考标准，故无执行时间

1996 年 3 月，省劳动厅下发《关于制定和调整企业内部工资标准的指导意见》明确：基本工资是劳动者完成工作任务的劳动报酬标准，也是计发和计扣工资等劳动报酬的基数，应是劳动者劳动报酬的主要部分。要保持按工资标准确定的基本工资在工资构成中的适当比例。原则上，适合和实行计时工资制的，比例应大一些；适合和实行计件工资制的，比例可小一些。当前基本工资在工资构成中所占比例不应低于 60％。要保证执行最低等级标准的人员，其实际工资收入不低于当地执行的最低工资标准（即企业基本工资以外的工资收入要能弥补该最低等级标准与法定最低工资标准之间的差额）。对受不同学历层次教育（培训）和取得不同技术等级证书的人员要规定不同的工资待遇。对在同一岗位同等条件的人员要实行同工同酬。

之后，一直到2005年，四川省没有再出台过关于企业内部分配的指导性文件。

第二节　企业自主的工资分配

一、结构工资制

结构工资制①是20世纪80年代企业在内部工资制度改革中探索建立的一种新的工资制度。它的结构或各个组成部分的比例依据生产和分配的需要制定，没有统一或固定的规格模式。从多数企业看，大体结构有：基础工资，即保障职工基本生活需要的工资，有实行绝对金额的，也有按总工资的一定比例确定的。岗位（职务）工资，是根据岗位（职务）的技术、业务要求、劳动繁重程度、以及劳动条件优劣和所负责任大小等因素来确定，是结构工资制的主要组成部分，发挥激励职工努力提高技术、业务水平，尽职尽责完成本职工作的功能。效益工资，是根据企业的经济效益和职工实际完成的劳动数量和质量支付给职工的工资，一般采取奖金或计件工资的形式，金额浮动，对职工个人上不封顶，下不保底。年功工资，是根据职工参加工作时间、年限，按照一定标准支付给职工的工资，是体现职工逐年积累的劳动贡献的一种工资形式，有助于调节新老职工的工资关系，年功工资一般按年按绝对金额计算，也有按系数增长的。如1984年自贡市机械一厂实行的结构工资制度，其工资结构由基础工资，年功工资，职务、技能岗位工资，效益工资4个部分组成。1984年成都轴承厂实行的效益结构工资制，其工资结构由劳动技能工资、劳动贡献工资、岗位职务工资、年功累计工资、效益升级工资5个部分组成。

二、岗位结构工资制

成都蜀都大厦股份有限公司在1993年试行岗位技能结构工资制的基础上，于1999年全面推行以岗位工资为主体的岗位结构工资制。岗位工资占50%，年功工资占10%，效益工资占40%。岗位工资又分为11个岗级，各类人员对号入座。每个岗级内又分设5个等级，供分配使用。干部队伍每年保持一定的淘汰率，一般员工也有降格使用和下岗的机制，岗动薪动。员工退休后，年功工资照发。

三、计件工资制

1978—1988年，攀枝花矿务局大部分岗位和职工都实行计件工资制②，总人数达到6398人。1985年绵阳市第一纺织厂实行的“按最终合格产品承包计件”制，绵阳内燃机配件厂在产品生产线

注：①结构工资制又称分解工资制或组合工资制。它依据企业职工劳动的各种差别和工资的多种功能，将工资分解为几个既相互联系又相互独立的部分，每一部分只反映劳动的某一差别（如劳动条件的差别，劳动者能力、经验、业务技术水平的差别，实际劳动消耗量的差别，劳动成果的差别等），由这些部分组成的结构工资制反映劳动的总体状态及全部差别。

②计件工资制是根据劳动者完成的合格产品的数量或作业量，按一定的计件单价计算支付工资的制度。

推行的“全额计件工资制”等。都是根据职工完成的合格产品的数量或作业量，按规定的计件单价支付工资。此计件工资制与过去国家统一规定的计件工资制相比，实施范围更大，方式更加灵活。

四、联销联利计酬

联销联利计酬①是商业流通企业实行得较多的一种工资分配形式。如遂宁市市中区桂花供销社在1985年以后，对该社承包指标可以落实到人头的纯商业营业员、批发员、保管员以及各级行政管理人员，根据各点实际情况和各自不同的岗位职责，实行联销联利计酬。即按每人每月基本工资的50元（不足50元的按实际计算）和基本奖与销售额和利润额按不同的比例计算百元工资含量率。副食品、五金日杂营业员，按70%联销售额，30%联利润额；工业品、中新药、生产资料营业员按80%联销售额，20%联利润额；工业品、副食品、五金日杂、中新药仓库保管员、批发员按调拨批发额和利润各联50%；双代店管理员，按代购代销额和利润各联50%；各级行政管理人员（区、分社正、副主任，店、站经理及会计、统计、物价等），除按各自的职责全面考核外，70%联利润总额，30%联购、销任务；上述人员超过50元以上的工资和其他待遇部分仍按月照发。

五、提成工资制

提成工资制②在服务行业比较普遍。如1986年7月成都市人民饭店经市财办批准实行的提成工资制，以1985年的实际完成利润为基数，按人平4个月奖金（280元）提留，提成率为17.39%，超利润基数部分按20%提成。在此原则基础上，制定各部门提成奖金的比例和提成办法。如客房部完成1986年的利润计划后的提成率为6%，作为该部的提成工资总额，床位周转率达90%以上可保提成工资。部门再把指标分解到班组，制定出班组和个人的提成工资分配办法。如总服务台登记员完成床位周转率90%，可保基本工资；营业收入超90%定额后，按所超收入的1.5%提成；分配到个人时，按实际接待登记人数，实行活分活值分配。服务楼层按楼面和工作量定员定额，完成定额保基本工资，超定额部分按15%提成。

六、单位产品工资奖金双挂钩

1985年，成都钟表厂仪表车间实行单位产品工资、奖金双挂钩办法。厂部根据该车间职工人数、年工资、年奖金和必须完成的仪表台数，计算出单位产品的工资含量、奖金含量。再根据车间实际完成仪表的台数，付给车间工资和奖金。车间再按工时定额完成情况考核支付工人的工资、奖金。

七、投入产出承包

1986年，四川齿轮箱厂实行车间投入产出承包。即工厂将材料、工具、外购件、毛坯、动力能耗、运输、人工费用等编制成厂内计划价格，作为车间投入的核算依据；对每台产品各零件的冷热加工编成厂内计划价格，作为车间产出（产值）的核算依据；计算投入与产出之差，得出车间生产利润或亏损额，计算车间应得工资总额。车间再根据各自的实际情况制定具体分配办法。大部分车间内部都实行“复合工资”，即由“固定工资”和“效益工资”两大部分组成。“固定工资”由国家承认的标准工资和各种补贴的80%，加工龄工资组成。“效益工资”由浮动工资、岗位津贴、红利

注：① 联销联利计酬是指将职工的劳动报酬与销售额和利润挂钩。

② 提成工资制即按职工工资占完成利润的比例和超利润基数部分按一定比例计提工资的办法。

等组成。效益工资随车间经济效益浮动。该厂实行投入产出承包后，虽然全年停电占总工作日的32%以上，产值仍然比上年增长24%，利润增长56%，百元产值费用含量下降29.7%，一级品率提高36.8%。

八、含量工资制

1983年，射洪沱牌曲酒厂实行“吨酒工资含量包干”；1985年，四川电器厂实行“万元利润工资含量包干”、自贡大饭店实行“百元销售收入工资含量包干”、威远钢铁厂汽车队实行“万吨公里工资含量包干”；1987年，成都自来水公司试行“千吨水工资含量包干”、蓬溪化工厂实行“吨肥工资含量包干”、蓬溪造纸厂实行“吨纸工资含量包干”等，都是含量工资制，都是将考核对象的工资总额分解到单位产品中，得到单位产品的平均工资含量，再根据考核对象完成的产品数量，计算其应获得的工资总额。

九、多种分配形式结合

1986年以后，四川石油管理局成都机械厂对钻头生产线工人实行质量分等计件工资；对辅助工人和管理人员实行挂钩考核计酬办法；对销售人员实行销售费用工资含量包干；对亏损单位实行扭（减）亏目标承包；对生活后勤所属单位实行工作目标承包制等。1995年以后，成都药业有限责任公司对所属分厂、部门试行模拟市场核算机制，实行成本否决；对营销部门实行风险抵押、任务承包、销售提成的办法；对公司经营管理层试行年薪制；对全体员工实行员工持股，建立职工内部持股会等，逐渐形成了以岗位工资为主，经济责任制、风险承包制、年薪制、内部股份制多种形式相结合的分配机制。对科技人员，公司实行“新产品、新技术创新提成奖励”，除一次性奖励外，研究项目投产后，可按该产品税后利润的3%—5%提成，有效期为3年。

与国有及国有控股企业相比，中外合资企业、城镇集体企业、私营企业、乡镇企业等在内部工资分配上拥有更充分的自主权。它们的内部工资制度和工资形式更加多样化。

乡镇企业早期一般实行厂评等级、队记工分、厂队结算、回队分配的办法，后逐步发展为联产计酬、超产奖励。乡镇企业职工的收入来源主要有工资、奖金、投资入股的股息和红利、劳动分红等。

中外合资企业职工工资分配实行两套工资制度。外方职工的工资在扣除个人所得税后全部归己所有。中方职工在合资企业向中方管理部门支付包括工资、奖金、各种福利、补贴等在内的中方职工劳务费，中方管理部门作了各项扣除之后，领取实得工资。中方劳动者的工资主要体现劳动所得，外方管理者及员工的工资既有劳动所得，也有经营收益，还有与本国同类人员收入水平平衡的成分。

截至1997年，成都市国有企业中有近40%实行动态的岗位技能工资制，近30%实行改革过的技术等级工资制，近30%实行效益结构工资制。

1997年，省劳动厅在21个地区选择了128户企业进行工资分配状况调查。这些企业中，实行结构工资制的6户，实行等级工资制的13户，实行岗位技能工资制的33户，实行其他工资制（如产品工资含量包干、全额计件工资、工资包干制、等级工资加奖金或多种工资形式并用）的76户。

根据调查，至2001年，全省进行以岗位技能工资为主的内部分配制度改革的企业有950户，涉及职工65万人。至2002年，成都市、宜宾市、绵阳市、乐山市、泸州市、资阳市等市在改制企业普遍推行了职工持股，实行职工通过持股会按其出资额认购企业股份并参与企业资产收益分配的方式。不少企业对高级管理人员实行了内部年薪制，对科技人员实行科技项目成果奖励和项目提成等分配激励办法。多数集体所有制企业采取租赁、承包办法，在完成国家税利和提取规定的企业发展基金后，由租赁人或承包人自主决定内部分配制度。中外合资企业职工的工资制度、工资形式、工资标准、奖励和津贴，由董事会按合资企业章程规定决定。

之后，至2005年，企业内部工资分配更加自主，企业已完全成为内部工资分配的主角。

第三节　工资集体协商

1986—1994年，企业的工资标准和职工的标准工资还都是由政府统一规定和调控。从1994年开始，国家不再统一规定企业的工资标准，不再管理企业职工的标准工资，对企业内部工资分配只是进行指导。企业有权自主进行工资分配。随着这一变化，工资集体协商作为保障企业劳动关系双方合法权益、促进劳动关系和谐稳定的新型制度逐渐探索建立。

四川在全国较早开展了企业工资集体协商的研究和试点。1999年12月，省劳动厅工资处完成了《论建立企业工资集体协商谈判机制》的研究报告。2000年6月，省劳动和社会保障厅会同省总工会下发了《关于开展企业工资集体协商试点工作的意见》，规定了开展工资集体协商试点的办法、准则和程序。要求双方在遵守国家法律、法规、政策，坚持按劳分配与按生产要素分配相结合，坚持平等、合作和协商一致，兼顾劳动关系双方利益，职工工资水平应在社会经济发展和企业经济效益提高的基础上合理增长的原则下，协商企业工资分配制度，工资标准（包括企业最低工资标准、加班加点工资标准及计算办法）和工资（奖金、津贴、补贴）分配办法，企业职工年度平均工资水平及变动幅度，企业工资支付制度（包括职工年休假和特殊情况下的工资支付办法），企业公益金和劳动分红的提取比例，以及企业工资集体协议的修改变更处理、违约责任、生效期等。其中，职工工资水平的确定是协商的核心。工资集体协商的试点范围是：已建立企业工会的非公有制企业和已改制的国有企业。企业或工会任何一方无正当理由均不得拒绝进行工资集体协商。经双方协商达成一致意见的工资集体协议，经职工代表大会或职工大会审议通过后，报政府劳动保障部门核准。依法签订的工资集体协议，对协商双方具有同等约束力。工资集体协议首先在已实行工资指导线制度的地区开展试点。2001年，全省开展工资集体协商试点的企业达193户，涉及职工5.20万人。

2002年，省劳动和社会保障厅会同省总工会下发《关于进一步推行企业工资集体协商制度的意见》和《企业工资协议》样本，加强对各地的具体指导和推动。当年，全省开展工资集体协商试点的企业达279户，涉及职工9.70万人。其中国有企业85户，涉及职工4.80万人；非国有企业194户，涉及职工4.90万人。

2003年，全省试行工资集体协商的企业达672户。

2005年，全省试行工资集体协商的企业达1341户。

已经开展工资集体协商的主要为国有或国有控股企业，所签订的工资集体协议，内容大都比较一致。

第四节　企业经营者收入分配

一、承包经营者的收入分配

四川推行企业承包经营责任制始于1987年。

1988年，贯彻国家“治理经济环境，整顿经济秩序，全面深化改革”的方针，四川推行企业承包经营责任制取得了明显成效。省政府要求严格按承包合同“全面考核，坚决兑现，合理引导，控制消费”，做好1988年的承包兑现工作。大、中型企业最高不得突破“7个份额”，小型企业不得突破“5个份额”①。承包经营者按合同规定获得的年收入，一般可高于企业职工年平均收入的1—3倍，贡献特别突出的，还可适当高一些。完不成承包合同任务的，按合同规定扣减其收入，承包经营集体成员也要按责任系数承担相应的经济责任。承包经营者及承包经营集体成员除依法缴纳个人收入调节税外，还要适当提取风险抵押金。

1989年9月，省政府进一步完善对经营者的奖惩办法，取消了经营者收入超承包基数利润分成的办法。规定：完成和超额完成承包指标时，实行分档计奖。按同口径计算，经营者的全年收入可高于本企业职工全年平均收入的1—3倍（即最高相当于职工全年平均收入的4倍）。承包领导班子成员的收入可视其责任和贡献分别按经营者收入的0.5—0.8的系数确定。但工效挂钩指标没有完成、职工收入未增长的，经营者和领导班子成员的承包奖均不得兑现；职工收入下降，上述人员的收入也应相应下降；未完成承包指标的，应按合同约定比例扣减其收入，直至只保留其基本工资的一半为止。经营者和承包领导班子成员的收入分配方案，须经职工代表大会审议，报企业主管部门批准后兑现。分配结果要公开。12月，省经济体制改革委员会、省计划经济委员会、省劳动厅、省财政厅、省税务局、省总工会联合发文，对全民所有制企业承包经营者奖惩的考核、计算口径、审批、兑现等具体问题进一步规定：完成了承包指标，经营者可领取基本工资、职务津贴和奖金；超额完成各项承包指标的，根据超额的难易和幅度，并对大中小企业有所区别，分档计算其承包奖励收入。个别贡献突出的经营者上述4项之和的年收入水平最多只能高于本企业职工全年平均收入的3倍。承包经营者所得的承包奖励收入在企业留利中列支。在承包奖励收入中，实行风险抵押承包的应提留一定比例的风险抵押金，承包期满经审计后清还给本人。

1990年4月，省政府《关于稳定发展乡镇企业若干政策的通知》规定：“对按承包合同规定获得的正当收入，应予兑现；今后承包人收入和其他职工报酬的差距，应在处理好国家、集体、个人关系基础上调整适度。”8月，省劳动厅、省计划经济委员会、省财政厅、省税务局下发《关于加强城镇集体所有制企业职工工资收入管理的意见》明确：集体企业厂长（经理）工资水平的确定，以企业规模大小、本人在生产经营中承担的责任及风险的程度、企业经营成效和本企业职工工资收入水平为主要依据，在完成承包任务或完成经营管理目标的前提下，其年收入（不含股份分红、物价补贴）可适当高于其他职工。高出部分一般可相当于本企业职工同口径计算的年均收入的1—3倍，个别有突出贡献的，不应高出职工年均收入的5倍。

注：①“7个份额”“5个份额”指企业承包领导班子成员不得超过7个人、5个人。

至2005年，承包经营责任制仍是部分国有、集体企业经营者收入分配的一种形式。

二、经营者年薪制

四川是全国较早试行国有企业经营者年薪制的省份之一。

1993年，省劳动厅在贯彻《四川省关于转换全民所有制工业企业经营机制实施办法》的意见中正式提出了对国有企业经营者逐步实行年薪制的构想。

1994年8月，省委、省政府在《探索建立企业新体制试验的实施意见》中确定：首先在22户新体制试验企业中进行经营者年薪制试点。在进行新体制试验过程中，经营者年薪制试点的内容逐步规范化、系统化。8月，省经济委员会、省经济体制改革委员会、省财政厅、省劳动厅、省国有资产管理局五部门在《关于进一步贯彻执行省委、省政府〈探索建立企业新体制试验的实施意见〉促进试验工作深入开展的意见》中明确：试验企业经营者的年薪收入与职工工资收入分离。年薪收入由基本年薪和风险收入两部分组成。基本年薪一般不应低于上年经营者的合法工资性收入。风险收入以基本年薪为基础，最高可为基本年薪的1倍。经营者的年薪收入控制在本企业职工年平均收入的3—10倍以内。对经营成果特别显著者，政府有关部门可在年薪收入外，在企业增盈所得效益中，确定经营者的其他效益收入或奖励。因经营管理不善，未完成本年度各项任务和经济效益指标，或因决策失误造成企业经营性亏损以及违反国家财经纪律和国家关于企业工资总额管理规定的，要对其年薪收入（包括基本年薪）按一定比例进行扣减。经营者实行年薪收入后，不再另外享受本企业职工的工资、奖金、津贴、补贴等工资性收入。确定经营者收入的具体方案由试验企业所在地劳动部门会同经委、财政、国资、主管部门和经营者任免部门一户一定。国家控股的股份制企业的经营者年薪收人，由董事会讨论决定。

1995年上半年，乐山市2户、自贡市2户、内江市3户、绵阳市5户、成都市2户和四川省五金交电化工公司共15户试点企业经过考核兑现了1994年的经营者年薪收入。15户试点企业经营者1994年实际平均年薪收入25970元，是这些企业职工平均收入的5.06倍。其中最低的为1万元（内江百货集团），是本企业职工平均收入的2.20倍；最高的48681元（自贡鸿河化工总厂），是本企业职工平均收入的6.40倍。

1995年7月，省委、省政府决定将探索建立企业新体制试验的试点扩大到23个市（地、州）的80户企业（包括原22户），并明确：试点企业经营者都要实行与企业职工工资收入相分离的年薪制。

同年11月，省劳动厅、省经济委员会印发《四川省国有企业经营者年薪制试行意见》（以下简称《试行意见》），以进一步规范企业经营者年薪制试点。《试行意见》明确：国有企业经营者系指国有独资企业、国家控股企业的厂长（经理）。国有企业经营者年薪制是按年度确定经营者的基本收入，并视其经营成果浮动发放风险收入的制度。除列入省现代企业制度试点的企业外，其他国有企业经省劳动厅、省经济委员会同意后按工资管理体制批准，也可以试行经营者年薪制。经营者年薪收入由基本年薪和风险收入两部分组成。基本年薪 = （本企业职工上年度平均工资 + 本地区职工上年度平均工资）× 系数。小型企业的系数一般控制在1以内，中型企业的系数一般控制在1.30以内，大型和特大型企业的系数一般控制在1.60以内。风险收入原则上不超过基本年薪的100%。企业实现国有资产保值增值的基本要求、无重大经营责任事故、遵守国家法律法规、依法经营的，经营者可领取基本年薪。经营者风险收入主要依据所有者权益（或资本金）利税率、销售收入、劳动生产率等指标的考核结果确定。经营者年薪收入由劳动部门会同经委（经贸委）、财政部门进行管理，按工资管理体制分级负责。国有独资企业由主管部门组织考核后提出建议，劳动部门、经委（经贸委、计经委）、财政部门审批。国家控股企业经营者年薪制方案由董事会参照上述意见制定，并考核兑现。国家投资的外商合资（合营）企业的中方经理实际年薪参照上述意见执行。

从1995年开始，省政府每年都将企业经营者年薪制试点列为对省劳动厅及各市（地、州）的考核目标之一。1996年，全省有579户企业试行经营者年薪制。1997年，成都市属14户试点企业经营者年薪收入平均为45383元，最低为19039元，最高为69566元。南充市属12户试点企业经营者年薪收入平均为9496.09元，最高为25573.88元，最低为3720元。1998年成都市、攀枝花市、德阳市等7个市（地、州）进行企业经营者年薪制试点的企业经营者年薪收入最高的为10.63万元，最低的为4000元。

2000年，四川省进一步改革经营者年薪制办法。5月，省委办公厅、省政府办公厅印发《四川省国有独资和国有控股公司经营者年薪制试行办法》规定：经营者是指对公司全部资产保值增值和资产运营效益承担责任的董事长（党委书记）、总经理。经营者年薪由基本年薪和业绩收入构成。基本年薪 =（本公司职工上年度平均工资 + 本地区职工上年度平均工资） ÷2 × 系数 。小型企业的系数一般控制在4.0以内，中型企业的系数一般控制在6.0以内，大型企业的系数一般控制在8.0以内，特大型企业的系数一般控制在10.0以内。业绩收入根据其经营实绩确定。对盈利企业，主要考核指标为净资产增值率、净资产收益率和社会贡献率。完成规定考核指标的，原则上净资产增值率每增加1个百分点，可按基本年薪的10%左右计提业绩收入；净资产收益率每增加1个百分点，可按基本年薪的15%左右计提业绩收入；社会贡献率每增加1个百分点，可按基本年薪的5%左右计提业绩收入。未完成规定考核指标的，同比例计算负业绩收入。对亏损企业，主要按减亏指标考核。减少亏损的，可按减亏额的1%—2%计提业绩收入。增加亏损的，同比例计算负业绩收入。对董事长主要考核资产保值增值情况，对总经理主要考核资产收益情况。经营者年薪收入的发放应先审计、考核，后兑现。欠缴利税和社会保险金的，不能兑现经营者的业绩收入。建立经营者任期风险保证金制度，保证金由经营者个人出资和从经营者业绩收入中提取。主要用于抵补经营者以后年度可能出现的负业绩收入。抵扣负业绩收入风险保证金不足的，可扣减基本年薪，最多至50%；再不足部分，则扣减以后年度的业绩收入。经营者调动、解聘或退休时，风险保证金余额连同利息一并退返。经营者年薪收入的兑现和发放由政府劳动保障部门和财政部门负责管理。中外合资、合作企业的中方投资为国有投资的，中方经营者实得年薪，可参照该试行办法由中方投资单位商政府劳动保障部门确定。政府以奖金、股份及可转换债券等形式对经营业绩特别突出的经营者给予的一次性特别奖励，不在该办法规定的年薪收入之内。1995年的《试行意见》同时终止执行。

同年，全省试行年薪制的企业经营者的年薪收入平均为7.30万元。

2002年，全省试行年薪制的企业259户，经营者年薪收入平均水平约为6.70万元。其中最高的为42万元，最低的不足1万元。

国有企业经营者年薪制试行中，考核指标基数的确定基本是一户一定，存在经营者之间起点不一致、收入不平衡的问题。

除试行经营者年薪制外，国有企业经营者的收入分配还有主管部门审定、劳动保障部门审核、企业自定等形式。2002 年，省内国有企业经营者年收入最高的超过 100 万元。至 2002 年，全省地方国有企业在改制中大多实行了经营者持股及持大股。省和少数市还出台了期股激励的试行办法，但由于操作性不强，只有个别改制企业在探索。

2005 年，企业经营者年薪制的管理职能，由省劳动和社会保障厅移交省国有资产监督管理委员会。

1995—1999 年四川省试行经营者年薪制情况一览表

表 2—20　　单位：户

情况 地区	1995 年 20 户试点	1996 年 80 户试点	1997 年		1998 年		1999 年	
			下达数	实际完成数	下达数	实际完成数	下达数	实际完成数
成都市	3	7	12	21	16	20	16	—
自贡市	2	4	8	9	8	6	6	—
攀枝花市	—	2	6	6	6	6	6	—
德阳市	5	6	20	79	28	35	28	—
绵阳市	5	8	10	15	12	12	12	—
广元市	—	1	8	40	18	30	10	—
遂宁市	—	3	6	6	6	6	6	—
内江市	3	5	15	15	16	18	12	—
乐山市	2	4	20	21	20	20	10	—
宜宾市	—	3	8	8	4	5	2	—
南充市	—	5	12	31	16	155	38	—
达州市	—	2	5	25	10	16	10	—
雅安市	—	1	4	—	2	4	2	—
阿坝州	—	1	6	8	18	51	20	—
甘孜州	—	1	2	2	2	2	2	—
凉山州	—	1	4	4	4	4	2	—
广安市	—	1	15	219	30	33	30	—
巴中市	—	1	2	2	3	3	3	—
眉山市	—	—	—	—	1	1	1	—
资阳市	—	—	—	—	—	—	4	—
省　属	—	12	—	—	—	—	—	—
重庆市	—	9	—	—	—	—	—	—
中央属	—	1	—	—	—	—	—	—
合　计	20	80	160	521	230	418	230	—

说明：表内数据由四川省劳动厅工资处统计整理

第五章 工资的宏观调控

1986—2005年，国家对企业工资的宏观调控，经历了逐步探索、巨大变革的过程。在探索建立经济体制转轨时期企业工资宏观调控体系方面，改革了传统的高度集中的工资管理体制，从完全的指令性管理，到动态的弹性工资计划管理，最后逐步形成由工资指导线制度、劳动力市场工资指导价位制度和人工成本信息指导制度、最低工资保障制度以及企业工资收入监督检查制度相结合的新时期的企业工资宏观调控体系。

第一节 企业工资支付管理

一、工资基金管理制度

20世纪50年代初至1985年以前，全民所有制企业、事业单位，学校，国家机关，人民团体和供销合作社的工资基金，在国家统一计划下，实行按隶属关系分级管理，主要是控制职工人数和工资总额。各单位的工资基金，一律通过《工资基金手册》由开户银行监督支付。不论是用现金支付还是转账支出的工资，都要通过银行账户，不准自行用劳务收入或其他收入的现金直接支付工资。并规定“各单位的工资基金只能在一个银行开户”。

随着企业工资总额决定办法的改革以及企业内部分配自主权的逐步扩大，逐渐出现各单位自行以各种名目给职工发放现金和实物的问题。1988年10月，省政府办公厅根据国务院《关于进一步控制货币，稳定金融的决定》规定：从10月1日起，行政企事业单位和部队的工资、奖金、补贴等消费基金，一律维持在8月份水平上，超过部分银行不得支付。省劳动人事厅下发《关于严格控制工资性现金支出的通知》明确：从10月1日开始，省内企、事业单位、机关、团体、部队、学校和各类公司等，新进人员必须凭毕业生分配计划和报到证明（转业干部安置计划和报到证明、招工招干计划和录取通知）；增资、发放奖金必须凭上级主管部门审核认可的证明；调动工作的职工凭调出单位开户银行签注意见的工资转移介绍信等，银行核实后才可增加现金支付。1989年，省政府进一步要求各级计划、劳动、银行和企业主管部门加强工资基金管理，严格控制实际发放的工资总额。通过以上措施，1990年，全省工资总额增长幅度逐渐趋于合理。

随着企业工资分配制度的改革，国家对企业工资总额使用的管理逐步放开。1993年2月，《四川省全民所有制工业企业转换经营机制实施办法》规定：“政府有关部门不再下达指令性工资总额计划，同时取消企业凭工资基金手册支取工资的制度，企业工资总额使用计划由企业自行编制，报当地劳动部门备案，通过银行执行。”为了落实报劳动部门备案的规定，从宏观上继续掌控企业工资总额使用的情况，同年12月，省劳动厅、中国人民银行四川省分行下发《关于使用〈工资总额使用手册〉的通知》，规定从1994年1月1日起，全省各类所有制企业，都要实行《工资总额使用手册》制度。各类企业按国家规定提取的工资总额，在留足储备金后，由企业填入《工资总额使用手册》报主管部门和劳动部门备案签章后到银行支取。《工资基金手册》与《工资总额使用手册》的区别在于：前者是指令性的，后者是备案性质的。

1994年11月省政府通知：元旦前一律不准提前发放工资、奖金、津贴以及兑现承包奖。任何单位不得发行、购买和使用代币购物券；行政、企事业单位发放的各种奖金、补贴、津贴，无论是现金、实物或股票债券．都必须计入工资总额。任何地方和部门都不得自定工资制度和工资标准，不得变相提高工资待遇。对违反《工资基金管理手册》和《工资总额使用手册》制度的，银行有权拒付。各金融机构均不得在基本账户以外为企业支付现金。

1996年，省劳动厅、省人事厅、省计划经济委员会、省财政厅、中国人民银行四川省分行在贯彻国务院颁发的《工资基金暂行管理办法》时规定：跨市（地、州）/县的企业，也只能在一个银行建立工资基金账户。

1998年8月，省劳动厅下发关于继续实行企业《工资总额使用手册》管理制度的通知。

至2005年，《工资总额使用手册》仍在部分国有企业中实行。

二、工资支付规定

1986—1993年期间，企业工资支付均执行国家规定。但个别企业随着内部分配制度的改革和搞活，工资支付行为变得不太规范。1994、1995年，劳动部连续发文，对用人单位工资支付的项目、形式、时间以及加班工资的计算办法、支付办法等作出了更加明确的规定，规范用人单位的工资支付行为。省劳动厅同时明确：工资必须以法定货币形式支付，不得以任何名目拖欠和克扣。实行月薪制的，1个工资支付周期为1个月，实行周、日工资制的，1个工资支付周期为1周、1日。用人单位支付劳动者工资的标准应与计扣劳动者病假、事假、旷工等缺勤工资的标准口径一致。经劳动部门批准实行综合计算工时工作制的，用人单位以月或季为单位综合计算工作时间的，其综合计算工作时间超过法定标准工作时间的部分，按每超过8小时作为1个工作日计算，支付不低于劳动者本人日工资标准200%的加班工资；超过法定标准工作时间不足8小时的部分，按实际超时工作小时数，支付不低于劳动者本人小时工资标准150%的加点工资。

1996年5月，省劳动厅就普遍建立企业内部工资支付制度发出通知，要求企业内部工资支付制度必须合法，必须贯彻按劳分配和同工同酬原则。内部工资支付制度应包括：工资支付的前提条件和关于工资保障的承诺，工资支付的原则、对象、项目、水平、形式、时间、场所，各种特殊情况下的工资支付，工资的扣除和扣缴的具体规定。最重要的是要明确工资支付标准和工资支付办法。企业应将内部工资支付制度及时告之全体职工。

到2005年，国家和省关于工资支付的规定都没有改变。

三、工资内外收入监督检查制度

四川于1993年开始建立企业工资内外收入监督检查制度，是全国较早的省份之一。1993年2月，省政府颁布的《四川省全民所有制工业企业转换经营机制实施办法》规定："企业工资、奖金分配结果，必须于次年一月份经会计师事务所或注册审计师事务所审核签字后，报同级劳动部门和财政部门备案。”省劳动厅下发《关于做好1992年度企业工资总额检查监督工作的通知》明确：企业工资总额检查监督的范围是各种所有制企业。检查监督的内容是上年企业工资总额和人均工资水平增长情况，经济效益增长情况，工资列支渠道，工资外收入增长及资金来源。检查监督实行自检与抽检相结合。在企业自检的基础上，各级劳动部门选择本地区、本部门10%—15%的企业进行抽样检查。检查可由劳动部门直接进行，也可由劳动部门特别认可的审计事务所或会计师事务所进行。对违反规定多提工资总额的，要扣回其超发工资。企业工资总额的检查监督每年定期进行。省劳动厅还特别认可四川省劳动审计事务所可从1993年起对四川省境内企业的工资奖金分配实行专项审核。6月，省劳动厅印发《关于企业工资总额审核工作试行意见》，就审核的内容、方式、程序及处理办法进行了规范。同年，凉山、德阳、宜宾、泸州、自贡、成都等市（地、州）相继成立劳动审计事务所开展工作。

1994年，审核监督的重点是自主决定工资总额的企业、尚未纳入四种工资总额调控办法的国有企业和部分城镇集体企业、三资企业。对自主决定工资总额的企业，重点审核工资效益评价；对工效挂钩企业，重点审核新增效益工资、工资储备金的提取及工资总额的使用；对工资总额包干企业，重点审核工资总额使用；对城镇集体企业和尚未纳入工资总额宏观凋控的国有企业，重点审核企业工资来源和工资奖金分配的民主管理；对三资企业，重点审核中方职工合法利益是否得到保护。省劳动厅还规定：凡要从事企业工资奖金审核业务的在川事务所，需经所在市（地、州）劳动局审核，报省劳动厅批准，领取省厅统一制发的“专项审核资格证书”。省劳动厅对取得资格的事务所实行年审制度。

1995年，各地的审核监督逐步扩大到非国有企业。对实行“自主分配、国家征税”“按照‘两低于’原则自主决定工资总额”办法的企业，进行工资效益评价。

至1996年年底，全省共有113户社会中介机构取得企业工资内外收入专项审计资格。

1997年，四川省成立由省劳动厅、省财政厅、省审计厅联合组成的“四川省企业工资内外收入监督检查小组”，并对已取得工资内外收入专项审计资格的社会中介机构进行了清理整顿，全省（不含重庆市）有67家社会中介机构获得了企业工资内外收入专项审计资格证书。至1997年年底，全省有近400人参加了省组织的业务培训。

1998年，“四川省企业工资内外收入监督检查小组”更名为“四川省企业工资内外收入监督检查领导小组”，办公室设在省劳动厅。

1998—2000年，全省监督检查的重点是垄断行业。对国有和国有控股企业，主要看有没有超提工资，损害国家权益；有没有挪用工资储备金，侵犯劳动者的合法权益；经营者收入是否符合规定。对国家参股和非国有企业，重点看有没有无故克扣、拖欠劳动者工资，有没有不执行最低工资标准等。加强了行政检查，对省属某公司1996年超提工资问题进行了罚款11.93万元的处理。

2001年开始，政府劳动保障部门实行工资总额审核与企业工资内外收入监督检查相结合，要求各地先完成当年企业工资内外收入监督检查，再进行企业工资总额审核。监督检查的重点是工资水平过高、工资增长过快的国有企业；工资总额按规定应纳入而未纳入政府劳动保障和财政部门调控的国有大中型企业。重点检查企业执行工资总额管理制度、工资指导线制度的情况；工资内外收入列支情况；董事会、经理层的工资收入分配情况；缴纳社会保险费的工资总额基数情况等。

通过企业工资内外收入监督检查发现，部分国有企业在工资分配上存在超提超发工资，损害所有者权益致使国有资产流失的现象。非国有企业在工资分配上的违规行为，更多地表现为拖欠或少发工资等。由于投入的精力所限，监督检查到的面比较小。

该项制度一直延续到2005年及以后。

第二节　弹性工资计划

随着企业经营机制改革进程的推进，1990年，国家提出建立“国家宏观调控、分级分类管理、企业自主分配”的工资体制。1993年，国家按照投入产出和效益效率的原则，对省（自治区、直辖市）、计划单列市、中央产业部门、计划单列企业集团的工资总额，分别实行动态调控的弹性工资总额计划和工资总额同经济效益总挂钩办法进行宏观调控。各地区、部门在国家下达的弹性计划内，再对不同类型的企业实行分级管理和分类指导。

1993年5月，省劳动厅印发《四川省全民所有制企业弹性工资计划管理试行办法》，规定：从1993年起，尚未实行弹性工资总额计划的地区、部门，原则上都要实行弹性工资计划管理。弹性工资计划的主要内容是：用体现投入产出效益的相关经济指标，调控地区、部门的企业工资总量，并用工资总量间接调控企业职工人数。弹性工资计划以市（地、州）和省级部门为调控对象。省对地区以非农国民收入、非农国民收入工资含量、资金利税率、工资利税率和城镇社会劳动生产率（城镇社会劳动力人均非农国民收入）、工业净产值率作为相关的指标，对部门采用净产值、净产值工资含量、资金利税率、工资利润率、劳动生产率（人均净产值）以及利税总额或工作量（实现量、业务量）作为相关的指标。地区、部门全民所有制企业工资总额增量，根据新增非农国民收入额（净产值）确定。省对地区、部门采取“分年度检查，二至三年滚动考核”的办法。各地区、部门在预测本地区、本部门经济增长率的基础上，预定本地区、本部门企业工资总额的增量，自下而上编制、汇总、平衡计划，使地区、部门企业工资总额在一个总考核期内，不突破按弹性工资计划方案计提的工资总额。节余的工资指标允许地区、部门年度间调剂使用，以丰补欠。地区、部门实行弹性工资计划以后，负责履行本地区、本部门劳动工资宏观调控的职责。地区对下属市/县和部门，可在省批准的弹性计划内参照省的办法实行弹性工资计划。劳动部门对企业不再下达指令性工资总额使用计划。企业工资总额使用，由企业自主编制，填入工资支付簿，报劳动部门备案后，直接到银行支取。

同年，全省有16个市（地、州）实行了弹性工资计划管理。按劳动部给四川核定的新增非农国内生产总值工资含量12.80%测算，全省地方国有企业应提工资136.67亿元，实际发放工资额103.27亿元；1993年和1992年两年滚动结算，地方国有企业两年共计应提工资238.10亿元，实际发放工资190.30亿元，均控制在劳动部核定的弹性工资计划总量以内。全省地方国营企业职工年人均工资2712元，比上年增长22.05%，城镇社会劳动生产率13424元，比上年增长36.94%；地方独立核算工业企业全员劳动生产率（用工业增加值计算）9982元，比上年增长22.45%。相关经济指标的增长幅度也比较大。至1994年，全省23个市（地、州）全面实行弹性工资计划管理。

1995年，四川省改进完善弹性工资计划，将地区弹性工资计划的调控范围由地方国营企业扩大到包括地方和中央在本地区的国有企业、城镇集体企业和其他各种经济类型企业（含乡镇企业）。将主要经济指标非农国民收入改为非农国内生产总值，将非农国民收入工资含量改为非农国内生产总值工资含量。劳动生产率按照地区城镇从业人员和乡办、村办第二、三产业企业职工人均创造非农国内生产总值计算。同年，全省国民经济发展保持了持续稳定增长，过快的物价上涨势头得到了抑制，宏观调控成效明显。企业工资总额控制在劳动部核定的弹性工资计划总量以内。按劳动部给四川核定的新增非农国内生产总值工资含量24%测算，全省全部企业应提新增工资总额136亿元，实际提取新增工资总额102亿元。全省社会城镇劳动生产率为11822元/人，比上年增长29.5%，全部企业职工平均工资3318元，比上年增长21.4%。相关的经济指标也比上年有较大幅度增长。

1996年，全省经济保持持续稳定增长。全省全部企业工资总额462.06亿元，按同口径，比上年增长10%，按劳动部给四川核定的新增非农国内生产总值工资含量15%测算，全省全部企业应提新增工资总额2.90亿元，实际发放数控制在弹性计划总盘子以内。全部企业平均工资3654元，比上年增长10.0%；全省劳动生产率13545元，比上年增长20.5%。1996年以后，弹性工资计划逐步被企业工资指导线制度取代。

第三节　企业工资指导线制度

1994年国家提出“市场机制决定、企业自主分配、政府监督调控”的工资改革目标体制，并开始在部分地区试行工资指导线制度。

四川的企业工资指导线制度起步于1996年。同年，成都市作为劳动部的试点城市，率先开始在非国有企业进行试点。

1997年，省劳动厅下发《关于开展企业工资指导线试点工作的意见》，明确：鉴于省内区域之间经济发展不平衡、市场发育程度差异较大的实际，试点可以在全市范围内进行，也可以选择所辖部分县（区）进行。工资指导线的适用范围，原则上应包括区域内城镇各类企业，具体实施范围由试点市确定。制定工资指导线应遵循的原则是：符合国家宏观经济政策和对企业工资增长的总体要求，坚持工资增长“两低于”原则；以劳动行政部门为主，与政府有关部门、工会、企业协会等组织协商制定。工资指导线水平的制定以当地政府确定的经济社会发展目标、本地区年度经济增长率、社会劳动生产率、城镇居民消费价格指数等为主要依据，并综合考虑城镇就业状况、劳动力市场价格、人工成本水平和对外贸易状况等相关因素，采用劳动部提供的预测方法进行测算，经综合平衡后，合理确定。工资指导线的基本内容包括经济形势分析、工资增长意见和对企业工资分配的要求三个部分。工资增长意见包括本年度企业工资增长基准线、上线和下线。基准线是生产发展正常、经济效益增长的企业安排职工工资增长的重要依据；预警线是政府允许工资增长的最高限额；下线是政府对经济效益较差或亏损的企业确定工资增长水平的规定。企业应按照工资指导线的政策规定，合理安排职工工资增长和工资分配。各类企业在执行工资指导线制度的同时，仍应按照国家工资管理体制和工资政策，继续执行工资总额分类调控办法、《工资总额使用手册》制度、最低工资规定、工资监督检查制度。实施工资指导线制度实行分级管理、分级负责。省劳动厅选择成都、宜宾、遂宁3市作为开展企业工资指导线制度的省内试点地区。

1998年，试点地区扩大到自贡、乐山、内江、南充、资阳5市。旧机制下形成的惯性思维还在起作用，有的地区将工资指导线作为了直接调控各个企业工资增长的“新办法”，从而将工资指导线的指导性、参考性和相对约束力变成了绝对控制。

1999 年，试点地区扩大到凉山、阿坝、广安、绵阳 4 市（州）。由于受整个经济大环境影响，企业经济效益普遍不好，各试点地区 50% 以上企业执行的工资指导线水平均未超过基准线。

2000 年，试点范围扩大到泸州、攀枝花、德阳、广元、巴中 5 市，试点地区达 17 个。

2001 年 2 月，省劳动和社会保障厅下发《关于全面建立和实施企业工资指导线制度的通知》，要求余下市（州）当年都要建立起工资指导线制度。但当年仅雅安市实现了目标，全省建立工资指导线制度的地区达 18 个。

2002 年 10 月，省政府下发《四川省企业工资指导线制度试行办法》，对工资指导线制度进行规范。规定：工资指导线适用于四川省行政区域内的各类企业；全省年度工资指导线由省劳动保障厅商有关部门和组织拟定，报劳动保障部审核后，经省政府批准，由省劳动保障厅发布施行；企业工资指导线于每年 6 月底前发布。各市（州）原则上在全省年度工资指导线水平的范围内，结合本地实际确定本地区工资指导线的具体水平和实施方案，并将实施方案及实施结果报省劳动保障厅备案。企业在政府发布工资指导线后，根据本企业生产经营情况，编制或调整年度工资总额使用计划。年末，全省有 20 个市（州）建立起了工资指导线制度。有 15 个市（州）发布了本地年度工资指导线。

2003 年，四川省首次发布全省企业工资指导线。有 18 个市（州）发布了本地年度工资指导线。

至 2005 年，全省企业工资指导线制度全部建立。

1997—1999 年四川省试点地区工资指导线水平一览

表 2—21　　　　单位：元、%

地区	1997 年平均工资水平	1997 年			1998 年			1999 年		
		基准线	预警线	最低线	基准线	预警线	最低线	基准线	预警线	最低线
成都市	6938	13	17	实际工资零增长或负增长	10	14	实际工资零增长或负增长	8	12	实际工资零增长或负增长
宜宾市	4757	13	18	同上	10	14	同上	9	13	4 以下
遂宁市	4394	11.9	15.3	同上	7.8	11.6	4 及以下	6	8.6	3.5 及以下
南充市	4112	—	—	—	10.98	16	零或负增长	9.2	14.4	零或负增长
乐山市	5156	—	—	—	10	15	同上	8	13	同上
自贡市	4830	—	—	—	8.5	13.5	同上	8.5	13.5	同上
内江市	4751	—	—	—	11	17	同上	8.68	13	同上
凉山州	—	—	—	—	—	—	—	—	—	—
阿坝州	—	—	—	—	—	—	—	2	6	—
绵阳市	—	—	—	—	—	—	—	—	—	—
资阳市	—	—	—	—	—	—	—	10	15	—
广安市	—	—	—	—	—	—	—	6	9	—

说明：表内数据由省劳动厅工资处根据各地上报资料整理

2000 年四川省各地执行工资指导线情况一览表

表 2—22　　　　单位：%

地　区	2000 年工资指导线水平		地　区	2000 年 工资指导线水平	
	基准线	上　线		基准线	上　线
成都	8	12	凉山	6	10
宜宾	7	11	资阳	10	15
遂宁	5	8	绵阳	8	12
自贡	8.5	13.5	泸州	5.5	7.7
内江	7.64	15.9	攀枝花	7.5	12.5
乐山	8	13	德阳	8	13
南充	9.2	14.4	广元	7.1	11.3
广安	5	7	巴中	3	7
阿坝	1	3			

说明：表内数据由省劳动和社会保障厅劳动工资处根据各地上报资料整理

第四节　工资价位与人工成本

一、劳动力市场工资指导价位制度

1999 年，成都市开始劳动力市场工资指导价位制度试点。以探索发挥劳动力市场对企业工资分配的调节作用，为企业根据社会平均工资水平和本企业经济效益自主决定工资水平提供参考。

根据劳动部推进劳动力市场“三化”建设和深化企业工资制度改革的要求，2001 年，成都、宜宾、乐山、绵阳 4 市作为全国 100 个劳动力市场“三化”建设试点城市，开展并完成了劳动力市场工资指导价位的制定发布工作。分别发布了 193、177、162、130 个主要职业和工种的劳动力市场工资指导价位。

2002 年遂宁市作为非试点市主动开展了此项工作。同年 5 市分别调查企业上百户，调查劳动力样本上万人，分别发布了当地主要职业和工种的劳动力市场工资指导价位。

2003 年 3 月，省劳动和社会保障厅下发《关于加快建立健全劳动力市场工资指导价位制度的通知》，将攀枝花、德阳、泸州、广安、遂宁、自贡 6 市新增为试点城市。同年，10 个试点城市中有 8 个城市分别发布了 220—158 个当地主要职业和工种的劳动力市场工资指导价位。

2005 年，全省建立劳动力市场工资指导价位制度的地区达 11 个。

二、行业人工成本信息指导

1995 年 11 月，省劳动厅、省财政厅在化工、冶金、机械、电子行业各选择了 10 户有代表性的企业进行了人工成本调查，了解国有企业人工成本的实际状况。

随着企业工资收入分配市场化改革进程的发展，2002 年，成都市整理发布了分行业和分经济类型的企业人工成本水平和构成、人工成本投入产出等统计信息资料。之后，宜宾、德阳等市也建立起行业人工成本信息发布制度。

2005 年 4 月，省劳动和社会保障厅就建立企业人工成本信息指导制度发出通知，规范人工成本信息采集和信息发布，以便直接、及时地为企业、劳动者和公众服务。制度要求：以城市行政区域内的生产经营正常的独立核算企业为调查范围。采用抽样调查法和典型调查法。以制造业为重点，按抽样方法在 19 个大行业中，兼顾企业经济类型和规模，分别抽取不少于三分之一的企业，根据当地产业结构的特点选择确定通用的或市场上流动性较强的职业（工种）进行调查。调查内容包括：人工成本总额、企业从业人员平均人数、企业增加值、企业销售收入、企业利润总额、企业成本（费用）总额。在已采集有关数据的基础上，汇总分析企业人工成本水平、人工成本结构、人工成本投入产出、人工成本指数。有关城市劳动保障行政部门采用文件、资料、劳动力市场信息网络等形式，在每年 6 月底前发布上一年当地行业人工成本信息，供企业、劳动者和其他需求查询。对有关人工成本指标高于行业平均水平一定幅度的企业进行提醒，使企业关注其竞争力；对人工成本指标过高、投入产出效益偏低的企业以警示，使企业了解其人工成本水平可能已对企业竞争力产生严重的不利影响；对行业人工成本指标未来变动趋势进行预测，以便企业了解人工成本变动趋势，及时采取应对措施。

1995—2005 年四川省企业人工成本情况一览表

表 2—23　　　　单位：元/人、年

年份	人工成本费用占总成本费用的比例（%）		人均人工成本											
		制造业		制造业	人均劳动报酬		人均缴纳社会保险费		人均福利费		人均教育费		人均劳动保护费	
						制造业		制造业		制造业		制造业		制造业
1995	14.4	14.4	7800	7800	5200	5200	1400	1400	400	400	51	51	200	200
1996	14.7	14.7	8243	8243	5944	5944	1550	1550	604	604	61	61	199	199
1997	17.6	17.6	10189	10189	6618	6618	1699	1699	731	731	70	70	220	220
1998	17.1	17.1	10251	10251	6800	6800	1785	1785	857	857	79	79	257	257
1999	13.5	13.5	10950	10950	7865	7865	1871	1871	997	997	88	88	267	267
2000	18.4	18.6	15560	16418	9618	10379	2803	2630	1197	1344	126	111	266	306
2001	18.2	20.2	17286	17914	11026	11370	2873	2921	1386	1488	134	116	244	277
2002	14.1	14.2	19012	19409	12434	12361	2943	3211	1574	1632	179	153	433	458
2003	12.8	12.4	19913	19738	12940	12700	3412	3270	1605	1723	187	189	370	413
2004	12.0	11.5	24157	23861	15222	14744	4172	4485	1646	1800	243	248	409	456
2005	10.2	8.3	26538	27794	17913	19031	5186	5034	1923	1877	270	320	535	652

说明：表内数据摘自《四川劳动和社会保障统计年鉴（2005）》

第五节 最低工资保障

四川自1995年起施行最低工资保障制度。

1995年3月，省政府第34次常务会议讨论通过《四川省最低工资保障规定》。该规定明确：省行政区域内各类企业、个体经济组织和与之形成劳动关系的劳动者适用该规定。省里制定的与国家机关、事业组织、社会团体建立劳动合同关系的劳动者的工资规定，不得与该规定相抵触。劳动者获得最低工资保障的前提是在国家规定的法定工作时间内提供了正常劳动。最低工资不包括：加班加点工资；中班、夜班、高温、低温、井下、有毒有害等特殊工作条件或者特殊工作环境下的津贴；法律、法规、规章、政策规定的非工资性劳动保险福利待遇；用人单位支付给劳动者的非货币性补贴。全省最低工资标准由省劳动行政主管部门进行测算并提出方案，由省政府确定并下达。市（州）人民政府、地区行政公署在省政府确定的最低工资标准内，选择适合本地实际的最低工资标准，报经省劳动行政主管部门审核同意后公布实施。在同一县（市、区）行政区域内必须执行同一最低工资标准。最低工资标准每年7月1日前确定或调整一次。确定最低工资标准，主要参考上一年和本年度劳动者本人及平均赡养人口的最低生活费用、社会平均工资水平、劳动生产率、就业状况、经济发展水平等。用人单位与劳动者签订劳动合同时约定的工资待遇，用人单位实际支付给劳动者的工资待遇，均不得低于所在地区公布实施的最低工资标准。用人单位支付给劳动者的劳动报酬低于所在地最低工资标准的，由县级以上劳动行政主管部门责令限期补发最低工资差额，并可以责令其支付赔偿金。用人单位拒绝补发最低工资差额和拒绝支付赔偿金的，劳动行政主管部门可给予警告，仍不改正的，可处以欠付最低工资差额和赔偿金总额1—3倍的罚款。该规定是四川省对劳动者实施最低工资保障的第一部政府规章。是年，省政府下达了全省最低工资标准，从7月1日起执行。

1995年6月，省劳动厅印发《实施〈四川省最低工资保障规定〉若干问题的意见》，进一步明确：劳动合同约定的试用期未满的人员，用人单位聘用的离退休职工，严重违反劳动纪律或用人单位规章制度的人员，严重失职、营私舞弊、对用人单位利益造成重大损害的人员，被依法追究刑事责任停发工资改发生活费的人员，不适用最低工资标准。劳动者依照法律、法规的规定休假、探亲以及依法参加社会活动视为提供了正常劳动，应获得最低工资保障。非劳动者本人的原因造成停工、停产，劳动者在法定工作时间内未能提供正常劳动，在一个工资支付周期内的，用人单位应按劳动合同规定的标准支付劳动者工资；超过一个工资支付周期，若劳动者提供了正常劳动，则支付给劳动者的工资报酬不得低于所在地最低工资标准；超过一个工资支付周期，劳动者没有提供正常劳动，按国家有关规定办理。最低工资不包括的“非工资性劳动保险福利待遇”指医疗卫生津贴、丧葬抚恤救济费、生活困难补助、文体宣传费、计划生育补贴、探亲路费和冬季取暖费等；“用人单位支付给劳动者的非货币性补贴”指用人单位通过贴补伙食、住房、发放食品和生活日用品等支付给劳动者的非货币性收入。省政府下达的最低工资标准分为月最低工资标准和日最低工资标准，两种标准具有同等效力。实行计件工资或提成工资等支付形式的，应当按照不低于月、日最低工资标准额进行折算。市（州）政府、地区行政公署应在省政府下达本年度最低工资标准后一个月内，测算选择适合本地实际情况的具体标准，并明确不同标准的适用范围，报省劳动行政主管部门审核批复后，公布实施。

1996—1997 年，四川省政府连续两年调整下达全省最低工资标准。

随着国有企业改革的推进，下岗职工继续增多，1997 年领取失业保险金的人数为 5. 74 万人，比 1996 年的 3. 91 万人大幅上升，考虑到下岗职工基本生活费、失业保险金标准与最低工资标准的相互关系，省政府决定 1998 年不调整提高全省最低工资标准，仍执行 1997 年公布的最低工资标准。实际执行情况是：成都、绵阳两市仍执行 1996 年选择的最低工资标准，其余 19 个市（地、州）继续执行 1997 年的最低工资标准。

在 1998 年没有调整最低工资标准的情况下，根据《四川省最低工资保障规定》关于最低工资标准每年 7 月 1 日前确定或调整一次的规定，同时根据 1997 年机关、事业单位调整工资和 1997、1998 年提高企业离退休人员生活待遇，以及全省职工平均工资增长等情况，四川省在 1999、2000 年连续两年调整了全省最低工资标准。

2000 年，全省领取失业保险金的人数达到 16. 16 万人，接近前 3 年领取失业保险金人数的总和，是 1999 年 5. 65 万人的 2. 86 倍。鉴于省内实际情况，2001 年四川未调整最低工资标准。

2002 年，四川调整了全省最低工资标准，并第一次部分考虑了职工个人缴纳社会保险费的因素，按每月 20 元计入。

2003 年，受非典型性肺炎疫情突发性事件影响，同时考虑最低工资标准与失业保险待遇标准和下岗职工基本生活费标准的相互联系等，四川省没有调整全省最低工资标准。各市（州）结合当地实际，有的继续执行 2002 年选择的最低工资标准；有的重新选择执行其他档的标准。

2004 年，四川调整了全省月最低工资标准和小时最低工资标准。在调整月最低工资标准时，考虑了职工个人缴纳社会保险费和住房公积金两项因素。在调整小时最低工资标准时，增加考虑了单位应缴纳的基本养老保险费、基本医疗保险费比例，以及非全日制工作劳动者不享受职工福利、住房公积金等待遇的实际，及其在工作稳定性、劳动条件、劳动强度、劳动报酬等方面与全日制劳动者之间的较大差异等因素。月最低工资标准的测算都是以省统计局提供的全省上年恩格尔系数、就业人员平均负担系数、最低收入户月消费性支出、最低收入户最低食品费用和职工平均工资为基础，按比重法、恩格尔系数法以及国际上通行的一般月最低工资标准相当于职工月平均工资的 40%—60% 这三种办法进行测算。在此基础上再增加职工个人缴纳社会保险费和住房公积金的测算，同时参考周边省（市）的最低工资标准水平。本着最低工资应高于社会救济金标准，低于社会平均工资水平的原则，最后确定。最低小时工资标准按国家规定的公式计算。

图 2－3　2004 年 9 月，四川省颁布最低工资标准，图为新闻发布会现场

2004 年 3 月，劳动和社会保障部发布的《最低工资规定》开始施行。省劳动和社会保障厅在贯彻意见中明确：省行政区域内的各类企业、民办非企业单位、有雇工的个体工商户（以下统称用人单位）和与之形成劳动关系的劳动者，适用《最低工资规定》；国家机关、事业单位、社会团体和与之建立劳动合同关系的劳动

者，依照《最低工资规定》执行。劳动者与用人单位形成劳动关系或建立劳动合同关系后，在试用、熟练或见习期间，都适用《最低工资规定》。当地的民办医院、民办学校等民办非企业单位和与之形成劳动关系的劳动者纳入最低工资保障制度的实施范围。月最低工资标准适用于全日制就业劳动者，小时最低工资标准适用于非全日制就业劳动者。全省最低工资标准每两年至少调整一次。全省最低工资标准公布后，各地应按规定相应调整当地月最低工资标准和小时最低工资标准并予以公布实施。年度中如全省最低工资标准未作调整，而根据当地实际需要调整的，各市（州）可在省政府颁布的上年标准中重新选择其它档的标准，报当地政府批准后实施。对低于当地最低工资标准支付劳动者工资的用人单位，要责令其限期补发所欠劳动者工资，并视情节责令其按所欠工资的1—5倍支付劳动者赔偿金。

2005年四川没有调整全省最低工资标准。

1995—2005年四川省最低工资标准情况一览表

表2—24　　单位：元

年　份	月最低工资标准	小时最低工资标准
1995	125、140、160、180	—
1996	130、150、170、190	—
1997	145、165、190、210	—
1998	执行1997年标准	—
1999	160、180、200、220	—
2000	190、215、240、270	—
2001	执行2000年标准	—
2002	230、270、310、340	—
2003	执行2002年标准	2.8、3.3、3.7、4.0
2004	280、340、400、450	3.1、3.7、4.3、4.9
2005	执行2004年标准	执行2004年标准

说明：表内数据根据省政府1995－2005年发文整理

第六节　职工工资水平及增长

1986年四川全省职工平均工资为1237元，居全国第23位（1985年为第25位），比上年增长16.5%。实际平均工资1185元。

1987年全省职工平均工资1340元，比上年增长8.3%，平均工资水平居全国第23位。其中：全民所有制单位职工平均工资1441元，居全国第23位，比上年下降了1位；城镇集体单位职工平均工资1040元，居全国第25位；其他各种所有制单位职工平均工资1087元，居全国第28位。全民所有制单位中，企业平均工资1436元，机关、事业单位平均工资1317元。全部职工平均工资中，全国人均奖金（含计件超额工资）245元，四川人均198元，居全国第18位；全部职工平均工资中，四川人均肉类等价格补贴为40元，居全国第21位，比上年下降了1位。因物价持续偏高，生活费用价格指数上升了10.1%，职工实际平均工资略有下降。

1988—1989年，全省职工平均工资的增长均低于职工消费价格总指数的增长，实际平均工资均呈负增长。

1990—1994年，全省职工工资总额增加111.17%，平均每年递增20.55%。职工平均工资和实际平均工资连年有所增长，平均工资平均每年递增18.97%，实际平均工资平均每年递增3.99%。在川中央企业职工平均工资从1990年的2714元提高到5750元，平均每年递增20.65%；地方国有企业职工平均工资从1990年的2091元提高到3592元，平均每年递增14.48%。1990年，全省行业平均工资最高的是地质勘查业、水利管理业，为2517元；最低的是农、林、牧、渔业，为1588元。省内职工平均工资水平最高的是攀枝花市，为2738元；最低的是黔江地区、遂宁市，为1620元。全省职工平均工资水平居全国第21位。1994年，全省行业平均工资最高的是科学研究和综合技术服务业，为6087元；最低的是批发零售贸易、餐饮业，为2808元。1994年，平均工资最高的仍然是攀枝花市，为6015元，最低的是巴中地区，为2733元。

1995年，全省职工平均工资4703元，比上年增长15.7%。由于生活消费品价格攀高，职工实际平均工资为3919元，下降2.36%。全省国有企业职工平均工资4943元。其中：中央企业平均工资7092元，省属企业4091元，市（地、州）属企业4573元，县及县以下属企业3227元。

1996年，全省职工平均工资5218元，居全国第22位，增长11.0%，扣除物价因素，实际平均工资增长1.6%。全省国有企业职工平均工资5556元。其中：中央企业平均工资7978元，省属企业6811元，市（地、州）属企业4927元，县及县以下属企业3622元。

1997年，全省职工平均工资5626元，比上年增长7.8%，扣除物价因素，实际平均工资增长2.6%。职工平均工资中含了下岗职工生活费用（比在岗职工工资低），剔除下岗职工部分，在岗职工平均工资更高一些，为6019元。全省国有企业职工平均工资6038元。其中：中央企业平均工资8859元，省属企业7484元，市（地、州）属企业5240元，县及县以下属企业3803元。

1995—1997年，全省职工工资总额平均每年递增8.8%。

1998年，全省职工平均工资5939元，比上年增长5.6%。扣除物价因素，职工实际平均工资增长6.0%。在岗职工平均工资6577元，增加558元。因生产经营效益不佳，企业调资增资行为减少，国有企业工资总额出现负增长，下降了8.4%。

1999年，全省在岗职工平均工资7249元，比上年增长10.2%，扣除物价因素，职工实际平均工资增长12.3%。经济效益好的企业增幅较大，如宜宾五粮液酒厂工资增幅达25.4%。

1986—1999年期间，四川省企业职工工资增长既有按国家指令性计划增加工资，也有在按国家规定提取的工资总额内自主决定增加工资，是双轨制运行。1999年以后，基本是由企业根据自身经济效益，自主决定职工工资的增长。国家主要通过企业工资总额调控、税收调节、工资指导线、劳动力市场工资指导价位、工资内外收入监督检查等手段调控企业职工工资水平的增长。

2000年，全省在岗职工平均工资8323元，比上年增长14.8%。扣除物价因素，实际增长15.1%。由于大量企业破产或兼并，买断工龄的人增多，工资收入较低的企业职工在全部职工中所占比重大幅度降低，全省企业在岗职工平均工资达8133元，增长14.7%。

2001年，全省在岗职工平均工资9934元，比上年增长19.4%，扣除物价上涨因素，实际增长17.2%。全省国有企业在岗职工平均工资10610元，增长16.7%。其中：中央企业14584元，增长16.5%；省属企业10564元，增长13.9%；市（州）属企业8233元，增长16.2%；县及县以下属企业6389元，增长13.9%。

2002年，全省在岗职工平均工资11183元，比上年增加1249元，增长12.6%，扣除物价因素，实际增长13.0%。全省国有企业在岗职工平均工资12067元，增长13.7%。其中：中央企业在岗职工平均工资15812元，地方国有企业9130元。

2003年，全省在岗职工平均工资12441元，比上年增长11.2%，扣除物价上涨因素，实际增长9.2%。全省国有企业在岗职工平均工资14021元，增长16.2%。其中：中央企业在岗职工平均工资18391元，增长16.3%；地方国有企业10558元，增长15.6%.

2004年，全省在岗职工平均工资14063元，居全国第16位。省内职工平均工资水平最高的是成都市，为l7556元，其次是攀枝花（17347元）、德阳（16362元）、阿坝（16186元）、甘孜（16171元）、凉山（15279元）5个市（州），其余15个市的平均工资均低于全省平均水平，其中遂宁市最低，为10134元（上年为8838元），最高与最低相比，差距为7422元。

2005年，全省在岗职工平均工资15826元，比上年增长12.5%。扣除物价上涨因素后，职工实际平均工资为15562元，增长10.7%。其中：国有经济单位在岗职工平均工资17898元，增长13.1%，城镇集体经济单位在岗职工平均工资11067元，增长13.4%，其他经济单位在岗职工平均工资12812元，增长12.8%。国有经济单位中：国有企业在岗职工平均工资19575元，增长18.1%；事业单位在岗职工平均工资16217元，增长9.6%；机关单位在岗职工平均工资18159元，增长12.4%。全省企业在岗职工平均工资15170元，比上年增长14.3%。最高的烟草制品业达49195元，增长27.9%；航空运输业39964元，增长19.8%；石油天然气业37362元，增长32.9%；电信业33911元，增长16.7%。增资额高于全省平均水平的还有银行、证券、电力、娱乐等行业。全省全部从业人员平均劳动报酬位于全国第15位，其中：国有经济单位从业人员平均劳动报酬为全国第13位，集体经济单位从业人员平均劳动报酬为全国第13位，其他经济单位从业人员平均劳动报酬为全国第28位。企业在岗职工平均工资位于全国第16位，事业单位在岗职工平均工资为第18位，机关单位在岗职工平均工资为第15位。

1986—2005年，全省职工平均工资增长了11.79倍，实际平均工资增长了12.13倍。

1986—2005年四川与全国企业、事业、机关单位职工平均工资情况一览表

表2—25　　单位：元/人、年

年份	全部职工				企业职工		事业单位职工		机关职工	
	四川			全国平均工资	四川平均工资	全国平均工资	四川平均工资	全国平均工资	四川平均工资	全国平均工资
	平均工资	工资指数（上年为100）	城镇居民消费价格指数							
1986	1237	116.5	104.8	1329	—	1264	—	1299	—	1300

续表2—25

年份	全部职工				企业职工		事业单位职工		机关职工	
	四川			全国平均工资	四川平均工资	全国平均工资	四川平均工资	全国平均工资	四川平均工资	全国平均工资
	平均工资	工资指数(上年为100)	城镇居民消费价格指数							
1987	1340	108.3	110.1	1459	—	—	—	—	—	—
1988	1598	119.3	122.9	1702	—	—	—	—	—	—
1989	1796	112.4	117.8	1906	—	—	—	—	—	—
1990	2011	112.0	101.5	2140	—	2148	1972	2119	1993	2107
1991	2194	109.1	104.3	2340	—	—	2077	—	2161	—
1992	2458	112.0	109.8	2711	—	—	2480	—	2605	—
1993	2984	121.4	116.9	3371	—	—	2868	—	3059	—
1994	4064	136.2	127.9	4538	—	—	4563	—	4653	—
1995	4703	115.7	119.0	5500	4552	5345	4822	5499	5100	5542
1996	5218	111.0	109.8	6210	5140	5930	5327	6241	5613	6352
1997	5626	107.8	105.0	6470	5528	6322	5734	6867	6166	6990
1998	5939	105.6	99.8	7479	6574	7405	6398	7620	7047	7740
1999	7249	110.2	98.1	8346	7089	8168	7325	8665	8032	8925
2000	8323	114.8	99.7	9371	8133	9189	8394	9634	9211	10020
2001	9934	119.4	101.8	10870	9364	10453	10475	11491	11496	12125
2002	11183	112.6	99.5	12422	10308	11873	12186	13246	13133	14005
2003	12441	111.2	101.9	14040	11594	13578	13420	14564	14327	15736
2004	14063	113.0	104.6	16024	13268	15559	14796	16489	16159	17869
2005	15826	112.5	101.7	18364	15170	17853	16217	18720	18159	20828

说明：1. 1998 年以后为在岗职工平均工资

2. 全国数据来源于《四川劳动和社会保障统计年鉴（2005）》和《新中国 50 年统计数据》，四川的数据根据历年《四川省劳动统计年报》有关数据整理。城市居民消费价格指数由四川省统计局提供，1994 年以前为职工生活消费总指数

1986—2005年四川与全国各类企业职工平均工资情况一览表

表2—26　　单位：元/人、年

年份	全部企业		国有企业		集体企业		其他企业	
	四川	全国	四川	全国	四川	全国	四川	全国
1986	—	1264	—	1369	—	1037	—	1550
1990	—	2148	—	2347	—	1674	—	2985
1995	4552	5345	4943	5663	3212	3896	5945	7462
1996	5140	5930	5556	6249	3613	4255	6248	8261
1997	5528	6322	6038	6647	3930	4443	6206	8788
1998	6577	7405	7364	7644	4626	5264	6358	8970
1999	7089	8168	7913	8350	4857	5670	6992	9828
2000	8133	9189	9012	9324	5684	6144	7765	10985
2001	9364	10453	10610	10619	6504	6667	8645	12140
2002	10308	11873	12067	12109	7260	7426	9225	13206
2003	11594	13578	14021	14028	8596	8401	10031	14575
2004	13268	15559	16571	16336	9596	9513	11351	16255
2005	15170	17853	19575	19069	10928	10809	12801	18242

说明：1. 1998年及以后为在岗职工平均工资

2. 全国的数据来源于《四川劳动和社会保障统计年鉴（2005）》，四川的数据根据历年《四川省劳动统计年报》有关数据整理

第三篇　社会保险

1986—2005 年，四川省先后建立并逐步完善养老保险、失业保险、医疗保险、工伤保险、生育保险五项社会保险制度，取代了这些制度建立前由企业、单位自行管理的劳动保险福利制度。社会保险具有的强制性、保障性、福利性和普遍性，使劳动者在年老、患病、工伤、失业、生育等情况下获得统一的帮助和补偿，广泛保障了劳动者的基本生活。

第一章 企业保险福利制度

20世纪50—80年代，按照《中华人民共和国劳动保险条例》规定，企业实行劳动保险，使职工在患病、伤残、生育、养老、死亡时获得相应的保险待遇，并为职工提供各种福利待遇。20世纪80年代后期，针对企业保险福利制度逐步显现出不适应经济体制改革和社会发展的问题，四川省进行了多方面的政策完善和改革。同时，做好保障企业职工保险福利待遇的落实。

第一节 企业保险福利待遇

一、企业保险福利制度建设

企业保险福利制度是按照1951年2月《中华人民共和国劳动保险条例》（以下简称《劳动保险条例》）规定建立的，1953年1月政务院进行了修正。《劳动保险条例》对企业职工的伤残、疾病、死亡、养老、生育、供养直系亲属的保险待遇，对企业举办疗养所、养老院、托儿所等集体劳动保险事业作了全面的规定。1958年2月国务院《关于工人、职员退休处理的暂行规定》、1978年6月国务院《关于工人退休、退职的暂行办法》，先后对工人退休、退职办法进行了修改；1986年7月国务院新建立《国营企业职工待业保险规定》。

从1986年起，随着经济体制改革和企业劳动制度改革的不断开展，针对原由企业自行管理的劳动保险福利制度存在的问题，四川省逐步进行失业保险、养老保险、医疗保险、工伤保险、生育保险制度改革，建立社会保险制度。1986年，开始进行企业职工退休费用社会统筹改革；实施国营企业职工待业保险制度。1988年，开展劳保医疗制度改革试点；进行企业职工病假待遇、死亡待遇改革。1989年，组织开展职工大病医疗费用社会统筹试点。1991—1992年，先后开始试行企业工伤保险制度和生育保险制度改革试点。1992年，贯彻执行国务院关于企业职工养老保险制度改革的决定，建立职工个人缴纳养老保险费制度，实施国营企业职工退休费用省级统筹。1995年，开始实施城镇职工医疗制度改革试点。1996年，实施四川省企业职工基本养老保险社会统筹与个人账户相结合办法；全面推行企业职工工伤保险办法。2000年，开始全面建立城镇职工基本医疗保险制度。随着各项社会保险制度的逐步建立、完善，新建立的社会保险制度取代了原企业保险福利制度。到2005年，企业保险福利制度包括：由国家组织实施的养老、医疗、失业、工伤、生育五项社会保险；由国家制定相关政策，由企业实施的其他保险福利。

二、国营企业保险福利待遇

（一）退休、离休待遇

1986—1992 年，企业职工退休待遇，按照 1978 年 6 月国务院《关于工人退休、退职的暂行办法》规定执行：

工人符合下列条件之一的，应该退休：男年满 60 周岁、女年满 50 周岁，连续工龄满 10 年的；从事井下、高空、高温、特别繁重体力劳动或其他有害身体健康工作，男年满 55 周岁、女年满 45 周岁，连续工龄满 10 年的；男年满 50 周岁、女年满 45 周岁，连续工龄满 10 年，由医院证明并经劳动鉴定委员会确认，完全丧失劳动能力的；因工致残由医院证明并经劳动鉴定委员会确认，完全丧失劳动能力的。

符合退休前三项条件，月退休费标准为：抗日战争时期参加革命工作的，按本人标准工资 90% 发给；解放战争时期参加革命工作的，按本人标准工资 80% 发给；中华人民共和国成立后参加革命工作的，分别按本人标准工资 75%（连续工龄满 20 年的）、70%（连续工龄满 15 年不满 20 年的）、60%（连续工龄满 10 年不满 15 年的）发给，低于 25 元的，按 25 元发给。符合退休第四项条件，月退休费标准为：饮食起居需人扶助的，按本人标准工资 90% 发给，并发给相当于一个普通工人工资的护理费；饮食起居不需人扶助的，按本人标准工资 80% 发给。不具备退休条件，完全丧失劳动能力的工人，应该退职，月退职生活费标准：按本人标准工资 40% 发给，低于 20 元的，按 20 元发给。

除上述月退休费外，还增发退休生活补贴费。1984 年 10 月，省劳动人事厅《关于对退休职工给予适当补贴的通知》规定：按参加革命工作时间、连续工龄分别发给本人标准工资的 5%、10%、20% 的退休生活补贴费。1991 年 7 月，省人事厅、省劳动厅、省财政厅《关于调整四川省国家机关、全民所有制事业、企业单位退休干部和工人退休生活补贴费办法的通知》，将 1984 年规定的增发退休生活补贴费办法调整为：以参加革命工作满 20 年为起点，工作年限每增加 1 年，增发本人标准工资 1% 的退休生活补贴费；增发的退休生活补贴费比例，最高不超过本人原标准工资的 20%。

1993 年起省内各地实行企业养老金计发办法改革后，上述企业退休待遇不再执行。

老干部离休待遇，按照国务院 1980 年和 1982 年先后发出《关于公布〈国务院关于老干部离职休养的暂行规定〉的通知》《关于发布老干部离职休养制度的几项规定的通知》规定执行：中华人民共和国成立前参加革命的老干部离休后原工资照发；另按参加革命工作时间，每年增发 1—2 个月原标准工资的生活补贴。

（二）疾病医疗待遇

职工病假待遇　1986 年至 1988 年 10 月，按照《劳动保险条例》规定执行：病假连续 6 个月内，由企业支付本人 60%—100% 的工资；病假连续 6 个月以上，支付本人 40%—60% 的疾病救济费。1988 年 11 月至 2005 年，按照省政府发布的《四川省全民所有制企业固定职工病假待遇暂行规定》执行。

职工医疗待遇　1986 年至各地实行医疗保险制度前，按照《劳动保险条例》规定执行：诊疗费、门诊药费、手术费、住院费由企业负担；住院膳费、就医路费、门诊挂号费、出诊费、服用营养滋补药品的费用由职工个人负担。供养直系亲属在企业医疗所、医院、特约医院或特约中西医师处免费诊治，手术费及普通药费，由企业负担一半；贵重药费、就医路费、住院费、住院膳费及其他一切费用，均由本人自理。

（三）工伤待遇

1986—1990 年，职工工伤待遇按照《劳动保险条例》规定执行：因工负伤、残废，全部诊疗费、药费、住院费、就医路费，均由企业负担。停工医疗期间工资照发。患上规定范围内的职业病，经鉴定确认后，在治疗或休养期间以及医疗终结，确定为残废或治疗无效死亡时，按因工待遇处理。1991 年四川开展工伤保险制度改革后，工伤待遇按照改革办法执行。

1986—2005 年，职工因工负伤或患职业病住院治疗期间的住院膳费，按照 1966 年 4 月劳动部、全国总工会《关于改进企业职工劳保医疗制度几个问题的通知》规定执行：由本人负担 1/3，企业负担 2/3。

（四）生育待遇

1986 年，职工生育待遇按照《劳动保险条例》规定执行：生育产前产后共给假 56 日，产假期间工资照发。怀孕检查费与接生费由企业负担。

1987 年 7 月《四川省计划生育条例》规定：实行晚育的（已婚妇女 24 周岁以上生育第 1 个孩子），除国家规定的产假外，增加产假 20 天。

1988 年 9 月国务院《女职工劳动保护规定》规定：女职工产假 90 天，其中产前休假 15 天。

2002 年 9 月《四川省人口与计划生育条例》规定：已婚妇女晚育的，除国家规定的产假外，增加产假 30 天，给予男方护理假 15 天。产假、护理假视为出勤，工资、奖金照发。至 2005 年，一直按此规定执行。

（五）死亡待遇

1986 年至 1988 年 10 月，因病、非因工死亡的按照《劳动保险条例》规定执行：丧葬补助费为 2 个月的企业平均工资；救济费按供养直系亲属人数，一次付给 6、9、12 个月的死者本人工资；供养直系亲属死亡丧葬补助费：10 周岁以上为企业月平均工资的 1/2，1—10 周岁的为企业月平均工资的 1/3。

1988 年 11 月至 2005 年，因病、非因工死亡的，按照省政府发布的《四川省全民所有制企业固定职工死亡待遇暂行规定》执行。

（六）福利待遇

国营企业职工福利待遇，主要是为职工生活提供照顾和解决职工集体需要而举办的福利设施，提高职工生活水平而发放的福利补贴，职工享受各项休假的福利制度。根据财政部的规定，国营企业职工福利基金是用于职工医疗卫生费和职工福利费的专用基金。从 1969 年起，统一按职工工资总额扣除副食品价格补贴和各种奖金后的 11% 提取。从 1992 年 5 月起，改按职工工资总额扣除各种奖金后的 14% 从成本中提取。

职工福利包括职工集体福利和职工个人福利。职工集体福利，有集体生活福利设施，如疗养休养所、幼儿园、医务室、食堂等；有集体文化娱乐设施，如俱乐部、阅览室、球场等。职工个人福利，有享受的福利补贴，如生活困难补助、冬季取暖补贴、探亲补贴等；有享受的假期待遇，如探亲假、婚丧假、年休假等。劳动部门负责管理的企业职工福利主要是：

探亲假期及待遇 1986—2005 年，职工探亲待遇按照 1981 年 3 月国务院《关于公布〈国务院关于职工探亲待遇的规定〉的通知》规定执行。探亲假期：职工探望配偶的，每年给予一方探亲假一次，假期为30天；未婚职工探望父母，原则上每年给假一次，假期为20天，因工作需要或自愿，可两年给假一次，假期为45天；已婚职工探望父母的，每4年给假一次，假期为20天。另外，根据实际需要给予路程假。探亲工资：职工在规定的探亲假期和路程假期内，按照本人的标准工资发给。探亲路费：职工探望配偶和未婚职工探望父母的往返路费，由所在单位负担；已婚职工探望父母的往返路费，在本人月标准工资30%以内的本人自理，超过部分由单位负担。

冬季宿舍取暖补贴 1986—2005年，按照1980年5月国家劳动总局《关于印发全国各地职工冬季宿舍取暖补贴标准的函》规定，凡居住在高寒地区的职工和退休人员，可按规定的时间、待遇享受冬季宿舍取暖补贴。省内甘孜州、阿坝州、凉山州共有42个县和4个区的职工享受冬季宿舍取暖补贴。取暖期最短3个月，最长10个月，每人每年补贴7.5—75元。

生活困难补助费 1988年7月，省劳动人事厅、省人事局、省财政厅、省总工会《转发劳动部、财政部、全国总工会〈关于适当提高城镇职工生活困难补助标准的通知〉的通知》，规定对家庭人均生活费收入低于困难补助标准的职工（包括离退休职工）给予补助。困难补助标准：成都市、重庆市、攀枝花市的城区，人均生活费收入每月不超过50元者，其余各省辖地级市的城区、行署所在地的城区，人均生活费收入每月不超过45元者，其他城市和县镇，人均生活费收入每月不超过40元者，可由职工所在单位予以补助到上述标准。甘孜州、阿坝州、凉山州在人均生活费收入每月不超过50元的标准下，由州政府确定。

1989—2005年，四川未再出台新的补助标准规定，职工生活困难一般由单位工会帮助解决。

年休假 1991年8月，省委办公厅、省政府办公厅下发的《关于企业职工休假问题的通知》规定：全民所有制企业职工连续工龄满5年的，均可享受休假待遇，从1991年起执行。连续工龄满5年不满10年的，每年休假7天；满10年不满20年的，每年休假10天；满20年及其以上的，每年休假14天。至2005年均按照规定执行。

婚假、丧假 1986—2005年，职工婚丧假先后按照以下规定执行：

1980年2月，国家劳动总局、财政部《关于国营企业职工请婚丧假和路程假问题的通知》规定：职工本人结婚或职工的直系亲属（父母、配偶和子女）死亡时，酌情给予1—3天的婚丧假，可根据路程远近另给予路程假。

1987年7月，《四川省计划生育条例》规定夫妻双方符合晚婚条件的（男女双方按法定婚龄各推迟3周岁以上初婚的），增加婚假10天。

1993年12月，省劳动厅《关于企业职工请婚丧假规定的复函》规定：从1994年1月起，职工本人结婚，给予5天婚假（不含晚婚假）；双方不在一地工作（居住）的，其中一方可另给予路程假。职工的直系亲属（父母、配偶或子女）死亡时，给予5天丧假；职工在外地的直系亲属死亡时，可另给予路程假；职工的岳父母或公婆死亡时，可参照执行。

2002年9月，省人大常委会颁布的《四川省人口与计划生育条例》规定晚婚假为20天。

三、集体所有制企业保险福利待遇

从20世纪60年代起，集体所有制企业按照国家的政策规定或参照国营企业保险福利制度，实施了职工劳动保险。

1986年前，集体所有制企业职工的保险待遇，一般是参照国营企业的劳动保险政策规定，经主管部门批准后执行的。如县以上的集体所有制企业职工的退休待遇，是参照1978年国务院《关于工人退休、退职的暂行办法》执行的。1986年后，有一部分是按国家统一规定执行的，如工伤职业病待遇、女职工生育待遇等；有一部分是参照全民所有制企业劳动保险规定，经主管部门批准后执行的，如职工退休待遇、病假待遇、死亡待遇等。随着社会保险制度的逐步建立，集体所有制企业职工养老、医疗、工伤、生育、失业保险待遇，均按照统一的社会保险制度实施。

集体所有制企业职工的福利待遇，是根据集体经济的发展情况参照国营企业福利制度逐步建立的。由于集体企业与国营企业生产经营条件不同，加之集体企业间的经济水平差异较大，因此各企业具体的福利标准和实施水平，根据本单位实际情况确定。县以上集体企业职工基本上都享受了生活困难补助、探亲假等福利待遇，以及为职工建立的食堂、浴室、医务室等集体福利。至2005年，集体所有制企业一般都参照国营企业福利制度逐步建立了探亲待遇、婚丧假待遇制度。

第二节　企业保险福利制度改革

一、病假、死亡待遇制度改革

针对《劳动保险条例》规定存在着企业职工短期病假待遇偏高而长期病假待遇偏低，死亡待遇标准长期未调整，保证不了遗属基本生活的问题，1984年劳动人事部安排在宜宾市进行了企业职工病假、死亡待遇改革试点。在总结宜宾市3年试点经验的基础上，1987年4月，省政府发布《四川省国营企业固定职工病假待遇改革试行办法和死亡待遇改革试行办法》，要求先在部分企业中试点，待取得经验后，再逐步推开。1988年9月，省政府发布《四川省全民所有制企业固定职工病假待遇暂行规定》（以下简称为《病假待遇暂行规定》）和《四川省全民所有制企业固定职工死亡待遇暂行规定》（以下简称为《死亡待遇暂行规定》），从1988年11月1日起施行。

《病假待遇暂行规定》将职工病假工资修改为：病假当年累计在6个月以内，根据连续工龄长短，按本人工资70%—95%由企业发给；在6个月以上，根据连续工龄长短，按本人标准工资60%—70%由企业发给。

《死亡待遇暂行规定》将职工（退休、退职职工）死亡待遇修改为：因工死亡的，丧葬费为3—4个月本企业职工平均工资，不足300元的补足300元。一次性抚恤金为死者生前的15个月工资。职工供养直系亲属生活费，按《劳动保险条例》的规定发给的抚恤费。居住在五类工资区的县及县以上城区每人每月低于30—35元，居住在城镇每人每月低于25—30元，居住在农村每人每月低于20—25元，由企业补足其差额。孤身一人的，在上述标准基础上增加5元。五类工资区以上的地方，每高一类增加1元。上述标准应随当地社会救济标准的提高作相应提高（此规定执行到1996年9月，以后按《企业职工工伤保险试行办法》执行）。因病或非因工死亡的，丧葬费为2—3个月本企业职工平均工资，不足200元的补足200元，一次性救济金为死者生前的7个月工资。职工供养直系亲属，可根据其生活困难情况，酌情给予定期或不定期的生活补助。

2003—2005年，企业离休人员死亡丧葬费、一次性抚恤金标准，调整为本人死亡上月的基本养老金各10个月。

二、福利制度改革

1984年5月，国务院《关于进一步扩大国营企业自主权的暂行规定》规定企业留成的资金有权自行支配使用。改变了过去不论企业经营好坏，都按同一比例提取福利基金的办法，福利基金与企业经济效益挂钩，企业间的职工福利待遇水平拉开了差距。20世纪80年代后期，随着企业改革的不断深入，过去只为本单位职工服务的企业集体福利设施如幼儿园、俱乐部等，开始向社会开放。同时实行承包经营责任制，成立劳动服务公司，并逐渐与原单位脱钩，一些企业办的托儿所、幼儿园等从企业剥离出来。

三、保障企业职工保险福利待遇

1988年2月，省劳动人事厅、省总工会、省政府经济体制改革办公室《关于印发〈关于国营企业实行承包租赁以后保障职工保险福利待遇的意见〉的通知》，对一些企业实行承包租赁以后，存在的忽视职工保险福利待遇、损害职工合法利益的问题，提出具体意见，要求改革劳动保险制度必须积极稳妥地、有步骤地进行，在国家（包括中央、省）未做出新规定前，原则上仍应按现行有关规定执行，不要随意改变；必须把执行国家劳动保险、福利制度规定，纳入承包、租赁合同，保证职工的合法权益；为解决医疗费开支过大和浪费的问题，经职代会通过，上级主管部门批准，可制定一些改进办法，但不得把医疗费全部分给职工个人包干使用；职工福利费只能用于规定的开支范围，不得挪作它用，也不能平均分给个人。同年3月，国家经济体制改革委员会、经济委员会、劳动人事部、全国总工会转发了四川的规定。

1989—1991年，全省各地劳动部门、社会保险机构普遍开展企业保险福利政策贯彻执行情况的检查、整顿工作。主要是组织企业清理整顿“职工劳动保险登记证”“劳动保险登记卡片”；健全市、县医务劳动鉴定委员会和企业医务劳动鉴定委员会（或鉴定小组）；检查、督促各项保险福利待遇的贯彻落实；组织开展企业劳资干部的政策培训和劳动保险政策的宣传。通过检查、整顿，促进了职工保险福利待遇的落实。

1992—2005年，随着养老、工伤、生育保险制度逐步建立和实施，由企业保险改变为社会保险，保障职工保险待遇的责任由企业逐步改为社会保险机构。参保职工的养老、工伤、生育待遇由社会保险机构拨付给企业或直接发放，切实保障了职工的待遇落实。1992—1999年，企业职工大病医疗统筹普遍开展，保障了职工的大病医疗，解除了企业和职工因大额医疗费负担的后顾之忧。2000—2005年，全面实施的城镇职工基本医疗保险制度，以及建立的补充医疗保险，保障了职工的基本医疗。

1992—2005年，各地劳动（劳动保障）部门通过组织政策培训、宣传，监察、仲裁等措施，保障国家规定的探亲假期及待遇、年休假、婚丧假等各项职工福利制度的实施。

第二章　社会养老保险

1986年以前，企业职工养老保险由企业自行管理。四川省从1986年起，开展退休费用社会统筹，实行社会养老保险。1992—2005年，通过实施养老保险省级统筹，建立个人缴纳养老保险费制度，建立补充养老保险制度，扩大养老保险覆盖范围，实行社会统筹与个人账户相结合，逐步完善了各类企业职工和城镇劳动者统一的基本养老保险制度，不断提高了社会化管理服务程度。除企业职工养老保险外，四川省还从1991年起，开展建立农村社会养老保险制度的试点；从1993年起，实施机关事业单位基本养老保险制度改革试点。

第一节　企业职工基本养老保险制度

四川省从1986年起，开展企业职工退休费用社会统筹，进行养老保险制度改革，实行社会养老保险。1986—2005年期间，国务院、四川省人民政府组织实施了七次企业职工养老保险制度改革。

1986年3月，全国人大通过的《国民经济和社会发展第七个五年计划》提出：全民所有制单位要逐步推行职工退休费用社会统筹的办法，根据以支定收、略有结余的原则，统一提取退休基金，调剂使用，改变目前部门之间、单位之间负担畸轻畸重的状况。同年8月，省政府办公厅《关于批转四川省人民政府体制改革办公室、四川省劳动人事厅等八个部门〈关于扩大退休基金统筹试点有关问题的报告〉的通知》，要求成都、重庆、渡口（现为攀枝花）、德阳、绵阳、内江、乐山、泸州8个市组织进行退休基金统筹试点，其他有条件的地区可选择一个市或县进行试点。按此通知，全省开始实施全民所有制企业固定职工退休费用社会统筹。

1986年7月，国务院发布的《国营企业实行劳动合同制暂行规定》规定：国家对劳动合同制工人退休养老实行社会保险制度。退休养老基金的来源，由企业和劳动合同制工人缴纳。这是为改革国营企业的劳动制度而新建立的退休养老社会保险制度。9月，省政府《关于印发贯彻国务院改革劳动制度四个暂行规定的实施意见的通知》规定了劳动合同制工人退休养老制度的实施意见。从1986年起，省/市（地、州）/县（市、区）成立各级劳动行政主管部门所属的社会保险机构，经办和管理劳动合同制工人退休养老工作。

1991年6月，国务院《关于企业职工养老保险制度改革的决定》规定：随着经济的发展，逐步建立起基本养老保险与企业补充养老保险和职工个人储蓄性养老保险相结合的制度。改变养老保险完全由国家、企业包下来的办法，实行国家、企业、个人三方共同负担，职工个人也要缴纳一定的费用。11月，省政府下发《贯彻执行国务院关于企业职工养老保险制度改革的决定的通知》，制定

图 3－1　1992 年 5 月，国际劳工局局长格鲁阿特（右中）一行三人，考察四川省社会保险工作和社会保险干部培训情况。图为四川省劳动厅厅长沈国俊（左中）向格鲁阿特一行介绍情况

了实施意见：从 1992 年起，实行国营企业职工退休费用省级统筹，理顺城镇集体所有制企业职工养老保险政策和退休费用社会统筹的管理体制，建立职工个人缴纳基本养老保险费制度，建立企业补充养老保险制度。按照上述决定，四川全面开展了企业职工养老保险制度改革。

1995 年 3 月，国务院《关于深化企业职工养老保险制度改革的通知》提出企业职工养老保险制度改革的目标和原则、基本养老保险费用实行社会统筹与个人账户相结合的两个实施办法，要求建立基本养老金正常调整机制，提高养老保险管理服务的社会化程度。12 月，省政府印发《关于贯彻国务院深化企业职工养老保险制度改革的通知》，选择了结合两个方案特点的实施办法，制定《四川省企业职工基本养老保险社会统筹与个人账户相结合办法》，规定从 1996 年起，建立 11% 的职工养老保险个人账户，实行个人账户养老金和社会养老金的基本养老金计发办法。按照上述通知，四川开展了深化企业职工养老保险制度改革。

1997 年 7 月，国务院印发《关于建立统一的企业职工基本养老保险制度的决定》，要求统一职工基本养老保险的缴费比例、个人账户规模和计发基本养老金办法，确立全国统一的企业职工基本养老保险制度。11 月，省政府下发《贯彻国务院关于建立统一的企业职工基本养老保险制度的决定的通知》，制定《四川省贯彻统一的企业职工基本养老保险制度的实施办法》。按此规定，从 1998 年起，四川实施新的个人账户养老金和基础养老金的基本养老金计发办法；将城镇集体所有制企业纳入省级统筹范围，统一城镇私营企业职工和个体劳动者基本养老保险办法，逐步扩大养老保险覆盖范围。

1998 年 8 月，国务院印发《关于实行企业职工基本养老保险省级统筹和行业统筹移交地方管理有关问题的通知》规定：从 1998 年 9 月 1 日起，由省、自治区、直辖市社会保险经办机构负责收缴行业统筹企业基本养老保险费和发放离退休人员基本养老金。8 月，省政府《关于切实做好基本养老保险行业统筹移交地方管理工作的通知》提出实施意见，规定驻川中央属行业企业缴纳基本养老保险费的比例和退休人员基本养老金的计发办法，经过 5 年过渡，使行业养老保险制度与省的规定并轨。四川按期完成行业统筹移交地方的工作，有 10 个行业 112 个企业的 60 万在职职工、21.80 万离退休人员移交到四川实行省级管理。

2005 年 12 月，国务院印发《关于完善企业职工基本养老保险制度的决定》提出了完善企业职工基本养老保险制度的八项主要任务，要求逐步做实个人账户，完善社会统筹与个人账户相结合的基本制度；改革基本养老金计发办法，建立参保缴费的激励约束机制。2006 年 4 月，省政府下发《关于贯彻实施〈国务院关于完善企业职工基本养老保险制度的决定〉的通知》，批准《四川省完善企业职工基本养老保险制度实施办法》，从 2006 年 1 月起实施。按此规定，四川职工养老保险个人账户由 11% 调整为 8%，全部由个人缴费形成，同时相应调整基本养老金计发办法。

1986—2005年，通过不断改革，在四川已基本建立起适应社会主义市场经济体制要求，覆盖城镇各类企业职工和个体劳动者，资金来源多渠道、保障方式多层次、社会统筹与个人账户相结合、权利与义务相对应、管理服务社会化的企业职工基本养老保险体系。

第二节　退休费用社会统筹

一、退休费用县、市级统筹

（一）全民所有制企业职工退休费用社会统筹

20世纪80年代以后，随着企业退休人员大量增加，“企业保险”模式下的养老保险费用负担畸轻畸重的矛盾越来越突出，部分老企业支付退休费困难的情况日益增多。省内三州的森工企业，由于森林资源枯竭，职工队伍老龄化，沉重的退休费使企业无力承担；全省盐业、棉纺、丝绸、煤炭、建筑、运输、水运等退休职工比例大的老企业，也难以保障退休费的发放。1985年5月，经省政府批准，自贡市作为劳动人事部安排的全国试点城市之一，开展了全民所有制单位职工退休费用社会统筹改革试点。从1986年起，四川省全面开展由社会保险机构对企业退休费用实行统一筹集、统一管理、统一支付，运用社会保险的“大数法则”① 和社会调剂机制来解决企业之间、地区之间退休费用负担畸轻畸重的矛盾，从社会整体角度保障企业退休人员退休费的发放。

1986年8月，省政府部署全省扩大企业职工退休费用社会统筹工作。1987年1月，省职工社会保险事业管理局在自贡市召开全省社会保险工作会议，退休费用社会统筹迅速发展。同年4月，省政府办公厅下发《关于进一步扩大实行职工退休费用社会统筹的通知》，促进了县级全民所有制企业退休费统筹全面开展。至1988年4月，全省有143个县（市、区）实行了退休费用社会统筹。

1988年5月，省政府办公厅《转发四川省劳动人事厅关于加快进行退休费统筹几个问题的报告的通知》要求：年内各县要基本实现以县为单位统筹，在此基础上，成都等11个省辖市，南充等3个地区实行以市、地为单位统筹，以进一步提高养老保险的社会化程度。到1991年年底，全省217个县（市、区）全部实现了全民所有制企业职工退休费用县级统筹，有19个市（地、州）实现了退休费用市级统筹。参加退休费统筹的职工380万人，离退休人员82万人。1987—1991年，全省各地统筹调剂金额达4.19亿元。

从1992年4月起，按照省政府制定的《四川省全民所有制企业职工退休费用省级统筹实施方案》，全民所有制企业职工退休费用统筹由县、市级统筹过渡到省级统筹。1998年后，不再单独实施全民所有制企业职工退休费用统筹，统一纳入企业职工退休费用省级统筹。

（二）集体所有制企业职工退休费用社会统筹

四川城镇集体所有制企业退休费用社会统筹的发展，经历了两个阶段：

1982—1990年是试点阶段。1982年南充市街道集体企业探索进行了老年社会保险制度改革试

注：① 社会保险是集合社会力量保障社会安全的，只有集合社会上一定多数的人和单位组合成较大的社会保险集团，才能将少数人和单位的危险，转由多数人共同分担，集中的人数和单位越多，越能发挥分散危险的作用。大数法则可使保险危险分担达到最大程度均衡，统筹面越大，保险费率越能降低到最低限度，接近平均线。

点。1983 年 11 月，省政府批转省劳动人事厅《关于城镇集体所有制企业职工试行老年社会保险制度的报告》，推动了南充、内江、宜宾、重庆等地开展集体企业退休费统筹试点。各地统筹办法主要有三种：实行“统筹基金由国家、企业和个人三方负担”和“统筹基金保障基本标准水平，再加上企业补充一部分”的办法；实行“社会保基本，企业搞补差”的办法；实行“区别对待，条块结合，以县统筹为主，行业统筹为辅”的办法。1984 年 4 月，劳动人事部、中国人民保险公司《关于城镇集体企业建立养老保险制度的原则和管理问题的函》，确定集体企业养老保险业务由中国人民保险公司经管。此后，劳动部门和保险公司都各自在一些市/县开展试点。到 1990 年年末，全省已有 10 个市（地）的 64 个县（市、区）开展了集体企业退休费统筹，在职职工达 36.56 万人，退休人员达 10.73 万人。

1991—1997 年是加快推行阶段。1991 年 11 月，省政府下发的《贯彻执行国务院关于企业职工养老保险制度改革的决定的通知》要求：全省城镇集体所有制企业职工养老保险政策及其退休费用社会统筹业务，统一归口劳动部门管理与经办；要积极开展城镇集体企业养老保险工作，尽快实行退休费用社会统筹。1992 年 9 月，省劳动厅、省税务局、省政府集体经济办公室《关于印发〈关于加快全省城镇集体企业养老保险制度改革的意见〉的通知》下发后，实行集体企业退休费用统筹的地区逐年扩大。1992 年全省有 133 个县（市、区）实行了统筹，1993 年达到 168 个，1994 年达到 173 个，1995 年达到 195 个，到 1996 年全省已在 23 个市（地、州）、209 个县（市、区）开展了集体企业退休费用县级统筹，参加统筹的职工达到 115 万人，退休人员达到 40 万人。重庆市、攀枝花市、自贡市、成都市以及达川地区还先后实施了集体企业退休费用市级统筹。1998 年起，各地集体企业退休费用统筹纳入省级统筹后不再单独实施。

（三）其他所有制企业职工、劳动者养老保险社会统筹

在开展全民、集体企业职工退休费用社会统筹的同时，各地积极探索开展其他所有制企业职工、劳动者的养老保险社会统筹，不断扩大覆盖面。

1991 年，全省有省本级和 15 个县建立农民合同制工人养老保险制度，有 31 个县开展城镇企业临时工退休费用社会统筹，凉山州德昌县开展了私营企业和个体劳动者退休养老统筹。

1992 年，建立城镇私营企业和个体劳动者退休养老保险制度在宜宾、遂宁等 6 个市（地、州）的部分县起步，“三资”企业中方职工退休费用社会统筹在宜宾地区和成都市双流县起步。

1993 年，重庆市率先实施了不分企业性质的城镇企业职工一体化养老保险，对所有城镇企业统一实施养老保险社会统筹。1995 年全省县（市、区）级养老保险一体化发展到 30 个，1996 年发展到 97 个。

1996 年 12 月，省劳动厅《关于印发〈四川省企业职工基本养老保险覆盖计划〉的通知》确定了“广覆盖”“四统一”[①] 的总体目标，提出各地要按照“争取在 3 年内基本达到养老保险广泛覆盖所有不同所有制企业，不同身份职工的目标”，分步扩大覆盖面。

1998 年 7 月，省政府《关于统一城镇私营企业、个体工商户基本养老保险办法的通知》，制定

注：① 养老保险覆盖到包括国有企业、集体企业、外商投资企业、华侨和台港澳商投资企业、私营企业、股份制企业、合营企业；养老保险的对象覆盖到各类企业的全体劳动者，即所有的固定工、合同制职工、私营企业主以及城镇个体工商户等。在这个覆盖范围中，不分所有制、不分经济成份、不分劳动者身份差别，实行统一制度、统一标准、统一管理和统一调剂使用基金。

城镇私营企业、个体工商户基本养老保险办法，大力推进城镇私营企业、个体工商户参加基本养老保险，1999年达到14.10万人。

2001—2002年，随着经济、就业形势的变化，企业改制、关闭、破产后人员分流，下岗职工增多，企业参保缴费人数持续下降。各地以非公有制经济组织职工和城镇个体人员、灵活就业人员为重点，建立扩面目标责任制，努力扩大养老保险覆盖范围。“不管你在哪里干，养老保险接着算”的宣传导向，促进了下岗职工接续养老保险关系，全省私营企业、个体工商户及自由职业人员参保人数逐年扩大。

2002年3月，省劳动和社会保障厅下发《关于贯彻劳动和社会保障部〈关于完善城镇职工基本养老保险政策有关问题的通知〉的通知》，规定了农民工参加养老保险的缴费，关系的保留、接续、转移和终止，进一步规范农民工参加养老保险的规定。到2004年，全省农民工参加企业养老保险的有1.6万人，参加农民工综合保险有17.03万人。

2004年1月，省委、省政府下发《关于做好失地无业农民安置工作的通知》后，成都市、泸州市对失地农民社会保险作出规定。到2005年，全省失地农民参加企业养老保险的有28.58万人。

四川养老保险社会统筹覆盖范围，逐步由改革初期的国有和集体企业职工，扩大到了私营企业、外资企业等各类企业职工以及个体工商户、灵活就业人员，扩大到了农民工、被征地农民等各类人员。到2005年年末，企业养老保险参保总人数达661.11万人，其中：企业职工和其他人员456.88万人，领取养老金人员204.23万人。但这一时期非公有制企业及其职工、城镇个体工商户及其雇工、灵活就业人员中还有一部分未参加养老保险，一部分原集体企业人员、返城知识青年、被征地农转非人员的养老保险尚未解决。

（四）完善养老保险市级统筹

1986年开展退休费用社会统筹是从县级统筹起步的，分别以县/市为单位实施属地管理，县（市、区）一般管理县（市、区）属企业的社会统筹，市（地、州）一般管理市（地、州）属企业的社会统筹，县/市在各自统筹范围内进行企业之间的退休费统筹调剂，全民所有制企业和集体所有制企业职工退休费统筹分别管理。这种统筹形式，范围小，适应经济发展不平衡和财政分级包干的情况，但其保障能力较弱，地区之间退休费负担不平衡状况依然存在。从1988年起，由县级统筹过渡到市级统筹，统筹调剂扩大到县与县之间，提高了养老保险的社会化程度。

2004年前，各市（州）企业养老保险实行的是对各县（市、区）调剂式的市（州）级统筹，基金分散管理，未实行“统收统支”统一管理。2004年，省政府批准在德阳、内江两市开展以“统一费率、统一调度使用资金、统一计发办法、基金统收统支”为主要内容的完善市级统筹试点。2005年，省政府决定逐步推进市级统筹试点，在总结德阳市、内江市试点经验的基础上，再选择3—5个有条件的市（州）进行市级统筹试点，摸索经验以利于全省实行规范的省级统筹。同年12月，省劳动和社会保障厅、省财政厅确定南充、乐山、眉山、甘孜四市（州）扩大完善市级统筹试点。

二、退休费用省级统筹

（一）统筹实施

由于退休费用县/市级统筹存在客观的局限性：统筹的范围窄，筹集的基金有限，抗御风险的能力小；基金分散在县/市，不能在全省范围内调剂，难以解决退休费用负担重的地区的森工、煤炭、盐业等行业的问题。1991 年 6 月，国务院《关于企业职工养老保险制度改革的决定》要求：尚未实行基本养老保险基金省级统筹的地区，要积极创造条件，由目前的县/市统筹逐步过渡到省级统筹。1992 年 1 月，省政府制定了《四川省全民所有制企业职工退休费用省级统筹实施方案》（以下简称《省级统筹实施方案》），规定从 1992 年 4 月起实行全民所有制企业职工退休费用省级统筹，基金的筹集由国家、企业和职工个人三方合理负担，实行统一费率、统一核算、统一调剂、分级负责、共担风险。1992 年 4 月 14 日、15 日，省政府召开了“四川省退休费用省级统筹实施大会”，退休费用省级统筹正式实施。

1993—2005 年，省政府每年制定了关于做好当年省级统筹工作的实施意见，推进省级统筹在统筹范围和对象、统筹项目、统筹基金筹集、基金征缴、基金调剂等方面工作的不断发展、完善，保证了全省养老保险省级统筹的平稳运行。

四川养老保险社会统筹，在推进过程中，为适应各地经济发展状况、养老金负担水平差异较大的客观情况，采取从县级统筹起步，过渡到市级统筹，再过渡到省级统筹的渐进式改革方式。至 2005 年，养老保险社会统筹尚处在县/市统筹与省级统筹共存发展、逐步完善的阶段。多数地区的市级统筹尚不完善，未实现市级统收统支。养老保险基金仍由省级统一核算，省和市两级调剂，结余基金由省/市/县分散管理，未达到“由省级统一调度使用，实行统收统支，由省级直接管理”的目标要求。

（二）统筹范围和对象

1992 年《省级统筹实施方案》规定：统筹范围包括地方全民所有制企业，企业化管理和自收自支的全民所有制事业单位，中央在川企业（不含国务院批准系统统筹企业）、外省在川企业（成都、重庆两市暂不列入省级统筹范围）。统筹对象包括企业的固定职工，劳动合同制职工，混岗大集体职工，退休职工（含离休职工、退休职工和按国务院 104 号文件①办理退职的职工）以及 1971 年 11 月 30 日前参加工作的计划内长期临时工。

从 1993 年起，统筹范围和对象逐年扩大。1993 年统筹范围扩大到全省供销社系统职工、在川的军队国有企业职工。1994 年扩大到四川航空公司、东方电气集团、四川农用车集团公司、重庆船舶公司等单位。1998 年扩大到城镇集体企业的职工和离退休人员。同年 9 月起，驻川中央属企业中原实行行业统筹的企业移交四川省管理。1999 年 7 月起成都市纳入省级统筹范围。2000 年扩大到城镇私营企业和其他城镇企业的职工和退休、退职人员。

从 2001 年起，四川各类企业、实行企业化管理的事业单位职工和离退休人员，城镇自由职业人员、城镇个体工商户以及参照个体工商户基本养老保险办法参加基本养老保险的人员，均从制度上全部纳入养老保险省级统筹范围。由全民所有制企业职工退休费用省级统筹，过渡到除机关公务员、财政拨款事业单位职工以外覆盖城镇各类企业和劳动者的养老保险省级统筹。

（三）统筹项目

1992 年《省级统筹实施方案》规定：统筹项目包括按规定计发的离休费、退休费、退职生活费；地方生活补贴；离休干部增发的生活补贴；粮价补贴；副食品价格补贴；肉价补贴；1985 年国务院规定的生活补贴；1989 年国务院规定提高的离退休待遇；1991 年规定的粮油价格补偿；因工致

注：①国务院《关于工人退休退职的暂行办法》（国务院 104 号文件）

残完全丧失劳动能力需人扶持的护理费等10项。

1993年，统筹项目增加了3项，分别是：1992年国务院规定新增加的离退休金；1992年每人每月5元的粮价补贴；从1992年11月起每人每月2元的粮价补贴。

1994年，统筹项目增加2项：1994年国务院规定增加的离退休金；1993年省委办公厅、省政府办公厅规定企业离休干部新增加的待遇。

1995—2005年，按照国务院建立基本养老金正常调整机制的规定，每年企业离退休人员按规定新增加的养老金，纳入统筹项目，共增加15项。

2002—2005年，先后规定原由企业负担的离退休人员待遇纳入统筹项目，共增加3项，分别是：2002年增加基本养老金领取者的死亡丧葬补助金；2003年增加劳动部、人事部、财政部、全国总工会1988年规定发给离退休人员的5—8元生活补贴费；2005年增加企业离退休人员因病、非因工死亡的一次性抚恤金（救济金）。

（四）统筹基金筹集

1992年《省级统筹实施方案》规定：统筹基金筹集按照“以支定收、略有结余、留有部分积累”的原则筹集。企业按工资总额与统筹项目的离退休费用总额“两项之和”的一定比例计提。各市（地、州）的统筹基金具体征集费率，由省核定，一年一定。省政府根据客观情况和改革养老保险制度的要求，规定了企业缴纳基本养老保险费的费率和基数，并逐步进行了统一。

企业缴纳基本养老保险费的费率 1992—1996年，由于各地退休费用负担存在差异，各市（地、州）/县（市、区）的企业缴费费率，均按当地具体情况确定，在省级统筹的范围内，县级/市级统筹在企业费率上未统一，企业所有制性质不同，缴费费率也不同。

1997年开始要求逐步统一各县（市、区）企业费率和各市（地、州）的企业费率，以过渡到实施全省统一的企业费率。到1999年，成都、自贡、泸州、广元、乐山、雅安、凉山7个市（地、州）统一了所在统筹范围内的企业费率。

2001年，四川省要求各市（州）未统一企业费率的，必须以市（州）为单位统一企业费率。统一的企业费率超过20%的，原则上维持不变，最高可暂按不超过30%进行控制，以后逐步降低企业费率。到2003年，各市（州）统一了本地所有企业的企业费率。

从2004年1月起，全省参加城镇企业基本养老保险省级统筹的各类用人单位缴费费率统一为20%。

企业缴纳基本养老保险费的基数 1986年开展退休费统筹时，四川省为均衡企业因退休人数不同的养老保险费负担，规定各企业缴纳基本养老保险费，是按工资总额与统筹项目的离退休费用总额“两项之和”的一定比例计提。从1998年7月起，要求各地确定企业缴纳基本养老保险费，都要统一按企业职工缴费工资总额作为缴费基数。仍按工资总额和离退休费用总额两个基数分别确定企业费率，或按两个基数之和为基数确定企业费率的，都要统一到企业职工缴费工资总额的口径上来。从2000年起，统一改为按职工工资总额一项为基数缴纳基本养老保险费。

2005年1月，全省统一企业缴纳基本养老保险费的缴费基数。参加企业基本养老保险的各类用人单位按本单位全部职工缴费工资之和为基数缴纳基本养老保险费。职工个人工资收入超过上一年度全省职工平均工资300%以上的部分，不计入缴费工资；低于上一年度全省职工平均工资60%的，按60%计算缴费工资（此前行业企业实行过渡办法，企业缴费工资未按省平均工资300%封顶）。

（五）统筹基金征缴

四川各地在退休费统筹开展初期，由于基金没有积累，企业有欠费，采取的办法是“差额缴拨”，即按企业应缴纳的养老保险费与应支付的养老金的差额，进行征缴或拨付，养老金由企业发放。从1998年7月起，四川省规定企业缴纳养老保险费由“差额缴拨”改为“全额缴拨”，即企业应缴纳的养老保险费与应支付的养老金，分别征收拨付，实行全收全支的收支两条线管理，养老金实行社会化发放。此后，基金征缴逐渐实行“全额缴拨”。

由于部分企业因多种因素存在着拖欠养老保险费的问题，基金征缴困难，各级劳动保障部门和社会保险经办机构，始终把征收基本养老保险费放在养老保险工作的重要地位，采取经济、行政、法律和舆论监督等多种措施，抓基金当期征缴和清理欠费。1999年全省贯彻国务院《社会保险费征缴暂行条例》以后，更加大了基本养老保险费征缴力度，征缴额以年均20%的增幅不断增长。从2003年起，随着参加养老保险人数的逐年增加，全省基金征缴实现收大于支，改变了以前年度当期收不抵支的状况。1986—2005年，全省累计征收基本养老保险费930.22亿元，年均增幅一直保持在14%以上。

（六）统筹基金调剂

1992年《省级统筹实施方案》规定：统筹基金按照“统一核算、分级管理、余额上缴、差额下拨、分级平衡、共担风险”的原则，实行计划管理。统筹基金的调剂，以全省统筹实际支付费用总额占“两项之和”的一定比例作为每年的调剂线。1992年的调剂线为15%。

1992年开始实施的调剂式省级统筹，是在各市（地、州）级统筹按省级统筹计划上缴省级调剂金、积累金的基础上，对各市（地、州）进行基金缺口的部分调剂，市（地、州）级统筹再对各县（市、区）级统筹进行部分调剂。省对市、市对县的两级统筹调剂，缓解了各地区之间、各县之间退休费用负担畸轻畸重的矛盾。1992—1994年，省级统筹计划调剂每年为2000万元，1995—1997年，每年为3000万元；随着各市（地、州）统筹基金积累不断增多，特别是中央财政从1998年开始分配的补助资金逐年加大，省级统筹计划调剂能力也不断增强，1998—1999年，每年为5000万元，2000—2002年，每年为8000万元；随着全省有1/3地区资金结构性缺口问题的突出，2003年省级统筹调剂力度加大，调剂总额达到3.10亿元；2004年，从省级调剂金与中央分配的缺口补助资金中安排了5亿元，用于全省的统一调剂；2005年，调剂总额为4.15亿元。1992—2005年，省级统筹计划内和计划外累计调剂约20亿元，基本建立起养老保险基金省级调剂机制。

到2005年，四川养老保险省级统筹基本覆盖了城镇各类企业和劳动者，实现了统一制度、统一费率和待遇标准、统一管理、统一调剂使用基金。全省基本养老保险统筹积累资金达到167.80亿元。

第三节 职工缴费和基本养老金计发办法

一、职工个人缴纳基本养老保险费

1991年国务院《关于企业职工养老保险制度改革的决定》规定：职工个人缴纳基本养老保险费，在调整工资的基础上逐步实行，缴费标准开始时可不超过本人标准工资的3%，以后随着经济的发展和职工工资的调整再逐步提高。按此规定，四川开始建立了职工个人缴费制度，并逐步提高了缴费标准。从 1992 年起，省政府规定了各年度的职工个人缴费标准。

1992 年 4 月起，全民所有制企业固定职工和劳动合同制工人个人缴纳养老保险费，本人月标准工资低于 100 元的缴 2 元，100 元及以上的缴 3 元。

1993 年开始实行基本养老金计发办法改革后至 1995 年，企业固定职工和劳动合同制工人按本人月缴费工资的 2% 缴纳。

1996—1997 年，企业职工按本人缴费工资的 3% 缴纳。

1998 年至 1999 年 6 月，企业职工按本人缴费工资的 4% 缴纳。城镇个体工商户从业人员个人按本人缴费工资的 8% 缴纳。

1999 年 7 月至 2000 年，企业职工个人缴费费率，按月缴费工资的 5% 执行。

2001—2002 年，企业职工个人缴费费率，按本人缴费工资的 6% 执行。城镇自由职业人员、城镇个体工商户以及参照个体工商户基本养老保险办法参加基本养老保险的人员，个人缴费费率统一按本人缴费工资的 20% 执行。

2003—2005 年，职工个人缴费费率按本人缴费工资的 8% 执行。

二、基本养老金计发办法

1979 年开始执行的养老金计发办法，是按标准工资的一定比例计算，适应于计划经济下统一的工资制度。但随着企业实行工资自主分配改革后，标准工资占工资收入的平均比重，从 1978 年的 85.70% 下降到 1990 年的 54%，再按标准工资计算养老金，将使养老金水平降低 20%—30%。因此，必须改革养老金计发办法，使其适用于各类企业、各类工资制度。

1992 年 4 月，省政府《批转四川省劳动厅深化国营大中型企业劳动、工资、社会保险制度改革的意见的通知》要求：在有条件的地区和企业，基本养老金实行结构养老金制度，将全省社会月平均工资与职工工作期间本人指数化月平均工资相结合，作为职工退休费计算基数。按此改革意见，1992 年 6 月，省劳动厅组织遂宁市、大邑县、眉山县、资阳县进行了基本养老金计发办法改革试点。11 月，省劳动厅下发《关于印发〈四川省企业职工基本养老金计发办法改革的原则意见〉的通知》，规定了基本养老金计发办法。基本养老金由两部分组成：“社会养老金”，按退休时上一年全省职工月平均工资的 25% 计算；“缴费养老金”按本人指数化月平均缴费工资乘以缴费年限的 1.5% 计算。另外加发规定的各种津补贴 39 元。

基本养老金计发办法改革，1993 年大面积推行，全省有 16 个市（地）开展，走在全国前列。1994 年全面推开，23 个市（地、州）全部实施。此项改革，执行到 1995 年年底。

三、社会统筹与个人账户相结合办法

基本养老保险实行社会统筹与个人账户相结合，是 1993 年 11 月中共中央《关于建立社会主义市场经济体制若干问题的决定》所确定的养老保险制度改革的基本原则。

1995 年 12 月，按照 1995 年 3 月国务院《关于深化企业职工养老保险制度改革的通知》的要求，省政府制定了《四川省企业职工基本养老保险社会统筹与个人帐户相结合办法》。该办法规定：从 1996 年 1 月起，为每个参加基本养老保险的人员建立基本养老保险个人账户。个人账户按职工缴费工资的 11% 记入，包括职工个人缴纳的全部基本养老保险费和从企业缴纳的基本养老保险费中，按

职工个人缴费工资一定比例记入的部分。以前个人缴纳的基本养老保险费的累计金额，一次性计入个人账户。城镇个体工商户本人、私营企业主等非工薪收入者，按其缴费工资的11%记入个人账户。

从1996年1月1日起实施的基本养老金计发办法规定：本办法实施后参加工作的职工，退休时基本养老金按“个人账户养老金”和“社会养老金”两部分计发：“个人账户养老金”为基本养老金保险个人账户储存总额的1/120；“社会养老金”为退休时上一年全省职工月平均工资乘以社会养老金比例。本办法实施前参加工作的职工，退休时基本养老金按“个人账户养老金”“社会养老金”“缴费养老金和补贴”三部分计发：“个人账户养老金”为基本养老金保险个人账户储存总额的1/120；“社会养老金”为退休时上一年全省职工月平均工资乘以社会养老金比例；“缴费养老金和补贴”，缴费养老金按本办法实施前的缴费年限（含视同缴费年限的连续工龄），每满1年按指数化月平均工资的一定比例计算，同时加发一定比例的补贴。计算社会养老金比例为：缴费年限满10年的，按上一年全省职工月平均工资的15%计算，在此基础上，缴费年限每增加1年加发0.5%，社会养老金比例最高为25%。计算缴费养老金的比例为1.3%—1.4%（各地比例按省批准的执行）。此办法从1996年1月至1997年12月执行。

1997年12月，按照1997年7月国务院《关于建立统一的企业职工基本养老保险制度的决定》的规定，省政府制定《四川省贯彻统一的企业职工基本养老保险制度实施办法》。该办法规定：从1998年1月起，基本养老保险个人账户按职工缴费工资的11%建立。个人账户包括：职工个人缴纳的基本养老保险费；从企业缴纳的基本养老保险费中，按职工个人缴费工资一定比例划入的部分。原已从1996年1月起建立的个人账户与此合并。城镇个体工商户本人及其从业人员，其他非工薪收入者，个人账户按本人缴费工资的11%建立。城镇个体工商户从业人员的个人账户包括：个人缴纳的8%的基本养老保险费，从个体工商户主为其缴纳的基本养老保险费划入的3%部分。

从1998年1月1日起实施新的基本养老金计发办法规定：1996年1月1日及以后参加工作，个人缴费年限累计满15年的职工退休后，基本养老金第一部分为“基础养老金”，按退休时上一年全省职工月平均工资的20%计算；第二部分为“个人账户养老金”，按退休时个人账户储存额的1/120计算。1995年12月31日及以前参加工作，1998年1月1日以后退休、个人缴费年限和视同缴费年限累计满15年的职工退休后，基本养老金第一部分为“基础养老金”，按退休时上一年全省职工月平均工资的20%计算；第二部分为“个人账户养老金”，按退休时个人账户储存额的1/120计算；第三部分为“过渡性养老金”，按1995年12月31日及以前未建立个人账户的缴费年限（含视同缴费年限的连续工龄），每满1年按本人指数化月平均缴费工资的1.3%—1.4%计算（具体比例按各地原规定执行）；第四部分为“综合性补贴”，按63元（包括国务院、省政府原规定的粮价、肉价、副食品价格等补贴39元，统一制度后为平衡养老金水平增加的24元）和1966年省劳动局规定的粮价补贴之和的一定比例计算，计算补贴的比例为：本人未建立个人账户的缴费年限除以累计缴费年限。获得全国和省劳动模范称号、持有独生子女证、艰苦边远地区工作的职工，高级专家等可分别增发规定比例的养老金。此办法从1998年1月至2005年12月执行。

2004年年底以前，全省有20个市（州）在计发基本养老金时，依据上年度全省职工平均工资为基数，只有成都市是以上年度成都市职工平均工资为基数。2005年8月，省政府《关于2005年度企业基本养老保险有关问题的通知》规定：从2005年1月1日起，全省参加企业基本养老保险的新增退休人员计发基本养老金时依据的上一年度全省职工平均工资基数，以省劳动保障厅、省统计局共同发布的《四川省劳动和社会保障事业发展统计公报》公布的年度数据为依据。按此规定，从2005年起统一了全省计发基本养老金基数。

第四节　基本养老金的发放和调整

一、基本养老金发放

1986—1997年，四川各地在养老保险费的征收和养老金的发放上，多数采取的办法是“差额缴拨”，即按企业应缴纳的养老保险费与应支付的养老金的差额，进行征缴或拨付，养老金由企业发放。按此办法，多数企业能基本保障养老金按时足额发放，但部分离退休人员多、经济效益差的企业，却难以保障养老金按时足额发放，拖欠养老金时有发生。

1998年5月，省劳动厅、省财政厅下发的《关于确保国有企业离退休人员养老金按时足额发放的通知》要求，从1998年7月1日起，企业缴纳的社会保险费由“差额缴拨”改为“全额缴拨”，企业应缴纳的养老保险费与应支付的养老金，分别征收拨付，实行全收全支的收支两条线管理，养老金实行社会化发放，确保基本养老金按时足额发放。按此要求，全省各地把确保企业离退休人员基本养老金当期按时足额发放作为首要任务，建立健全确保发放的应急机制，通过积极扩大养老保险覆盖面，提高基金的收缴率，清理追缴企业欠缴的养老保险费，加强基金余缺调剂，严格控制企业职工提前退休，全力推行社会化发放，从制度和措施上保证基本养老金的按时足额发放。从1998年起，当期按时足额发放率均达到100%。

1998年9月，在配合实施四川天然林资源保护工程过程中，按照省委、省政府对森工企业离退休人员特殊安置的决定，对先后三批接收安置的6.46万名森工企业离退休人员，全部实行养老金由省级社保机构按时足额发放。

1999年9月，按照《国务院办公厅转发劳动和社会保障部等部门关于做好提高三条社会保障线水平有关工作意见的通知》的规定，省政府部署了一次性补发拖欠养老金的实施工作，全省企业在1998年6月底前拖欠的企业离退休人员统筹项目内的养老金，以1999年6月上报的拖欠额为准，由中央财政一次性补发3.21亿元。

2000年5月，国务院下发《关于切实做好企业离退休人员基本养老金按时足额发放和国有企业下岗职工基本生活保障工作的通知》，进一步要求确保国有企业离退休人员基本养老金按时足额发放，不能拖欠，过去拖欠的要逐步补发。

2001年1月，劳动和社会保障部、财政部、国防科工委召开“确保中央军工企业离退休人员基本养老金发放工作座谈会”，部署了春节前补发1999年年底前军工企业拖欠的养老金。对在川军工企业拖欠的养老金，由中央财政一次性补发2713万元。

2005年9月，省政府《关于解决企业原拖欠离退休人员基本养老金问题的通知》决定：对企业在1998年6月底以前拖欠的统筹项目内的基本养老金（指1999年漏报且末补发的）予以一次性补发。采取省上补助一点、市（州）出一点和企业解决一点的办法，补发了涉及16个市（州）、1780户企业拖欠的15.20万退休人员养老金3.54亿元（省补助1.95亿元），成为全国第17个无历史拖欠养老金的省份。

二、中央财政养老保险转移支付资金补助

中央财政转移支付养老保险资金补助，是实行国家、企业、个人三方共同负担养老保险费用的一个重要方面。1986—1997 年，国家未对地方直接给予养老保险资金补助。1998—2005 年，中央财政通过解决企业离退休人员养老金发放专项借款、调整提高企业离退休人员基本养老金水平资金补助、对中央军工企业基本养老保险基金缺口补助、对原行业统筹企业移交地方后形成的基本养老保险基金缺口补助、对地方企业职工基本养老保险基金缺口补助、一次性补发拖欠养老金等项目，8 年共下达养老保险转移支付资金 181. 60 亿元。省劳动厅、省财政厅每年报经省委、省政府领导批准，将中央财政养老保险资金补助分配到各地，确保了基本养老金按时足额发放。

三、基本养老金调整

按照国务院，劳动和社会保障部（劳动部）、财政部，以及省委、省政府的规定，在 1986—2005 年中，有 15 年共 20 次调整、增加了企业离休、退休人员的养老金。其中，从 1992 年起，连续 14 年都对企业离休、退休人员同时或单独调整、增加了养老金，不断提高了基本养老金水平。至 2005 年年底，全省企业离退休人员人均月基本养老金达到 603 元，比 1986 年的人均水平增长 7 倍多。

1989—2005 年四川省企业离休、退休退职人员基本养老金调整情况表

表 3—1

调整时间	月调整标准				文件规定
	离休人员	建国前参加革命退休老工人	退休人员	退职人员	
1989 年 10 月 1 日起	按参加革命时间分别增加到 124 元、87. 5 元、78 元、70 元。另增加 1 级工资之差，最低为 8 元	同退休人员	1 级工资之差，最低为 8 元。1957 年来未升级的再增发 1 级工资之差。最低保证数为 50 元（此前为 30 元）	1 级工资之差，最低为 8 元。1957 年来未升级的再增发 1 级工资之差。最低保证数为 40 元（此前为 25 元）	国发〔1989〕83 号、川府发〔1990〕86 号
1992 年 1 月起	10 元 + 本人离休金 10%，最低为 12 元	同退休人员	10 元 + 本人退休金 10%，最低为 10 元	同退休人员	国发〔1992〕29 号、川府发〔1992〕100 号
1993 年 4 月 1 日起	按参加革命时间分别增加 60 元、55 元、50 元、45 元、40 元	—	—	—	川委办〔1993〕50 号
1993 年 10 月起	按离休时间分别增加 100 元、85 元、70 元、60 元	按退休时间分别增加 100 元、85 元、70 元、60 元	按退休时间分别增加 60 元、45 元、30 元、20 元	按退职时间分别增加 36 元、27 元、18 元、12 元	国发〔1994〕9 号、川府发〔1994〕80 号
1994 年内离退休，从本企业职工实际增加工资之月起	60 元	60 元	20 元	12 元	川府发〔1994〕77 号、川劳险〔1994〕39 号

续表3—1

调整时间	月调整标准				文件规定
	离休人员	建国前参加革命退休老工人	退休人员	退职人员	
1995年1月起	按不同职务分别增加生活补贴210元、145元、100元、70元、50元	10元	—	—	川委办〔1995〕7号
1994年12月31日前离退休，从1995年7月1日起	35元	35元	35元	20元	国发〔1995〕6号、川劳险〔1995〕13号
1995年12月31日前离退休，从1996年7月1日起	不超过25元	不超过25元	不超过20元	不超过15元	川府发〔1995〕178号、川劳险〔1996〕41号
1996年12月31日前离退休，从1997年7月1日起	按参加革命时间分别增加100元、90元、80元、70元、60元、50元	40元	1996年1－12月退休的12元。1995年12月31日前退休的，按缴费年限分别增加30元、25元、20元、17元	1996年1－12月退职的9元。1995年12月31日前退职的11元	劳部发〔1997〕226号、川劳险〔1997〕18号
1997年12月31日前离退休，从1998年7月1日起	25元	25元	15元	10元	川府发〔1997〕151号、川劳险〔1998〕53号
1999年6月30日前离退休，从1999年7月1日起	135元	135元	按参加工作和退休时间分别增加70元、55元、40元	按参加工作和退职时间分别增加60元、45元、30元	国办发〔1999〕69号、川劳办〔1999〕116号
2000年7月1日起	按参加革命时间和职级分别按1350—850元标准差额补齐	—	—	—	川委办〔2000〕79号
2001年1月1日起	按参加革命时间和职级分别增加280—110元	1、分别按800元、750元标准补足差额。2、月增加105元	—	—	劳社部发〔2001〕12号、川劳社养〔2001〕7、41、42号
2000年12月31日前退休退职，2001年7月1日起	—	—	按参加工作和退休时间分别增加55元、45元、30元	按参加工作和退职时间分别增加40元、30元、20元	劳社部发〔2002〕3号、川劳社养〔2002〕13号

续表3—1

调整时间	月调整标准				文件规定
	离休人员	建国前参加革命退休老工人	退休人员	退职人员	
2001年10月1日起	按参加革命时间和职级分别增加280—110元	100元	—	—	川劳社养〔2002〕14、15号
2001年12月31日前退休退职，2002年7月1日起	—	80元	普调：按退休时间和缴费年限分别增加35元、30元、25元、20元，不足300元的补足。另有4类人员特别调整按65—50元增加	按退休人员各档次标准低10元，不足280元的补足	劳社部发〔2002〕16号、川劳社发〔2002〕13号
2003年7月1日起	按职级分别增加220—65元	—	—	—	劳社部发〔2004〕2号、川劳社办〔2004〕17号
2003年12月31日前退休退职，2004年7月1日起	—	80元	普调：按退休时间分别增加45元、30元，不足300元的补足。另有4类人员特别调整按60元增加	按退职时间分别增加30元、20元，不足280元的补足。另有4类人员特别调整按50元增加	劳社部发〔2004〕24号、川劳社发〔2004〕97号
2005年1月起	按职级和参加革命时间，养老金达不到2235—1135元，分别按标准调整	—	—	—	川老发〔2005〕6号、川劳社办〔2005〕78号
2004年12月31日前退休退职，2005年7月1日起	—	115元	普调：先增加25元，再按缴费年限每满1年增加1元，月养老金不足350元的补足。另有4类人员特别调整再按标准和年龄增加	普调：先增加25元，再按缴费年限每满1年增加1元，月退职生活费不足300元的补足。另有4类人员特别调整再按标准和年龄增加	劳社部发〔200〕21号、川劳社发〔2006〕21号

说明：摘自相应年度文件规定

第五节　养老保险特殊政策

一、破产企业职工养老保障

按照建立社会主义市场经济体制的要求，1986 年全国人大常委会颁布《中华人民共和国企业破产法（试行）》，此后，企业破产陆续实施。1993 年 7 月，省劳动厅、省高级人民法院、省经济体制改革委员会、省总工会联合制发《关于破产企业离退休职工养老保险费用有关问题的通知》规定：企业历年所欠的统筹养老保险基金和离退休费用，在清偿企业债务时应优先偿还。1993—2005 年，各级劳动部门和社会保险机构在落实规定过程中，开展破产企业职工养老保障的各项工作：

参加进企业破产清算小组，提供破产企业历年所欠的统筹养老保险基金和离退休费用数据，争取按规定足额清偿，保障职工及离退休人员合法权益。

优先做好破产企业职工基本养老保险关系的接续和转移。办理部分破产企业需一次性缴纳养老保险费用；办理破产企业职工以个体劳动者或灵活就业人员身份接续养老保险关系；办理部分破产企业职工需迁到外地的养老保险关系的转移，解除破产企业职工后顾之忧。

重点做好破产企业离退休职工的管理服务工作。社会保险机构对破产企业的离退休职工实行建立退休管理服务站办法，进行直接管理服务和养老金社会化发放。

二、纺织行业职工提前退休

1998 年 3 月，国务院对纺织行业压锭减员，规定了职工提前退休的养老保险特殊政策。同年 5 月，省劳动厅、省纺织总会转发《〈关于做好纺织行业压锭减员分流安置工作的通知〉的通知》规定：企业 3 年内有压锭任务的纺纱和织布工种中，连续工龄满 20 年以上距法定退休年龄不足 10 年，从事挡车工作 10 年以上现仍在挡车岗位的职工，可提前退休。距法定退休年龄每差 1 周年减发 2% 的基本养老金。提前退休实行总量控制。同年 6 月，劳动和社会保障部、国家经济贸易委员会下达四川 1998—2000 年间提前退休人员计划数 1437 人。1998 年 9 月至 2000 年 1 月，省劳动厅、省纺织总会先后分 6 批共下达提前退休指标分配数 1398 人，并按规定审批办理了提前退休。

三、企业政策性破产提前退休审批和欠费核销

（一）关闭破产企业职工政策性提前退休

1994 年 10 月，国务院《关于在若干城市试行国有企业破产有关问题的通知》规定：国有企业破产时，距离离退休年龄不足 5 年的职工，经本人申请可以提前离退休；因工致残或者患严重职业病、全部或大部分丧失劳动能力的职工，作为离退休职工安置。1997 年 3 月，国务院确定的企业“优化资本结构”111 个试点城市中四川有成都、绵阳、自贡、乐山、内江 5 个城市，规定其国有企业破产可执行提前退休政策。2000 年 5 月，全国企业兼并破产和职工再就业工作领导小组《关于 2000 年全国企业兼并破产工作意见的通知》规定：凡经国务院批准的兼并、破产、关闭项目，不论是否在试点城市，均执行国务院规定的有关政策。按照上述规定，2001 年 5 月，省劳动和社会保障厅《关于做好我省关闭破产企业职工提前退休审批工作的通知》，要求各地严格按照规定程序办理提

前退休审核，报省厅审批。2000—2003 年，省劳动和社会保障厅分别审批各地符合规定的 77 户关闭破产企业职工政策性提前退休共 5030 人。

（二）资源枯竭关闭破产矿山职工提前退休

2000 年 6 月，中共中央办公厅、国务院办公厅下发的《关于进一步做好资源枯竭矿山关闭破产工作的通知》规定：关闭破产矿山的全民所有制职工执行提前 5 年（男 55 周岁、女干部 50 周岁、女工人 45 周岁）退休的政策。其中，从事井下、特别繁重体力劳动和有毒、有害特殊工种的职工，可提前 10 年（男 50 周岁、女 40 周岁）退休。提前 5 年退休的职工，每提前退休 1 年，其基本养老金减发 2%。2001 年，省劳动和社会保障厅按规定审批率先实施的 3 户国有重点煤矿关闭破产企业职工政策性提前退休、退养 3208 人。

（三）关闭破产军工企业职工提前退休

2002 年 3 月，国务院《关于印发军工企业改革脱困方案的通知》规定：核工业矿山、地处深山职工再就业困难的三线企业的关闭破产，执行资源枯竭矿山关闭破产的提前退休政策；其他军工企业关闭破产，执行试点城市关闭破产的提前退休政策。

2004—2005 年，省劳动和社会保障厅按规定分别审批全省关闭破产的资源枯竭矿山和军工企业职工提前退休 1754 人、2265 人；退养 839 人、1157 人。

（四）企业欠缴养老保险费的核销

2002 年 10 月，根据劳动和社会保障部、财政部、国家经贸委有关规定，省劳动和社会保障厅、省财政厅下发《关于做好关闭破产企业养老保险欠费核销工作的通知》规定：破产企业欠缴的养老保险费，应按有关规定在资产变现收入中予以清偿，对未能完全清偿欠缴的养老保险费部分方可上报申请核销；企业缴费中应划入职工个人账户部分和职工个人缴费不得申请核销；由市（州）政府报省劳动和社会保障厅、省财政厅核批。2002—2005 年，共审批核销 15 个市（州）和省本级 142 户破产企业欠缴养老保险费 2.70 亿元。

四、困难国有企业军转干部提前退休

2003 年 10 月，中共中央办公厅、国务院办公厅《转发人事部等部门〈关于进一步贯彻落实人发〔2002〕82 号文件精神，切实解决部分企业军转干部生活困难问题的意见〉的通知》规定：在困难国有企业工作，距法定退休年龄 5 年以内的军转干部，如本人自愿可提前退休，并按国家现行规定相应减发基本养老金。“困难国有企业”的范围是经当地政府认定的停产、半停产或申报破产的国有企业。2004 年，省劳动和社会保障厅按规定批准各地的提前退休企业军转干部 394 人。

1986—2005 年四川省企业职工基本养老保险历年主要数据

表 3—2

年　份	参保人数（万人）	离退休人数（万人）	基金征缴额（亿元）	养老金支出（亿元）	人均养老金（元/月）
1986	21	4.88	0.55	1.55	—
1994	496.30	141.45	26.69	26.51	156

续表3—2

年　份	参保人数（万人）	离退休人数（万人）	基金征缴额（亿元）	养老金支出（亿元）	人均养老金（元/月）
1995	507.72	153.15	38.80	34.70	189
1996	502.04	157.55	46.15	40.12	212
1997	319.46	110.53	34.55	34.46	281
1998	356.90	137.98	47.54	58.97	369
1999	378.48	148.46	54.20	70.71	428
2000	412.17	159.49	76.76	81.73	439
2001	409.50	169.40	83.66	90.07	460
2002	389.30	173.82	97.83	108.05	530
2003	399.49	182.92	121.85	115.92	543
2004	422.79	193.49	132.15	124.73	574
2005	456.88	204.23	156.87	143.70	603

说明：除1986年数据外，均摘自《四川劳动和社会保障统计年鉴（2005）》

第六节　补充养老保险

四川企业补充养老保险制度，是从1982年在南充市街道集体企业开始试点建立的。1990年9月，省劳动厅《转发南充地区劳动局等七部门制定的〈国营企业职工补充养老保险试行办法〉的通知》，强调“建立国营企业职工补充养老保险制度，是社会保险制度改革的重要组成部分。实行这一办法，对于增强企业凝聚力，调动广大职工的积极性，促进生产发展，有着重要作用。请各地抓紧研究制定方案，认真开展试点工作”，开始推进建立企业补充养老保险制度，广元、宜宾等地相继开始开展试点。

1991年6月，《国务院关于企业职工养老保险制度改革的决定》要求：随着经济的发展，逐步建立基本养老保险与企业补充养老保险和个人储蓄性养老保险的制度。同年11月，省政府《贯彻执行国务院关于企业职工养老保险制度改革的决定的通知》规定：凡经济效益比较好的国营企业都应实行补充养老保险，企业留利多的可以多补充，留利少的可少补充或暂时不补充。在川中央企业和省/地/县（市、区）属国营企业，都要分期分批逐步实行补充养老保险。企业补充养老保险金从企业自有资金中的奖励、福利基金中开支。企业补充养老保险基金由当地社会保险机构管理与经办。同月，省职工社会保险事业管理局在南充召开了“全省企业补充养老保险工作会议”，以推进全省企业补充养老保险工作。

1992年3月，省劳动厅、省财政厅下发《关于建立企业补充养老保险制度的意见》，提出建立企业补充养老保险的政策意见，要求企业在参加基本养老保险的基础上，在国家政策的指导和鼓励下，建立企业补充养老保险制度，并根据自身经济能力组织施行。从1992年起，建立企业补充养老保险制度的试点有较大进展，到1993年年末全省有12个市（地）的95个县（市、区）开展了这项改革，职工12万多人，补充养老保险总金额达830万元。此后，由于受经济效益影响和企业无积极性，参加补充养老保险的企业不断减少，1997年年末参加企业641个，职工6.34万人，领取人数2428人。

1997年12月，省政府《贯彻国务院关于建立统一的企业职工基本养老保险制度的决定的通知》规定：企业补充养老保险费用，经劳动部门和财政部门批准，按本企业工资总额的3%—5%提取的部分，可从企业管理费中列支。在此政策引导下，参加补充养老保险的企业不断增加。1998年参加企业799个，职工6.29万人，领取人数3302人。1999年参加企业908个，职工6.39万人，领取人数4619人。到2000年年末，全省有19个市（州）的90个社保经办机构和2个大企业自办的经办机构开展了企业补充养老保险。参保企业1024个，参保职工6.87万人，领取人数5401人，累计基金结余2.13亿元。

四川企业补充养老保险虽然起步较早，但总体上发展缓慢，参保人数仅占参加企业基本养老保险人数的1.67%；在地域之间、企业之间发展不平衡，主要集中在成都市，其基金结余占全省基金结余的75.74%。

2000年12月，国务院《关于印发完善城镇社会保障体系试点方案的通知》，将企业补充养老保险改称为企业年金。

2004年1月，劳动和社会保障部发布《企业年金试行办法》《企业年金基金管理试行办法》，规定社会保险经办机构管理的企业年金业务要逐步过渡，移交给具备资格的专业机构按市场化原则管理运营。企业年金制度在政府政策指导下实施，政府有关部门对企业年金的实施情况进行监督。

企业年金由企业和职工双方共同缴费，实行完全积累式的个人账户管理，企业和职工缴费全部记入职工个人账户，职工达到退休年龄时，一次性或分期领取。企业年金采用信托模式下的市场运作和管理，设立企业年金的企业及其职工作为“委托人”，同“受托人”（企业成立的企业年金理事会或符合国家规定的法人受托机构）确立信托关系，“受托人”按照合同法的规定委托“账户管理人”，对企业年金个人账户进行动态管理；委托投资运营机构作为“投资管理人”，对年金基金进行投资运营；选择具有资质的商业银行或专业托管机构作为“托管人”，委托承担年金基金的财产保管。

2004年5月，省劳动和社会保障厅《关于转发〈劳动保障部关于开展企业年金清理检查工作的通知〉的通知》，要求对企业年金工作情况进行清理检查。检查表明：由于企业对年金制度的意识缺位和企业受限于经济能力等因素，2000年后全省各地的企业年金工作发展缓慢，部分地区出现停滞。到2004年3月，全省有17个市（州）的454个企业（不含中央在川企业）建立了企业年金计划，职工达11.35万人，年金积累基金总量为4.37亿元，人均3850元。受原由社会保险经办机构管理的企业补充养老保险业务逐步移交专业机构的影响，2005年年末，全省实行企业年金制度的在职职工为7.60万人。

第七节　机关事业单位养老保险

一、离退休待遇规定

1979年至1985年6月，机关事业单位人员离退休，分别按照1978年国务院《关于安置老弱病残干部的暂行办法》《国务院关于发给离休退休人员生活补贴费的通知》《关于工人退休、退职的暂行办法》、四川省革命委员会《关于认真贯彻执行国务院关于安置老弱病残干部的暂行办法和关于工人退休、退职的暂行办法的通知》、1980年国务院《关于老干部离职休养的暂行规定》等党政机关、群众团体、企业、事业单位的干部离退休制度，以及全民所有制企业、事业单位和党政机关、群众团体的工人退休制度的统一规定执行。

1985年7月至1993年9月，机关事业单位人员离退休，按照1985年6月中共中央、国务院《关于国家机关和事业单位工作人员工资制度改革问题的通知》和国务院工资制度改革小组、劳动人事部《关于实施国家机关和事业单位工作人员工资制度改革方案若干问题的规定的通知》规定执行。工资制度改革后国家机关、事业单位的离休、退休人员，其离退休金计发基数，以本人的基础工资、职务工资、工龄津贴之和为基数，计发比例按1978年《国务院关于安置老弱病残干部的暂行办法》的规定执行。

1993年10月至2005年，机关事业单位人员离退休，按照1993年11月国务院《关于机关和事业单位工作人员工资制度改革问题的通知》、国务院办公厅《关于印发机关、事业单位工资制度改革三个实施办法的通知》和1994年3月省政府《关于实施机关和事业单位工作人员工资制度改革的通知》的规定执行。机关事业单位退休职工的退休金计发规定改革为：

机关干部退休金计发基数和比例：以本人退休时的职务工资和级别工资金额之和为基数，工作年限满35年的按88%计发；满30年不满35年的按82%计发；满20年不满30年的按75%计发。满10年不满20年按70%、不满10年的按50%计发。基础工资和工龄工资按100%计发。

机关工人和事业单位工作人员退休金的计发基数和比例：以本人的职务（技术等级）工资和津贴之和（指固定部分和浮动部分之和）为基数，工作年限满35年的按90%、满30年不满35年的按85%、满20年不满30年的按80%、满10年不满20年的按75%计发。

退职人员退职生活费计发基数和比例：机关的工人和事业单位工作人员，因伤、病、残完全丧失劳动能力，又不符合病退条件（工作年限和年龄）的人员，只能退职。其退职生活费，以退职时职务（技术等级、岗位）工资与津贴（机关工人为奖金，工资构成中活的部分，其中核定收支、经费统筹事业单位津贴比例超过40%的，按40%计算）之和为基数，工作年限满30年及以上的按65%、满20年不满30年的按60%、满10年不满20年的按55%、10年以下的按50%计发。

二、养老保险制度改革试点

根据国务院《关于企业职工养老保险制度改革的决定》相关内容的精神，1992年人事部下发了《关于机关、事业单位养老保险制度改革有关问题的通知》，提出机关事业单位养老保险制度的改革，要贯彻中共中央、国务院关于“按照国家、集体、个人共同合理负担的原则，在城镇各类职工中逐步建立社会养老保险制度”的决定精神，逐步改变退休金全部由国家包下来的做法。要在总结中国现行干部退休制度的基础上，建立国家统一、具有中国特色的机关事业单位社会养老保险制度。按照这一精神，1993 年四川省机关事业单位基本养老保险制度改革试点在阆中市率先开展。

1995 年 2 月，省政府下发了《关于开展全省机关事业单位社会保险工作的通知》，规定对四川省机关、事业单位（包括自收自支事业单位）工作人员（含合同制工人、按人事部门下达招干计划招聘的乡镇聘用干部）和国家决定由四川省负责的中央在川机关、事业单位工作人员的社会保险工作，由各级政府人事部门负责。过去由劳动部门和保险公司组织实施的机关、事业单位合同制工人、自收自支事业单位工作人员、乡镇聘用干部的社会养老保险工作移交各级人事部门管理。同时，选择有条件的县（市、区）进行“一步到位”全员养老保险试点，为全面推进四川省机关、事业单位社会保险制度改革探索经验。同月，省政府办公厅下发了《关于省直和中央在川机关、事业单位合同制工人和自收自支事业单位工作人员社会养老保险工作移交问题的通知》，对原参加成都市劳动部门社会保险机构经办的省直和中央在川机关、事业单位合同制工人和自收自支事业单位工作人员的社会养老保险工作（含社会养老保险基金），从 1995 年 10 月 1 日起，移交给省人事厅机关事业单位社会保险机构管理。按照以上文件规定，从 1995 年 10 月 1 日开始，全省陆续起动机关事业单位的养老保险工作。

由于国家和省均未出台机关事业单位社会保险统一规范性的指导文件，全省各市（地）/县开展试点的范围、改革方案都各有差异。全省的试点范围主要有以下几种情况：部分市（地）/县开展了全员机关事业单位养老保险改革试点，参保范围覆盖了所有机关事业单位及全体职工，占整个改革试点面的 85%；部分市/县参保范围仅限于机关事业单位合同制工人和自收自支事业单位职工，占整个改革试点面的 10%；部分市/县参保范围限于机关事业单位合同制职工，占整个改革试点面的 5%。

在缴费基数方面，各地在制定改革试点方案时，有的按在职职工工资总额作为缴费基数，参保单位和职工按此基数的一定比例缴纳养老保险费；也有的按单位在职职工工资总额加上支付离退休职工的离退休费之和作为缴费基数，并按一定比例缴费。试点方案的单位缴费比例一般在 20%—38% 之间，个人缴费比例为 1%—3%。部分试点市、县对个别离退休费负担较重的自收自支事业单位，按收支相抵的原则，提高了单位缴费比例。在征缴模式上，主要是按照收支两条线的征缴机制运行，也有个别地方由于财政经费困难，实行收支相抵适当调剂的办法。基本养老保险费的征收主要由机关事业单位养老保险经办机构负责。

经办机构的管理费用，在改革试点工作起步阶段，部分试点市/县经当地政府批准，参照企业养老保险提取管理费的办法，按征收养老基金额的一定比例提取管理费，用于机关事业养老保险经办机构人员经费和事业费。1998 年起按财政部规定，单位人员和办公经费纳入同级财政解决，不再提取管理费，养老保险经办机构的经费由同级财政列入预算拨款解决。

在机关事业单位养老保险改革试点中，机关和事业单位在职人员的工资基数确定和离退休费的计发，执行的都是国务院及人事部门有关政策规定。因此，各试点市/县未实行基本养老保险与个人帐户相结合的模式。基本养老保险都是县（区）一级实行单独统筹，养老保险基金纳入财政专户管理，少数地区财政安排了对机关事业单位基本养老保险基金的专项补助。在养老金的支付上，均按国家规定的机关事业单位工作人员退休后计发的退休费为基数，纳入统筹的津补贴全额发给，退休费的调整按国家人事部门对机关事业单位退休人员的政策规定进行。养老金的发放主要由社保经办部门按月或季度划拨给单位，由单位代发给离退休人员。有部分市/县开展了委托银行代发的社会化发放的试点。

机关事业单位养老保险费的征缴，因缺乏强有力的行政、法律手段，征缴工作难度日益加大。同时由于机关事业单位改革试点养老保险基金统筹层次低、财政未兜底、未给予专项补贴，而养老金待遇要按国家规定的机关事业单位退休人员统一的退休待遇政策调整，部分市/县在试点方案中明确了先收后支的原则，一些地方存在着个别单位未足额缴费，而社保部门未按时发放养老金的实际情况。

根据2000年《国务院关于印发完善城镇社会保障体系试点方案的通知》的要求，2002年3月，省政府办公厅《转发四川省劳动和社会保障厅、四川省财政厅、四川省人事厅关于完善我省机关事业单位养老保险制度改革试点工作的意见的通知》，明确了要认真清理规范养老保险统筹项目和计发标准，逐步过渡到全地区统一。统筹项目内养老金必须确保按时足额发放，统筹项目外的部分按原经费渠道发放。同时，要积极稳妥推进参保离退休人员养老金社会化放。通知还规定从2002年1月1日起，各试点单位职工按本人缴费工资（凡纳入本单位事业部门工资基金管理的职工工资和各种津补贴为缴费基数）缴纳养老保险费的比例，原则上调整为：不到4%的按4%缴纳，高于4%的暂维持不变，并以此建立养老保险个人账户，职工此前个人缴纳的养老保险费并入个人账户，职工跨统筹范围流动时，个人账户随同转移，职工或退休人员死亡，个人账户可以继承。

2004年2月，省劳动和社会保障厅《关于调整省直和中央在川单位参加机关事业养老保险缴费比例的通知》，将在省本级参保单位缴费比例由原22%提高到23%，个人缴费比例由4%提高到5%。

到2005年年底，四川机关事业单位养老保险制度改革仍处于试点阶段。全省有20个市（州）及省本级、140个县（市、区）开展了改革试点，参保单位2.78万个，参保职工105.80万人，退休人员27.10万人，2005年发放养老金29.30亿元，基金累计结余28.15亿元。其中，省机关事业单位社会保险基金管理中心管理的参保单位637个，参保人员2.20万人，离退休人员3794人，2005年养老保险费征收7350万元，发放养老金5294万元，月人均养老金1163元，基金累计结余1.63亿元。

第八节　农村社会养老保险

1949年中华人民共和国成立后，农民老年生活主要是靠家庭和土地来保障，鳏寡老人则主要依靠1956年国家建立的农村“五保”① 制度以及社会救济制度来保障。1991年国家开始建立农村社会养老保险制度。

1991年7月，根据国务院《关于企业职工养老保险制度改革的决定》和国家体改委、民政部、劳动部《关于城镇和农村社会养老保险分工的通知》精神，四川明确：四川省凡城镇户口并由国家

注：①农村中无法定扶养义务人，无劳动能力，无生活来源的老年人、残疾人和未成年人，国家对其进行生活照顾和物质帮助。所谓“五保”，主要包括：保吃、保穿、保医、保住、保葬（孤儿为保教）。

供应商品粮的国营、集体、外商投资和私营企业职工及其他劳动者的养老保险由劳动部门负责，凡非城镇户口且不由国家供应商品粮的公民（含乡镇企业职工）的社会养老保险由民政部门负责。

在省民政厅的安排组织下，1991 年 11 月，南充市（现为南充市的顺庆区、嘉陵区的一部分）在全省率先开展了农村社会养老保险的试点，市政府发出《关于认真做好农村社会养老保险试点工作的通知》和《南充市农村社会养老保险暂行办法》。截至 1991 年年底，南充市有农村人口 85732 人，其中应参保人数为 35537 人，实际参保人数为 34205 人，参保率达 96.25%。征收农村社会养老保险费 985678 元，其中个人缴纳 704835 元，占 71.50%，国家、集体补助 280843 元，占 28.50%。。

1992 年试点扩大到自贡市荣县和重庆市沙坪坝区、北碚区，成都市金牛区、青羊区、锦江区等 8 个区县。试点县（区）做法的共同点是：凡户口在农村的居民，为农村社会养老保险对象；投保年龄不分性别、职业均为 20 至 60 周岁，60 周岁后开始领取养老金；以各村或乡办企业为投保单位；保险资金的筹集以个人交纳不低于 60%，集体适当补助；基金在农业银行开设专户，纳入财政预算外资金统一管理；保值增值主要是购买国家财政发行的特种债券等，同时建立监督保障机制；提取管理服务费用于工作人员工资、福利、办公、培训等。

1992 年 1 月，民政部颁发《县级农村社会养老保险基本方案〈试行〉》。确定农村社会养老保险建立个人基金账户，个人缴费及集体补助记在个人名下，保险基金按一定的增值率增值，据此计算养老金标准。同年，民政部批准四川 24 个县（市、区）开展农村社会养老保险试点。

同年 2 月，省政府议定：今后，凡要求开展农村社会养老保险试点的县（市、区），需经省政府同意后由省民政厅转报民政部审批。各地和有关部门要严格履行报批手续，不得任意扩大试点范围。农村村民和乡镇企业职工在参加社会养老保险（基本养老保险）的前提下，有条件的可以自愿参加其他养老保险。在国务院《关于企业职工养老保险制度改革的决定》下达前，其他部门已经在农村开展了社会养老保险业务的，暂时维持现状。至 1993 年年底，全省共有 184.60 万农民参加社会养老保险，积累保险费 4052.30 万元。四川有 13 个县（市、区）跨入全国农村社会养老保险试点工作先进行列，受到民政部的表彰。

1994 年 8 月省委、省政府批转省民政厅《关于积极稳妥发展我省农村社会养老保险事业的意见》（简称《意见》），要求全面试行农村社会养老保险。《意见》指出：四川是一个农业大省，老龄人口的 70% 以上在农村，随着人口老化速度的加快，在农村建立社会养老保险制度势在必行。由于四川幅员辽阔，各地社会、经济发展情况差异较大，要求各地在开展农村社会养老保险试点时，应从实际出发，因地制宜，分类指导，不搞一刀切。要以农民的经济承受能力为前提，坚持自愿选择参保档次的原则，做好提高参保率和扩大覆盖面的工作，争取在 20 世纪末把四川农村社会养老保险制度基本建立起来。《意见》还明确，农村社会养老保险工作由省民政厅及各级民政部门负责组织实施，要建立健全农村社会养老保险管理机构。农村社会养老保险，坚持自我保障为主，国家、社会扶持相结合，保险费交纳以个人为主、集体补助为辅、国家予以政策扶持的原则。农村社会养老保险基金以县（市、区）为单位统一管理、核算，专户储存，专款专用，任何单位和个人不得借用、挪用和侵占。此《意见》下达后各地贯彻执行，使农村社会养老保险在大范围得到推行。至 1995 年年底，全省有 22 个市（地、州）的 106 个县（市、区）开展了农村社会养老保险。参保农民有 230 万人，当年征收农村社会养老保险费 1.34 亿元，基金累计积累额 2.02 亿元，比前三年基金积累总额增加了 1.97 倍。

根据民政部组织乡镇企事业单位职工参加农村社会养老保险的要求，四川省在1997年重点组织乡镇企事业单位职工参保，到年末，全省有6694个乡镇企业、15.56万职工参加了农村社会养老保险。1997年全省有17个市（地、州）的102个县（市、区）开展了农村社会养老保险，有317.59万人参加了农村社会养老保险。

农村养老保险试点推行几年中，陆续显现了诸多问题，在农保基金运营上，出现了违规操作的情况，部分地方把基金存在非银行金融机构，用于抵押、担保和委托贷款，甚至直接投资、挪作他用等，危及了基金安全。1997年12月，省民政厅下发《关于开展农村社会养老保险基金财务检查的通知》，要求对农保基金的管理运营情况，财务检查中出现违规操作基金的整改情况，财务、会计制度的执行情况进行全面检查。检查结果显示：截至1997年年底，四川省保费收入为42306.71万元，基金累计积累额为48454.28万元；基金存入国有银行36575.23万元，存入非银行金融机构1003.55万元，纳入财政专户5651.52万元，用于购买国债512.59万元，上述各项共占基金总额的90.20%。违规运营资金4711.57万元，其中直接投资1892万元，拆借挪用1918.87万元，抵押贷款310.18万元，其他投资590.52万元。

1998年省民政厅、省财政厅、中国人民银行四川省分行等部门组成联合调查组，对四川省农村社会养老保险工作发展状况进行调查。调查认为，农保工作主要存在几个方面的问题：一是中共党委、人民政府重视不够，多数地区农保工作未纳入政府重要议事日程和列入政府目标管理；二是农保覆盖率低；三是未出台全省统一的农保工作指导意见和基金管理办法；四是农保基金保值增值困难；五是机构不健全；六是农民参保积极性不高。

1998年年末，全省有19个市（地、州）106个县开展了农村养老保险工作，参保人数为350.51万人，年末基金滚存结余55416.51万元。

1999年3月，省民政厅转发劳动和社会保障部《农村社会养老保险发展总体规划及1999年工作要点》进一步明确：按照“保险水平与农村经济发展和农民承受能力相适应，权利与义务相等，城乡有别”的原则，采取政策引导与农民自愿相结合的办法积极稳妥的推进农村社会养老保险。在农村有条件的地区建立和完善个人缴费为主、集体补助为辅、国家政策扶持的农村社会养老保险制度。之后，农村养老保险制度建设除在财务管理方面有些措施外，基本处于停滞状态。

1999年年末，全省有20个市（地、州）的113个县（市、区）开展了农村社会养老保险，参保农民达358万人。有5.40万人领取了养老金，全年发放养老金259.90万元。

2000—2005年，全省农村养老保险工作处于清理、整顿规范时期，由于农村养老保险基本没有集体补助，实质是政策引导下的个人自愿性储蓄，农民投保档次低，到领取养老金的年龄，一年只能领几元至几十元，解决不了基本养老生活需要。因此农民参保缺乏积极性，在这一时期，有10多个县相继退还了养老保险费，不再开展此项工作。2002年1月，省劳动和社会保障厅转发劳动和社会保障部《关于调整〈农村社会养老保险会计制度（试行）〉部分内容的通知》。8月，省劳动和社会保障厅下发《关于开展农村养老保险清理工作的通知》，要求摸清2002年6月30日前农村养老保险基金的运行方式及资产情况，县级农村养老保险机构及人员编制情况和有关数据，为下一步工作提供依据。

2003年5月，省劳动和社会保障厅按劳动和社会保障部下发《关于开展农村养老保险工作的意见》，要求各地，重点是成都市、内江市、南充市、广元市，开展关于农村养老保险工作的调研。为贯彻落实中共十六大关于有条件的地方探索建立农村养老保险制度的重要精神，同年 8 月，省劳动和社会保障厅转发劳动和社会保障部《关于做好当前农村养老保险工作的通知》，对农村养老保险做出部署，要求各地认真总结经验，加强领导，理顺关系，稳定队伍，确保养老金的按时足额发放；进一步完善农村养老保险制度和配套政策、各项措施，完善各项基础管理工作；少数农村养老保险管理体制未理顺的地方，要积极主动向当地政府和有关部门汇报情况，争取支持，妥善解决机构编制和人员经费；加强基金监管，确保基金安全，将存在非银行金融机构的基金逐步转到国有商业银行，同时加大对原违规基金的清查、回收力度。

2004 年 11 月，省劳动和社会保障厅转发劳动和社会保障部《关于进一步防范农村社会养老保险基金风险的紧急通知》，要求各地高度重视农村社会养老保险基金安全，重申：农村社会养老保险基金只能通过存入银行、购买国债实现保值增值，不得用于任何形式的投资、抵押、担保和委托贷款；农村社会养老保险基金只能存放在工商银行、农业银行、建设银行、中国银行等 4 家国有银行，不得存放在信托公司、信用社、证券公司等非银行金融机构。各地对违规存放和挪作他用的资金要加大回收力度，坚决将资金损失降到最低限度。并对农村养老保险基金的管理情况进行了一次彻底清查。全省经过连续对农保基金情况进行清理、检查，逐步规范了全省农保基金的管理。违规存放基金比例由 2001 年的 36% 下降到 2004 年的 28% 。

2005 年 8 月，四川省通江县被列为中日政府合作“中国农村社会养老保险制度创新与管理规范”项目的全国 8 个试点县之一，实施了制度创新的新办法。南充市、内江市、乐山市、资阳市的一些县，在同一年也进行了建立新型农保制度的多种形式探索。

到 2005 年年底，全省有 19 个市（州）的 105 个县（市、区）开展了农村社会养老保险，参保 291.36 万人，领取养老金 15.71 万人。参保人数占全省农业人口 6970 万人的 4.18% 。

1992—2005 年四川省农村社会养老保险历年主要数据一览表

表 3—3　　　　单位：万人、万元

年　份	市、地、州开展数	县、市、区开展数	参保人数	当年领取养老金人数	当年发放养老金	当年征收保险费	当年基金结余
1992	—	28	118.66	—	—	2700.00	2735.00
1993	—	46	184.60	—	—	4052.30	—
1994	—	71	192.43	—	—	2548.64	7001.80
1995	22	106	230.00	—	—	13400.00	20200.00
1996	22	108	295.24	—	—	—	35100.00
1997	17	102	317.59	1.91	529.01	—	48454.28
1998	19	106	350.51	—	—	—	55416.51
1999	20	113	358.00	5.40	259.90	—	—
2000	20	116	300.40	5.20	292.10	—	64136.24
2001	20	103	330.00	6.00	—	—	66000.00

续表3—3

年份	市、地、州开展数	县、市、区开展数	参保人数	当年领取养老金人数	当年发放养老金	当年征收保险费	当年基金结余
2002	19	101	325.96	9.67	694.93	869.61	64246.51
2003	19	100	369.12	11.28	737.01	1602.34	67219.01
2004	19	101	303.30	13.50	720.19	1699.19	64321.17
2005	19	105	291.36	15.71	864.10	1986.78	64853.61

说明：数据摘自主管部门报表

第九节　社会化管理服务

一、社会保险经办服务

（一）计算机信息化管理

1986年，四川省开展退休费社会统筹，社会保险经办机构是用手工记载企业和职工缴费记录，对职工发放填写的《职工基本养老保险手册》。从1989年开始统一培训人员，统一配备计算机，研制养老保险管理应用软件，将手工管理改变为计算机管理。1996年开始，各地陆续使用社会保险磁卡和开通电话语音查询、电脑自动查询系统。2003年全省启动养老保险先行开展的信息系统建设，企业单位和劳动者参保缴费、社会保险待遇计算和发放、社会保险个人账户等业务全程实现计算机信息化管理。

（二）窗口化服务

从1996年起，四川省各地社会保险经办机构逐步设立企业和参保人员办理社会保险的服务大厅，从初期的办公室式服务，发展到设立柜台窗口开放式服务，以方便企业和参保人员。

1997年国务院《关于建立统一的企业职工基本养老保险制度的决定》要求："各级社会保险机构要进一步加强基础建设，改进和完善服务与管理工作，不断提高工作效率和服务质量，促进养老保险制度的改革"。各级社会保险机构不断加强经办队伍能力建设，开展"争创一流"活动。以创建"优质服务窗口"为载体，规范服务标准，改进服务方式，改善服务环境，为参保人员提供优质、便捷、高效的服务。2003年开始，全省社会保险机构普遍推行了从参保申报、缴费、审核、支付的"一站式"窗口服务，2005年全省服务窗口达166个，省和市（州）级建窗率为100%，县（市、区）级建窗率为78.68%。

二、企业退休人员社会化管理服务

（一）养老金社会化发放

四川省从1986年开展退休费统筹，由于对企业采取养老保险基金"差额缴拨"办法，养老金仍是由企业发放。但部分企业受经济效益或资金周转等因素影响，不断出现难以按时足额发放养老金的问题。以养老金社会化发放为重要内容的养老保险社会化管理服务工作，是养老保险制度改革的一项重要任务。

1988—1992 年，全省有 90 个县（市、区）逐步探索了企业发放退休费改为社会保险机构直发或委托银行代发。1993 年 9 月，省劳动厅转发劳动部《关于做好离退休人员管理服务工作的通知》提出：退休费用由社会保险机构直接发放或委托银行代发是开展社会化管理服务的一项重要内容，凡有条件的地方应积极试点，取得经验，逐步推开。到 1996 年年末，全省有 130 个县（市、区）对部分企业的 14 万退休人员试行了退休费直发或代发。

1997 年 3 月，省劳动厅下发《关于贯彻劳动部〈关于加快养老金社会化发放工作的通知〉的通知》，制定了 1997—2000 年的《四川省养老金社会化发放目标规划》，要求各地制定切实可行的实施计划和配套措施。同年，全省有 151 个县（市、区）对部分企业的 26. 18 万退休人员实行了养老金社会化发放，社会化发放率为 24. 60%，达到劳动部要求的 20% 以上的目标。到 1999 年年末，全省有 181 个县（市、区）对 62. 80 万企业退休人员实行了养老金社会化发放，社会化发放率达到 60. 80%。

2000 年 4 月，劳动和社会保障部下发《关于加快实行养老金社会化发放的通知》后，基本养老金社会化发放快速推进。2000 年全省社会化发放率为 94. 40%，2001 年达到 99. 30%，退休人员达到 164. 91 万。2002—2005 年，社会化发放率一直保持在 100%。

（二）社会化管理服务

1958—1986 年，企业退休人员的管理服务由各企业负责。1986 年社会保险机构成立后，开始对各企业退休人员管理服务工作给予指导、监督检查。

1987 年开始，各级社会保险机构按照企业退休人员管理服务“实行社会化管理与单位管理相结合，逐步向社会化管理为主过渡”和“统一领导、分级管理、条块结合、专群结合”的方针，建立起专门的企业退休人员管理服务机构，直接组织开展多层次、多形式的管理服务工作，不断探索、拓宽管理服务的项目和内容，逐步建立起由企业转向社会、社会化管理和企业管理相结合的管理服务体系。社会保险机构建立起社会化的退休职工活动场所，组织开展各种文体活动。1990 年前，全省有 13 个市（地、州）和 38 个县的社会保险机构建立“退休职工活动中心”。

1992 年 4 月，省劳动厅、省财政厅制定《四川省退休职工活动经费管理使用办法》，规定退休职工活动经费，从 1992 年起按参加省级统筹的退休职工人数，每人每月 2 元标准，从全省统筹基金中统一提取，分级安排使用，对退休职工进行社会化管理服务有了统一的经费保障。

1993 年 5 月，省劳动厅召开四川省企业退休职工管理服务工作经验交流暨先进集体、先进个人表彰大会，表彰企业和社会保险机构 31 个先进集体、61 名先进个人，促进了企业退休职工管理服务工作的发展。同时，省职工社会保险事业管理局举行全省企业离退休职工社会保险杯文艺汇演和书画展赛，展示了企业离退休职工组织起来开展各种文艺活动的成果。

1994 年 9 月，省劳动厅、省财政厅制发的《关于〈四川省退休职工活动经费管理使用办法〉的补充通知》规定，从 1994 年 4 月 1 日起，退休职工活动经费按每人每月 5 元的标准，由各级社会保险机构按月或按季度从统筹基金中提取使用，社会化管理服务的退休职工活动经费有了较大提高。

1995 年 11 月，省劳动厅《关于印发〈关于城镇企业离退休人员管理服务工作的意见〉的通知》，提出了做好七项退休管理服务工作的要求：逐步实行基本养老金社会化发放；关心离退休人员的晚年生活，为他们提供医疗和生活服务；关心离退休人员的政治学习，创办老年教育；组织多种形式的娱乐健身活动；组织开展社会公益活动；做好破产企业离退休人员的安置管理；做好企业离退休人员易地安置。劳动部社会保险事业管理局随即向各省转发了此意见。

到 1995 年，全省建立市/县“退休职工活动中心”有 145 个，区/乡镇活动场所 5000 多个。成都市在彭县（现彭州市）银厂沟还修建了“成都市离退休职工疗养中心”，分批安排企业离退休职工疗养。各地通过“退休职工活动中心”组织开展各种文艺体育活动，满足退休职工看书、阅报、唱歌、跳舞、健身、下棋、打门球等精神文化和娱乐的需要。宜宾、泸州、内江、自贡、乐山五市（地）社会保险机构，连续 12 年轮流举办了跨地区的川南五地市“益寿杯企业离退休人员运动会”，开展象棋、门球、保龄球、太极拳、剑术等项目比赛，使企业离退休人员的体育健身活动有了较大发展。各地社会保险机构组织开展传统节日慰问，通过发送慰问信，发放慰问品等形式，普遍开展了重阳节、春节对企业离退休人员的节日慰问。社会保险机构还根据不同实际情况，组织建立退休人员管理服务片区网络，成都、南充等市在企业较集中的区域建立片区协作组，组织片区内的企业退休人员开展管理服务活动；在部分大中型企业设立派出机构，对远离城市的独立工矿区和居住企业生活区较集中的企业退休人员，委托企业实行管理服务；直接建立退休人员管理服务站，为破产、改制企业的原退休人员提供管理服务。

1997 年 5 月，省职工社会保险事业管理局在德阳市举办全省企业离退休人员“社保杯迎香港回归门球运动会”。组队参加了四川省老年体育运动协会、体育运动委员会联合举办的全省老年门球比赛，省职工社会保险事业管理局被评为“四川省老年体育先进单位”。

1998 年起，按照《国务院关于建立统一的企业职工基本养老保险制度的决定》，退休职工活动经费不再从统筹基金中提取，改为由当地财政安排。

2001 年 3 月，劳动保障部社会保险中心确定成都市、攀枝花市，省职工社会保险事业管理局确定南充市、宜宾市作为“退休人员社会化服务试点城市”的部、省重点联系城市。到 2002 年年末，全省已有 78.16 万名企业退休人员实行了社会化管理服务，占全省企业退休人员总数的 45%。

2002 年 9 月，中共中央、国务院《关于进一步做好下岗失业人员再就业工作的通知》要求：“城乡基层组织承担起做好下岗失业人员再就业和企事业单位退休人员的管理、服务工作的责任，街道和工作任务重的乡镇，可设立或确定负责劳动保障事务的机构，要在社区聘用专门的服务人员”。

从 2003 年起，企业退休人员社会化管理服务工作逐步移交街道和社区实行属地管理，由社区服务组织提供相应的管理服务成为主要形式。同年 7 月，省委办公厅、省政府办公厅下发《关于转发劳动和社会保障等部门〈关于积极推进企业退休人员社会化管理服务工作的意见〉的通知》，建立起企业退休人员社会化管理服务制度的框架。各地根据实际情况建立了《企业退休人员社会化管理服务工作流程》《企业退休人员社会化管理服务工作考核制度》《社会化管理统计报告制度》和《劳动保障工作平台工作职责》等制度，规范化开展企业退休人员社会化管理服务。2003 年年末，全省纳入社区管理的企业退休人员有 59.28 万人，覆盖率为 37.90%；到 2004 年，纳入社区管理 115.63 万人，覆盖率为 62.60%。

2005 年 6 月，省职工社会保险事业管理局按照劳动和社会保障部社会保险事业管理服务中心《关于印发〈企业退休人员社会化管理服务工作检查评估办法〉的通知》，在全省各地自查的基础上，依据统一的 57 个项目和 18 项评分标准，组织对成都市等 11 个市的企业退休人员社会化管理服务工作进行交叉检查评估。成都、攀枝花、宜宾、南充四个部、省重点联系城市各项评分指标名列前茅，自贡、眉山、内江、德阳、广安等市工作进步明显。同年7月，省劳动和社会保障厅《关于对部分市州开展企业退休人员社会化管理服务工作交叉检查评估的情况通报》，提出进一步推动社会化管理服务工作的意见，要求各地：抓平台建设，构筑统一规范的社会化管理服务载体，进一步落实基本条件；抓网络建设，形成城乡互动全覆盖网络体系；抓制度建设，不断提高服务质量；抓规范运作，确保服务到位。

四川推动社会化管理服务工作，本着“实事求是、因地制宜”的原则，根据社区建设和企业退休人员居住实际情况，采取了两类形式。基本形式是实行社区管理，企业职工退休后直接纳入街道和社区进行管理与提供服务。过渡形式主要是：委托企业管理，在远离城市的独立工矿区和退休人员居住比较集中的企业生活区，由劳动保障部门委托企业设立退休人员管理服务机构，开展管理服务；社会保险经办机构直接管理，由社会保险经办机构建立破产、关闭企业退休人员管理服务站，直接进行管理服务；当地政府成立专门机构，对退休人员管理服务。

到2005年，全省企业退休人员201.73万人，实行社会化管理197.89万人，社会化管理服务率达到98.10%，其中：纳入社区管理138.53万人，覆盖率为70%；依托企业管理33.75万人，覆盖率为17%；社会保险经办机构管理25.61万人，覆盖率为13%。

（三）社区的社会化管理服务

2003年6月，中共中央办公厅、国务院办公厅颁布《关于转发劳动和社会保障部等部门〈关于积极推进企业退休人员社会化管理服务工作的意见〉的通知》，同年7月，省委办公厅、省政府办公厅发布《关于转发劳动和社会保障等部门〈关于积极推进企业退休人员社会化管理服务工作的意见〉的通知》，规定了企业退休人员社会化管理服务的主要内容。四川各地按照要求，从2003—2005年开展了社区的各项社会化管理服务工作。

协助办理社会保险事务 配合社会保险经办机构做好确保养老金按时足额发放工作；为企业退休人员提供社会保险政策咨询和各项查询服务；跟踪了解企业退休人员生存状况，协助进行领取养老金资格认证；帮助死亡企业退休人员的家属申请丧葬补助金和遗属津贴。领取养老金资格认证，是一项每年开展的重要工作。各地按照省劳动和社会保障厅、省财政厅、省公安厅、省民政厅《关于切实加强防冒领养老金工作的通知》和《四川省企业退休人员基本养老金异地领取资格认证协查办法（试行）》《四川省企业离退休人员基本养老金领取资格核查流程》等规定，规范资格认证、核查。全省大部分地区由基层劳动保障平台办理领取养老金资格认证，基本杜绝了冒领养老金的发生。

开展党组织活动 企业退休人员中党员的组织关系转入居住地党组织，街道（社区）做好其党组织关系的接转工作，及时将他们编入基层党支部并开展活动。到2005年，全省各地街道（社区）接收党员关系44940人。

组织文体健身活动 2003—2005年，全省有722个街道、2133个社区落实了活动场地，街道（社区、乡镇）劳动保障所（站）根据情况，建立了阅览室、健身室，成立了腰鼓队、秧歌队等，有计划地组织退休人员参加各项文体活动。

发展社区医疗卫生服务网络 为方便退休人员就近医疗，多数地区建立起企业退休人员健康档案，有计划地开展了健康教育、疾病预防控制和保健工作，及时为企业退休人员提供医疗、护理和康复服务。

为高龄和特困退休人员提供服务　各地对高龄、多病和特困退休人员情况进行调查摸底，建立了花名册，进行分类管理，并向他们发放“援助卡”，定期上门走访看望。

建立自管组织　各地分片区组织建立退休人员自管互助小组，自我管理、互相帮助，开展各种活动。一些社区成立退休人员志愿服务队，为片区内退休人员提供各种无偿服务。

发放社会化管理服务联系卡　各地通过发放社会化管理服务联系卡，建立起退休人员与劳动保障所（站）进行直接沟通的渠道。到2005年，全省发放社会化管理服务联系卡125.92万人，发放率达到63.63%。

建立退休人员基本信息库　2003—2005年，全省实行计算机联网街道（社区）310个，计算机单机管理的街道（社区）达到1411个，为153.80万名退休人员建立基本信息库（卡），占企业退休人员总数的76.24%。集中管理企业退休人员的人事档案，各地社会保险机构共接收企业退休人员人事档案317411份。

第三章 失业保险

20 世纪 50—80 年代，国家实行高就业，低失业的政策，基本没有失业救济制度。1986—2005 年，在改革企业劳动制度，搞活国有大中型企业，建立和完善社会主义市场经济体制，发展企业生产要素市场，保障社会经济健康发展的背景下，失业保险制度逐步建立、健全和发展起来。国家通过建立失业保险基金，运用救济的方法对失业人员在失业期间给予必要的经济帮助，保证其基本生活；通过组织开展转业训练、提供生产自救、职业介绍等配套服务，为失业者重新就业创造条件。

第一节 制度建设

一、待业保险制度

1986 年 9 月，省政府根据国务院颁布的《国营企业职工待业保险规定》，下发《四川省贯彻执行国务院〈国营企业职工待业保险规定〉的实施意见》，待业保险制度开始在全省实施。实施意见明确规定：省内国营企业以及国家机关、事业单位、社会团体所属的独立核算的全民所有制企业中固定职工和劳动合同制工人在待业期间，国家机关、事业单位和社会团体中的劳动合同制工人在待业期间，享受待业救济待遇。企业按全部职工标准工资总额的 1% 缴纳待业保险基金。国家机关、事业单位和社会团体按劳动合同制工人标准工资总额的 1% 缴纳待业保险基金。基金不敷使用时，由地方财政补贴。职工待业保险基金的管理，与待业职工的管理相结合，以块块为主，由市/县劳动服务公司负责。各市（地、州）从企业缴纳的保险基金总额中每月提取 1%，上缴省劳动服务公司（四川省社会劳动力管理局）调剂使用。

1987—1988 年，省劳动人事厅分别明确：铁路、石油、地质系统待业保险基金由省劳动服务公司收缴。在川的各银行、保险系统，航天工业部在川企、事业单位参加当地待业保险。

1989 年 7 月，省劳动厅印发《四川省国营企业待业职工管理暂行办法》，扩大了待业保险适用范围，规定：宣告破产的国营企业职工、频临破产的国营企业在法定整顿期间被精减的职工、国营企业终止或解除劳动合同的工人、国营企业辞退的职工适用待业保险。同年，省劳动厅转发劳动部《国营企业职工待业保险基金管理办法》明确：外商投资企业、合资经营企业和独资企业的中方人员，均实行职工待业保险。

1992 年，省劳动厅先后把经政府或其授权的部门批准关停的国营企业中被精减的职工、全民所有制企业被开除的职工纳入待业保险。

由于国家经济体制改革不断推进，企业富余人员及企业破产后的待业人员开始增多，待业保险的压力增大。1993 年 4 月，国务院颁布《国有企业职工待业保险规定》，劳动部下发《关于实施〈国有企业职工待业保险规定〉的意见》。同年，全省新增失业人员超过前 6 年的总和，达 1.5 万多人。待业保险工作逐步受到各级政府的重视，纳入劳动行政部门的重要议事日程。四川省先后在广汉、阆中开展了集体企业待业保险试点。成都市、重庆市、泸州市、绵阳市、遂宁市、涪陵地区、广元市也随后开展了试点。重庆市、涪陵地区还试行了覆盖各种经济成分的一体化待业保险制度。

据统计，在 1986—1993 年期间，全省共筹集待业保险金 3.84 亿元，共接收国营企业辞退人员 1.33 万名，发放待业保险金 0.11 亿元。

1994 年以后，“待业保险”改称“失业保险”。

二、失业保险制度

1994 年 5 月，省政府颁发《四川省企业职工失业保险规定》（以下简称《规定》），从 6 月 1 日起施行。《规定》把待业保险改为失业保险，突破了理论上（忌提“失业”）的禁区。在待业保险基础上扩大了失业保险的适用范围。《规定》明确：四川的国有企业、股份制企业、联营企业、城镇集体所有制企业、私营企业、外商及港澳台同胞投资企业，属适用范围。企业必须缴纳失业保险费。缴纳标准为上年末全部职工工资总额的 1%。失业保险基金原则上实行市（地、州）统筹。市（州）人民政府、地区行政公署根据本地实际，在失业保险基金积累较多时，可以适当降低失业保险费的缴纳标准，但不得低于职工工资总额的 0.6%。失业保险费专项储存、专款专用，不得用于风险性投资。单位被撤销、解散或者破产时，欠缴的失业保险费应在清算费用后与工资同一顺序补缴。失业保险基金的开支项目为失业人员的救济金，失业人员在领取失业救济金期间的医疗补助费、丧葬补助费及抚恤费、救济费、转业训练费，以及生产自救费和失业保险管理费等。县级以上人民政府、地区行政公署设立失业保险基金委员会，对失业保险基金的筹集、管理、使用进行指导和监督。依法宣告破产企业的职工，频临破产企业在法定整顿期间被精减的职工，依法关闭、停产整顿企业被精减的职工，依法被撤销、解散单位的职工，终止或者解除劳动合同的职工，被辞退、除名或者开除的职工，依照法律、法规、规章规定享受失业保险的其他职工，按规定办理了失业登记手续，可享受失业保险待遇。

《规定》的颁布实施推动了失业保险制度发展。同年，全省失业保险迅速覆盖到包括国有企业、机关团体、事业单位和部分集体企业在内的 3 万多个单位、500 多万名职工，分别占应参加失业保险的 71% 和 76%。在参保企业面扩大的同时失业人员也快速增加，同年 6 月底，全省共有失业人员 28869 人，是 1993 年同期的 2.30 倍；重新就业的 2380 人，仅占失业人员总数的 8.2%。

1994 年 10 月，全省失业保险工作会议在涪陵地区召开。会议总结了 8 年来失业保险工作的成绩，分析了形势，研究了对策。确定进一步扩大失业保险实施范围，确保失业职工基本生活，促进失业职工再就业，支持企业，尤其是国营大中型企业深化劳动制度改革。1995 年，省劳动厅在《关于认真贯彻执行国务院、省政府令和失业保险统筹问题的通知》中再次强调：失业保险基金实行地方统筹，不实行行业、系统统筹，各行业、系统均应参加地方失业保险，这一原则适用于所有部门和系统。

在推动企业富余职工分流，保证企业转换经营机制和建立现代企业制度等改革措施的实施中，1995 年 7 月，省政府下发《关于实施“再就业工程”的通知》，在部署再就业工作的同时，强化失业保险基金的征缴。规定凡省行政区域内的企业，不论其隶属关系如何，都必须按国务院和省政府的规定缴纳失业保险费，不得实行行业内统筹。各级政府要将失业保险基金足额收缴列入政府目标责任，保证失业保险工作的顺利发展。

1997 年，全省在巩固、稳定国有企业失业保险的基础上，重点扩大集体企业失业保险覆盖面，加快民营企业失业保险试点的进度。到 1997 年年底，非国有企业参加失业保险的职工人数增加到 50 万人。

1998 年 5 月，省委、省政府下发《关于做好国有企业下岗职工及离退休职工“两保”工作的紧急通知》明确：为确保养老保险基金和失业保险基金（以下简称“两金”）的征收，从 1998 年 7 月 1 日起，“两金”由各级税务部门代征收，不提取征收手续费。从 7 月 1 日起，成都市五城区和高新区内的 365 户省属企业由省税务部门直接代征失业保险金；全省 21 个市（地、州）全部实现由税务部门代征失业保险金。1998 年，全省纳入失业保险的非国有企业职工达到 60 万人。

在这一阶段，四川失业保险参保单位主要为国有企业。1995 年后，国有企业由于破产、改制、关闭以及大量裁员等原因，职工逐年减少。劳动保障部门虽然着力扩大集体企业参加失业保险的覆盖面，加快民营企业失业保险试点的进度，仍然不能遏制失业保险参保人数总量的下降趋势，参保人数从 1993 年的 552 万人下降至 1998 年的 395 万人。

1999 年后，企业改革继续推进，领取失业保险金的人数大幅度上升，1999 年全省月平均领取失业保险金的人数仅 2 万人，到 2002 年月平均领取失业保险金的人数已达 10 多万人，失业保险基金承受着巨大的支付压力。面对这样的局面，扩面征缴已是失业保险工作的重要任务。在此期间，国家和四川省出台了系列法规政策，从制度层面对失业保险进行了完善，界定了失业保险在发展中的诸多问题。

1999 年 1 月，国务院发布《失业保险条例》《社会保险费征缴暂行条例》。5 月，省政府下发《关于贯彻实施〈失业保险条例〉有关问题的通知》，扩大了失业保险适用范围，明确：城镇企业事业单位及其职工，社会团体及其专职人员，民办非企业单位及其职工，机关中的事业编制人员、劳动合同制工人，缴纳失业保险费，其失业人员按规定享受失业保险待遇。城镇企业事业单位和民办非企业单位按本单位上月全部职工、社会团体按本单位专职人员、机关按事业编制人员和劳动合同制工人上月工资总额的 2% 缴纳失业保险费，城镇企业事业单位和民办非企业单位的职工，社会团体专职人员，机关事业编制人员和劳动合同制工人个人均按本人上月工资的 1% 缴纳。对难以确定工资总额的，按照所在市（地、州）上年度职工平均工资计算；职工工资低于所在市（地、州）上年度职工月平均工资 80% 的，按照上年度职工月平均工资 80% 计算；下岗职工本人按照所在市（地、州）上年度职工月平均工资 60% 计算缴费基数。城镇企业事业单位招用的农民合同制工人本人不缴纳失业保险费。有条件的地区，可以将有雇工的城镇个体工商户及其雇工纳入失业保险的范围。并明确：失业保险基金在设区的市实行全市统筹，地区、州的统筹层次，由地区行署、州政府决定。铁路、石油、地质系统在川单位仍由省直接统筹。各市（地、州）按当年应当征收失业保险基金总额（暂不包括拨付下岗职工基本生活费的资金）的 8%，按季向省就业服务管理局缴纳调剂金，用于全省调剂。统筹地区的失业保险基金不敷使用时，由调剂金调剂，地方财政补贴。

2000 年 3 月，省政府《关于贯彻实施〈社会保险费征缴条例〉的通知》明确规定：全省各级社会保险经办机构为保险费的征收机构。之后，社会保险费的征收又交由劳动保障部门所属的社会保险经办机构负责。

同年11月，省劳动厅、省财政厅、省人事厅联合转发劳动和社会保障部、财政部、人事部《关于事业单位参加失业保险有关问题的通知》，并对本省行政区域内所有事业单位及有专职人员的社会团体、有劳动合同制工人和事业编制人员的机关登记、申报、缴纳失业保险费的时间界限作出了规定。12月，省劳动厅、省财政厅进一步明确，省级有劳动合同制工人和事业编制人员的机关、有专职人员的社会团体、省属和中央在川事业单位的失业保险工作由省就业服务管理局负责统一管理。在成都市行政区域内上述单位的失业保险由省就业服务管理局直接征收管理。其他市（地、州）行政区域内的省属事业单位失业保险由省劳动厅委托当地就业服务管理局负责征收管理。

从2000年开始，省政府把失业保险金的征缴列入年度工作目标考核。在法律的强力支撑和政府的大力支持下，全省就业部门加大工作力度，重点向非国有企业、事业单位开展扩面工作，不断吸纳这些领域的人员参保。由于扩大了失业保险的覆盖面，虽然国有企业参保人数下降，但全省参加失业保险的人数依然保持了基本稳定。

2000—2001年，在川的国有商业银行、城市信用社、非银行金融机构及分支机构，在川各部队机关事业单位分别参加了失业保险。

这一阶段，各类企业、事业单位、社会团体、民办非企业单位虽已纳入失业保险制度框架内，但各级劳动就业部门在具体实施的初期，却遇到许多困难，大中专院校、医院、科研院所等事业单位尚未走向市场，单位无破产之虑、职工无下岗失业之忧，对参保采取消极态度；在大量非公企业中推进失业保险、收缴保险费也存在很大阻力。

2001年7月，省人大常委会颁布《四川省失业保险条例》（以下简称《条例》），并明确于10月1日起实施。《条例》对失业保险的适用范围、失业保险基金的筹集、管理、使用、失业人员的失业保险待遇、法律责任等进一步作了规范，补充和调整了部分规定。解决了参保职工缴费年限衔接问题，增加了参保关系和失业保险关系如何转移的内容，增加了生育补助金、申请人民法院强制执行所需的费用开支的规定，进一步细化和规范了失业人员享受失业保险待遇的条件和程序。《条例》规定：单位职工平均工资水平或者职工本人工资低于所在市（州）上年度职工平均工资60%的，按照上年度职工平均工资水平的60%计算，降低了职工个人缴费基数的下限。同时明确：失业保险金以设区的市为单位统筹，民族自治州可以州或县为单位统筹。失业人员领取失业保险金的起始时间自办理失业登记之日起计算。失业保险经办机构所需人员经费和业务经费列入财政预算，由财政拨付。

《条例》的颁布和实施，推动四川失业保险进入全面发展的时期。此后，失业保险基金的征缴力度增大，基金积累越来越多，支撑能力显著增强，失业保险制度的作用日益明显。

2004年，全省就业服务机构主动联系工商、税务部门在办理营业执照、年检、验证时督促企业参保缴费。私营企业、事业单位的参保率有所提高。广安市政府专门出台政策推动非公有制单位参加失业保险；宜宾市南溪县、南充市嘉陵区开展了私营企业扩面试点。两地符合条件（即经济效益好，用工比较规范，有一定规模）的私营企业参保率达到90%以上。

2004年1月，省委、省政府下发《关于做好失地无业农民安置工作的通知》，以解决因征地而失地无业农民的生产、生活问题。要求各地在严格依法征地，拓宽失地无业农民就业渠道的同时，妥善解决失地无业农民的社会保障问题。规定：从土地收益中划出一定比例的资金用于解决失地无业农民的低保等社会保障问题。从2004年1月1日开始，对符合条件的因国家征地转为城镇居民的农民，都要实行城镇居民最低生活保障制度和失业保险制度。

同年6月，省劳动和社会保障厅、省财政厅、省国土资源厅联合下发《关于做好失地无业农民失业保险和再就业工作的意见》，明确失地无业农民的界定和保障的范围，明确失地无业农民失业保险费的缴纳原则上采取国家、集体和个人三方负担，应缴纳失业保险费的标准为：本人在当地享受全部失业保险待遇所需资金。其中个人应缴纳部分，按户口所在地上年度职工平均工资的60%作为缴费基数，按缴费基数的1%一次性计交10年，从本人的征地安置补助费中抵缴；其余部分按照国家出资80%、集体出资20%的比例，分别在同级政府建立的征地调节资金和土地补偿费中筹集。

截至2005年6月底，全省有16个市（州）出台了失地无业农民参加失业保险的有关政策和具体实施意见。纳入失业保险范围的失地无业农民达40762人，其中享受失业保险待遇的有36681人。

2005年9月，省劳动和社会保障厅下发《关于进一步做好失地无业农民就业和社会保障工作的通知》，要求在2005年内将2004年1月1日以后新产生的失地无业农民全部纳入失业保险范围。

到2005年年底，全省共有8.53万名失地无业农民享受了失业保险待遇，发放金额达7.82亿元，发放率达100%。初步解决了由于城市扩建征用农村土地出现的大量失地农民的失业保险问题。

1986—2005年四川省失业保险费征收、管理、发放情况

表3—4

年份	参保人数（万人）	参保覆盖率（%）	领取失业保险金人数（万人）	征缴失业保险费（万元）	基金支出总额（万元）	发放失业保险金（万元）	调剂再就业服务中心资金（万元）	转业训练费或两项补贴支出（万元）
1986	—	—	0.065	1004	—	9.32	—	—
1987	458.64	95.45	0.023	3878	—	3.30	—	727.91
1988	445.86	92.79	0.056	4018	1133	10.99	—	754.19
1989	464.26	96.60	0.083	4172	860	18.00	—	433.00
1990	486.80	98.03	0.295	4566	1300	21.00	—	583.30
1991	499.59	96.59	0.135	5304	1627	30.60	—	686.80
1992	477.57	70.05	0.31	5873	2236	254.10	—	881.10
1993	552.00	81.97	0.36	9582	4641	755.4	—	1213.10
1994	500.00	82.26	1.62	12004	3860	2210	—	1414.10
1995	365.00	55.30	1.92	10550	5050	1730	—	1850.05
1996	380.00	58.12	3.91	12730	8580	3530	—	1499.62
1997	385.10	60.43	5.74	13470	11070	5160	—	1586.79
1998	395.16	72.70	5.23	23040	19110	5790	7570	1347.55
1999	461.93	84.05	5.65	44050	38680	7030	22110	1232.45
2000	470.16	90.34	16.16	54740	44090	15380	26110	1404.83
2001	412.16	80.03	20.48	63390	55010	21890	28780	1632.96

续表3—4

年份	参保人数（万人）	参保覆盖率（%）	领取失业保险金人数（万人）	征缴失业保险费（万元）	基金支出总额（万元）	发放失业保险金（万元）	调剂再就业服务中心资金（万元）	转业训练费或两项补贴支出（万元）
2002	402.90	82.83	22.10	69830	53320	25310	23710	1901.24
2003	367.20	82.15	22.20	79400	68800	30200	34000	1913.13
2004	398.62	82.92	22.67	87100	73600	30700	38500	1096.03
2005	385.33	78.19	22.15	109100	108100	41500	46200	1300.85

说明：1. 本表中所列的四川省历年失业保险数据，是摘自四川省就业服务管理局失业保险处存档的各年度统计报表

2. 1986—1991年四川省失业保险参保人数中主要是国有企业的职工

第二节　失业保险待遇与基金使用

一、失业保险待遇

（一）失业保险金

给失业人员支付基本生活费，是最主要的失业保险待遇。在失业保险制度建立之初，失业保险金是按失业人员在职期间标准工资的一定比例计发。1986年《四川省贯彻执行国务院关于〈国营企业职工待业保险暂行规定〉的实施意见》规定：参加工作5年以内（含满5年）的，最多发给待业救济金12个月。其中工龄在2年以下的，每月为本人标准工资的60%；工龄满2年不满3年的，为本人标准工资的65%；工龄满3年不满4年的，为本人标准工资的70%；工龄在4年以上5年以内的，为本人标准工资的75%。参加工作在5年以上的，最多发给救济金24个月。此后政府逐步对发放待遇标准进行了调整。

1989年，《四川省国营企业待业职工管理暂行办法》规定：领取待业救济金标准低于当地民政部门规定的社会救济标准的，按当地社会救济金标准发给。第一次待业的职工以连续工龄作为发放待业救济金的依据；第二次或多次待业的职工以重新就业的年限计算待业救济金标准和期限。待业职工就业后停发待业救济金。组织起来就业，从事个体劳动或临时性工作一年内又待业的，可继续领取本人所剩月份的待业救济金。

1994年，《四川省企业职工失业保险规定》规定：失业救济金的发放标准按四川省城镇职工生活困难补助标准的150%确定。失业人员领取失业救济金的期限，根据其失业前连续工作的时间确定。工作时间1—5年的，发放3—12个月；工作时间5年以上不满8年的为18个月；工作时间8年以上的为24个月。失业人员重新就业时领取失业救济金的期限未满的，其剩余部分与下一次失业的救济期限合并计算，但每次失业救济期限最长不得超过24个月。同年6月，省劳动厅明确：失业救济金的发放标准按照城镇职工生活困难补助标准（大城市及少数民族地区每人每月50元；其他市、地45元）的150%发放。按照这个标准，成都市、重庆市、攀枝花市、甘孜州、阿坝州、凉山州的

失业人员每人每月可领取75元的失业救济金，其他市（地）为67.5元。县（市、区）按所在市（地、州）标准发放。

1994年以后物价上升幅度较大，1995年9月省政府决定：从1995年10月起，失业人员的救济金发放标准按当地最低工资标准的70%发放。

1999年5月，省政府下发的《关于贯彻实施〈失业保险条例〉有关问题的通知》对领取失业保险金的条件进行了修改，将缴费与待遇相挂钩，规定失业人员领取失业保险金要根据失业人员原所在单位和本人累计缴费的时间确定。累计缴费时间1年以上不满2年的为3个月；累计缴费时间2年以上不满3年的为6个月；累计缴费时间3年以上不满5年的为12个月；累计缴费时间5年以上不满10年的为18个月；累计缴费时间10年以上的为24个月。

2001年，《四川省失业保险条例》规定：民办非企业单位及其职工、社会团体及其专职人员、国家机关中的事业编制人员以及财政补助经费的事业单位及其职工，在国务院《失业保险条例》颁布前，从1986年起计算的单位的续存时间和职工的连续工龄视为单位、职工缴纳失业保险费时间，与国务院《失业保险条例》颁布后所在单位和职工按照规定缴费的实际时间合并计算。失业保险金的发放标准，按照失业人员所在地同期最低工资标准的70%执行。到2005年一直执行上述规定。

（二）医疗补助金

1986年，《四川省贯彻执行国务院〈国营企业待业保险暂行规定〉的实施意见》规定：宣告破产的企业职工，频临破产的企业在法定整顿期间被精减的职工，在待业救济金发放期间，同时享有医疗费。其发放标准，由市、县劳动服务公司，参照国家有关规定统一制定。终止、解除劳动合同的工人和企业辞退的职工，在领取待业救济金的期间，每月发给医疗补助费2—3元。

1989年，《四川省国营企业待业职工管理暂行办法》规定：宣告破产企业的职工和频临破产企业在法定整顿期间被精减的职工在领取待业救济金期间，门诊医疗费用按每人每月3元发给本人包干使用，住院治疗期间不计发。因病在指定医院住院医疗的，当年的住院医疗费没有超过当年应领取的待业救济金标准的，按本人住院医疗费的75%给予补贴；当年住院医疗费超过当年应领取的待业救济金标准的，超过的部分按50%补贴。

1994年，《四川省企业职工失业保险规定》规定：失业人员在领取失业救剂金期间，按当月救剂金的15%领取门诊医疗补助费。失业人员在领取失业救剂金期间患病在指定医院住院治疗的，可申请领取医疗补助费。补助金额为住院费用的70%，但累计补助金额不得超过本人应领取的失业救剂金总和，同时停发门诊医疗补助费。

1995年9月，省政府第39次常务会议决定：失业人员的门诊医疗补助费改按每人每月10元定额发放。

1999年，省政府《关于贯彻实施国务院〈失业保险条例〉有关问题的通知》规定：失业人员在享受失业保险待遇期间患病就医的，暂按当月失业保险金的15%发给门诊医疗补助金，包干使用。住院治疗补助的规定不变。

2001年，《四川省失业保险条例》规定：失业人员在享受失业保险待遇期间，按其领取失业保险金的10%发给门诊医疗补助金。住院治疗补助的规定不变。到2005年上述规定没有变化。

（三）妇女生育补助金

自1986年开始建立国营企业职工待业保险（后改为失业保险）制度至2001年10月以前，四川省失业保险待遇中均没有妇女生育补助金的规定。2001 年,《四川省失业保险条例》规定,女性失业人员在享受失业保险待遇期间,符合国家计划生育规定生育,未享受生育保险待遇的,可向失业保险经办机构(就业服务管理机构)申请一次性领取 3 个月失业保险金标准的生育补助金。该规定突破了国务院《失业保险条例》以及四川省以前的失业保险待遇规定的范围。

(四) 丧葬补助金、抚恤金

1986 年,《四川省贯彻执行国务院关于〈国营企业职工待业保险暂行规定〉的实施意见》规定:宣告破产的企业职工,频临破产的企业在法定整顿期间被精减的职工,在待业救济金发放期间,同时享有死亡丧葬补助费、供养直系亲属抚恤费、救济费。发放标准,由市、县劳动服务公司,参照国家有关规定统一制定。

1989 年,《四川省国营企业待业职工管理暂行办法》规定:宣告破产企业的职工和频临破产企业在法定整顿期间被精减的职工在领取待业救济金期间死亡的,其丧葬补助费为 200 元,供养直系亲属的抚恤费、救济费标准为:供养 1 人的,为死者 6 个月的标准工资;供养 2 人的,为死者 9 个月标准工资;供养 3 人以上的,为死者 12 个月标准工资。

1994 年,《四川省企业职工失业保险规定》规定:失业人员在领取失业救济金期间死亡的,向其家属一次性发放 4 个半月失业救济金标准的丧葬补助费;7 个月失业救济金标准的抚恤费;9 个月失业救济金标准的供养直系亲属救济费。1999 年,省政府作出新规定,将丧葬补助金和抚恤金标准分别调整到 10 个月。到 2005 年,丧葬补助金、抚恤金一直执行上述标准。

(五) 农民合同制工人一次性生活补助费

1986 年建立待业保险制度时,没有覆盖农民合同制工人,他们失业后不能享受待业救济。1999 年 5 月,省政府下发的《关于贯彻实施〈失业保险条例〉有关问题的通知》规定:单位招用的农民合同制工人连续工作 1 年,本单位已缴纳失业保险费 1 年以上,劳动合同期满未续订或者提前解除劳动合同的,由失业保险经办机构依据其工作时间长短,对其支付一次性生活补助费。计算补助费期限为在单位累计缴费时间内每 1 年工龄发放 1 个月的补助费,最高不超过 12 个月;月补助费按照失业保险金标准的 60% 执行。2001 年《四川省失业保险条例》规定:月补助费标准按照失业保险金标准的 65% 执行。至 2005 年,一直执行上述规定。

二、失业保险基金的使用

失业保险基金除用于支付失业人员的失业保险待遇外,还用于:

(一) 职业培训补贴

1987 年,《四川省国营企业职工待业保险基金财务管理暂行办法》规定:转业训练费主要用于组织待业职工短期转业训练所必须的教学材料、教学设备、教师补贴、教室修缮、租用教室费用和建立培训设施的开支。开支金额超过 5 万元以上的,要报省劳动服务公司、省财政厅批准。1992—1994 年,各地用 312 万元就业培训费为 3.50 万名关停企业职工提供了转业训练。1993 年,省劳动厅明确:待业职工在待业期间参加转业训练并由个人缴纳培训费取得结业证的,可一次性对本人给予培训费用 90% 的补助费,补助金额最高不超过 180 元。1994 年《四川省企业职工失业保险规定》规定:转业训练费在上年度筹集的失业保险基金支付失业救济金后的余额中提取,提取比例不得超过余额的 15%。

1999 年，省政府规定：职业培训补贴费用按当年筹集的失业保险基金总额（不包括拨付下岗职工基本生活保障资金）的 10% 提取。此规定至 2005 年没有新的变化。

（二）职业介绍补贴

在失业保险制度建立初期阶段，没有职业介绍补贴。1998 年，国有企业下岗失业人员大量增加，外加此前进入再就业服务中心的下岗失业人员协议期满，将陆续出中心与失业保险并轨，国家出台系列促进就业的政策措施，国务院颁布的《失业保险条例》增加了职业介绍补贴。根据这一条款，2004 年，省政府下发的《关于贯彻实施〈四川省失业保险条例〉有关问题的通知》规定：失业人员领取失业保险金期间接受职业介绍服务的补贴费用在当年筹集失业保险基金总额（不包括拨付下岗职工基本生活保障的资金）的 10% 额度内使用。

（三）生产自救费

主要用于帮助下岗职工进行生产自救和开辟生活服务门路。1987 年《四川省国营企业职工待业保险基金财务管理暂行办法》规定：自愿组织起来就业及从事个体经营的，所需资金主要靠自筹解决，确有困难的，可给予必要的有偿扶持。从事个体经营的，借款金额控制在 300—500 元数额内。1986—1991 年，省内各地通过运用生产自救费兴办了 4 个生产自救基地，组织失业人员开展生产自救。1992 年，省就业服务管理局明确：关停企业在规定整顿期间组织职工开展生产自救资金不足的，主管部门应给予资金扶持，仍有困难的，经主管部门或有偿还能力的经济实体担保，可申请借款，借款期限一般不超过一年。1994 年《四川省企业职工失业保险规定》规定：用于失业人员的生产自救费在上年度筹集的失业保险基金支付失业救济金后的余额中提取，比例不得超过余额的 15%。1992—1994 年期间，成都、重庆、攀枝花、泸州、万县（现属重庆市）、广元、自贡、宜宾、南充、达川、德阳、凉山、阿坝等市（地、州），先后动用了失业保险基金 1300 万元，用以扶持企业发展第三产业，新建生产自救基地 20 余个，安置了富余人员 2 万人。攀枝花市 1988—1994 年期间，先后两次动用生产自救费 200 万元支持攀钢、攀矿等大型企业解决富余人员的就业问题，其中用 100 万元兴办集体所有制的服务性企业，解决了 5000 多人的就业问题。1999 年，停止在失业保险基金中支出生产自救费。

（四）对下岗职工提供基本生活保障支持

随着产业结构调整、国有企业改制，1990 年以后出现了大量未与企业解除劳动关系的下岗职工。按规定，没有与单位解除劳动关系的下岗职工是不能够领取失业保险金的。为保障国有企业下岗职工的基本生活，1998—2005 年，全省失业保险基金中用于调剂国有企业下岗职工基本生活保障的资金，累计达到 22.42 亿元，确保了下岗职工的基本生活，帮助下岗职工渡过了暂时难关。

（五）节日慰问

1993 年 12 月，省劳动厅下发《关于在元旦春节期间对停产整顿企业中生活困难的职工和失业人员进行慰问的通知》，规定可在当年本级所筹集的待业保险基金总额的 5% 以内提取专项救济费，用于本地停产整顿企业生活特别困难的职工和失业人员一次性节日慰问，使用时不采用购置礼品发放的办法。同时规定：当地没有停产整顿企业的不得提取，也不得只提不用。1995 年 12 月，省劳动厅下发《关于做好一九九六年元旦、春节期间部分困难企业职工和离退休人员基本生活保障问题的通知》，明确可从当地上年筹集的“再就业工程”专项经费中拿出不超过 50% 的经费，用于节日慰问或救济，保障元旦、春节期间的基本生活。1999 年，国务院颁布和实施《失业保险条例》后，失业保险基金不再支出一次性节日慰问金。

第三节 失业保险服务

1986年，《四川省贯彻执行国务院〈国营企业待业保险暂行规定〉的实施意见》明确：宣告破产的企业职工，频临破产的企业在法定整顿期间被精减的职工，领取待业救济金、医疗费或死亡丧葬补助费、供养直系亲属抚恤费、救济费等，由企业编造名册，经主管部门审查，送当地劳动服务公司核定后凭证领取。企业终止、解除劳动合同和辞退的职工领取待业救济金，凭原企业出具的终止、解除合同和辞退证明书，到当地劳动服务公司登记后凭证领取。省内异地发放待业救济金，经申请办理转移手续后，改由转移地劳动服务公司管理、发放。

1989年，省政府颁布的《四川省国营企业待业职工管理暂行办法》规定：待业职工凭县以上劳动服务公司发的《国营企业待业职工保险金领取证》，由本人按月到指定地点领取待业救济金。县以上劳动服务公司负责待业职工的登记、建卡、颁发证件，组织转业训练，指导、扶持生产自救或自谋职业，开展劳务输出，介绍职业，办理转移手续以及待业救济金的发放等服务工作。有条件的街道、乡镇劳动服务公司，经县以上劳动服务公司授权后，可以代办待业职工登记管理和待业救济金的发放工作。待业职工的转业培训由县以上劳动服务公司负责组织。待业职工在待业期间需要进行异地转移时，在省内转移的由企业所在地的县、区劳动服务公司办理；跨省转移的由市（地、州）劳动服务公司办理。

1992年，重庆针织总厂、涪陵百货公司、奉节罐头厂、丹棱林产公司、营山麻纺总厂、内江印染厂、阿坝县医药公司等48户企业相继宣告破产，失业人员达9780多人。各级就业服务机构在企业正式宣告破产前参与前期准备；在企业正式宣告破产后及时对失业人员进行登记、管理，为失业人员发放救济金；协同有关部门指导和帮助他们多渠道、多形式重新就业。

1994年，《四川省企业职工失业保险规定》规定：属于破产、解散、撤销、停产整顿单位的失业人员，原企业的清算组织或有关主管部门应当向单位所在地的就业服务机构提交破产、解散、撤销、停产整顿的文件、失业人员名册及档案，经单位所在地的就业服务机构审核确认后，通知失业人员到就业服务机构进行失业登记。终止或者解除劳动合同的和被辞退、除名或者开除的失业人员，由本人凭指定的有关材料，在规定的时间内到单位所在地的就业服务机构进行失业登记。失业人员自愿组织起来就业的和自谋职业的，可将其失业救济金余额作为扶持金一次性发给失业人员。

1995年，省就业服务管理局下发的《关于建立失业救济金个人申领制度的通知》规定：失业人员应在30天内凭原单位有关证明，到单位所在地失业保险机构办理失业登记，同时在指定的职业介绍机构办理求职登记。具备以上条件的，可办理申领失业救济金手续。符合申领失业救济金条件的人员发给《四川省失业救济金领取证》，失业人员凭此证和本人身份证于次月起到发证单位领取失业救济金。失业人员办理了申领手续后连续两个月未领取失业救济金的，停发其失业救济金并取消其他失业保险待遇。失业人员在享受待遇期间，无正当理由两次拒绝劳动就业服务机构介绍职业的，或需培训而两次无故不参加的，停发其失业救济金。

1995年3月，针对日益繁重的失业保险业务，省就业服务管理局发文要求各地失业保险专职机构在半年内配置齐微机，有条件的可配置传真机。失业保险业务管理系统统一使用劳动部编制的软件。配置的微机主要是386dx，内存为4兆，硬盘为120兆。失业保险信息化建设向基层推进。

2001年，《四川省失业保险条例》规定：失业人员应持本单位出具的终止或解除劳动合同关系证明等有关材料，在60日内到失业保险经办机构办理失业登记，领取有关证件。失业保险经办机构应在15日内审核确认失业人员享受失业保险待遇的资格和期限，并予以公布。

2002—2005年，四川失业保险经办机构积极配合有关方面，开展失业保险服务流程优化的国际合作项目——中英失业保险合作项目。项目内容包括：对现行的失业保险制度作深入分析和研究；在失业保险工作中引进绩效管理方法；实施最佳实践借鉴、开展绩效管理、信息系统建设；通过项目资金援助以带动地方的配套资金，促进失业保险服务管理上一个新台阶。省本级及成都、绵阳、乐山为合作项目的实施单位。通过三年运作，项目试点城市和省本级都取得了一定成效。省本级失业保险窗口过去是按业务分设办事窗口，通过项目实施，实现了一个窗口综合受理各项业务，缩短了办事时间，方便了服务对象。

第四章　医疗保险

20 世纪 50—80 年代，职工医疗保障，在机关、事业单位实行的是公费医疗，医疗费用由财政部门按规定的年人均定额拨款支付，由各单位负责管理使用；在企业实行的是劳保医疗，医疗费用由企业在职工福利费中支付，由企业自行负担并管理使用。20 世纪 80 年代后期至 90 年代，四川省逐步对公费医疗、劳保医疗制度进行了改革。1989 年起开展企业职工大病医疗费用社会统筹，1995 年起实施城镇职工医疗制度，实行社会统筹与个人账户相结合办法的改革试点。从 2000 年开始，按照国务院统一部署，全面建立城镇职工基本医疗保险制度。

第一节　医疗保障改革试点

一、劳保医疗制度改革

（一）职工医疗费用与个人适当挂钩

20 世纪 80 年代，四川省部分中小企业在医疗费用负担过重的情况下，自发地进行了一些改革。针对劳保医疗制度存在的弊端和自发改革出现的问题，四川省从 1987 年起积极稳妥地组织开展企业劳保医疗制度改革。

1987 年 6 月，省劳动人事厅、省财政厅、省总工会《印发〈关于改革国营企业固定职工劳保医疗制度试点的原则意见〉的通知》，决定从同年 10 月起在成都市的彭县（现彭州市）、内江市的市中区，进行企业职工劳保医疗制度改革试点。劳保医疗制度改革本着“有利生产，保证医疗，克服浪费，严格制度”的原则，重点是将职工医疗费完全由企业负担的制度，改为部分医疗费与个人经济利益适当挂钩。改革的主要办法是：按职工工资总额 11% 提取福利基金，其中 8% 划为职工医疗费。企业将提取的医疗费的 50% 统一调剂使用；50% 作为职工门诊医疗定额包干使用，定额包干办法按职工工龄的不同档次确定。超过定额包干的部分个人适当负担，但个人负担金额一年内不超过 50 元；职工供养直系亲属的门诊医疗按职工月平均门诊费的 50% 定额包干给个人，超支自理，其住院医疗费用按半费报销。

1988 年 8 月，省劳动人事厅、省财政厅、省总工会《关于进一步完善彭县、内江市市中区全民所有制企业固定职工劳保医疗制度改革试点办法的意见》，针对试点中反映出的问题，提出修改、完善的意见：职工医药费定额补贴办法，按工龄档次的 60%—100% 分别计发个人医药费补贴。超过定额补贴部分，企业报销 90%，个人自负 10%，个人自负总金额，在职职工一年内不超过本企业职工年平均工资的 3%—5%，退休职工不超过本企业退休职工年平均退休金的 3%—5%，超过部分由企业报销。因病或非因工负伤住院期间的医药费和床位费，其超过医药费补贴的部分，个人负担医药费的10%、床位费的5%。

两地开展的改革试点，保证了职工医疗，克服了一些企业为了减少医疗费开支将全部医药费或门诊医药费发给职工包干使用、超支自理所产生的弊病；医药费与个人适当挂钩，增强了职工的费用意识，开药不吃药的浪费现象大大减少；医药费实行实报实销或管理不严的单位，医疗费开支得到控制。1989年4月，劳动部保险福利司在山东烟台市召开的全国保险福利工作座谈会上，肯定彭县、内江市中区的改革工作。国务院医疗制度改革研讨小组也把主要内容吸收到研讨小组的改革意见之中。

1989年2月，省劳动人事厅下发《关于印发彭县、内江市市中区〈全民所有制企业固定职工劳保医疗制度改革试点办法〉的通知》，要求有条件的地区在所有的全民所有制企业中按照统一的办法进行改革，其他地区要选择一些县（市、区）组织试点。1989—1993年，全省先后有12个市（地、州）的84个县（市、区）组织企业开展改革，企业有3200多个，职工人数达130多万人。泸州市、德阳市、广元市、绵阳市、重庆市、南充地区6个市（地）先后规定了统一的改革办法，在所有全民所有制企业中实施。

1994年后，按照国家体改委、财政部、劳动部、卫生部《关于职工医疗制度改革的试点意见》，医疗保险实行社会统筹和个人账户相结合的改革方向，不再组织企业开展劳保医疗制度改革试点，而是要逐步在企业开展建立职工医疗制度改革的试点。

（二）大病医疗费用社会统筹

从20世纪80年代企业转换经营机制改革以来，一些小型企业特别是商业企业实行承包租赁后，划小了经营核算单位，人员少、提取的医疗费少，数量众多的小企业面临职工大病住院费用难以负担的问题。1988年，省职工社会保险事业管理局对解决小企业职工大病费用负担问题开展调研。同年7月组织成都市、宜宾市、内江市、乐山市有关人员，前往全国第一个进行改革的北京市东城区菜蔬公司学习考察，研究制定改革办法。从1989年1月起先后在成都市饮食公司、宜宾市商业局、大邑县百货公司、资中县饮食服务公司、彭山县商业局，组织开展大病医疗费用社会统筹（以下简称“大病统筹”）试点。当年，5个试点商业系统参加职工和退休人员共6868人，筹集基金11.48万元，住院人数81人，医疗费支出9.12万元，结余2.36万元。

1989年10月，省职工社会保险事业管理局在总结大病统筹试点经验的基础上，下发《关于印发〈全民所有制小型工业企业和商业企业实行大病统筹的试行办法（草稿）〉的通知》。试行办法的主要内容是：大病统筹基金的缴纳，按企业职工人均3—5元、退休职工人均5—7元的标准，由统筹主管部门统一收取，专户专用。大病统筹基金开支范围，为因内脏疾病、恶性肿瘤、严重外伤及女职工计划内生育难产引起的合并症、紧急抢救月连续或一次就医费用超过301元的病症。大病统筹基金拨付金额的起点为301元，超过301元的医疗费按分段计算、累加支付的办法拨付给单位，301—1000元拨付80%、1001—1500元拨付85%、1501—2000元拨付90%，其余部分由单位和职工个人负担；2001元以上按100%拨付。起点金额、拨付金额可视情况变化一年一定。

1990年2月，省职工社会保险事业管理局在成都召开全省劳保医疗制度改革座谈会，要求大病统筹在行业系统或一个地区对企业职工患大病一次性住院治疗发生的医疗费，实行统一筹集、调剂、支付和管理，将单个企业少量和分散的医疗费集中起来统一使用，使其承担的风险转由参加大病统筹所有企业共同负担。会议的召开，推进了各地开展大病统筹工作。

同年11月，劳动部保险福利司在四川省峨眉山市召开第一次全国部分省市劳保医疗制度改革工作座谈会，四川开展劳保医疗制度改革的做法，在会议上进行了交流。新华社四川记者站1992年1月25日《国内动态清样》（第188期）以《四川中小企业试行大病医疗费用社会统筹取得较好效果》为题，报道四川实施大病统筹三年的情况，肯定大病统筹的开展：一是保证了职工的大病医疗，解除了企业和职工的后顾之忧；二是互助互济，缓解了企业之间医疗费负担畸轻畸重的矛盾；三是强化了企业职工自觉克服医疗浪费的意识。

1992年11月，省劳动厅《转发劳动部〈关于试行职工大病医疗费用社会统筹的意见〉的通知》要求：各地要按照部署，积极推进本地区大病统筹工作；尽快使行业统筹过渡到以县为单位统筹；要扩大覆盖面，除全民所有制小型企业、集体所有制企业外，逐步把全民所有制大中型企业以及外商投资企业、私营企业都纳入大病统筹范围。1993年1月，成都市在全国大城市中，第一个在全市城镇企业职工中全面推行大病统筹。同年，全省有128个县（市、区）组织实施大病统筹，其中大邑县、长宁县、彭山县等93个县（市、区）实行以县为单位所有企业由职工社会保险事业管理局（以下简称“社保局”）直接管理的大病统筹。1995年由社保局管理的大病统筹达到120个县（市、区）。1996年起，部分县将大病统筹纳入到整体医疗保险制度改革中，单独开展大病统筹的县（市、区）有所减少。

1997年10月，省职工社会保险事业管理局印发《关于企业职工医疗保险制度改革的意见》，对开展大病统筹提出了六个方面的指导意见。要求已经实行大病统筹的地方，有条件的可按照国务院办公厅转发国家体改委等四部委《关于职工医疗保障制度改革扩大试点的意见》确定的基本原则和精神，研究探讨当地“统账结合”的改革方案，适时向“统账结合”的模式过渡。到1999年，全省已有149个县（市、区）开展了大病统筹，由社保局直接管理的大病统筹达到104个县（市、区）。2000年，全省实施城镇职工基本医疗保险制度后，不再单独开展大病统筹。

1989—1999年四川省大病统筹开展情况一览表

表3—5

<table>
<tr><th>年份</th><th>开展县数（个）</th><th>社保局管理县数（个）</th><th>参加企业数（个）</th><th>在职职工参加人数（万人）</th><th>退休人员参加人数（万人）</th><th>大病统筹基金收入（万元）</th><th>大病统筹基金支出（万元）</th></tr>
<tr><td>1989</td><td>5</td><td>0</td><td>67</td><td>0.69</td><td>11.48</td><td>9.12</td><td>—</td></tr>
<tr><td>1990</td><td>17</td><td>0</td><td>771</td><td>6.20</td><td>—</td><td>—</td><td>—</td></tr>
<tr><td>1991</td><td>60</td><td>15</td><td>3200</td><td>15.46</td><td>2.86</td><td>—</td><td>—</td></tr>
<tr><td>1992</td><td>99</td><td>51</td><td>3582</td><td>35.69</td><td>5.84</td><td>1647</td><td>900</td></tr>
<tr><td>1993</td><td>128</td><td>93</td><td>8200</td><td colspan="2">92.20</td><td>5273</td><td>2024</td></tr>
<tr><td>1994</td><td>135</td><td>93</td><td>—</td><td colspan="2">125.74</td><td>5283</td><td>4331</td></tr>
<tr><td>1995</td><td>135</td><td>120</td><td>10613</td><td colspan="2">153.14</td><td>14202</td><td>11295</td></tr>
<tr><td>1996</td><td>135</td><td>110</td><td>9489</td><td colspan="2">173.06</td><td>18179</td><td>15227</td></tr>
<tr><td>1997</td><td>135</td><td>90</td><td>—</td><td>120.08</td><td>26.40</td><td>17000</td><td>14000</td></tr>
</table>

续表3—5

年份	开展县数（个）	社保局管理县数（个）	参加企业数（个）	在职职工参加人数（万人）	退休人员参加人数（万人）	大病统筹基金收入（万元）	大病统筹基金支出（万元）
1998	143	98	9599	126.80	28.60	—	—
1999	149	104	—	106.60	37.90	14300	12200

说明：此表数据摘自相关年度《四川省劳动和社会保障事业发展统计公报》和省社保局工作总结

二、公费医疗制度改革

四川各级财政、卫生、公费医疗管理部门，针对公费医疗制度存在的问题，从1992年开始，组织开展机关、事业单位公费医疗制度的多种形式的改革。

按照“保证医疗，克服浪费，兼顾国家、集体、个人三方面利益”的原则，从1992年起，全省各地政府先后制定个人少量负担医疗费的管理办法。规定除离休干部、二等乙级伤残军人等照顾对象外，所有公费医疗享受人员均要负担一定比例的医疗费。其方式及比例不尽相同，或按工龄或年龄确定经费定额，超支、节约与个人利益挂钩；或直接规定个人门诊与住院费用的负担比例，发生费用与报销挂钩；或门诊包干使用，住院按比例报销。各地住院医疗费一般自负10%左右，门诊医疗费一般自负5%—30%。

由于公费医疗管理模式是一方提供经费，多方享用经费，供需双方缺乏完善的制约机制，1992年经过调查研究，开始在全省推行“医院主管经费，多方参与”的管理办法。各地结合实际，规定医院主管公费医疗经费，节约有奖、超支分担；财政、卫生、公医办、享受单位各负其责，协助医院管好、用好公费医疗经费。到1994年，全省有80%的市（地）/县实行了这一改革管理办法，有效控制了医疗费增长速度，收到较好效果。

1994年起，重庆市的合川市、璧山县、铜梁县，广安地区的华蓥山市、武胜县，宜宾地区的珙县，德阳市，按照国家四部委制定的《关于职工医疗保障制度改革扩大试点的意见》，先后在公费医疗系统进行医疗费用社会统筹与个人账户相结合的改革试点。同年，绵阳市的北川县、平武县、安县，广元市的市中区、元坝区、旺苍县先后与中国人民保险公司共同试行开展职工住院医疗保险。

2000年后，公费医疗制度改革统一纳入城镇职工基本医疗保险制度改革。

三、公费医疗、劳保医疗制度管理

按照“保证医疗，克服浪费”的原则，四川省级职工医疗制度管理部门针对新情况、新问题，不断加强公费医疗、劳保医疗制度的管理。

1991年5月，根据卫生部、财政部1989年颁发的《公费医疗管理办法》，省劳动厅、省财政厅、省总工会下发《关于劳保医疗管理制度若干问题的规定》，对享受劳保医疗待遇的范围、劳保医疗费报销范围、自费范围作了具体的规定，统一了自费药品范围，指导企业加强劳保医疗制度的管理。同年9月，省财政厅、省卫生厅下发《关于严格执行定点医疗和转诊转院规定的通知》，公布承担公费医疗任务的13家省级医院目录，实行了定点医疗管理。

1993年7月，省劳动厅、省财政厅下发《关于严格执行劳保医疗自费药品规定切实加强药品管理的通知》，补充规定了属自费药品的营养滋补药品、保健药品的管理。下发《关于享受劳保医疗人员施行特殊检查治疗手术和使用进口药品贵重药品费用实行与个人利益挂钩办法的通知》，规定经企业同意或批准施行器官移植的手术费用，个人负担10%—5%；安装人造器官、心脏起搏器等费用，原装进口件个人负担20%—15%，国产件个人负担10%—5%；使用现代医疗仪器设备检查、治疗、手术，其单项费用在百元以上项目，个人负担10%；使用进口药品和最小包装单价在百元以上的国产贵重药品，个人负担10%。

1995年5月，省卫生厅、省财政厅、省劳动厅统一制定《四川省公费劳保医疗用药报销范围（试行稿）》，组织各地试行。

1997年1月，省卫生厅、省财政厅、省劳动厅《关于印发〈四川省公费劳保医疗用药报销范围〉的通知》，规范了四川省公费劳保医疗用药报销范围，各地开始正式实施。此规定执行到2000年年底实施城镇职工基本医疗保险制度改革前。

四、社会统筹和个人账户相结合办法试点

1993年11月，中共十四届三中全会做出关于"城镇职工养老和医疗保险金由单位和个人共同负担，实行社会统筹和个人账户相结合（以下简称"统账结合"）"的决定，1994年4月，国家体改委、财政部、劳动部、卫生部制定了《关于职工医疗制度改革的试点意见》。同年11月，国务院批准在江苏省镇江市和江西省九江市组织进行职工医疗制度改革的试点（以下简称"两江试点"）。

按照国家改革试点意见的原则，四川省也组织绵阳市高新区等地开展改革试点。1994年8月，省职工社会保险事业管理局确定绵阳市高新区作为全省职工医疗保障"统账结合"办法改革试点县。1995年1月，《绵阳市高新区医疗保障实施办法》开始在全区机关、企业、事业单位职工和退休人员中全面实施。其办法特点是：单位统一按工资总额的10%、个人按本人工资2%缴纳医疗保险基金；建立医疗保障基金的个人医疗专户金、社会医疗统筹金和单位医疗调剂金"三金"制度。个人医疗专户金划给个人，主要用于门诊治疗，门诊费年人均超过200—500元部分，在单位医疗调剂金内解决；住院治疗费在社会医疗统筹金中按费用分段报销75%—85%，其余部分由单位医疗调剂金和个人医疗专户金负担。

从1995年7月起，宜宾地区长宁县、江安县，泸州市泸县、纳溪县也参照"两江试点"经验，相继在全县范围的企业中实施了"统账结合"改革办法，建立起新的企业职工社会医疗保障制度。

1996年4月，国家体改委、财政部、劳动部、卫生部下发了《关于职工医疗保障制度改革扩大试点的意见》。按照国务院要求，省政府成立了由副省长徐世群任组长、省长助理李进、副秘书长蒋明政任副组长，省委宣传部、省劳动厅、省财政厅、省卫生厅、省职工社会保险事业管理局、省经济体制改革委员会等15个部门为成员的"四川省医疗保障制度改革领导小组"，领导小组办公室设在省经济体制改革委员会。并确定泸州、绵阳两市为国务院医疗保障制度改革57个扩大试点城市之一。同年5月，省政府召开四川省医疗保障制度改革试点工作会议，传达全国医疗保障制度改革扩大试点工作会议精神，部署泸州、绵阳两市开展改革试点工作。

从1997年1月1日起，泸州市、绵阳市医疗保障制度改革试点开始实施。两市职工社会医疗保险办法规定：公费、劳保医疗按统一制度和政策同步进行改革，基金统一管理，分别核算。医疗保险基金实行市/县（区）两级统筹，用人单位缴费比例市和各县（区）分别确定。职工个人按本人上年工资总额的1%缴费，退休人员个人不缴纳。医疗保险基金实行职工个人医疗账户和社会统筹医疗账户相结合。1998年6月，省劳动厅对泸州市、绵阳市职工医疗制度改革试点开展情况进行了调

研。调研报告指出：两市实施改革试点一年半以来，已平稳起步，正健康运行，不断完善，一个“统账结合”的职工医疗保险制度已经基本建立。

除泸州、绵阳两市外，全省还有宜宾县、珙县、筠连县、江安县、彭山县、威远县、元坝区等7个县（区），先后从1997年起，全面实施了“统账结合”的医疗制度改革。成都市从1997年9月起，先在3户大型企业3万多职工中开展了医疗保险“统账结合”的改革试点。从1998年7月1日起，在全市各类城镇企业中实施《成都市城镇企业职工医疗保险制度改革试点方案》。原参加大病统筹的企业，改按“统账结合”改革试点方案参加医疗保险。

到1999年年底，全省有32个县（市、区）实施了医疗制度“统账结合”改革，参加职工40.70万人，退休人员12.70万人。

泸州、绵阳和其他市/县实行的社会统筹和个人账户相结合医疗制度改革试点，为2000年起建立城镇职工基本医疗保险制度改革，提供了经验。2000—2005年，按照国务院和省政府的规定，由改革试点过渡到建立起城镇职工基本医疗保险制度。

第二节　城镇职工基本医疗保险

一、前期准备

1998年12月，国务院颁发《关于建立城镇职工基本医疗保险制度的决定》，决定在全国范围内进行城镇职工基本医疗保险制度改革，要求建立城镇职工基本医疗保险制度工作从1999年年初开始启动。

1999年1月，省委、省政府召开全省城镇职工医疗保险改革准备工作会议，传达贯彻全国城镇职工医疗保险制度改革工作会议精神，研究部署全省城镇职工医疗保险制度改革准备工作。全省各统筹地区按照国务院文件精神和全省医疗保险改革准备工作会议部署，进行医疗保险改革的摸底和测算，结合当地实际，研究拟定本统筹地区的城镇职工基本医疗保险实施方案。同月，省劳动厅成立四川省城镇职工基本医疗保险制度改革办公室（以下简称“省医改办”，属内设临时机构），在政府机构改革前，负责全省城镇企业职工和机关、事业单位人员医疗保险制度改革的组织实施和综合管理工作。4月，省政府办公厅下发《关于调整社会保障职能和机构的通知》，将城镇职工医疗保险制度改革和公费医疗管理职能划归劳动部门统一管理。

同年6月，省政府召开28家在蓉省、市新闻单位负责人和记者参加的医疗保险制度改革座谈会，通过媒体进行医疗保险制度改革的宣传。省医改办在成都举办城镇职工医疗保险制度改革培训班，除绵阳、泸州外的19个市（地、州）及部分县（市、区）劳动局分管医疗保险改革工作人员共100余人参加了培训。7月，先后对医疗保险经办机构工作人员共600人进行培训。

同年11月，省劳动厅《转发劳动和社会保障部〈关于转发中央机构编制委员会办公室就理顺地方医疗保险管理体制有关问题复函的通知〉的通知》，要求务必于年底前完成职能归并工作。年末，全省各级医疗保险管理职能和机构调整工作结束，原隶属于省卫生厅的“省公费医疗管理办公室”成建制划归省劳动厅管理。

二、实施城镇职工基本医疗保险制度

1999年4月，省政府召开全省城镇职工医疗保险制度改革工作会议，部署全省开展医疗保险制度改革工作。

同年5月，省政府下发《四川省人民政府关于印发〈四川省贯彻《国务院关于建立城镇职工基本医疗保险制度的决定》的意见〉的通知》，主要内容有：基本医疗保险水平要与四川省社会经济发展水平相适应；城镇所有用人单位及职工都要参加基本医疗保险，实行属地管理；基本医疗保险费由用人单位和职工双方共同负担；基本医疗保险基金实行社会统筹和个人账户相结合。基本医疗保险原则上以市（地、州）为单位实行统筹；县级经济发展水平和职工平均工资水平差异过大的，报省政府批准后，也可以县为单位实行统筹。基本医疗保险费由用人单位和职工共同缴纳。职工缴费率为本人工资收入的2%，用人单位缴费率控制在职工工资总额的6%左右，具体比例由各统筹地区根据实际测算值确定。基本医疗保险基金由统筹基金和个人账户构成：职工个人缴纳的基本医疗保险费全部计入个人账户。用人单位缴纳的基本医疗保险费分为两部分，一部分用于建立统筹基金，一部分划入个人账户。划入个人账户的比例一般为统筹地区所有用人单位缴费总额的30%左右，具体比例由统筹地区根据个人账户的支付范围和职工年龄等因素确定。统筹基金和个人账户要划定各自的支付范围，分别核算，不得互相挤占。统筹基金起付标准以上最高支付限额以下部分主要由统筹基金支付，个人也要支付一定比例。起付标准一般为统筹地区上年度职工平均工资的10%左右，不同等级医院可有所不同。统筹基金的最高支付限额，即一个职工一个年度内统筹基金应支付的医疗费用的最高限额，一般为统筹地区上年度职工平均工资的4倍左右。

2000年10月，省劳动和社会保障厅向18个市（地、州）劳动局下达2000年年底城镇职工基本医疗保险覆盖计划，要求年底前城镇职工基本医疗保险覆盖200万人。先后下发《关于加快推进建立我省城镇职工基本医疗保险制度的通知》和《关于加快推进全省城镇职工基本医疗保险制度改革的紧急通知》，要求各地政府要高度重视，尽快启动城镇职工医疗保险制度改革，除甘孜、阿坝、凉山三州外，全省各地都必须在2000年第四季度启动。要求理顺医疗保险行政管理体制，各市（州）/县（市、区）要落实城镇职工基本医疗保险管理机构和经办机构，解决人员编制、经费、办公场所和计算机管理系统等医疗保险管理必要的条件。

同年11月，省劳动和社会保障厅、省财政厅召开省级机关事业单位医疗保险制度启动实施大会，要求省级机关事业单位医疗保险于12月份启动实施。12月，省劳动和社会保障厅、省财政厅先后下发《关于省级机关事业单位实施医疗保险制度有关问题的通知》和《关于省级机关事业单位实施医疗保险门诊特殊疾病医疗费管理的通知》，规定了基本医疗保险的基本政策，明确了门诊特殊疾病的病种以及支付办法。省本级基本医疗保险参保单位及个人从2000年12月开始缴费，2001年1月1日开始报销医疗费用，省级机关事业单位基本医疗保险正式启动。

同年12月，省政府先后审批了除凉山、攀枝花、甘孜以外18个市（州）的城镇职工基本医疗保险实施办法，这18个市（州）及其115个县（市、区）陆续启动实施了城镇职工基本医疗保险制度，参保人数达到208.8万人。

2001年4—8月，凉山、攀枝花和甘孜3个市（州）分别启动实施城镇职工基本医疗保险制度后，全省21个市（州）全部实施了城镇职工基本医疗保险制度，启动实施的县（市、区）达到149个。2002年达到170个，2003年达到180个。到2004年年末，全省21个市（州）及所属181个县

（市、区）全部实施了城镇职工基本医疗保险制度，在全省行政区域内实现了制度的全覆盖。

三、基本医疗保险待遇

2000 年 12 月，省劳动和社会保障厅、省财政厅《关于省级机关事业单位实施医疗保险制度有关问题的通知》规定了参保人员的医疗保险待遇：

基本医疗保险个人账户资金由职工个人缴纳的 2% 和用人单位缴纳的 7.5% 的一部分组成，计算公式为：（2% + 本人实足周岁年龄系数）× 本人上年度工资收入（50 周岁以下的年龄系数为 0.02%，50 周岁及其以上的年龄系数为 0.035%）。退休人员的 2% 从单位缴费中划入，计入基数为本人退休金。

门诊医疗费用由个人账户支付，超支自理。少数需长期门诊治疗的特殊疾病，个人账户支付不足部分，可由统筹基金支付一部分；享受公务员医疗补助的参保人员，也可由公务员医疗补助支付一部分。

基本医疗保险统筹基金支付参保人员每次住院的起付标准为：住一级、二级、三级医院分别为入院时上年度成都市职工平均工资的 5%、8%、12%。起付标准以下的住院费用由个人账户支付或个人支付。一个自然年度内住二级或三级医院两次及以上的，起付标准逐次降低 1%。2001 年，参保人员住院由基本医疗保险统筹基金支付的具体标准为：住一级医院 400 元；住二级医院 650 元；住三级医院 970 元。一个自然年度内住二级或三级医院两次及以上的，起付标准逐次降低 80 元。起付标准以上，最高支付限额以下的住院费用主要由统筹基金支付，个人也要支付一部分，统筹基金支付比例为：75% + 本人实足周岁 ×0.2%。统筹基金的最高支付限额为：一个自然年度内，统筹基金为参保人员个人支付的医疗费累计不超过上年度成都市职工平均工资的 4 倍。2001 年统筹基金的最高支付限额为 3.50 万元。

一个年度内，享受公务员医疗补助的职工和退休人员的住院费用中，超过基本医疗保险统筹基金最高支付限额的费用，由公务员医疗补助经费支付 90%，个人负担 10%。

四川省本级和各统筹地区在基本医疗保险制度实施过程中，不断完善基本医疗保险待遇的政策规定。2005 年 4 月，省劳动和社会保障厅、省财政厅下发《关于调整省本级基本医疗保险统筹基金最高支付限额的通知》，决定从 2005 年 5 月 1 日起，将省本级基本医疗保险统筹基金最高支付限额由 3.50 万元上调为 4.60 万元，减轻了参保人员的个人负担。10 月，省劳动和社会保障厅、省财政厅下发《关于省级机关退休公务员普通门诊购药有关问题的通知》，规定省级机关退休公务员医疗补助的普通门诊购药范围由省本级定点医院扩大到省本级定点零售药店，方便参保人购药。内江市在 2005 年调整完善基本医疗保险政策，将基本医疗保险单项目的个人自负比例由 20% 降低为 10%，将公务员每人每年医疗补助的最高标准由 5 万元提高到 10 万元。

四、基本医疗保险覆盖范围扩大

（一）行业单位职工

2000 年 4—5 月，省劳动和社会保障厅会同铁路、电力、邮电、金融等部门，先后下发相关行业系统职工参加基本医疗保险有关问题的通知，要求在川的行业所有用人单位及其职工都要参加所在统筹地区基本医疗保险。对跨地区、流动性大的单位，采取相对集中、异地参保的原则，参加统筹地区的基本医疗保险。各行业单位按通知要求，陆续参加了所在统筹地区的基本医疗保险。2003 年

7月，省劳动和社会保障厅确定对成都铁路局采取统一政策、委托管理、分块运作、自求平衡的办法参加省本级基本医疗保险，实行封闭运行，该局于2004年1月正式启动实施。

（二）森工企业职工

2001年6月，省劳动和社会保障厅会同省财政厅、省林业厅通过省政府向国家报告相关情况，请求国家在安排天然林保护工程经费时，给予森工企业职工基本医疗保险费补助，以切实解决森工职工参加基本医疗保险的问题。此后，省劳动和社会保障厅与财政等部门多次协商研究，采取省财政安排资金补助、森工单位自行参保办法。从2005年1月起，全省所有天然林保护工程项目单位纳入了基本医疗保险范围，解决了实施天然林保护工程后，森工企业无力参加城镇职工基本医疗保险的问题。

（三）特殊人群

2001年9月，省劳动和社会保障厅、省财政厅、省民政厅、省卫生厅下发的《关于切实做好二等乙级以上革命伤残军人医疗保障工作的通知》规定：二等乙级以上革命伤残军人的医疗待遇不变，医疗费用按原资金渠道解决，由社会保险经办机构单独列账管理；有二等乙级以上革命伤残军人的单位，均应按照属地管理原则参加当地统筹。

2002年7月，省劳动和社会保障厅、省财政厅《关于解决建国前参加革命工作的老工人医疗待遇问题的通知》要求：1949年中华人民共和国成立前参加革命工作的老工人应当参加基本医疗保险，其医疗待遇在按基本医疗保险规定支付后，其余部分由用人单位按本单位原定待遇给予补足，即保持原待遇不变。关闭破产企业应按本地退休人员人均医疗费实际支出，为退休人员缴纳10年的基本医疗保险费后，其医疗费用由参保地医疗保险经办机构按规定支付。

2003年8月，省劳动和社会保障厅、省财政厅、省军区后勤部《关于驻川部队机关事业单位职工参加地方医疗保险的通知》规定：驻川部队机关事业单位职工按属地原则参加统筹地区的城镇职工基本医疗保险。

2004年6—12月，按照国家有关政策规定，对全省企业军转干部，有单位的随用人单位参加城镇职工基本医疗保险，没有单位的以个人身份参加城镇职工基本医疗保险，退休人员由财政一次性清算直接纳入城镇职工基本医疗保险范围。在中央财政的支持下，各地医疗保险部门、军队转业安置部门、财政部门共同努力，逐一将每个未参保的企业军转干部全部纳入医疗保险范围，当年实现参保率达到100%。

2005年12月，省政府办公厅《转发省总工会等五部门关于切实解决省部级以上劳动模范医疗问题的意见的通知》，要求将未参加基本医疗保险的省部级以上劳动模范纳入城镇职工基本医疗保险。对在岗的、下岗的省部级以上劳模，所在单位必须按规定参加基本医疗保险；失业的省部级以上劳模，其基本医疗保险费由同级政府筹资解决；对未参加基本医疗保险的已退休省部级以上劳模，全部纳入基本医疗保险，一次性缴纳10年的基本医疗保险费，所需经费由省/市（州）两级政府和工会承担。

（四）关闭破产、困难企业退休人员和职工

2002年起，全省各市（州）陆续制定了国有破产改制企业退休人员参加医疗保险的政策和清算标准，对有一定缴费能力的关闭破产国有企业，采取一次性清偿的办法解决退休人员的基本医疗待遇；对关闭破产时确实无力为退休人员缴纳医疗保险费的国有企业，宜宾、德阳、广安等市财政承诺逐年安排相应资金。乐山、眉山、泸州等市还研究探索解决医疗保险制度改革前已经关闭破产的国有企业退休人员的医疗保障问题。

各地在探索解决困难人群的医疗保障问题时，对无力按规定缴纳医疗保险费的困难企业，普遍采取了降低费率、单建大病统筹的办法，促进职工参保。南充、雅安等市采取多种缴费费率和待遇水平相配套的措施，使困难企业可以根据自身经济状况选择。到2004年年末，全省有200多户困难企业9万余人参加了基本医疗保险，纳入医疗保险范围的关闭破产企业退休人员已近37万人。

（五）各类就业人员

2003年6月，省劳动和社会保障厅《关于印发〈城镇灵活就业人员参加基本医疗保险的意见〉的通知》要求：以国有企业下岗人员参保为重点，逐步将灵活就业人员纳入基本医疗保险覆盖范围。对非全日制、临时性、弹性工作等灵活就业人员参加职工基本医疗保险问题，规定了参保缴费、医疗待遇等政策，并同时向全省下达了2003年全省灵活就业人员参保扩面的任务，以保证政策落到实处。2004年年末，全省灵活就业人员参保人数达到35.20万人。

2004年7月，省劳动和社会保障厅转发劳动和社会保障部办公厅《（关于推进混合所有制企业和非公有制经济组织从业人员参加医疗保险的意见）的通知》要求：从2004年7月开始建立月报制度，加大力度推进混合所有制企业和非公有制经济组织从业人员参加城镇职工基本医疗保险。当年年末，全省混合所有制企业参保人数达34.30万人，非公经济组织从业人员参保人数达22.90万人。

2005年6月，省劳动和社会保障厅、省财政厅下发了《关于省级机关事业单位解除人事关系人员接续基本医疗保险关系有关问题的通知》，使省级机关、事业单位解除人事关系的人员可以个人身份参加基本医疗保险，获得基本医疗保障待遇。

（六）农民工

成都市从2003年1月起探索实施农民工综合社会保险（包括住院医疗费报销、工伤补偿、老年补贴），巴中市实施在农民工输出地参加医疗保险的办法。2004年5月，省劳动和社会保障厅《关于尽快在数据库中建立进城务工农民参加医疗、工伤和生育保险的身份标识的通知》规定：各统筹地区严格按照部颁标准建立健全数据库，尽快落实农民工参加医疗保险的身份标识工作，从当年二季度增加农民工参保人数逐级上报。

2005年10月，省劳动和社会保障厅下发《关于农村进城务工人员参加基本医疗保险的意见》，各地结合本地实际积极研究制定措施促进农民工参保，到2005年年末，全省参加医疗保险的农民工已超过40万人。

（七）失地农民

2005年9月，省劳动和社会保障厅《关于进一步做好失地无业农民就业和社会保险工作的通知》，要求对法定年龄内的失地无业农民要逐步纳入现行的基本医疗保险制度，并在成都市开展失地农民医疗保险试点。成都市政府确定了“土地换保障、退费进社保，政府给补贴、新人养老人、逐步进入社会保障体系”的原则，重点解决失地农民的养老和医疗问题。同年，全市有29.41万名失地农民参加医疗保险，失地农民进社保被评为“建设成都杰出贡献奖”。

2000—2005 年四川省基本医疗保险实施情况表

表 3—6　　单位：万人、亿元

年份	参保情况					基金收支情况		
	年末实际参保人数	其中				实际征收医疗保险费	报告期基本医疗保险基金支出总额	基本医疗保险基金当期结余额
		退休人员	企业	机关事业	个体、灵活就业人员			
2000	208.80	—	—	—	—	—	—	—
2001	437.56	128.36	229.23	200.15	8.18	16.20	10.60	9.90
2002	480.60	150.09	254.01	213.52	13.07	25.78	18.30	9.70
2003	531.25	173.83	280.20	227.56	23.49	30.80	27.00	9.80
2004	587.55	196.54	294.62	240.52	52.41	46.53	33.47	14.02
2005	649.57	221.06	319.44	248.66	81.46	60.22	42.38	18.99

说明：此表摘自《四川劳动和社会保障统计年鉴（2005）》

五、基本医疗保险管理制度

按照国务院、四川省人民政府建立城镇职工基本医疗保险制度的要求，四川省级有关部门制定了各项医疗保险管理制度，以规范城镇职工基本医疗保险制度的管理。

2000 年 2 月，省劳动厅、省卫生厅、省中医管理局《关于印发〈四川省城镇职工基本医疗保险定点医疗机构管理暂行办法〉的通知》，省劳动厅、省药品监督管理局《关于印发〈四川省城镇职工基本医疗保险定点零售药店管理暂行办法〉的通知》，对职工基本医疗保险定点医疗机构、定点零售药店（以下简称为“两定点”）的准入、申请、审批和监督管理等制定了管理办法。

同月，省劳动厅、省经济贸易委员会、省财政厅、省卫生厅、省物价局、省药品监督管理局、省中医管理局《关于印发〈四川省城镇职工基本医疗保险用药范围管理暂行办法〉的通知》，对纳入基本医疗保险支付范围的药品的标准进行规定，明确基本医疗保险用药目录的分类及其支付办法。

同年 3 月，省劳动厅转发劳动保障部《关于印发城镇职工基本医疗保险定点医疗机构和定点零售药店服务协议文本的通知》，要求各地经办机构要结合实际与定点机构签订服务协议，研究制定“两定点”综合考评办法。

同年 4 月，省劳动厅《转发劳动保障部〈关于印发城镇职工基本医疗保险业务管理规定的通知〉的通知》，要求按照系统化、规范化、科学化的要求，开展基本医疗保险业务经办管理。规范参保登记、缴费，费用征集，费用记录处理，待遇审核，待遇支付的基本流程，以及基金会计核算与财务管理。

同年 5 月，省劳动和社会保障厅《关于印发〈制定城镇职工基本医疗保险结算办法有关问题的指导意见〉的通知》，规范了医疗保险经办机构与定点医疗机构和定点药店基本医疗保险费用支出管理，提出结合实际，选择合理可行的结算方式的要求。省劳动和社会保障厅、省财政厅、省卫生厅、省物价局、省中医管理局《关于印发〈四川省城镇职工基本医疗保险诊疗项目和医疗服务设施管理暂行办法〉的通知》，规定了基本医疗保险诊疗项目目录和医疗服务设施范围。

2001 年 3 月，省劳动和社会保障厅在 2000 年版基本医疗保险药品《国家目录》的基础上，组织专家按照国家规定的调整比例，完成了增补151个药品的遴选、评审、报批等工作，发布《关于印发四川省基本医疗保险药品目录的通知》，从2001年6月1日起执行。

以上管理规定，至2005年均在执行。

六、基本医疗保险管理

（一）规范化管理

2001年4月，省劳动和社会保障厅印发《医疗保险经办机构"三优"① 文明窗口具体标准》《四川省省级机关事业单位医疗保险经办工作规范》，供各地参照执行，对全省医疗保险经办服务管理进行规范。5月，省级医疗保险信息系统建设完毕，开始试运行，并同时向参保职工发放医疗保险磁卡，提高了省本级医疗保险的工作效率，方便了参保职工就医看病。医疗保险管理实行了医疗保险经办机构与定点医疗机构、定点零售药店的联网运行。

2003年2月，省劳动和社会保障厅《关于进一步做好异地安置退休人员医疗保险管理的通知》，对异地安置退休人员的参保缴费、费用报销、医疗费用管理等进行了规范。同年10月，省劳动和社会保障厅组织开展医疗保险工作自查活动，促进了全省医疗保险的规范化管理。

2004年12月，省劳动和社会保障厅《关于印发〈四川省医疗保险经办机构业务管理流程（试行）〉的通知》，以进一步规范和加强医疗保险经办服务管理，提高医疗保险经办机构服务管理水平。

（二）定点医疗机构和定点零售药店管理

2002年8月，省劳动和社会保障厅转发成都市劳动和社会保障局关于《成都市城镇职工基本医疗保险定点医疗机构和定点零售药店医保业务考核办法》，省/市医疗保险管理部门联合对省/市共同定点的49家定点医院和7家定点零售药店进行了考核。根据考核结果，表彰了严格执行医疗保险政策的定点医院和药店；同时对违反服务协议情节严重、医疗保险政策管理不规范的1家医院和4家药店暂停了医疗保险业务，责令限期进行整改。

2003年6月，省劳动和社会保障厅转发劳动保障部《关于城镇职工基本医疗保险定点医疗机构协议管理的通知》，提出完善服务协议，明确管理重点，强化考核监督，确保协议落到实处，健全工作制度，保证协议管理的科学性和公正性的工作要求，切实解决定点医疗机构服务协议管理中存在的问题。

2004年2月，省/市医疗保险管理部门再次组成考核组，对64家定点医疗机构和16家定点零售药店进行医疗保险业务考核。通过考核，促进了定点医疗机构和药店加强自身建设，规范管理。

2004年，省医疗保险管理部门在省本级部分医疗保险定点医院进行住院医疗费实行"总额和指标双控制"的医疗保险经费管理办法的试点。该办法贯彻"以收定支"的原则，改革现有住院医疗费用结算办法，实行总额控制和定额结算相结合，控制不合理的医疗费用增长，促使医院加强管理，保证基金收支平衡。2005年，"总额和指标双控制"办法在省本级全部定点医院实施，加大了对基本医疗保险定点医疗机构的监督管理。

（三）基本医疗保险用药和诊疗项目管理

2002年8月，省劳动和社会保障厅下发《关于规范〈四川省基本医疗保险药品目录〉中部分药

注：①"三优"，即优质服务、优良作风、优美环境。

品名称剂型的通知》《关于调整〈四川省基本医疗保险药品目录〉中部分药品使用范围的通知》，进一步完善了基本医疗保险用药和诊疗项目目录，把一些限制在三级医院使用的药品扩大到二级医院使用，一些药品还扩大病种使用范围，方便参保人员就医和医疗机构施治。

同年9月，省劳动和社会保障厅《关于明确造血干细胞移植术为基本医疗保险部分支付诊疗项目的通知》，明确造血干细胞移植手术与骨髓移植手术同为基本医疗保险支付部分费用的诊疗项目，减轻了白血病患者的个人负担。

2003年12月，省劳动和社会保障厅《关于挂号费等诊疗项目暂不纳入基本医疗保险支付范围的批复》对省本级医疗保险诊疗项目进行了相应的调整，进一步明确医疗保险不予支付的诊疗项目医疗服务和医疗保险部分支付费用的诊疗项目。

2004年5月，省劳动和社会保障厅转发《劳动和社会保障部关于落实艾滋病抗病毒治疗政策的通知》，将《艾滋病免费抗病毒治疗药品名单》中6种艾滋病抗病毒治疗药品，纳入城镇职工基本医疗保险药品目录。

2005年7月，省劳动和社会保障厅根据劳动保障部《关于印发国家基本医疗保险和工伤保险药品目录》（2004版），结合四川实际，组织专家按照国家规定的调整比例，完成了增补244个药品的遴选、评审、报批等工作，修订并印发《四川省基本医疗保险和工伤保险药品目录》（2005年版，以下简称新版《药品目录》）。并组织建立新版《药品目录》药品信息库，为各级经办机构、定点医院和参保职工使用、查询提供了方便。新版《药品目录》较大幅度地增加了新药品种，明确部分药品准予支付费用的限定范围，取消对医院等级的限制。

第三节　其他医疗保障

一、公务员医疗补助

1998年12月，国务院颁发的《关于建立城镇职工基本医疗保险制度的决定》规定：国家公务员在参加基本医疗保险的基础上，享受医疗补助政策。实行国家公务员医疗补助，是在城镇职工基本医疗保险制度基础上对国家公务员的补充医疗保障。

2000年9月，省政府办公厅《转发省劳动和社会保障厅、省财政厅关于我省实行国家公务员医疗补助意见的通知》，提出公务员医疗补助的原则、享受人群范围。明确筹资水平不低于上年度享受公务员医疗补助人员工资总额的2%，所需经费由同级财政列入当年财政预算。规定了公务员医疗补助的三个方面用途：对国家公务员住院医疗费用超过基本医疗保险最高支付限额的医疗费用补助；对个人自付超过一定数额的医疗费用补助；对享受医疗照顾的人员在就诊、住院时按规定补助的医疗费用。同时规定原享受公费医疗待遇的事业单位可参照公务员医疗补助规定执行，以保障这些单位职工的医疗待遇不至下降过多。

2000年12月，省劳动和社会保障厅、省财政厅《关于省级机关事业单位实施医疗保险制度有关问题的通知》规定：省直单位公务员医疗补助经费，按单位在职职工和退休人员年人平470元安排。

2002年4月，省劳动和社会保障厅、省财政厅《关于调整省级机关公务员医疗补助标准的通知》，进一步明确享受的范围，将公务员医疗补助预算标准调整为每人每年570元，扩大了支付范围，提高了报销比例，降低了个人负担，保证了省本级基本医疗保险制度的稳步推进。同年年末，全省 21 个市（州）都结合各地实际制定实施了公务员医疗补助办法。

2003—2005 年，四川各地实行公务员医疗补助范围逐年扩大，到 2005 年达 79.32 万人。

2001—2005 年度年末四川省列入公务员医疗补助范围人数

表 3—7

单位：万人

2001 年	2002 年	2003 年	2004 年	2005 年
42.57	44.63	56.83	71.22	79.32

说明：此表摘自《四川劳动和社会保障统计年鉴（2005）》

二、补充医疗保险

（一）成都、绵阳市职工补充医疗保险办法试点

1994 年 4 月，国家体改委、财政部、劳动部、卫生部《关于职工医疗制度改革的试点意见》规定："发展职工医疗互助基金和商业性的医疗保险，作为社会医疗保险的补充，以满足国家规定的基本医疗保障之外的医疗需求"。补充医疗保险，用于对城镇职工基本医疗保险制度支付以外由职工个人负担的医药费用进行的适当补助，减轻参保职工的医药费负担。

1996 年 11 月，成都市劳动局、成都市社会保障委员会办公室《关于在部分企业职工中进行补充医疗保险试点的通知》，决定实施补充医疗保险试行办法（一）和（二）。它是一种由职工个人自愿参加的补充医疗保险办法。其特点是：参保人员不受限制，不论年龄大小、有无单位均可自愿参加。1997 年又制定了《住院补充医疗保险办法三》。2000 年实施《成都市职工门诊补充医疗保险实施办法》。2005 年，成都市人民政府办公厅颁发《成都市住院补充医疗保险办法（一）（二）（三）》，对住院补充医疗保险办法的缴费标准进行统一和规范。该市的补充医疗保险制度已在全市城镇职工中全部实施。

1997 年 1 月，绵阳市在实施《绵阳市职工医疗保障制度改革实施方案》时，为解决职工因进行器官、组织移植，安装人工器官，抢救或手术时使用超出《药品报销范围》的药品费等五类特殊医疗费用个人负担困难，实行职工特殊医疗补充保险。它是一种由单位和职工共同参加的职工大额医疗费用互助的补充医疗保险办法。其特点是：单位自愿参加，建立专项特殊医疗保险基金。用人单位按工资总额 2%、个人按年工资总额 0.5% 缴纳保险费。职工患病发生原规定由单位和个人支付的特殊医疗费用，由特殊医疗补充保险基金支付。2001—2005 年，绵阳市在实施职工基本医疗保险制度后，实施了补充医疗保险的配套政策，解决参保人基本医疗最高支付 2 万元以上的负担，在全市城镇职工中实施。

（二）企业补充医疗保险

1998 年国务院《关于建立城镇职工基本医疗保险制度的决定》规定：为了不降低一些特定行业职工现有的医疗消费水平，在参加基本医疗保险的基础上，作为过渡措施，允许建立企业补充医疗保险。企业补充医疗保险费在工资总额 4% 以内的部分，从职工福利费中列支，福利费不足列支的部分，经同级财政部门核准后列入成本。2002 年 5 月，财政部、劳动保障部《关于企业补充医疗保险有关问题的通知》规定：按规定参加各项社会保险并按时足额缴纳社会保险费的企业，可自主确定是否建立补充医疗保险。企业补充医疗保险费在工资总额 4% 以内的部分，企业可直接从成本中列

支。按照上述规定，部分企业自行建立起企业补充医疗保险，一些企业参加了当地实施的职工大额医疗费用互助补充医疗保险办法。到2005年年末，企业职工参加职工大额医疗费用互助补充医疗保险达到85.76万人，参加其他补充医疗保险达到97.49万人，合计为183.25万人。

（三）省本级职工住院和门诊特殊疾病补充医疗保险

2001年8月，省劳动和社会保障厅《关于实施省本级职工住院和门诊特殊疾病补充医疗保险的通知》，要求参加省本级基本医疗保险的单位、职工和退休人员均应参加补充医疗保险。其主要内容是：补充医疗保险费按每人每年100元缴纳。补充医疗保险支付标准：一个自然年度内，住院发生的医疗费用（超过基本医疗保险统筹基金起付标准以上，最高支付限额以下），扣除基本医疗保险统筹基金支付部分，其自负部分，50周岁以下的人员由补充医疗保险支付70%，50周岁及以上人员支付90%。一个自然年度内，因门诊特殊疾病发生的门诊费用在统筹基金最高支付限额以下，扣除个人账户和基本医疗保险统筹基金支付部分，其自负部分，50周岁以下的人员由补充医疗保险支付70%，50周岁及以上人员支付90%。一个自然年度内，住院和门诊特殊疾病医疗费支出全年累计超过统筹基金最高支付限额的部分，在扣除规定的自费药品和项目等的费用后，由补充医疗保险支付90%，全年累计支付金额最高不超过20万元。

2003年5月，省劳动和社会保障厅、省财政厅《关于省级机关公务员住院补充医疗保险取消后有关医疗待遇问题的通知》，规定从2003年1月起，公务员原由补充医疗保险支付的医疗待遇改由公务员医疗补助支付。

四川各地在建立完善基本医疗保险制度的同时，结合本地实际情况先后建立补充医疗保险制度。各地对补充医疗保险的管理，有医疗保险经办机构、商业保险公司、企业等形式，促进了补充医疗保险多种形式的开展。2003年年末，21个市（州）全部制定实施了补充医疗保险办法，实施补充医疗保险的县（市、区）达到173个。至2005年年末，全省有440.20万人参加补充医疗保险。

通过多种补充医疗保险方式的综合作用，参保人员的个人负担水平得到明显控制。2001年大多数参保人员的个人负担水平在30%—40%左右，到2005年大多数统筹地区实现了个人负担水平控制在20%左右的目标，省本级、资阳市、甘孜州等一批统筹地区个人负担水平控制在15%以下。

2001—2005年度年末四川省补充医疗保险参保人数

表3—8　　　　单位：万人

2001年	2002年	2003年	2004年	2005年
181.05	265.79	354.58	395.75	440.20

说明：此表摘自《四川劳动和社会保障统计年鉴（2005）》

三、离休干部医药费保障

2001年9月，省委办公厅、省政府办公厅印发《关于落实离休干部离休费医药费问题的通知》，规定要建立和完善离休干部医药费保障机制。从2001年1月1日起，离休干部的医药费实行单独统筹（在城镇职工基本医疗保险统筹之外，专门对离休干部实行的医疗保险统筹形式）。离休干部医药费统筹的筹资水平，按本地2000年离休干部人均医药费实际发生额，并考虑增减因素确定。离休干部医药费实行省/市（州）/县（市、区）分级统筹。市（州）/县（市、区）离休干部的医疗保障工作由劳动保障部门统一管理。

2003年6月，省政府办公厅下发《关于做好省属企业离休干部医药费统筹属地化管理工作的通知》。决定从2003年6月1日起，在成都市五城区、高新区的省属企业离休干部医药费按属地管理原则，参加成都市离休干部医药费单独统筹，按政策实行实报实销。至2005年，该通知仍在执行。

四、部分群体医疗照顾

2002年4月，省劳动和社会保障厅、省财政厅《关于省级行政机关厅级干部实行医疗照顾的通知》，明确了医疗照顾的范围、项目和标准，以及支付办法、就医结算等相关要求。

2002年7月，省劳动和社会保障厅、省委组织部《关于两院院士医疗待遇与管理的通知》，明确了两院院士就医、医疗保险支付范围和支付标准、费用结算相关要求。

2004年12月，省劳动和社会保障厅、省卫生厅、省人事厅《关于落实部分优秀专家医疗待遇的通知》，要求各级医疗保险经办机构要主动掌握参保人员中的医疗照顾对象信息，加强与医院和用人单位的沟通，做好医疗费用支付方面的衔接工作，应由基本医疗保险、补充医疗保险或公务员医疗补助支付的费用应及时支付。

五、城市医疗救助制度试点

根据国务院办公厅《转发民政部等部门关于建立城市医疗救助制度试点工作意见的通知》和省委、省政府下发的《关于推进城乡医疗救助体系建设的意见》，2005年9月，省政府办公厅转发省民政厅、省卫生厅、省劳动和社会保障厅、省财政厅《关于开展城市医疗救助制度试点工作意见的通知》，确定第一批全省60个县（市、区）本年启动医疗救助试点工作。

救助对象为各县（市、区）城市居民最低生活保障对象中未参加城镇职工基本医疗保险的人员和城市居民最低生活保障对象中虽已参加城镇职工基本医疗保险但个人负担仍然较重的人员以及县（市、区）政府规定需要救助的特殊困难人员。救助范围以恶性肿瘤、精神病等重病、大病为主。对救助对象在扣除各项医疗保险可支付部分、单位应报销部分以及社会互助帮困等费用后，个人负担超过一定金额的医疗费用或特殊病种医疗费用按一定比例或一定数量给予救助。

第五章 工伤、生育保险

1949 年中华人民共和国建立至 1991 年，企业（主要是国营企业）职工实行劳动保险福利制度。职工因工伤残、死亡及生育的待遇，都按照《劳动保险条例》《劳动保险条例实施细则修正草案》，以及卫生部《关于职业病范围和职业病患者处理办法的规定》执行。但随着经济体制改革和社会的发展，劳动保险福利制度已越来越不适应需要。1991 年，四川省开始进行企业工伤保险制度改革试点。1996 年后，工伤保险在全省推行，但主要集中在国有和集体企业中。2004 年国家《工伤保险条例》实施，工伤保险制度正式确立，保险范围覆盖到各类企业，职工的伤残待遇有了基本保障。1992 年，四川生育保险制度开始试点。1997 年，生育保险制度在各类企业逐步推行。

第一节 工伤保险制度

1986—1991 年期间，国营企业职工发生工伤，按照劳动保险福利制度的规定执行，费用由企业负担。集体所有制企业参照国营企业保险福利制度执行。随着企业改革的深入进行，劳动保险福利制度已不适应改革的要求。1991 年 5 月，省劳动厅、省经济体制改革委员会下发《关于在部分地区开展工伤保险制度改革试点的通知》，确定从 1991 年 10 月开始，在广元市，内江市资中县，成都市青白江区、双流县、金堂县，涪陵地区南川县，南充地区营山县，阿坝州汶川县率先开展工伤保险制度改革试点。1992 年 5 月，全省企业工伤保险制度改革经验交流会在广元召开。会上提出了进一步扩大工伤保险制度改革试点的意见，安排一批市和地区直接以市、地为单位开展工伤保险制度改革。并决定：除因工完全丧失劳动能力的定期抚恤金外，一次性伤残补助金、死亡抚恤金、丧葬补助费等，可按当地企业职工月平均工资作为基数计发。有条件的地区可将工伤医疗费纳入工伤保险统筹项目，并比照大病医疗统筹办法确定工伤保险基金和企业的负担比例。

1992 年年底到 1993 年年初，内江、绵阳、宜宾、南充、遂宁、涪陵 6 市（地）先后由市政府或地区行署发文布置了工伤保险制度改革。泸州、乐山、黔江、凉山等市（地、州）选择在一些县（区）先行试点。到 1993 年 5 月底，全省先后有 12 个市（地、州）的 60 多个县开展了此项工作。其中广元、内江、绵阳、宜宾、南充、遂宁以市（地）为单位进行改革。到同年 9 月底，全省有 15 个市（地）的 75 个县开展试点，以市（地）为单位进行改革的增加了广安市、涪陵地区。年底，宜宾市长宁县正式实施覆盖城镇所有企业全部职工，融养老、工伤、大病和生育保险为一体的社会保险制度。这个阶段中，试点市/县的工伤保险支付，多数采取的只支付医疗终结后的待遇的办法，只有少数县（区）包括了工伤医疗待遇。

1993 年 11 月，四川省加快工伤保险制度改革步伐，对各地启动这一工作作了部署。要求改革的实施以市（地、州）或县（市、区）为单位进行。并规定：工伤保险基金按照“以支定收，留有储备”的原则征集。费率根据各行业工伤风险类别、伤亡事故和职业病发生频率分别确定，平均费率为 0.5%—1.5%，一般分 3—4 个档次。保险费由企业缴纳，由银行代为扣缴，转入社会保险局的“工伤保险基金”专户。工伤保险业务由社会保险局具体负责，包括参保登记、基金征集、工伤认定、劳动鉴定、待遇支付、财务管理、基金预决算等。

各地为了控制工伤保险费率的增长，在制定实施办法中规定：对安全生产好，年内未发生工伤事故的单位，由社会保险局拿出一部分基金给予适当奖励。对工伤事故上升的单位提高一定的征集比例。工伤保险基金开支范围包括：一次性伤残补助金；工残护理补助费；定期伤残抚恤金；一次性就业安置费；工亡职工供养直系亲属的定期抚恤费；工亡职工遗属一次性抚恤金；工亡职工丧葬补助费；工残退休职工应享受的各种补贴；农民合同制工人因工致残抚恤费；临时工工伤残疾补助费。

至 1995 年工伤保险仍处于试点阶段。总体状况是工伤保险只在地方国有企业中开展，覆盖面不宽，社会化程度不高，各试点地区的各项保险待遇标准和费用项目不尽一致；保险推行缺乏强制性，基金征收难，工伤医疗费未纳入统筹范围。

1996 年 8 月，劳动部颁发《企业职工工伤保险试行办法》（以下简称《试行办法》），自 10 月 1 日起试行。《试行办法》的出台，有力地促进了工伤保险的推行和发展，当年全省参保人数达到 265.78 万人。

1997 年 3 月，省劳动厅下发《关于贯彻〈企业职工工伤保险试行办法〉的实施意见的通知》（以下简称《实施意见》）。要求各市（地、州）/县（市、区）根据《试行办法》和省的《实施意见》的规定，在 1997 年内规范各项待遇标准和费用项目，工伤医疗费要逐步纳入工伤保险基金支付范围；建立和完善促进工伤保险与安全生产相结合的奖惩机制，从 1997 年起都要建立实施差别费率和浮动费率机制；统筹项目支付的待遇费用应占工伤保险基金的 85%—90%，其他项目费用占工伤保险基金的 15%—10%；“安全奖励金”“事故预防费”“宣传和科研费”三项费用支出占工伤保险基金的比例控制在 5%—7% 的幅度内。劳动部的《试行办法》和省的《实施意见》实施后，有力推动了工伤保险在各地开展，覆盖面得到了扩大。1997 年，全省有 166 个县（市、区）实行了工伤保险社会统筹，参保企业 1.70 万户。

1998 年 10 月，省劳动厅、省乡镇企业管理局印发《乡镇企业职工工伤保险处理意见》，规定凡参加了当地工伤保险社会统筹的乡镇企业，其职工工伤保险待遇应严格执行《试行办法》和《实施意见》，以及当地政府发布的企业工伤保险办法；暂未参加当地工伤保险社会统筹的，可按市（地、州）或县（市、区）上年度职工月平均工资为基数，由企业一次性发给工伤保险待遇。

2001 年 7 月，省劳动和社会保障厅明确：养老保险省直管单位及其职工，按照属地管理、参保关系与基本医疗保险相一致的原则，参加所在统筹地区的工伤保险。费率一般控制在上年度单位职工工资总额的 0.4%—1.8%。

1996—2003 年间，全省工伤保险社会统筹仍主要在国有和集体企业中推行，工作遇到诸多阻力和困难。几年中虽然实施保险统筹的县（市、区）增至 177 个，因企业破产兼并改革力度加大，工伤保险参保人数持续下滑，由 1996 年的 265.78 万人下降到 161.4 万人。工伤保险社会统筹除成都、

图 3-2　2003 年冬，四川省劳动和社会保障厅和成都市联合举行工伤保险咨询活动。图为工作人员向群众解答政策

雅安、巴中和阿坝实行市（州）级统筹调剂外，其他地区基本采取由市（州）统一政策规定，实行县（区）统筹。工伤保险平均费率约为 1%，企业缴费率在 0.6%—2% 之间。

2003 年 4 月，国务院颁发《工伤保险条例》（以下简称《条例》）。12 月，省政府下发《关于贯彻〈工伤保险条例〉的实施意见》，规定：各类企业及有雇工的个体工商户均应依法参加工伤保险。其职工依法享受工伤保险待遇。设区的市实行工伤保险市级统筹，阿坝州继续实行州级统筹，甘孜州、凉山州逐步实行州级统筹。跨地区、生产流动性较大的中央在川行业单位可以城区相对集中的方式异地参加工伤保险社会统筹。其他中央、省属单位按照属地原则参加所在地工伤保险社会统筹。用人单位以本单位职工工资总额为基数缴纳工伤保险费，有雇工的个体工商户的缴费基数按照统筹地区上年度职工月平均工资确定。工伤保险基金实行收支两条线管理，专项用于工伤保险待遇、劳动能力鉴定以及法律、法规规定的用于工伤保险的其他费用的支付。统筹地区按当年实际征收基金总额的 5% 提取费用，建立工伤保险储备金，主要用于统筹地区重特大事故的工伤待遇支付。储备金不足支付的，由统筹地区政府垫付。

2004 年 1 月 1 日，《条例》正式实施，全面贯彻落实《条例》，完善工伤保险政策体系和标准体系，是劳动保障系统全年工作的重心。依照《条例》规定，成都铁路局、四川石油管理局、西南油气田分公司在川单位，中石油工程设计有限责任公司西南分公司，华电集团四川公司，中国航天科技集团公司 062 基地等 6 家跨地区、生产流动性大的行业单位纳入了省本级工伤保险统筹，12.60 万职工获得了工伤保障。10 月，省劳动和社会保障厅就部分参加省本级工伤保险行业单位的费率问题明确：行业基准费率一类行业为 0.5%，二类行业为 1%，三类行业为 2%。属一类行业的，按基准费率缴费，不实行费率浮动。属二、三类行业的，初次缴费费率按行业基准费率确定，费率实行浮动，上浮档为本行业基准费率的 120%、150%，下浮档为本行业基准费率的 80%、50%。行业基准费率标准根据省本级工伤保险基金收支情况适时调整。这一年，全省 21 个市（州）都出台了贯彻《条例》的实施办法，182 个县（区）全部开展了工伤保险社会统筹，比上年新增 2 个市（州）本级、14 个县（区）。

矿山、建筑、危险化学品、烟花爆竹、民用爆破器材生产等高风险企业从业人员的主体是农民工，是最迫切需要工伤保险的人群，也是工伤保险社会统筹应重点覆盖的人群。但是高风险企业参加工伤保险，有可能影响基金的收支平衡，各地在扩面中对此存在不同的认识。根据劳动和社会保障部《关于农民工参加工伤保险有关问题的通知》《关于进一步推进矿山等高风险企业参加工伤保险工作的通知》的要求，2005 年，全省劳动保障部门把高风险企业参加工伤保险作为全年工作的重点，着重抓了高风险行业企业和农民工的参保扩面。并按国务院《安全生产许可证条例》规定，将高风险企业参加工伤保险作为企业取得安全生产许可证的必备条件之一。9 月，省劳动和社会保障厅、省煤矿安全监察局针对煤矿企业生产事故发生率较高，人员流动较大的特点规定：对当前特别危险的煤矿企业，各地可以适当提高费率。经统筹地区政府同意，还可以试行按定额缴费或吨煤提取费用等办法。按照小煤矿在用工和收入管理上的特点，可以采取既要坚持实名制，又要考虑人员流动快的特点的简便易行的缴费办法。各级劳动保障部门通过调整制度、完善办法，加强目标考核，确保2005年高风险企业职工参保率达到90%以上的目标。2005年，全省有19个市（州）实行了市（州）统筹。当年，全省有28.10万农民工、60万高风险企业职工参加了工伤保险。

至此，工伤保险已覆盖各类所有制企业。至2005年，全省累计结余工伤保险基金74104万元。

1994—2005年四川省工伤保险参保、基金征收及享受待遇情况

表3—9

年份	参保人数（万人）	享受待遇人数（万人）	保险费收入（万元）	征缴当期保险费（万元）	当期征缴率（%）
1994	172.65	0.28	—	0.32	95.90
1995	196.52	0.32	—	0.39	96.20
1996	265.78	0.40	—	0.67	81.40
1997	238.34	0.37	—	0.70	74.50
1998	240.65	0.43	—	0.83	72.10
1999	225.27	1.01	—	0.89	78.70
2000	201.10	1.10	1.80	1.01	56.70
2001	179.32	0.99	0.99	0.89	80.40
2002	167.39	1.20	1.09	1.00	80.50
2003	161.41	1.65	1.31	1.22	85.50
2004	195.61	1.64	2.31	1.81	87.50
2005	285.26	1.99	4.07	3.37	93.10

说明：资料摘自《四川劳动和社会保障年鉴（2005）》。2000—2003年缴费基数总额未包括机关、事业单位参保部分

第二节　工伤认定和劳动能力鉴定

一、工伤认定

20世纪50—80年代，工伤（职业病）的认定，主要根据1951年2月《劳动保险条例》、1953年1月《劳动保险条例实施细则修正草案》、1957年2月卫生部《关于职业病范围和职业病患者处理办法的规定》、1964年全国总工会《劳动保险问题解答》的规定执行，由工伤职工所在企业医疗机构或指定医疗机构负责治疗的医师负责，不能确定时，由本企业的医务劳动鉴定委员会（小组）处理。

1986年3月，省劳动人事厅在《关于职工乘坐本单位汽车外出翻车事故造成因工、非因工死亡善后处理问题的复函》中明确："属因工乘车的，按照因工致残、死亡的保险待遇规定办理；属非因工乘车的，比照因工致残、死亡的保险待遇规定处理。"

同年4月，省劳动人事厅明确：对确属于在血吸虫危害地区插队劳动而患有血吸虫病的城镇下乡知识青年，被吸收为全民单位职工之后，其所患血吸虫病可以比照因工待遇处理。

1989年12月，省劳动厅印发《关于划分因工与非因工伤亡界限的暂行规定》，1991年1月印发《关于〈划分因工与非因工伤亡界限的暂行规定〉若干问题的解释》。两文件为认定职工在生产工作中发生伤亡事故的性质提供了直接依据。

1997年3月，省劳动厅在贯彻《企业职工工伤保险试行办法》的《实施意见》中明确：《划分因工非因工伤亡界限的暂行规定》中的因工伤亡规定继续执行，并列入工伤保险范围。原规定的比照因工范围仍比照纳入工伤保险范围，由企业比照发给待遇。

2002年10月，省劳动和社会保障厅明确："职工在工作时间、工作区域内（含因工外出），在完成本职工作任务中发生的意外摔伤，应认定为因工负伤，并享受工伤保险待遇。"此后全省各地职工发生的类似伤害，均按这一精神掌握。

2003年6月，省劳动和社会保障厅明确：退休（含退职）人员和超过法定劳动年龄（指超过国家法定退休年龄）的人员，在务工中发生的伤害事故，其劳动关系不确立，不属于《劳动法》及相关法规的调控范围，其伤亡性质认定申请劳动保障部门不应受理。这类人员在务工中发生的伤害，应依照其它法规规定处理。

2004年1月，劳动和社会保障部《工伤认定办法》开始实施。四川原有规定与《工伤认定办法》不一致的，从2004年1月1日起不再执行。

二、劳动能力鉴定①

（一）机构设置

1957年2月，卫生部和全国总工会制发《医务劳动鉴定委员会组织通则（试行草案）》。1981年12月，省卫生厅、省劳动局颁发《四川省县以上医务劳动鉴定委员会试行条例》规定：建立市/县医务劳动鉴定委员会，企业仍按《医务劳动鉴定委员会组织通则（试行草案）办理。

1982—1989年间，四川大部分市（地、州）/县和企业先后成立医务劳动鉴定机构，逐步恢复了医务劳动鉴定委员会及工作，负责鉴定和审批职工因工、因病完全丧失劳动能力退休、退职，批准职工病伤休假、复工，以及处理职工工伤争议。但也存在少数市（地）/县及企业一直未建立劳动鉴定机构；部分地区机构成员变动后未及时调整补充；有的地区机构制度不完善，执行规定不严格；有的县以上医务劳动鉴定机构无办公经费的问题。

1989年7月，省劳动厅、省财政厅下发《关于建立健全各级医务劳动鉴定委员会加强医务劳动鉴定工作的意见》，要求各地本着精简、效率的原则建立健全医务劳动鉴定委员会及办事机构。市/县一级鉴定委员会办公室设在劳动部门的社会保险机构。办公室下设评审小组，聘请市/区以上医院

注：①能力鉴定是指依据劳动能力鉴定标准，对劳动功能障碍程度和生活自理障碍程度进行鉴定。劳动能力鉴定包括受理申请或委托、鉴定、结论、送达等程序，各个程序都有严格的时限规定。劳动能力鉴定是工伤保险的一项基础管理工作和技术性工作。

的主任医师、副主任医师或主治医师，负责评定审查事宜。企业的医务劳动鉴定委员会（小组）由企业的行政、医疗单位、劳资、工会等部门的负责人组成。没有条件建立医务劳动鉴定委员会（小组）的小型企业，可由行业主管部门建立，或由企业指定专人兼管此项工作。企业医务劳动鉴定委员会（小组）对职工病、伤、残程度和本单位临时工因工负伤丧失劳动能力进行鉴定，按有关规定确定残废等级；确定职工病、伤、残的休假、复工或调换工作；办理职工因完全丧失劳动能力申请退休、退职的申报。职工因病、伤、残完全丧失劳动能力需退休、退职的，须经县以上医务劳动鉴定委员会评审确认，由劳动部门批准。

1991 年 9 月，省劳动厅、省卫生厅明确，将 1957 年以来一直沿用的"医务劳动鉴定委员会"的名称改成"劳动鉴定委员会"，其组织、任务、工作制度不变。

1997 年 3 月，省劳动厅在贯彻《企业职工工伤保险试行办法》的《实施意见》中规定：进一步健全各市（地、州）/县（市、区）级劳动鉴定委员会，完善工作制度，加强劳动鉴定工作。省劳动鉴定委员会负责指导各地劳动鉴定工作，受理市（地、州）级劳动鉴定的复查申请并作复查鉴定最终结论。

1998 年 11 月，省劳动厅、省卫生厅根据《企业职工工伤保险试行办法》和省政府《关于切实做好基本养老保险行业统筹移交地方管理工作的通知》，成立四川省劳动鉴定委员会。职责中增加了"负责省养老保险直统企业和行业单位职工病、伤残废程度，护理依赖程度的劳动鉴定工作"。明确省劳动鉴定委员会办公室设在省劳动厅。

2003 年 12 月，省政府下发贯彻《工伤保险条例》的《实施意见》规定：职工劳动能力鉴定由省/市（州）劳动能力鉴定委员会负责。省/市（州）劳动能力鉴定委员会由同级劳动保障行政部门、人事行政部门、卫生行政部门、工会组织、经办机构代表以及用人单位代表组成，劳动能力鉴定委员会下设专门办事机构并建立医疗卫生专家库。劳动能力鉴定委员会办事机构由同级劳动保障行政部门负责管理。省/市（州）劳动能力鉴定委员会同时负责职工因病（含非因工负伤）的劳动能力鉴定工作。省劳动能力鉴定委员会承担省级机关和部分事业单位职工劳动能力鉴定，承担对市（州）劳动能力鉴定结论争议的复查鉴定，其鉴定结论为最终结论。各市（州）劳动能力鉴定委员会负责本辖区范围内除省劳动能力鉴定委员会鉴定外的职工劳动能力鉴定工作。

2004 年 1 月，省劳动和社会保障厅、省人事厅、省卫生厅、省总工会、省企业联合会联合发文，重新组建四川省劳动能力鉴定委员会。明确其职责是：承担省级机关和部分中央、省属企、事业单位职工劳动能力鉴定，承担对市（州）劳动能力鉴定结论争议的复查鉴定。委员会主任由省劳动和社会保障厅分管领导担任，副主任由省卫生厅、省人事厅、省总工会、省企业联合会分管领导担任。7 月 20 日，省编员批准成立四川省劳动能力鉴定服务中心，承担劳动能力鉴定具体日常工作。

截至 2005 年年底，成都、广安、宜宾、自贡、绵阳、内江、广元、泸州、巴中等 9 个市建立了劳动能力鉴定服务中心。全省有劳动能力鉴定专职人员 42 人，兼职人员 137 人。省本级和 21 个市（州）都建立了医疗卫生专家库，全省聘有鉴定专家 1203 人。

（二）劳动能力鉴定业务

1977 年，四川省《临时工因工致残待遇的暂行办法》规定：因工致残程度的确定，由用工单位的医务劳动鉴定委员会（小组）根据医院的检查意见进行鉴定。具体鉴定评残标准，参照《临时工因工致残丧失劳动能力鉴定标准（试行草案）》办理。1979 年，《四川省干部、工人因伤、病丧失劳动能力鉴定标准》规定了“完全丧失劳动能力”的必备条件以及因工致残完全丧失劳动能力饮食起居需人扶助的必备条件。

1991 年 9 月，省劳动厅发文明确：企业职工因工伤残包括患各种职业病、职业性中毒、职业性放射性病等，完全或部分丧失劳动能力，需要办理退休手续或享受工残待遇的，必须经省或市（地、州）职业病防治机构或职业病诊断组确诊，需要办理退休手续的，由企业向当地县以上劳动鉴定委员会申报，进行丧失劳动能力程度的确认和评审。

1996 年，国家技术监督局颁布《职工工伤与职业病伤残程度鉴定》标准。

2004 年，全省完成工伤认定 12115 人，进行劳动能力鉴定 13670 人次。

2005 年 12 月，省劳动和社会保障厅明确：鉴于职业病的形成具有长期性和潜伏性，职工退休前曾经从事过有毒有害生产工作，退休后未继续从事有毒有害生产工作，1996 年 10 月 1 日以后初次被诊断鉴定患有职业病的退休（退职）人员，不进行职业病的工伤认定，可申请管辖地劳动能力鉴定委员会进行伤残等级鉴定，并按照《工伤保险条例》的有关规定享受相关的工伤保险待遇。

2005 年，全省受理工伤认定申请 20213 件，完成工伤认定 19763 件，受理劳动能力鉴定申请 19022 件，评定伤残等级人数 15259 人。

第三节　工伤待遇

一、医疗待遇

20 世纪 50 年代至 1986 年，国有企业职工因工负伤治疗期间的医疗费全额报销，临时工因工负伤医疗待遇和单位固定工相同。1987 年 6 月，省劳动人事厅、省财政厅、省总工会《关于改革国营企业固定职工劳保医疗制度试点的原则意见》明确：因工负伤和职业病的医疗费实报实销，并相应扣除伤、病期间定额包干金额。

从 1996 年 10 月 1 日起，企业职工工伤待遇执行劳动部《企业职工工伤保险试行办法》。工伤职工治疗工伤或职业病所需的挂号费、住院费、医疗费、药费、就医路费全额报销。住院治疗的，按照当地因公出差伙食补助标准的三分之二发给住院伙食补助费。需要停止工作接受治疗的，实行 1 至 24 个月的工伤医疗期，严重工伤或者职业病需要延长医疗期的，最长不超过 36 个月。工伤医疗期内停发工资，改为按月发给工伤津贴。工伤津贴标准相当于工伤职工本人受伤前 12 个月内平均月工资收入。工伤医疗期满或者评定伤残等级后停发工伤津贴，改为享受伤残待遇。工伤医疗期满后仍需治疗的，继续享受工伤医疗待遇。旧伤复发经确认需要治疗和休息的，按规定享受工伤医疗待遇和工伤津贴。

2003 年 7 月，省劳动和社会保障厅明确：已退出生产工作岗位按月领取养老金（含退职生活费）或定期伤残抚恤金的人员，原因工（职业病）负伤部位伤病复发确需治疗的，经管辖地医疗机构提出诊断意见，劳动鉴定委员会确认，其医疗费用按规定渠道予以报销。

从 2004 年 1 月 1 日起，职工工伤医疗待遇执行国家《工伤保险条例》的有关规定：职工住院治疗工伤，由所在单位按照本单位因公出差伙食补助标准的 70% 发给住院伙食补助费；经经办机构同意，工伤职工到统筹地区以外就医的，交通、食宿费用由所在单位按照职工因公出差标准报销。工伤职工经劳动能力鉴定委员会确认，可以安装假肢、矫形器、假眼、假牙和配置轮椅等辅助器具，所需费用按照标准从工伤保险基金支付。职工因工作遭受事故伤害或者患职业病需要暂停工作接受工伤医疗的，在停工留薪期内，原工资福利待遇不变由单位按月支付。停工留薪期一般不超过12个月。伤情严重或者情况特殊，经设区的市级劳动能力鉴定委员会确认，可以适当延长，但延长不得超过12个月。工伤职工在停工留薪期满后仍需治疗的，继续享受工伤医疗待遇。至2005年，一直执行上述规定。

二、伤残待遇

（一）临时工因工致残待遇

20世纪50年代至1986年，临时工因工致残待遇一直执行《中华人民共和国劳动保险条例实施细则修正草案》和1977年四川省革命委员会批转省劳动局颁发的《临时工因工致残待遇的暂行办法》规定的待遇。1985年5月起，临时工因工致残基本丧失劳动能力的因工致残补助费的最低保证数调整为：按本人工资50%计算后，低于25元的，按25元发给。

1989年2月，临时工因工致残基本丧失劳动能力的补助费最低保证数调整为：按本人工资50%计算后，居住在成都市、重庆市、攀枝花市的城区和甘孜州、阿坝州、凉山州州府所在地城区，低于50元的，按50元发给；居住在其余各省辖市（不含县级市）的城区、行署所在地的城区，低于45元的，按45元发给；居住在其他城市和县镇，低于40元的，按40元发给。

2000年12月，临时工因工致残基本丧失劳动能力的月补助费最低保证数调整为：居住在成都市、攀枝花市和甘孜州、阿坝州、凉山州州府所在地城区的按140元发给；居住在其余各市所在地城区的按130元发给；居住在县（市）镇的按120元发给；居住在农村的按110元发给。

2001—2005年间没有调整过标准。2006年，省劳动和社会保障厅调整2005年企业工伤人员相关待遇的时候明确：按照四川省《临时工因工致残待遇的暂行办法》享受定期致残补助费的基本丧失劳动能力的原临时工工伤人员的定期致残补助费调整为320元，从2006年7月1日起执行。

（二）工伤保险伤残待遇

1986年6月，省劳动人事厅、省财政厅、省总工会规定：将因工致残完全丧失劳动能力的退休职工的护理费标准，从1979年3月执行的“在三、四类工资区的每月36元，四类以上的每高一类，增加1元”调整为“在五类工资区的每月42元，五类以上的每高一类，增加1元。另加副食品价格补贴2.5元”。

从1991年开始试点到1993年5月，工伤保险伤残待遇的规定为：被鉴定为一至十级的，一次性伤残补助金分别为上年度本地区企业平均工资的15个月、13个月、11个月、9个月、8个月、7个月、6个月、5个月、4个月、3个月。

至1992年10月31日，六类工资区的护理费标准是每月51元。

1993年1月，省劳动厅、省财政厅、省总工会贯彻劳动部、财政部、中华全国总工会的通知规定：职工因工伤、职业病致残完全丧失劳动能力，因生活不能自理需依赖他人护理时，其护理费按照完全护理依赖、大部分护理依赖、部分护理依赖三种程度，每月分别为各市（地、州）职工月平均工资的50%、40%、30%。以后每年7月1日随上一年职工平均工资的变化调整计发的护理费。完全护理依赖者中的特别严重者，护理费标准可以高于社会平均工资的50%；部分护理依赖者中的较轻者，护理费标准可以低于社会平均工资的30%。该规定从1992年11月1日起执行。

1997年3月，省劳动厅贯彻《企业职工工伤保险试行办法》的《实施意见》规定：职工因工致残被鉴定为一至四级的，按月发给伤残抚恤金，以本人缴纳养老保险费的指数化月平均缴费工资为基数，伤残程度为一、二级的，按90%计发；伤残程度为三、四级的，按80%计发。国家和省规定计发的补贴，可另外照发。一次性伤残抚恤金计发办法为：按照应按月发给的伤残抚恤金标准计算20年，但50岁以上的，年龄每增加1岁减少1年，最低不少于10年。企业参加了工伤保险的，不实行一次性领取伤残抚恤金待遇办法。一次性医疗补助费计发办法：一级为上年度职工月平均工资24个月，二级为22个月，三级为20个月，四级为18个月。凡一次性领取待遇的，应终止工伤保险关系，并与企业在公证部门进行公证。被鉴定为七至十级，本人愿意自谋职业并经企业同意的，或者劳动合同期满终止合同后本人自谋职业的，发给一次性伤残就业补助金。标准按：上年度职工月平均工资，七级为15个月，八级为12个月，九级为9个月，十级为6个月。

从1998年7月1日起，1997年年底以前因工负伤鉴定为一至四级完全丧失劳动能力，按规定领取了定期伤残抚恤金的职工，每月增加15元伤残抚恤金。

1998年10月，省劳动厅、省乡镇企业管理局下发《关于乡镇企业职工工伤保险处理意见》明确：参加了当地工伤保险社会统筹的乡镇企业，职工工伤保险待遇严格执行劳动部《试行办法》和省的《实施意见》，以及当地政府发布的企业工伤保险办法。暂未参加当地工伤保险社会统筹的乡镇企业，可按市（地、州）或县（市、区）上年度职工月平均工资为基数，由企业一次性发给工伤保险待遇。职工因工负伤（含职业病）致残被鉴定为一至四级的，一次性伤残抚恤金为：一、二级80个月，三、四级70个月；一次性伤残补助金为：一级24个月，二级22个月，三级20个月，四级18个月；一次性医疗补助费为：一级24个月，二级22个月，三级20个月，四级18个月。致残程度为五、六级的，一次性伤残抚恤金和医疗补助费为：五级60个月，六级50个月；一次性伤残补助金为：五级16个月，六级14个月。致残程度为七至十级的，一次性伤残补助金为：七级12个月，八级10个月，九级8个月，十级6个月；一次性伤残就业补助金为：七级15个月，八级12个月，九级9个月，十级6个月。（2003年6月1日起该文停止执行。）

同年12月，省劳动厅在《贯彻〈企业职工工伤保险试行办法〉若干问题的处理意见》中明确：对因工负伤伤残程度鉴定为五、六级的，经企业和职工双方协商同意后，可实行一次性领取伤残抚恤金待遇：伤残程度为五级的，按照按月发给的伤残抚恤金标准计算15年；伤残程度为六级的，按照按月发给的伤残抚恤金标准计算12年；但50周岁以上的，年龄每增加1岁减少1年，最低不少于10年。一次性医疗补助费按伤残程度计算，五级为上年度职工月平均工资14个月，六级为12个月。鉴定为一至四级的，原国家规定的粮价、肉价、副食品价格等补贴39元和1966年省劳动局规定的粮价补贴照发。

1999年6月30日以前因工负伤鉴定为一至四级完全丧失劳动能力按月领取定期伤残抚恤金的人员，从1999年7月1日起，按省劳动厅、省财政厅《1999年退休人员基本养老金调整的标准和办法》调整增加了伤残抚恤金。即1953年12月31日前参加工作以后退休的，每月增加70元；1954年1月1日以后参加工作，1995年12月31日前退休的，每月增加55元；1996年1月1日至1999年6月30日退休的，每月增加40元。

2002年2月、11月，参照省劳动和社会保障厅、省财政厅《关于四川省2001年调整企业退休人员基本养老金的通知》《关于2002年调整企业退休人员基本养老金水平的通知》的规定，两次调整企业工伤人员伤残抚恤金标准。即从2001年10月1日起，对2000年12月31日以前因工负伤经鉴定完全丧失劳动能力由工伤保险基金按月支付定期伤残抚恤金的人员，1953年年底以前参加工作以后退休的，每月增加55元；1954年1月1日后参加工作，1995年12月31日以前退休的，每月增加45元；1996年1月1日至2000年12月31日退休的每月增加30元。其中1999年7月1日至1999年12月31日退休的，每月另增加15元。从2002年7月1日起，对2001年12月31日前因工负伤经鉴定完全丧失劳动能力由工伤保险基金按月支付定期伤残抚恤金的人员，1995年年底前退休，缴纳社会保险费30年以上的，每月增加35元；缴费满25年不满30年的每月增加30元；缴费不满25年的，每月增加25元。1996年1月1日后退休，缴费30年以上的每月增加30元；满25年不满30年的，每月增加25元；缴费不满25年的，每月增加20元。按上述标准调整后，每月伤残抚恤金不足300元的增加到300元。

2003年12月，省政府贯彻《工伤保险条例》的《实施意见》规定：保留劳动关系的五、六级伤残人员，伤残津贴随用人单位职工工资增长幅度按比例调整。工伤职工本人提出与用人单位解除或者终止劳动关系的，由用人单位支付一次性工伤医疗补助金和伤残就业补助金。以统筹地区上年度职工月平均工资为基数计算：一次性工伤医疗补助金标准为五级14个月，六级12个月。经鉴定确认需长期治疗的其他工伤人员在上述标准的基础上增加6个月。一次性伤残就业补助金标准为五级60个月，六级48个月。被鉴定为七至十级伤残，劳动合同期满终止，或职工本人提出解除劳动合同的，由用人单位支付一次性工伤医疗补助金和伤残就业补助金。两项合并计算，标准为：七级伤残36个月，八级伤残26个月，九级伤残16个月，十级伤残10个月。

2004年7月1日起调整企业工伤人员伤残津贴。即2003年12月31日前因工负伤办理了享受定期伤残津贴手续的人员，1995年12月31日以前退出生产工作岗位的，每月增加45元；1996年1月1日至2003年12月31日退出生产工作岗位的，每月增加30元。

2004年10月，省劳动和社会保障厅转发劳动和社会保障部《关于农民工参加工伤保险有关问题的通知》明确：农民工受到事故伤害或患职业病，其工伤保险待遇应严格执行《工伤保险条例》的规定。被鉴定为一至四级伤残的农民工选择一次性享受长期待遇的，一次性伤残津贴按全省人口平均预期寿命与解除或终止劳动关系时的年龄之差（不满一年的按照一年计算），以统筹地区上年度职工平均工资为基数计算：一级伤残，每满一年发给3.3个月；二级伤残，每满一年发给3个月；三级伤残，每满一年，发给2.7个月；四级伤残，每满一年发给2.4个月。其一次性享受伤残津贴待遇标准共计分别不得低于100个月、90个月、80个月、70个月。按照前款的计算办法，一次性医疗补助金每满一年增发0.3个月（职业病人员加发0.2个月），共计不得低于6个月（职业病人员10个月）。因工伤残鉴定为一至四级伤残的农民工需要生活护理的，按照鉴定的生活护理等级，每满一年增发0.7个月、0.5个月、0.3个月生活护理费，共计不得低于14个月、10个月、6个月。

2005年8月，省劳动和社会保障厅批复：工伤职工按规定缴纳各项社会保险费后，其伤残津贴实际领取金额低于当地最低工资标准的，由用人单位补足差额。

2006年11月，调整企业工伤人员伤残津贴和护理费标准。即2004年12月31日前办理了享受一至四级定期伤残津贴手续的工伤人员，从2005年7月1日起每月增加55元；从2006年7月1日起每月增加100元。2005年期间办理了享受一至四级定期伤残津贴手续的工伤人员，从2006年7月

1 日起每月增加 100 元。按上述标准增加后，月伤残津贴不足 450 元的，增加到 450 元。2004 年 12 月 31 日前办理了享受五至六级定期伤残津贴手续的工伤人员，从 2005 年 7 月 1 日起每月增加 40 元；从 2006 年 7 月 1 日起每月增加 80 元。2005 年期间办理了享受五至六级定期伤残津贴手续的工伤人员，从 2006 年 7 月 1 日起每月增加 80 元。2005 年 12 月 31 日前因工伤残领取定期生活护理费的人员，按照生活完全不能自理、生活大部分不能自理或生活部分不能自理三个不同等级，从 2006 年 7 月 1 日起，月生活护理费调整为 2005 年统筹地区职工月平均工资的 50%、40%、30%。

三、因工死亡待遇

20 世纪 50 年代初开始，职工因工死亡的待遇，都按照《劳动保险条例》《劳动保险条例实施细则修正草案》执行。丧葬费为企业职工平均工资 3 个月，由企业行政方或资方发给。抚恤费由劳动保险基金支付，标准为：固定职工按供养的直系亲属人数，每月付给供养直系亲属抚恤费的数额为死者本人工资 25%—50%，至受供养者失去供养的条件时为止；临时工一次付给供养直系亲属抚恤费，供养直系亲属一人者，发给本人工资 6 个月；二人者，发给本人工资 9 个月，三人或三人以上者，发给本人工资 12 个月。1971 年开始，临时工因工死亡按固定工的劳动保险待遇执行。上述规定一直执行至 1988 年 10 月。

1988 年 11 月 1 日起执行省政府颁布的《四川省全民所有制企业固定职工死亡待遇暂行规定》，因工死亡职工的供养直系亲属，居住在五类工资区的县（含县）以上城区，每人每月抚恤费低于 30 元至 35 元的；居住城镇，每人每月低于 25 元至 30 元的；居住农村，每人每月低于 20 元至 25 元的，由企业补足差额。孤身一人的，在上述标准基础上增加 5 元。五类工资区以上的地方，每高一类增加 1 元。

1996 年 10 月 1 日起，执行劳动部《企业职工工伤保险试行办法》：职工因工死亡，丧葬补助金按本省上年度职工平均工资 6 个月标准发给。其供养亲属抚恤金标准为：配偶每月按本省上年度职工平均工资的 40% 发给，其他供养亲属按每人每月 30% 发给，孤寡老人或者孤儿在上述标准的基础上加发 10%。供养亲属抚恤金总额不得超过死者本人工资。符合规定享受伤残抚恤金期间死亡的，一次性工亡补助金按全额标准的 50% 发给。

1997 年 3 月，省劳动厅贯彻《企业职工工伤保险试行办法》的《实施意见》规定：职工因工死亡，其一次性工亡补助金标准为上年度职工月平均工资 48 个月。企业参加了工伤保险的，不实行一次性领取待遇办法。一次性领取供养亲属抚恤金的计发办法为：遗属为子女的，以 16 岁作为失去供养条件，以应按月发给的供养亲属抚恤金进行计算；遗属为配偶、父母的，以应按月发给的供养亲属抚恤金计算 20 年，但 50 岁以上的，年龄每增加 1 岁减少 1 年，最低不少于 10 年，70 岁以上的按 5 年计算。

从 1998 年 7 月 1 日起，1997 年以前因工死亡职工按月领取定期抚恤金的供养亲属，每人每月增加 6 元抚恤金。

1998 年 10 月，省劳动厅、省乡镇企业管理局《关于乡镇企业职工工伤保险处理意见》规定：供养亲属抚恤金根据供养亲属人数按 15—30 个月计发（从 2003 年 6 月 1 日起该文停止执行）。

同年 12 月，省劳动厅《贯彻〈企业职工工伤保险试行办法〉若干问题的处理意见》对 1996 年“供养亲属抚恤金总额不得超过死者本人工资”的规定作出修改，明确：按新标准执行后的抚恤金总额可以超过死者生前本人工资。企业的临时用工，发生因工伤亡后，以当地上年度职工月平均工资为基数计算待遇。

从1999年7月1日起，1998年12月31日以前因工死亡职工按月领取定期抚恤金的供养亲属，每人每月增加10元抚恤金。

2002年2月、11月，省劳动和社会保障厅两次调整因工死亡职工供养亲属抚恤金，每次每人每月增加15元。分别从2001年7月1日、2002年7月1日起执行。按上述标准调整后，不足150元的，增加到150元。

2004年9月，《四川省煤矿企业生产安全事故人身死亡补偿办法（试行）》规定：因工死亡人员补偿金额不得低于20万元。供养亲属选择长期待遇定期享受的，依照《工伤保险条例》的规定，享受死亡人员丧葬补助金、一次性工亡补助金和供养亲属抚恤金等三项工伤保险待遇；选择一次性领取死亡人员补偿待遇的，按规定标准计算后，补偿待遇总额低于20万元的补足到20万元。非法用工的煤炭生产、基建单位（含未经工商登记注册的个体煤矿）在井下生产作业中发生的生产安全事故，其死亡人员的补偿待遇由生产安全事故单位按照劳动保障部《非法用工单位伤亡人员一次性补偿办法》的规定进行补偿，补偿待遇总额低于20万元的补足到20万元。

同年10月，省劳动和社会保障厅明确：符合条件的因工死亡农民工的供养亲属，选择一次性享受供养亲属抚恤金的，计算办法为：供养亲属为子女的，以18周岁为失去供养条件，以按月发给的供养亲属抚恤金标准进行计算；其他供养亲属，以按月发给的供养亲属抚恤金标准计算20年，但55周岁以上的，年龄每增加1岁减少1年，最低不少于5年。

2005年1月，省劳动和社会保障厅调整因工死亡职工供养亲属抚恤金标准：从2004年7月1日起，2003年12月31日前因工死亡职工的配偶和其他供养亲属的抚恤金每月分别增加20元、15元，调整后不足200元、180元的，分别按200元、180元计发。

从2005年7月1日起，2004年12月31日前因工死亡职工供养亲属的抚恤金，每人每月增加30元；从2006年7月1日起每人每月增加50元。2005年期间因工死亡职工供养亲属的抚恤金，从2006年7月1日起，每人每月增加50元。调整后，供养亲属为配偶的月抚恤金不足340元的，增加到340元；其他供养亲属月抚恤金不足320元的，增加到320元。

第四节　生育保险

一、女职工生育待遇

生育保险实施以前，女职工（含临时工）生育待遇主要执行政务院1951年颁布，1953年修正的《劳动保险条例》和劳动部1953年颁布的《劳动保险条例实施细则修正草案》，主要待遇为：女工人与女职员生育，产前产后共给假56日；怀孕不满7个月小产时，给予30日以内的产假；难产或双生时，增给假期14日。产假期间，工资照发。怀孕检查费与接生费由企业负担。女工人与女职员或男工人与男职员之妻生育时，发给生育补助费4万元（万元为旧币制，新币制为元）。

1987年7月《四川省计划生育条例》规定：实行晚育的（已婚妇女24周岁以上生育第1个孩子），除国家规定的产假外，增加产假20天。

从1988年9月1日起，全省执行国务院发布的《女职工劳动保护规定》和劳动部《关于女职工生育待遇若干问题的通知》：凡适合妇女从事劳动的单位，不得拒绝招收女职工。不得在女职工怀孕期、产期、哺乳期降低其基本工资或者解除劳动合同。女职工妊娠满 7 个月后，一般不得安排从事夜班劳动；在劳动时间内应安排一定的休息时间。对不能胜任原劳动的，应当根据医务部门的证明，予以减轻劳动量或者安排其他劳动。怀孕的女职工在劳动时间内进行产前检查，算作劳动时间。在本单位的医疗机构或指定的医疗机构检查和分娩时，检查费、接生费、手术费、住院费和药费由所在单位负担。符合计划生育规定的女职工正常分娩的，产假 90 天，其中产前假 15 天。难产的，增加产假 15 天；多胞胎生育的，每多生育 1 个婴儿，增加产假 15 天。女职工怀孕不满 4 个月流产的，应根据医务部门的意见，给予 15—30 天的产假；怀孕满 4 个月以上流产的，给予 42 天产假。产假期间，工资照发。有不满一周岁婴儿的女职工，其所在单位应当在每班劳动时间内给予其两次哺乳（含人工喂养）时间，每次 30 分钟。多胞胎生育的，每多哺乳一个婴儿，每次哺乳时间增加 30 分钟。哺乳时间和本单位内哺乳往返途中的时间，算作劳动时间。

1990 年 4 月，省职工社会保险事业管理局规定：企业女职工在长期病休期间按计划生育的，从生育之日起停发长期病假工资，改发产假工资，并享受其他生育待遇。产假期满后仍需病休的，从产假期满之日起，停发产假工资，改发长期病假工资。不按计划生育的，因病或非因工负伤停工 6 个月以内生育时，自生育之日起算产假，产假期（含流产产假期）满，病伤仍未痊愈，需要继续病休的，按病假计算。女职工因病或非因工负伤连续停工在 6 个月以上生育时，均计算为病假时间，享受长期病假待遇。

1992 年 10 月，省计划生育委员会、省劳动厅明确：为了鼓励和提倡一对夫妇只生育一个孩子，对持有独生子女证的父母，凡符合规定条件办理退休的，可增发 5% 退休金，但新的退休金不得超过本人退休前的标准工资。

1997 年，省劳动厅印发《四川省贯彻实施〈女职工劳动保护规定〉办法》，对 1988 年关于生育待遇的规定作了一些调整和补充。规定：难产、施行剖腹产术、产错术、臀位助娩术等手术的，在正常产假的基础上增加 15 天；子瘤、产后出血（多于 500 毫升）的，按难产对待。女职工符合计划生育规定怀孕而意外流产（含人工终止妊娠），怀孕 3 个月以下的，产假 15 天；怀孕 3 至 4 个月的，产假 30 天；怀孕 4 至 7 个月的，产假 42 天；怀孕 7 个月及以上的，按正常产假处理。女职工产假期满，允许有两周的时间逐渐恢复原劳动定额，按全额发给工资。女职工产假满后，经本人申请、单位批准，可请 6 个月哺乳假。哺乳假期间按本人标准工资的 80% 发给工资，不影响晋级、调资，并计算工龄。

2002 年 9 月，《四川省人口与计划生育条例》规定：已婚妇女晚育的，除国家规定的产假外，增加产假 30 天，给予男方护理假 15 天。产假、护理假视为出勤，工资、奖金照发。至 2005 年，一直按此规定执行。

二、生育保险制度改革

1986—1992 年，四川企业职工生育执行的是劳动保险福利制度，生育费用和相关待遇按国家规定由企业执行支付。随着企业改革，实行自负盈亏，经济效益出现很大差异，效益差的企业职工劳动保险福利不能得到切实保障。1992 年，企业生育保险制度开始改革，首先在个别县（市、区）试点。全年征收生育保险费 24.85 万元。

1993 年，生育保险制度在广元、内江两市和部分县（市、区）逐步展开。2 月，乐至县政府颁发《乐至县女职工生育社会保险试行办法》。12月，广元市制定并开始实施《广元市企业女职工生育保险办法》。

1994年，劳动部颁布《企业职工生育保险试行办法》，推动了生育保险在更大范围开展。1996年，全省开展生育保险的县（市、区）达77个。

1997年3月，省劳动厅颁发《四川省企业职工生育保险试行办法》，规定：四川省行政区域内的国有企业、城镇集体企业、联营企业、私营企业、外商投资企业和与之形成劳动关系的劳动者适用该办法。生育保险按属地原则组织。生育保险费用实行社会统筹。生育保险基金按照"以支定收，收支基本平衡"的原则筹集。建立专户，专款专用。企业按照全部职工工资总额的一定比例，按月或按季向社会保险机构缴纳生育保险费。缴费比例最高不得超过工资总额的1%。职工个人不缴纳生育保险费。生育保险具体业务由各级劳动部门所属的社会保险机构负责。社会保险机构可从生育保险基金中列支管理费，标准由劳动部门提出，经同级财政部门核定。女职工符合计划生育规定生育，所在单位按规定缴纳了生育保险费的，由生育保险基金支付生育保险待遇。支付项目为：产假期间的生育津贴（原产假期间工资），生育的检查费、接生费、手术费、治疗费、住院费和药费。支付的标准由各地确定。超出规定的医疗服务费和药费由职工个人负担。企业凭女职工生育子女的有关证明，到社会保险机构办理领取生育保险待遇费用，再按规定支付报销给女职工。男职工配偶属非城镇人口或城镇无业人员，符合生育规定的，社会保险机构按规定的生育保险费用的50%支付一次性生育补助金。企业实行租赁、承包或发生兼并、转让情况时，继续经营者必须按照生育保险规定，承担职工的生育保险费用，缴纳生育保险金。企业破产时，应按规定清偿所欠的生育保险费用。破产企业的怀孕女职工如在本企业破产之日起280天内生育，其生育保险待遇，由社会保险机构按规定标准直接支付给本人。

《四川省企业职工生育保险试行办法》出台后，生育保险在全省各地大范围开展。1998年，参保人数达194.04万人，至1999年，全省有122个县（市、区）开展生育保险。

这个阶段，各地生育保险社会统筹的发展并不平衡。进展快的如成都市、泸州市，所属各县（市、区）全面实现了社会统筹；进展慢的如达川地区、甘孜州，只有1—2个县（市、区）实现了社会统筹。生育保险征收费率省里未作统一规定，各地一般规定在0.6%—0.8%。待遇标准由社会保险机构按当地政府规定金额一次性付给企业，企业再按规定报销给职工。如：成都市规定女职工生育一胎的，支付给企业上一年度本市职工月平均工资6个月工资，泸州市规定女职工生育一胎的，支付给企业1400元。这与劳动部"生育保险医疗服务费等按实支付"的规定有一定差距。一些集体、私营、外资企业认为生育保险与女职工多的企业关系大，不愿参加生育保险，或虽参加了，但往往拖欠应缴纳生育保险费。

2001年，省劳动和社会保障厅明确：四川境内各类企业都必须参加生育社会保险。按照属地管理、参保关系与基本医疗保险相一致的原则，参加所在统筹地区的生育社会保险。生育保险费率一般控制在上年度单位职工工资总额的0.4%—1%。2001年，全省开展企业生育保险的县（市、区）达138个。

2002年，全省实现生育保险地级统筹1个，县级统筹135个。17个地区制定出台了生育保险政策，4个市（州）由各县（区）制定出台了政策规定。随着企业破产改制力度的加大，生育保险的参保人数下降为166.45万人。

2003 年，参保人数继续有所下降。2004 年，参保人数有所回升，为 187.37 万人。

2005 年，全省参加生育保险的人数和征收的生育保险费都创出新高。累计结余生育保险基金 3.65 亿元。

1994—2005 年四川省生育保险参保、基金征收及享受待遇情况一览表

表 3—10

年份	参保人数（万人）	享受待遇人数（万人）	保险费收入（亿元）	征缴当期生育保险费（亿元）	当期征缴率（%）
1994	60.00	0.60	—	0.08	90.40
1995	99.82	0.91	—	0.16	97.20
1996	108.0	1.26	—	0.26	86.60
1997	188.14	1.42	—	0.45	84.50
1998	194.04	2.05	—	0.59	89.30
1999	191.87	1.72	—	0.59	84.80
2000	188.20	1.80	1.00	0.66	66.70
2001	178.10	1.60	0.71	0.67	87.20
2002	166.45	1.43	0.79	0.73	85.10
2003	165.10	1.28	0.87	0.82	90.50
2004	187.37	1.36	1.13	0.03	93.40
2005	215.68	1.44	1.53	1.33	94.20

说明：表内数据摘自《四川劳动和社会保障统计年鉴（2005）》

第六章　社会保险基金监督

1986—1999 年，劳动保障部门没有专门的社会保险基金行政监督机构，社会保险基金监督主要是社会保险经办机构的内部监督，监督的方式主要是内部审计和稽核。2000 年以后，经过各级政府机构改革，自上而下建立起社会保险基金行政监督体系，逐步形成以行政监督为主，与财政监督、审计监督、社会保险经办机构内部监督以及社会监督有机结合的社会保险基金监督体制。

第一节　机构和制度建设

一、机构设置

社会保险基金监督机构建设首先从社会保险经办机构开始，即在各级社会保险经办机构设立内部审计机构，负责经办机构内部的监督工作。1992 年 3 月，省劳动厅、省审计局《关于印发〈四川省社会保险审计制度（试行）〉的通知》，要求省/市（地、州）社会保险事业管理局设立内部审计机构，配备专职或兼职审计人员，实行审计监督制度。按照上述要求，经四川省机构编制委员会批准，四川省职工社会保险事业管理局于 1992 年 6 月设立了审计处，配备了专职审计人员。各市（地、州）社会保险事业管理局也相继设立了审计（稽核）机构。作为失业保险的经办机构，四川省就业服务管理局也于 1997 年 9 月设立了失业保险基金审计处，市（地、州）就业服务管理局也先后设立或明确了审计（稽核）机构。

2000 年 6 月，在四川省省级机关机构改革中，新组建的四川省劳动和社会保障厅设立了社会保险基金监督处，其主要职责是：拟定社会保险经办机构管理办法，建立健全基金监督网络和监督举报系统，组织监督基金的管理使用，受理投诉举报，查处基金管理的重大违纪案件；拟定社会保险内部审计规则和内部审计人员资格认证办法，颁发系统内部审计检查证；拟定社会保险基金运营机构资格标准实施办法和补充保险承办机构资格认定办法，认定有关机构的资格。随后，在各市（州）和县（市、区）政府机构改革中，劳动保障部门也相应设立或明确了社会保险基金行政监督机构。

2000 年 12 月，省劳动和社会保障厅印发了《四川省社会保险基金内部审计暂行办法》，再次强调：省/市（州）社会保险经办机构应设立内部审计（稽核）机构，配备专职内部审计人员；县（市、区）社会保险经办机构应明确负责内部审计（稽核）的工作机构，配备专（兼）职内部审计人员。到 2005 年年底，全省 21 个市（州）和大部分县（市、区）社会保险经办机构都设立或明确了审计（稽核）机构。

二、制度建设

1992 年 3 月，省劳动厅、省审计局制定《四川省社会保险审计制度（试行）》，对社会保险审计机构和审计人员的主要职责、审计内容、审计工作程序和方式、审计材料的报送和归档作了明确规定。社会保险审计机构和专兼职审计人员依据国家有关法律、法规和政策规定，对本级和下级社会保险机构的财务收支，参加社会保险单位缴纳的社会保险基金及其他有关社会保险基金收支情况进行审计监督。

1998 年 4 月，省劳动厅制定《四川省失业保险基金内部审计暂行办法》，明确失业保险基金内部审计是对失业保险基金的专项审计，由上级或同级就业服务机构内设的审计部门，对同级或下级就业服务机构所统筹管理的失业保险基金和用工单位失业保险事项的审计监督；对审计机构的设置和审计人员的配备、审计内容、审计人员的职权、审计程序和方式、审计材料的报送和归档等作了具体规定。

1999 年 8 月，省劳动厅在总结前几年社会保险基金监督管理实践经验的基础上，印发《关于加强社会保险基金监督管理的通知》，比较全面系统地提出了加强社会保险基金监督管理的措施，主要内容是：劳动保障行政部门要加强对社会保险基金监督管理的领导，健全监督机构，强化监督机制；劳动保障部门的纪检监察、审计机构，要对社会保险基金收支的全过程实施监督，做到事前参与、事中检查、事后审计监督；制定和完善社会保险基金调剂、审批制度，社会保险基金财务监管制度、内部审计制度和财务报表制度；实行社会保障行政管理与基金管理分开，执行机构与监督机构分设的管理体制；社会保险经办机构要严格执行社会保险基金收支两条线管理的规定；社会保险基金实行预决算管理，社会保险经办机构每一预算年度都要编制社会保险基金收支计划和决算，并报劳动保障行政主管部门审核批准；社会保险基金的调剂实行会审制度，凡需调剂使用社会保险基金的，必须经社会保险机构集体研究，报同级劳动保障行政部门集体研究决定，数额较大的还应报同级人民政府审批。

2000 年，按照省委、省政府的要求，建立了四川省社会保障资金管理使用情况执法监察联席会议制度，成员单位为省监察厅、省劳动和社会保障厅、省民政厅、省财政厅、省审计厅，由省监察厅牵头，联席会议办公室设在省监察厅。后调整为由省劳动和社会保障厅、省监察厅牵头，省民政厅、省财政厅、省审计厅协办，联席会议办公室设在省劳动和社会保障厅，省劳动和社会保障厅厅长为联席会议负责人。联席会议成员单位密切配合，适时召开联席会议，研究、协调和安排社会保障资金执法监察工作。各地也相继建立了社会保障资金管理使用情况执法监察联席会议制度。

同年 8 月，省劳动和社会保障厅印发《关于进一步加强社会保险审计监督工作意见》，要求各级社会保险经办机构建立完善各项规章制度，使审计监督工作规范化、制度化。要充分发挥内部审计的监督作用，对本级管理的社会保险基金收支全过程实施审计监督，重大事项做到事前参与、事中检查、事后审计监督；同时要定期或不定期对下级社会保险经办机构管理的社会保险基金的收入、支出、结余情况以及有关财务管理和政策执行情况进行内部审计，保证社会保险基金的安全完整。同年 12 月，省劳动和社会保障厅制定《四川省社会保险基金行政监督暂行办法》和《四川省社会保险基金内部审计暂行办法》。前一个暂行办法对社会保险基金监督机构的职责和监督人员在履行职责过程中应承担的义务、实施现场监督和非现场监督的程序等作了明确规定，后一个暂行办法对基金内部审计机构的设立及其人员配备、基金内部审计的主要审计事项、基金内部审计机构及其审计人员履行职责时的职权、基金内部审计的程序和方式等作了明确规定。

2001年4月，省劳动和社会保障厅制定了《四川省社会保险基金监督举报处理办法》，规定由各级劳动保障行政部门的社会保险基金监督机构受理和承办养老、失业、医疗、工伤和生育等社会保险基金监督举报处理工作，并明确了职责，对受理电话举报、当面举报和信函举报分别提出了要求，规定了办理举报案件的具体办法和办结时限，以及基金监督机构及其工作人员必须遵守的制度和纪律。省劳动和社会保障厅以及各市（州）劳动保障部门都设立了社会保险基金监督举报电话，并向社会公布。

2002年5月，省劳动和社会保障厅印发《四川省基本养老保险稽核工作意见》，要求各级劳动保障行政部门和养老保险经办机构把稽核工作列入各级养老保险机构的重要业务工作项目，加大稽核工作力度，对参保企业单位的缴费基数逐户进行稽核检查，把稽核检查、核实缴费基数作为夯实基础管理的重要措施，积极拓展养老保险基金来源，增强养老金按时足额发放的保障功能；强调要加强审计稽核工作机构建设，配备和充实具有良好政治素质、熟悉基本养老保险政策规定和相关法律法规知识、熟悉财务审计等专业知识的稽核人员。该意见对稽核工作的对象、内容、方式、程序、组织实施等，都作了明确规定。

2003年4月，省职工社会保险事业管理局印发《关于加强养老保险基金监督管理工作的意见》，要求各级社会保险机构加强对社会保险基金监督工作的领导，加大监督检查力度，严厉查处挤占、挪用或其他违规使用基金的行为，切实做好基金监督管理工作，防范和化解基金管理风险，保障基金的安全完整；要规范监督程序，强化监督手段，全面落实责任制和责任追究制，从源头上防止新的挤占、挪用和违纪、违规现象的发生。各级社会保险机构要完善内部监督检查机制，每年应制定基金内审监督的工作计划和措施，认真做好内部审计监督工作，内审监督部门对本级养老保险基金收入、支出及调剂拨付、使用的全过程实施事前、事中、事后监督，及时发现并纠正问题，防范和杜绝基金管理出现新的违纪违规问题；要实行养老保险基金监督管理工作内审报告制度，各级社会保险机构每年6月要对本级养老保险基金管理情况进行一次内审监督检查，并将检查情况逐级汇总上报；要加强对基金违规问题的整改，对违规挤占挪用的基金要逐项核实，并将基金管理情况和整改情况与中央转移支付资金拨付和省级统筹调剂金直接挂钩，对基金管理使用中有违纪违规的地区，或在规定期限整改不到位的，实行中央转移支付资金减拨、停拨和省级统筹调剂金缓调、免调；对侵吞和浪费基金的，要给予党纪、政纪、法纪的严肃处理。

2003—2004年，全省各地都加强了社会保险基金监督管理制度建设。成都市在原制定的《成都市社会保险基金监督试行办法》的基础上，制定了《成都市社会保险基金行政监督暂行规定》《成都市社会保险基金内部审计暂行规定》和《成都市社会保险基金监督举报管理办法》。成都市劳动和社会保障局、成都市财政局、成都市审计局等部门联合下发《关于加强社会保障基金监督管理有关问题的通知》，落实了各职能部门基金监管责任，对规范基金管理和使用、严格基金财务会计核算等作出了明确规定。遂宁市政府以政府令的形式发布《遂宁市社会保险基金监督暂行办法》。达州市政府也以政府令的形式发布了《达州市社会保障基金管理和监督实施办法》，对社会保障基金的管理使用、审批、监督以及责任追究等作出了明确规定。巴中市政府印发《关于进一步加强社会保险基金和两保再就业补助资金管理的通知》，从内部控制制度、社会保障补助资金分配程序及使用办法、基金的监督管理等方面进行了规范。资阳市社会保险经办机构建立了基金内部审计制、岗位责任制、

图 3-3　2004 年，四川省社会保险局举办四川省养老保险稽核业务培训班

财产保管制、费用审批制等一系列财务管理内部控制制度，规范了业务流程管理。

2005 年 5 月，省劳动和社会保障厅、省财政厅、省监察厅、省审计厅、省邮政局、中国人民银行成都分行等 6 部门，联合制定下发《关于加强社会保障基金监督管理工作的通知》，明确了 6 部门各自的监管职责，规范了社会保障基金银行账户管理制度；规定了社会保险经办机构要建立健全内部控制制度，明确岗位职责，规范工作流程，加强内部审计、稽核和印鉴管理，从制度上防范违纪违规问题的发生；提出了加强对中央财政专项转移支付资金的管理、建立跟踪检查的制度；规定了建立监督制约机制和责任追究制度，以及社会保障基金监督管理报告制度；强化了部门之间的协作与配合，建立了协同监管和全程监管机制。同年同月，省职工社会保险事业管理局印发《关于实行社会保险基金管理使用情况定期报告制度有关问题的通知》，建立中央转移支付资金、省级统筹调剂金的上缴、下拨情况报表的报送和考核制度。

第二节　基金监督检查

一、财务、审计监督

1986—1991 年，社会保险基金监督的主要方式是财务检查。1992 年建立了社会保险审计制度和在社会保险经办机构设立内部审计机构以后，对社会保险基金的管理使用情况进行审计，成为基金监督的一种重要方式。同年，根据审计署的安排，全省各级审计部门组织专人分别对省职工社会保险事业管理局和 125 个市（地、州）/县（市、区）社会保险局进行了审计，未发现大的问题。

1994 年，全省各级社会保险机构加强对社会保险基金的审计工作，开展了对省/市（地、州）两级的重点审计。

1995 年，省职工社会保险事业管理局重点对宜宾、内江、攀枝花、涪陵、万县等 5 市（地）社会保险基金管理和执行省级统筹计划情况进行了财务检查和审计检查；23 个市（地、州）对动用基金的情况进行了自查。

1996 年，省审计厅会同省职工社会保险事业管理局组成 5 个审计组，分别对德阳、广安、泸州、万县、乐山等 5 个市（地）的养老保险基金进行审计，及时纠正了个别地区在基金管理和征收中存在的问题。

1997 年，省职工社会保险事业管理局组织 4 个审计组和 3 个财务检查组，对部分地区的养老保险基金和管理经费、退管经费提取使用情况进行重点审计检查，收回被挪用的基金 3000 多万元，制止了一些违纪违规行为。9 月，四川省就业服务管理局印发《关于开展失业保险基金审计工作的通知》，要求各地认真组织开展失业保险基金的审计工作。

1998 年，省就业服务管理局对部分市（地、州）1997—1998 年度失业保险基金管理使用情况进行审计。同年，省职工社会保险事业管理局对德阳、绵阳、遂宁、南充、凉山等市（州）的养老保险基金管理使用情况进行财务检查和审计，对发现的问题作了纠正和处理。

2000 年，省职工社会保险事业管理局对眉山市、资阳市和阿坝州的养老保险基金管理使用情况进行了审计。

2001 年，省就业服务管理局对攀枝花、凉山、南充、自贡、乐山等 5 个市（州）2000 年度的失业保险基金管理使用情况进行审计，并下发了《审计意见书》，针对存在的问题提出了整改意见。

2002 年，省就业服务管理局对 15 个市（州）本级管理的 2001 年度失业保险基金管理使用情况进行检查和审计，对检查审计中发现的问题，提出了限期整改的意见和建议。

2003 年，审计机关对省本级和成都、宜宾、泸州、广元、雅安、绵阳、巴中、遂宁等 8 个市 2002 年度城镇职工基本医疗保险基金进行专项审计，发现挤占挪用 1247.1 万元，于 2004 年 6 月底前全部归垫。

二、行政监督

1986—1999 年，全省各级劳动保障部门尚未设置社会保险基金的行政监督机构，未开展社会保险基金的行政监督。

2000 年，在机构改革中新组建的四川省劳动和社会保障厅设置社会保险基金监督处，开始社会保险基金的行政监督。同年，省劳动和社会保障厅会同省财政厅对全省养老保险基金、失业保险基金、医疗保险基金、工伤保险基金、生育保险基金进行全面的清理检查，摸清了五项社会保险基金的结存总量和存在形态、基金被挤占挪用和其他违纪情况、基金实行收支两条线管理以及基金存款银行的分布情况。截至同年 6 月底，全省城镇企业、机关事业单位五项社会保险基金资产合计 578749.31 万元，负债合计 73810.07 万元，基金结存总额 504939.24 万元。基金被挤占挪用 19073.76 万元，其他违纪金额 2538.78 万元。对这次清理检查出来的问题，省劳动和社会保障厅、省财政厅督促有关单位和部门按照国家有关社会保险基金管理的规定进行了整改：1998 年 4 月以后挤占挪用的基金，于 2001 年 1 月以前全部追回；对 1998 年 4 月以前挤占挪用的基金，加大回收力度；将存于非银行金融机构和非国有商业银行的存款，调整到国有商业银行。

2001 年，省劳动和社会保障厅对泸州、内江、宜宾、自贡、绵阳、德阳、南充、遂宁 8 个市本级的基本养老保险基金和失业保险基金开展现场监督；受理举报案件 16 件，结案 15 件（其中，基本属实的 8 件，不实和基本不实的 7 件），查实违规动用社会保险基金 353.26 万元，当年收回 22.15 万元。

2002 年，省/市（州）两级劳动保障部门对全省 12 个市（州）本级、20 个市（州）的 96 个县（市、区）共 223 个社会保险经办机构开展社会保险基金现场监督，发现违规动用基金 1509.51 万元，违规存放基金 4123.84 万元，对这些违规问题都及时作出了处理。此外，开展了对社会保险基金挤占挪用和其他违纪情况的专项调查和对 2001 年企业职工基本养老保险财政专项补助资金的审计。省劳动和社会保障厅还组织各地对 2001 年以后全省国有企业下岗职工基本生活保障资金的筹集、使用和管理情况进行了自查，并对部分地区进行了抽查。

2003 年，全省劳动保障部门共对 12 个市（州）本级和 106 个县（市、区）的 254 个社会保险经办机构开展企业基本养老保险基金、失业保险基金、基本医疗保险基金的现场监督，发现违规动用基金1414.29万元，违规存放基金6522.37万元；当年收回违规动用的基金755.69万元。

2004年，全省劳动保障部门共对12个市（州）本级和130个县（市、区）的281个社会保险经办机构开展社会保障资金的现场监督，发现违规动用社会保障资金8180.93万元，当年收回4236.57万元。

2005年，全省劳动保障部门共对6个市（州）本级和120个县（市、区）的303个社会保险经办机构开展社会保障资金的现场监督，发现违规动用社会保障资金2624.74万元，当年收回1033.2万元。

2001—2005年，省劳动和社会保障厅还利用开发的非现场监督软件，对全省21个市（州）及所属县（市、区）的基本养老保险基金、失业保险基金和基本医疗保险基金实施非现场监督，监督覆盖面达90%以上。其中，2004年和2005年监督覆盖面分别达到98.91%和99.71%。

三、联合执法监察

2000年，四川省建立了由劳动保障、监察、财政、民政、审计等部门组成的社会保障资金管理使用情况执法监察联席会议制度，开始采取联合执法监察的方式，监督社会保障资金管理使用情况。

2001年，省劳动和社会保障厅、省监察厅、省民政厅、省财政厅、省审计厅联合开展对社会保障资金管理使用情况的执法监察工作，以省政府的名义组成4个执法监察联合检查组，对成都、乐山、眉山、达州、广安、泸州、宜宾、资阳、德阳、绵阳、广元等11个市进行重点抽查，抽查面超过50%。各市（州）也按要求开展交叉检查和抽查，县（市、区）检查面达到100%，市（州）对县（市、区）的抽查超过50%。对检查中发现的问题，都进行了整改。另外，省社会保障资金执法监察联席会议办公室还对宜宾五粮液集团公司和攀枝花钢铁（集团）公司的社会保险费征缴、下岗职工基本生活保障情况进行了专项检查。在执法监察中，各级纪检监察机关查出违规违纪金额1775万元，纠正违规违纪金额1329万元，提出整改建议145条，建章立制132项；并对2000年专项检查中发现的违规使用社会保障资金的遗留问题进行了纠正和处理，资金归位4676万元。各级劳动保障部门和社会保险经办机构追缴历年欠缴养老保险费52837万元、失业保险费6520.17万元。

2002年，各级劳动保障、监察、民政、财政、审计部门继续开展对社会保障资金管理使用情况的执法监察工作。执法监察的范围主要是：2001年执法监察中发现的违纪违规问题是否纠正和处理；2001年至2002年上半年，国有企业下岗职工基本生活保障资金、失业保险基金、基本养老保险基金和城市居民最低生活保障资金的管理使用情况。执法监察工作主要由各级劳动保障、民政、财政、审计部门结合本部门的业务工作开展检查，各级纪检监察机关有针对性的参加业务部门的检查。

2003—2005年，没有采取这种方式进行监督。

四、稽核监督

从2001年开始，社会保险经办机构对社会保险费缴纳情况和社会保险待遇领取情况进行稽核，稽核的主要内容是：参保单位是否如实申报参保人数和社会保险缴费工资基数，有无少报、瞒报参保人数和缴费工资基数的情况；是否按时足额缴纳社会保险费，有无少缴、欠缴社会保险费的情况；是否有欺诈冒领社会保险待遇的行为。

2002年6月，省就业服务管理局对西南石油局、四川石油管理局、西南油气田分公司1999—

2001 年失业保险缴费情况开展了稽核。同年 8 月，省就业服务管理局发出《关于开展失业保险缴费稽核工作的紧急通知》，进一步明确开展失业保险稽核工作的政策依据、稽核的内容、程序、方法和具体要求，指导各地失业保险稽核工作的开展。随后，各地就业服务管理机构相继组织开展了对本级部分参保单位的失业保险缴费稽核。

2003 年 5 月，省就业服务管理局先后发出《关于进一步做好失业保险稽核工作的通知》和《关于贯彻实施社会保险稽核办法有关问题的通知》，要求各级就业服务机构加强失业保险稽核工作的领导和失业保险稽核队伍建设，规范稽核工作程序，严格稽核工作纪律，依法组织开展失业保险稽核，促进失业保险费的应收尽收，促进参保单位按时足额缴纳失业保险费。同年，全省稽核失业保险参保单位 170 万人次，查出欠费 5549. 21 万元，漏报、少报、少缴 3321. 26 万元，收回欠缴和补缴失业保险费 2376. 87 万元。

2004 年，全省稽核失业保险参保单位 185 万人次，查出欠费 4774. 01 万元，漏报、少报、少缴 1941. 88 万元，收回欠缴和补缴失业保险费 2228. 20 万元。

从 2004 年起，社会保险稽核逐步向工伤保险、生育保险等险种展开，至 2005 年年底，全省共稽核参加工伤保险企业 2. 85 万户，参保职工 247. 10 万人次，查出少报漏报缴费人数 22 万人，少报漏报缴费工资基数 4 亿元；稽核参加生育保险企业 2. 71 万户，参保职工 217. 70 万人次，查出少报漏报缴费人数 14. 50 万人，少报漏报缴费工资基数 4. 04 亿元。稽核补缴工伤保险费 630 万元、生育保险费 304 万元。

2005 年 3 月，省就业服务管理局发出《关于进一步加强四川省失业保险稽核工作的通知》，除重申以前对失业保险稽核工作的要求外，强调各级就业服务机构要认真履行失业保险稽核监督职能，全面落实清欠目标责任制，下大力气抓好清理企业欠费工作；加大反欺诈力度，防止失业保险基金“跑、冒、滴、漏”；要求各地就业服务管理局按季度认真填报《缴纳失业保险费与欺诈冒领失业保险待遇稽核情况表》。同年，全省稽核失业保险参保单位 227 万人次，查出欠费 2545. 81 万元，漏报、少报、少缴 3465. 46 万元，收回欠缴和补缴失业保险费 2524. 69 万元。

同年，省职工社会保险事业管理局对在川铁道、电力两大行业单位共计 36 户企业社会保险费征缴实施专项稽核，稽核查出 10 户参保企业少报漏报基本养老保险缴费工资基数 258 万元，补缴基本养老保险费 72 万元。

2001—2005 年，全省各级社会保险经办机构共计稽核参加养老保险企业 23. 60 万户，稽核参保职工 1918. 90 万人次，稽核查出少报漏报参保人数 40. 70 万人，少报漏报缴费工资基数 26. 70 亿元，应补缴养老保险费 7. 60 亿元，实际补缴养老保险费 5. 80 亿元，稽核补缴平均入帐率达 76. 32%。还加强了对享受养老保险待遇人员的资格审核和基金支出稽核，查出冒领养老金 1827. 20 万元，追回冒领金额 1471. 50 万元，平均追缴率达 80. 53%。

五、社会监督

自 1986 年开始进行养老保险制度改革、实行社会养老保险以后，各级劳动保障部门和社会保险经办机构通过监督举报电话、群众来信等各种渠道，接受社会公众对社会保险基金的监督。2000 年建立了社会保险基金行政监督机构以后，社会监督成为对社会保险基金监督的重要方式之一。

2002 年，全省各级社会保险基金监督机构共受理举报案件 17 件，结案 11 件，其中，属实或基本属实的 6 件，不实的 5 件。

2003年，全省各级社会保险基金监督机构共受理举报案件31件，结案30件，其中，属实或基本属实的23件，不实的7件；查出违规动用基金249.24万元，全部收回。

2004年，全省各级社会保险基金监督机构共受理举报案件32件，结案30件，其中，属实或基本属实的26件，不实的4件；查出违规动用基金4096.88万元，收回2261.18万元。

2005年，全省各级社会保险基金监督机构共受理举报案件6件，全部结案，其中，属实或基本属实的4件，不实的2件；查出违规动用基金27.46万元，全部收回。

第四篇　劳动保障综合建设

劳动保障综合建设包括劳动保障法制建设、劳动保障监察、劳动保障事业发展规划、劳动保障信息化建设、劳动保障科学研究和劳动保障机构设置。

1986—2005 年，四川省劳动保障法制建设的步伐不断加快，初步形成了较为完善的劳动保障法律法规体系框架。劳动保障监察工作为保障法律法规的贯彻执行而逐步开展起来。劳动保障事业发展规划在计划经济体制向社会主义市场经济体制转变的过程中不断变革和完善。劳动保障信息化建设随着计算机的广泛应用和劳动保障工作的需要而快速发展。劳动保障科学研究对在劳动保障制度改革中不断面临的新情况、新问题进行理论探讨并提出对策，取得了丰硕的成果。在这 20 年间，劳动保障机构经历了多次调整、改革和职能转变。

第一章 劳动保障法治建设

1986 年以后，劳动保障制度进行了一系列改革，劳动保障工作面临的任务、管理范围、工作方式发生了根本性的变化。与此相适应，四川省劳动保障法制建设也取得了显著的进展，特别是 1994 年 7 月《中华人民共和国劳动法》颁布以后，四川省加快了劳动保障地方立法的步伐，制定了一系列劳动保障地方性法规、政府规章和规范性文件，初步形成了以《中华人民共和国劳动法》为基础，有关法规、规章和规范性文件为配套的劳动保障法律法规体系框架。同时，广泛深入地开展法制宣传教育，加强行政执法监督，推行政务公开，建立行政复议与应诉制度，以保证依法行政的顺利进行。

第一节 地方立法

一、地方性法规

1986—1995 年，四川省尚未出台劳动保障方面的地方性法规。

1996 年 4 月 16 日，四川省第八届人民代表大会常务委员会第二十次会议通过《四川省职业介绍管理条例》，自同年 5 月 1 日起施行。该条例规定应当发展多种类型的职业介绍机构，实行劳动部门举办和非劳动部门举办相结合，互相补充、协调发展；并对申办职业介绍机构的条件和程序、职业介绍工作的管理和规则等作了规定。

1999 年 8 月 14 日，四川省第九届人民代表大会常务委员会第十次会议通过《四川省外商投资企业劳动管理条例》，自公布之日起施行。该条例对外商投资企业劳动关系的建立与调整、劳动报酬、社会保险、劳动安全和职业卫生等作了规定。2001 年，中国加入世界贸易组织后，外商投资企业与国内企业享受相同待遇，不宜再单独设立劳动管理法规，2002 年 5 月 30 日四川省第九届人民代表大会常务委员会第二十九次会议决定废止该条例。

2000 年 5 月 9 日，四川省第九届人民代表大会常务委员会第十六次会议通过《四川省集体合同条例》，自同年 7 月 1 日起施行。该条例对集体合同的内容，集体合同的签订、审查和监督，集体合同的变更、解除和终止，集体合同争议的处理等作了规定。

2001 年 7 月 21 日，四川省第九届人民代表大会常务委员会第二十四次会议通过《四川省失业保险条例》，自同年 10 月 1 日起施行。该条例对失业保险基金的筹集使用、失业保险待遇、法律责任等作了规范。

2002 年 1 月 18 日，四川省第九届人民代表大会常务委员会第二十七次会议通过《四川省劳动和社会保障监察条例》，自同年 3 月 1 日起施行。该条例对劳动保障行政部门的监察职责、内容、方式、管辖范围等作了规定，对劳动保障行政部门查处违法行为的具体程序作了相应规范。

二、政府规章

1986—1993 年，四川省尚未出台劳动保障方面的政府规章。

1994 年 5 月 4 日，四川省人民政府令第 41 号发布《四川省企业职工失业保险规定》，自同年 6 月 1 日起施行。该规定对失业保险基金的筹集和管理、失业保险基金的使用、失业登记及再就业服务、失业保险工作的组织管理机构及其职责等作了规定。2001 年 10 月被《四川省失业保险条例》替代。

1994 年 12 月 2 日，四川省人民政府令第 56 号发布《四川省劳动争议处理实施办法》，自发布之日起施行。该实施办法对劳动争议处理的范围、劳动争议调解委员会和仲裁委员会的设立及其职责、各级仲裁委员会的管辖范围、仲裁申请和受理、审理和裁决、仲裁文书送达等作了规定。

1995 年 6 月 13 日，四川省人民政府令第 60 号发布《四川省最低工资保障规定》，自同年 7 月 1 日起施行。该规定明确了劳动者有获得最低工资保障的权利，用人单位有执行最低工资保障规定的义务；明确了最低工资的含义，以及如何确定最低工资标准和违反本规定的处理办法。

1995 年 10 月 13 日，四川省人民政府令第 71 号发布《四川省劳动监察规定》，自发布之日起施行。该规定对劳动监察职责、监察管辖、监察范围及方式、监察程序、法律责任等作了规定。2002 年 3 月被《四川省劳动和社会保障监察条例》替代。

1997 年 1 月 7 日，四川省人民政府令第 84 号发布《四川省企业招收职工规定》，自同年 2 月 1 日起施行。该规定对包括国有企业、私营企业在内的各类企业在四川省行政区域内招收职工作了规定，即必须实行面向社会、公开招收、全面考核、择优录用的原则；企业招收职工后，应与职工依法签订劳动合同并办理社会保险手续。

1998 年 1 月 4 日，四川省人民政府令第 98 号发布《四川省企业职工伤亡事故调查处理办法》，自发布之日起施行。该办法对事故分类，事故报告、抢险、施救，事故调查、批复与处理作了规定。2002 年 5 月 17 日，四川省人民政府第 78 次常务会议决定，对该办法作了修改。

三、政府规范性文件

1986 年 9 月 13 日，省政府印发《关于印发贯彻国务院改革劳动制度四个暂行规定的实施意见的通知》，制定了四川省贯彻执行国务院《国营企业实行劳动合同制暂行规定》《国营企业招用工人暂行规定》《国营企业辞退违纪职工暂行规定》《国营企业职工待业保险暂行规定》的实施意见。其中，关于贯彻执行《国营企业职工待业保险暂行规定》的实施意见于 1994 年 6 月被《四川省企业职工失业保险规定》替代，关于贯彻执行《国营企业实行劳动合同制暂行规定》的实施意见于 1995 年 1 月被《中华人民共和国劳动法》有关劳动合同的内容替代。

1988 年 8 月 2 日，省政府印发《四川省国营企业劳动争议处理实施细则》，对劳动争议处理的范围、劳动争议调解和仲裁机构的设立、劳动争议仲裁管辖、劳动争议仲裁的申请和受理、处理劳动争议的程序等作了规定。1994 年 12 月被《四川省劳动争议处理实施办法》替代。

1991 年 11 月 11 日，省政府印发《四川省人民政府贯彻执行国务院关于企业职工养老保险制度改革的决定的通知》，对实行国营企业职工退休费用省级统筹、理顺城镇集体所有制企业职工养老保险政策和退休费用社会统筹的管理体制、建立职工个人缴纳基本养老保险费制度和企业补充养老保险制度作了规定。

1994 年 2 月 18 日，省政府印发《四川省人民政府贯彻国务院关于职工工作时间规定的通知》，对在四川省行政区域内贯彻国务院关于职工工作时间的规定提出了具体意见。

1995 年 3 月 14 日，省政府印发《四川省人民政府关于全面实行劳动合同制的通知》，根据《中华人民共和国劳动法》的有关规定，对四川省全面实行劳动合同制的范围和对象、方法步骤、劳动合同的签订及有关政策作了规定。

1995 年 12 月 12 日，省政府印发《四川省人民政府关于贯彻国务院深化企业职工养老保险制度改革的通知》，对全省基本养老保险实行社会统筹与个人账户相结合的办法、扩大基本养老保险覆盖面、巩固和完善个人缴纳基本养老保险费制度、健全基本养老金正常调整机制作了规定。

1997 年 11 月 20 日，省政府印发《四川省贯彻统一的企业职工基本养老保险制度实施办法》，对基本养老保险的实施范围、基本养老保险基金的筹集、个人账户的建立和管理、基本养老金计发办法、基本养老金的调整等作了规定。2006 年 1 月被《四川省完善企业职工基本养老保险制度实施办法》替代。

1998 年 7 月 2 日，省政府印发《四川省人民政府关于统一城镇私营企业、个体工商户基本养老保险的通知》，对城镇私营企业、个体工商户基本养老保险金的筹集、个人账户的建立、基本养老保险金计发办法等作了规定。

1999 年 5 月 18 日，省政府印发《四川省贯彻〈国务院关于建立城镇职工基本医疗保险制度的决定〉的意见》，对四川省城镇职工基本医疗保险的覆盖范围和统筹层次、基本医疗保险基金的筹集、基本医疗保险统筹基金和个人账户、基金的管理和监督、有关人员的医疗待遇政策等作了规定。

2000 年 5 月 18 日，省委办公厅、省政府办公厅印发《四川省国有独资和国有控股公司经营者年薪制试行办法》，对试行经营者年薪制的基本原则、年薪的构成及确定、年薪的考核和兑现、年薪的管理和审批等作了规定。

2001 年 9 月 4 日，省委办公厅、省政府办公厅印发《关于进一步深化国有企业收入分配制度改革的意见》，对深化工资收入分配制度改革，允许和鼓励资本、技术、管理等生产要素参与收益分配，建立健全对经营者收入分配的激励和约束机制等作了规定。

2003 年 12 月 22 日，省政府印发《四川省人民政府关于贯彻〈工伤保险条例〉的实施意见》，对参加工伤保险的范围、工伤保险费的缴纳、建立工伤保险储备金、职工工伤认定、工伤保险待遇等作了规定。

2004 年 12 月 21 日，省政府印发《四川省人民政府关于贯彻实施〈四川省失业保险条例〉有关问题的通知》，对依法扩大失业保险覆盖面、进一步规范失业保险缴费基数和征缴行为、建立失业保险个人缴费记录等作了规定。

四、部门规范性文件

1987 年 4 月 22 日，省劳动人事厅印发《四川省就业培训工作试行办法》，对就业培训的组织领导，培训的对象、内容和形式，教学管理，考试考核等作了规定。1996 年 12 月被《四川省职业技能培训管理实施办法》替代。

1988 年 1 月 21 日，省劳动人事厅、省经济体制改革办公室印发《四川省劳务市场暂行办法》，对劳务市场的组织机构、服务对象和项目、服务方式和收费标准等作了规定。

1988 年 8 月 10 日，省劳动人事厅印发《四川省劳动争议仲裁工作规则（试行）》，对劳动争议案件受理、调查取证、调解与仲裁、文书送达、仲裁监督与文书归档等作了规定。1994 年 12 月被《四川省劳动争议处理实施办法》替代。

1989 年 7 月 12 日，省劳动厅印发《四川省国营企业待业职工管理暂行办法》，对待业职工的登记、建卡、颁发证件、转业训练、待业救济金的发放、异地转移、重新就业等作了规定。

1992 年 3 月 4 日，省劳动厅印发《四川省全民所有制企业职工退休费用省级统筹实施细则》，对统筹范围、对象、项目和统筹基金的征集、调剂、支付、管理作了规定。

1993 年 1 月 31 日，省劳动厅印发《四川省工人技术等级考核评定办法》，对工人技术等级考核评定的组织与分工、工人技术等级的分级、技术业务理论考试和技术业务操作技能考核的方式、技术等级证书的核发等作了规定。

1994 年 5 月 10 日，省劳动厅印发《四川省职业技能鉴定实施办法》，对职业技能鉴定的管理体制、职责分工、鉴定机构的建立及其工作规则、申报鉴定的条件和程序、鉴定的内容和方式、鉴定证书的核发等作了规定。

1995 年 4 月 21 日，省劳动厅印发《四川省职业介绍管理暂行规定》，对职业介绍机构的审批、业务范围、中介服务规则、组织管理等作了规定，1996 年 5 月被《四川省职业介绍管理条例》替代。

1995 年 6 月 19 日，省劳动厅印发《实施〈四川省最低工资保障规定〉若干问题的意见》，对最低工资保障规定的实施范围、最低工资标准等作了规定。

1996 年 1 月 15 日，省劳动厅印发《四川省企业职工基本养老保险社会统筹与个人账户相结合办法的实施细则》，对基本养老保险社会统筹与个人账户相结合办法的实施范围和步骤、基本养老保险费的筹集、个人账户的建立和管理、享受基本养老金的条件、基本养老金的计发办法、基本养老金的调整作了规定。1998 年 3 月被《四川省贯彻统一的企业职工基本养老保险制度实施办法的实施细则》替代。

1996 年 4 月 10 日，省劳动厅印发《四川省贯彻〈中华人民共和国劳动法〉若干问题的实施意见》，对四川省在贯彻执行《中华人民共和国劳动法》中有关劳动合同、工资、工作时间、劳动安全卫生、社会保险、劳动争议等问题提出了实施意见。

1996 年 12 月 24 日，省劳动厅印发《四川省职业技能培训管理实施办法》，对职业技能培训实行许可证制度、举办职业技能培训应具备的条件和申请许可证的程序、实行培训证书和职业资格证书制度等作了规定。

1997 年 3 月 22 日，省劳动厅印发《四川省劳动厅关于贯彻〈企业职工工伤保险试行办法〉的实施意见》，对建立和完善工伤保险与安全生产相结合的奖惩机制、规范工伤保险范围、工伤保险待遇计发、工伤保险基金的各项费用支出等作了规定。2003 年 12 月被《四川省人民政府关于贯彻〈工伤保险条例〉的实施意见》替代。

1997 年 6 月 13 日，省劳动厅、省总工会印发《四川省企业职工生育保险试行办法》，对生育保险业务工作的经办和管理、生育保险基金的筹集和使用、生育保险基金的支付项目和标准等作了规定。

1998年3月24日，省劳动厅印发《四川省贯彻统一的企业职工基本养老保险制度实施办法的实施细则》，对基本养老保险的实施范围、基本养老保险基金的筹集、个人账户的建立和管理、享受基本养老金的条件、基本养老金计发办法、基本养老金的调整等作了规定。2006年1月被《四川省完善企业职工基本养老保险制度实施办法》替代。

1999年12月14日，省劳动厅印发《四川省社会力量举办职业技能培训机构审批办法》，对社会力量举办培训机构的审批范围、申办资格、申办条件、申办材料、审批程序等作了规定。

2000年2月16日，省劳动厅、省卫生厅等部门印发《四川省城镇职工基本医疗保险定点医疗机构管理暂行办法》《四川省城镇职工基本医疗保险用药范围管理暂行办法》《四川省城镇职工基本医疗保险定点零售药店管理暂行办法》，分别对定点医疗机构应具备的条件及审定原则、申请定点医疗机构应提供的材料、定点医疗机构资格审查、参保人员选择定点医疗机构和就医购药，基本医疗保险《药品目录》评审及增补和删除药品、使用《药品目录》所列药品发生费用的支付，定点零售药店应具备的条件及审定原则、定点零售药店的资格审查和管理作了规定。

2000年5月25日，省劳动和社会保障厅、省卫生厅等部门印发《四川省城镇职工基本医疗保险诊疗项目和医疗服务设施管理暂行办法》，对基本医疗保险不予支付费用的诊疗项目和支付部分费用的诊疗项目、按基本医疗保险规定支付费用的医疗服务设施项目范围和不予支付费用的医疗服务设施项目范围作了规定。

2000年9月5日，省劳动和社会保障厅印发《四川省职业指导办法》，对职业指导人员应具备的条件及其工作职责、职业指导的工作内容、方法和基本程序作了规定。

2001年5月20日，省劳动和社会保障厅印发《四川省企业职工伤亡性质认定暂行办法》，对职工伤亡性质认定的管辖、职工伤亡性质认定的依据、职工伤亡性质认定的申请及受理、职工伤亡性质的认定等作了规定。2003年12月被《四川省人民政府关于贯彻〈工伤保险条例〉的实施意见》替代。

2004年8月23日，省劳动和社会保障厅印发《关于贯彻〈最低工资规定〉的意见》，对劳动和社会保障部《最低工资规定》在四川省行政区域内的适用范围、最低工资标准采用的形式、全省最低工资标准的确定和调整等作了规定。

2005年1月12日，省劳动和社会保障厅印发《四川省企业劳动保障诚信评价试行办法》，对企业劳动保障诚信评价的原则、主要内容、评价办法及监督管理作了规定。

2005年7月26日，省总工会、省劳动和社会保障厅印发《四川省区域性、行业性劳动争议调解试行办法》，对调解劳动争议适用的依据、调解劳动争议的范围、区域性行业性劳动争议调解组织的建立及其基本职责、调解工作规则、当事人与管辖等作了规定。

第二节 法制宣传教育

1985年11月，中共中央、国务院批转中央宣传部、司法部《关于在公民中基本普及法律常识的五年规划》；同年12月，全国人大常委会作出《关于在公民中基本普及法律常识的决定》。由此展开了一场全民普法教育活动。

1986—1990年，四川省劳动系统按照全国和全省的统一部署，组织实施了“一五”普法教育。学习宣传《中华人民共和国宪法》是“一五”普法教育的重点内容，同时学习宣传了《中华人民共和国经济合同法》《中华人民共和国行政诉讼法》《中华人民共和国民法通则》《中华人民共和国全民所有制工业企业法》等法律法规。

1991—1995年，四川省劳动系统组织实施了“二五”普法教育。“二五”普法教育以《中华人民共和国宪法》为核心，以和劳动保障工作关系密切的法律法规为重点，学习宣传了《中华人民共和国未成年人保护法》《中华人民共和国妇女权益保护法》《中华人民共和国公司法》《中华人民共和国行政复议条例》《全民所有制工业企业转换经营机制条例》及四川省贯彻该条例的有关文件。1994年7月，《中华人民共和国劳动法》颁布以后，全省各级劳动部门运用电视、广播、报刊、印发宣传资料等多种形式，开展咨询日、宣传周等活动，进行广泛宣传；还与各级工会共同组织了《中华人民共和国劳动法》知识竞赛，参赛职工达150万人。1995年，继续深入学习宣传《中华人民共和国劳动法》及其配套的劳动法规、规章。

图4-1　1995年1月，四川省劳动厅干部在成都市街头宣传《中华人民共和国劳动法》

1996年，根据省委、省政府和劳动部关于开展法制宣传教育的第三个五年计划的要求，省劳动厅制定了《四川省劳动系统开展法制宣传教育第三个五年计划》，确定遂宁市、江油市、资阳市为全省劳动系统“三五”普法宣传教育的试点地区，举办了“三五”普法骨干培训班，组织各级劳动部门和企业法制宣传工作人员参加培训。同年3月，《中华人民共和国行政处罚法》颁布以后，劳动系统举办了行政执法人员参加的培训班，学习、研讨如何在行政执法中行使好行政处罚权，保护公民、法人和其他组织的合法权益。同年7月，在《中华人民共和国劳动法》颁布两周年之际，各级劳动部门开展了宣传活动，组织了劳动安全、劳动者权利与义务知识竞赛。

1997年，各级劳动部门和工会通过设立宣传咨询点、散发宣传资料等形式，开展全省性的劳动争议处理宣传活动和劳动法律咨询活动，并利用各种新闻媒体进行广泛宣传，以纪念劳动争议处理制度恢复十周年；省劳动厅、省总工会、省经贸委联合组织了100万职工参加“四川省职工劳动争议调解、仲裁知识竞赛”活动。

同年，全省劳动系统和部分企业组织了1.40万人参加劳动部组织的全国劳动系统“三五”普法基本法律知识考核。在《中华人民共和国劳动法》颁布三周年之际，各级劳动部门广泛开展了宣传活动；省劳动厅、省总工会、四川电视台联合举办“四川省《劳动法》知识电视大赛”，组织了上百万职工收看实况转播。

1998—2000年，全省各级劳动部门会同新闻单位广泛深入地开展了实施再就业政策的宣传和对《失业保险条例》和《社会保险费征缴暂行条例》以及医疗保险制度改革等劳动保障法规、规章和规范性文件的宣传。组织全省劳动系统和企业职工80余万人参加了《社会保险费征缴暂行条例》和《失业保险条例》知识竞赛；组织全省机关企业事业单位70余万人开展了“医疗保险知识竞赛”。

“三五”普法期间，全省各级劳动保障部门在抓好劳动系统普法教育的同时，还面向企业管理者、劳资人员和广大劳动者，开展以劳动保障法律法规知识为主要内容的普法宣传。利用新闻媒体和群众喜闻乐见的形式，开办劳动保障法制宣传专栏或专题节目，通过以案说法、系列报道、问题解答等形式进行广泛深入的宣传。在电视台、广播电台主办普法讲座2160次，自办法制宣传窗、板报、墙报6270期；组织上街宣传1780次，现场接待群众咨询310万余人次，印发《中华人民共和国劳动法》等法律法规及政策性宣传资料238万余份。

2001年，省劳动和社会保障厅按照中共四川省委、四川省人民政府以及劳动和社会保障部的要求，制定了《四川省劳动保障系统法制宣传教育第四个五年规划》。同年7月，《四川省失业保险条例》颁布后，全省各级劳动保障部门和失业保险经办机构会同有关部门和新闻单位，采取多种形式，对条例进行学习和宣传。

2002年，《四川省劳动和社会保障监察条例》颁布以后，省劳动和社会保障厅会同省人大财经委下发《关于做好〈四川省劳动和社会保障监察条例〉宣传贯彻工作的通知》，就宣传贯彻条例作了部署。全省各级劳动保障部门从3月中旬到4月中旬，开展了对条例的集中宣传活动。同年，还专门发文对学习贯彻《四川省行政执法监督条例》作出部署，提出了贯彻实施的具体意见。劳动和社会保障部颁布的《社会保险行政争议处理办法》在保障相对人行政复议救济权利的基础上，增加了经办机构先行“复查”的程序，对于经办机构和县级劳动保障部门是一项新内容。针对这一情况，省劳动和社会保障厅举办了两期培训班，各级劳动保障部门也加强了这一方面的学习培训。

2003年4月，国务院颁布《工伤保险条例》。此后至2004年，全省各地开展了《工伤保险条例》宣传咨询活动。省委常委甘道明就《工伤保险条例》的实施接受了记者专访。省劳动和社会保障厅印发一万份工伤保险宣传资料，发放到各市（州）进行宣传。全省劳动保障系统和用人单位共培训各级各类人员8000余人次；四川日报开辟“关注工伤保险”专栏，对《工伤保险条例》进行逐一解读；各市（州）也在报纸、电台、电视台上开辟专栏或制作专题节目，并结合典型案例，进行广泛宣传。省劳动和社会保障厅、省总工会和部分大型企业联合开展了《工伤保险条例》实施一周年现场宣传咨询活动。

2004年，全省劳动保障系统开展以“学习宪法、崇尚宪法、遵守宪法、维护宪法”为主题的学习教育活动，组织参加了“四川省百万公民宪法修正案知识竞赛”。同年，还开展了纪念《劳动法》颁布十周年普法宣传活动。各级劳动保障部门将《中华人民共和国劳动法》和社会保障相关法律法规作为培训农民工的重要内容，深入乡镇、农村、社区对农民工进行培训。采取与县区、街道联办讲座等形式，组织社区居民和下岗失业人员学习适用法律知识，深入企业宣传《中华人民共和国劳动法》和社会保障相关法律法规。组织全省劳动保障系统职工、企事业单位和个人参加了“纪念《劳动法》颁布十周年劳动保障知识竞赛”。

同年，全省各级劳动保障部门派人参加省政府法制办和当地政府法制办组织的《中华人民共和国行政许可法》培训，并组织本单位职工学习；按照公务员培训计划分批参加了人事部门组织的培训和考核。各级劳动保障部门在组织本部门学习的同时，深入街道社区、工矿企业宣讲《中华人民共和国行政许可法》，发放有关劳动保障行政许可方面的宣传资料，接受劳动保障行政执法活动中的投诉。

同年，省劳动和社会保障厅将国务院《全面推行依法行政实施纲要》和国务院法制办《关于加强依法行政宣传工作的通知》转发各地，要求各级劳动保障部门认真学习和贯彻，并向全社会进行宣传。

2005年，省劳动和社会保障厅下发《关于做好2005年劳动和社会保障法制宣传教育工作的通知》，各级劳动保障部门以《劳动保障监察条例》等法律法规和政策为重点，开展就业和再就业、劳动关系、社会保险、维护劳动者合法权益等方面的普法宣传工作。在全省劳动保障系统干部职工中继续深入学习国务院《全面推行依法行政实施纲要》，对科级以上行政干部进行培训，同时，还向广大群众宣传纲要的内容和意义。

2003—2005年，全省各级劳动保障部门还开展了维护农民工合法权益普法宣传活动。主要是：举办现场政策咨询活动，邀请工会、法院派人参与，在街头设立农民工劳动保障权益普法宣传点，宣传劳动保障法律法规和规章。组织编印《农民工维权手册》《进城务工者权益“三字歌”》等宣传资料免费向农民工发放。深入到农民工集中的单位进行普法宣传，现场解答农民工咨询的问题；举办劳动保障法制讲座，向企业负责人、工会工作人员、劳资人员讲授维护农民工合法权益的法律知识。利用报纸、电视、电台、网络等新闻媒体，围绕维护农民工合法权益的问题，进行系列宣传报道。

第三节　行政执法监督①

一、行政执法责任制

四川省劳动保障行政部门从1997年开始推行行政执法责任制。同年10月，省劳动厅制定《关于全省劳动系统贯彻省人民政府〈关于全面推行依法行政的决定〉若干问题的意见》，要求各级劳动部门认真贯彻执行省政府关于全面推行依法行政的决定，转变在计划经济体制下形成的陈旧观念和工作方式，树立依法行政的意识，把依法行政作为实施管理的基本原则；强调要规范劳动系统行政执法行为，建立健全部门执法责任制，严格行政执法程序和执法依据，统一劳动行政监察文书，建立健全行政执法监督检查制度。制定《四川省劳动厅部门执法责任制（试行）》，明确四川省劳动厅行政执法的目标和任务、行政执法责任、行政执法主体和厅内执法机构、行政执法内容、行政执法程序，统一劳动行政监察文书，建立健全劳动违法行为举报受理制度、行政执法监督检查制度、行政执法奖惩制度以及法规、规章草案的报送和规范性文件清理制度。还制定《四川省劳动厅行政执法责任制考核实施办法》，建立了相应的考核评比制度。各市（地、州）/县（市、区）劳动部门也都普遍建立了行政执法责任制，明确了领导和机构、执法任务和职责，建立了相关制度，并将执法责任层层分解落实到领导、执法机构和执法人员，纳入目标管理。

2001年1月，省劳动和社会保障厅根据机构改革后厅内设机构的变化和职能调整，对原来的行政执法责任制进行修订，制定《四川省劳动和社会保障厅行政执法责任制实施办法》。这次修订，以规范行政行为包括具体行政行为和抽象行政行为为目的，进一步明确了行政执法责任，将行政执法责任落实到处室和岗位。重点放在保证依法履行行政职责，防止不作为行为发生；保证依法作为，

注：①行政执法监督，是在1997年中共十五大提出“依法治国、建设社会主义法治国家”，四川省人民政府作出《关于全面推行依法行政的决定》以后，作为依法行政的重要环节开始推行的。

防止违法或不当行政行为发生；严格抽象行政行为程序，防止违法或不当规范性文件产生等几个方面。建立了错案责任追究制度和考核、奖惩制度，特别是对“行政执法过错责任追究”作了专章规定，明确了行政不作为及作出违法、不当具体行政行为个人应当承担的责任。

同年10月，省劳动和社会保障厅制定《四川省劳动和社会保障厅行政执法责任制考核实施办法》，分别确定了对厅内设行政执法单位、行政执法监督单位和有行政执法职能的厅属单位的考核内容和分值、考核方式和要求。11月，又制定《四川省劳动保障行政执法责任制工作考核办法》，明确了对各市（州）劳动保障部门的考核内容和分值、考核方式和奖惩。

2003年6月，省劳动和社会保障厅对《四川省劳动保障行政执法责任制工作考核办法》作了部分修改，增加了“建立并完善行政执法责任制考核制度，引入社会评议，实行评议考核制”等规定，加强了对依法履行职责的考核；同月还印发《关于建立劳动保障行政执法评议制度的通知》，在各级劳动保障部门建立行政执法评议制度，并纳入行政执法责任制考核内容。

同年9月，省劳动和社会保障厅制定《四川省劳动和社会保障厅行风（行政执法）评议实施办法》，将各级劳动保障行政部门中具有行政执法职能的机构，以及社会保险经办机构，都纳入行政执法评议的范围，并使评议活动有了明确的操作程序。并通过印发《行政执法评议情况通报》，对各地推进行政执法责任制工作进行指导。评议活动一般按年度进行，采取问卷调查、召开座谈会、公布评议电话、聘请监督员等方式，向行政相对人、下一级劳动保障部门、同级有工作联系的部门，以及有关上级机关广泛征求意见，进行行政执法评议。

2005年10月，省劳动和社会保障厅按照《四川省落实行政执法责任制全面推进依法行政考核办法》的要求，制定《四川省劳动保障部门落实行政执法责任制全面推进依法行政考核办法》和《四川省劳动和社会保障厅落实行政执法责任制全面推进依法行政考核实施办法》，进一步明确了对各市（州）劳动保障部门和厅内设行政执法机构、行政执法监督机构及有行政执法权的厅属单位的考核范围和原则、考核内容和标准、考核方式和奖惩，特别是明确了作出违法或不当抽象行政行为及具体行政行为的机构所应当承担的责任。

二、行政程序和制度建设

1999年3月，省劳动厅制定《四川省劳动保障行政执法有关程序和制度（试行）》，包括：行政处罚简易程序、行政处罚一般程序、行政处罚听证程序等3个程序，规范性文件制定和备案制度、错案责任追究制度、行政执法投诉和举报制度、行政处罚集体讨论决定和重大案件备案制度、行政执法人员管理制度、行政复议和应诉制度、法制工作统计制度等7项制度；并按劳动保障监察执法工作各个阶段的需要，拟制了28种劳动保障监察文书（式样）。

2001年3月，省劳动和社会保障厅制定《四川省劳动和社会保障厅关于进一步推进全省劳动保障依法行政工作的意见》，强调要严格行政执法程序，重点规范行政审批执法行为，包括职工伤残性质认定、退休审批、资质认可及颁发许可证等具体行政行为。对每一审批事项，都要制定相应程序。程序中包括依据、操作环节、办理时限、告知相对人权利等，并将有关程序公布上墙，以方便相对人，接受群众监督。办理各类行政审批事项，都应以机关名义作出书面答复。书面答复中应告知具体行政行为内容和复议权、诉权及其期限。对于行政处罚，还要告知陈述、申辩权及听证权。

2002年9月，省劳动和社会保障厅对原28种劳动保障监察文书（式样）进行了修订和补充，拟制了34种劳动保障监察文书（试行）式样，印发到各市（州）劳动保障部门。

2004年10月，省劳动和社会保障厅在《关于贯彻实施〈全面推行依法行政实施纲要〉进一步推进全省劳动保障依法行政工作的意见》中，提出建立和完善信息公开制度、回避制度、听证制度、说明理由制度、时效制度和权利救济制度等6项行政程序基本制度。

三、抽象行政行为[①]监督

1999年12月，省劳动厅制定《四川省劳动保障行政部门规范性文件制定和备案暂行规定》；2003年5月，省劳动和社会保障厅对该暂行规定进行修订，制定了《四川省劳动保障行政部门规范性文件制定和备案规定》；2005年10月，又制定了《四川省劳动和社会保障厅行政规范性文件制定和备案实施细则》。上述规定和实施细则，从制定规范性文件的原则、程序和具体要求上，对省劳动和社会保障厅及全省劳动保障系统的抽象行政行为进行了规范。劳动保障部门制定规范性文件必须严格遵循论证起草、作出说明、法制机构审查、部门办公会议审议通过、主要负责人签署、在本行政区域内公开发布和备案这几个必经程序，每个环节都作出了明确的操作性的规定。上级劳动保障部门还要做好下级劳动保障部门报送备案的规范性文件的审查工作，做到“有件必备、有备必审、有错必纠”。公民、法人或者其他组织对规范性文件提出异议的，制定机关或实施机关及时研究处理，该改正、修订、补充或移送转达的，及时改正、修订、补充或移送转达；对于不予采纳的异议，也给予明确的答复和说明。

在制定规范性文件过程中，各级劳动保障部门法制机构发挥了审查把关作用。他们一方面把好本部门起草规范性文件的审查关，按规定报送本级政府和上一级劳动保障部门备案；另一方面又负责下一级劳动保障部门报送备案的规范性文件的审查工作。对规范性文件审查的重点是：制定依据是否合法、充分；其内容是否与有关法律、法规、规章及上级行政机关规范性文件相抵触，有无越权设定行政许可、行政收费、行政处罚和行政强制措施等事项；制定的程序是否合法。审查草案时发现有上述情形的，予以修改；备案审查时发现有上述情形的，视情况通知改正、责令自行废止或予以撤销。

上级劳动保障部门还通过年度抽查等方式，依法对下级劳动保障部门制定的行政规范性文件进行监督。

四、具体行政行为监督

对具体行政行为的监督，主要看执法机构是否具备行政执法主体资格，执法行为是否遵守行政执法程序，适用法律、法规、规章及规范性文件是否正确，有无不依法履行职责（不作为）情况，实施行政处罚所认定的事实是否清楚、证据是否充分，以及执法主体是否履行其他法定职责。

四川省劳动保障部门在1997—2005年制定的11项行政执法责任制实施办法、考核办法以及行政执法程序和制度，都强调对具体行政行为的规范；在对下级劳动保障部门具体行政行为的监督工作中，特别注意对行政处罚行为、行政审批行为、行政确认行为等利益密集性行为的监督，做好重大行政处罚案件的备案监督和行政处罚案卷评查。根据行政诉讼和行政复议中暴露的问题，加强对涉及职业介绍许可、伤残性质认定、职工退休审批及待遇计发、社会力量办学许可等审批事项的规范工作。

注：① 抽象行政行为，是指行政执法主体以不特定的人或事为对象所实施的行政行为，主要指制定规范性文件。

上级劳动保障部门还通过办理行政复议案件和受理行政执法投诉举报案件这两种重要监督方式，监督下级劳动保障部门的具体行政行为。每年还开展行政执法监督检查活动，检查下级劳动保障部门行政执法责任相关制度的完善和落实情况，各类执法文书的规范情况及具体案卷情况，特别是检查具体行政行为的操作程序是否符合依法行政的要求，及时发现和纠正下级劳动保障部门在执法中存在的问题，促进下级劳动保障部门规范具体行政行为，提高依法行政水平。

图4－2　2002年夏，四川省劳动和社会保障厅召开全省劳动保障依法行政工作座谈会，图为厅长泽巴足（中）在会上发言

2004年7月1日《中华人民共和国行政许可法》实施以后，全省各级劳动保障部门加强了对行政许可的监督，主要是：接受上级劳动保障部门、人大、政协、司法机关、新闻媒体以及被许可对象的监督，形成多元化的外部监督体系；加强对行政审批人员的监督，行政审批人员办理行政审批时，严格依照法定程序，在规定的时限内对当事人的申请作出批准或不予批准的决定；建立行政审批责任追究制，由于只审批不监督或者监督不力而造成严重后果的，要追究行政审批主管领导和直接负责人员的行政责任和法律责任；规范行政审批收费，除法律、行政法规有明确规定的外，不收取任何费用，依法收取的费用全额上缴国库或财政专户。

省劳动和社会保障厅还结合行政审批项目、行政许可项目的清理和行政审批制度改革，将凡是可能引起行政复议、行政诉讼的事项共计60余项，全部建立了操作程序，明确了执法依据、当事人应具备的条件和应提供的资料、办理程序和时限、承办责任以及责任人、承办人等。各市（州）和县（市、区）劳动保障部门也对本级部门的具体行政行为和社会保险经办行为建立了操作程序并予以公布。

第四节　政务公开

一、制度建设

1998年，省劳动厅根据全面推进依法行政的要求，首先对行政相对人权益影响较大的行政处罚、行政许可、行政审批、行政复议等具体行政行为建立操作程序，明确了执法依据、当事人应具备的条件和应提供的资料、办理程序和时限、承办责任以及责任人、承办人、监督电话等，并在办公场所公示，方便当事人办事，接受当事人监督。

1999年，省劳动厅在《四川省劳动保障行政部门规范性文件制定和备案暂行规定》中规定，规范性文件必须面向社会公开发布。

2000年，省劳动和社会保障厅结合行政审批制度改革和行政审批项目的清理，将所有的行政审批事项以及行政复议、劳动保障监察案件受理和社会保险经办等行为，制定了28项工作规范，明确了服务对象或范围、审批或办理依据、当事人应具备的条件或应提供的资料、办理程序和时限、答复方式、承办机构、承办人和承办责任，以及追究责任办法等，并按政务公示制度的要求，将这些规范在办公场所公布上墙。

2001 年 4 月，省劳动和社会保障厅印发《关于在全省劳动保障系统推行政务公示制度的通知》，要求全省各级劳动保障部门和社会保险经办机构对行政审批事项、行政复议、信访、劳动争议处理、劳动保障监察以及核发社会保险待遇等涉及相对人权利义务的管理服务事项都向社会公示，并依据有关法律、法规、规章或规范性文件制定成程序性的工作规范，明确办理时限及行政行为内容、复议权、诉权和期限的告知形式，并按统一式样在办公场所公示。同年 11 月，省劳动和社会保障厅将有关行政审批事项和窗口服务事项的 28 项工作规范汇编成册，印发各地，要求全省各级劳动保障部门和社会保险经办机构参照执行，对各种具体行政行为和社会保险经办行为建立操作程序，全面推行政务公开制度。各级劳动保障部门和社会保险经办机构均按要求推行了政务公开。

2002 年 5 月，省劳动和社会保障厅制定《四川省劳动和社会保障厅关于贯彻劳动和社会保障部在全国劳动保障系统推行政务公开的实施意见》，明确了政务公开的指导思想、原则、范围和内容，政务公开的形式（渠道）、监督保障措施、组织领导和基本要求。

2003 年，省劳动和社会保障厅制定《四川省劳动和社会保障厅关于政务公开的规定》，对政务公开的范围和内容进行了拓展：由以前的列举性规定改为概括性规定，包括决策过程公开、政策规定公开、行政程序公开、行政结果公开、案卷资料公开、相关机构和电话公开等六个方面。不仅具体行政行为和经办服务行为的有关事项要公开，而且在重大决策或重要的规范性文件制定过程中，以及代立法机关起草地方法规、政府规章草案过程中，都要召开决策听证会，听取行政相对人和社会有关方面包括专家学者的意见。不仅新规定要公开，而且凡是还在执行的原有法规、规章和政策规定也要逐步在网上公开。行政主体作出的具体行政行为即行政结果，都要以规范的文书及时送达申请人和第三人，同时履行法定的告知义务。涉及当事人权利义务的有关文件以及案卷资料，允许并方便当事人查阅，确保其知情权。劳动监察、信访仲裁、社会保险经办、行政执法监督等与企业和职工权益密切相关的机构及其电话都要公开。

同年 5 月，省劳动和社会保障厅在《四川省劳动保障行政部门规范性文件制定和备案规定》中明确规定，规范性文件审议通过后，自签署之日起 30 日内，应以适当方式在本行政区域内公开发布。6 月，省劳动和社会保障厅在《关于印发〈四川省劳动保障行政执法责任制工作考核办法〉的通知》中，将“建立和实施行政执法公开制度”的要求具体化，即“建立和实施具体行政行为行政程序、行政结果、有关档案资料公开制度。行政审批、行政确认、行政复议、劳动保障监察投诉受理、社会保险经办等行政程序应以一定的形式面向社会公开；行政主体所作出的各种具体行政行为，应以规范的法律文书形式，及时告知行政相对人；除涉及国家秘密和个人私密的资料外，凡是体现具体行政行为程序的卷宗资料，应允许并方便行政相对人查阅。”

2005 年，省劳动和社会保障厅对规范性文件制定和备案规定进行了修订，规定规范性文件应自签署之日起 30 日内，在四川劳动保障网和《四川劳动保障》杂志上公开发布，未向社会公开发布的，不能作为具体行政行为的依据。在起草和审查规范性文件过程中，认为该草案关系行政管理相对人切身利益、影响重大的，可以采取听证会或者向社会公布规范性文件草案的方式向社会广泛征求意见。

二、途径和形式

（一）窗口单位政务公开

从1998年开始，在全省劳动信访、职业介绍、劳动争议仲裁、劳动监察、社会保险经办等窗口，开展了创建“三优”文明窗口活动，将政务公开作为创建活动的重要内容，明确要求各窗口单位必须实行挂牌服务，必须将服务承诺、办事程序、监督电话等在窗口公示。2002年，四川省劳动和社会保障厅将窗口单位拓展到职业技能鉴定、医疗保险经办、劳动保障信息网站、劳动保障法律咨询等机构，并为各窗口单位制定了政务公开工作标准。2005年，全省劳动保障系统又在省/市（州）/县（市、区）三级具有行政审批职能的部门和窗口单位以及乡镇（街道）、社区劳动保障服务站（所），开展以严格依法行政、优质高效服务、办事公开透明、工作作风优良、监督机制完善为重点的创建优质服务窗口活动，采取将政务公开的内容“上墙、上屏、上网”和服务下移社区等多种形式，增强政务公开的透明度，拓宽政务公开的“辐射面”。

（二）传统手段政务公开

在全省劳动保障系统，各单位都设有公开栏、举报箱、举报电话，都实行挂牌上岗、挂牌收费、挂牌办公，做到工作机构分布示意图上墙、办事程序上墙、办事依据上墙、办事时限上墙。2000年，省劳动和社会保障厅行政审批事项纳入省政务中心统一受理后，将相关的操作程序印制成《办事指南》，放置于柜台上供申请人查阅。利用报纸、电视等新闻媒体发布重大劳动保障政策，定期在《四川劳动保障》杂志上发布规范性文件，不定期召开重大政策新闻通气会和发布会公开政务信息。开展各种宣传活动宣传劳动保障政策法规。2003年11月，省劳动和社会保障厅举行决策听证会，邀请省人大、省政府法制办、省总工会、省政府外商投诉中心、成都市青羊区法院、四川大学公共管理学院以及企业的代表，就《关于规范基本养老保险费补缴的意见（送审稿）》进行公开听证。2004年10月，省劳动和社会保障厅举行企业劳动保障诚信评价办法听证会，省总工会以及企业行政、工会、职工的代表就《四川省企业劳动保障诚信评价试行办法》发表了意见。同年，省劳动和社会保障厅就省级机关事业单位基本医疗保险报销结算实行“双控”① 制度召开了新闻发布会。2005年，通过各种新闻媒体发布了基本医疗保险药品目录调整、解决“零就业”家庭就业困难、机关事业单位分流人员医疗保险关系接续、养老保险基金支付一次性抚恤金等政策法规。

（三）现代手段政务公开

省劳动和社会保障厅于2001年建立了电子触摸屏查询系统，公开政务信息。2002年开通了“四川劳动保障网”，通过互联网向社会公开劳动保障方面的政策和信息。2004年，对进入省政务中心窗口的劳动保障行政许可和行政审批项目，将其法定依据、申报材料、申请条件、审批时限、办理程序，以及需要提交资料的目录和申请示范文本（包括电子版），全部在四川省政务中心网站、四川省劳动和社会保障厅网站及电子触摸屏上公开。在厅机关内部，通过办公自动化系统公布领导活动、干部任免、工作制度、工作计划等内容。多数市（州）开通了“12333”劳动保障政策咨询服务热线，并将该热线号码在本地报纸、电台、电视等媒体进行公布。

注：①“双控”，即总额控制和住院人次指标控制。

第五节　行政复议与应诉

一、行政复议

行政复议是在1990年12月国务院发布《行政复议条例》以后，逐步开展起来的。1991年8月，省劳动厅根据《行政复议条例》的规定，成立了行政复议办公室（挂靠厅信访仲裁处），配备了专职人员1人、兼职人员9人和办公室主任、副主任（均为兼职），明确了办公室职责和任务，开始拟制行政复议规章制度，并组织复议人员和有关处室学习《行政复议条例》和四川省法制局编印的《行政复议应诉指南》《行政复议宣传提纲》。专职复议人员还参加了劳动部举办的培训班。1996年省级机关机构改革，省劳动厅设立了法制机构，行政复议是其职责之一。

1991—1999年，行政复议案件还比较少。1999年《中华人民共和国行政复议法》和《劳动和社会保障行政复议办法》相继公布实施，从2000年开始，行政复议案件逐年增多且大幅上升，其中社会保险类案件所占比重较大；而在社会保险类案件中，多数又系工伤确认案件，其原因是在工伤确认案件中，用人单位和职工双方对伤亡性质的认定容易产生分歧，不服的一方往往申请行政复议。详情见表4—1。

2000—2005年四川省劳动保障部门行政复议案件情况

表4—1　　单位：件

年　份	接到行政复议申请	依法受理	行政复议申请中社会保险类	其中工伤确认	其　他
2000	25	16	21	14	4
2001	86	74	74	55	12
2002	95	78	88	64	7
2003	128	108	119	94	9
2004	237	222	215	170	22
2005	289	259	251	239	38

说明：此表数据摘自2000—2005年全省劳动保障部门行政复议应诉案件情况通报

二、行政应诉

1989年4月，《中华人民共和国行政诉讼法》颁布实施，行政诉讼制度逐步规范。但在1998年以前，劳动保障部门基本上没有办理行政应诉案件。1999年，全省各级劳动保障部门办理行政应诉案件7件。从2000年开始，行政应诉案件呈逐年增多和大幅上升的趋势。行政应诉案件上升的情况及其原因与行政复议案件相似。详情见表4—2。

2000—2005年四川省劳动保障部门行政应诉案件情况

表4—2 单位：件

年 份	办理行政应诉案件	社会保险类	其中工伤确认	其 他
2000	18	11	—	7
2001	39	—	—	—
2002	56	54	44	2
2003	83	77	64	6
2004	161	145	121	16
2005	240	—	—	—

说明：此表数据摘自2000—2005年全省劳动保障部门行政复议应诉案件情况通报，2001年、2005年缺案件分类数据

第二章　劳动保障监察

20 世纪 80 年代末期，市场经济发展较快的沿海地区，率先开展了对企业遵守劳动用工、工资支付等方面法律法规情况的劳动监察。四川与其他地区一样，也开始探索如何按照建立社会主义市场经济体制的总目标建立劳动管理新体制。20 世纪 90 年代初期，省内部分地区逐步开始开展劳动监察。1993 年 8 月，劳动部颁发《劳动监察规定》，以此为标志，国家劳动监察制度建立。1994 年，全国人大常委会颁布的《中华人民共和国劳动法》，进一步明确了劳动监察的职责。2000 年以后，“劳动监察”改称“劳动保障监察”。

第一节　机构制度建设

一、制度建设

1994 年，省劳动厅下发《关于报送劳动监察案件统计表的通知》，在全省建立起劳动保障监察年报和半年报统计报表制度。6 月，省劳动厅、省总工会印发《关于加强劳动保障监察与工会劳动法律监督工作相互配合的意见》，建立起联合监督检查制度。规定县级以上各级劳动保障行政部门的劳动保障监察机构与同级工会组织的劳动法律监督组织可以联合对用人单位执行劳动保障法律、法规的情况进行定期、不定期检查，也可以联合就特定内容进行专项检查、重点检查，发现用人单位有严重违反劳动保障法律、法规的事实或行为，由劳动保障行政部门依法立案查处。工会组织应督促用人单位认真整改。企业工会劳动法律监督组织发现重大问题，应及时报告上级工会组织和当地劳动保障监察机构。各级劳动保障监察机构和工会劳动法律监督组织应互相交流有关信息，重大事件和重要信息应及时通报。

同年 11 月，省劳动厅转发劳动部《劳动监察员管理办法》明确：县级以上各级人民政府劳动行政部门根据工作需要配备专职劳动监察员和兼职劳动监察员。专、兼职劳动监察员都应熟悉劳动业务，熟练掌握和运用劳动法律、法规知识；坚持原则，作风正派，勤政廉洁；在劳动行政部门从事劳动行政业务三年以上，并经国务院劳动行政部门或省级劳动行政部门劳动监察专业培训合格。各地劳动保障行政部门要高度重视劳动监察员的规范化管理，不得扩大范围和降低任职条件，严禁在劳动行政部门以外聘任劳动监察员。

1995 年 6 月，省劳动厅下发《关于建立劳动监察工作情况报告制度的通知》，建立起劳动监察工作定期报告制度。要求各地每季度后 10 日内向省劳动厅书面汇报本地区劳动监察工作的基本情况。内容包括法规制度建设、劳动监察组织建设及劳动监察执法情况等。

同年10月，省政府出台《四川省劳动监察规定》。对本省劳动监察工作的职责、管辖、监察范围及方式、监察程序、监察对象和劳动监察员的法律责任等进行了规范。规定：县级以上各级政府劳动行政部门主管本行政区域内的劳动监察工作。县级以上各级政府有关部门和各级工会，在各自的职责范围内，对用人单位遵守劳动法律、法规、规章的情况进行监督，并协助劳动行政部门查处劳动违法案件。省/市（地、州）/县（市、区）劳动行政部门根据《中华人民共和国劳动法》和国务院有关规定设置劳动监察机构，具体实施劳动监察行为。劳动监察的职责是：宣传劳动法律、法规、规章、政策，督促监察对象贯彻执行；对监察对象遵守劳动法律、法规、规章情况进行监督检查，制止并查处劳动违法行为等。劳动监察可采取日常检查、定期抽查、专项普查、案件调查等方式。劳动行政部门对监察对象执行政策性劳动安置；招用职工包括招用国（境）外人员；遵守国家关于劳动合同制度、工作时间和休息休假、工资总额宏观调控、工资收入管理、支付职工工资、参加社会保险、职工福利、劳动安全卫生、职业介绍、职业技能鉴定管理、女职工和未成年工特殊劳动权益保障、残疾人特殊劳动权益保障规定以及劳动法律、法规、规章规定的其他情况实施监督检查。劳动行政部门及劳动监察员依法进行劳动监察时，监察对象及有关单位和个人应当给予协助，不得阻挠、拒绝。并对监察对象隐瞒事实真相，出具伪证，隐匿、毁灭证据，拒绝提供有关资料或说明有关情况，无理阻挠劳动监察等违法行为，作出了处罚规定。

1996年9月，省劳动厅制定下发《关于实施劳动用工年检制度的通知》，建立起劳动用工年检制度。规定：年检的对象是四川省行政区域内属《中华人民共和国劳动法》调整范围的全部用人单位，包括国有企业、集体企业、外资企业、股份制企业、企业化管理的事业组织以及生产经营正常、规模较大的乡镇企业和私营企业。劳动用工年检由各级劳动行政部门的劳动监察机构负责组织实施，年检时间为每年的1—4月份。年检实行“劳动用工年检手册”和“劳动用工年检合格证”。对连续三年年检合格的，授予“劳动管理信得过单位”称号，如果没有群众举报，劳动监察机构一般不再对其进行巡视检查。（该制度到2005年以后仍在继续执行。）

同年10月，省劳动厅决定将生产经营场地在成都市武侯区、成华区、锦江区、金牛区、青羊区以外的省级劳动行政部门管辖的监察对象，指定给所在市（地、州）劳动行政部门管辖，以便及时、高效地处理各类劳动违法案件。同时规定：市（地、州）劳动行政部门不得将省劳动厅指定的管辖对象再指定给下级劳动行政部门管辖。

1997年，四川在实行劳动工作综合目标管理的同时，全面推行了劳动监察目标责任制。将城镇企业劳动用工年检率、主动监察用人单位户数、结案率、专职劳动监察员参培率等作为主要工作指标，以机构建设、制度建设、情况反馈等为辅助指标。各级劳动部门层层分解下达抓落实，省劳动厅每季度进行一次检查。劳动监察目标责任制的推行促进了全省劳动监察工作的开展。

从1998年1月起，全省对新开办用人单位实行劳动规章制度备案制度，以规范新开办用人单位的劳动管理行为，预防其规章制度内容违法。同时，进一步强化了劳动保障监察工作目标管理，省劳动厅以劳动部当年下达的劳动保障监察工作目标管理计划为基础，制定了全省劳动保障监察工作目标计划并下达给各地，印发了《劳动监察目标管理考核办法》（以下简称《办法》），并依照《办法》对1997年各地劳动保障监察工作进行了考核，兑现了奖励。

1999年3月，省劳动厅印发《劳动保障监察文书（式样）》，供各地参考使用。在这个阶段，不少市（地）劳动部门结合本地实际，通过当地政府或行署出台了贯彻《四川省劳动监察规定》的实施意见或实施办法。有的地区还制定了监察员管理办法、监察程序制度等。

2000 年 12 月，省劳动和社会保障厅下发《关于加强劳动保障监察工作的意见》，要求各级劳动保障部门加强劳动保障监察工作，加强机构队伍建设，在省劳动保障行政机关设立劳动监察处和建立劳动保障监察总队，在市（州）劳动保障行政机关设立劳动保障监察科（处）和建立劳动保障监察支队，在县（市、区）设立劳动保障监察大队，加大监察执法力度。

随着政府职能的转变，建立和完善劳动保障制度，维护正常的劳动保障管理秩序，需要越来越多地运用监察执法手段，需要进一步提升劳动保障监察的权威性。2002 年 1 月，四川省第九届人大常委会第二十七次会议通过《四川省劳动和社会保障监察条例》（以下简称《条例》），从 2002 年 3 月 1 日起施行。与 1995 年的《规定》相比，《条例》将国家机关、事业组织、社会团体等应参加社会保险的单位纳入了劳动保障监察范围。根据《中华人民共和国行政处罚法》，《条例》对劳动保障行政部门查处违法行为的具体程序，包括立案、调查取证、听证、法律文书、行政复议等，作了相应规范。还规定，劳动保障行政部门在其职权范围内作出责令停业、吊销许可证、处以较大数额罚款等行政处罚决定后，应在 10 日内报送上一级劳动保障行政部门和同级人民政府备案，以加强行政机关内部的层级监督。根据实际需要，《条例》在《规定》的基础上，增加了禁止违反规定招用未满 16 周岁的未成年人；禁止招工中收取报名费、风险金、保证金或变相收取其他名目费用；禁止安排女职工、未成年工从事禁忌劳动；禁止不签订劳动合同；禁止克扣、无故拖欠职工工资等内容。在处罚方面，本着法律法规规定已明确的不再列入的原则，《条例》着重对“隐瞒违反劳动和社会保障法律、法规、规章事实真相或出具伪证”“隐匿、毁灭有关证据”“拒绝提供有关资料或说明有关情况”“无理阻挠劳动保障监察员依法行使劳动和社会保障监察权”“拒绝接受劳动和社会保障年度检查”和“未签订劳动合同”这几种情况作出了处罚规定。《条例》的颁布实施，是四川省劳动保障法制建设和劳动保障监察制度建设的一件大事，标志着四川的劳动保障监察工作进入一个新的发展时期。为了贯彻好《条例》，省人大财经委、省劳动和社会保障厅联合下发了《关于做好〈四川省劳动和社会保障监察条例〉宣传贯彻工作的通知》，要求各级人大财经委支持劳动保障行政部门依法履行职责，为《条例》在本行政区域顺利实施创造良好条件；要求各级劳动保障行政部门认真贯彻执行条例，加强劳动保障监察执法；要求各用人单位、就业中介服务机构和广大劳动者、求职者认真学习《条例》，做到懂法、守法、用法，依法维护自己的合法权益。各级劳动保障行政部门组织开展了声势浩大的宣传《条例》的活动。

2002 年 3 月，省劳动和社会保障厅下发《关于贯彻实施〈四川省劳动和社会保障监察条例〉的通知》，要求各地认真做好《条例》实施的准备工作。一是规范劳动保障监察委托手续。劳动保障行政部门委托同级人民政府批准设立的劳动保障监察机构行使劳动保障监察权，必须以书面方式进行。二是规范监察执法文书。三是做好案件处理的衔接工作。同时要求各级劳动保障行政部门加强与公安、财政、工商、物价等部门以及工会、妇联、残联等组织的联系，争取支持与配合。要求社会保险经办机构加强与劳动保障监察机构的工作配合，以促进社会保险费的征缴。省劳动和社会保障厅还下发了关于劳动保障监察对象指定管辖的决定，将生产（工作）经营场地在成都市武侯区、成华区、锦江区、金牛区、青羊区、高新区以外的省劳动和社会保障厅管辖的监察对象指定给监察对象所在地的市（州）劳动保障行政部门管辖，以方便处理群众投诉和举报，快捷办案。

《条例》颁布实施一周年后，针对各地工作开展还不平衡，有的监察执法机构还不健全，有的基础工作还很薄弱，监察执法力量与工作任务还不适应，劳动保障监察制度的落实还很不到位等问题，2003 年 2 月，省人大财经委再次发出《进一步做好〈四川省劳动和社会保障监察条例〉宣传贯彻工作的通知》，为规范和推动全省劳动保障监察执法提供了强大的支持。11 月，省劳动和社会保障厅下发《关于建立劳动保障监察机构与社会保险经办机构互通工作情况制度的通知》。

2004 年 11 月，国务院颁布《劳动保障监察条例》。

2005 年 1 月，省劳动和社会保障厅印发《四川省企业劳动保障诚信评价试行办法》，规定：对四川境内的各类企业实行劳动保障诚信评价。评价内容包括用人单位遵守各项劳动保障法律法规的情况。主要评“劳动保障诚信单位”和“严重违反劳动保障法律法规的单位”。评价工作原则上一年开展一次。劳动保障行政部门对不同诚信度的企业，实行分类管理。对被评为“劳动保障诚信单位”的，次年可免日常检查；连续三年被评为“劳动保障诚信单位”的，由劳动保障行政部门授予“劳动保障诚信单位”牌匾，劳动保障监察机构可免予日常检查、专项检查、年度书面审查，社会保险经办机构可免予社会保险实地稽核。对被评为“严重违反劳动保障法律法规的单位”的，劳动保障监察机构对其劳动关系状况、社会保险费缴纳、工资支付等方面情况进行重点监控，每年巡视检查不少于两次。对其他企业，劳动保障行政部门按日常监察的有关规定进行监督管理。被评为“劳动保障诚信单位”“严重违反劳动保障法律法规的单位”的企业，由劳动保障行政部门在同级劳动力市场综合服务场所或新闻媒体、劳动保障信息网、地方政府建立的企业信用信息平台上公布（登载）。

2005 年 5 月，省政府下发《关于贯彻落实国务院〈劳动保障监察条例〉的通知》，要求各级人民政府要结合实际认真部署，抓好贯彻落实。要特别注重对进城务工人员、下岗失业人员和未成年工劳动保障权益的监察保护工作。要抓紧对国务院条例颁布前有关劳动保障监察的地方规章和规范性文件进行清理，与条例不一致的要进行修改。建立和健全劳动保障监察目标管理制度、办案程序制度、突发事件应急制度、重大违法行为的举报奖励制度等；抓紧研究制定监察执法自由裁量权的指导性意见。县级和设区的市级人民政府要根据劳动保障监察任务，采取劳动保障行政部门或建立劳动保障监察机构或委托符合监察执法条件的组织等形式依法开展劳动保障监察工作。四川是全国最早下发贯彻国务院条例文件的省。依据通知精神，各地抓紧开展了贯彻落实国务院《劳动保障监察条例》的工作。

二、机构队伍建设

1993 年刚开展劳动监察工作时，省劳动厅计划调配处负责全省的具体业务工作。市（地、州）一级，成都市是最早开展劳动监察工作的，于 1990 年建立起成都市劳动监察大队。之后，自贡市于 1993 年，乐山市、凉山州于 1994 年，德阳市、广元市、攀枝花市于 1996 年先后建立起市（州）劳动监察大队。县一级，则多数采取了挂“劳动监察中队”牌子的形式。1996 年，根据中共中央编制委员会办公室、劳动部关于建立劳动监察机构、配备劳动监察人员的文件，省劳动厅立即向省政府和编制部门汇报情况，争取支持。是年，省劳动厅成立了劳动关系与监察处；全省任命了 553 名专职监察员（实际上多数为兼职），1009 名兼职监察员。同时，省劳动厅还积极组织监察员参加部、省级培训，截至 1997 年年底，全省专职劳动监察员参加部省级培训比例达 90%。

1997—1998 年，在全省劳动保障系统开展的创建“三优”文明窗口活动中，各级劳动监察机构加强自身建设，制定了工作职责、纪律、程序等一系列制度。市/县劳动监察机构经本级劳动部门考评，有158个被评为“三优”文明窗口，其中6个被评为劳动系统省级文明单位。到1999年，实际的专职监察员在市一级不到80人，县一级不到150人。

2000年省级机构改革，省劳动和社会保障厅设立劳动监察处，配备了4名专职监察人员，规定劳动保障监察的职能是：“依法行使国家劳动和社会保险的监督检查权，制定全省劳动和社会保险的监督检查办法，监督全省劳动和社会保险监督检查机构的工作。”劳动监察处的职能是：“拟定劳动监察的地方法规和规章，依法行使国家劳动监督检查权；拟定劳动和社会保险监督检查工作规范，并组织实施和监督检查；依法查处违反劳动和社会保险法律、法规行为；指导监督劳动和社会保险监督检查机构的工作；负责劳动监察员的培训考核和颁证；组织协调重大劳动违法案件的调查处理工作。”同年9月，为配合全省社会保险扩面征缴工作，省劳动和社会保障厅举办了全省社会保险扩面征缴专题会议暨劳动保障监察员培训班，进行社会保险扩面征缴监察执法的业务培训。

2001年，根据劳动和社会保障部、全国总工会、全国妇联的通知，在全省部署开展了在工会、妇联、企业、新闻媒体、法律等部门聘请劳动保障法律监督员的工作。

同年11月，经省机构编制委员会批准，四川省劳动保障监察总队（以下简称“省劳动保障监察总队”）成立。其主要职责是：负责对省劳动保障行政部门监察的用人单位以及就业中介服务机构遵守劳动保障法律、法规、规章情况进行监督检查，对违法、违规的重大案件作调查处理。省劳动保障监察总队在组建时，副总队长、科长通过竞争上岗的方式产生，队员都通过公开招考的方式挑选；履行职责前，全体队员开赴部队进行了军训，培养良好的作风；开展工作前，集中安排半个月时间进行业务培训，帮助队员掌握劳动保障业务知识；轮流派队员到厅内综合业务处室学习，提高队员的业务素质。2002年7月，省劳动保障监察总队正式挂牌。劳动和社会保障部副部长王东进和省劳动和社会保障厅厅长泽巴足参加了总队的挂牌仪式，为总队揭牌。

省劳动保障监察总队的建立，给市（州）作出了示范。各市（州）劳动保障部门加快了劳动保障监察机构队伍的建设。除原有6个市（州）已建立起劳动保障监察机构外，2002年，有14个市陆续建立起劳动保障监察机构。2003年上半年又新建市级劳动保障监察机构2个，使省本级和市（州）级劳动保障监察机构的组建率达到了100%。其中，遂宁市、资阳市、绵阳市的劳动保障监察支队为副县级建制。县（市、区）级劳动保障监察机构当年新增46个，共达136个，组建率达74.32%。其中，乐至县、三台县、江安县、南溪县、高县等县的劳动保障监察大队为副科级建制。但受经费的制约，劳动保障监察执法的装备还很差，除省本级和成都、绵阳等市情况好一些外，多数地区还没有执法的交通工具。虽然劳动保障监察机构基本建立，但与这时期监察对象数量比，力量仍然薄弱。据2003年年报统计，全省有各类用人单位包括各类企业、个体工商户、机关、事业单位、社会团体共140余万个（其中：在省登记注册的实有企业、事业单位、社会团体、省级机关及中央在川单位有1万多个），有城镇从业人员（包括农民工）906.70万人。而与之相对应的劳动保障监察执法力量，尤其是县一级，明显不足。

2004年，省劳动和社会保障厅将组建县（市、区）劳动保障监察执法机构列入对市（州）的考核目标，促进了县（市、区）劳动保障监察机构队伍的建设。同年，县（市、区）新组建机构达41个。到2005年年底，全省182个县级单位除还有1个没有建立劳动保障监察机构外，其余各县（市、区）均全部建立。全省专职劳动保障监察员队伍发展到689人，兼职监察员队伍发展到1582人，法律监督员队伍发展到1140人。但县（市、区）的专职监察员中，仍有部分兼职其他工作。

根据各级劳动保障监察机构在贯彻执行劳动和社会保障法律法规，维护妇女、儿童合法权益，维护农民工等广大劳动者的劳动保障权益方面作出的贡献，2002—2005年，乐山市五通桥区人事劳动局、成都市金牛区劳动局、遂宁市劳动保障监察支队、成都市劳动保障监察总队、达县劳动保障监察大队、通江县劳动保障监察大队杨秀国（个人）、绵阳市劳动保障监察支队、眉山市劳动保障监察支队被劳动和社会保障部、公安部、全国妇联等部门和组织授予了全国“优秀青少年维权岗”“全国维护妇女儿童权益先进单位”荣誉称号。

四川省各市、州劳动保障监察机构建立情况

表4—3

序　号	地　区	机构名称、编制人数及经费开支渠道
1	成都市	1990年成立“成都市劳动监察大队”，经费渠道自收自支。2001年12月更名为“成都市劳动保障监察总队”，总队长1名（正处级），副总队长3名（副处级）。行政执法编制40名，人员按照公务员管理，经费纳入财政预算
2	绵阳市	2003年2月建立绵阳市劳动保障监察支队（副县级事业单位）。执法编制8名，经费纳入财政预算
3	自贡市	1993年成立“自贡市劳动保障监察大队”，人员编制15名，自收自支的科级事业单位。2002年，“劳动保障监察大队”改为参照公务员管理的行政执法机构，经费纳入财政预算。2003年6月，“劳动保障监察大队”更名为“劳动保障监察支队”，领导职数2名
4	攀枝花市	1996年成立“攀枝花市劳动监察大队”，编制10名，经费渠道自收自支。2002年3月更名为“攀枝花市劳动保障监察大队”，经费纳入财政预算
5	泸州市	2002年6月成立“泸州市劳动保障监察支队”（局属正科级执法机构）。行政执法编制5名，经费纳入财政预算
6	德阳市	1996年成立“德阳市劳动监察大队”，编制在局内调剂，设支队长1名（正科级），副支队长1名（副科级）。2002年9月更名为“德阳市劳动保障监察支队”，经费纳入财政预算
7	广元市	1996年成立“广元市劳动监察大队”。2002年6月成立“广元市劳动保障监察支队”，为局属科级执法机构，行政执法编制5名，经费纳入财政预算
8	遂宁市	2002年6月成立“遂宁市劳动保障监察支队”，配备副县级领导职数1名，科级领导职数2名。事业编制5名，经费纳入财政预算
9	内江市	2002年12月成立“内江市劳动保障监察支队”，为局直属事业单位，编制5名，领导职数1正（科级）1副。经费纳入财政预算
10	乐山市	1994年3月劳动局计划调配科增挂“乐山市劳动监察大队”牌子。1997年5月劳动监察大队增加3名事业编制。2001年10月局劳动监察科挂“乐山市劳动保障监察支队”牌子，原劳动监察大队10名事业编制继续使用，人员按《国家公务员暂行条例》管理，经费纳入财政预算
11	南充市	2003年4月成立“南充市劳动保障监察支队”，为局管理的副县级行政执法机构。执法编制5名，领导职数1正1副，经费纳入财政预算
12	宜宾市	2002年6月成立“宜宾市劳动保障监察支队”，设支队长1名（正科级），副支队长1名。行政执法编制6名，经费纳入财政预算

续表4—3

序　号	地　区	机构名称、编制人数及经费开支渠道
13	广安市	2002年9月成立“广安市劳动保障监察支队”，局直属正科级执法机构。人员在局内调剂
14	达州市	2002年2月成立“达州市劳动保障监察支队”，事业单位，编制6名，正职按正科级配备。经费纳入财政预算
15	巴中市	2002年4月“巴中市劳动保障监察大队”更名为“巴中市劳动保障监察支队”，支队长按正科级配备。行政执法编制3名，经费纳入财政预算
16	雅安市	2002年1月成立“雅安市劳动保障监察支队”，局属科级执法机构，事业编制3名。设支队长1名，副支队长1名，不足人员从局内调剂。经费纳入财政预算
17	眉山市	2002年7月局劳动监察科增挂“眉山市劳动保障监察支队”牌子。编制、领导职数暂缓增加
18	资阳市	2002年5月撤销“资阳市劳动保障监察大队”，成立“资阳市劳动保障监察支队”，为局直属副县级执法机构。行政执法编制5名，设支队长1名，副支队长1名，经费纳入财政预算
19	阿坝州	2002年7月成立“阿坝州劳动保障监察大队”，局属科级执法机构。执法编制3名，设大队长1名，经费纳入财政预算
20	甘孜州	2003年6月将“甘孜州劳动保障监察大队”由挂牌改为分设，并更名为“甘孜藏族自治州劳动保障监察支队”，正科级行政执法机构。行政执法编制4名，领导职数2名，按公务员管理，经费纳入财政预算
21	凉山州	1994年成立“凉山州劳动监察大队”（科级），局内编制。2003年新增行政执法编制4名，经费纳入财政预算

说明：以上均为经市（州）机构编制委员会批准

第二节　监察执法

自1990年开始，四川各地陆续开展起劳动监察工作，但尚处于探索阶段。

1994—2001年期间，多数地区还没有专门的劳动保障监察执法机构，劳动保障监察执法主要是集中部门力量，阶段性、突击性地开展一些专项检查。

1995年、1996年，主要开展外来人员用工检查、春运期间民工流动秩序检查、劳动力市场秩序整顿等专项执法监察活动，以及企业到劳动保障部门进行劳动用工年检。

1997年，主要开展民工流动就业情况大检查、劳动监察执法月、贯彻《四川省企业招收职工规定》情况大检查。

1998年，围绕国有企业改革及“两保、再就业”工作，在全省范围内开展用人单位工资支付及民工流动就业情况大检查；针对一些职业介绍机构利用下岗职工等求职人员求职心切进行违法经营以及非法经营猖獗的情况开展专项执法检查，取缔了一批非法职业介绍机构，打击了非法职业介绍活动，维护了劳动力市场秩序；对“两个确保”实施了专项监察。

1999年，除针对劳动力市场秩序、下岗职工基本生活保障进行的专项检查外，配合国务院《社会保险费征缴暂行条例》《失业保险条例》的颁布实施，围绕社会保险扩面、征缴和清欠，加强了执法检查。

从2000年开始，涉及劳动合同、工资支付、社会保险的案件逐渐增多，被拖欠工资的劳动者人数和工资数额成倍增长。被拖欠工资的劳动者中，绝大多数是农民工。拖欠工资的用人单位主要是私营企业和个体工商户。拖欠工资的行业主要是建筑行业。政府性工程在拖欠农民工工资的工程中占较大比例。建设单位拖欠施工企业工程款，施工企业层层转包、分包，劳动关系不规范，是导致农民工工资被拖欠的主要原因。其他行业企业拖欠农民工工资有的是因生产经营困难，也有恶意拖欠的问题。在维护农民工合法权益的众多途径中，劳动保障监察执法是一个重要途径，也是一个主要途径。各级劳动保障部门加大了维护农民工劳动保障权益的专项检查力度，把清理拖欠农民工工资作为了监察执法的重点。

从2000年开始，各级劳动保障部门联合工会、妇联等组织以及建设、监察等行政部门开展包括农民工、女职工权益保护、禁止使用童工等内容在内的劳动保障法律执行情况的检查逐渐增多。2002年以后，省劳动和社会保障厅配合省人大财经委在全省多次开展贯彻执行《四川省劳动和社会保障监察条例》的监督检查。随着各级劳动保障监察执法机构逐步建立健全以及监察执法队伍逐步壮大，各级劳动保障部门加大受理投诉举报和对用人单位、职业介绍机构开展主动巡视监察的力度，加强了省/市联查，市/县联查，加强了与公安、工商等部门的区域联动、集中执法，扩大了影响，增强了执法效果。

2002年4—5月，全省统一开展农民工权益保护的专项执法检查。共检查用人单位11147户，涉及农民工283147人。立案调查6371件①，其中：未依法签订劳动合同5178起，未依法支付农民工工资420起，未依法办理用工手续1321起，违反工作时间规定266起，非法职业中介158起，非法使用童工31起，违反女职工特殊劳动保护规定60起，违反劳动安全卫生规定62起，其他侵犯农民工权益的行为351起。经过调查，被责令改正的用人单位5186户，清退童工48人，责令支付工资431.59万元，责令补缴社会保险费570.85万元，取缔非法职业中介机构128户，并对严重违反劳动保障法律法规的用人单位给予了警告、罚款的行政处罚；提请工商行政管理部门取缔无照经营46件，吊销营业执照5件；提请公安部门予以治安管理处罚11件。是年，全省劳动保障监察机构共办理结案克扣、拖欠工资的案件2114件，是2001年的2.85倍；追发工资额3361.21万元，是2001年的5.22倍。

2002年12月至2003年1月元旦、春节之前，全省再次集中开展了农民工权益保护专项检查。

2003年4月，省劳动和社会保障厅下发《关于做好农民工工资支付工作的通知》，重申了关于工资支付的有关规定，并规定从2003年起，全省各地每年春节前都要实施为期一个月以上的农民工工资支付专项大检查。11月，省劳动和社会保障厅、省建设厅在转发劳动和社会保障部、建设部《关于切实解决建筑企业拖欠农民工工资问题的通知》时进一步明确，切实加大对拖欠农民工工资责任单位的查处力度。因建设单位拖欠建筑业企业工程款或建筑业企业拖欠劳务分包工程款，致使农民工工资拖欠的，要严肃追究相关建设单位、建筑业企业以及责任人的责任。建筑业企业违反规定，将工程分包给无用工资格的个人、组织及“包工头”的，必须承担拖欠工资的相应责任。同时建立

注：①由于是按单位立案，有的用人单位同时涉及多种违法行为，故分类统计的数据大于案件总数。

健全工资支付信用管理、欠薪报告、重点监控、公开曝光等各项制度和办法。12 月，省劳动和社会保障厅、省建设厅、省总工会下发《关于加强建筑业企业农民工劳动工资管理和监督工作的通知》，规定：对建筑企业实行工资支付重点监控制度，实施建筑业企业工资支付保证金制度。

2003 年，各地劳动保障部门加大力量保证劳动者维权渠道畅通，普遍在媒体上公布了举报电话，成都市、遂宁市开通了“维权热线”，绵阳市开通了“12333”劳动保障公益服务热线，还与公安“110”建立了投诉举报案件联动机制，快速处理临时性突发事件。各级劳动保障部门主动加强与新闻媒体的联系，利用报纸、电视、电台进行广泛的舆论宣传。每次开展检查之前，都会在省及各地各大报纸上公布消息，省及市（州）劳动保障部门还同地方报刊、电台联合开辟了“帮民工讨工资”特别报道专栏，开通“工钱被拖欠，我们帮你讨”的民工维权热线。各级地方报纸、电台、电视台大力配合，对检查活动进行跟踪报道，对典型案件进行曝光，营造了良好的舆论监督氛围。是年，全省共处理结案克扣、无故拖欠工资的案件 3802 件，是 2002 年的 1. 80 倍；追发工资 14943. 80 万元，是 2002 年的 4. 45 倍。

2004 年，全省 3 次组织农民工维权专项检查。从 8 月份起，实行清理拖欠农民工工资工作月报制度。年底至 2005 年 1 月，省劳动和社会保障厅、省建设厅、省总工会组织的农民工工资支付专项检查中，共检查各类用人单位 20622 户，查明 6756 户用人单位涉嫌拖欠工资 128543. 30 万元，其中农民工工资 101526. 60 万元。通过监察执法和协调处理，为 24. 95 万名农民工追发工资 62915. 21 万元。劳动保障部门还狠抓了用人单位与农民工依法签订劳动合同和为农民工办理社会保险的工作，使餐饮企业、加工制造企业农民工劳动合同签订率有所上升。全年，全省劳动保障监察机构共参与处理突发事件 1131 件，涉及劳动者 10. 64 万人。这些突发事件，多数是由工资、待遇问题引起。

2005 年，重点是对拒不参加社会保险或不依法缴纳社会保险费的单位进行督察；以建筑业为重点，集中开展工资支付专项执法检查；以促进建筑业农民工签订劳动合同为重点，继续推进劳动合同制度。同年 6—9 月，省劳动和社会保障厅会同省经济委员会、省监察厅、省人事厅、省政府法制办、省总工会，对 31 个省级机关及其下属的 70 余个事业单位开展了贯彻实施《中华人民共和国劳动法》《中华人民共和国工会法》情况的专项检查。共查处违法案件 50 余件。11 月，省劳动和社会保障厅会同省建设厅等 8 部门联合转发了劳动和社会保障部等 8 部门《关于进一步解决拖欠农民工工资问题的通知》，制定了进一步解决拖欠农民工工资问题的方案。各级劳动保障部门都建立了元旦、春节期间 24 小时接受投诉举报值班制度。2005 年 10 月至 2006 年 1 月间，省劳动和社会保障厅、省建设厅、省总工会再次在全省组织开展了农民工工资支付专项检查。发现拖欠农民工工资的用人单位 1863 户，涉及农民工 20. 46 万人，拖欠农民工工资数额 13557. 69 万元。责令用人单位为 18. 46 万农民工补发了工资及赔偿金 12037. 98 万元。2005 年全年，全省共处理结案克扣、无故拖欠工资的案件 7638 件，是 2004 年的 1. 12 倍。追发工资 32549. 93 万元。全省劳动保障监察机构共参与处理突发事件 978 件，涉及劳动者 10. 37 万人。

从 1997 年有统计记录开始至 2005 年，全省劳动保障监察机构通过主动监察、专项执法检查、受理投诉举报、开展劳动保障年检等方式，共督促用人单位签订劳动合同 245. 27 万人份，追发劳动者工资 98197. 97 万元，督促缴纳社会保险费 17. 12 亿元。

1997—2005 年四川省劳动保障监察专项工作及监察效果情况一览表

表 4—4

年份	主动监察		群众举报专查			劳动保障用工年检单位数（户）	补签劳动合同（万人）	追发劳动者工资		社会保险					取缔非法职业中介机构数（户）	劳动保障监察案件结案总数（件）	案件处理情况		
										督促缴费			督促登记						
	监察单位数（户）	涉及劳动者人数（万人）	接受举报数（件）	立案数（件）	结案数（件）			涉及劳动者人数（万人）	金额（万元）	单位数（户）	涉及劳动者人数（万人）	金额（亿元）	单位数（户）	涉及劳动者人数（万人）			行政处罚决定总数（件）	罚款（件）	金额（万元）
1997	32151	343.28	4329	2368	2355	25177	16.87	3.28	314.76	—	17.54	0.07	—	—	245	5976	882	90	41.21
1998	32023	303.03	5358	2798	2775	25613	13.89	6.20	426.02	—	18.51	0.25	—	—	218	4476	933	265	21.23
1999	35591	380.92	5450	2902	2871	26678	15.10	3.24	486.98	—	116.58	3.10	—	—	217	7315	1025	110	58.50
2000	40999	358.20	3868	2376	2352	28474	18.98	10.45	843.99	14770	5334.4	2.76	10011	66.20	268	4495	234	109	31.31
2001	37985	290.92	3993	2515	2505	24513	13.56	2.49	643.85	8029	74.68	1.88	4695	30.05	199	3951	240	91	25.09
2002	56699	269.41	14992	6804	6733	24110	22.59	23.43	3361.21	6759	54.98	1.40	3776	22.36	353	14962	972	265	78.25
2003	52201	321.99	12864	10737	10649	31480	38.25	37.49	14943.8	8854	99.84	3.07	4904	33.30	288	14076	901	499	214.11
2004	55472	307.56	22946	15000	14903	33879	60.00	46.61	44627.43	13251	62.82	2.98	5429	42.09	246	19302	1257	743	342.24
2005	51868	307.87	21656	16929	16680	31465	46.03	32.40	32549.93	8070	37.27	1.61	5251	27.81	423	20102	1076	742	487.04

说明：1997 年开始建立报表制度，有关数据均来自于各年度劳动保障监察工作报表

第三章　规划、信息化与科学研究

1986—1992 年，四川省劳动部门每年要按照国家指令制定年度指令性计划。1993 年省劳动厅印发《关于改革企业劳动工资计划管理办法的意见》后，年度计划改为指导性计划。2000 年以前的计划主要侧重于劳动管理，突出量化指标，2000 年后的计划既有量化指标，又有定性发展指标，就业、社会保险、劳动关系、法制建设等并重。

劳动保障信息化建设从 1986 年起步，逐步发展，2002 年后，随着“金保工程”的实施，信息化建设进入快速发展期。

劳动保障科学研究在 20 世纪 90 年代前，主要是各业务部门对改革一线中的问题进行零星探讨，缺乏计划性、系统性。成立了专职科研机构后，劳动保障的理论研究有计划、较为系统地逐步开展起来。

第一节　规划与计划

一、年度计划

1986—1992 年，四川省劳动保障部门每年要制定年度计划，计划是指令性的，主要内容有：劳动用工计划、企业职工工资计划（主要针对国有企业）、劳动生产率计划、技工学校招生计划等。计划自下而上编制申报，自上而下逐级分解下达。计划是刚性的，一经下达，必须按照执行，不得突破。

1993 年后改为指导性计划。年度指导性计划内容涉及面较广，包括了一年当中整个劳动保障事业发展的方方面面，不但有量化指标，而且还有为保障量化任务实现的政策举措。量化指标主要包括就业、社会保险、劳动关系、基础能力建设等 4 个主要方面，涉及城镇新增就业人数、下岗失业人员再就业、困难人员再就业、城镇登记失业率、各项社会保险参保人数和基金征缴收入、劳动合同签订率、企业离退休人员社会化管理服务率和社区管理覆盖面、劳动保障广域网和城域网覆盖率等多项指标。这些指标是属指导性的，不是硬任务，但在制定政府年度目标考核任务时需要以此为基础。

随着时间的推移，综合统计工作发生了重大变革。在计划经济时代，综合统计工作的主要任务是围绕劳动计划指标开展统计报表工作。2000 年后，劳动保障事业发展对劳动保障规划（计划）及综合统计工作提出了新的要求，劳动保障统计指标不断丰富、完善。发展后的劳动保障统计涉及各项报表 60 多张，统计指标数以百计。

二、十年规划

劳动事业十年规划共编制了一期，为《四川省劳动事业发展十年规划（1991—2000 年）》（以下简称《十年规划》），1992年2月省劳动厅印发这一规划，内容包含指导思想和主要目标，劳动计划体制改革，劳动就业，劳动制度改革，工资分配与工资制度改革，保险福利与社会保险制度改革，职业培训与职业培训制度改革，劳动保护和劳动安全卫生监察，劳动法制、统计信息、科学研究和自身建设等9个方面，涉及全社会劳动生产率、城镇劳动力就业安置、待业率、新增转移农村劳动力、就业培训、劳动就业服务企业发展、职工工资、职工医疗费社会统筹、工伤保险社会化管理、技工学校和就业训练中心培训、技能人才培养、劳动安全等12个方面的量化指标。

三、五年计划

1992年，省劳动厅发布《四川省劳动事业发展八五计划纲要（1991—1995年）》（以下简称《“八五”计划》），内容和量化指标与《十年规划》一致，不同之处在于，《“八五”计划》在《十年规划》基础上对1991—1995年间需要完成的目标作了进一步的具体化。从执行情况看，除部分目标因受政策调整没有完全实现外，其余内容基本上都得以全部实现。

1996年7月，省劳动厅印发《四川省劳动事业发展九五计划纲要（1996—2000年）》，内容包括：“九五”时期劳动事业发展面临的基本形势、奋斗目标和指导方针、主要指标和任务、主要工作措施等4大方面，涵盖就业、劳动关系调整、工资分配、社会保险、职业技能开发、劳动安全卫生、劳动法制、劳动科研和统计信息8项主要内容，涉及指导帮助就业、城镇失业率、劳动就业服务企业发展、劳动合同签订、职工工资、技工学校和就业训练中心培训、职业培训、劳动安全、企业参加失业保险覆盖面和基金征缴率、女职工生育保险制度改革县区覆盖面等10个方面的量化指标。从执行情况看，基本实现了预期目标，各项主要任务得以圆满完成，适应社会主义市场经济要求的劳动保障制度初步建立，就业局势保持基本稳定，职工工资收入逐步提高，“两个确保”（国有企业下岗职工基本生活费、企业离退休人员离退休金按时足额发放）和下岗职工再就业工作取得显著成绩。

1998年，国务院机构改革新组建劳动和社会保障部，专门成立了负责规划工作的职能部门，提出了规划工作要发挥导向性作用。省劳动和社会保障厅在新组建后于2000年也成立了相应的工作部门。

2001年5月，省劳动和社会保障厅印发《劳动和社会保障事业发展“十五”计划纲要》（以下简称《“十五”计划》），内容共分“九五”期间发展的基本情况、“十五”期间的基本形势、主要目标和主要政策措施4个部分。涵盖发展完善劳动力市场，发挥市场机制在劳动力资源配置中的基础作用；完善社会保险体系，为国有企业改革与发展和社会主义市场经济体制完善创造条件；形成比较完善的劳动和社会保险法律法规体系，将劳动保障工作纳入法制化轨道3方面。具体包括：形成市场导向就业机制、完善就业服务体系、形成劳动关系双方自主协商政府依法调整为主要形式劳动关系协调机制、建立与社会主义市场经济体制相适应的工资收入分配制度、建立健全社会保险制度、提高社会保险基金支撑能力实现社会保险统一管理、实现社会保险管理服务社会化基本养老金社会化发放、健全劳动和社会保障法律法规体系、加强劳动保障监察工作、完善和建立健全行政执法监督制度、建立信息技术支撑系统、完善劳动保障统计制度提高统计信息管理现代化水平、加强劳动保障科学研究和成果推广、加强街道（乡镇）劳动保障基层机构建设等14项主要内容，涉及城镇登记失业率、职工工资2个量化指标。通过5年的推进，《“十五”计划》规划内容取得了丰硕的成果：一是就业规模不断扩大，市场就业机制基本确立，就业局势基本稳定。二是求职者就业观念发生转变，提高自身劳动技能的意识增强。三是职业技能培训体系初步建立，职业培训工作取得明显成效。四是社会保障体系逐步完善，保障能力得到增强。五是劳动关系和谐稳定。六是劳动保障法制建设不断加强，依法行政能力明显提高。七是劳动保障能力建设得到加强。劳动保障执法机构、基层劳动保障工作平台逐步建立，“金保工程”建设积极推进，劳动保障信息化建设取得初步成效；建立了专家咨询委员会，促进了劳动保障决策的民主化和科学化。

2002 年，省劳动和社会保障厅转发劳动和社会保障部《关于进一步做好劳动保障事业发展规划工作的意见》，要求各地在编制劳动保障规划时，要把国民经济和社会发展的重大战略以及宏观经济政策及时落实到劳动保障事业发展规划中，做好发展战略、发展目标和政策措施的协调、衔接与平衡。中长期规划要全面反映劳动保障事业整体发展方向和目标；年度计划要根据中长期规划总体目标要求，突出“少而精”的特点，紧紧围绕劳动保障中心工作，针对重点、难点和前瞻性问题，提出切实可行的年度工作目标和政策措施。在规划实施过程中要加强监测评估，对发现的问题要及时提出改进意见，保证规划目标实现。对中长期规划，执行期间至少要在期中和期末开展两次评估；对年度计划，应在第三季度开展一次评估并提出下年度的计划要点。

2004 年 3、4 季度，省劳动和社会保障厅为编制《劳动保障“十一五”规划》分成两个调研组分别深入成都、德阳、乐山、南充、广安和遂宁等 6 市开展编制前期调研，2005 年规划正式印发。《劳动保障“十一五”规划》共分“十五”时期的主要成就及经验与“十一五”面临的形势、指导思想和基本原则、发展目标和主要任务、保障措施 4 个部分，包含实施促进就业长期战略和政策，探索建立市场经济条件下促进就业的长效机制，千方百计扩大就业；大力发展职业教育和培训，加快提高劳动者技能素质；加快完善社会保障体系，增强社会保障能力；健全劳动关系调整机制，创建和谐劳动关系；加强劳动保障法制建设，建立健全劳动保障法律法规体系；加大政府投入和政策扶持力度；加强劳动保障信息化建设；加强劳动保障事业宣传；加强劳动保障干部队伍能力建设等 9 方面内容，设立了劳动力市场建设、创业促进中心建设、高技能人才队伍建设、公共实训基地建设、农村富余劳动力转移就业劳务品牌培训工程、金保工程二期建设、劳动保障基层（社区）平台建设等 15 个项目，及 5 个方面的量化指标，其中城镇新增就业、5 大保险扩面人数首次纳入规划。量化指标也首次按预期性指标和约束性指标进行分类，其中预期性指标是对未来 5 年发展趋势的预测，只起指导作用，不具有约束力。约束性指标具有约束力，到期必须要实现。参加城镇基本养老保险人数为约束性指标，城镇新增就业人数等指标为预期性指标。

第二节　信息化建设

1986 年，省劳动厅劳动工资综合统计、劳动安全统计工作开始使用计算机，开启了劳动保障信息化工作的序幕。随后，社会保险业务也逐步开展计算机应用。

1989 年，四川省在成都、重庆、自贡、攀枝花、广元和南充等地开展养老保险计算机管理试点，省本级及其他市（地、州）也相继开展养老保险计算机应用工作。

1990 年，全省有 19 个市（地）的 57 个县装备了计算机，培训 118 名计算机操作人员，开发了两个局域网。

1991 年，省劳动厅机关组建办公局域网（NOVELL 网），开展文件传输和共享应用。同年，根据劳动部的部署，四川省就业服务管理局制定“四川省职业介绍微机信息系统十年发展规划”，确定从 1991

年起，选择成都、重庆、自贡、乐山、广元和广汉市建立职业介绍信息系统试点工作，在总结完善的基础上，从1994年起在全省范围逐步推广，争取到20世纪末使全省市（地、州）和经济较发达的县级职业介绍所，都使用微机管理。规划制定后，就业系统信息化建设如期进行。

1994年，省社会保险局制定四川省社会保险计算机管理信息系统第二个五年规划（1994—1998年），并进行了省与市（地、州）计算机远程联网试点。

1997年，省劳动厅对厅机关局域网进行扩容升级，全部计算机实现了联网，并接入四川党政网。省本级失业保险和职业介绍服务也分别于1997年和1998年开展了计算机的应用。

1999年1月，按照国家和省政府的部署，省劳动厅成立了计算机2000年问题工作领导小组，部署、解决省本级及全省各地劳动和社会保障部门计算机2000年问题。6月，省劳动厅成立了社会保险信息化工作小组，以加强对全省劳动保障信息化工作的组织、领导，进一步统筹、协调、管理全省社会保险信息化工作。

同年7月，省劳动厅下发《四川省劳动厅关于做好开通电子邮件系统有关准备工作的通知》，于年底通过远程拨号方式与各地建立了电子邮件系统。

2000年6月，省劳动和社会保障厅印发《关于各地社会保障信息系统建设有关问题的通知》，以加强对各地信息化建设的指导，树立规范、统一的信息系统思想，避免重复建设。11月，通过拨号同各市（州）进一步实现了远程联网。

2001年4月，省劳动和社会保障厅制定《四川省劳动保障信息建设规划要点》，印发各地参照执行。全省以养老、医疗保险和劳动力市场为重点的信息系统建设取得突破。成都、绵阳、乐山、宜宾4市劳动力市场“三化”建设完成，攀枝花、绵阳等7市养老保险在职职工建库率到达100%，成都、绵阳、德阳等10市医疗保险管理信息系统基本建成。同年6月，省本级医疗保险信息系统正式上线运行。

2002年，省劳动和社会保障厅依托党政网开展全省劳动保障联网应用，建立党政网网站，逐步开展省本级医疗保险个人信息查询等服务。党政网建设和应用工作获得四川省党政网建设先进单位称号。同年10月，省劳动和社会保障厅互联网门户网站（四川劳动保障网）建成，经过多次改版升级，网站内容及时、丰富，突出了政务公开和为民服务。

2002年12月，劳动和社会保障部下发《关于进一步加快劳动保障信息系统建设的通知》，正式启动金保工程建设。

2003年2月，省政府向劳动和社会保障部报送《关于确认投资建设劳动保障信息系统的函》，承诺将劳动保障信息系统建设纳入“十五”期间信息化（电子政务）建设计划，负责筹措省本级建设资金。省劳动和社会保障厅成立劳动保障信息化工作暨“金保工程”领导小组，统筹协调推进全省劳动保障信息化工作和“金保工程”建设。

同年7月，省劳动和社会保障厅劳动保障政务（触摸屏）查询系统正式开通。按照劳动和社会保障部金保工程“全国联网，养老先行”的工作方针，8月，省劳动和社会保障厅下发了《关于印发四川省金保工程养老保险全省联网实施计划的通知》，推动全省“金保工程”建设。在“金保工程”建设中，劳动和社会保障部补助了四川省2000万元西部补助资金，其中1200万元经省财政厅分配到21个市（州），用于促进各地“金保工程”建设。11月，省劳动和社会保障厅下发《关于转发〈关于做好金保工程一期建设项目可行性研究报告编制工作的通知〉的通知》，要求各地以市

（州）为单位进行金保工程可行性报告的编制、立项申请和项目建设。

2003 年 11 月，省劳动和社会保障厅机关办公系统（OA 系统）正式运行，开展无纸化办公。省就业局、省社会保险局、省医疗保险中心也先后建成了办公 OA 系统，并与省厅 OA 系统相联，实现了信息的共享、交换和协同办公。

同年 12 月，全省“金保工程”可行性研究报告培训班在成都举行。省劳动和社会保障厅组织有关人员编写《四川省电子政务社会保障工程社会保险信息系统分工程（金保工程）一期建设项目可行性研究报告》，各地根据省劳动和社会保障厅的要求编制“金保工程”建设项目可行性研究报告。

2003—2004 年，省劳动和社会保障厅先后 2 次向省发展改革委员会报送立项报告。2004 年 3 月，全省劳动保障信息化暨“金保工程”建设工作座谈会在成都召开。同年 5 月，全省“金保工程”工作现场会在南充召开，落实全省劳动保障信息化暨“金保工程”建设工作座谈会精神，进一步推动各地“金保工程”建设工作。

2004 年 6 月，《四川省电子政务社会保障工程社会保险信息系统分工程（金保工程）一期建设项目可行性研究报告》通过了劳动和社会保障部审核。8 月，省通信管理局同意在全省范围内启用 12333 劳动保障公益服务专用号码。10 月，省劳动和社会保障厅成立“四川省劳动和社会保障数据中心”。截至年底，全省有省本级和 13 个市（州）开通了 12333 咨询服务电话，开展劳动保障政策咨询、举报投诉及个人信息查询服务。

按照劳动和社会保障部信息办《关于金保工程部省联网工作有关事项的通知》《关于金保工程部省视频会议系统建设有关事项的通知》的要求，2004 年，省劳动和社会保障厅建成部、省劳动保障业务专网和部、省视频会议系统，并积极开展联网应用。按照劳动和社会保障部开展养老保险全国联网数据上报的部署，四川省部署全省养老保险联网数据上报工作，并根据全省工作需要，将上报数据指标由部里的 80 项扩充至 297 项，成都、自贡、攀枝花、德阳、广元、内江、南充、宜宾、雅安、资阳、眉山等 11 市上报了交换数据（其中内江、德阳包括县、区数据），到 2004 年年底，交换数据达到 289 万人。

2005 年 4 月，《四川省电子政务社会保障工程社会保险信息系统分工程（金保工程）一期建设项目可行性研究报告》通过省发展改革委员会的项目评审和四川省财政投资评审中心的投资评审。9 月，省政府通过了立项报告，足额安排了预算资金 5870 万元。省发展改革委员会于当年对“金保工程”立项报告正式进行了批复，四川省成为全国第 12 家通过项目审批的省份。

按劳动和社会保障部开展失业保险监测和数据上传工作的部署，2005 年，省劳动和社会保障厅转发了《劳动和社会保障部〈关于建立失业登记和失业保险登记监测制度的通知〉的通知》，完成了部下达的 20 万人数的数据上传任务。并对 21 个市（州）“金保工程”可行性研究报告进行了审查批复。

2005 年，劳动和社会保障部先后确定四川省成都市、攀枝花市、绵阳市、眉山市、甘孜州、阿坝州及省本级为国家金保工程建设示范城市，同年 10 月，乐山市政府按照部颁标准规范制作了具有金融功能的社会保障卡，通过了劳动和社会保障部审核，并经省物价局进行价格审定后正式发行。2005 年年末，全省 17 个市（州）启动了“金保工程”建设，19 个市（州）开通了“12333”劳动保障咨询电话。

第三节 科学研究

一、科研机构

20 世纪 80 年代，在计划经济向社会主义市场经济的转变过程中，劳动保障工作不断面临着新情况、新问题需要进行理论研究与探讨，但全省尚没有专门的科研机构。这一时期，劳动理论研究主要由一批工作在一线、有一定文字研究能力的人员自发兼职进行。四川省劳动学会承担了全省劳动理论研究的组织工作。四川省劳动学会与相关的行政业务部门配合，不定期的召开各种业务研讨会，每两年组织一次全省研究成果评选，对选出的论文分一、二、三等奖进行奖励。在获奖论文中再选出 1—4 篇推荐到四川省社会科学联合会，参加全省评选。

随着劳动保障各项改革的推进，四川省加强了劳动保障理论研究工作，1988 年，四川省劳动科学研究所(以下简称“劳科所”)成立后，对全省劳动科学研究进行规划，根据四川劳动保障改革进程，制定重点科研项目，组织力量开展调查研究。承担了对全省劳动科研队伍进行培训，对研究成果开展学术交流的任务。

1988—1996 年，劳科所独立开展工作。1996—2000 年，劳科所与四川省劳动厅法规处合署办公。2000 年机构改革，劳科所独立开展科研工作。

2002 年 10 月，省劳动和社会保障厅在高等院校、省社会科学院聘请一批知名学者，成立四川省劳动和社会保障厅专家咨询委员会。该组织成立后，主要通过召开专题研讨会、组织开展专题调研、编辑发行《专家咨询与建议》、开展政策及科研咨询，探索全省劳动保障科学与民主决策机制的有效途径，推动四川省劳动保障决策的科学化与民主化。

2003 年 7 月，劳科所更名为“四川省劳动和社会保障科学研究所”。

二、科研成果

1990 年 11 月，《四川省未来 10 年城镇就业形势及对策研究》经专家论证，省科学技术委员会批准立项为省重点软科学项目，其后经过课题组全体成员的努力，顺利完成总报告和三个分报告的撰写。该课题采用定量分析与定性分析相结合，总量分析和结构分析相结合，典型调查、抽样调查和预测、推算相结合的科学研究方法，预测分析未来 10 年四川省城镇劳动就业基本发展趋势，提出了未来 10 年城镇就业工作的战略目标、战略思想以及解决城镇就业问题的政策措施。1992 年，该项研究与《四川省农业劳动力合理转移研究》等 7 项研究结集为《四川省劳动就业趋势及其对策》，由四川科学技术出版社出版。

1994—1997 年的重要成果有：《四川省城镇失业承受能力分析及对策研究》《培育和发展我省劳动力市场的思路和对策研究》《非全日制就业形势研究》《小城镇劳动管理问题研究》《四川省职业技能培训与就业结合问题研究》和《四川省农村劳动力开发就业问题研究》等，其中与南充市合作研究的课题《小城镇劳动管理问题研究》，受到劳动部好评。

1998 年，《加大力度努力推进再就业工程》和《民营企业劳动管理与劳动者权益保护问题研究》是这年科研工作的亮点。《加大力度努力推进再就业工程》对四川省劳动力供给现状、当前城镇失业人员增加原因、再就业工作存在的困难和问题、加快解决再就业问题的对策等方面进行了深入研究。

《民营企业劳动管理与劳动者权益保护问题研究》是在民营经济快速发展，民营企业劳动管理与劳动者权益保护问题日益突出的背景下提出来的一项研究，在该项研究中，对民营企业发展与经济发展、促进就业的关系，四川省民营经济的发展态势及其基本特点，加强和改善民营企业劳动管理工作的建议等方面进行了深入剖析，对如何处理好民营企业劳动关系具有重要的参考意义。

1999 年，重要的研究成果有《健全我省社会保障体系研究》《关于控制我省城镇失业率对策研究》和《四川省“十五”劳动就业和社会保障问题研究》。《健全我省社会保障体系研究》就完善社会保障体系的意义、四川省社会保障制度发展现状、健全和完善四川省社会保障体系的对策与措施等方面的内容进行了深入研究。《关于控制我省城镇失业率对策研究》深入分析了四川省城镇就业的现状、特点，提出控制城镇失业率的对策措施。《四川省“十五”劳动就业和社会保障问题研究》是为制定《四川省经济和社会发展“十五”规划》所做的基础研究，在该研究中，回顾总结了“九五”时期四川劳动就业和社会保障的主要成绩，分析了“十五”时期劳动就业和社会保障的发展趋势、目标及对策措施。同年，四川省劳动和社会保障系统进行了优秀调研成果评选活动，全省有 17 个市（地、州）的 39 篇调研成果参加评选，评出一等奖 4 篇、二等奖 8 篇、三等奖 17 篇。

2000—2005 年，劳动保障科研围绕中心工作和热点难点问题，开展了一系列就业和再就业、收入分配和社会保障等方面的重大理论与实际问题研究。先后完成四川省重点科技项目《实施西部大开发战略中我省的劳动保障问题与对策研究》《加入 WTO 对我省劳动和社会保障事业发展的影响与对策研究》《四川省社会保障社会化管理服务研究》《四川省统筹城乡就业和社会保障发展战略与对策研究》《坚持就业优先和健全社会保障体系研究》等。

从成果获奖及评价看，《四川省社会保障社会化管理服务研究》首次提出不仅养老保险，而且失业、医疗保险同样需要加强社会化管理服务的观点，强调构建失业保险与再就业的联动机制，完善劳动就业服务体系，完善医疗保险经办机构及医疗机构服务。研究报告在国内有重要影响的大型经济类刊物《经济研究参考》2004 年第 27 期刊出，获四川省第四届政务调研成果一等奖、《劳动法》颁布十周年优秀科研成果论文一等奖和四川省第十一次社会科学优秀成果三等奖。《四川省统筹城乡就业和社会保障发展战略与对策研究》，涵盖劳动保障工作主要方面，获得中国劳动学会优秀科研成果一等奖，四川省第五届政务调研成果一等奖；《加入 WTO 对我省劳动和社会保障事业发展的影响与对策研究》，获得四川省第三届政务调研成果二等奖；《西部大开发与四川省劳动和社会保障研究》，受到劳动和社会保障部劳科院的充分肯定。这些研究报告提出的抓住西部大开发机遇，适应加入 WTO 新形势，统一城乡劳动力市场，促进就业和再就业，健全养老、失业、医疗等项社会保障制度，完善社会保障体系，加强劳动保障监察，维护劳动者合法权益等不少对策措施及政策建议已被吸收和反映到中共四川省委、省人民政府及省劳动和社会保障厅的有关政策性文件和领导的讲话之中。

除课题研究以外，劳动保障系统工作人员先后完成《劳动保障与和谐社会》《四川省就业服务信息化建设的现状与发展展望》《四川省劳动保障系统贯彻〈信访条例〉情况的调查与思考》《关于医疗保险利用基层医疗服务的研究》《实施“一二三四”工程、奋力推进我省社会保险事业新跨越》《西部地区就业基本态势与对策研究》等 100 余篇具有代表性的理论性文章，并在《软科学》《经济体制改革》《农村经济》《中国行政管理》《中国管理科学》《城市改革与发展》《四川财政》等全国核心期刊，《2004 四川经济展望》《四川党建》《四川劳动保障》等刊物，以及《四川日报》《中国劳动保障报》等新闻媒体上公开发表，其中 8 篇获优秀论文奖。

第四章 劳动保障机构

在1986—2005年的20年中，随着改革开放和社会主义市场经济体制的建立和发展，以及行政区划的调整，四川省的劳动保障工作机构也随之有相应的调整和变化，并经历了多次机构改革，其职能也发生了较大的转变。

第一节 省级机构

一、四川省劳动和社会保障厅

（一）沿革

1983年1月，四川省劳动局与四川省人事局合并为四川省劳动人事厅，内设14个职能处室：办公室、调查研究室、计划调配处、培训就业处、保险福利处、工资处、劳动保护监察处、锅炉安全监察处、矿山安全监察处、干部一处、干部二处、群众来信来访处、军队转业干部安置办公室、省编制委员会办公室。1986年1月，撤销调查研究室，设立教育处；同年8月，撤销培训就业处和保险福利处，设立行政财务处；同年10月，设立政治处，与厅机关党委办公室实行一套机构、两块牌子。1988年2月，厅信访处增挂劳动争议仲裁处的牌子，实行一套机构、两块牌子；同年5月，撤销政治处，设立人事处；同年12月，撤销纪检组，设立监察处、审计处，两处合署办公，实行一套机构、两块牌子。

1989年4月，省政府决定，并报经国务院批准，撤销四川省劳动人事厅，成立四川省劳动厅和四川省人事厅。四川省劳动厅内设处室为：办公室、行政财务处、工资处、信访处（劳动争议仲裁处）、计划调配处、教育处、劳动保护监察处、锅炉处、矿山安全监察处、省政府安全生产领导小组办公室、人事处、监察处（审计处）、机关党委办公室。1990年2月，设立离退休干部管理处；同年5月，省政府安全生产领导小组办公室更名为省安全生产委员会办公室；同年7月，人事处加挂就业服务处牌子，负责机关及直属单位就业服务工作和临时用工管理。1991年5月，恢复纪检组。

1996年3月，省政府机构改革。根据中共中央、国务院批准的《四川省党政机构改革方案》和省委、省政府印发的《关于四川省党政机构改革方案的实施意见》，保留四川省劳动厅，但其职能有较大的转变。按照建立社会主义市场经济体制的要求，省劳动厅职能转变的重点是：由侧重管理国有企业的劳动工作，转向综合管理全社会的劳动事业，建立统一、开放、有序的劳动力市场；由主要运用计划指标、行政审批手段管理劳动力，转向主要运用经济与法律手段，通过市场机制和必要的行政干预，实现劳动力资源的合理配置；由直接对企业劳动工作实施微观管理，转向以宏观预测、规划、调控为主的管理，加强协调指导、监督检查和社会服务。在主要职责方面，取消了下达企业职工人数、工资总额、劳动生产率等指令性计划，不再统一制定企业工资制度、工资标准，加强了就业服务管理、社会保险事业管理、劳动监察等职责。

职能转变以后，省劳动厅的职责范围主要是：劳动力资源管理，工资总额宏观调控，劳动关系调节，劳动安全卫生国家监督，城镇（不含国家机关、事业单位）社会保险管理。

这次机构改革后，省劳动厅内设 14 个职能处室和机关党委，分别是：办公室、政策法规处、综合计划与工资处、劳动关系与监察处、劳动争议处理与信访处、就业处、社会保险处、职业技能开发处、职业安全卫生监察处、锅炉压力容器安全监察处、矿山安全卫生监察处、省安全生产委员会办公室、人事处（挂离退休人员工作处牌子）、监察审计处（纪检组与其合署办公）、机关党委。厅机关行政编制 118 名，其中厅长 1 名、副厅长 4 名。另有离退休干部工作人员编制 4 名（其中行政编制 3 名、事业编制 1 名），后勤服务人员事业编制 10 名。1997 年 8 月，单独设立离退休人员工作处。1998 年 3 月，“四川省外国人就业管理处”牌子由四川省就业服务管理局改挂四川省劳动厅就业处。

2000 年 6 月，省政府又一次机构改革。根据中共中央、国务院批准的《四川省人民政府机构改革方案》和省委、省政府印发的《关于实施四川省人民政府机构改革方案有关问题的意见》，在原四川省劳动厅的基础上，组建四川省劳动和社会保障厅，并对其职能作了调整。划入的职能是：省人事厅承担的机关、事业单位工作人员社会保险职能；省卫生厅承担的公费医疗管理、医疗保险制度改革职能；省民政厅承担的农村社会养老保险职能；劳动和社会保障部统一组织移交给省政府承担的 11 个部门和单位的基本养老保险管理职能。划出的职能是：将安全生产综合管理、职业（不含特种设备）安全监察、矿山（不含煤矿）安全监察工作职能交给省经济贸易委员会；将煤矿安全监察职能交给四川煤矿安全监察局；将职业（包括矿山）卫生监察职能交给省卫生厅；将锅炉、压力容器、压力管道、电梯、起重机械、游艺机和游乐设施、客运架空索道、防爆电器等特种设备的安全监察工作职能交给省质量技术监督局；将老龄工作职能交给省民政厅。转变的职能是：不再对企业招用工进行审批，改为依照劳动力市场管理法规和劳动合同制度进行管理；不再制定地方企业劳动定员定额标准，劳动定员定额标准的拟定由社会中介组织承担；不再承担协调企、事业单位和国家机关的工资政策的职能；不再拟定企业职工奖惩法规草案，改为制定适用于各类企业的惩处职工的基本准则，作为企业制定内部规章制度以及处理劳动关系的依据；职业分类、职业技能鉴定、职业技能标准的拟定、职业技能竞赛的组织实施和职业技能培训教材的组织编写工作，交给事业单位承担；将厅机关后勤服务工作交给机关服务中心承担。职能调整以后，四川省劳动和社会保障厅的职责范围主要是：统筹管理城乡劳动就业和社会保险，企业职工工资宏观调控，劳动关系调整，职业技能培训，劳动和社会保险监督检查。

这次机构改革后，省劳动和社会保障厅内设 12 个职能处室和机关党委，分别是：办公室、法制处、规划财务处、培训就业处、劳动工资处、劳动争议仲裁处（省劳动争议仲裁委员会办公室）、劳动监察处、养老保险处、失业保险处、医疗保险处、社会保险基金监督处、人事教育处、机关党委。厅机关行政编制为 68 名，其中厅长 1 名、副厅长 3 名。2000 年 8 月，设立省纪委、省监察厅驻厅纪检组（监察室）和离退休人员工作处。2005 年 1 月，设立工伤保险处。

省劳动和社会保障厅的办公地址在成都市陕西街 54 号。

（二）直属机构（不含二级局）

四川省劳动保障监察总队 成立于 2001 年 11 月，正县级执法机构，行政执法人员编制 15 名，按照《国家公务员暂行条例》进行管理。主要职责是：宣传国家劳动和社会保险政策，劳动保障法律、法规、规章；受委托按权限负责由省劳动保障行政部门实施监察的用人单位以及就业中介服务机构（职业培训、职业技能鉴定、职业介绍机构）遵守劳动和社会保障法律、法规、规章情况的监督检查，负责对违反劳动和社会保障法律、法规、规章重大案件的调查处理，依法保护用人单位和劳动者的合法权益；承办省劳动和社会保障厅交办的其他工作。

四川省劳动和社会保障科学研究所 1988 年 3 月，成立四川省劳动科学研究所，正县级事业单位，事业编制 10 名。主要职责是：负责对全省劳动科学研究进行总体规划，并组织科研力量对劳动、工资、保险、就业、人才流动、安全保护等问题进行系统理论研究；开展调查研究，进行科学论证；与有关科研、企业单位进行横向联系，通过理论与实践的结合为领导决策提供依据；负责对全省劳动理论科研队伍的组织、培训，开展学术交流。2001 年 12 月，省事业单位登记管理局核准其宗旨和业务范围是：从事劳动和社会保障科学研究，为决策机关提供依据，开展劳动和社会保障科学的宣传、教育、培训、咨询等服务。2003 年 7 月，四川省劳动科学研究所更名为四川省劳动和社会保障科学研究所。

四川省省级机关事业单位医疗保险基金管理中心 成立于 2000 年 8 月，正县级事业单位，事业编制 20 名。其主要职责是：负责省级机关、事业单位基本医疗保险基金的征缴、管理和支付；承办省级机关公务员、事业单位职工医疗补助和补充医疗保险的经办工作；与定点医院、药店签订医疗服务协议等。

四川省机关事业单位养老保险基金管理中心 成立于 1995 年 11 月，隶属于四川省人事厅，正县级事业单位，事业编制 15 名，2000 年 6 月，省政府机构改革时由省人事厅划转到省劳动和社会保障厅。其主要职责是：承办省直和中央在川机关、事业单位工作人员社会保险基金的征收、调剂、运营、支付以及离退休人员的社会化服务工作；协助有关业务处室对全省机关事业单位社会保险基金管理工作进行指导、检查、协调；承办全省机关事业单位社会保险基金统筹的有关业务；研究并逐步实施机关、事业单位离退休人员服务工作的社会化。

四川省劳动和社会保障厅信息中心 成立于 2001 年 3 月，正县级事业单位，财政定额补助事业编制 5 名。其主要职责是：负责全省劳动和社会保障管理信息系统建设规划、标准、工作制度和技术规范的制定；承担劳动保障网络建设、相关应用软件的开发应用；负责劳动保障综合数据库、网站建设、运行管理维护和安全保密工作。

四川省职业技能鉴定指导中心 1986 年 11 月，成立四川省劳动厅技工学校教研室，为科级事业单位；1988 年 9 月，成立四川省高中级技术工人函授培训中心，为县级事业单位，与四川省劳动厅技工学校教研室合署办公，共有事业编制 12 名。1993 年 11 月，在“四川省高中级技术工人函授培训中心”和“四川省劳动厅技工学校教研室”基础上，增挂“四川省职业技能鉴定指导中心”牌子，实行一套机构三块牌子，正县级事业单位，编制人数不变。省职业技能鉴定指导中心的主要职责是：负责具体组织、协调、指导全省职业技能鉴定工作；指导市（地、州）职业技能鉴定指导中心的业务工作；参与组织制定职业技能技术性管理文件和规定；组织指导全省职业技能鉴定站（所）开展工作；组织编写职业技能鉴定试题并组建省级试题库；组织实施对鉴定技师资格和高技术等级的考评员培训、考核工作；开展职业技能鉴定有关问题的研究和咨询服务；推动全省职业技能竞赛活动。

四川省劳动和社会保障厅机关服务中心　成立于2000年12月，正县级事业单位，事业编制18名（其中财政核定收支、定额补助事业编制13名，经费自筹事业编制5名）。其主要职责是：负责机关车辆、通讯、文印、消防、安全、环卫、房管等服务保障工作；承办厅有关会务和接待工作；承办机关委托的部分行政管理事务性工作和机关交其使用的固定资产的管理工作；负责厅交办的其他工作。

四川省劳动能力鉴定服务中心　成立于2004年7月，正县级事业单位，事业编制2名（其中主任1名，副主任1名），实行聘任制；人员控制数3名，实行聘用制。其主要职责是：受理用人单位或职工的劳动能力鉴定申请，组建和管理劳动能力鉴定专家库，组织劳动能力鉴定专家组进行鉴定，委托组织必要的医学检查，制作、送达、管理鉴定文书档案，受理不服市级劳动鉴定结论的复查鉴定等。

四川劳动保障杂志社　1983年10月成立劳动理论与实践杂志社，正县级自收自支事业单位，正式编制7名。同月创刊《劳动理论与实践》，由四川省劳动人事厅和四川省劳动学会共同主办，为内部发行双月刊，1986年1月改为月刊；1987年10月取得国内统一刊号，面向社会公开发行。2003年，《劳动理论与实践》更名为《四川劳动保障》。更名前主要是政策理论性刊物，读者对象主要是机关和企事业单位的劳动人事干部、劳动理论研究和教学工作者。更名后调整为工作指导性和政策指导性刊物，读者对象主要是各级劳动保障部门的工作人员、机关和企事业单位的人事劳资管理人员、工会干部，以及部分理论工作者、法律工作者和普通劳动者。2003年12月，按照中共中央关于治理整顿报刊的要求，《四川劳动保障》划转四川出版集团主管主办，杂志社在编人员随同划转。

劳动导报社　1986年9月成立四川劳动报社，正县级事业单位，编制16名，实行独立核算、自负盈亏。经中共四川省委宣传部批准，同年创办《四川劳动报》，试刊两期；1987年1月取得国内统一刊号正式出版公开发行。《四川劳动报》是四川省劳动人事厅的机关报，基本任务是：宣传劳动工作的方针政策和法律法规，报道劳动、就业、工资、社会保险、劳动保护等方面的新情况、新经验和劳动工作战线先进人物的事迹，推动劳动经济理论的研究探索，反映社会各界和广大职工的呼声和要求。1990年，四川省清理整顿报刊，四川省劳动厅撤销《四川劳动报》，和四川省安全生产委员会办公室合办《劳动安全导报》。1994年，经国家新闻出版署批准，更名为《劳动导报》，报社编制人数增加到30名。1999年，四川省新闻出版局根据省委办公厅、省政府办公厅《关于调整我省报刊结构的通知》精神，决定停办《劳动导报》。2001年3月，四川省机构编制委员会决定撤销劳动导报社，报社人员分流安置。

二、四川省就业服务管理局

（一）沿革

1983年9月，经省政府批准，四川省劳动服务公司成立。四川省劳动服务公司为财政全额拨款的副厅级事业机构，编制50人，内设秘书科、安置科、培训科、技工学校管理科、财务科和供销公司。1986年7月，经省政府批准，成立四川省社会劳动力管理局，为副厅级二级局，和省劳动服务公司实行一个机构两块牌子。省社会劳动力管理局（省劳动服务公司）的主要职能是：统筹全省城乡劳动力就业和技工学校管理，开展就业训练，管理全省劳动服务公司集体经济，组织安置待业人员就业，负责组织和统筹全省待业保险金的征收、管理、发放，以及全省农村劳动力转移等工作。

1986年8月，省劳动人事厅党组决定，撤销四川省社会劳动力管理局（四川省劳动服务公司）的5个科，改设办公室、培训处、安置处、财务处、农村劳动力管理处、企业管理处。1990年3月，根据中共中央、国务院和劳动部关于进一步清理整顿劳动服务公司的文件精神，省政府发出《关于清理整顿劳动服务公司有关问题的通知》，规定省、市（地、州）两级社会劳动力管理部门、劳动服务公司统一更名为“就业服务管理局”（属事业机构），受同级劳动行政部门领导，负责管理社会劳动力、进行职业介绍、开展就业训练、管理职工待业保险、归口管理企事业单位劳动服务公司及机关安置待业人员的工作。因此，四川省社会劳动力管理局（四川省劳动服务公司）更名为四川省就业服务管理局。

省就业服务管理局内设机构有多次调整。1990年9月，安置处更名为就业指导处。1992年5月，增设职工待业保险处；同年7月，增设机构党委办公室。1997年9月，增设失业保险基金审计处；同年12月，待业保险处更名为失业保险处。2001年3月，省就业服务管理局划转财政定额补助事业编制5名给刚成立的省劳动和社会保障厅信息中心，划编后，省就业服务管理局编制为77名（财政拨款事业编制37名，经费自筹事业编制40名）。截至2005年年底，省就业服务管理局内设机构共计9个处室，分别是：局办公室、就业指导处、失业保险处、培训处、农村劳动力管理处、企业管理处、财务处、失业保险基金审计处、机关党委办公室。

省就业服务管理局的主要职能是：参与全省就业再就业、劳动力市场、就业培训、失业保险的地方性法规、政府规章和规范性文件制定；负责全省就业再就业、就业训练和农村劳动力转移输出；负责全省公共就业服务的组织管理和就业服务体系建设；负责劳动服务企业等就业服务型企业的监督管理；指导全省失业保险业务工作，经办省本级的失业保险，负责对全省失业保险基金管理工作进行监督检查。

省就业服务管理局成立时，办公地址在成都市陕西街226号，1993年6月迁至成都市营门口路18号。

（二）直属机构

四川省就业训练中心 成立于1989年9月，正县级事业单位，自收自支事业编制20名，主要职责是：负责待业青年和失业人员的就业和转业培训，劳务输出人员的培训，劳动就业服务企业的管理人员和技术骨干的培训，劳动服务公司系统的干部和职工的培训，以及劳动系统的其他培训。

四川省劳动就业信息中心 成立于1996年5月，正县级事业单位，自收自支事业编制10名，主要职责是：负责建立四川省劳动力资源供求信息和职业介绍微机管理网络系统，承担与劳动就业相关的信息服务工作。

四川省职业介绍服务中心 成立于2001年4月，正县级事业单位，财政定额补助事业编制10名，主要职责是：为劳动力供需双方提供有关信息查询及政策咨询；开展职业指导、职业介绍、职业培训，为下岗职工提供再就业服务；提供劳动保障事务代理服务。

三、四川省职工社会保险事业管理局

（一）沿革

四川省职工社会保险事业管理局是1986年7月经省政府批准成立的副厅级二级局，成立时暂定事业编制20人，内设综合处、统筹处。同年8月，为避免机构重复，撤销省劳动人事厅保险福利处，原保险福利处人员及业务并入省职工社会保险事业管理局。

省职工社会保险事业管理局内设机构有多次调整。1987 年 12 月增设秘书处。1988 年 9 月，增设财务处，增加事业编制 5 名，综合处更名为保险福利处。1990 年 5 月，增加事业编制 3 名，用于选配微机管理人员。1991 年 10 月，秘书处更名为办公室，全局增加事业编制 15 名，共有事业编制 43 名。新增编制主要用于充实加强退休金统筹工作力量。1992 年 6 月，增设审计处，其人员编制在局内调剂解决。1996 年 5 月，保险福利处更名为退休职工管理服务处，增设信息管理处，其人员编制在局内调剂解决。1998 年 10 月，成立行业社会保险管理筹备处。2000 年 6 月，正式设立行业社会保险管理处，增加人员编制 12 名。2001 年 12 月，设立局机关党委办公室。2002 年 4 月，四川省煤炭工业社会保险事业中心撤销，其职能、人员及事业编制 10 名划转给省职工社会保险事业管理局；划转后，省职工社会保险事业管理局财政定额补贴事业编制为 76 名，增设社会保险费征缴处。2002 年 6 月，行业社会保险管理处内设养老保险关系管理科、退休业务管理科、稽核监督科、数据管理科。2004 年 7 月，增设工伤生育保险处；同年 8 月，行业社会保险管理处增设工伤生育保险科。2005 年 12 月，财务处更名为基金管理处，审计处更名为审计稽核处。截至 2005 年年底，四川省职工社会保险事业管理局内设机构共计 10 个处室，分别是：局办公室、统筹处、基金管理处、退休职工管理处、审计稽核处、信息管理处、行业社会保险管理处、社会保险费征缴处、工伤生育保险处、机关党委办公室。

省职工社会保险事业管理局负责全省企业基本养老保险、工伤保险、生育保险经办工作的综合管理。其主要职责是：制定全省社会保险各项业务工作规范、办事程序及操作办法并组织实施；制定全省基本养老保险省级统筹规划，提出年度省级统筹计划和实施意见，负责全省社会保险调剂金的收缴、管理和使用；编制汇总全省社会保险基金年度预决算报告和季度、月度财务报告；指导全省社会保险机构按照有关规定对社会保险基金进行规范管理，并对基金管理工作进行监督和检查；指导全省社会保险机构开展企业退休人员社会化管理服务和推进基本养老金社会化发放；负责经办在川中央行业单位和省直统企业职工养老保险、工伤保险及省属、中央在川事业单位、民间非营利组织的工伤保险。

省职工社会保险事业管理局成立时，办公地址在成都市陕西街 54 号，1991 年 1 月迁至成都市西安南路 81 号，1993 年 4 月迁至成都市窄巷子 28 号，1998 年 12 月迁至成都市西大街 258 号。

（二）直属机构

四川省社会保险干部培训中心 1992 年 8 月，成立四川省社会保险干部培训中心筹建办公室；1995 年 9 月，筹建工作结束，正式成立四川省社会保险干部培训中心，为正县级事业单位，核定自收自支事业编制 40 名，主要职责是：负责对省内外社会保险干部的培训。1997 年 9 月，经省人事厅批准，该中心为四川省国家公务员培训施教机构，主要承担劳动保障系统国家公务员的专门业务培训和有关委托培训。

第二节　市（州）、县（市、区）及基层机构

一、市（地、州）县（市、区）机构

（一）劳动保障行政机构

各市（地、州）/县（市、区）劳动保障行政机构，随着行政区划调整、机构改革及职能调整，也随之有相应的调整和变化。

1983 年，与省级劳动、人事行政部门的合并相对应，多数市（地、州）的劳动、人事行政部门也合二为一，名为劳动人事局。1986 年，凉山州和遂宁市先后撤销劳动人事局，成立劳动局和人事局。1989 年，省级劳动、人事行政部门分设后，其他市（地、州）也陆续撤销劳动人事局，成立劳动局和人事局。1993 年设立巴中地区时，劳动、人事行政部门未分设，成立了地区人事劳动局；2000 年巴中撤地设市后，原地区人事劳动局更名为市人事劳动局。1996 年，绵阳市单独成立了社会保障局，将劳动局的养老保险、失业保险、医疗保险、工伤保险、生育保险职能划转到社会保障局。1998 年设立资阳地区时，成立了地区劳动和社会保障局；2000 年资阳撤地设市后，原地区劳动和社会保障局更名为市劳动和社会保障局。2000—2001 年，在市（州）级机构改革中，原设劳动局的，都在劳动局的基础上组建了劳动和社会保障局；巴中市也不再保留市人事劳动局，分别组建了市劳动和社会保障局、市人事局；绵阳市也不再保留市劳动局和市社会保障局，重新组建了市劳动和社会保障局。

2001—2002 年，各县（市、区）也相继进行了机构改革，在原劳动局（劳动人事局）的基础上组建了劳动和社会保障局（人事劳动和社会保障局）。

（二）就业服务机构

市（地、州）/县（市、区）就业服务机构，在 1985 年以前为劳动服务公司；从 1986 年开始，逐步建立各级社会劳动力管理处，与劳动服务公司实行一个机构两块牌子；从 1990 年开始，各级社会劳动力管理处（劳动服务公司）陆续更名为就业服务管理局。各级就业服务管理局也是本地区失业保险的经办机构。

（三）社会保险机构

市（地、州）/县（市、区）社会保险机构，是为适应劳动制度改革的需要而逐步建立的。1985 年，四川省劳动合同制工人社会劳动保险开始试行，需要有专门机构来经办这项工作。根据省政府要求，省编制委员会、省财政厅、省劳动人事厅于 1986 年 2 月发出《关于建立社会保险机构问题的通知》，各地很快建立了社会保险机构。到 1986 年 11 月，市（地、州）一级社会保险机构已全部建立，县（市、区）一级社会保险机构已大部分建立，机构名称为职工社会保险事业管理处。从 1990 年开始，各级社会保险事业管理处陆续更名为社会保险事业管理局。各级社会保险事业管理局是本地区企业职工基本养老保险、工伤保险、生育保险的经办机构。

1998 年 12 月，城镇职工基本医疗保险制度推行后，医疗保险管理工作的任务越来越重，从 2000 年开始，各市（州）和县（市、区）陆续设立了医疗保险经办机构。

20世纪90年代，部分市（州）和县（市、区）还设有机关事业单位养老保险经办机构和农村社会养老保险经办机构。在2000—2002年市（州）和县（市、区）机构改革时，机关事业单位养老保险管理职能及其经办机构从人事部门划归劳动和社会保障部门；农村社会养老保险管理职能及其经办机构大部分从民政部门划归劳动和社会保障部门，少部分仍留在民政部门。

二、基层机构

1987年12月，省政府批转省劳动人事厅《关于进一步做好小城镇劳动就业工作的报告》，要求各乡镇逐步建立劳动服务公司，乡镇劳动服务公司为全民所有制事业单位，行政上属乡镇人民政府领导，业务上受县劳动服务公司指导。乡镇劳动服务公司的主要职责是：统筹管理城乡社会劳动力，组织就业训练，协同有关部门做好待业人员就业安置和农村劳动力转移工作。

1990年3月，根据《四川省人民政府关于清理整顿劳动服务公司有关问题的通知》精神，街道、乡镇劳动服务公司更名为“就业服务管理站”，接受县（市、区）就业服务管理部门的业务指导。

1994年6月，省劳动厅发出《关于加快乡镇劳动服务站建设的通知》，全省加快了乡镇劳动服务站建设的步伐，到1996年，全省已建乡镇劳动服务站2410个，建站率近50%。乡镇劳动服务站是自收自支的全民所有制事业单位，可以作为乡镇人民政府的就业服务机构，也可以作为县就业服务管理局的派出机构，其主要职责是：调查和掌握城乡劳动力资源，开展职业技能培训、职业介绍和就业服务，收集劳务信息，开展劳务输出。

1999年10月，经省政府同意，省劳动厅等12部门联合下发《关于大力开展社区就业服务促进国有企业下岗职工再就业有关问题的通知》，规定在城市所辖区、县级市和人口大县建立社区就业服务中心，在城镇街道办事处增挂社区就业服务中心牌子，在居委会建立社区就业服务站，在企业劳动服务公司或劳动服务企业管理机构增挂企业社区就业服务中心牌子。社区就业服务中心的主要职责是：开发便民利民服务项目和生产自救项目，管理社区就业劳动组织，提供社区就业信息、政策咨询、职业指导、职业培训等项服务，代办各项社会保险和其他商业保险。

2002年11月，省机构编制委员会根据省委、省政府印发的《关于进一步做好下岗失业人员再就业工作的通知》要求，发出《关于加强全省街道和乡镇劳动保障机构建设有关问题的通知》，规定以现有街道、乡镇就业服务机构和社会保险机构为依托，在城市街道办事处、县政府驻地的城关镇、国家和省级试点小城镇和建制镇设立劳动保障机构，名称统一为“街道（镇）劳动保障所”，为街道办事处、镇政府管理的事业性质的机构，其他乡镇确定负责劳动保障事务的机构或人员负责此项工作。原有的街道（镇）就业服务机构和社会保险机构予以撤销，工作职能并入统一设置的街道（镇）劳动保障所。

到2003年年末，全省194个街道全部建立劳动保障所，落实工作人员506人；重点乡镇已建立劳动保障所2491个，有专兼职工作人员4196人；在2242个社区聘用劳动保障工作人员3472人。此外，在其他工作任务重的乡镇确定劳动保障工作机构1071个，有专兼职工作人员1578人。

2004年12月，省劳动和社会保障厅出台《关于进一步加强基层劳动保障平台建设的意见》，进一步规范了基层劳动保障工作机构和人员的名称：街道（乡镇）设立的劳动保障机构，名称统一为“街道（乡镇）劳动保障所”；城镇社区建立的劳动保障组织，名称统一为“社区劳动保障工作站”；街道（镇）在社区聘用的劳动保障专门人员，名称统一为“劳动保障协理员”。街道（乡镇）劳动保障所的主要职责是：指导社区劳动保障工作站（劳动保障协理员）的工作，办理失业登记，提供就业和社会保险服务，负责辖区内企业退休人员的社会化管理服务。乡镇劳动保障所还要负责农村富余劳动力的调查统计，组织转岗培训和劳务输出等工作。社区劳动保障工作站（劳动保障协理员）的主要职责是：掌握社区内下岗失业人员和企业退休人员的基本情况，为下岗失业人员提供就业服务，负责企业退休人员社会化管理服务，核实退休人员生存状况和领取退休金资格，负责社区内劳动保障基础数据的采集和劳动保障统计工作。

到2005年年底，全省街道（乡镇）和社区共建劳动保障所（站）6720个，有工作人员13422人。其中，社区劳动保障工作站3116个（建站率为87.6%），工作人员6360人。全省已形成覆盖社区、重点乡镇四级的劳动保障工作网络。

四川省志·劳动和社会保障志

附　录

一、名　录

（一）劳动保障部门领导干部名录

省级劳动保障行政部门历届领导干部名录（1986—2005 年）

表附－1

时　间	机构名称	职　务	姓　名	任职时间	备　注
1986.01—1988.03	四川省劳动人事厅	厅　长 党组书记	张　晋	1986.01—1988.02	
		副厅长	叶继香	1986.01—1988.03	
		副厅长	黄定康	1986.01—1988.03	
		副厅长	刘继邦	1986.01—1988.03	
		副厅长	沈国俊	1987.10—1988.03	
		纪检组长	张振亚	1986.01—1988.03	
1988.03—1989.04	四川省劳动人事厅	厅　长 党组书记	沈国俊	1988.03—1989.04	
		副厅长	叶继香	1988.03—1989.04	
		副厅长	黄定康	1988.03—1988.09	1988.09 退休
		副厅长	刘继邦	1988.03—1989.04	
		纪检组长	张振亚	1988.03—1989.04	
		助理巡视员	杜盈科	1989.01—1989.04	
1989.04—1992.07	四川省劳动厅	厅　长 党组书记	沈国俊	1989.04—1992.07	1992.07 调离
		副厅长	叶继香	1989.04—1991.01	1991.01 退休
		副厅长	刘继邦	1989.04—1992.01	1992.01 调离
		副厅长	张　超	1991.10—1992.07	
		副厅长	陈　彪	1989.07—1992.07	
		副厅长	李　川	1991.04—1992.07	
		纪检组长	彭福友	1991.12—1992.07	
		机关党委书记	刘光万	1991.12—1992.07	
		助理巡视员	杜盈科	1989.04—1992.07	

续表附—1

时　间	机构名称	职　务	姓　名	任职时间	备　注
1992.07—1995.09	四川省劳动厅	厅　长	刘继邦	1992.07—1995.09	1995.09 调离
		党组书记			
		副厅长	张　超	1992.07—1994.12	1994.12 病故
		副厅长	陈　彪	1992.07—1995.09	
		副厅长	李　川	1992.07—1995.09	
		副厅长	蒋先继	1994.07—1995.09	
		副厅长	叶文治	1995.06—1995.09	
		纪检组长	彭福友	1992.07—1995.09	
		机关党委书记	刘光万	1992.07—1994.05	1994.05 退休
		助理巡视员	杜盈科	1992.07—1994.08	1994.08 退休
1995.09—1998.01	四川省劳动厅	厅　长	蒋先继	1995.09—1998.01	1998.01 调离
		党组书记		1995.09—1997.11	
		党组书记	泽巴足	1997.11—1998.01	
		副厅长	李　川	1995.09—1996.08	1996.08 调离
		党组副书记			
		副厅长	陈　彪	1995.09—1998.01	
		副厅长	叶文治	1995.09—1998.01	
		副厅长	王建军	1995.09—1998.01	
		副厅长	陈　璞	1997.01—1998.01	
		纪检组长	彭福友	1995.09—1998.01	
		机关党委书记	季富铨	1997.05—1998.01	
1998.01—2000.05	四川省劳动厅	厅　长	泽巴足	1998.01—2000.05	
		党组书记		1998.01—2000.05	
		副厅长	陈　彪	1998.01—2000.05	
		副厅长	叶文治	1998.01—2000.05	
		副厅长	王建军	1998.01—2000.05	
		副厅长	陈　璞	1998.01—2000.05	
		副厅长	张列加	1998.05—2000.05	
		纪检组长	彭福友	1998.01—2000.04	2000.04 退休
		机关党委书记	季富铨	1998.01—2000.05	

续表附—1

时 间	机构名称	职 务	姓 名	任职时间	备 注
2000.05—2005.01	四川省劳动和社会保障厅	厅 长	泽巴足	2000.05—2005.01	2005.01 调离
		党组书记			
		副厅长	王建军	2000.05—2003.12	2003.12 调离
		党组副书记		2001.09—2003.12	
		副厅长	陈 璞	2000.05—2005.01	
		副厅长	张列加	2000.05—2005.01	
		副厅长	王志军	2003.12—2005.01	
		副厅长	刘家强	2002.06—2005.01	
		机关党委书记	季富铨	2000.05—2004.10	2004.10 退休
		纪检组长	吴兰清	2000.11—2005.01	
		巡视员	陈 彪	2000.05—2003.04	2003.04 免职
		巡视员	叶文治	2000.05—2003.01	2003.01 退休
		巡视员	孙文杰	2004.02—2005.01	
		副巡视员	余洪河	2001.09—2005.01	
2005.01—2005.12	四川省劳动和社会保障厅	厅 长	张成明	2005.01—2005.12	
		党组书记			
		副厅长	陈 璞	2005.01—2005.12	
		副厅长	张格民	2005.01—2005.12	
		副厅长	张列加	2005.01—2005.12	
		副厅长	王志军	2005.01—2005.12	
		副厅长	刘家强	2005.01—2005.12	
		纪检组长	吴兰清	2005.01—2005.12	
		巡视员	孙文杰	2005.01—2005.03	2005.03 退休
		副巡视员	余洪河	2005.01—2005.12	

省级就业服务机构历届领导干部名录（1986—2005 年）

表附－2

时 间	机构名称	职 务	姓 名	任职时间	备 注
1986.07—1990.03	四川省社会劳动力管理局（四川省劳动服务公司）	局 长(经 理)	孙景联	1986.07—1990.03	
		副局长(副经理)	袁绍柏	1986.07—1990.03	
		副局长(副经理)	刘光万	1986.07—1990.03	
		副局长(副经理)	孙文杰	1986.07—1990.03	
1990.03—1992.04	四川省就业服务管理局	局 长	孙景联	1990.03—1992.04	1992.04 退休
		副局长	袁绍柏	1990.03—1992.02	1992.02 退休
		副局长	刘光万	1990.03—1991.12	1991.12 调离
		副局长	孙文杰	1990.03—1992.04	

续表附—2

时 间	机构名称	职 务	姓 名	任职时间	备 注
1992.04—2004.03	四川省就业服务管理局	局 长	孙文杰	1992.04—2004.03	2004.03 调离
		副局长	郭正生	1992.04—1997.07	1997.07 调离
		副局长	陈东辉	1997.04—2004.03	
		副局长	罗 明	1997.08—2004.03	
		机关党委书记	王元朝	2001.09—2004.03	
2004.03—2005.12	四川省就业服务管理局	局 长	陈 璞	2004.03—2005.12	副厅长（兼）
		副局长	陈东辉	2004.03—2005.12	
		副局长	罗 明	2004.03—2005.12	
		机关党委书记	王元朝	2004.03—2005.12	

省级社会保险机构历届领导干部名录（1986—2005 年）

表附－3

时 间	机构名称	职 务	姓 名	任职时间	备 注
1986.07—1991.08	四川省职工社会保险事业管理局	局 长	杨大学	1986.07—1991.08	1991.08 退休
		副局长	王建明	1987.01—1991.08	
1991.08—1998.12	四川省职工社会保险事业管理局	局 长	王建明	1991.08—1998.12	1998.12 免职
		副局长	沈涵渭	1991.09—1997.01	
		副局长	左元坤	1992.12—1998.12	
		副局长	李绍泉	1996.09—1998.12	
		机关党委书记	沈涵渭	1997.01—1998.12	
1998.12—2001.09	四川省职工社会保险事业管理局	主持工作	王建军	1998.12—2000.08	副厅长（兼）
		局 长		2000.08—2001.09	
		副局长	李绍泉	1998.12—2001.09	
		副局长	左元坤	1998.12—2001.09	
		副局长	王占良	1999.02—2001.09	
		机关党委书记	沈涵渭	1998.12—2001.09	
2001.09—2005.03	四川省职工社会保险事业管理局	局 长	王占良	2001.09—2005.03	2005.03 调离
		副局长	李绍泉	2001.09—2005.03	
		副局长	左元坤	2001.09—2005.03	
		副局长	董宏杰	2003.09—2005.03	
		机关党委书记	沈涵渭	2001.09—2005.03	
2005.03—2005.12	四川省职工社会保险事业管理局	局 长	王志军	2005.03—2005.12	副厅长（兼）
		副局长	李绍泉	2005.03—2005.12	
		副局长	左元坤	2005.03—2005.08	2005.08 调离
		副局长	董宏杰	2005.03—2005.12	
		机关党委书记	沈涵渭	2005.03—2005.12	

（二）受省部级表彰的单位和个人名录

受省部级表彰的单位（1986—2005 年）

表附－4

受表彰单位	受表彰称号	表彰部门	表彰时间
四川省劳动厅	全国劳动系统先进集体	劳动部	1996 年 12 月
成都市劳动局	全国劳动系统先进集体	劳动部	1996 年 12 月
成都市劳动局	全国劳动保障系统先进集体	人事部、劳动和社会保障部	2000 年 12 月
宜宾市劳动局	集体一等功	劳动和社会保障部	2000 年 12 月
乐至县社会保险事业管理局	集体一等功	劳动和社会保障部	2000 年 12 月
广安市劳动和社会保障局	集体一等功	劳动和社会保障部	2002 年 12 月
乐山市劳动和社会保障局	集体一等功	劳动和社会保障部	2002 年 12 月
南充市就业服务管理局	集体一等功	劳动和社会保障部	2002 年 12 月
内江市社会保险事业管理局	集体一等功	劳动和社会保障部	2002 年 12 月

受省部级表彰的个人（1986—2005 年）

表附－5

姓　名	单位及职务	受表彰称号	表彰部门	表彰时间
刘怀光	成都市青白江区劳动局局长	全国劳动系统先进工作者	劳动部、人事部	1996 年 12 月
胡恭仁	万县市（今属重庆市）劳动局局长	全国劳动系统先进工作者	劳动部、人事部	1996 年 12 月
徐立模	广安市劳动局局长	全国劳动保障系统先进工作者	人事部、劳动和社会保障部	2000 年 12 月
余洪河	四川省劳动和社会保障厅培训就业处处长	个人一等功	劳动和社会保障部	2000 年 12 月
陈广霖	广元市劳动局局长	个人一等功	劳动和社会保障部	2000 年 12 月
杜吉玉	南充市就业服务管理局局长	个人一等功	劳动和社会保障部	2000 年 12 月

续表附－5

姓　名	单位及职务	受表彰称号	表彰部门	表彰时间
石友文	北川县社会保障局局长	个人一等功	劳动和社会保障部	2000 年 12 月
刘松培	泸州市劳动和社会保障局局长	个人一等功	劳动和社会保障部	2002 年 12 月
陈　渝	成都市就业服务管理局局长	个人一等功	劳动和社会保障部	2002 年 12 月
刘光明	攀枝花市社会保险事业管理局局长	个人一等功	劳动和社会保障部	2002 年 12 月
罗　宇	广汉市劳动和社会保障局副局长	个人一等功	劳动和社会保障部	2002 年 12 月
梁海洲	绵阳市劳动和社会保障局副局长	个人一等功	劳动和社会保障部	2002 年 12 月
罗世清（女）	内江市劳动和社会保障局培训就业科科长	个人一等功	劳动和社会保障部	2002 年 12 月
龚德敏（女）	乐山市五通桥区人事劳动和社会保障局局长	个人一等功	劳动和社会保障部	2002 年 12 月
邹玘玲（女）	广安市劳动和社会保障局就业处副处长	个人一等功	劳动和社会保障部	2002 年 12 月
冯开兵	达州市劳动和社会保障局机关党委书记	个人一等功	劳动和社会保障部	2002 年 12 月
税玉奎	巴中市通江县劳动和社会保障局局长	个人一等功	劳动和社会保障部	2002 年 12 月
李锡清	雅安市汉源县人事劳动和社会保障局局长	个人一等功	劳动和社会保障部	2002 年 12 月
杨志元	眉山市社会保险事业管理局副局长	个人一等功	劳动和社会保障部	2002 年 12 月
杨　杉	四川省劳动和社会保障厅办公室主任	个人一等功	劳动和社会保障部	2002 年 12 月
向志雄	成都市金牛区社会保险事业管理局局长	个人一等功	劳动和社会保障部	2005 年 4 月
向志雄	成都市金牛区社会保险事业管理局局长	全国劳动保障系统先进工作者	人事部、劳动和社会保障部	2005 年 6 月

二、大事记

1986 年

4 月　劳动人事部召开全国劳动厅局长会议，通报国务院即将出台改革劳动制度四个暂行规定。会后，四川省立即启动以起草贯彻四个暂行规定意见为重点的改革劳动制度准备工作。

6 月 18 日至 9 月 30 日　贯彻《国务院关于国有企业暂停招工的通知》规定，全省停止国营企业招工、招干、转干，停止办理“子女顶替”工作。

6 月　国务院召开全国省长会议，决定出台改革劳动制度四个暂行规定。会后，四川省加快了贯彻改革劳动制度四个暂行规定的各项准备工作。

7 月 3 日　省政府下发通知，同意在省劳动人事厅下建立省职工社会保险事业管理局，在市（地、州）和县（市、区）建立职工社会保险事业管理处。同意在省劳动人事厅下建立省社会劳动力管理局，与省劳动服务公司实行一个机构、一套人马、两块牌子。为实施劳动和保险制度改革提供组织保障。

7 月 15—17 日　省工资制度改革领导小组在成都召开企业工资工作座谈会，研究完善企业工资总额同上缴利税挂钩试点办法和进一步搞好企业内部工资分配问题。

7 月　省政府决定建立“四川省社会劳动力统筹协调领导小组”，统筹、协调、指导全省城镇劳动力就业和农村劳动力转移工作。领导小组办公室设在四川省劳动服务公司。

8 月 2 日　省政府批转省劳动人事厅等 8 部门《关于扩大退休基金统筹试点有关问题的报告》，决定同年在完善自贡市试点工作的同时，把试点范围扩大到成都、重庆、渡口（今攀枝花市）、德阳、绵阳、内江、乐山、泸州 8 个市。

8 月 30 日至 9 月 3 日　省劳动厅在成都召开全省劳动制度改革工作会议。会议讨论并原则同意提交讨论的省政府贯彻四个暂行规定的实施意见和关于暂停招工期间若干具体问题的处理意见，建议提请省政府审核下发。

9 月 13 日　省政府下发《关于印发贯彻国务院改革劳动制度四个暂行规定的实施意见的通知》，提出实施国务院四个暂行规定的操作办法。

10 月 1 日　国务院发布的改革劳动制度四个暂行规定正式实施，全省机关事业单位和国有企业新招工人一律按新规定实行劳动合同制。

1987 年

1 月 20 日　省劳动人事厅下发《关于深化企业改革中有关劳动、工资保险若干问题的意见》，就企业改革中劳动、工资、保险方面反映出的问题提出政策性意见。

4 月 2—6 日　劳动人事部在成都召开全国劳动服务公司研讨会，对新形势下劳动服务公司的地位、作用、体制和职能等重大问题进行探讨。

4 月 14 日　省政府办公厅下发《关于进一步扩大实行职工退休费用社会统筹的通知》，对 1987 年职工退休费用社会统筹工作提出要求：遂宁和广元两市在全市范围内开展；万县（今属重庆市）、宜宾、涪陵（今属重庆市）、雅安、南充、达州 6 地区和甘孜、阿坝两州在有条件的县（市）试点。规定除经批准按行业统筹的水电、铁路两部直属单位外，其他中央、省属企业均参加当地统筹。

4 月 22 日　省劳动人事厅印发《四川省就业培训工作试行办法》，对就业培训的指导思想、培训对象、组织指导、培训计划、目标、内容、教学管理、考试考核等问题作了规定。

6 月　省劳动人事厅决定在成都无缝钢管厂等 6 单位进行技师聘任制试点，探索合理使用高技能人才办法。

10 月和 11 月　省劳动人事厅和省计划委员会联合发文，分别同意内江市的安岳县和广元市试行劳动计划体制改革。实行全民所有制单位职工人数的增长同工业总产值、交通运输量和商品零售额加权计算的综合系数挂钩。

12 月 2 日　省政府下发《关于搞活固定制度试点工作的通知》，要求各地紧紧围绕搞活企业特别是搞活大中型企业，因地制宜地进行搞活固定工制度试点。

1988 年

1 月 21 日　省劳动人事厅、省人民政府经济体制改革办公室印发《四川省劳务市场暂行办法》，界定了劳务市场概念，对服务对象、项目、方式、收费标准和组织机构作了规定，是四川省首个劳务市场规范性办法。

1 月　省委宣传部等 3 部门印发《搞活固定工制度试点工作的宣传提纲》，阐述搞活规定工制度的目的、意义、政策、方法和步骤，要求各地按统一口径宣传搞活固定工制度工作。

2 月 11—14 日　国际劳工局意大利劳动经济专家莫里阿尼一行在四川省访问，与四川省劳动人事厅和成都市劳动局交流人力计划和信息统计情况，参观了成都量具刃具厂。

2 月 26 日至 3 月 1 日　省劳动人事厅在攀枝花市召开劳动制度改革座谈会，总结搞活固定工制度试点工作，研讨搞活固定工制度中富余职工安置等问题。

3 月 16 日　省劳动人事厅下发《关于贯彻执行劳动人事部〈关于技工学校毕业生当工人后实行劳动合同制的通知〉的实施意见》，拉开了作为工人安置的统一分配人员实行劳动合同制序幕。

5 月 2—8 日　以嘉里・柯宾首席副部长为团长的美国密执安州劳工代表团，对四川省劳动人事厅进行友好访问。省人大常委会主任何郝炬，副省长马麟接见并宴请外宾。

5月6日 省政府批转省劳动人事厅《关于解决原县办国营“五小”企业亦工亦农人员问题的意见》，同意一次性将历史形成的原县办国营“五小”企业的亦工亦农人员招收为劳动合同制工人，并提出了相关的政策措施。

6月22日 省政府印发省经济体制改革委员会《关于国营企业在推行和完善承包经营责任制中实行工资总额同经济效益挂钩办法的意见》，要求地方国营企业原则上都要实行工资总额同经济效益挂钩办法。

8月2日 省政府发布《四川省国有企业劳动争议处理实施细则》，对劳动争议处理范围、劳动争议调解和仲裁机构设立、市（地、州）和县（市、区）两级仲裁委员会受理劳动争议的管辖范围、劳动争议仲裁的申请和受理、处理劳动争议的程序等作了规定。

8月9日 省政府印发省经济体制改革委员会等部门《关于国营企业推行和完善承包经营责任制中实行工资总额同经济效益挂钩办法的意见》的通知，明确企业工资总额同经济效益挂钩的范围、基本原则、形式和工资总额基数以及经济效益指标基数和工资浮动比例的核定原则和办法。要求从1988年开始，地方国营企业原则上都要实行工资总额同经济效益挂钩办法。

10月16日 省政府批转省劳动人事厅《关于搞活全民所有制企业固定工制度若干问题的意见》，提出搞活固定工制度的原则、方法和富余人员安置意见，要求全省全面推行搞活固定制度工作。

1989年

1月11—16日 省劳动人事厅在成都召开全省劳动局长会议，研究部署1989年劳动工作治理整顿、深化改革问题。省长张皓若，副省长谢世杰到会，并与代表座谈。

5月15—18日 省劳动厅在德阳市召开全省企业工资工作会议，贯彻国务院批转劳动部等部门《关于进一步改进和完善企业工资总额同经济效益挂钩的意见》，研究部署地区和企业工资总额与经济效益挂钩及内部分配工作。省委常委宋宝瑞出席会议并讲话。

6月13日 省政府批转省劳动厅《关于对家居农村老工人逐步扩大换工试点的报告》，对换工的范围、对象、条件、形式等内容作了规定，要求全面开展试点工作。

8月23日 省政府下发《关于清理压缩临时工和计划外用工的通知》，规定清理压缩的重点、方法和任务、提出相关工作要求。

10月25日 省政府下发《关于进一步加强工资基金管理的意见》，从加强工资计划管理、严格控制计划外用工和发放一次性奖金等方面提出了控制消费基金过快增长意见。

11月9日 省政府下发《关于做好劳动就业工作的通知》，要求从严控制“农转非”、努力拓宽就业渠道、大力发展职业技术培训、逐步建立就业基金、认真开展就业服务，进一步推进就业工作。

1990 年

2 月 22 日至 3 月 1 日 劳动部副部长李沛瑶一行在广汉市和仁寿县、射洪县调研农村劳动力转移和管理工作。

2 月 23—24 日 省职工社会事业管理局在成都市召开全省医疗保险制度改革座谈会，要求对企业职工患大病一次性住院治疗发生的医疗费，实行统筹或调剂。会后部分地区开始实施大病医疗保险统筹办法。

3 月 6 日 省政府下发《关于清理整顿劳动服务公司有关问题的通知》，明确清理整顿的任务和目的。规定省/市（地、州）社会劳动力管理部门、劳动服务公司统一更名为“就业服务管理局”，县（市、区）社会劳动力管理部门、劳动服务公司的更名由市州政府、地区行署决定；各级国家机关原设置的劳动服务公司一律摘牌；企业事业单位的劳动服务公司保留，任务不变。

6 月 14 日 省政府下发《关于进一步搞好我省劳务输出工作的通知》，指出劳务输出正在形成一项重要产业。要求进一步提高认识、加强组织领导、实施政策鼓励、做好输出人员培训，稳步推进四川的劳务输出工作。

11 月 16—21 日 省统计局、省劳动厅、省人事厅在成都联合召开劳动工资统计工作会议，研究和部署在劳动工资统计中划分企业、事业和机关范围工作。

1991 年

1 月 19—23 日 省劳动厅在成都召开四川省重点森工企业富余人员调出安置工作会议，贯彻中共四川省委和四川省人民政府分期分批安置重点森工富余职工决定，交接第一批调出安置工人的档案等材料。省委副书记冯元蔚、副省长罗通达到会并讲话。

2 月 27 日至 3 月 2 日 省劳动厅、省教育委员会等部门联合召开的四川省职工技术教育工作会议，将就业训练工作和就业训练中心列入全省职业技术教育四大组成部分之一。

7 月 28 日至 8 月 4 日 省劳动厅在攀枝花市召开全省深化劳动制度改革研讨会，研讨进一步深化劳动、工资、保险三大制度改革办法和政策。

8 月 31 日 省政府批转省劳动厅等部门《关于加强城镇集体所有制职工工资收入管理的意见》，明确城镇集体所有制职工工资收入管理的范围，规定全省各级各类集体企业职工工资收入由企业所在地劳动部门归口管理，并实行宏观调控办法。

10 月 4—7 日 省劳动厅、省劳动学会在达县市联合召开地方国营企业集资招工问题研讨会。会议分析了集资招工的利弊，提出改进的建议意见。

10 月 20—30 日 国际劳工局、劳动部在成都举办第七期国际社会保险培训班。140 多名来自全国的社会保险干部参加培训。

11 月 11 日 省政府下发贯彻国务院国有企业职工养老保险制度改革的决定的通知，明确国营企业职工退休费用实行省级统筹的时间、基金筹集原则和全省城镇集体所有制企业职工养老保险政策和退休费用社会统筹归口劳动部门管理与经办体制；提出了建立职工个人缴纳基本养老保险费制度和补充养老保险制度的原则和办法。

1992 年

1 月 9 日 省政府印发《四川省全民所有制企业职工退休费用省级统筹实施方案》，决定从 4 月份起，国有企业职工退休费实行省级统筹。

3 月 省劳动厅在广汉市召开四川省深化劳动制度改革工作会议，研究实施全员劳动合同制的政策和措施。

3 月 17 日 省劳动厅、省审计局发布《四川省社会保险审计制度》，对社会保险审计机构和审计人员的主要职责、审计内容、审计工作程序和方法、审计材料的报送和归档作了规定。

4 月 14—15 日 省政府在成都市召开四川省退休费用省级统筹实施大会，推动省级统筹启动实施。劳动部副部长李沛瑶，四川省人民政府省长张皓若，中共四川省委副书记李伯勇，四川省人民政府副省长蒲海清先后到会并讲话。

4 月 25 日 省政府下发《批转四川省劳动厅关于转换经营机制试点企业实行全员劳动合同制若干问题的意见的通知》，明确全员劳动合同制的实施范围、方法、步骤和政策。

5 月 8—10 日 全省企业工伤保险制度改革经验交流会在广元市召开。会议交流试点地区改革经验，提出进一步扩大工伤保险制度改革试点意见，安排内江、绵阳等市开展改革试点。

5 月 15—20 日 国际劳工局北京局局长格鲁阿特一行 3 人，考察四川省社会保险工作和社会保险干部培训情况。省委副书记李伯勇，副省长谢世杰分别会见格鲁阿特一行。

7 月 27—31 日 省劳动厅在都江堰市召开全省三项制度改革研讨会，研讨深入开展劳动、工资和社会保险三项制度改革的政策和措施。省委副书记宋宝瑞，副省长蒲海清到会并讲话。。

10 月 9 日 省政府下发《关于进一步做好就业工作的通知》，要求切实加强对工作的领导和就业服务体系建设、积极培育和发展劳务市场、巩固和发展劳动就业服务企业、加强就业训练，统筹推进城乡就业工作。

1993 年

3 月 1—3 日 国际劳工局顾问阿伯尔·史密斯、国际劳工局北京分局副局长刘斯武，在川考察医疗社会保险情况。副省长蒲海清会见阿伯尔·史密斯一行。

3 月 4—6 日 省职工社会保险事业管理局在遂宁市召开企业职工基本养老金计发办法改革座谈会，介绍和讨论遂宁市企业职工基本养老金计发改革试点办法，提出了完善建议。

4 月 16 日 省劳动厅在德阳市召开劳动力市场建设现场会，总结推广德阳市加快培育和发展劳动力市场、强化职业介绍工作和开展劳动事务工作“一条龙”服务经验。

5 月 12 日　省劳动厅印发《关于改革企业劳动工资计划管理办法的意见》和《四川省全民所有制企业弹性工资总额计划管理试行办法》，决定从 1993 年起，省对地区、部门，地区、部门对企业不再下达指令性的职工人数计划，实行用工资总额间接调控职工人数办法；明确省对市（地、州）和部门实行工资总额与相关经济指标挂钩的指标选择、基数核定、计划审批考核等操作办法。

5 月 30 日　省劳动厅下发《关于将集体所有制企业劳动争议纳入劳动仲裁范围的通知》，规定从通知下发之日起，集体所有制企业的劳动争议，当事人可按规定依法向当地劳动争议仲裁委员会申请仲裁。

6 月 10 日　省政府下发《关于加快培育和发展劳务市场的通知》，提出了加快劳务市场建设步伐、加强劳动就业服务体系建设、建立健全职业介绍网络、完善配套政策和加强劳务市场管理的办法和措施。

6 月 20—22 日　澳大利亚社会保障部副部长巴列顿·郭菲、国家培训中心副主任约翰·里根一行在川访问，考察了四川省的社会保险情况。

12 月 2—5 日　省劳动厅在西昌市召开全省重点森工转产安置总结表彰会议，总结重点森工企业调出工人安置工作，奖励和表彰完成任务较好和如期完成任务的 46 个地区和部门。

1994 年

2 月　劳动部将成都市定为“再就业工程”试点城市；省就业服务管理局将重庆、绵阳、南充、泸州四市定为四川省的“再就业工程”试点城市。

4 月 9—15 日　全国人大常委会副委员长李沛瑶带领的调研组，在内江和乐山市、广安地区、双流县等地，调研农村劳动力转移、劳务输出、乡镇企业吸纳农村劳动力情况。

5 月 4 日　省政府颁布《四川省企业职工失业保险规定》，对失业保险基金的筹集管理、基金使用等内容作了规定。并将待业保险改称为失业保险，失业保险的范围由国有企业扩大到全部企业，享受失业保险的对象延伸至参加保险的全部非自愿失业者。

10 月 25—27 日　省职工社会保险事业管理局、省林业厅联合召开四川省重点森工企业离退休人员退休统筹交接工作会。0. 56 万名森工企业离退休人员由企业移交职工社会保险机构管理。

11 月 17—18 日　省劳动厅批准在全省建立 75 个国家职业鉴定所，可鉴定工种 40 多个。

12 月 2 日　省政府颁布《四川省劳动争议处理实施办法》，对劳动争议处理的原则、机构、范围、内容和管辖等作了规定。劳动争议处理的范围由企业扩大到全部用人单位，处理的内容增多。

1995 年

2 月 24 日　省劳动厅在内江市召开企业工资工作研讨会，交流 22 户新机制试点企业实行经营者年薪制经验，布置 1995 年的工资工作。

3 月 14 日　省政府下发《关于全面实行劳动合同制的通知》，部署全面实行劳动合同制工作。

要求到1995年年末，全省的企业基本达到以劳动合同确立劳动关系的改革目标。

4月21日 省劳动厅印发《四川省职业介绍管理暂行规定》，对职业介绍机构的设立、服务规则和范围、组织管理及法律责任等内容作出规定。

5月16—19日 全国人大常委会副委员长李沛瑶在川调研建立健全社会保险体系问题。

6月13日 省政府颁布《四川省最低工资保障规定》，对最低工资的构成、制定机关、保障范围和对象等内容作了规定。

7月27日 省政府下发《关于实施“再就业工程”的通知》，明确实施“再就业工程”的目标、对象、政策和措施。

8月8—18日 劳动部副部长朱家甄在川调研实施《中华人民共和国劳动法》和工资工作。四川省人民政府副省长蒲海清会见其一行。

8月14—17日 省劳动厅在什邡县召开贯彻实施《中华人民共和国劳动法》工作会议，总结贯彻《中华人民共和国劳动法》情况，研究进一步实施《中华人民共和国劳动法》的办法和措施。

10月13日 省政府发布《四川省劳动监察规定》，对劳动监察的职责、管辖、范围、方式、程序和法律责任等内容作了规定。赋予全省各级劳动行政部门对企业、个体经济组织遵守劳动法律、法规和规章情况的监督检查权。

10月29日至11月2日 全国焊工技能大赛在四川举行。全省职工受比赛影响，学习职业技能的积极性渐增。

11—12月 省劳动厅组织各级劳动部门，在全省范围内集中开展用人单位贯彻《中华人民共和国劳动法》情况的综合大检查活动，推动《中华人民共和国劳动法》的各项规定进一步落实。

12月12日 省政府下发《关于贯彻国务院深化企业职工养老保险制度改革的通知》，在全省全面推行企业职工基本养老保险社会统筹与个人账户相结合的新制度。

1996年

3月25日 省委办公厅、省政府办公厅下发《关于80户试点企业劳动、工资、社会保险制度改革的实施意见》，提出试点企业富余职工安置途径和政策，要求各级政府进一步落实试点企业的用人和分配自主权，试点企业必须参加养老、失业、医疗、工伤和生育保险 。

4月16日 省人大常委会颁布《四川省职业介绍管理条例》，对职业介绍机构的申办条件和程序、管理和规则、法律责任等内容作了规定。

5月 根据国务院的要求和四川省人民政府安排，绵阳、泸州两市启动医疗保险社会统筹与个人帐户相结合的改革试点工作。

6月28日 省劳动厅等部门和组织联合下发《关于逐步实行集体协商和集体合同制度的意见》，部署集体协商和签订集体合同工作。

7月24日 省劳动厅等部门和组织转发劳动部等部门和组织《关于私营企业和个体工商户全面实行劳动合同制的通知》，对私营企业用工和个体工商户雇员实行劳动合同制工作进行部署。

8月15日 省劳动厅下发《关于贯彻〈企业经济性裁减人员规定〉的意见》，提出了经济性裁减人员的困难企业标准，规定企业经济性裁员实行方案报告制度，要求受理裁员报告的劳动行政部门认真做好方案合法性审核工作。

11 月 14 日 省委办公厅、省政府办公厅下发《关于进一步做好部分企业职工生活困难救助工作保持社会稳定的通知》，要求层层建立帮困资金，进一步落实救助政策，保障困难企业职工基本生活。

12 月 6 日 劳动部下发表彰决定，授予四川省劳动厅等两个单位全国劳动系统先进集体称号。

12 月 9 日 劳动部、人事部下发表彰决定，授予成都市青白江区劳动局局长刘怀光等 2 人全国劳动系统先进工作者称号。

1997 年

1 月 2 日 省劳动厅、省人事厅联合下发决定，授予成都市劳动局局长韩志堂等 44 人四川省劳动系统先进工作者称号。

3 月 6 日 省劳动厅发文贯彻劳动部《关于加快养老金社会化发放工作的通知》，规定参加养老保险社会统筹的企业离退休人员，统筹项目的养老待遇，实行以委托银行代发为主的社会化发放办法。要求通过全额缴拨、强化基金收缴和管理等措施保障社会化发放政策的落实。

3 月 11 日 省劳动厅、省财政厅联合发文贯彻劳动部、财政部《关于改进完善企业工资总额同经济效益挂钩办法的通知》，规定四川省地方国有企业，凡具备条件的，都要实行工效挂钩办法，不具备条件的，实行工资总额包干办法；建筑施工企业实行工资总额与施工产值和实现利润（税）挂钩办法；商业企业继续实行“联销联利”计酬办法。

3 月 22 日 省劳动厅下发《关于贯彻〈企业职工工伤保险试行办法〉的实施意见的通知》，要求建立工伤保险与安全生产结合机制，规范工伤保险范围和待遇标准及项目，工伤医疗费逐步纳入工伤保险基金支付范围。

6 月 23 日 省劳动厅和省总工会联合颁发《四川省企业职工生育保险试行办法》，规定各类企业为参保对象，生育保险费按属地原则统筹，参保企业女职工生育由生育保险基金按规定支付保险待遇。

9 月下旬 劳动部部长李伯勇率有关部委人员在川调研实施“再就业工程”情况，听取了四川省人民政府的汇报，并到成都、绵阳两市进行实地调研。

10 月 14 日 省劳动厅、省经济贸易委员会联合转发劳动部、国家经贸委印发的《企业职工培训规定》，要求各地加强对企业职工培训工作的指导，督促企业建立健全培训、考核与使用相结合并与待遇相联系的激励机制，实行“准入”控制和持证上岗制度，保障培训经费和完善培训条件，促进企业职工培训与“再就业工程”相衔接。

11 月 20 日 省政府下发《贯彻〈国务院关于建立统一的企业职工基本养老保险制度的决定〉的通知》，颁布《四川省贯彻统一的企业职工基本养老保险制度实施办法》，决定从 1998 年 1 月 1 日起，企业职工的基本养老保险执行新制度。

1998 年

1 月上旬 劳动部副部长李其炎率全国解困联席会议工作组在川检查企业职工解困工作，慰问困难企业职工。

1 月中旬 劳动部工作组在川检查农村劳动力跨地区流动有序化工程实施情况，到成都、自贡、宜宾火车站进行实地调研和问卷调查。

1 月 企业职工养老保险基金开始纳入财政专户，养老保险基金实行“收支两条线”管理。

2 月 26 日 省政府下发《关于加强全省企业职工养老保险基金管理有关问题的通知》，明确全省各级社会保险经办机构人员的经费列入同级财政的预算，由同级财政核拨经费。

5 月 21 日 省委、省政府下发《关于做好国有企业下岗职工及离退休职工“两保”工作的紧急通知》，明确国有企业下岗职工基本生活保障和企业离退休职工养老金发放政策和任务，提出落实政策的保障措施和工作要求。

5 月 28 日 省劳动厅 、省财政厅印发《关于确保国有企业离退休人员养老金按时足额发放的通知》，规定从当年 7 月 1 日起，企业缴纳社会保险费由差额缴拨改为全额缴拨。

6 月 4 日 省委、省政府下发《关于做好我省国有企业下岗职工基本生活保障和再就业工作的通知》，对下岗职工基本生活保障和再就业资金筹集、下岗职工管理、劳动力市场建设、再就业服务等内容作了规定。

6 月 5 日 省解困再就业工作领导小组下发《关于在全省国有企业建立再就业服务中心，加强下岗职工管理的通知》，要求有下岗职工的国有企业都要建立再就业服务中心或指定机构，负责下岗职工基本生活费的筹集、发放和再就业服务工作。

7 月 全省城镇企业职工养老保险纳入省级统筹。

8 月 28 日 省政府召开四川省基本养老保险行业统筹移交地方管理工作会议，将在川 10 个行业统筹单位的 60 万名在职职工和 21.8 万名离退休人员移交地方管理。

9 月 13—18 日 劳动部副部长林用三一行 4 人，在川调研保下岗职工基本生活和企业离退休人员基本养老金按时足额发放及再就业工作，并到成都、内江、自贡三市实地考察。

9 月 省政府启动实施天然林资源保护工程，森工企业 3.79 万名离退休人员交给省职工社会保险事业管理局直管。

12 月 18 日 省人大常委会颁布《四川省社会力量办学条例》，对社会力量办学教育机构设立、组织管理、教育机构的教学与行政管理等内容作了明确规定，社会力量办学逐步规范。

1999 年

1 月 7 日 英国国际开发署专家侯赛因·巴克一行到川，就国有企业改革、失业保险援助项目进行考察。

1 月 8 日 省政府在成都召开全省城镇职工医疗保险制度改革准备工作会，传达贯彻全国城镇职工医疗保险制度改革工作会议精神，研究部署城镇职工医疗保险制度改革准备工作。副省长李进出席并讲话。

2 月上旬 劳动和社会保障部副部长林用三带队的检查组，在川检查贯彻落实国务院第二次再就业工作会情况，慰问离退休职工和下岗职工。

3 月 10 日 省委、省政府下发《关于进一步做好国有企业下岗职工基本生活保障、再就业和离退休职工养老金发放工作有关问题的通知》，要求提高认识、加大资金筹集力度、办好企业再就业服务中心，切实做好下岗职工基本生活保障、再就业和企业离退休人员养老金按时足额发放工作。

4 月 2—4 日 省政府在成都召开全省城镇职工医疗保险制度改革工作会议，研究部署全省城镇职工医疗保险制度改革工作。省委副书记、常务副省长张中伟，省委常委甘道明，副省长李进出席会议。张中伟、李进作了讲话。

4 月下旬 劳动和社会保障部副部长王建伦一行 5 人在四川检查下岗职工基本生活保障、离退休人员养老金按时足额发放和再就业工作，听取了四川省劳动厅的汇报，并到成都市、绵阳市实地检查。

5 月 18 日 省政府下发《四川省贯彻〈国务院关于建立城镇职工基本医疗保险制度的决定〉的意见》，明确建立城镇职工基本医疗保险制度的原则、覆盖范围、统筹层次、基金筹集、医疗待遇等问题。要求各地于 1999 年年底前全部实施基本医疗保险制度。

5 月 18 日 省政府下发《关于贯彻实施〈失业保险条例〉有关问题的通知》，规定失业保险的参保范围、单位及个人缴费标准、基金统筹办法、享受失业保险待遇对象及标准等内容。

6 月 1 日 省编制委员会办公室发出通知，将省人事厅机关事业单位社会保险、省卫生厅公费医疗管理、省民政厅农村社会保险机构、编制和人员划转省劳动厅。

8 月 14 日 省人大常委会颁布《四川省外商投资企业劳动管理条例》，对外商投资企业的劳动关系建立与调整、劳动报酬、社会保险、劳动安全与职业卫生和法律责任等内容作了明确规定。

8 月 20 日 省编制委员会办公室发出通知，把省劳动厅锅炉、压力容器、电梯、防爆电器等特种设备的安全监察监督管理机构、编制和人员划归省质量技术监督局。

10 月 8 日 省编制委员会办公室发出通知，将省经济体制改革委员会承担的社会保险和医疗改革职能划转给省劳动厅。

10 月 18—23 日 劳动和社会保障部部长张左己一行 4 人在川调研，考察成都市的社会保障工作和阿坝森工职工的社会保障情况。

11 月 1 日 省劳动厅印发《四川省技工学校调整改革工作的意见》，提出技工学校要按“优化资源、扩大规模、提高效益和适应市场”的原则，通过撤销 、合并等方式整合职业教育资源。

11 月 29 日 省劳动厅等部门转发劳动和社会保障部、财政部、人事部《关于事业单位参加失业保险有关问题的通知》，规定四川省行政区域内城镇所有事业单位、有专职人员的社会团体、有劳动合同制工人和事业编制人员的机关，应当到就业服务管理机构进行社会保险登记，按时申请并足额缴纳失业保险费。缴纳失业保险费从 1999 年 1 月 1 日起执行，最迟不超过 1999 年 10 月 1 日。

2000 年

2 月 16—18 日 劳动和社会保障部副部长林用三一行，在川检查 2000 年春运期间组织民工有序流动工作，并到成都、宜宾和自贡火车站进行实地考察。

5 月 18 日 省委办公厅、省政府办公厅印发《四川省国有独资和国有控股公司经营者年薪制试行办法》，对经营者年薪制原则、年薪构成及确定、年薪考核兑现等内容作了规定。

5 月 19 日 省委、省政府下发《关于加快城镇社会保险事业改革和发展的意见》，要求进一步扩大基本养老等 5 项社会保险和城镇居民最低生活保障制度的覆盖面，加大社会保险费征缴力度，提高社会保险基金的支付能力。

6 月 1 日 省劳动和社会保障厅 、省总工会下发《关于开展企业工资集体协商试点工作的意见》，就企业工资集体协商的原则、内容、程序、方式、代表产生、协议签订和争议处理等内容提出意见。

8 月 28—30 日 省劳动和社会保障厅、省解困再就业工作领导小组办公室在南充市召开全省社区就业工作经验交流会，总结交流全省社区就业工作经验，推广南充市发展社区实体和居民服务业，增加就业容量，扩大社区就业的经验。

10 月 12—13 日 中英失业保险合作项目考察团在川考察。

10 月 24 日 省委办公厅、省政府办公厅下发《关于全面实施按比例安置残疾人就业的通知》，规定从 1999 年 1 月 1 日起，在四川省行政区域内的机关、团体、事业、企业和其他组织，均按不低于在职职工 1.5% 的比例安置残疾人就业。

10 月 30 日 省政府办公厅转发省劳动和社会保障厅等 15 部门和机构《关于进一步完善和落实再就业优惠政策的意见》，进一步明确享受优惠政策的人员范围和有关政策，规定从 2002 年起建立《再就业优惠政策明白卡》制度，保障下岗失业人享受优惠政策。

12 月 21 日 人事部、劳动和社会保障部下发表彰决定，授予成都市劳动和社会保障局全国劳动保障系统先进集体和广安市劳动局局长徐立模全国劳动保障系统先进工作者称号。

12 月 22 日 劳动和社会保障部下发记功决定，给四川省宜宾市劳动局等两个单位记集体一等功；给广元市劳动局局长陈广霖等 4 人记一等功。

2001 年

1 月 7—9 日 劳动和社会保障部部长张左己在川检查全国社会保险工作会议精神贯彻落实情况。

4 月 5 日 成都、攀枝花、南充、宜宾和绵阳五市，被劳动和社会保障部列为全国 100 个社区就业重点联系城市。

5 月 31 日 国际劳工组织专家伊丽莎白·莫瑞斯在川考察失业保险情况。

10 月 11 日 省政府办公厅下发《关于推动国有企业下岗职工基本生活保障向失业保险并轨及促

进再就业有关问题的通知》，要求分类处理下岗职工的劳动关系，妥善处理经济补偿和债权债务问题，稳步推进国有企业下岗职工基本生活保障向失业保险并轨，大力促进下岗职工再就业。

11 月 5 日 四川省省级机关就业办的人员、编制、固定资产整体移交给四川省劳动和社会保障厅，为四川省就业服务管理局直属的具有独立法人资格的事业单位。

11 月 25 日 省编委批复，同意成立省劳动保障监察总队，核定行政执法人员编制 15 名。

2002 年

1 月 18 日 省人大常委会颁布《四川省劳动和社会保障监察条例》（简称《条例》），自 2002 年 3 月 1 日起实施。《条例》提升了劳动保障监察的权威，把监察的内容，由劳动扩大到社会保障方面。

3 月 28 日 省劳动和社会保障厅发文贯彻劳动和社会保障部《关于完善城镇职工基本养老保险政策有关问题的通知》，就续保人员、年龄偏大再就业困难下岗职工、农民合同制职工缴费办法和破产企业欠缴的基本养老保险费清偿或核销以及丧失劳动能力职工计发退休费等问题提出了意见。

4 月 27 日 省编委办公室发出通知，同意将省煤炭工业社会保险事业中心的职能、编制及人员划入省社会保险事业管理局。

5 月 15 日 省劳动和社会保障厅、省总工会联合印发《关于进一步推行企业工资集体协商制度的意见》，明确工资集体协商的程序和方法，要求不断扩大实行工资集体协商的企业范围和搞好分类指导工作。

8 月 13 日 省劳动和社会保障厅等部门和组织转发劳动和社会保障部等部门和组织《关于建立和健全劳动关系三方协调机制的指导意见》，要求全省 21 个市（州）在 2002 年内，都要建立劳动关系三方协调会议制度或劳动关系三方协调委员会。

11 月 5 日 省委、省政府下发《关于进一步做好下岗失业人员再就业工作的通知》，明确再就业工作的目标任务、扶持政策和建立再就业资金等问题，要求全面推进劳动力市场建设、完善就业服务体系和进一步完善社会保障体系。

11 月 27 日 省劳动和社会保障厅下发《关于省属国有企业改制中职工安置方案审核有关问题的通知》，就省属国有企业改制职工安置方案审核的范围、内容、材料、政策和要求提出了意见。

12 月 2 日 劳动和社会保障部下发记功决定，给广安市劳动和社会保障局等 4 个单位记一等功；给泸州市劳动和社会保障局局长刘松培等 13 人记一等功。

12 月 21 日 四川省再就业救助中心挂牌成立。省委书记张学忠为中心揭牌。

2003 年

1 月 13 日 省劳动和社会保障厅下发表彰和记功决定，授予成都市成华区劳动和社会保障局等 19 个单位四川省劳动保障系统先进单位称号；给金堂县就业服务管理局外派劳务服务中心主任高银生等17人记二等功。

6月19日 省政府下发《关于进一步做好普通高等学校毕业生就业工作的意见》，就高校毕业生就业工作管理、拓宽高校毕业生就业渠道、加强对高校毕业生就业服务等问题提出了意见。同时，决定成立四川省普通高校毕业生就业工作领导小组，统筹协调高校毕业生就业的有关重大问题。

6月24日 川省劳动和社会保障厅印发《城镇灵活就业人员参加基本医疗保险的意见》，要求各地按权利和义务相对应、缴费水平与待遇水平相统一原则，设计不同费率与待遇水平的医疗保险办法，供城镇灵活就业人员选择。

6月27日 省政府下发《关于建立四川省劳动关系协调委员会的通知》，决定成立由省委副书记、副省长蒋巨峰任主任委员的四川省劳动关系协调委员会，研究协调四川省劳动关系方面的重大问题。

7月8—9日 中英失业保险合作项目逻辑框架会议在成都召开，中英失业保险合作项目正式启动。

7月21日 省编委下发《关于加强全省街道和乡镇劳动保障机构建设有关问题的通知》，规定了全省街道和乡镇劳动保障机构设置原则和办法、机构的工作职责和人员编制。

8月1日 省政府办公厅下发《关于进一步做好农民进城务工就业管理和服务工作的通知》，要求各地区和部门坚决取消对农民进城务工就业的不合理限制，依法保障农民工劳动、报酬、子女教育等权利，加强对农民工的服务和管理。

8月29日 省劳动和社会保障厅下发《关于统一社会保险费征缴基数的意见》，就各项社会保险费征缴基数涉及的政策、程序作统一规定。

9月1日 省劳动和社会保障厅等部门下发《关于实施〈境外就业中介管理规定有关问题的意见〉》，对境外就业中介机构设立、中介机构的经营管理、备用金管理等方面的问题提出了实施意见。

11月17日 省劳动和社会保障厅发文贯彻劳动和社会保障部办公厅《关于加强职业技能鉴定质量管理有关工作的通知》，要求各级劳动和社会保障部门及省级相关部门，严格执行国家职业标准，加强试题和鉴定机构管理、建立职业技能鉴定督导制度，保障职业技能鉴定质量。

12月22日 省政府下发《关于贯彻〈工伤保险条例〉的实施意见》，对工伤保险统筹层次、储备金制度、参保范围、基金筹集管理、工伤认定和工伤待遇等内容作了规定。

2004年

1月30日 省劳动和社会保障厅等部门和组织下发《关于成立四川省劳动能力鉴定委员会的通知》，决定组建四川省劳动能力鉴定委员会，承担省级机关和部分中央、省属企事业单位职工劳动能力鉴定和市（州）劳动能力鉴定结论争议的鉴定复查工作。

2月20日 省政府下发决定，表彰全省社会保险机构2003年在养老保险工作中取得显著成绩。同年全省养老保险基金征收首次突破100亿元，达到102亿元，比上年增加15亿元，创历史最好成绩。

4月20日 省劳动和社会保障厅转发劳动和社会保障部颁布的《集体合同规定》，从集体合同的内容、协商代表产生、审查管辖和改制企业集体合同处理等方面提出贯彻意见，要求进一步推进集体合同制度的建立和完善，不断扩大集体合同的覆盖面。

4月22日 四川省劳动关系协调委员会召开第一次会议，总结四川省劳动关系协调工作，分析劳动关系协调工作面临的形势，提出了6项工作任务。省劳动关系协调委员会主任委员、省委副书记、副省长蒋巨峰出席并讲话。

5月31日 全省“金保工程”工作现场会在阆中市召开。会议交流“金保工程”建设经验，部署社会保险数据中心建设工作。

6月21日 省劳动和社会保障厅等部门下发《关于做好失地无业农民失业保险和再就业工作的通知》，决定从2004年1月1日起，将新产生的失地无业农民纳入失业保险范围，并就失业保险基金筹集、待遇申领办法和再就业政策作了规定。

6月23日 省政府侨务办公室、省劳动和社会保障厅下发《关于进一步做好归侨侨眷下岗失业人员再就业工作的意见》，要求国有企事业单位，一般不安排归侨、侨眷职工下岗；各级侨办和劳动保障部门要建立工作协作机制，通过加强培训和落实促进就业政策，推动下岗的归侨侨眷职工再就业。

8月23日 省劳动和社会保障厅发文贯彻劳动和社会保障部颁布的《最低工资规定》，对最低工资标准的形式、实施范围、方案制定调整和执行等方面提出了意见。

2005年

1月6日 省政府在成都召开全省再就业工作表彰大会，表彰全省70个再就业工作先进集体和79名先进个人。

2月25日 成都市金牛区社会保险事业管理局局长向志雄因劳累过度，逝世在工作岗位。省劳动和社会保障厅决定，在全省劳动保障系统开展向向志雄学习的活动。

3月16日 省政府办公厅下发通知，通报表彰全省社会保险机构在2004年实现养老、工伤和生育保险费征收130亿元的优异成绩。

4月27日 省劳动和社会保障厅下发《关于建立行业人工成本信息指导制度的通知》明确：建立行业人工成本信息指导制度工作，2005年先在成都市开展，2006年逐步扩大范围。

5月17日 中共中央政治局常委、国务院副总理黄菊批示，要求在全国劳动保障系统开展学习宣传向志雄先进事迹的活动；劳动和社会保障部、中共四川省委，分别作出向向志雄学习的决定。

5月21日 省委决定，追授向志雄“优秀共产党员”称号。

6月2日 省委办公厅、省政府办公厅下发《关于加强农村人才开发工作的意见》，提出了加强农村人才培训、建立农村人才激励机制、加强农村人才市场建设等意见。

7月26日 省总工会、省劳动和社会保障厅印发《四川省区域性、行业性劳动争议调解试行办法》，规定市/县（区）/乡镇（街道）应建立区域性劳动争议调解委员会，省/市/县（区）行业主管部门应建立行业性劳动争议调解委员会。并对区域性、行业性劳动争议调解委员会的基本职责、调解工作规则及受案范围等作规定。

9月20日 省劳动和社会保障厅下发《关于实施〈台湾香港澳门居民在内地就业管理规定〉有关问题的通知》，规定《台港澳人员就业证》的申请、办理和台港澳人员就业登记备案办法，要求各市（州）劳动和社会保障部门确定机构、落实人员，做好台港澳人员就业管理与服务工作。

10月21—23日 第二届泛珠三角区域劳务合作联席会议在成都召开。会议审议通过了《泛珠三角区域劳务合作计划》，签署了《泛珠三角区域维护跨省区务工人员合法权益联动协议》和《泛珠三角区域九省区劳动力市场网络合作议定书》；举办了以“劳动就业环境与区域劳务合作”为主旨的高峰论坛。劳动和社会保障部副部长张小建，中共四川省委常委甘道明出席会议并致辞。

11月7日 四川省首家劳动仲裁院——广元市劳动仲裁院成立。劳动和社会保障部副部长华福周为仲裁院揭牌。

12月 省政府决定，一次性补发1998年前企业拖欠离退休人员养老金3.54亿元，成为全国第17个无历史拖欠养老金的省（市、区）。

12月 省委、省政府召开四川省创新人才表彰大会，对10名“四川杰出创新人才”给予重奖。攀枝花钢铁集团公司技能人才刘关洪获此殊荣。

三、文献辑存

（一）地方法规

四川省职业介绍管理条例

（1996年4月16日四川省第八届人民代表大会常务委员会第二十次会议通过）

第一章　总　则

第一条　为促进劳动力资源的合理流动和有效配置，规范劳动力市场行为，根据《中华人民共和国劳动法》和国家有关规定，结合四川实际，制定本条例。

第二条　本条例所称职业介绍，是指运用市场机制为劳动力供求双方实现相互选择而提供的中介服务行为。

第三条　在四川省行政区域内从事职业介绍活动，适用本条例。境外劳动力入境就业和境内人员出境就业按国家有关规定执行。人才交流活动按照国家和省政府的有关规定执行。

第四条　各级人民政府应当采取措施发展多种类型的职业介绍机构，实行劳动部门举办和非劳动部门举办相结合，互相补充、协调发展。

第五条　职业介绍活动，必须遵守有关法律、法规、规章、政策，坚持公平竞争、相互选择、诚实信用的原则，充分尊重用人方的用人自主权和劳动者的择业自主权，维护劳动力供求双方的合法权益。

第六条　县级以上劳动行政部门主管本行政区域内的职业介绍活动，负责本行政区域内的职业介绍管理。各级劳动就业服务机构在同级劳动行政部门领导下，具体负责职业介绍工作。工商、公安、物价、税务等行政主管部门按照各自职责对职业介绍活动进行管理。

第二章　申办职业介绍机构的条件和程序

第七条　职业介绍机构是为劳动力供求双方提供中介服务的组织。申办职业介绍机构，必须具备下列条件：

（一）适应当地经济发展的需求，符合市场就业的统一规划；

（二）有符合要求的名称、组织章程和管理制度；

（三）有固定的服务场所和相应的办公设备；

（四）有不少于五万元人民币的注册资金；

（五）有三名以上熟悉劳动业务知识和具备职业介绍工作经验的人员；

（六）职业介绍机构负责人应按规定取得职业介绍工作资格证书；

（七）法律、法规规定的其他条件。

第八条 申请开办职业介绍机构按下列规定申报：

（一）申请者为省和省以上所属单位，向省劳动行政部门提出申请；

（二）申请者为市（地、州）所属单位，向市（地、州）劳动行政部门提出申请；

（三）申请者为县（市、区）及其以下所属单位，向县（市、区）劳动行政部门提出申请。

第九条 各级劳动行政部门对开办职业介绍机构的申请应及时审查，自收到申请书之日起三十日内，对符合条件的发给职业介绍许可证，对不符合条件的不予许可并书面说明理由。

第十条 申办者获得职业介绍许可证后，应依法办理工商登记或事业法人登记、税务登记手续，方可从事职业介绍活动。

第十一条 职业介绍机构需要变更登记事项、歇业或终止职业介绍业务的，应当提前三十日向原审批机关提出申请，经确认后，按规定向原登记机关申请办理变更登记、歇业登记或注销登记手续。

终止职业介绍业务的，必须依法清算，妥善解决遗留问题，由劳动行政部门公告注销并收回其职业介绍许可证，工商行政管理部门注销营业执照。需要注销事业单位登记的，按有关规定办理。

第三章 管理和规则

第十二条 县级以上劳动行政部门组织实施本地区职业介绍工作，应履行以下职责：

（一）执行有关劳动就业法律、法规；

（二）制定和实施职业介绍工作发展规划和工作计划；

（三）指导职业培训，制定职业介绍服务规范和标准；

（四）办理职业介绍许可证手续；

（五）汇总本地区劳动力供求信息，建立预测预报制度；

（六）考核职业介绍工作人员，颁发职业介绍工作人员资格证书及职业介绍服务证；

（七）法律、法规规定的其他职责。

县（市、区）劳动行政部门还应负责对乡镇劳动服务站、所进行指导和管理。

第十三条 职业介绍许可证由省劳动厅统一印制，由县以上劳动行政部门颁发，并实行年检制度。

第十四条 依法设立的职业介绍机构应当遵守以下规定：

（一）必须在劳动行政部门核定的业务范围内开展工作；

（二）不得出卖、出租或转借职业介绍许可证；

（三）不得从事境外就业和境外人员入境就业中介活动；

（四）定期向劳动行政部门报告其工作情况，按规定填报统计报表，并接受监督检查。

第十五条　职业介绍机构可以开展下列业务：

（一）职业指导与咨询；

（二）为用人方、求职人员如实介绍对方情况，沟通联系渠道；

（三）受用人方委托，代理发布招收、招聘广告；

（四）受用人方委托，组织招收、招聘劳动者；

（五）开展城乡劳务输出与交流；

（六）配合劳动行政部门指导求职人员与用人方签订劳动合同，办理社会保险等手续。

第十六条　职业介绍机构应当在服务场所公开悬挂下列证照：

（一）职业介绍许可证；

（二）事业单位法人证书和营业执照，或企业法人营业执照；

（三）税务登记证；

（四）收费许可证。

职业介绍工作人员应当佩带职业介绍服务证。

第十七条　有下列情形之一的，职业介绍机构不得为其提供中介服务：

（一）用人单位无营业执照和招收、招聘简章或所持证照、简章不实；

（二）家庭、个人用工的雇主和求职人员无身份证或其他有效证件，或所持证件不实；

（三）招收、招聘要求或求职要求违反国家有关规定。

第十八条　职业介绍机构受委托发布招收、招聘广告，应当按照国家和省的有关规定办理审批手续，保证招收、招聘广告真实可靠。严禁发布虚假广告欺骗用人单位或求职者。

第十九条　职业介绍机构受委托招收、招聘劳动者或者代理发布招收、招聘广告，必须与委托方签订书面委托协议，并按法律、法规的规定进行发布。

第二十条　用人方招收、招聘人员应当遵守下列规定：

（一）提供工商行政部门颁发的营业执照和用人方所在地劳动行政部门核准的招收、招聘简章；

（二）委托职业介绍机构发布招收、招聘信息或委托其招收、招聘人员还应提供委托书；

（三）跨地区招收、招聘流动就业人员，应在用人方所在地劳动行政部门办理外来人员就业证。

第二十一条　求职人员应当遵守下列规定：

（一）按规定提供本人身份证、失业证及计划生育情况证明；

（二）从事技术工作的应提供职业技能培训合格证书或等级证书；

（三）跨地区流动就业还须在求职人员所在地劳动行政部门办理外出人员就业登记卡。

第二十二条　职业介绍机构应当严格按照物价行政主管部门核定的收费项目和收费标准，收取中介服务费，不得擅自提高收费标准和扩大收费范围。中介服务费由用人单位和求职者共同承担。

职业介绍机构为长期失业者提供无偿中介服务所需费用，劳动行政部门可从就业经费和失业保险基金中给予补贴。

第二十三条　职业介绍机构因自己的责任造成介绍职业未成功的，应当退还所收费用；给当事人造成经济损失的，应当依法赔偿。

第二十四条　职业介绍机构应当建立健全财务制度，严格经费管理，接受财政、税务、物价、审计部门的监督。

第二十五条 职业介绍机构应当依法缴纳税、费。

第四章 罚 则

第二十六条 未取得职业介绍许可证从事职业介绍活动的，由劳动行政部门予以取缔，没收违法所得，并处违法所得一倍以上三倍以下罚款。

第二十七条 职业介绍机构违反本条例的下列行为，由劳动行政部门予以处罚：

（一）违反本条例第十四条第（一）、（二）、（三）项的，责令改正，情节严重或者拒不改正的，吊销职业介绍许可证，并处二千元以上一万元以下罚款；

（二）违反本条例第十一条、第十七条规定的，责令改正，情节严重或者拒不改正的，吊销职业介绍许可证，并处一千元以上五千元以下罚款；

（三）在职业介绍场所不公开悬挂职业介绍许可证的，其工作人员不佩带职业介绍服务证的，给予警告，责令改正，可以并处二百元以下罚款。

第二十八条 职业介绍机构以职业介绍为名，诈骗他人钱物的，由劳动行政部门吊销其职业介绍许可证，没收违法所得，并处违法所得三倍以上五倍以下罚款。构成犯罪的，由司法机关依法追究刑事责任。

第二十九条 在职业介绍活动中，发布虚假广告欺骗用人单位和求职者，或擅自提高收费标准和扩大收费范围的，由劳动行政部门会同有关部门给予相应的处罚。

第三十条 违反本条例的其他行为，由有关部门依法查处。

第三十一条 依据本条例实施的行政处罚按《中华人民共和国行政处罚法》的规定执行。

第三十二条 当事人对行政处罚决定不服的，可在接到行政处罚通知书之日起十五日内向上一级管理机关或同级人民政府申请复议，也可直接向人民法院起诉。对复议决定不服的，可在接到复议决定书之日起十五日内向人民法院起诉。

逾期不申请复议、不起诉又不执行处罚决定的，作出处罚决定的机关可申请人民法院强制执行。

第三十三条 劳动行政部门工作人员违反本条例规定，玩忽职守、徇私舞弊、滥用职权、滥施处罚的，由其所在单位或上级主管部门给予行政处分或经济处罚。构成犯罪的，由司法机关依法追究刑事责任。

第三十四条 违反本条例规定，应受治安管理处罚的，由公安机关依照《中华人民共和国治安管理处罚条例》处理。构成犯罪的，由司法机关依法追究刑事责任。

第五章 附 则

第三十五条 本条例适用中的具体问题，由四川省劳动厅解释。

第三十六条 本条例自 1996 年 5 月 1 日起施行。

四川省集体合同条例

（2000 年 5 月 9 日四川省第九届人民代表大会常务委员会第十六次会议通过）

第一章 总 则

第一条 为了建立稳定协调的劳动关系，规范平等协商和签订集体合同行为，维护职工和企业的合法权益，促进企业发展，根据有关法律法规的规定，结合本省实际，制定本条例。

第二条 集体合同是企业职工一方与企业就劳动标准等事项平等协商签订的书面协议。

第三条 本条例适用于本省行政区域内的各类企业。

实行企业化管理的事业单位签订集体合同以及签订行业性、区域性集体合同，依照本条例执行。

第四条 企业依法建立平等协商集体合同制度。

第五条 签订集体合同应当遵循平等合作、协商一致、维护正常生产经营秩序的原则。

第六条 依法签订的集体合同对企业和企业全体职工具有约束力。

企业制订的劳动规章制度不得与集体合同的规定相抵触。企业与职工个人签订的劳动合同所规定的劳动标准不得低于集体合同的规定。

职工一方应当自觉履行集体合同，提高职业技能，执行劳动安全卫生规程，遵守劳动纪律和职业道德。

第七条 政府劳动保障部门、企业经营者组织、工会组织建立劳动关系三方协调机制，坚持三方参与原则，维护国家、企业和职工利益。

第八条 县级以上地方人民政府劳动保障部门主管集体合同的审查，协调监督集体合同的签订和履行。

地方工会和产业工会指导、帮助职工一方与企业平等协商签订集体合同，并对集体合同的履行进行监督。

企业经营者组织指导、督促企业与职工一方平等协商签订和履行集体合同。

第二章 集体合同的内容

第九条 集体合同包括以下内容：

（一）企业劳动标准；

（二）劳动纪律；

（三）集体合同期限；

（四）变更、解除、终止集体合同的条件和程序；

（五）集体合同的监督检查；

（六）集体合同争议处理；

（七）违反集体合同的责任；

（八）双方约定的其他事项。

第十条 前条（一）项所称企业劳动标准是指：

（一）劳动报酬，包括工资标准、最低工资、工资支付办法和增减幅度、延长工作时间付酬标准及特殊情况下工资标准等；

（二）工作时间，包括日工作时间、周工作时间、延长工作时间、夜班工作时间、劳动定额的确定及轮班形式等；

（三）休息休假，包括日休息时间、周休息时间、法定休假日、年休假标准、不能实行标准工时的职工休息休假等；

（四）保险福利，包括职工养老、医疗、工伤、失业、生育等社会保险和企业补充保险等；

（五）劳动安全与卫生，包括劳动安全卫生、劳动条件的标准和改善措施，从事有毒有害工种人员的健康检查以及劳动安全卫生监督检查等；

（六）职工教育与培训，包括职工上岗前、工作中及转岗的教育与培训，教育与培训的周期、时间和教育培训期间的工资及待遇等；

（七）企业经济性裁员；

（八）女职工和未成年工特殊保护。

第十一条 职工一方与企业可以按照本条例第十条规定的一项或者多项劳动标准签订集体合同。

第三章 集体合同的签订

第十二条 集体合同由企业工会代表职工一方与企业签订。尚未建立工会的企业，由职工推举的代表与企业签订。

第十三条 集体合同的要约可以由企业工会主席或者职工推举的职工代表向企业提出，也可以由企业法定代表人向职工一方提出，要约应当是书面形式。

第十四条 签订集体合同的双方可以聘请有关专业人员作为平等协商的顾问。职工一方可以要求上级工会代表其与企业进行平等协商。

第十五条 职工一方或者企业书面提出签订集体合同要约的，双方应当在收到要约 15 日内就签订集体合同的有关事项进行平等协商，至迟不得超过 1 个月。

第十六条 平等协商的双方代表人数对等，每方 3 至 10 名。

企业协商代表由企业法定代表人指派。职工协商代表由工会决定，或者由职工代表大会、职工大会议定。尚未建立工会组织的企业职工协商代表，在企业所在地的地方工会或产业工会指导下由职工民主推举并征得半数以上职工同意后产生。

第十七条 企业法定代表人和企业工会主席为本方首席代表，行使本条例规定的职权；尚未建立工会组织的企业，职工一方首席代表由职工协商代表推举产生。

首席代表因故不能参加协商的，应当书面委托一名协商代表代理。

第十八条 协商代表的任期与集体合同期限相同。协商代表一经产生即应当履行职责，如因故缺额，应当及时补足，并向对方通报。

第十九条 企业应当保证协商代表履行职责所必要的工作时间。协商代表履行职责占用的时间，视为正常出勤。

企业对协商代表不得有打击报复的行为。

企业对协商代表除法律法规规定的情形外，不得变更或者解除劳动合同。

企业进行经济性裁员，协商代表有优先保留工作的权利。

第二十条　平等协商双方应当在平等协商会议召开的7日前，将拟协商的事项和参加协商代表名单通知对方。会议召集人由双方首席代表轮流担任。

平等协商内容应当记录，并经双方协商代表审核和签字确认。记录人员由双方协商确定。

第二十一条　经平等协商形成的集体合同草案应当提交职工代表大会或者全体职工大会讨论、表决。

职工代表大会或者全体职工大会讨论集体合同草案，应当有三分之二以上代表或者职工出席。经过应到会人数半数以上职工代表或者职工表决同意即获通过。

集体合同草案未获通过的，由双方重新协商后，再次提交讨论、表决。重新协商的期限适用本条例第十五条规定。

第二十二条　集体合同草案通过后，双方首席代表应当在五日内签字。

第二十三条　集体合同签字后，企业应当自签字之日起七日内将集体合同文本及附件一式3份报送有管辖权的劳动保障部门审查，同时报送上级工会。

劳动保障部门在收到集体合同文本之日起15日内审查完毕，未提出异议的，集体合同即行生效。

第二十四条　签订集体合同的双方应当自集体合同生效之日起七日内公布集体合同文本。

第二十五条　集体合同期限为1至3年。

第四章　集体合同的审查和监督

第二十六条　本省辖区内的中央和省属企业的集体合同由省劳动保障部门审查或者委托其下一级劳动保障部门审查。县（市、区）辖区的市（地、州）属企业的集体合同由市（地、州）劳动保障部门审查，或者委托其下一级劳动保障部门审查。其他集体合同由其注册登记的同级劳动保障部门审查，或者委托其下一级劳动保障部门审查。

第二十七条　劳动保障部门认为集体合同签订程序、内容、协商代表的产生违反法律法规规定的，应当提出异议，并制作《集体合同审查意见书》送达签订集体合同的双方。

签订集体合同的双方收到《集体合同审查意见书》，应当按照本条例规定的程序对提出异议的条款进行修改或者作出进一步说明，并于15日内重新报送。

对《集体合同审查意见书》提出的异议不服的，可以依照行政复议程序申请复议。

第二十八条　县级以上劳动保障部门在劳动年检时，应当督促未签订集体合同的企业与职工平等协商签订集体合同。政府有关部门应当将签订集体合同作为授予企业和企业法定代表人荣誉称号的必要条件。

第二十九条　签订集体合同的双方协商组成监督检查委员会，也可以根据需要选择其他形式，负责对集体合同的履行进行监督。

第三十条　签订集体合同的双方首席代表每年至少向职工代表大会或者职工大会报告一次集体合同的履行情况。

第五章　集体合同的变更、解除和终止

第三十一条　在集体合同有效期限内，有下列情形之一的，可以变更或解除集体合同：

（一）签订集体合同所依据的法律法规被修改或者废止的；

（二）因不可抗力致使集体合同部分不能履行或者全部不能履行的；

（三）企业资产发生重大变动或者企业组织形式发生重大变化的；

（四）法律法规规定的其他情形。

第三十二条　签订集体合同的一方可以就集体合同的变更或者解除以书面形式提出协商要求，并提供相关证据材料说明理由。

第三十三条　变更集体合同，按照本条例规定的签订集体合同的程序办理；解除集体合同，企业应当在合同解除7日前报告审查该集体合同的劳动保障部门，并提交书面说明。

第三十四条　集体合同期限届满或者双方约定的终止条件出现，集体合同即行终止。

续签、重签集体合同，双方应当在合同期限届满前的60日内进行协商。续签、重签集体合同应当按照本条例签订集体合同程序办理。

第六章　集体合同争议的处理

第三十五条　因签订集体合同发生的争议包括：

（一）一方要求签订集体合同，另一方无故拖延的；

（二）对协商代表资格有异议的；

（三）对集体合同中劳动标准以及其他内容的确定产生分歧的；

（四）对平等协商签订集体合同的程序发生争议的；

（五）在集体合同签订过程中双方发生其他争议的。

第三十六条　因签订集体合同发生争议，双方协商解决不成的，由主管的劳动保障部门组织有关各方协调处理。

劳动保障部门协调处理争议，应当自受理之日起30日内结案。因特殊情况需要延期的，经主要负责人批准可以延长15日，并向争议双方书面说明延期理由。

第三十七条　因履行集体合同发生争议，双方协商解决不成的，可以依照法定程序申请仲裁、提起诉讼。

第七章　法律责任

第三十八条　违反本条例规定，有下列情形之一的，由劳动保障部门责令限期改正，逾期不改的，给予通报批评或者处以5千元以上5万元以下罚款：

（一）拒绝或者拖延签订集体合同的；

（二）不提供或者不如实提供签订、履行集体合同所需资料的；

（三）劳动合同中的劳动标准低于集体合同规定的；

（四）企业制定的规章制度与集体合同相抵触的；

（五）集体合同文本不按时报送劳动保障部门审查的；

（六）其他违反本条例的行为。

对有前款行为的企业，并可以处以其法定代表人 1 万元以下罚款。

第三十九条　违反本条例第十九条规定的，由劳动保障部门给予警告，责令改正；拒不改正的，对责任人处以 1 万元以下罚款。

第四十条　企业违反集体合同规定，延长劳动时间、克扣或者无故拖欠职工工资、违反劳动安全卫生条件及女职工和未成年工特殊保护规定的，由劳动保障部门给予警告，责令改正；对职工造成损害的，企业应当依法承担赔偿责任。

第四十一条　因一方过错不履行或者不完全履行集体合同的，过错方应当继续履行集体合同并承担相应的违约责任。

第四十二条　劳动保障部门或者有关部门的工作人员在协调处理因签订集体合同发生争议或者审查集体合同过程中，滥用职权、玩忽职守的，由劳动保障部门或者有关部门给予行政处分。

第四十三条　违反集体合同的行为同时违反其他法律法规的，依照有关法律法规处理。

第八章　附　则

第四十四条　本条例自 2000 年 7 月 1 日起施行。

四川省失业保险条例

（2001 年 7 月 21 日四川省第九届人民代表大会常务委员会第二十四次会议通过）

第一章　总　则

第一条　为保障失业人员的基本生活，促进其再就业，根据《中华人民共和国劳动法》和国务院《失业保险条例》、《社会保险费征缴暂行条例》等法律、法规的规定，结合四川实际，制定本条例。

第二条　四川省行政区域内的城镇企业事业单位及其职工、民办非企业单位及其职工、社会团体及其专职人员和国家机关中的事业编制人员、劳动合同制工人（以下简称单位和职工），应按本条例规定参加失业保险。

第三条　单位和职工应依法履行缴纳失业保险费的义务；失业人员依法享受失业保险待遇。

第四条　省人民政府劳动保障行政部门主管全省的失业保险工作。县级以上人民政府劳动保障行政部门主管本行政区域内的失业保险工作。

劳动保障行政部门所属的就业服务管理机构，是承办失业保险业务的社会保险经办机构（以下简称失业保险经办机构），具体负责失业保险费的征缴、失业保险基金的管理和失业保险金的发放。其他有关部门和组织按照各自职责协同做好失业保险工作。

第五条　失业保险经办机构应当建立、健全内部财务、审计制度，每年至少应向社会公布一次失业保险基金收支情况。

财政部门和审计部门依法对失业保险基金的收支、管理进行监督。

第六条 失业保险经办机构所需人员经费和业务经费列入财政预算，由财政拨付。

第二章 失业保险基金的筹集使用

第七条 单位应当依法办理失业保险登记，按月申报应缴纳的失业保险费数额，按月或按季缴纳失业保险费。失业保险费不得减免。

第八条 城镇企业事业单位和民办非企业单位按照本单位职工工资总额的2%缴纳失业保险费，其职工按照本人工资的1%缴纳。社会团体按照本单位专职人员工资总额的2%缴纳失业保险费，其专职人员按照本人工资的1%缴纳。国家机关按照本单位事业编制人员、劳动合同制工人工资总额的2%缴纳失业保险费，其事业编制人员、劳动合同制工人按照本人工资的1%缴纳。农民合同制工人本人不缴纳失业保险费。职工个人缴纳的失业保险费，由单位从本人工资中代扣代缴。

第九条 难以确认工资总额的单位，按照单位所在市、州上年度职工平均工资乘以职工人数计算工资总额。

单位职工平均工资或者职工本人工资低于所在市、州上年度职工平均工资60%的，按照上年度职工平均工资的60%计算。

按前两款规定缴纳失业保险费的单位，其工资总额应经失业保险经办机构核定。

第十条 失业保险费应当以货币形式缴纳。失业保险经办机构应建立失业保险费缴费记录，记载单位及职工实际缴费情况。缴费单位、职工有权按照规定查询缴费记录。

第十一条 解散、关闭、破产或者被撤销的单位，应自公告之日起15日内通知劳动保障行政部门及其失业保险经办机构参加清算。

依法破产终结或者被注销、吊销营业执照、撤销法人登记的单位，当月起停止缴纳失业保险费。

第十二条 失业保险基金以设区的市为单位统筹；民族自治州可以州或县为单位统筹。实施统筹的具体办法，由省人民政府另行制定。

第十三条 依法设立省失业保险调剂金。各市、州应将当年依法应征缴的失业保险费总额的8%，按季度向省失业保险经办机构缴纳省失业保险调剂金。统筹地区失业保险基金不敷使用时，由省失业保险调剂金调剂，地方财政补贴。省人民政府可以根据实际情况调整省失业保险调剂金的上缴比例。

第十四条 失业保险基金用于下列支出：

（一）失业保险金；

（二）失业人员享受失业保险待遇期间的医疗补助金、妇女生育补助金；

（三）失业人员享受失业保险待遇期间死亡的一次性丧葬补助金和其供养的配偶、直系亲属的一次性抚恤金；

（四）失业人员享受失业保险待遇期间接受职业培训、职业介绍的补贴；

（五）农民合同制工人合同期满未续订或者提前解除劳动合同的一次性生活补助金；

（六）银行代收失业保险费和代发失业保险金的手续费及申请人民法院强制执行所需的费用；

（七）国务院规定或批准的与失业保险有关的其他费用。

第三章 失业保险待遇

第十五条 职工失业后，单位应当及时为失业人员出具终止或者解除劳动关系的证明，告知其应当享受失业保险待遇的权利，并在自终止或解除劳动关系之日起的7个工作日内将失业人员名单报失业保险经办机构备案，将失业人员档案提交失业保险经办机构审核。

第十六条 失业人员应持本单位出具的终止或者解除劳动关系证明等有关材料，在60日内到失业保险经办机构办理失业登记，领取有关证件。

失业保险经办机构应在15日内审核确认失业人员享受失业保险待遇的资格和期限，并予以公布。

第十七条 具备下列条件的失业人员，可以享受失业保险待遇：

（一）已参加失业保险，所在单位和本人已按照规定履行缴费义务满1年的；

（二）非本人意愿中断就业的；

（三）已按规定办理失业登记，并有求职要求的。

前款第（二）项所称非本人意愿中断就业是指下列情形之一：

（一）劳动合同终止的；

（二）被单位解除劳动合同的；

（三）被单位解聘、辞退、除名或开除的；

（四）法律、法规规定的其他情形。

第十八条 有下列情形之一的职工，不能享受失业保险待遇：

（一）职工本人自愿与单位解除劳动关系，以及辞职、自动离职的。但根据《中华人民共和国劳动法》第三十二条第（二）项、第（三）项规定自愿与单位解除劳动合同的除外；

（二）按照国家或省的有关规定领取了一次性自谋职业安置费的；

（三）被判刑监禁或劳动教养执行期间的。

第十九条 享受失业保险待遇的失业人员有下列情形之一的，停止享受失业保险待遇：

（一）重新就业的；

（二）应征服兵役的；

（三）移居境外的；

（四）享受基本养老保险待遇的；

（五）被判刑监禁或者劳动教养执行期间的；

（六）无正当理由，拒不接受当地人民政府指定的部门或者机构为其介绍的工作的；

（七）法律、法规规定的其他情形。

第二十条 失业人员领取失业保险金的起始时间自办理失业登记之日起计算。

失业保险金由失业保险经办机构按月发放，失业人员凭失业保险经办机构开具的领取失业保险金的单证到指定银行领取。

第二十一条 失业人员领取失业保险金的期限，根据失业人员失业前所在单位和本人累计缴纳失业保险费的时间确定：累计缴费时间满1年以上不满2年的为3个月；2年以上不满3年的为6个月；3年以上不满5年的为12个月；5年以上不满8年的为15个月；8年上不满10年的为18个月；10年以上的为24个月。失业保险金领取期限最长不得超过24个月。失业人员重新就业后再次失业的，缴费时间重新计算，领取失业保险金的期限可以与前次失业应领取而未领取的失业保险金期限合并计算，但最长不得超过24个月。

第二十二条 国务院《失业保险条例》颁布前按国家和省的有关规定已参加失业保险的单位及其职工缴纳失业保险费时间，与颁布后的缴费时间合并计算。

第二十三条 民办非企业单位及其职工、社会团体及其专职人员、国家机关中的事业编制人员以及财政补助经费的事业单位及其职工，在国务院《失业保险条例》颁布前从1986年起计算的单位的续存时间和职工的连续工龄视为该单位、职工缴纳失业保险费时间，与国务院《失业保险条例》颁布后所在单位和职工本人按照规定缴费的实际时间合并计算。

第二十四条 失业保险金的发放标准，一般按照失业人员原单位所在地同期最低工资标准的70%执行；省人民政府可根据实际情况进行调整。失业人员领取失业保险金后，符合城市居民最低生活保障条件的，还可享受城市居民最低生活保障待遇。

第二十五条 失业人员在享受失业保险待遇期间，失业保险经办机构应按照其领取失业保险金的10%发给门诊医疗补助金。未享受基本医疗保险待遇的失业人员，患病需要住院治疗的，应到劳动保障行政部门确定的定点医疗机构治疗，出院后经失业保险经办机构审核，按符合基本医疗保险规定的住院医疗费用的70%给予住院医疗补助金，但累计补助金额不得超过本人应领取失业保险金的总和。住院期间停发门诊医疗补助金。

第二十六条 女性失业人员在享受失业保险待遇期间，符合国家计划生育规定生育、未享受生育保险待遇的，可向失业保险经办机构申请生育补助金，经审核后可一次性发给其3个月失业保险金标准的生育补助金。

第二十七条 失业人员在享受失业保险待遇期间死亡的，由失业保险经办机构向其家属一次性发给其10个月失业保险金标准的丧葬补助金和10个月失业保险金标准的抚恤金，以及死亡当月尚未领取的失业保险金。失业人员在享受失业保险待遇期间因参与刑事犯罪活动而导致伤、残、亡的，不享受第二十五条和本条前款规定的待遇。

第二十八条 单位招用的农民合同制工人连续工作满1年、本单位已连续足额缴纳失业保险费1年以上、劳动合同期满未续订或者提前解除劳动合同的，由失业保险经办机构根据其工作时间长短，发给一次性生活补助费。计算补助费的期限，为在该单位累计缴费时间内每满1年工龄发给1个月补助费，但最长不得超过12个月。月补助费标准按照失业保险金标准的65%执行。

第二十九条 单位成建制跨统筹地区迁移，应办理参保关系转移手续，从迁移后的次月起按规定向迁入地缴纳失业保险费。迁出地失业保险经办机构应在30日内将迁出单位以前缴纳的失业保险费结余的50%划转给迁入地失业保险经办机构。单位成建制和职工个人跨省迁移的，按国家有关规定办理。已参加失业保险的职工，因工作变动跨统筹地区迁移的，原所在单位应为职工办理参保关系转移手续。

第三十条 失业人员迁往统筹地区以外的，凭有关证明文件办理失业保险关系转移手续，由迁出地失业保险经办机构在30日内按照下列标准向迁入地失业保险经办机构划转失业保险金：

（一）本人尚未领取的失业保险金总额；

（二）按本人失业保险金总额的50%计算的医疗补助金、职业培训和职业介绍补贴费。失业人员跨省迁移的，按国家有关规定办理。

第三十一条 职业培训机构、职业介绍机构为享受失业保险待遇期间的失业人员提供职业培训和职业介绍服务的，失业保险经办机构应按规定给予费用补贴。

第三十二条 单位对办理失业保险登记、申报、缴费和失业人员对所享受的失业保险待遇有异议的，可按规定向失业保险经办机构申请复查，或直接向同级劳动保障行政部门申请行政复议，也可以依法直接向人民法院提起行政诉讼。

第四章 法律责任

第三十三条 单位未按规定办理失业保险登记、申报失业保险费数额的，由县级以上劳动保障行政部门按照国务院《社会保险费征缴暂行条例》的有关规定处罚。

第三十四条 单位没有全额缴纳和代扣代缴失业保险费或者拖延缴纳的，由县级以上劳动保障行政部门责令其限期缴纳；逾期不缴的，除补缴欠缴数额外，从欠缴之日起按日加收2‰的滞纳金，并入失业保险基金。

单位逾期拒不缴纳失业保险费、滞纳金的，由劳动保障行政部门申请人民法院依法强制征缴，并可对单位负责人和直接责任人员处2000元以上20000元以下的罚款。

第三十五条 单位未按规定告知失业人员应当享受的失业保险待遇、为失业人员出具终止或解除劳动关系证明、或者不在规定期限内提交失业人员名单、档案的，由县级以上劳动保障行政部门给予警告，责令限期改正；对单位负责人和直接责任人员可处500元以上2000元以下罚款。

第三十六条 失业保险经办机构未在规定期限内确认失业人员享受失业保险待遇资格和期限的，由劳动保障行政部门责令限期改正；拒不改正的，由有关部门依法给予直接责任人行政处分。

第三十七条 不符合享受失业保险待遇条件，骗取失业保险金和其他失业保险待遇的，由失业保险经办机构责令其退还；情节严重的，由县级以上劳动保障行政部门处以骗取金额1倍以上3倍以下的罚款。

第三十八条 未按规定上缴失业保险调剂金的，由上级失业保险经办机构责令其限期足额上缴；逾期仍拒不上缴的，对主要责任人予以通报批评；情节严重的，由行政监察机关依法给予行政处分。因单位和个人迁移，未按规定划转失业保险费和失业保险待遇所需资金的，由上级失业保险经办机构通知其限期划转；逾期拒不划转的，由有关部门依法给予直接责任人行政处分。

第三十九条 财政部门、劳动保障行政部门、失业保险经办机构及其工作人员挪用、侵占失业保险基金的，除追回挪用、侵占的失业保险基金外，对单位负责人和直接责任人员依法给予行政处分；有违法所得的，没收违法所得，并入失业保险基金；构成犯罪的，依法追究刑事责任。

第四十条 劳动保障行政部门和失业保险经办机构的工作人员滥用职权、徇私舞弊、玩忽职守的，依法给予行政处分；构成犯罪的，依法追究刑事责任。

第四十一条 当事人对行政处罚决定不服的，可依法申请行政复议或提起行政诉讼。当事人逾期不申请行政复议或提起行政诉讼，又不履行处罚决定的，作出处罚决定的机关可申请人民法院强制执行。

第五章 附 则

第四十二条 本条例自2001年10月1日起施行。

四川省劳动和社会保障监察条例

（2002 年 1 月 18 日四川省第九届人民代表大会常务委员会第二十七次会议通过）

第一章　总　则

第一条　为保障劳动和社会保障法律法规的贯彻实施，维护劳动者的合法权益，加强、规范劳动和社会保障监察活动，根据《中华人民共和国劳动法》、《中华人民共和国行政处罚法》等有关法律、法规，结合四川实际，制定本条例。

第二条　四川省行政区域内的劳动和社会保障监察工作，适用本条例。

第三条　县级以上劳动和社会保障行政部门主管劳动和社会保障监察工作。

公安、财政、工商、物价等部门以及工会、妇联、残联等组织，在各自的职责范围内，协同做好劳动和社会保障监察工作。

第四条　劳动和社会保障监察遵循合法、公开、公正的原则，专职监察与群众监督相结合、教育与惩戒相结合的原则。

劳动和社会保障监察可以根据实际情况，采取日常检查、专项检查、举报专查和年度检查等方式。

第五条　任何组织和个人对违反劳动和社会保障法律、法规的行为，有权向劳动和社会保障行政部门检举和投诉。

第六条　劳动和社会保障监察实行劳动保障监察员制度。

第二章　管辖和监察职责

第七条　劳动和社会保障监察范围根据分级管理和属地管理相结合的原则确定。省劳动和社会保障行政部门负责对省级机关和中央在川、省属的用人单位以及在省级以上部门登记注册的用人单位和就业中介服务机构实施劳动和社会保障监察。

市、州和县（市、区）劳动和社会保障行政部门的监察管辖范围，由市、州人民政府确定。

第八条　上级劳动和社会保障行政部门可以查处下级劳动和社会保障行政部门管辖范围内的重大、疑难案件，也可将属于本级管辖范围内的监察对象指定给下级劳动和社会保障行政部门管辖。

劳动和社会保障行政部门因管辖发生争议的，报请共同的上一级劳动和社会保障行政部门指定管辖。

第九条　劳动和社会保障行政部门履行下列监察职责：

（一）宣传贯彻劳动和社会保障法律、法规；

（二）受理对违反劳动和社会保障法律、法规行为的检举或投诉；

（三）对用人单位和就业中介服务机构遵守劳动和社会保障法律、法规的情况进行监督检查；

（四）依法查处和纠正违反劳动和社会保障法律、法规的行为；

（五）劳动和社会保障法律、法规规定的其他监察职责。

劳动和社会保障行政部门可以委托经同级人民政府批准设立的劳动和社会保障监察机构行使劳动和社会保障监察权。

第十条　劳动保障监察员履行职责时，行使下列职权：

（一）了解执行劳动和社会保障法律、法规的情况；

（二）查阅、记录、拍摄、复制被检查单位的有关资料，询问有关人员；

（三）依照有关规定下达监察文书。

劳动保障监察员履行职责时，应忠于职守，秉公执法，保守有关秘密。

第十一条　劳动和社会保障行政部门依法开展劳动和社会保障监察工作时，有关单位和人员应当给予协助，如实反映情况，不得提供虚假资料或出具伪证，不得谎报、隐瞒有关情况，不得隐匿、毁灭有关证据，不得拒绝和阻挠检查。

第三章　监察内容

第十二条　劳动和社会保障行政部门对用人单位和就业中介服务机构的下列情况实施监察：

（一）建立劳动和社会保障内部管理制度情况；

（二）招用职工情况；

（三）订立、履行劳动合同和集体合同情况；

（四）遵守工作时间和休息休假规定情况；

（五）遵守工资支付和最低工资保障规定情况；

（六）遵守社会保险规定情况；

（七）遵守女职工、未成年工和残疾职工的特殊劳动权益保障规定情况；

（八）遵守职业培训、职业介绍、职业技能鉴定规定情况；

（九）遵守劳动和社会保障法律、法规规定的其他情况。

第十三条　禁止用人单位的下列行为：

（一）在媒体上公开发布招工信息时，不将招工简章送劳动和社会保障行政部门备案的；

（二）违反持证上岗的规定，使用未取得相应职业资格证书的劳动者从事相应工作的；

（三）招工中收取报名费、风险金、保证金或变相收取其他名目费用的；

（四）违反规定招用未满 16 周岁的未成年人的；

（五）安排女职工、未成年工从事禁忌劳动的；

（六）不依法签订劳动合同和集体合同的；

（七）克扣、无故拖欠职工工资的；

（八）不支付延长职工工作时间工资的；

（九）低于当地最低工资标准支付工资的；

（十）解除劳动合同后，不按规定给予职工经济补偿的；

（十一）不参加社会保险或不履行社会保险费缴纳义务的；

（十二）违反劳动和社会保障法律、法规规定的其他行为。

第十四条　禁止就业中介服务机构的下列行为：

（一）为无合法证照的单位或无合法身份证件的人员提供就业中介服务；

（二）以暴力、胁迫、欺诈等方式进行就业中介服务；

（三）伪造、涂改、转让就业中介服务许可证或者以其他方式允许他人以本就业中介服务机构名义从事就业中介服务；

（四）提供虚假信息；

（五）介绍求职者从事法律、法规禁止从事的职业；

（六）未经许可从事职业培训和职业技能鉴定；

（七）为没有参加职业技能鉴定或鉴定不合格的人员申报职业资格证书；

（八）违规收费；

（九）违反劳动和社会保障法律、法规规定的其他行为。

第四章　监察程序

第十五条　劳动和社会保障行政部门对群众投诉、举报和在监察中发现的问题，应及时登记，进行调查，并区别不同情况按下列规定予以处理：

（一）有违反劳动和社会保障法律、法规事实，需要作出行政处理或行政处罚的，从登记之日起5个工作日内立案；

（二）不属于劳动和社会保障行政部门职权范围内的，告知当事人向有关机关反映；

（三）属于劳动争议纠纷的，告知当事人可依法申请调解、仲裁或提起诉讼；

（四）违法行为涉嫌构成犯罪的，移送司法机关处理。

第十六条　劳动和社会保障行政部门实施监察时，应遵守下列规定：

（一）应有两名以上劳动保障监察员，并出示行政执法证件；

（二）告知检查的目的、内容、要求；

（三）现场检查情况应有笔录，笔录应由劳动保障监察员和用人单位或就业中介服务机构法定代表人或有关负责人签名或盖章，法定代表人或有关负责人拒不签名或盖章的，应注明拒签情况。

第十七条　劳动和社会保障行政部门查处违反劳动和社会保障法律、法规的行为，应按照下列程序进行：

（一）立案；

（二）调查取证；

（三）根据查证的违法事实，依据有关法律、法规，提出行政处理或行政处罚意见；

（四）告知当事人已查证的事实和拟作出的行政处罚决定、理由、依据，以及告知当事人可在一定期限内陈述和申辩的权利；

（五）听取当事人陈述和申辩，对当事人新提出的事实、证据进行复核；

（六）依法作出行政处理或行政处罚决定，并制作行政处理决定书或行政处罚决定书；

（七）行政处理决定书或行政处罚决定书应当在宣告后当场交付当事人，当事人不在场的，应当在7个工作日内依照民事诉讼法的有关规定送达当事人。

第十八条　劳动和社会保障行政部门在其职权范围内作出责令停业、吊销许可证、处以较大数额罚款等重大行政处罚决定之前，应告知当事人有要求听证的权利；当事人要求听证的，劳动和社会保障行政部门应依法组织听证。劳动和社会保障行政部门作出的重大行政处罚，应当在作出处罚决定之日起10个工作日内报送上一级劳动和社会保障行政部门和同级人民政府备案。

第十九条 劳动和社会保障行政部门查处违反劳动和社会保障法律、法规规定的案件，应当从立案之日起30个工作日内结案；情况复杂或交通不便的，经劳动和社会保障行政部门负责人批准，可以延长至60个工作日。

第二十条 权益人追索劳动报酬、报名费、风险金、保证金等费用，可以向劳动和社会保障行政部门申请追查，也可按照有关规定直接向人民法院申请财产保全措施或提起诉讼。

第五章 法律责任

第二十一条 就业中介服务机构有本条例第十四条第（一）至（七）项所列行为之一的，由县级以上劳动和社会保障行政部门责令改正，没收违法所得，并可对单位处3000元以上3万元以下罚款，对单位负责人和直接责任人处500元以上5000元以下罚款。其中有本条例第十四条第（一）至（五）项所列行为之一的，审批机关还可依法吊销其办学、职业介绍、职业技能鉴定许可证。

有本条例第十四条第（八）项所列行为的，由物价行政管理部门给予相应处罚。

第二十二条 用人单位和就业中介服务机构违反本条例第十一条、第十三条第（六）项规定的，由县级以上劳动和社会保障行政部门责令改正，并可对单位处3000元以上3万元以下罚款，对单位负责人和直接责任人处500元以上5000元以下罚款。

拒绝、阻碍劳动和社会保障行政部门及其劳动保障监察员依法执行公务的，由公安机关依照《中华人民共和国治安管理处罚条例》处理；涉嫌犯罪的，移送司法机关处理。

第二十三条 用人单位和就业中介服务机构违反其他劳动和社会保障法律、法规规定的，依照有关法律、法规的规定处理。

第二十四条 劳动和社会保障行政部门工作人员在监察工作中不认真履行职责、玩忽职守、滥用职权、徇私舞弊、索贿受贿的，由有权机关给予行政处分；涉嫌犯罪的，移送司法机关处理。

第二十五条 依照本条例实施处罚的罚没收入，按照有关规定处理。

第二十六条 当事人对行政处理决定或行政处罚决定不服的，可以依法申请行政复议或提起行政诉讼。逾期不申请行政复议，又不提起行政诉讼，也不履行行政处罚决定或有经济标的的行政处理决定的，由作出决定的行政机关申请人民法院强制执行。

第六章 附 则

第二十七条 本条例所称用人单位，是指国家机关、企业事业单位、社会团体、民办非企业单位、个体经济组织；所称就业中介服务机构，是指职业介绍机构、职业培训机构、职业技能鉴定机构。

第二十八条 本条例自2002年3月1日起施行。

（二）政府规章

四川省人民政府令

第60号

《四川省最低工资保障规定》已于1995年3月3日经省人民政府第34次常务会议讨论通过，现予发布，自1995年7月1日起施行。

省长　萧　秧
一九九五年六月十三日

四川省最低工资保障规定

第一条　为适应社会主义市场经济发展需要，保障劳动者本人及平均赡养人口的基本生活，根据《中华人民共和国劳动法》和国家有关规定．结合四川实际，制定本规定。

第二条　本规定适用于四川省行政区域内各类企业、个体经济组织和与之形成劳动关系的劳动者。省人民政府人事行政主管部门制定与国家机关、事业组织、社会团体建立劳动合同关系的劳动者的工资规定，不得与本规定相抵触。

第三条　各级人民政府、地区行政公署应加强对本规定实施工作的领导。各级劳动行政主管部门负责本规定的组织实施和监督检查，有关部门协助配合。

第四条　各级工会组织依法维护劳动者的合法权益，有权对用人单位执行本规定的情况进行监督。任何组织和个人有权检举和控告违反本规定的行为。

第五条　劳动者有获得最低工资保障的权利，用人单位有执行最低工资保障规定的义务。

第六条　本规定所称最低工资，是指劳动者在法定工作时间内提供正常劳动所应该取得的劳动报酬的最低限额。

最低工资不包括下列各项：

（一）加班加点工资；

（二）中班、夜班、高温、低温、井下、有毒有害等特殊工作条件或者特殊工作环境下的津贴；

（三）法律、法规、规章、政策规定的非工资性劳动保险福利待遇；

（四）用人单位支付给劳动者的非货币性补贴。

第七条　本规定所称正常劳动，是指劳动者在法定工作时间内按照劳动合同的约定从事的劳动。

劳动者依照法律、法规的规定休假、探亲以及依法参加社会活动的，视为提供了正常劳动。

第八条　最低工资标准按月、日算。实行计件工资或提成工资等支付形式的，应当按照不低于月、日最低工资标准额进行折算。

第九条　全省最低工资标准，由省劳动行政主管部门进行测算并提出方案，由省人民政府确定并下达执行。

市（州）人民政府、地区行政公署应当在省人民政府确定的最低工资标准内，选择适合本地实际的最低工资标准，报经省劳动行政主管部门审核同意后公布实施。在同一县（市、区）行政区域内必须执行同一最低工资标准。

最低工资标准每年 7 月 1 日前确定或调整一次。

第十条　确定最低工资标准，主要参考上一年和本年度的下列因素：

（一）劳动者本人及平均赡养人口的最低生活费用；

（二）社会平均工资水平；

（三）劳动生产率；

（四）就业状况；

（五）经济发展水平。

第十一条　用人单位与劳动者签订劳动合同时约定的工资待遇，用人单位实际支付给劳动者的工资待遇，均不得低于所在地的市（州）人民政府、地区行政公署公布实施的最低工资标准。

用人单位必须按照国家规定或者合同约定全额支付劳动者工资，不得因实施最低工资保障制度而降低劳动者的工资待遇。

第十二条　用人单位支付给劳动者的劳动报酬低于劳动者所在地的市（州）人民政府、地区行政公署公布的最低工资标准的，由县级上劳动行政主管部门责令限期补发最低资额，并可以按照下列规定责令支付赔偿金：

（一）欠付时间一个月以上不满三个月的，向劳动者支付所欠最低工资差额的 20% 的赔偿金；

（二）欠付时间三个月以上不满六个月的，向劳动者支付所欠最低工资差额的 50% 的赔偿金；

（三）欠付时间六个月以上的，向劳动者支付所欠最低工资差额 100% 的赔偿金。

第十三条　用人单位拒绝补发最低工资差额和拒绝支付赔偿金的，劳动行政主管部门可给予警告，仍不改正的，可处以欠付最低工资差额和赔偿金总额一倍至三倍的罚款。

第十四条　用人单位执行本规定确有困难的，应当与本单位工会协商，没有工会的，与半数以上职工同意推举的代表协商，在意见基本一致以后，可向县级以上劳动行政主管部门申请在一定时期内暂缓执行。

劳动行政主管部门审批暂缓执行本规定的申请请时，应当征求同级工会的意见。

第十五条　用人单位与劳动者之间对执行本规定发生劳动争议的，或者用人单位与本单位工会、职工代表因申请暂缓执行本规定协商不一致的，按照《四川省劳动争议处理实施办法》处理。

第十六条　本规定适用中的具体问题，由省劳动行政主管部门负责解释。

第十七条　本规定自 1995 年 7 月 1 日起施行。

（三）四川省人民政府文件

四川省人民政府关于印发贯彻国务院改革劳动制度四个暂行规定的实施意见的通知

川府发〔1986〕185 号

各市、州，县人民政府，各地区行政公署，省级各部门：

国务院国发（1986）77 号发布的关于改革劳动制度的四个暂行规定，已转发各地。根据中共中央、国务院《关于认真执行改革劳动制度几个规定的通知》（即中发（1986〗9 号文件）和四个《暂行规定》的精神，结合我省实际情况，制订了《四川省贯彻执行国务院关于〈国营企业实行劳动合同制暂行规定〉的实施意见》、《四川省贯彻执行国务院关于〈国营 企业招用工人暂行规定〉的实施意见》、《四川省贯彻执行国务院关于〈国营企业辞退违纪职工暂行规定〉的实施意见》和《四川省贯彻执行国务院关于〈国营企业职工待业保险暂行规定〉的实施意见》。上述《实施意见》业经全省劳动制度改革工作会议讨论修改和省府办公会议协调通过，现印发给你们，从一九八六年十月一日起，与国务院四个《暂行规定》一并贯彻执行。现将有关问题通知如下：

一、认真做好改革中的思想政治工作，抓紧将国务院国发（1986）77 号文件传达到全体职工。做好思想政治工作和组织传达学习的要求，按省委、省府八月二十日和省劳动人事厅八月三十一日的通知执行。

二、为了保证劳动制度改革工作的落实，各地应按照省府川府发（1986）130 号文件，抓紧把社会劳动保险机构和劳动服务公司建立、健全起来。企业要建立劳动争议调解委员会，负责解决本单位的劳动争议。调解委员会应由职工、基层工会和企业行政三方的代表组成。调解委员会主席由工会代表担任。各市、县（区）一级要相应建立劳动争议仲裁委员会，受理企业有关开除、除名、辞退违纪职工和实施劳动合同发生的劳动争议案件。仲裁委员会由当地劳动人事局（劳动局），总工会、经委，公安，妇联、共青团等单位的代表组成，仲裁委员会主席由劳动人事局（劳动局）的负责人担任。仲裁委员会办事机构设在劳动人事局（劳动局）内，在市，县级机关现有人员中调整适合做仲裁工作的干部担任。

三、矿山井下、野外勘探，森林采伐、盐业生产等四个行业，在国务院有关部和省未商定前，有招工指标的暂按原办法执行。但必须是生产需要、符合招工条件的并首先在一户尚无一名子女参加工作的职工家庭中择优招收。具体招收人数由各市，地、州、省级主管部门审查，报经省劳动人事厅审批后办理。

四、对于因工死亡的职工，由企业报经当地劳动部门同意，可以招收一名经过考核符合招工条件的子女当合同制工人。招收后，其子女属于农村户口的，可转为城镇户口。

五、废止“内招”职工子女之后，对于边远艰苦地区的企业，根据待业情况和有利生产的原则，由各市、地、州在统筹安排招工指标、划定地区时，全面安排，使他们的待业子女有均等选择职业的机会。

六、各级人民政府要切实加强领导，精心部署。要确定一为市长、州长、专员或县长直接负责这项改革。为了保证国务院和省的有关政策规定正确贯彻执行，实行市长、州长、专员、县长和部门领导及企业的厂长负责制，保证本地区、本部门、本企业的改革工作顺利进行。

七、各有关部门要主动配合，协调行动。各级劳动人事部门，要把改革劳动制度作为当前的中心工作，全力以赴，抓紧抓好。各级计经委、财政、银行、粮食、政法、公安和宣传部门、新闻单位以及工、青、妇等有关部门，要主动配合，互相支持，协调一致。凡是改革劳动制度在政策规定方面涉及到本部门工作的，都应认真研究，提出意见，形成具体实施文件，及时下达。

八、各级、各部门都要切实加强来信来访工作。对来访者提出的问题，要正确地按政策回答，做耐心细致的思想工作，把问题解决在基层。对重要来信要认真处理。

各地贯彻实施四个规定的情况，应在今年十一月底向省府报告。实施中的重要情况和问题，要随时报告。

四川省人民政府
一九八六年九月十三日

四川省贯彻执行国务院关于《国营企业实行劳动合同制暂行规定》的实施意见

根据国务院国发〔1986〕77号文件发布的《国营企业实行劳动合同制暂行规定》（简称《暂行规定》），结合我省实际情况，提出如下实施意见。

一、范围

（一）凡在我省境内的国营企业、国家机关、事业单位和社会团体，在国家劳动工资计划指标（包括各项自然减员指标）内，招用常年性工作岗位上的工人，除国家另有特别规定者外，一律实行劳动合同制。

（二）近几年来，各单位按照省或市、地、州的规定，招用的劳动合同制工人，不论是否签订合同，均不得改为固定工。除矿山、建筑业、交通、铁路部门装卸搬运作业实行农民轮换工（合同）制的，仍按国务院和劳动人事部的规定执行外，对其他劳动合同制工人的办法，从一九八六年十月一起按《暂行规定》和本实施意见执行。

二、招收和践约

（一）用人单位招用劳动合同制工人，应当在所在市、地、州、县（市、区，下同）劳动人事局（劳动局）的指导下，按照国务院发布的《国营企业招用工人暂行规定》和我省的实施办法进行招收。对重新就业的人员，其年龄可以放宽，经过考核合格的，应优先录用。

（二）劳动者一经被招收录用。双方应即签订劳动合同，并实行三至六个月的试用期。试用期间发现不符合招工条件的，应解除劳动合同，退回原地。由此而产生的缺额，用人单位可直接向所在县以上劳动行政部门所属劳动服务公司申请补充。

（三）在常年性生产、工作岗位上使用劳动合同制工人，经双方协商可签订一年以上五年以下（含五年）的短期合同，也可以签订五年以上的长期合同，但第一次被录用的劳动合同制工人，一般应签订短期合同。有毒有害工种一般不得签订长期合同。

轮换工、农民合同制工人的劳动合同期限，最长不得超过五年，期限届满必须终止合同。

企业使用一年以内的临时工、季节工，不得安排在常年性生产、工作岗位上，双方亦应签订劳动合同，合同期限届满必须终止。

（四）劳动合同一经签订，就受到法律保护，双方必须严格遵照执行。一方违反劳动合同，给对方造成经济损失的，应当根据其后果和责任大小，予以赔偿。劳动合同书除签约双方各自持有外，用人单位应分送上级主管部门一份、所在地县以上劳动人事局（劳动局）三份。

（五）用人单位招用劳动合同制工人签订劳动合同后，应向所在县以上劳动服务公司交纳服务管理费，其数额为每人五元。

（六）劳动合同制工人因生产、工作需要，或因夫妻两地分居、父母年老身边无子女，以及军队转业干部的家属符合规定随迁的子女，需要跨地区转移工作单位时，由进出单位分别向所在县以上劳动人事局（劳动局）申请，经双方劳动人事局（劳动局）协商同意，在与原单位解除劳动合同并办理户口和退休养老基金的转移手续后，可转到另一方工作，重新签订劳动合同。

（七）劳动合同制工人在单位工作期间，患有职业病或因工负伤并经市、县医务劳动鉴定委员会确认部分丧失劳动能力，不能坚持原工作的，由用人单位另行分配力所能及的工作。劳动合同期限届满，应续订长期劳动合同。

（八）劳动合同制工人要求报考中等专业以上学校脱产学习的，应经单位同意，录取后应解除劳动合同。用人单位从生产需要出发，作为智力投资，选送报考中等专业以上学校培养本单位所需专业人才时，劳动合同制工人享有与所在单位原固定工人在职学习的同等待遇。但需事先签订协议，规定对学习的要求和毕业后必须回本单位继续工作的年限。凡毕业后不回本单位或虽回本单位但继续工作年限未到擅自离去的，由本人赔偿学习期间单位支付的全部费用（包括工资）。

三、在职期间的工资待遇

（一）劳动合同制工人被用工单位招收录用后，应实行试用期和熟练期。熟练期满后，在企业单位的实行等级工资制；在国家机关，事业单位和人民团体的，实行结构工资制。

（二）劳动合同制工人的试用期为三个月至六个月。试用期间的工资待遇：在企业单位的执行本单位一级工工资标准（指新拟国营企业工人十五级制工资标准，下同）；在国家机关、事业单位和人民团体的，五类工资区执行三十九元。

（三）劳动合同制工人试用期满后，应根据所从事工种（岗位）的技术要求实行熟练期。熟练期限和熟练期间的工资待遇，按下列规定执行：

1. 从事技术工种（岗位）的，熟练期一般为一年半至两年。熟练期间的工资待遇：在企业单位的执行本单位三级工工资标准；在国家机关、事业单位和人民团体的，五类工资区执行五十元五角。

2. 从事熟练工种（岗位）的，熟练期一般为半年。熟练期间工资待遇：在企业单位的执行本单位二级工工资标准；在国家机关、事业单位和人民团体的，五类工资区执行四十五元。

3. 从事普工工种（岗位）和特别繁重体力劳动工种的，熟练期一般为三个月。熟练期间的工资待遇：是普工的按本项第 2 款规定执行；是特别繁重体力劳动工种的，按本项第 1 款规定执行。

4. 劳动合同制工人就业前如经过县以上劳动服务公司组织的技术培训（包括经过县以上劳动人事局（劳动局）认可的技术培训）取得结业证书，所学专业与从事工种对口的，其参加技术培训的时间可相应抵扣上述熟练期限。

5. 三年制职业高中毕业生录用为劳动合同制工人后，所学专业与从事工种对口的，试用期满后不再实行熟练期。所学专业与从事工种不对口的，在技术工种（岗位）的熟练期一般为一年；在熟练工种（岗位）的熟练期一般为半年。熟练期间的工资待遇按本项第1款规定执行。

（四）劳动合同制工人熟练期满后，由用工单位按原定向培训的要求，以中央产业部门或省级主管部门制定的技术等级标准（岗位职责条例）为依据进行考核定级。

劳动合同制工人熟练期满，经考核成绩合格并能胜任本工种（岗位）工作的，一般可按以下工资水平定级：

1. 从事技术工种（岗位）的，在企业可定为本单位五级；在国家机关、事业单位和人民团体的，五类工资区可定为基础、职务工资五十六元五角。

2. 从事熟练工种（岗位）的，在企业可定为本单位四级；在国家机关、事业单位和人民团体的，五类工资区可定为基础、职务工资五十元五角。

3. 从事普工工种（岗位）的，在企业可定为本单位四级；在国家机关、事业单位和人民团体的，五类工资区可定为基础、职务工资五十元五角。

4. 从事特别繁重体力劳动工种的，在企业可定为本单位五级。

5. 三年制职业高中毕业生熟练期满后，在企业单位的可定为本单位五级；在国家机关、事业单位和人民团体的，五类工资区可定为基础、职务工资五十六元五角。

少数考核成绩不合格的劳动合同制工人，应延期六个月再考核定级。再次考核不合格的，应按上述定级工资水平低定一级。

（五）劳动合同制工人的其他工资、奖金、津贴、补贴待遇：

1. 根据《暂行规定》中关于“劳动合同制工人保险福利待遇低于原固定工的部分，用工资性补贴予以补偿”的规定，劳动合同制工人从初次参加工作试用期满后第一个月起（重新就业的从录用的第一个月起），在企业单位的可以按月享受本人标准工资百分之十五的工资性补贴；在国家机关、事业单位和人民团体的可以按月享受本人标准工资10%的工资性补贴。

2. 劳动合同制工人可以同本单位同工种（岗位）原固定工一样享受奖金（国家机关、事业单位和人民团体为奖励工资）、津贴、补贴。

国家机关、事业单位和人民团体招收录用的劳动合同制工人，其工龄津贴按劳动人事部劳人薪〔1985〕19号和省工资改革领导小组川工改〔1985〕25号文件的有关规定执行。

3. 劳动合同制工人定级后，由企业单位根据经济效益和按劳分配原则，自行确定对劳动合同制工人的工资增长形式和办法。国家机关、事业单位和人民团体的劳动合同制工人，其工资增长形式和办法按本单位同工种（岗位）原固定工的规定执行。

（六）劳动合同制工人续订合同和重新就业后的工资待遇：

1. 劳动合同制工人合同期满在原单位续订合同后，其工资按本人续订合同前执行的原工资等级支付。

2. 劳动合同制工人重新就业后仍从事原工种（岗位）的，其工资按本人重新就业前的原工资等级（暂不含企业自费浮动升级工资）支付。

3. 劳动合同制工人重新就业后改变工种（岗位）的，应实行三个月至六个月试用期。试用期间的工资待遇按以下办法执行：

①重新就业前工作满一年不满三年，在企业单位的按本单位二级工工资标准执行；在国家机关、事业单位和人民团体的，五类工资区按四十元执行。

②重新就业前工作满三年以上，在企业单位从事技术工种（岗位）的，按不低于本单位四级工工资标准执行。从事熟练工和普工工种的，按不低于本单位三级工工资标准执行，在国家机关、事业单位和人民团体从事技术工种（岗位）的，按五类工资区不低于五十六元五角执行，从事熟练工种（岗位）和普工工种（岗位）的，按五类工资区不低于五十元五角执行。

4. 重新就业后改变工种的劳动合同制工人，凡重新就业前工作不满三年的，试用期满后按上述第（三）、（四）项规定实行后，可不实行熟练期，直接考核定级。

5. 劳动合同制工人跨地区转移工作单位后，工资待遇按本项第 2、3、4 款规定执行。

四、在职期间的保险待遇

（一）患病、非因工负伤待遇：

劳动合同制工人患病或非因工负伤停工治疗，给予三个月至十二个月的医疗期。具体划分为：在本单位工作不满五年的，为三个月；满五年不满十年的，为六个月；满十年不满十五年的，为九个月；满十五年不满二十年的，为十二个月；满二十年以上的，为二十四个月。

医疗期的计算办法，当年内累计计算，跨年度连续医疗的，应与上年最后一次医疗时间累计计算。

医疗期内（包括超过医疗期限仍在住院治疗的时间），其医疗待遇和病假工资与所在单位原固定工人同等对待。医疗期满，不能继续从事原工作被解除劳动合同的，在解除劳动合同时，由本单位发给医疗补助费。其标准；在本单位工作不满十年的，为五个月本人标准工资；在本单位满十年以上的，为六个月本人标准工资。

（二）因工负伤、患职业病待遇：

1. 劳动合同制工人因工致残完全丧失劳动能力和患职业病符合所在单位原固定工人退休条件的，按所在单位原固定工人有关规定办理退休。其退休养老待遇，由所在单位按原固定工人规定发给，直至去世为止。单位和本人缴纳的退休养老基金，应退还所在单位。

2.“残废”的鉴定，按所在单位原固定工人有关规定执行。

（三）劳动合同制工人的供养直系亲属，不享受半费医疗和死亡丧葬补助待遇。

五、退休养老期间的保险待遇

（一）劳动合同制工人，符合下列条件之一的，应该办理退休，享受退休养老待遇：

1. 男年满六十周岁、女年满五十周岁，本人按规定缴纳退休养老基金（简称“投保”，“投保”年限累计计算，下同）满十五年的；

2. 从事井下、高空、高温、特别繁重体力劳动或其它有害身体健康的工作，男年满五十五周岁，女年满四十五周岁，“投保”满十五年的。

（二）劳动合同制工人退休后，从办理退休手续的次月起按月发给退休金。其标准为“投保”满十五年的，为本人工作期间最后五年月平均标准工资的百分六十；“投保”超过十五年的，从第十六年起，每满一年，加发百分之一。

（三）劳动合同制工人未到达退休年龄，因病、非因工负伤，由医院证明，经市、县医务劳动鉴定委员会确认，完全丧失劳动能力的，按月发给生活补助费，其标准为：“投保”满十五年的，本人工作期间最后五年月平均标准工资的百分之五十。

（四）劳动合同制工人到达退休年龄，或因病、非因工负伤由医院证明，经市、县医务劳动鉴定委员确认，完全丧失劳动能力的，“投保”满十年不满十五年的，按月发给生活补助费，其标准为：本人工作期间最后五年月平均标准工资的百分之四十；“投保”不满十年的，发给一次性生活补助费，其标准为：每满一年，发给两个月的本人工作期间最后一年月平均标准工资。

（五）按照以上（二）项领取退休金和（三）、（四）项按月领取生活补助费的劳动合同制工人，其养老期间的医疗费和死亡丧葬补助费、供养直系亲属抚恤费、救济费，按退休时当地在职劳动合同制工人的有关规定执行。

（六）按上述（一）、（二）项规定办理退休和按（三）、（四）项规定发给生活补助费的，应事先经当地劳动行政部门所属的社会保险机构审批。按月领取的退休费和生活补助费，从批准的下月起由社会保险机构发给。

（七）退休养老基金来源：

1. 用工单位，每月按全部劳动合同制工人工资总额（按国家统计工资总额的口径计算）的百分之十六缴纳。逾期不缴者，每逾期一日，增收应缴数百分之一的滞纳金，转为退休养老基金。

2. 劳动合同制工人，在劳动合同期内，每月按本人标准工资百分之三缴纳。

3. 单位和个人应缴纳的退休养老基金，由单位开户银行根据社会保险机构的通知，按月代为扣缴，转入当地劳动行政部门所属的社会保险机构在银行开设的“退休养老基金”专户。

4. 退休养老基金存入银行的款项，按照城乡居民个人储存款利率计算，其存活期、定期、零存整取及其年限的选择，由社会保险机构根据实际情况确定。

5. 对过去招用的劳动合同制工人，单位和个人未缴纳的退休养老基金，原来有规定的，按原规定标准补缴；原来没有规定的，按《暂行规定》和本实施规定标准补缴；一次补缴有困难的，可以分期补缴。

（八）未享受退休养老保险待遇而死亡的劳动合同制工人，其本人缴纳的退休养老金，全部退还其直系亲属。

六、其他

（一）劳动合同双方发生劳动争议，经协商无效时，可向当地劳动争议仲裁委员会申诉仲裁。劳动争议仲裁委员会由市、县劳动人事部门、工会等有关部门组成。未建立前暂由市、县劳动人事局（劳动局）受理劳动争议的申诉，进行仲裁。劳动争议的申诉应从其知道或应当知道其权利被侵害之日起一个月内提出，超过期限的不予受理。

（二）我省原有规定凡与《暂行规定》和本实施办法相抵触的，一律以《暂行规定》和本实施办法为准。

（三）本实施办法由省劳动人事厅负责解释。

四川省贯彻执行国务院关于《国营企业招用工人暂行规定》的实施意见

根据国务院国发〔1986〕77 号文件发布的《国营企业招用工人暂行规定》（简称《暂行规定》）结合我省实际，现推出如下实施意见：

一、各地的招工工作，在县以上人民政府的领导下，由县以上劳动人事局（劳动局）统一管理。招工的具体组织实施工作，由县以上劳动人事局（劳动局）所属的劳动服务公司负责。

二、凡在我省的全民所有制单位（包括中央在川单位），在国家的劳动工资计划内，需要从社会招收工人时，凭计划劳动部门或主管部门下达的劳动指标（包括新增劳动指标和各项自然减员指标），提出需要招收的工种、人数、条件和招工简章等，报经所在地的县以上劳动人事局（劳动局）审核后，由县以上劳动服务公司根据劳动力资源情况和有利于生产的原则，统筹安排，并会同用人单位组织招收。

招收新工人，应按照先培训后就业的原则，对经过职业培训、技术对口的待业青年，在同等条件下应予优先录用。

三、按规定个别需要到外省、市、自治区招收工人时，由市、地、州劳动人事局（劳动局）审查后，并直接介绍去有关省、市、自治区的县以上劳动行政部门联系办理。外省、市、自治区来我省招收工人的，凭县以上劳动行政部门的招工手续，直接到我省有关市、县劳动人事局（劳动局）联系办理。省内跨地区招收工人，由有关市、县劳动服务公司联系办理。

四、野外勘探、森林采伐的生产第一线和国营建筑企业招用农民合同制工人；交通、铁路部门的装卸搬运作业和矿山企业招用农民轮换工，一般应就近招收。确需跨地区招收时，由省劳动服务公司安排。除以上国家规定的以外，其他单位需要从农村招用一年以上工人时，必须报经省劳动人事厅批准。

五、全民所有制单位因临时性、季节性生产（工作）需要，在国家劳动工资计划内，可以使用一年以内的临时工、季节工，但不得将其安排在常年性生产（工作）岗位上。临时工的来源，应当由所在县的劳动服务公司根据用人单位提出的条件，安排在城镇待业人员中招收；地处农村的单位，经县以上劳动服务公司同意并办理手续后，可就近使用农村劳动力。使用临时工、季节工，双方应签订劳动合同，合同期满必须终止，用人单位应按原有规定向所在县劳动服务公司交纳调配费。

六、招收的新工人，应年满十六周岁，具有初中以上文化程度。体检标准，一般可参照技工学校招生标准执行。凡适合妇女从事劳动的工种，应当招用女工。招收技术工种工人的年龄，不超过二十二周岁；招收繁重体力劳动和普工的年龄，女性不超过三十周岁，男性不超过三十五周岁。

招收有专业技术工人和劳动合同制合同期满待业的工人、宣布矿产的企业的职工、濒临破产的企业法定整顿期间被精减的职工和违纪辞退的职工，年龄可以放宽。

在校学生和全民所有制单位、县以上集体所有制单位（包括国营企业扶持兴办的大集体企业）的在职职工以及在职的劳动合同制工人，均不属招收对象。

七、各地区、各部门、各单位在招工中，必须严格按照规定，面向社会，公开招收，全面考核，择优录用，坚决反对和抵制不正之风。对在招工中弄虚作假、违反政策规定的，要按党纪、政纪严肃处理。

八、我省原有规定与《暂行规定》和本实施办法相抵触的，一律以《暂行规定》和本实施办法为准。

九、本实施办法由省劳动人事厅负责解释。

四川省贯彻执行国务院关于《国营企业辞退违纪职工暂行规定》的实施意见

根据国务院国发〔1986〕77 号文件发布的《国营企业辞退违纪职工暂行规定》（简称《暂行规定》），结合我省实际情况，现提出如下实施意见：

一、企业对违纪职工，要坚持以思想教育为主的原则。辞退违纪职工，必须弄清事实，征求工会意见，做到实事求是，慎重处理。

二、《暂行规定》适用于国营企业和国家机关、事业单位、社会团体所属的独立核算的全民所有制企业的干部、固定工人和劳动合同制工人。辞退干部，应按干部管理权限办理审批手续。

三、被辞退的职工，辞退前是集体户口的，其户粮关系应当迁出企业。其中：家庭不在企业所在地的，户粮关系可迁到配偶、父母或其他直系亲属所在的城镇；辞退前在中小城镇的，一般不得迁往大中城市，少数家庭确有困难要求迁往的，由原企业单位按照公安部门的规定，与迁入地区的公安部门联系，凭迁入地区公安机关的“准迁证”办理迁移手续；家居农村的职工，愿意迁回农村的，其城镇户粮性质不变；个别单身职工无亲可投的，允许单身立户。

四、被辞退职工，办理落户手续后，可持辞证明书，向户口所在地的劳动服务公司办理待业登记，企业应将被辞退职工的档案材料及时送达。

五、县以上劳动人事局（劳动局）所属的劳动服务公司，对被辞退的职工，要按照“三结合”的就业方针，指导他们重新就业或自谋职业。因违纪被辞退的职工，在招收录用上应一视同仁，不得歧视。

六、被辞退的职工对企业的辞退处理不服的，可以在收到辞退证明书的次日起的十五日内，向市、县劳动争议仲裁委员会申诉，由劳动争议仲裁委员会仲裁。未建立劳动争议仲裁委员会的地方。暂由市、县劳动人事局（劳动局）受理劳动争议的申诉进行仲裁。争议未作出仲裁之前，仍应维持企业的辞退决定。经正式裁定，属于错处理的，企业应负责收回复工并补发工资。对仲裁不服的，可以向当地人民法院起诉。

七、被辞退的职工无理取闹、纠缠领导，影响生产、工作和社会秩序的，由当地公安部门按照《治安处罚条例》的有关规定处理。

八、企业可根据《暂行规定》第二条的规定，结合本企业特点，制定本企业辞退违纪职工的具体实施细则，细则应经职工代表大会或职工大会讨论通过，以厂长通令形式公布 实施，并抄送市、县劳动争议仲裁委员会。

九、本实施办法由省劳动人事厅负责解释。

四川省贯彻执行国务院关于《国营企业职工待业保险暂行规定》实施意见

根据国务院国发〔1986〕77号文件发布的《国营企业职工待业保险暂行规定》（简称《暂行规定》），结合我省实际，现推出如下本实施意见。

一、范围和对象

（一）凡在我省境内的国营企业以及国家机关、事业单位、社会团体所属的独立核算的全民所有制企业（以下简称企业）中固定职工和劳动合同制工人在待业期间，均执行本规定。

（二）国家机关、事业单位和社会团体中劳动合同制工人，在待业期间，也按本规定执行。

（三）属下列情况之一者，不享受待业救济待遇：

1. 劳动合同制工人在试用期间解除合同的；

2. 按照《国营企业实行劳动合同制暂行规定》第十三条规定自行解除劳动合同和自行离职的；

3. 经企业同意，自费考入中等专业以上学校学习的；

4. 矿山、建筑、装卸、搬运行业从农村招用的户粮关系不变的轮换工、劳动合同制工人，以及从城乡招用的临时工、季节工；

5. 开除、除名和自动离职的固定职工。

二、职工待业保险基金的筹集和管理

（一）职工待业保险基金的筹集，按《暂行规定》第二章第三条规定执行。企业每月应缴职工待业保险基金数额，由市、县劳动服务公司审定后交企业开户银行，代为扣缴，存入“职工待业保险基金”专户。职工待业保险基金存入银行后的利息，暂按城乡居民个人储蓄存款利率计算。

（二）企业按照其全部职工标准工资总额的百分之一缴纳待业保险基金计算基数，按国家统计局统一规定的口径计算。

（三）国家机关、事业单位和社会团体缴纳职工待业保险基金的数额，应为劳动合同制工人标准工资总额的百分之一。

（四）职工待业保险基金的管理，要与待业职工的管理相结合，以块块为主，由市、县劳动服务公司分工负责。具体办法由各市、地、州研究决定。

（五）各市、地、州要按规定从企业缴纳的保险基金总额中每月提取百分之十，上交省劳动服务公司（省社会劳动力管理局）调剂使用，具体办法另定。各市、地、州提取调剂经费的数额，由各地确定。

三、职工待业保险基金的发放标准

（一）宣告破产的企业的职工和濒临破产的企业法定整顿期间被精简的职工，参加工作在五年以内（含满五年）的，最多发给待业救济金十二个月，其中工龄在二年以下的，每月为本人标准工资的百分之六十；工龄满二年不满三年的，为本人标准工资的百分之六十五；工龄满三年不满四年的，为本人标准工资的百分之七十，工龄在四年以上五年以内的的，为本人标准工资的百分之七十五。参加工作在五年以上的，最多发给待业救济金二十四个月，其中，第一年为标准工资的百分之七十五，第二年为标准工资的百分之五十。

（二）宣告破产的企业的职工和濒临破产的企业法定整顿期间被精简的职工，在待业救济金的发放期间，同时享有医疗费、死亡丧葬补助费、供养直系亲属抚恤费、救济费。其发放标准，由市、县劳动服务公司，参照国家有关规定统一制定。

（三）宣告破产的企业的职工和濒临破产的企业法定整顿期间被精简的职工，距法定离、退休年龄不足五年的，在待业期间符合离休、退休条件的，应办理离休、退休手续。其离休、退休待遇按《暂行规定》第八条（一）项办理。

（四）终止、解除劳动合同的工人在扣除已发给本人的生活补助费的月份后，按本条（一）项领取待业救济金。

企业辞退的职工，按本条（一）项领取待业救济金。

终止、解除劳动合同的工人和企业辞退的职工，在领取待业救济金的期间，每月发给医疗补助费二至三元。

四、发放手续

（一）宣告破产的企业的职工和濒临破产的企业法定整顿期间被精简的职工领取待业救济金，由企业编造名册，经主管部门审查，送当地劳动服务公司核定，凭证领取。其医疗费、死亡丧葬补助费、供养直系亲属抚恤费、救济费，亦由劳动服务公司核定、发放。

（二）企业终止、解除劳动合同和辞退的职工领取待业救济金，凭原企业出具的终止、解除合同和辞退证明书，到当地劳动服务公司登记，凭证领取。

（三）省内异地发放待业救济金，不划拨待业保险基金。由当地劳动服务公司根据待业职工本人的申请，办理转移手续，联系落实后，改由本人户口所在地劳动服务公司管理、发放。

五、转业训练和安置就业

（一）待业职工的安置就业，要实行“在国家统筹规划和指导下，实行劳动部门介绍就业、组织起来就业和自谋职业相结合”的方针。社会各方面都要高度重视，积极配合作好安置工作。

1. 市、县劳动服务公司在国营和集体企业、事业等单位招工时，对待业职工要统筹兼顾，积极推荐，经考核合格的，应优先录用。

2. 企业单位和街道等基层劳动服务公司要积极举办集体企业，多安置待业职工。

3. 积极动员、帮助待业职工组织起来就业和自谋职业，资金确有困难的，可给予必要的有偿扶持。

（二）对待业职工的转业训练，要根据当地工作和生产需要，实行多层次、多渠道、多形式的训练。条件允许的，应实行定向培训。所需费用，以自费为主，适当补助。

（三）待业职工的转业训练和重新安置，社会各方面都要予以大力支持。计划、物资部门要在原、燃材料方面予以照顾；银行要从信贷上予以扶持；税务部门要按安置城镇待业人员的有关规定减、免税收；工商、公安、城建等部门要在登记、场地等方面给予安排。

六、管理机构

为加强待业职工和职工待业保险基金的管理，市、地、州、县（区）劳动服务公司要按照川府发〔1986〕130号文件规定尽快设立专职机构或配备专职人员。街道、区、镇劳动服务公司或劳动服务站，是县（市、区）劳动服务公司的基层组织，也要健全相应的机构和配备专职人员，所需经费从劳动服务公司收取的管理费、调配费中列支。具体办法，由各市、地、州研究决定。

七、本实施办法由省劳动人事厅负责解释

四川省人民政府关于批转省体改办、省劳动人事厅等八个部门《关于扩大退休基金统筹试点有关问题的报告》的通知

川府发〔1986〕152号

各市、州、县人民政府，各地区行政公署，省政府各部门：

省人民政府同意省体改办、省劳动人事厅等八部门《关于扩大退休基金统筹试点有关问题的报告》，现转发给你们，请认真研究执行。

实行退休基金统筹，是落实“七五”计划中关于建立我国社会保障制度任务的实际步骤，是经济体制改革中必然提出和必须予以配套改革的重要方面。它有利于解决企业退休费负担畸轻畸重问题，使国家能更好地正确考核企业的经济效益，促进生产发展；同时，对保障退休职工生活，促进社会安定，保证经济体制改革顺利进行，也有着重要的意义。

退休基金统筹涉及到各方面、各单位的经济利益，牵涉面广，政策性强，工作量大，任务重。各级人民政府要切实加强领导，把它作为经济体制改革的一项重要配套改革来抓，督促各方面做好统筹的各项工作。统筹工作由各级劳动人事部门具体负责组织和指导，各级有关部门要积极支持，紧密配合，研究解决好统筹遇到的问题，协同搞好这项改革工作。

四川省人民政府
一九八六年八月二日

关于扩大退休基金统筹试点有关问题的报告

省政府：

为了改革目前保险制度的弊端，解决企业退休费负担畸轻畸重的问题，增强企业活力，促进经济发展，切事保障退休职工的生活，保持社会安定，经国务院同意，省政府批准，我省从去年五月起在自贡市开展了全民所有制企事业单位和机关、团体职工退休费用统筹试点，取得了良好的效果。根据省委财经领导小组的部署，今年，全省在进一步完善自贡市试点工作的同时，决定把试点工作扩大到成都、重庆、渡口、德阳、绵阳、内江，乐山、泸州八个市，为了使统筹工作顺利开展起来，现将我们对扩大统筹试点中需要解决好的几个问题的意见报告如下：

（一）退休基金统筹工作，政策性强，涉及面广，工作量大，任务很重。各级人民政府要切实加强领导，把统筹工作作为经济体制改革的重要配套改革来抓，督促各方面做好统筹工作。各级体改办、劳动人事、财政、工会、银行等有关部门要积极支持，紧密配合，共同解决好遇到的问题，使统筹工作顺利进行。

（二）扩大退休基金统筹试点范围，进一步摸索经验，逐步完善统筹办法，为今后全省统筹创造条件。成都、重庆、渡口、德阳、绵阳、内江，乐山、泸州市，应根据本地区的实际情况，组织进行退休基金统筹试点，力争在今年内，最迟在明年一月开始试行；其它有条件的地区，也可以选择一个市或县进行试点。自贡市的统筹试点，要按照“巩固、消化、补充、改善”的方针，巩固成绩，完善办法，继续前进，把统筹工作搞得更好。

（三）解决好统筹中的几个具体问题

1. 关于统筹的范围和项目问题。鉴于我省经济发展不平衡，地区之间、行业之间、单位之间经济承受能力差异较大，统筹工作一定要从实际出发，因地制宜，量力而行，统筹范围由小到大，统筹项目由少到多，社会化程度由低到高，循序渐进，逐步向全面统筹的方向发展。参加统筹的单位，目前主要是全民所有制企业，国家机关、事业单位除自贡已纳入统筹应继续搞好外，其他市、县在搞统筹试点时，可暂不纳入统筹范围（国家机关、事业单位实行劳动合同制工人，按国务院国发〔1986〕77 号文规定执行）。根据国家体改委、劳动人事部体改分字〔1986〕1 号文规定精神，中央、省属单位应按当地的规定参加统筹。

2. 关于退休基金提取比例问题。应根据实际需要，本着“以支定收，略有节余”的原则确定。退休基金可以采取按工资总额的一定比例计提的办法，也可以采取按职工工资总额和退休费总额分别按一定比例计提的办法。还可以采取按工资总额与实际支付退休费总额之和的一定比例计提的办法。具体计提比例，由当地体改办、劳动人事、财政、审计、工会等有关部门研究提出意见，报经当地政府批准后执行。在确定提取退休基金比例时，应包括县、市、地、州和省职工社会保险事业机构的干部工资、办公费用和业务活动经费等统筹业务费在内，统筹业务费的提取比例和分配办法，暂按省编委、省财政厅、省劳动人事厅川劳人险〔1986〕4 号文中第二条规定办理。

3. 关于统筹的周转金问题。从全国各地统筹试点的情况看，统筹必须要有一定数额的周转金。为了保证按时发放退休费，防止出现周转不灵的被动局面，参加统筹的单位，应按本单位统筹前一个月退休费实际支出总额，提缴社会保险机构，作为统筹的周转金。

4. 关于上交利润（所得税、调节税）基数问题，统筹以后，企业缴纳的退休基金，高于或低于原来的实际负担，一般不予调整；对少数企业增加或减少过多的，同级财政部门在总的不影响国家财政收入的前提下，对其上缴利润（所得税、调节税）基数进行适当的增、减调整；或由各级财政、主管部门对其所属单位，在年终时影响企业合理留利过多、过少的部分，给予适当调整。

5. 关于退休基金的收取方式问题。统筹单位提缴的退休基金，委托当地工商银行、农业银行按托收无承付方式办理。收取的退休基金在银行专户储存，专款专用。有关存款利息和计收手续费问题，分别按川工行发〔1986〕257 号、川农行发〔1986〕372 号文办理。今后，国务院对劳动合同制工人退休养老基金的收取方式、存款利率确定后，按劳动合同制工人退休养老基金的收取方式、存款利率规定办理。退休基金收入不征能源交通建设基金。

6. 关于统筹的社会保险机构问题。为了加强对统筹工作的领导，统筹试点的市、县，建立由有关部门组成的退休基金统筹领导小组，由一名政府的分管领导担任组长，加强领导，协调各方面的工作。试点市、县社会保险机构的建立，按照省府川府发〔986〕130 号《关于建立职工社会保险事业机构的意见》的规定执行。干部的配备，要保证质量，可在现有干部中调剂领导干部和财会专业人员，或者从接收、分配部分军队转业干部、大专毕业生中解决。

7. 关于加强退休职工的管理问题。实行统筹后，目前对退休职工的管理，实行社会化管理与本单位管理相结合的办法，切实加强退休职工的管理服务工作。退休职工多的单位，要建立健全退休职工专管机构，适当配备专职管理人员；退休职工少的单位，要配备专职或兼职人员管理。基层单位应保证退休管理机构和开展活动所需的经费开支。市、县社会保险机构应加强基层统筹工作和退休职工管理服务工作的指导和监督检查。尚未实行统筹地区的基层单位，亦应按照上述规定精神办理。实行统筹后，目前，退休职工的学习、生活，医疗和福利待遇不变。每月发放退休费，可按单位实行预决算领报制度，也可实行差额拨缴办法。

以上报告如无不妥，请批转各地试行。

四川省人民政府经济体制改革办公室　　四川省编制委员会
四川省计划经济委员会　　四川省财政厅
四川省总工会　　四川省工商银行
四川省农业银行　　四川省劳动人事厅

一九八六年七月三十日

四川省人民政府印发省体改委等部门《关于国营企业推行和完善承包经营责任制中实行工资总额同经济效益挂钩办法的意见》的通知

川府发〔1988〕109 号

各市、州人民政府，各地区行政公署，省级各部门：

省人民政府同意省体改委、劳动人事厅、财政厅、工改办《关于国营企业在推行和完善承包经营责任制中实行工资总额同经济效益挂钩办法的意见》，现印发你们，请认真贯彻执行。

企业工资改革，是经济体制改革的重要组成部分。全面推行工资总额同经济效益挂钩的办法，是近期内企业工资改革的一条基本路子，目的是为了增强企业活力，提高企业经济效益，充分调动广大职工的积极性和创造性。今年，地方国营企业原则上都要实行工资总额同经济效益挂钩的办法。

各地、各部门要加强领导，把推行工资总额同经济效益挂钩作为今年深化企业改革、完善企业经营机制的一项重要工作来抓。要抽调精干力量，组织与推行“挂钩”工作相适应的班子或充实工资改革领导小组办公室，具体负责推行“挂钩”的实施工作。省体改委、劳动人事厅、财政厅、工改办等部门要认真调查、研究推行“挂钩”办法中出现的新情况、新问题，指导各地搞好推行工资总额同经济效益挂钩工作。

四川省人民政府

一九八八年六月二十二日

关于国营企业在推行和完善承包经营责任制中实行工资总额同经济效益挂钩办法的意见

省人民政府：

为了深化企业改革，进一步理顺国家与企业的分配关系，增强企业活力，提高经济效益，根据《国务院关于国营企业工资改革问题的通知》国发〔1985〕2 号和国务院发布的《全民所有制工业企业承包经营责任制暂行条例》国发〔1988〕13 号 的有关规定，结合我省具体情况，现对在推行和完善承包经营责任制中实行工资总额同经济效益挂钩办法提出如下意见：

一、实行范围和基本原则

1. 全省地方国营企业（含预算外企业），除已经实行租赁（指实行自负盈亏、自主分配）的企业，经营性亏损尚未扭亏为赢的企业，参照执行机关、事业单位工资制度的企业外，原则上都要在推行和完善承包经营责任制的同时实行工资总额同经济效益挂钩的办法。

2. 实行工资总额同经济效益挂钩的办法，要兼顾国家、企业、职工三者利益，在发展生产、提高经济效益的前提下逐步提高职工的工资水平。今后，企业主要是依靠改善经营管理，提高经济效益来增加职工工资，效益高的企业可以多增工资，效益低的则要少增资或下浮工资。

3. 逐步对企业工资实行分级管理体制。省对各市、地、州原则上实行企业工资总额同经济效益总“挂钩”的办法：由省核定各市、地、州所属企业的工资总额基数、“挂钩”的经济效益指标基数和浮动的总比例；各地在核定的基数和浮动比例的范围内，对“挂钩”指标进行分解，根据本地企业的实际情况确定不同的工资分配办法，省对实行总“挂钩”办法的地区和部门要按照国家关于总“挂钩”的规定，对其进行宏观控制。实行总“挂钩”办法，今年先在部分城市试行（办法另订），总结经验后再逐步推开。

二、挂钩形式

企业实行工资总额同经济效益挂钩的形式可多种多样，但必须符合企业的生产经营特点和国民经济发展对企业经济效益的要求。当前推行“挂钩”的主要形式是：

1. 工资总额同上缴税利挂钩。上缴税利能够基本稳定增长的企业，都要实行这种办法。实行承包经营责任制的企业确定的承包上缴利润基数与“挂钩”办法核定的上交税利基数中的上缴利润部分可以不一致。

2. 工资总额同实现税利挂钩。实行承包经营责任制确定了上缴利润基数或递增比例的企业，在保证完成上缴任务的前提下，可以实行工资总额同实现税利挂钩。

3. 工资总额同实物量挂钩。可在具备以下条件的企业实行：在较长时期内，生产国民经济发展急需的、市场紧缺的或可大量出口的产品；品种单一或可按标准产品折算产量的产品；有严格、系统的质量检验制度和生产资料消耗定额管理制度的产品。实行实物挂钩办法的企业，必须以销售出去的合格产品计提工资。

4. 百元产值工资含量包干办法，只限于建筑施工企业按现行包干办法实行。现行包干办法要逐步完善，要剔除价格上涨等非劳动因素的影响。

5. 有条件的公共交通、公路运输等企业可以实行工资总额同实际工作量和实现利润指标双挂钩的办法。

6. 以出口创汇为主的企业，可以实行工资总额同创汇额和上缴税利指标双挂钩的办法。

7. 商业企业一般应实行工资总额同上缴税利挂钩的办法；个别特殊情况的企业，经批准可实行工资总额同实现税利挂钩的办法；有的零售企业也可以实行工资总额同销售额（或营业额）和上缴税利指标双挂钩的办法。

企业实行工资挂钩的具体形式，由负责审批“挂钩”方案的各级政府有关部门根据企业情况确定；工资挂钩执行期限一般应与承包经营责任制的承包期限一致。执行期间，挂钩形式原则上不得改变。

对按以上七种形式挂钩有困难的企业，可进行其他挂钩形式的试点。试点应先在少数企业进行，取得经验后逐步推开。试点的具体形式由负责审批挂钩方案的各级政府有关部门确定。试点方案要报省工改办、财政厅备案。

三、工资总额基数、经济效益指标基数和工资浮动比例的核定

1. 新实行工资总额同经济效益挂钩企业的工资总额基数、经济效益指标基数和浮动比例，必须按国家和省有关规定核定，主要原则是：

（1）工资总额基数，原则上以企业上年的工资总额为基础核定。

（2）经济效益指标基数，原则上以企业上年实际完成数为基础核定；上年实际完成数低于前三年实际平均数的，按前三年实际平均数酌情核定。

（3）工资浮动比例，根据企业人均税利、工资税利率、资金税利率、劳动生产率的水平和经济效益增长情况，一般掌握在1∶0.3～0.7的范围内核定。

实行工资总额同实物量挂钩和百元产值工资含量包干办法的企业，一般应在0.3－0.7的范围内核定工资浮动比例。完成核定的产量、产值基数部分，按核定的工资系数提取工资；增长部分一般应按核定的工资系数（含量）乘核定的工资浮动比例提取新增工资。

实行工资总额同实际工作量（创汇额、销售额）和上缴税利或实现税利指标双挂钩的企业，要合理确定工资同两项经济效益挂钩指标的比例，其中与上缴税利或实现税利指标挂钩的 比重一般不应低于70%。

2. 一九八七年已经实行工资总额同经济效益挂钩办法的试点企业，已核定的基数，今年要继续执行；其“挂钩”形式原则上不改变。

3. 对所有“挂钩”企业，均应实行复合指标考核，即除了主要挂钩指标外，还要考核其他经济技术指标。工业企业还要考核质量、消耗、安全、劳动生产率等经济技术指标。其中质量指标要作为否定指标，质量达不到规定要求或下降的，应按不低于30%的比例扣减工资增长基金或不能提取新增工资；商业企业也要根据具体情况规定复合考核指标。如经营品种、资金周转天数、库存结构、费用水平、服务质量等；物资供销企业还要增加物资供应计划执行率；交通运输企业要增加安全、车辆完好率、燃料消耗等考核指标；对其他不同行业、企业，也都要根据实际情况，规定相应的经济技术复合指标进行考核，完不成考核指标的，应扣减新增工资。

4. 为了稳定财政收入，除了以上缴税利作为主要“挂钩”指标的企业外，实行其它各种“挂钩”形式的企业，都要把上缴税利作为否定指标。完不成上缴税利任务的，相应扣减工资增长基金。

5. 已实行承包经济责任制的企业，实行“挂钩”后，一律不得调整承包基数。

四、审批程序

1. 经批准实行企业工资总额同经济效益总挂钩的市、地、州，可以根据本地实际情况，自行审批所属企业实行工资总额同经济效益挂钩的方案。

2. 未实行企业工资总额同经济效益总挂钩的市、地、州，除部分大中型企业（名单另发）实行工资总额同经济效益挂钩方案仍要报省工改办、省财政厅审批外，其余企业实行挂钩办法，由各地按国家和省的政策及本意见的规定，核定经济效益指标基数、工资总额基数和浮动比例。在核定时，必须考虑与省审批的大中型企业挂钩方案相平衡。

3. 省属大中型企业的工资挂钩方案由主管部门审核，报省工改办、省财政厅批准后执行。省属小型企业的工资挂钩方案由主管部门审批。

4. 今年不能实行“挂钩”办法的企业，要实行工资总额包干管理，具体办法另定。

五、几项有关规定

1. 企业实行工资总额同经济效益挂钩办法后，除按国家和省政策规定必须安排的复原退伍军人、转业干部等增人因素可增加工资外，原则上增人不增工资，定员内减人不减工资总额。

2. 企业实行“挂钩”办法后，核入工资总额基数的奖励基金和新增工资如何列支，由各市、地、州根据企业实际情况自行决策，不强求一律。对不同的企业，可以采取“总挂总提”，也可以采取“总挂分提”、“分挂分提”等办法。

3. 企业实行“挂钩”办法后，每年随经济效益而新增的工资，在使用时要留足以丰补歉的工资储备金。工资增长超过一定幅度时，要按国家规定缴纳工资调节税。经济效益下降时，工资总额要相应下浮。

4. 各市、地、州和省级各部门要加强对工资总额增长的宏观控制，加强对企业经济效益的考核工作。实行了总挂钩办法的，要保证本地区（部门）企业工资总额的增长不超过核定的浮动总比例。未实行总挂钩办法的，要保证本地区（部门）企业工资总额不突破核定的工资总额和包干工资总额指标。各市、地、州和省级各部门全部挂钩企业的工资总额基数与实行包干办法企业工资总额之和，不得突破国家下达的工资总额计划。对未实行挂钩和包干办法的企业，各部门要加强检查和监督，不得以任何理由随便开口子，坚决制止滥发奖金、津贴、补贴、实物。

5. 要进一步加强物价管理，不允许借工资改革之机，擅自乱提物价。对以不正当手段侵害国家与消费者利益的企业，一经查出，要严肃处理，直至取消全部新增工资，或下浮核定的工资基数。

6. 为了解情况，研究政策，各地（市、州）、各部门自行审批的企业挂钩方案、决算情况要定期汇总报省工改办、财政厅备案。

附：关于核定工资总额基数、经济效益指标基数的意见

四川省体改委
四川省劳动人事厅
四川省财政厅
四川省工资制度改革领导小组办公室
一九八八年六月九日

附件

关于核定工资总额基数、经济效益指标基数的意见

一、关于工资总额基数的核定

今年新实行工资挂钩的企业，工资总额基数原则上以企业一九八七年的工资总额为基础核定。为使核定的工资总额基数切合企业实际，在具体计算办法上，采用以一九八六年企业统计年报的工资总额（不包括国家规定的特定原燃材料节约奖和副食品价格补贴、肉贴）为基础，作以下调整后核定。

减去：（1）一九八七年成批划出的职工工资；（2）一九八六年计入成本的工资（标准工资、加班工资、津贴等）中超过国家规定的部分；（3）一九八六年从奖励基金支出的工资。

加上：（1）一九八七年在国家计划指标内增人和职工转正定级增加的工资；（2）一九八六年按国家规定人均增资 1.8 元应增加的工资（如果一九八六年工资年报中已包括一个季度的新增工资，

则只增加三个季度的增长工资)；（3）一九八六年增人和转正定级的翘尾工资；（4）一九八七年进行厂长3%晋级权升级增加的工资；（5）一九八七年贯彻川工改办（1987）62号文件应增加的工资；（6）一九八七年按第二步利改税规定比例计算应提奖励基金，应提奖励基金过高的，要适当核减(一般按四个月标准工资水平掌握)；（7）一九八七年成批划进职工的工资。

二、关于经济效益指标基数的核定

1. 企业同工资总额挂钩的税利指标

上缴税利包括：上缴财政的产品税、增值税、营业税、资源税、所得税、调节税（或上缴利润)、城市维护建设税、房产税、车船牌照税等。新挂钩企业，一九八七年在税前用新增利润归还技措贷款和基建改扩建贷款的，应按税前还贷的50%计入基数。

实现税利包括：实现的产品税、增值税、营业税、资源税、城市维护建设税、房产税、车船牌照税、实现利润等。

2. 今年实行工资挂钩的企业经济效益指标基数，原则上按一九八七年实际完成数核定。一九八七年实际完成数低于一九八五年至一九八七年三年平均水数的企业，不按一九八七年实际完成数核定，应按三年平均数为基础酌情核定。

3. 有新建、扩建项目投产，凡是增人增加工资的，原则上按新建扩建增人的同口径增加经济效益指标基数，其增加额为该企业人均效益乘增加人数。如果新建扩建项目投产当年效益确实达不到平均水平的，当年可以按不低于应增加数的50%调增经济效益指标基数，下一年再调增未增够的部分。

四川省人民政府贯彻执行国务院关于企业职工养老保险制度改革的决定的通知

川府发〔1991〕142号

各市、州、县人民政府，各地区行政公署，省政府各部门：

国务院《关于企业职工养老保险制度改革的决定》（国发〔1991〕33号，以下简称《决定》，已印发各地、各部门)，是国家对改革社会保险制度的重大决策。根据《决定》和全国社会保险工作会议精神，按照国民经济和社会发展十年规划和第八个五年计划纲要的要求，我省要尽快实行国营企业职工退休费用省级统筹，逐步建立起基本养老保险与企业补充养老保险和职工个人储蓄性养老保险相结合的，退休费用国家、企业、个人三方合理负担的，适应于城镇各类企业和多种用工形式的养老保险制度。现结合我省社会保险工作实际，提出如下实施意见，请一并贯彻执行。

一、实行国营企业职工退休费用省级统筹

（一）我省已基本实现县过渡到市（地、州）级统筹，由市（地、州）过渡到省级统筹的条件已基本具备。由省劳动厅牵头，会同省财政厅、体改委、计经委、银行、税务、工会等部门，在调查测算、反复论证的基础上，拟定省级统筹方案，力争今年内实现国营企业职工退休费用省级统筹。

（二）省级统筹按照“以支定收、略有结余，留有部分积累”的原则统一筹集基金。具体提取比例、结余和积累率，经测算、论证后在省级统筹方案中明确。

（三）省级统筹后，固定职工统筹基金与劳动合同制职工部分养老基金合并调剂使用。随着退休职工的增多和劳动合同制职工队伍的扩大，这两项基金过渡到统一比例征集。

（四）实行《四川省社会保险证》和《职工养老保险手册》制度。《四川省社会保险证》记载企业缴纳的统筹基金并作为在劳动部门办理有关业务的必备手续之一。《职工养老保险手册》用于记载职工个人缴纳的养老保险费和企业补充养老金。职工退休时，以缴纳养老保险费的年限作为计发基本养老金的依据之一。

（五）成都、重庆两市暂不列入省级统筹范围，两市应按国务院《决定》和省级统筹的原则自行组织实施。待条件成熟时，再纳入全省统筹。

二、理顺城镇集体所有制企业职工养老保险政策和退休费用社会统筹的管理体制

（一）全省城镇集体所有制企业职工养老保险政策及其退休费用社会统筹业务统一归口劳动部门管理与经办。

（二）各级劳动部门要积极开展城镇集体企业养老保险工作，尽快实行退休费用社会统筹。已经建立养老保险制度，实行退休费用社会统筹的地区，应总结经验，完善制度，进一步把这项工作搞好；以行业为单位开展统筹的地区，应过渡到以县（区）为单位统筹；尚未开展这项工作的地区，应抓紧测算、制定方案，争取尽快起步。

（三）国务院《决定》下发前，按省政府川府发〔1988〕118号文件原则，确定由人民保险公司经办的地区，在一个县（市、区）内如多数企业已纳入人民保险公司投保范围的，由保险公司统一经办；只有少数企业向人民保险公司投保的，应交由劳动部门统一管理与经办。在一个县（市、区）内不能用两种办法由两家管理与经办。城镇集体企业职工退休费用社会统筹，必须按照社会保险的原则，企业不分新老、经济效益好差、退休职工多少、退休费用负担轻重，全部纳入统筹范围。

三、建立职工个人缴纳基本养老保险费制度

（一）建立企业职工个人缴纳基本养老保险费制度。开始时原则上以不超过本人标准工资3%缴纳，目前，按本人月标准工资低于一百元的缴二元，一百元和一百元以上缴三元的办法执行。国营企业职工个人缴费与省级统筹方案同步实施。

城镇集体所有制企业职工个人缴费与退休费用社会统筹同步进行；外商投资企业中方职工、城镇私营企业职工和个体劳动者，在建立养老保险制度的同时实行个人缴费。个人缴费标准由各地自行确定。

（二）职工个人缴费年限是计算退休生活补贴的依据之一。国营企业职工（不含劳动合同制职工），个人缴纳养老保险费以前的连续工龄，可视为缴费年限。缴费年限长短与退休生活补贴挂钩，缴费满二十年的按本人标准工资的75%计算退休费，在二十年基础上，每增加一年，退休生活补贴增加本人标准工资的1%，职工退休待遇最高不超过本人标准工资的95%。

（三）职工个人缴纳的基本养老保险费，由企业每月在发放工资时代为收缴，并记入《职工养老保险手册》，企业连同企业应缴纳的统筹基金一并向当地社会保险机构缴纳。

四、建立企业补充养老保险制度

（一）企业补充养老保险原则：凡经济效益比较好的国营企业都应实行补充养老保险，企业留利多的可以多补充；留利少的可少补充或暂时不补充。

（二）企业补充养老保险的范围：在川中央企业和省、地、县（市、区）属国营企业，都要分期分批逐步实行补充养老保险。

（三）企业补充养老保险的对象：企业的固定职工、劳动合同制职工、全民混岗大集体职工和一九七一年十一月三十日前的长期临时工。

（四）企业补充养老保险金的来源：从企业自有资金中的奖励、福利基金中开支，如奖励、福利基金在留利中提取比例较低，开支有困难的，可经同级财政批准适当提高奖励、福利基金在自有资金中的比例，提高的部分作为企业补充养老保险基金；实行工效挂钩的企业，还可从效益工资中提取。

（五）企业补充养老保险基金的分配：企业提取的补充养老保险基金分配要体现“公平”与“效率”的原则，每年分配一次，记入《职工养老保险手册》，待职工退休后，一次或分年发给本人。

企业补充养老保险基金由当地社会保险机构管理与经办。

企业补充养老保险的具体办法由省劳动厅、财政厅另行制定。

五、建立各级养老保险基金委员会

省、市（地、州）、县（市、区）都要建立养老保险基金委员会，实施对城镇企业职工养老保险基金管理的指导和监督。各级养老保险基金委员会的日常工作，由同级劳动部门所属的社会保险机构负责。

“四川省养老保险基金委员会”，由省政府主管劳动工作的副省长任主任，省政府联系劳动工作的副秘书长、省劳动厅厅长任副主任，省财政、计划、体改、审计、银行、工会、社会保险事业管理局和省人民保险公司等部门的负责同志为成员。省劳动厅所属的省社会保险事业管理局负责省养老保险基金委员会的日常工作。

六、加强养老保险基金的征收、拨付和管理

（一）养老保险基金委员会要切实加强对养老保险基金管理工作的指导和监督。养老保险基金委员会要审查社会保险机构编制的年度养老保险基金收缴、拨付的预决氧批准社会保险机构的管理服务费用；协调和组织有关部门，解决社会保险机构在实施养老保险基金收缴、拨付计划过程中的重大问题；组织有关部门对养老保险基金和管理服务费的管理使用实施有效的监督和检查。

（二）各级劳动行政部门要加强对养老保险工作的领导。充分发挥劳动、工资、社会保险等配套管理的行政职能，督促企业如实填报各项统筹基础数据；检查指导养老保险基金的收缴、拨付和管理情况，发现滥用基金的，应立即采取措施，限期追回，对造成经济损失和不良影响的要追查主要领导人和当事人的责任。

各级社会保险机构要把养老保险基金的管理工作作为一件大事来抓，根据国家的政策规定，建立健全基金管理的各项制度，按照规定编报养老保险基金和管理服务费收支的预决算，加强内部审计，防止漏缴和冒领养老保险基金现象，杜绝滥用、挪用和卡扣养老金问题发生，保证基金安全、正常、合理运转。

（三）加强财政、审计、银行和工会对养老保险基金管理的监督。

劳动部门要会同财政部门建立健全和完善养老保险基金和管理服务费用的会计核算和财务管理制度｝财政部门要按规定程序上报由社会保险机构编制的养老保险基金和管理服务费的年度预决算。

有关财务管理的具体办法由省劳动厅、财政厅另行制定。

审计部门要把养老保险基金纳入审计范围，并指导社会保险机构建立内部审计制度，开展内部审计工作。

人民银行和各专业银行要积极支持社会保险制度改革，配合社会保险机构作好养老保险基金的收缴、拨付和存储工作，强化收缴手段。

各级工会要广泛听取和反映企业、职工的意见和要求，参与管理服务和监督，及时提出完善养老保险制度改革，加强养老保险基金管理的意见和建议。

七、加强对社会保险制度改革的领导和社会保险机构的建设

（一）企业职工养老保险制度改革牵涉面广、政策性强，涉及广大企业职工的切身利益，各级人民政府，要把贯彻。国务院《决定》作为经济体制改革的一项重要配套改革工作，认真抓好，经常听取汇报，解决工作中的难题。各级劳动、财政、计划、体改、税务、审计、银行、工会等有关部门要积极支持，密切配合，把《决定》精神落到实处。

（二）切实加强社会保险机构系统管理。国营企业职工退休费用省级统筹，必须统一管理和分级负责相结合，各级社会保险机构应在当地政府和劳动部门领导下进行工作。上级社会保险机构，要加强业务指导。

四川省人民政府
一九九一年十一月十一日

四川省人民政府关于全面实行劳动合同制的通知

川府发〔1995〕46号

各市、州人民政府，各地区行政工署，省级各部门：

近几年，我省的劳动制度改革进展较快，除新招工人一律实行劳动合同制外，还在企业推行了全员劳动合同制。目前在全省实行劳动合同制的条件已基本具备，根据《劳动法》第一百零六条的规定，现将我省全面实现劳动合同制问题作如下通知，请遵照执行。

一、实施范围和对象

在我省行政区内的企业（包括国有企业、股份制企业、城镇和乡村集体所有制企业、外商投资企业、联营企业、联合企业、私营企业）、个体经济组织和企业化管理的事业组织中的全体劳动者，以及国家机关，社会团体、非企业化管理事业组织中的工勤人员均实行劳动合同制。上述单位应实行劳动合同制的劳动者，凡未与用人单位签订劳动合同，确定劳动关系的，用人单位都要按规定与其订立劳动合同。

二、进度安排

我省全面实行劳动合同制工作，按“全面实行，分步到位”的原则进行。今年凡是有条件的企业，都要实行劳动合同制。力争到今年年未，除少数有特殊情况的企业外，全省企业基本达到以劳动合同确立劳动关系的改革目标。企业化管理事业组织中的职工和国家机关、社会团体及非企业化管理事业组织中原实行固定工制的工勤人员，原则上随着公务员制度实施一并实行劳动合同制。各地要根据省里的要求，结合本地实际，制定全面实行劳动合同制计划，并认真组织实施。

三、方法步骤

各单位要在当地政府的领导下，有计划地稳步实施。实施工作一般可分两阶段进行。

（一）准备阶段。首先是建立领等小组和工作班子，加强对实施工作的领导。企业和企业化管理的事业组织实施劳动合同制，原则上都要建立领导小组和工作班子。二是深入宣传动员，采用多种形式，大力宣传实行劳动合同制的目的、意义，提高广大职工的参与意识。三是研究制定实施方案，要根据《劳动法》和有关劳动法规，在广泛听取职工意见的基础上，制定实施方案，经职代会（或职工大会）讨论通过后组织实施，并报主管部门和同级劳动行政部门备案。其中私营企业和个体经济组织的实施方案送所在县（区）劳动行政部门审核后实施。

（二）签订劳动合同阶段。这一阶段的主要任务：合理调整内部组织机构、定岗定员、确定职责；对未订立劳动合同的职工进行考试考核；按自愿、公平、竞争原则确定职工岗位；对上岗人员按劳动合同制要求订立劳动合同。

岗位划分较为明确、职责清楚、平时对职工考核有依据的单位，可免去上述程序，按照有关规定订立劳动合同。

四、劳动合同的签订

已订立了劳动合同的职工（包括全员劳动合同制职工）一般不再重新签订劳动合同。如已签订的劳动合同内容与《劳动法》有关规定不一致的，可以协商变更相关内容，变动条款过多的，应重新签订劳动合同。

对应订立劳动合同的职工，用人单位和劳动者要在平等、自愿、协商一致的基础上订立劳动合同。合同的内容要全面，文字表述要准确。其中的必备条款不得少于《劳动法》第十九条的规定。除必备条款外，当事人双方还可协商约定其他内容。

要公平合理地确定劳动合同期限。当事人双方应根据自己实际情况，按《劳动法》第二十条的规定，协商确定合同期限。对老职工和骨干，用人单位在合同期限上应予照顾。连续工龄满10年和距离退休年龄10年以内的职工以及生产、技术、经营、管理骨干，如本人要求，一般可签订长期或无固定期限劳动合同。

劳动合同要以书面形式订立，并按规定到劳动行政部门鉴证。

五、有关政策

（一）厂长、经理的劳动合同

厂长、经理应与聘用（任命）部门或资产所有者部门签订劳动合同，其合同期限应与聘用（任命）期一致。实行公司制的企业厂长、经理和有关经营管理人员，应根据《中华人民共和国公司法》有关规定，与董事会签订劳动合同。

（二）工资性补贴

实行劳动合同制后，不再对国有企业劳动合同制职工个人实行工资性补贴，改为对企业适当增加工资总额办法。即对国有企业，根据现行管理体制，由同级劳动部门按不超过新实行劳动合同制职工年工资性补贴的数额一次性核增工资总额，并纳入工效挂钩或工资总额包干基数。城镇集体企业，可比照国有企业的办法适当核增工资总额。增加的工资总额由企业自主使用，并列入企业成本。

国家机关、事业组织和社会团体中建立劳动合同关系的劳动者，其工资性补贴仍接原办法执行。

（三）辞职、辞退

全面实行劳动合同制时，职工不愿签订劳动合同的，用人单位可给不超过6个月的期限，让其寻找新职业。找到新职业的，按现行职工流动办法办理调动或转移手续。期满未流出、本人仍不愿签订劳动合同的，职工可以辞职，企业可以辞退。对以辞职和辞退解除劳动关系的，单位按每满1年发给本单位职工半个月至1个月平均工资的一次性生活补助费。

（四）农民合同制职工

按规定从农村招收的农民合同制职工，是劳动合同制职工的一个组成部分，也应签订劳动合同。鉴于这种用工形式有一定特殊性，其劳动保险和福利待遇按国家现行规定执行。

（五）失业保险和养老保险

用人单位应按规定参加失业保险，按时足额缴纳失业保险费。参加失业保险的单位，其职工因终止、解除合同，或因辞退、除名、开除失业的，凭终止、解除劳动合同的手续或指定的有关材料到本人户口所在地劳动就业服务机构办理失业登记手续，按规定领取失业救济金。

用人单位和劳动合同制职工应按国家和我省有关规定参加社会养老保险基金统筹，缴纳社会保险金。鼓励企业为劳动合同制职工建立补充养老保险。职工基本养老金的计发按国家和我省基本养老金改革办法的规定执行。失业人员重新就业后，其原来的养老保险金缴纳年限与重新就业后的缴纳年限合并计算。

（六）富余职工

在全面实行劳动合同制过程中，用人单位对富余人员要区别不同情况，分别对待，予以妥善安置。国有企业因历史原因形成职工普遍富余，在实施劳动合同制时，对富余职工要按照国务院《国有企业富余职工安置规定》（国务院令第111号），通过发展第三产业、内部调剂交流、待岗培训、提前离岗休养、自谋职业等多种形式和渠道进行安置。确实无力安置的，允许辞退不超过职工总数2%的富余人员进入社会另谋职业。非国有企业和企业化管理的事业组织，也要尽力开辟新的生产门路，增加工作岗位，安置富余职工。

六、加强领导，保证全面实施劳动合同制工作顺利进行

全面实行劳动合同制，是劳动制度的深层次改革，是今后两年劳动体制改革的重要任务之一。它涉及面广，工作量大，任务重。各级政府和领导要高度重视，加强领导，把此项工作列入议事日程，抓紧抓好抓出成效。劳动合同制实施工作实行属地管理原则，各有关单位的实施合同制工作，由当地政府统一领导和组织实施。各地要成立由劳动、人事、经委、工会、财政、税务、公安、工商、乡镇企业管理部门等部门参加的领导小组，负责领导和协调处理全面实行劳动合同制工作，政府的主要领导要担任领导小组组长，亲自抓实施工作。要实行目标责任管理，把实施任务分解落实到有关部门和有关领导，各级有关部门要大力支持和紧密配合，及时解决和处理实施中出现的情况和问题。中央在川单位、省级有关部门要支持和推动所属单位合同制工作。要加强宣传动员工作，各地区新闻单位和部门要利用报刊、广播、电视等新闻媒介及其他宣传手段，广泛、客观地宣传实行劳动合同制工作，动员和号召职工积极参与改革。要掌握好政策，依法维护职工的合法权益，发挥职工在改革中的主力作用，使全面实行劳动合同制工作快速、稳步、有序地实施。

实施劳动合同制中有关具体政策，由省劳动厅负责研究制定．过去文件中有关规定与本实施意见相抵触的，按本意见执行。

四川省人民政府
一九九五年三月十四日

四川省人民政府贯彻国务院关于建立统一的企业职工基本养老保险制度的决定的通知

川府发〔1997〕151 号

各市、州、县人民政府，各地区行政公署，省级各部门：

《国务院关于建立统一的企业职工基本养老保险制度的决定》（国发〔1997〕26 号，以下简称国务院《决定》）对于逐步建立起适应社会主义市场经济和中国国情的社会保障制度，促进企业改革，维护社会稳定都具有十分重要的意义。为认真贯彻落实国务院《决定》，建立统一的企业职工基本养老保险制度，现结合我省实际提出以下意见，请与国务院《决定》一并贯彻执行。

一、按照国务院的部署，从 1998 年 1 月 1 日起，省政府《关于贯彻国务院深化企业职工养老保险制度改革的通知》（川府发〔1995〕178 号）规定的《四川省企业职工基本养老保险社会统筹与个人帐户相结合办法》，改按本通知规定的《四川省贯彻统一的企业职工基本养老保险制度的实施办法》（见附件）执行。

二、进一步扩大养老保险的覆盖范围。各市、地、州要按照我省养老保险覆盖计划的部署和要求，争取到本世纪末基本达到养老保险广泛覆盖所有企业及其全部职工，以及城镇个体劳动者的目标。扩大覆盖面的重点，是逐步将城镇私营企业、个体劳动者纳入统一的养老保险制度之中。城镇私营企业及其职工必须按照统一办法参加基本养老保险，缴纳基本养老保险费。城镇个体劳动者在申请工商注册登记后第 2 年，应办理参加基本养老保险手续。劳动、工商行政管理、税务、财政等有关部门要加强配合，切实推进城镇私营企业及其职工、个体劳动者实行基本养老保险。劳动部门、社会保险机构要会同工商行政管理部门和私营企业协会、个体劳动者协会做好城镇私营企业职工、个体劳动者的基本养老保险管理工作。

三、为有利于提高基本养老保险基金的统筹层次和加强宏观调控，要不断巩固、完善和发展现行的国有企业职工养老保险省级统筹。要积极创造条件，扩大省级统筹的覆盖范围，增强省级统筹基金的调剂力度，逐步实现覆盖城镇各类企业和劳动者以及统一制度、统一费率和待遇标准、统一管理、统一调剂使用基金的养老保险费用省级统筹。从 1998 年起，全省争取用 3 至 5 年的时间，逐步将城镇非国有企业职工和个体劳动者的基本养老保险县级统筹或市、地、州级统筹与国有企业职工基本养老保险省级统筹并轨。

四、按照国务院《决定》的要求，统一规范企业缴纳基本养老保险费的比例（以下简称企业费率），切实控制企业费率。要逐步统一各县（市、区）企业费率和各市、地、州企业费率，以过渡到实施全省统一的企业费率。在全省未实行统一的企业费率前，仍由各市、州政府、地区行署规定企业费率。要按照一般不超过企业工资总额20%的要求，确定企业费率；要通过扩大覆盖面，强化I养老保险基金收缴等措施，控制企业费率；要随着个人缴费比例的提高，逐步降低企业费率。从1998年7月起，接重新确定的企业费率实施。已实行统一费率的市、地、州，如果离退休人员较多，养老保险负担过重，基金积累不足，费率确需超过企业缴费工资总额20%的，要提供详细测算资料和控制费率计划，报送省政府批准，并报劳动部、财政部备案。暂不能实行统一费率的市、地、州，所属县（市、区）确定的企业费率如超过企业缴费工资总额20%的，要报市、州政府、地区行署批准，并报省劳动厅和财政厅备案。

五、从1998年7月起，各地确定的企业缴纳基本养老保险费的缴费基数，都要统一按企业职工缴费工资总额作为缴费基数。现按工资总额和离退休费用总额两个基数分别确定企业费率，或按两个基数之和为基数确定企业费率的，都要统一到企业职工缴费工资总额的口径上来。

六、从1998年1月起，企业职工个人缴纳基本养老保险费的比例，尚未按职工本人缴费工资的4%缴费的，统一按职工本人缴费工资的4%执行。以后个人缴费比例一般每两年提高1%，在工资增长较快时，可加快提高个人缴费比例，最终达到本人缴费工资的8%。

七、个人账户储存额的“记账利率”，由省劳动厅会同有关部门参考银行同期储蓄存款利率，每年定期确定。

八、加快建立企业补充养老保险的步伐。在贯彻国务院《决定》所确定的基本养老保险只能保障退休人员基本生活原则的同时，大力发展企业补充养老保险是完善多层次养老保险休系，保障职工退休后待遇水平的重要措施。各级劳动部门和社会保险机构要把这项工作与统一基本养老保险制度结合起来，加强宣传、指导和监督，努力推进企业补充养老保险的发展。同时要发挥商业保险的补充作用。

企业在参加了基本养老保险并按时足额缴纳基本养老保险费，且生产经营状况比较稳定，经济效益较好，民主管理的基础比较好的条件下，可实行企业补充养老保险。企业补充养老保险费用，经劳动部门和财政部门批准，按本企业职工工资总额3%—5%提取的部分，可从企业管理费中列支。企业缴纳的基本养老保险费中超过全省职工平均工资300%以上的部分，由社会保险机构划转企业作为补充养老保险费用。

九、切实保障困难企业离退休人员的基本生活。在统一基本养老保险制度过程中，各级政府和劳动部门、社会保险机构一定要解决好困难企业离退休人员生活问题。离休人员的养老金要确保按时足额发放，退休人员的基本生活要按照国家和省的有关规定给予保障。

十、加强基本养老保险基金的收缴。各级政府要加强对基本养老保险基金收缴的领导，要将基金的收缴列入各级政府和企业的目标责任制进行考核。企业要按照《劳动法》的规定按时足额缴纳基本养老保险费。对拖欠基本养老保险基金的企业，不得评选为先进单位、文明单位，其法定代表人不得评选为先进工作者、劳动模范，不得兑现经营者奖励收入。各市、地、州要攒照省政府的有关规定，按时足额缴纳国有企业省级统筹基金，确保省级统筹计划的完成。各级劳动部门和社会保险机构要加强与有关部门配合，切实做好基金的收缴工作。

十一、按照养老保险基金管理的规定，切实加强养老保险基金的管理和监督。基本养老保险基金实行收支两条线管理，并进入财政专户，专项储存，专款专用，全部用于职工养老保险，严禁挤占挪用和挥霍浪费。基金结余额，除预留相当于两个月的支付费用外，应全部购买国家债券。各市、地、州、县（市、区）都要尽快建立社会保险基金监督委员会。养老保险基金的管理要接受劳动、财政、审计等部门的行政监督和社会保险基金监督委员会的社会监督，确保基金全。

十二、努力提高社会保险管理服务的社会化水平。要按照我省养老金社会化发放目标规划，力争用3年时间，基本实现养老金的社会化发放。目前各地仍实行养老保险基金差额缴拨的，要尽快改为全额缴拨。要积极创造条件，通过多种办法，将离退休人员的管理服务工作逐步由企业转向社会，以切实减轻企业的社会事务负担。

十三、各级社会保险机构要进一步抓好基础管理工作，完善职工个人缴费记录和个人账户管理，建立健全计算机管理信息系统，加强养老保险的统计工作。要抓好窗口精神文明建设，抓好开展柜台式服务，主动为企业和职工提供查询咨询服务，牢固树立为企业、为职工和离退休人员服务的意识，切实提高工作效率和服务质量，促进养老保险制度的改革。

十四、各级政府和有关部门要严格执行国家规定的职工退休制度，不得乱开口子，擅自确定提前退休办法。各级劳动部门和社会保险机构要按照国家现行政策规定，严格审批、审核职工退休，严格控制职工提前退休。凡不符合国家退休条件规定的，不能纳入养老保险统筹基金支付范围，以保证统一企业职工基本养老保险制度的顺利进行。

十五、实行企业化管理的事业单位，原则上按照统一的企业养老保险制度执行。

十六、各级政府要切实加强对建立统一的企业职工基本养老保险制度的领导，把社会保险事业纳入本地区国民经济与社会发展计划，要认真贯彻落实国务院《决定》。各有关部门要通力合作，组织好统一制度的实施。劳动部门要会同体改、财政等有关部门加强对统一制度的原则、实施办法和有关政策的宣传，加强面上工作的指导和监督检查，确保国务院《决定》的贯彻实施。努力争取到本世纪末，基本建立适应社会主义市场经济体制要求，适用城镇各类企业职工和个体劳动者的养老保险体系，以促进我省经济发展和社会稳定。

四川省人民政府
一九九七年十一月二十日

四川省人民政府关于印发《四川省贯彻〈国务院关于建立城镇工基本医疗保险制度的决定〉的意见》的通知

川府发〔1999〕30号

各市、州人民政府，各地区行政公署，省级各部门，中央在川单位：

现将《四川省贯彻〈国务院关于建立城镇职工基本医疗保险制度的决定〉的意见》印发你们，请结合实际，认真贯彻执行。

四川省人民政府
一九九九年五月十八日

四川省贯彻《国务院关于建立城镇职工基本医疗保险制度的决定》的意见

为认真贯彻落实《国务院关于建立城镇职工基本医疗保险制度的决定》（国发〔1998〕44 号），完善社会保障制度，保障城镇职工基本医疗需求，促进社会经济发展，特提出我省贯彻意见。

一、指导思想，主要任务和原则

医疗保险制度改革的指导思想和主要任务是：以党的十五大精神为指导，坚持解放思想、实事求是的原则，按照国务院决定的要求，从我省生产力发展水平较低、社会经济承受彪力有限的实际情况出发，坚持分类指导、分步实施稳步推进的工作方针，精心组织，周密部署，扎实工作，用一年的时间在我省基本建立适、应社会主义市场经济体制，保障城镇职工基本医疗需求的社会巨疗保险制度。

建立城镇职工基本医疗保险制度的原则是：基本医疗保险水平要与我省社会经济发展水平相适应，城镇所有用人单位及其职工都要参加基本医疗保险，实行属地管理；基本医疗保险费由用人单位和职工双方共同负担；基本医疗保险基金实行社会统笋和个人账户相结合。

二、覆盖范围和统筹层次

我省行政区域内所有城镇用人单位，包括企业（含国有企业、集体企业、股份制企业、外商投资企业、私营企业等）、机关、事业单位、社会团体、民办非企业单位及其职工都要参加基本医疗保险。城镇居民中的个体经济组织业主及其从业人员应逐步纳入基本医疗保险。有条件的乡镇企业及其职工可本着积极稳妥、区别对待、自愿的原则，逐步纳入基本医疗保险。

基本医疗保险原则上以市、地、州为单位实行统筹，县区间际经济发展水平和职工平均工资水平差异过大，以及跨度过大的，经市、地、州政府（行署）报省政府批准后，也可以县为单位实行统筹；设区的城市在市在市区范围内原则上以市为单位实行统筹（以下简称统筹地区）。

所有用人单位及其职工都要按照属地管，原则参加所在统筹地区山基本医疗保险，执行统一政策，实行基本医疗保险基金的统一筹集、使用和管理。个别特殊情况参加当地统筹有困难，确需相对集中管理的，需报经省政府批准。铁路、电力等行业中跨地区、生产流动性大的企业及其职工，可以相对集中的方式异地参加统筹地区的基本医疗保险。邮电、金融系统及其他实行条条管理为主的单位，以其分支机构或下属单位参加所在统筹地区基本医疗保险。生产流动性大的企业及其职工可视情况参加所在地或法人所在地基本医疗保险。常驻外地机构及其职工参加当地的基本医疗保

三、基本医疗保险基金的筹集

基本医疗保险费由用人单位和职工共同缴纳。职工缴费率为本人工资收入的 2%，由所在单位代扣代缴。用人单位缴费率控制在职工工资总额的 6% 左右，具体比例由各统筹地区根据实际测算值确定。实际测算小于 6% 的统筹地区，按实际测算值缴纳；实际测算缴费率大于 6% 的，报省政府严格审批。

国有企业下岗职工的基本医疗保险费，包括单位缴费和个人缴费，均由再就业服务中心按照统筹地区上年度职工平均工资的 60% 为基数缴纳。

城镇居民中的个体经济组织业主及从业人员参加当地基本医疗保险的，单位及个人缴费均以统

筹地区上年度职工平均工资为基数。新建单位缴费以统筹地区上年度职工平均工资为基数。

企业撤销或依法宣告破产时，必须先清偿欠缴的基本医疗保险费，并按本地退休人员人均医疗费实际支出，为退休人员一次性缴纳10年的基本医疗保险费。

基本医疗保险费的征缴按照《社会保险费征缴暂行条例》和我省有关办法执行。

四、基本医疗保险统筹基金和个人账户

基本医疗保险基金由统筹基金和个人账户构成。职工个人缴纳的基本医疗保险费全部计入个人账户。用人单位缴纳的基本医疗保险费分为南部分，一部分用于建立统筹基金，一部分划入个人账户。划入个人账户的比例一般为统筹地区所有用人单位缴费总额的30%左右，具体比例由统筹地区根据个人账户的支付范围和职工年龄等因素确定。

统筹基金和个人账户要划定各自的支付范围，分别核算，不得相互挤占。统筹基金和个人账户支付范围的具体划分方式由各统筹地区根据本地实际情况确定。可采用个人账户支付门诊医疗费用，统筹基金主要支付住院医疗费用的划分办法。少数需长期门诊治疗的特殊疾病，个人账户支付不足部分可由统筹基金部分支付，具体病种和支付办法由统筹地区确定。

要确定统筹基金的起付标准和最高支付限额。起付标准以上最高支付限额以下部分主要由统筹基金支付，个人也要支付一定比例。起付标准一般为统筹地区上年度职工平均工资的10%左右，不同等级医院可有所不同。采用个人账户支付门诊费用，统筹基金支付住院医疗费用的，起付标准应按次计算。一年内多次住院的，起付标准应逐次降低。统筹基金的最高支付限额，即一个职工一个年度内统筹基金应支付的医疗费用的最高限额，一般为统筹地区上年度职工平均工资的4倍左右。统筹基金的起付标准、最高支付限额和起付标准以上最高支付限额以下部分的个人负担比例，由统筹地区按照以收定支、收支平衡和引导不同医疗需求、合理利用医疗资源的原则确定。

个人账户只能用于医疗支出，其本金和利息归个人所有，可以结转使用和继承。职工调动工作时，其个人账户随之转移。个人账户实行超支自理。

工伤、生育所需医疗费用不列入基本医疗保险支付范围。已参加工伤保险、生育保险的，其医疗费用按工伤保险、生育保；险，的有关规定支付。没有参加工伤保险、生育保险的，其医疗费用按原渠道列支。

用人单位中断缴纳基本医疗保险费的，统筹基金停止支付其医疗费用。

五、基本医疗保险基金的管理和监督

基本医疗保险基金纳入财政专户管理，专款专用；不得挤占挪用。具体管理办法由省财政部门会同劳动保障、审计、银行等部门确定。

社会保险经办机构负责基本医疗保险基金的筹集、管理和支付。社会保险经办机构要建立健全预决制度、财务会计制度和内部审计制度，确保基金的安全运营；要严格审查医疗费开支，在确认其符合有关规定的情况应及时支付医药费用。社会保险经办机构经办基本医疗保险所需的事业经费由各级财政预算解决，不得从基金中提取。

基本医疗保险基金的银行计息办法按国务院有关规定执行：当年筹集的部分按活期存款利率计算；上年结转的基金本息，按3个月期整存整取存款计息；存入社会保障财政专户的沉淀资金，比照3年期零存整取存单利率计息，并不低于该档次利率水平。利息并入医疗保险基金。利息结算办法由统筹地区与相关银行商定。

各级劳动保障和财政部门要加强对基本医疗保险基金的监督管理。审计部门要定期对社会保险经办机构的基金收支情况和管理情况进行审计。各统筹地区应设立由政府有关部门代表、用人单位代表、医疗机构代表、工会代表和有关专家参加的医疗保险基金监督组织，加强基金的社会监督。

六、加强医疗服务管理

省劳动保障部门会同卫生、财政等有关部门，根据国家规定的基本医疗服务范围、标准和医药费用结算办法，基本医疗保险药品目录、诊疗项目、医疗服务设施标准及相应的管理办法，结合我省实际，制定相应的实施标准和办法。

基本医疗保险实行定点医疗机构和定点药店管理。基本医疗保险定点医院应按照中西医并举，基层、专科和综合医疗机构兼顾，方便职工就近就医的原则，主要在非营利性医疗机构中选择确定。省劳动保障部门会同有关部门，根据国家有关部门制定的基本医疗保险定点医疗机构和定点药店管理办法制定实施办法。统筹地区劳动保障部门根据国家和. 省有关规定，会同同级卫生等部门审定本地区搴本医疗保险定点医疗机构和定点药店，。社会保险经办机构与定点医疗机构和定点药店签定合同，明确各自的责任、权利和义务。在确定定点医疗机构和定点药店时，要引进竞争机制，职工可选择若干定点医疗机构就医、购药，也可持处方在若干定点药店购药。

要积极推进医药卫生体制改革，以较少的经费投入，使人民群众得到良好的医疗服务，促进医药卫生事业的健康发展。要建立医药分开核算、分别管理的制度，形成医疗服务和药品流通的竞争机制，加强基本医疗用药价格管理，合理控制医药费用水平，要加强医疗机构和药店内部管理，规范医药服务行为，减员增效，降低医药成本；要理顺医疗服务价格，在实行医药分开核算、分别管理，降低药品收入占医疗总收入比重的基础上，合理提高医疗技术劳务价格；要加强业务技术培训和职业道德教育，提高医药服务人员的素质和服务质量；要合理调整医疗机构布局，优化医疗卫生资源配置，积极发展社区卫生服务，将社区卫生服务中的基本医疗服务项目纳入基本医疗保险范甲。省卫生、药品监督、经贸、物价、财政和劳动保障部门各司其职，积极配合，做好工作。

七、有关人员的医疗待遇政策

（一）离休人员、老红军：

离休人员、老红军不参加基本医疗保险，其医疗待遇不变，医疗服务由各级卫生行政部门负责。医疗费用按原资金渠道解决。原由财政支付的机关事业单位的离休人员、老红军的医疗费用仍由各级卫生行政部门管理；原由企业及其他单位支付的离休人员、老红军的医疗费用仍由所在单位负责管理，支付确有困难的，由同级政府帮助解决。在切实保障离休人员、老红军医疗待遇不变和搞好医疗服务的前提下，要加强医疗费用管理。具体办法由省卫生行政部门会同财政、劳动保障和老干部主管部门制定。

（二）二等乙级以上革命伤残军人

二等乙级以上革命伤残军人不参加基本医疗保险，其医疗待遇不变；医疗费用按原资金渠道解决，由社会保险经办机构单独列账管理，医疗费支付不足部分，由当地政府帮助解决。二等乙级以上革命伤残军人的医疗管理办法，由省劳动保障部门会同省财政、民政、卫生部门制定。

（三）国家公务员。

国家公务员在参加基本医疗保险的基础上，享受医疗补助政策。具体办法待国家有关规定出台后，由省劳动保障部门会同财政等部门另行制定。

（四）退休人员。

退休人员参加基本医疗保险，个人不缴纳基本医疗保险费。退休人员的个人账户计入金额应高于在职职工个人账户的平均水平，起付标准以上最高支付限额以下的个人负担比例应低于在职职工，具体比例由各统筹地区确定。

八、逐步建立城镇职工医疗保障体系

为解决基本医疗保险最高支付限额以上的特殊医疗需求，化解部分职工高额医疗风险，在建立完善城镇职工基本医疗保险制度的基础上，社会保险经办机构要积极开展补充医疗保险，支持和促进商业保险机构开展商业医疗保险，积极研究和探索社会医疗救助，逐步建立基本医疗保险、补充医疗保险、商业医疗保险和社会医疗救助等多层次的城镇职工医疗保障体系。有条件的用人单位可建立补充医疗保险，其费用在工资总额4%以内部分，经同级财政、劳动保障部门核准，可从职工福利费中列支。对一些特定行业，福利费不足部分，经同级财政部门核准后列入成本。

九、精心组织，加强领导

我省建立城镇职工基本医疗保险制度的工作从1999年初开始，年底基本完成。5月份各统筹地区按照本实施意见的要求，制定城镇职工基本医疗保险实施方案初稿，征求有关部门和社会各方面的意见。绵阳、泸州两市实施方案5月底前报省政府审批，部分有条件的统筹地区的实施方案力争7月底前报省政府审批，其余统筹地区都要在9月底前将实施方案报省政府审批。除少数统筹地区报经省政府特别批准外，各地都要在年底前逐步启动运行。

医疗保险制度改革政策性强，涉及广大职工的切身利益，关系到国民经济发展和社会稳定。各地要切实加强领导，统一思想，精心组织，周密部署，把医疗保险制度改革作为一项重要任务抓紧抓好。一把手要亲自抓，明确一位领导负责具体抓。要加强城镇职工基本医疗保险工作机构和经办机构的队伍建设，为社会保险经办机构开展基本医疗保险配备必要的人员，保证必要的经费投入。各统筹地区医疗保险职能归并工作应在6月底前完成。省劳动保障部门统一承担医疗保险管理职能，负责全省建立城镇职工基本医疗保险制度的指导、协调和组织实施工作。各市、地、州、县（市、区）劳动保障部门具体负责本地区城镇职工基本医疗保险的实施工作。财政、卫生、药品监督、经贸、物价等有关部门要积极参与，密切配合，齐心协力，共同做好城镇职工医疗保险制度改革工作。

医疗保险制度改革需要广大职工群众的理解和支持。要全面、准确、广泛、深入地开展城镇职工．医疗保险制度改革的宣传教育工作，采取各种形式广泛宣传城镇职工医疗保险制度改革的任务、原则和政策措施，动员和组织所有用人单位和广大职工积极支持和参与这项改革，为建立城镇职工基本医疗保险制度创造良好的社会氛围。

各地在建立基本医疗保险制度的同时，要注意做好原公费、劳保医疗制度向新制度过渡的衔接工作。原实行“统账结合”和实行“大病统筹”试点的地区，要按国务院《决定》精神，对原方案进行修改完善。在新方案实施前职工享受的医疗待遇和管理办法不变，拖欠的职工医疗费在新方案实施后仍由原单位、原渠道解决。

四川省人民政府关于贯彻《工伤保险条例》的实施意见

川府发〔2003〕42 号

各市、州人民政府，省级各部门：

《工伤保险条例》自 2004 年 1 月 1 日起实施。这是完善我国社会保障体系的重大举措，对切实保障工伤职工的合法权益，分散用人单位事故风险，维护社会稳定起着重要作用。为确保《条例》的贯彻落实，依据《条例》规定，结合我省实际提出以下实施意见，请认真贯彻执行。

一、各类企业（含国有企业、集体企业、外商投资企业、股份制企业、私营企业、乡镇企业）、有雇工的个体工商户（以下统称用人单位）均应依法参加工伤保险，为本单位全部职工或者雇工（以下统称职工）缴纳工伤保险费，其职工依照《条例》享受工伤保险待遇。

二、国家机关和依照或参照国家公务员制度进行人事管理的事业单位、社会团体的工作人员因工作遭受事故伤害或者患职业病的，由所在单位支付费用。具体办法按劳动保障部、人事部、财政部有关规定执行。

其他事业单位、社会团体以及各类民办非企业单位参加工伤保险的具体办法按劳动保障部、人事部、民政部、财政部有关规定执行。

三、全省设区的市依照《条例》规定实行工伤保险市级统筹。阿坝州继续实行工伤保险州级统筹。甘孜州、凉山州的统筹层次由州政府根据当地实际确定，逐步实行州级统筹。

跨地区、生产流动性较大的中央在川行业单位可以采取相对集中的方式异地参加工伤保险社会统筹，具体办法由省劳动保障厅按照国家有关规定制订。其他中央属、省属单位按照属地原则参加所在地工伤保险社会统筹。

四、工伤保险费由用人单位缴纳，职工个人不缴纳工伤保险费。用人单位应当按时足额缴纳工伤保险费。工伤保险费由社会保险经办机构负责征收。工伤保险基金存入社会保障基金财政专户，实行收支两条线管理，专项用于工伤保险待遇、劳动能力鉴定以及法律、法规规定的用于工伤保险的其他费用的支付。

统筹地区劳动保障行政部门会同财政、卫生、安全监管部门按照以支定收、收支平衡的原则，根据工伤保险费使用、工伤发生率、职业病危害程度等情况，依照国家规定提出分类行业基准费率的具体标准，报统筹地区政府批准后实施。费率浮动的具体办法由统筹地区劳动保障行政部门会同财政、卫生、安全监管部门依照国家规定制订。统筹地区社会保险经办机构根据用人单位的工伤保险费使用和主要经营生产业务及工伤发生率等情况，分别确定用人单位的具体缴费率。有雇工的个体工商户参加工伤保险适用相应的行业差别费率。

用人单位以本单位职工工资总额为基数缴纳工伤保险费，有雇工的个体工商户的缴费基数按照统筹地区上年度职工月平均工资确定。

五、统筹地区应建立工伤保险储备金。工伤保险储备金按统筹地区当年实际征收基金总额的 5% 提取，工伤保险基金结余较多的地区还可以从结余中提留部分作为储备金。各统筹地区工伤保险储备金累计不应超过当年应征收基金总额的 40%。工伤保险储备金主要用于统筹地区重特大事故的工伤待遇支付。储备金不足支付的，由统筹地区政府垫付。使用工伤保险储备金由经办机构提出意见，报统筹地区劳动保障行政部门和财政部门批准。储备金的提留比例可随着经济发展和工伤保险制度完善适时调整。具体调整比例由省劳动保障厅会同省财政厅确定。

六、职工工伤认定条件、认定管理机构、申请和认定时效、认定程序、举证责任等，按照《条例》第三章以及劳动保障部《工伤认定办法》的规定执行。

我省原执行的职工伤残性质认定中“比照因工”的有关政策规定从2004年1月1日起不再执行。

七、劳动能力鉴定机构、鉴定标准、申请和鉴定时限、鉴定程序等，依照《条例》第四章的规定执行。省、市（州）劳动能力鉴定委员会由同级劳动保障行政部门、人事行政部门、卫生行政部门、工会组织、经办机构代表以及用人单位代表组成，劳动能力鉴定委员会下设专门办事机构并建立医疗卫生专家库。劳动能力鉴定委员会办事机构由同级劳动保障行政部门负责管理。四川省劳动能力鉴定工作规程由省劳动保障厅会同有关部门制订，劳动能力鉴定收费标准由省物价局、省财政厅按照国家有关规定制订。

省、市（州）劳动能力鉴定委员会同时负责职工因病（含非有关负伤）的劳动能力鉴定工作。

八、工伤职工依照《条例》第五章规定享受工伤保险待遇。职工因工致残被鉴定为五级、六级伤残，工伤职工本人提出与用人单位解除或者终止劳动关系的，由用人单位支付一次性工伤医疗补助金和伤残就业补助金。其标准以统筹地区上年度职工月平均工资为基数计算：一次性工伤医疗补助金标准为五级伤残14个月，六级伤残12个月。依法取得职业病诊断证明书或者职业病诊断鉴定书的人员经统筹地区劳动能力鉴定委员会鉴定确认需长期治疗的其他工伤人员在上述标准的基础上增加6个月；一次性伤残就业补助金标准为五级伤残60个月，六级伤残48个月。

职工因工致残被鉴定为七级至十级伤残，劳动合同期满终止，或职工本人提出解除劳动合同，由用人单位支付一次性工伤医疗补助金和伤残就业补助金。其标准以统筹地区上年度职工月平均工资为基数计算：一次性工伤医疗补助金和一次性伤残就业补助金合并计算，标准为七级伤残36个月，八级伤残26个月，九级伤残16个月，十级伤残10个月。

九、工伤人员的伤残津贴、生活护理费、供养亲属抚恤金的调整，由省劳动保障厅根据职工平均工资和生活费用变化等情况适时制定调整办法，各统筹地区及用人单位应按照省制订的调整办法和标准对工伤人员伤残津贴、生活护理费、供养亲属抚恤金及时进行调整。保留劳动关系的五、六级伤残人员，伤残津贴随用人单位职工工资增长幅度按比例调整。

2003年12月31日前领取生活护理费的工残人员 经鉴定仍然符合护理条件的，依据其鉴定的生活护理等级，从2004年1月1日起以统筹地区上年度职工月平均工资为基数，按规定标准计发生活护理费，所需资金按原支付渠道解决。

十、职工上下班途中受到交通机动车事故伤害，或者履行工作职责和完成工作任务过程中遭受意外伤害，按《条例》规定认定为工伤和视同规定的，如第三方责任赔偿的相关待遇已经达到工伤保险相关待遇标准的，用人单位或社会保险经办机构不再支付相关待遇；如第三方责任赔偿低于工伤保险相关待遇，或因其他原因使工伤职工未获得赔偿的，用人单位或社会保险经办机构应按照规定补足工伤保险相关待遇。

十一、用人单位依法破产，依照《条例》的规定进行清算。参加了工伤保险的，还应依照有关法规清算用人单位欠缴的工伤保险费。破产企业职工工伤保险费用清算标准、支付和管理的具体办法由省劳动保障厅会同省财政厅、省经贸委制订。用人单位依法撤销、关闭的，应按规定妥善处理工伤职工的工伤保险问题。

十二、2004 年 1 月 1 日以后我省境内的各类用人单位发生的职工伤害事故按照属地原则，其工伤性质均由统筹地区劳动保障行政部门认定。职工劳动能力鉴定由省、市（州）劳动能力鉴定委员会负责。

十三、2003 年 12 月 31 日前受到事故伤害或确诊患职业病的职工，工伤保险待遇已经按原有关规定处理了的不再重新处理；2004 年 1 月 1 日以后应享受的工伤待遇按《条例》的规定执行。2003 年 12 月 31 日前受到事故伤害或确诊患职业病的职工，统筹地区劳动保障行政部门已经作出了工伤认定，相关待遇尚未处理的，一次性伤残待遇和一次性死亡待遇仍按原规定执行，其他待遇和劳动能力鉴定按照《条例》的规定执行。2003 年 1 月 1 日至 12 月 31 日期间受到事故伤害或确诊为患职业病的职工，统筹地区劳动保障行政部门 2004 年 1 月 1 日后完成工伤认定的，其工伤认定、劳动能力鉴定和待遇标准按照《条例》的规定执行。2002 年 12 月 31 日之前受到事故伤害或确诊为患职业病的，劳动保障行政部门不再受理工伤认定。

十四、用人单位参加工伤保险前因工负伤的人员纳入工伤保险统筹管理，其工伤保险待遇按《条例》和本实施意见的规定执行，工伤保险费的筹集办法和标准由各统筹地区政府根据实际情况确定。

十五、省劳动保障厅负责全省工伤保险工作，各统筹地区劳动保障行政部门负责本行政区域内的工伤保险工作。各级社会保险经办机构具体经办工伤保险事务。省社会保险事业管理局负责全省工伤保险经办工作的综合管理，承担跨地区、生产流动性较大的行业单位的工伤保险经办工作。省劳动能力鉴定委员会承担省级机关和部分事业单位职工劳动能力鉴定，承担对市（州）劳动能力鉴定结论争议的复查鉴定工作，其鉴定结论为最终结论。各市（州）劳动能力鉴定委员会负责本辖区范围内除省劳动能力鉴定委员会鉴定外的职工劳动能力鉴定工作。劳动能力鉴定委员会办事机构承担劳动能力鉴定具体事务。

财政和审计部门以及工会组织等依照《条例》规定履行监督职责。

对违反《条例》的行为依照《条例》第七章的规定查处。

十六、各市、州政府要高度重视《条例》的贯彻实施，切实加强组织领导和工作协调，做好《条例》实施前的宣传培训工作，为《条例》的贯彻实施创造良好的社会环境。

各级劳动保障部门要加强调查研究，制订具体工作方案，抓紧完善有关配套政策和管理制度，加快建立健全工作队伍，切实做好《条例》施行的各项工作。

各级劳动保障、人事、财政、卫生、民政、物价、工商、编制、安全生产监督管理等部门和工会要相互支持，各尽其责，密切配合，确保《条例》在我省顺利贯彻实施。

十七、我省原工伤保险规定与《条例》和本《实施意见》不一致的不再执行。

四川省人民政府

二〇〇二年十二月二十二日

（四）四川省人民政府令目录

表附－6

名　称	文　号	日　期
四川省企业招收职工规定	四川省人民政府令第84号	1987年1月7日
四川省企业职工失业保险规定	四川省人民政府令第41号	1994年5月4日
四川省劳动争议处理实施办法	四川省人民政府令第56号	1994年12月2日
四川省劳动监察规定	四川省人民政府令第71号	1995年10月13日

（五）中共四川省委、四川省人民政府及中共四川省委办公厅、四川省人民政府办公厅文件目录

表附－7

名　称	文　号	日　期
四川省人民政府批转省劳动人事厅《关于建立职工社会保险事业机构的意见》和《关于加强劳动服务公司组织机构建设的请示报告》的通知	川府发〔1986〕130号	1986年7月3日
四川省人民政府关于搞活固定工制度试点工作的通知	川府发〔1987〕210号	1987年12月2日
四川省国营企业劳动争议处理实施细则	川府发〔1988〕132号	1988年8月2日
四川省人民政府发布《四川省全民所有制企业固定职工病假待遇暂行规定》《四川省全民所有制企业固定职工死亡待遇暂行规定》的通知	川府发〔1988〕170号	1988年9月19日
四川省人民政府批转省劳动人事厅关于搞活全民所有制企业固定工制度若干问题的意见的通知	川府发〔1988〕193号	1988年10月16日
四川省人民政府批转省加强企业管理领导小组等部门关于对国家级企业实行鼓励政策的意见的通知	川府发〔1989〕30号	1988年12月19日
四川省人民政府批转省劳动厅等部门关于改进和完善企业工资总额同经济效益挂钩的意见的通知	川府发〔1989〕187号	1989年9月20日
四川省人民政府批转省劳动厅关于加强企业职工标准工资管理的意见的通知	川府发〔1990〕9号	1990年1月18日

续表附—7

名　称	文　号	日　期
四川省人民政府关于加强城镇集体所有制企业职工工资收入管理意见的通知	川府发〔1991〕10号	1991年8月31日
四川省人民政府批转省劳动厅深化国营大中型企业劳动、工资、社会保险制度改革的意见的通知	川府发〔1992〕56号	1992年4月25日
四川省人民政府批转省劳动厅关于转换经营机制试点企业实行全员劳动合同制若干问题的意见的通知	川府发〔1992〕55号	1992年4月25日
四川省人民政府批转省劳动厅关于贯彻执行《四川省全民所有制工业企业转换经营机制实施办法》意见的通知	川府发〔1993〕120号	1993年8月27日
四川省人民政府关于设立四川省劳动争议仲裁委员会的通知	川府函〔1994〕259号	1994年6月15日
四川省人民政府关于实施“再就业工程”的通知	川府发〔1995〕115号	1995年7月27日
四川省人民政府关于贯彻国务院深化企业职工养老保险制度改革的通知	川府发〔1995〕178号	1995年12月12日
四川省人民政府办公厅关于印发四川省劳动厅职能配置、内设机构和人员编制方案规定的通知	川办发〔1996〕42号	1996年3月19号
中共四川省委办公厅 四川省人民政府办公厅关于80户企业劳动、工资、社会保险制度改革的实施意见	川委办〔1996〕11号	1996年3月25日
中共四川省委办公厅 四川省人民政府办公厅关于进一步做好部分企业职工生活困难救助工作保持社会稳定的通知	川委办发〔1996〕48号	1996年11月14日
中共四川省委 四川省人民政府关于做好我省国有企业下岗职工基本生活保障和再就业工作的通知	川委发〔1998〕24号	1998年6月4日
中共四川省委办公厅、四川省人民政府办公厅关于印发四川省国有独资和国有控股公司经营者年薪制试行办法的通知	川委办〔2000〕38号	2000年5月18日
四川省人民政府办公厅关于印发四川省劳动和社会保障厅职能配置、内设机构和人员编制规定的通知	川办发〔2000〕47号	2000年6月16号
四川省人民政府办公厅关于推动国有企业下岗职工基本生活保障向失业保险并轨及促进再就业有关问题的通知	川办发〔2001〕94号	2001年10月11日
中共四川省委 四川省人民政府关于进一步做好下岗失业人员再就业工作的通知	川委发〔2002〕31号	2002年11月5日
四川省人民政府关于贯彻《工伤保险条例》的实施意见	川府发〔2003〕42号	2003年12月22日
四川省人民政府关于贯彻落实《劳动保障监察条例》的通知	川府函〔2005〕102号	2005年5月24日

（六）四川省级机关文件目录

表附-8

名　　称	文　号	日　期
四川省建委、计划经济委员会、劳动人事厅、建行省分行颁发四川省供应建筑施工企业百元产值工资含量包干实施细则的通知	川建委发〔1986〕建631号	1986年8月6日
四川省劳动人事厅关于在企业深化改革中有关劳动、工资、保险若干问题的意见	川劳人发〔1987〕03号	1987年1月20日
四川省劳动人事厅、四川省财政厅、四川省总工会印发关于改革国有企业固定职工劳保医疗制度试点的原则意见的通知	川劳人险〔1987〕011号	1987年6月29日
四川省劳动厅关于下发企业改制中劳动关系和社会保险有关问题的意见的通知	川劳发〔1988〕16号	1988年7月9日
四川省劳动厅 四川省计划经济委员会 四川省人事厅关于严格控制使用自然减员指标的通知	川劳计〔1989〕2号	1989年6月22日
四川省劳动厅、四川省财政厅关于建立健全各级医务劳动鉴定委员会加强医务劳动鉴定工作的意见	川劳险〔1989〕16号	1989年7月1日
四川省劳动厅印发关于划分因工与非因工伤亡界限的暂行规定的通知	川劳险〔1989〕33号	1989年12月19日
四川省劳动厅印发《关于划分因工与非因工伤亡界限的暂行规定》若干问题的解释的通知	川劳险〔1991〕1号	1991年1月2日
四川省劳动厅转发劳动部关于国营企业新一轮承包中改进和完善工资总额同经济效益挂钩办法的意见	川劳资（1991）39号	1991年1月25日
四川省劳动厅、省体改委关于在部分地区开展工伤保险制度改革试点的通知	川劳险〔1991〕17号	1991年5月
四川省劳动厅、四川省财政厅、四川省总工会关于劳保医疗管理制度若干问题的规定	川劳险〔1991〕21号	1991年5月20日
四川省劳动厅、四川省财政厅、四川省商业厅关于实行“四放开”的国营商业企业工资分配和劳动用工放开的实施意见	川商劳〔91〕192号	1991年8月24日
四川省劳动厅关于印发四川省全民所有制企业职工退休费用省级统筹实施细则的通知	川劳险〔1992〕17号	1992年3月4日
四川省劳动厅、四川省财政厅关于建立企业补充养老保险制度的意见	川劳险〔1992〕23号	1992年3月16日
四川省劳动厅、四川省税务局关于印发四川省城镇集体所有制企业工资同经济效益挂钩实施意见的通知	川劳资（1992）18号	1992年8月1日
四川省劳动厅关于印发四川省企业职工基本养老金计发办法改革的原则意见的通知	川劳险〔1992〕64号	1992年11月23日

续表附－8

名　　称	文　号	日　期
四川省劳动厅印发关于改革劳动工资计划管理办法的意见和四川省全民所有制企业弹性工资总额计划管理试行办法的通知	川劳计〔1993〕23号	1993年5月12日
四川省劳动厅、财政厅关于企业实行“自主分配、国家征税”办法的意见	川劳资〔1993〕59号	1993年6月24日
四川省劳动厅关于调查企业工伤保险情况的汇报	川劳险〔1993〕62号	1993年8月10日
四川省劳动厅、财政厅、计划委员会、体改委、经济委员会关于转发《国有企业工资总额同经济效益挂钩规定》的通知	川劳发〔1993〕13号	1993年10月26日
四川省劳动厅关于建立劳动监察工作情况报告制度的通知	川劳计〔1995〕42号	1995年6月30日
四川省劳动厅关于印发关于城镇企业离退休人员管理服务工作的意见的通知	川劳险〔1995〕39号	1995年11日14日
四川省劳动厅、四川省经济委员会四川省国有企业经营者年薪制试行意见	川劳资〔1995〕62号	1995年11月24日
四川省劳动厅关于印发四川省企业职工基本养老保险社会统筹与个人账户相结合办法的实施细则的通知	川劳险〔1996〕1号	1996年1月15日
四川省劳动厅关于普遍建立企业内部工资支付制度的通知	川劳综〔1996〕1号	1996年5月3日
四川省劳动厅关于实施劳动用工年检制度的通知	川劳关〔1996〕24号	1996年9月27日
四川省企业职工生育保险试行办法	川劳险〔1997〕11号	1997年3月
四川省劳动厅、四川省财政厅转发《关于改进完善企业工资总额同经济效益挂钩办法的通知》的通知	川劳综〔1997〕12号	1997年3月11日
四川省贯彻实施《女职工劳动保护规定》办法	川劳职安〔1997〕5号	1997年3月20日
四川省劳动厅关于贯彻《企业职工工伤保险试行办法》的实施意见的通知	川劳险〔1997〕5号	1997年3月22日
四川省劳动厅关于印发四川省贯彻统一企业职工基本养老保险制度实施办法的实施细则的通知	川劳险〔1998〕8号	1998年3月24日
四川省劳动厅、四川省财政厅关于确保国有企业离退休人员养老金按时定额发放的通知	川劳险〔1998〕11号	1998年5月28日
四川省劳动厅印发关于贯彻《企业职工工伤保险试行办法》若干问题的处理意见的通知	川劳险〔1998〕55号	1998年12月11日
四川省劳动厅 四川省经济贸易委员会 四川省总工会关于切实做好国有企业下岗职工进入“中心”后签订协议工作的通知	川劳发〔1999〕16号	1999年1月29日

续表附—8

名　称	文　号	日　期
四川省劳动厅、财政厅关于切实做好提高三条社会保障线水平后企业工资工作的通知	川劳综〔1999〕42号	1999年9月30日
四川省劳动保障厅 四川省总工会关于开展企业工资集体协商试点工作的意见	川劳社办〔2000〕41号	2000年6月1日
四川省劳动和社会保障厅 四川省经济贸易委员会 四川省财政厅关于实施《四川省国有独资和国有控股公司经营者年薪制试行办法》若干问题的意见	川劳社工〔2000〕5号	2000年8月2日
四川省劳动和社会保障厅、四川省财政厅关于省级机关事业单位实施医疗保险制度有关问题的通知	川劳社医〔2000〕27号	2000年12月19日
四川省劳动和社会保障厅、四川省财政厅关于省级机关事业单位医疗保险门诊特殊疾病医疗费管理的通知	川劳社医〔2000〕28号	2000年12月19日
四川省社会保险基金行政监督暂行办法	川劳社发〔2000〕17号	2000年12月25日
四川省社会保险基金内部审计暂行办法	川劳社发〔2000〕18号	2000年12月25日
四川省劳动和社会保障厅印发四川省企业职工伤亡性质认定暂行办法的通知	川劳社医〔2001〕13号	2001年5月20日
四川省劳动和社会保障厅关于贯彻实施《四川省劳动和社会保障监察条例》有关问题的通知	川劳社监〔2002〕5号	2002年3月4日
四川省劳动和社会保障厅关于贯彻劳动和社会保障部《关于完善城镇职工基本养老保险政策有关问题的通知》的通知	川劳社险〔2002〕25号	2002年3月28日
四川省劳动和社会保障厅关于贯彻省政府《四川省国有企业退出规划》有关劳动保障工作的实施意见	川劳社发〔2002〕7号	2002年3月29日
四川省劳动和社会保障厅 四川省财政厅关于贯彻《关于加快国有重要骨干企业建立现代企业制度的意见》有关问题的实施意见	川劳社办〔2003〕1号	2003年1月28日
四川省劳动和社会保障厅关于做好农民工工资支付工作的通知	川劳社办〔2003〕30号	2003年4月14日
关于建立劳动保障监察机构与社会保险经办机构互通情况工作制度的通知	川劳社函〔2003〕419号	2003年11月3日
四川省劳动和社会保障厅关于贯彻劳动和社会保障部《工伤认定办法》的通知	川劳社办〔2003〕126号	2003年11月24日
四川省劳动和社会保障厅关于贯彻劳动和社会保障部《因工死亡供养亲属范围规定》的通知	川劳社办〔2003〕127号	2003年11月25日
四川省劳动和社会保障厅关于贯彻劳动和社会保障部《非法用工单位伤亡人员一次性赔偿办法》的通知	川劳社办〔2003〕128号	2003年11月25日
四川省劳动和社会保障厅关于转发《关于做好国有大中型企业主辅分离辅业改制分流安置富余人员有关工作的通知》的通知	川劳社办〔2004〕93号	2004年12月28日
四川省劳动和社会保障厅关于建立行业人工成本信息指导制度的通知	川劳社发〔2005〕7号	2005年4月27日

编 后 记

根据中共四川省委、四川省人民政府关于全面开展四川省第二轮修志工作的通知安排，在四川省地方志编纂委员会的具体指导下，四川省劳动和社会保障厅组织实施了《四川省志·劳动和社会保障志（1986—2005）》的编纂工作。本志书承继了上轮志书中劳动计划、城市劳动力管理、劳动工资管理的内容，在工资部分中对前志未涉及的内容进行了补载。根据1986—2005年中劳动保障制度改革发展进程及内容，设置了相关篇、章、节、目。与上轮志书相比，在就业方面增加了农村劳动力就业、下岗职工再就业、劳动力市场等新内容；在职业培训方面从技工学校教育扩展到社会培训机构、企业职工培训及职业技能鉴定；在劳动关系调整、企业工资调控方面记述了多项改革制度与措施的实施、推进；在职工保险福利管理基础上设置了社会保险篇，全面记述了五大社会保险建立过程及现状；设置的劳动保障综合建设篇则较全面的记述了劳动保障改革中法制、监察、科研信息化、机构等综合工作的建设发展。全书基本反映了四川劳动保障领域在断限期内历史与现状的全貌。

《四川省志·劳动和社会保障志（1986—2005）》成书过程主要经历了以下阶段。

第一阶段（2006年5月至2006年11月）组建班子，成立了《四川省志·劳动和社会保障志（1986—2005）》编委会及编委会办公室，抽调熟悉劳动保障业务、有文字写作能力的人员参与编纂工作。

第二阶段（2006年11月至2008年8月）进行编纂资料收集和编纂篇目设计。在这一阶段，四川省劳动和社会保障厅志编专职工作人员，和四川省就业局、四川省社保局以及四川省劳动和社会保障厅下属五个事业单位，分头承担了劳动保障志相关章节的资料搜集任务。经过艰辛地努力，初步筛选出20年间有关文件资料5600多件、文件汇编80多本。各类资料的广泛搜集为编纂志书打下了坚实的基础，也为劳动保障事业补充完善了珍贵的历史资料。

志书编纂篇目最初拟定为三篇十三章四十五节。2008年8月四川省劳动和社会保障厅志编办在对已有资料整理分析的基础上，对编纂篇目初稿进行了大幅度调整，篇目设计改为四篇十七章六十八节，上报四川省志编委获得批准。与初稿相比，篇目分类更合理，内容更完善。

第三阶段（2008年10月至2014年6月）志书撰写阶段。四川省劳动和社会保障厅志编专职工作人员和四川省就业局、四川省社保局及省厅直属五个事业单位分别承担了劳动和社会保障志相关章节的初稿撰写任务。2010年5月完成近50万字的志书总纂初稿，经统稿修改后，8月形成了42.6万多字的征求意见稿。书稿分送劳动保障厅志书编委会成员和四川省地方志编纂委员会征求意见，12月根据各方反馈的意见进行修改。2011年3月完成34万多字（不含图片、文献辑存）的总纂初审稿，提交四川省劳动和社会保障志初评验收小组成员征求意见，并进行修改完善。2012年2月，将完整版约41万字的初审修改稿交四川省地方志编纂委员会征求意见，根据其提出的意见再次修订，将全书六十八节调整为六十七节，删除、增补了相关章节的部分内容。初审稿反复修改定稿后，2013年8月，四川省人力资源和社会保障厅召开初审会议，通过了初审验收。2014年4月，四川省地方志编纂委员会通过了复审验收。2014年6月，《四川省志（1986—2005）》审核委员会通过了终审验收。

本志书从收集资料到完成撰写任务共经历了8年多时间。志书在编撰过程中，得到了四川省劳动和社会保障厅各相关业务处室、直属单位、档案室和兄弟厅局的大力支持和鼎立帮助，所有参与志书编纂的人员都付出了大量心血和艰辛的劳动，在此向这些单位和人员表示衷心感谢。同时由于资料所限，加上编纂人员均缺乏修志经验，书中难免有疏漏与不足，请读者多加指正。

《四川省志·劳动和社会保障志（1986—2005）》编纂委员会办公室

2014年6月